## 國家圖書館出版品預行編目資料

世界遺產全書 / 林志恆,墨刻編輯部作. -- 初版. -- 臺北市
：墨刻出版：家庭傳媒城邦分公司發行, 2013.01
544面：21×28公分 . -- ( MOOK自遊自在：223 )
ISBN 978-986-289-096-7(平裝)

1.古蹟 2.文化資產

718.4　　　　　　　　　　　　　　　102000627

U0123408

**MOOK自遊自在NO.223**
**世界遺產全書**

主編／林志恆
作者／林志恆・墨刻編輯部
攝影／墨刻攝影組
美術設計／羅婕云・林意玲(特約)・駱如蘭(特約)・董嘉惠(特約)
地圖繪製／墨刻編輯部・彭美真(特約)
台灣潛力點整理／柯玟

| | |
|---|---|
| 發行人／何飛鵬 | Publisher／Feipong Ho |
| 總經理／許彩雪 | PCH Group President／Cher Hsu |
| 社長／李淑霞 | Managing Director／Kelly Lee |
| 視覺總監／陳栩椿 | Art Director／Totto Chen |
| 總編輯／林志恆 | Editor in Chief／Lin Chih-Heng |
| 副總編輯／郭燕如・林開富・汪雨菁 | Deputy Editor in Chief／Yvonne Kuo・Ken Lin・Eugenia Uang |
| 資深編輯／蔣育荏・丁奕岑・呂宛霖 | Senior Editor／Yu-Jen Chiang・Itsen Ting・Donna Lu |
| 採訪編輯／吳思穎・黃文鈴・廖弘欣 | Editor／Emma Wu・Vicky Huang・Glasha Liao |
| 林琴惠・莊帷婷 | Melody Lin・Alison Chuang |
| 行動數位編輯／任祥 | Mobile Content Editor／Shine Jen |
| 資深執行編輯／黃郡怡 | Senior Executive Editor／Chun-I Huang |
| 資料編輯／盧春滿 | Editor of Deta Service／Chunman Lu |
| 助理編輯／柯玟 | Assistant Editor／Humi Ko |
| 攝影組長／周治平 | Chief Photographer／Jasper Chou |
| 資深美術設計主任／羅婕云 | Senior Chief Designer／Jie-Yun Luo |
| 美術設計主任／周慧文 | Chief Designer／Sophia Chou |
| 資深美術設計／李英娟 | Senior Designer／Rebecca Lee |
| 美術設計／徐禹晨 | Designer／Ellie Hsu |
| 業務經理／詹顏嘉 | Advertising Manager／Jessie Chan |
| 業務主任／劉玫玟 | Advertising Supervisor／Karen Liu |
| 業務專員／陳韋匡・李佳蓉・陳凱柔 | Advertising Specialist／Lex Chen・Amanda Lee・Carolyne Chen |
| 海外業務專員／侯懿芳 | Overseas Advertising Specialist／Claire Hou |
| 企畫主編／陳淑玲 | Project Editor／Cindy Chen |
| 行銷企畫經理／林宗遠 | Marketing Manager／Joseph Lin |
| 行銷企畫主任／呂妙君 | Marketing Supervisor／Cloud Lu |
| 業務行政助理／呂瑜珊 | Marketing & Advertising Assistance／Cindy Lu |
| 印務部主任／劉昌能 | Deputy Supervisor／Jerry Liu |

出版公司／墨刻出版股份有限公司　　　　　發行公司／英屬蓋曼群島商家庭傳媒股份有限公司城邦分公司
Publishing Co.／MOOK Publications Co.　　Distributor／Home Media Group(CI) Ltd. Cite Branch
地址／台北市104民生東路二段141號9樓　　地址／台北市104民生東路二段141號2樓
Add.／9F, No.141, Sec. 2, Minsheng E. Rd.,　Add.／B1, No.141, Sec. 2, Minsheng E. Rd.,
Taipei City 104, Taiwan, R.O.C.　　　　　Taipei City 104, Taiwan, R.O.C.
電話Tel.／886-2-2500-7008　　　　　　　電話Tel.／886-2-2500-7718 886-2-2500-7719
傳真Fax.／886-2-2500-7796　　　　　　　傳真Fax.／886-2-2500-1990 886-2-2500-1991
E-mail／mook_service@cph.com.tw　　　　城邦讀書花園／www.cite.com.tw 劃撥／19863813 戶名／書虫股份有限公司
讀者服務／readerservice@cph .com.tw　　香港發行所／城邦(香港)出版集團有限公司
MOOK官網／www2.mook.com.tw/wp/　　　地址／香港灣仔駱克道193號東超商業中心1樓
Facebook粉絲團／MOOK墨刻出版 www.facebook.com/travelmook　電話／852-2508-6231　　傳真／852-2578-9337

製版印刷／凱林彩印股份有限公司
經銷商／聯合發行股份有限公司（電話：886-2-29178022）
誠品股份有限公司
金世盟實業股份有限公司

城邦書號／KT0223　　定價／1500元　　特價／899元
ISBN 978-986-289-096-7　　2013年1月初版

# 水金九礦業遺址 Shuei-Jinj-Jiou Mining Sites

**同類型世界遺產：**
- 日本島根縣石見銀山及其文化景觀Iwami Ginzan Silver Mine and its Cultural Landscape, Japan
- 德國埃森的厝爾威瑞恩煤礦場Zollverein Coal Mine Industrial Complex in Essen
- 英國布拉納馮工業景觀Blaenavon Industrial Landscape

水金九礦業遺址地處台灣東北角，以金瓜石與九份地區為主，曾經都是台灣知名的礦區，有「黃金的故鄉」之稱。1970年代以後，隨著礦脈枯竭，採金事業走入歷史，留下的礦場景觀在80年代末期隨著懷舊風潮吹起，反而成為觀光熱門地。

由於獨特的礦區歷史，使本區擁有許多舊金礦遺址。目前唯一保存完整的礦坑口——本山五坑，是金礦開採時期，礦工運輸礦產的隧道口，新北市政府已將之規劃為「黃金博物館」區；而斜坡索道和無極索道，是如今保存較完整的運礦軌道；為了煉銅需排放廢氣而建的廢煙道，雄偉壯觀的盤據在金瓜石山區，夕陽餘暉和芒花互相輝映，是廢煙道最美的時刻；而行經濱海公路，就會看到荒廢的「十三層」屹立上方，俗稱「十三層」的煉銅礦遺址，別有一種蒼涼的韻味。這些遺址皆生動地記錄一部台灣礦業發展史。

日據時代，金瓜石金礦年產量達50公噸，引起日本方面重視，於是於大正11年(1922年)興建行館，就是現今的太子賓館，採用上等檜木構築，十分考究，相當具有日式風味；位於金瓜石車站旁，則有完整的日式宿舍區，包括車站、郵局、醫院、派出所等設施具備，紅色磚牆內一棟棟黑瓦屋頂的低矮木造建築，現在看來饒富古意；由日本礦業株式會社於1933年興建的黃金神社，祀奉主掌礦業的「天照大神」，位處高處，不僅可將茶壺山看得一清二楚，金瓜石聚落的全貌也盡收眼底。面對社會與經濟的快速發展，此處的古老建物都瀕臨毀壞與拆除的命運，聚落處於脆弱的狀態。

# 樂生療養院 Losheng Sanatorium

**同類型世界遺產：**
目前尚無相似世界遺產，但同類型的馬來西亞雙溪毛糯療養院已提出申請。

日治時期為了強制收容漢生病(俗稱痲瘋病、癩病、或稱韓森氏病)患者，於1930年建成的樂生療養院，是台灣第一所、也是唯一的公立漢生病防治機構。占地約30公頃的平房式建設，不僅根據當時的世界漢生病療養制度，規劃特殊衛生設備及強制隔離配置，也有便利的生活機能設施以滿足病患食、衣、住及育樂的需求。如今時代變遷，不論是部分房舍拆除、大樓興建、園區規劃重建，療養院功能已轉型為兼具漢生病院民療養與社區醫療，保留下來的建物須加以維護。

# 卑南遺址與都蘭山 Beinan Site and Mt. Dulan

**同類型世界遺產：**
- 馬來西亞玲瓏谷考古遺址Archaeological Heritage of the Lenggong Valley
- 印尼桑吉蘭原人遺址Sangiran Early Man Site
- 周口店北京人遺址Peking Man Site at Zhoukoudian

卑南遺址是台灣地區目前所知規模最大的史前遺址，日治時期就已受學者關注，1975年台東縣政府將卑南遺址列為地方古蹟，1979年再提升為台灣地區三級古蹟，但在建造南迴鐵路卑南新站(今台東站)時挖掘出大量古物並造成嚴重破壞，歷經9年的搶救才得以挽回此區寶貴的文化資產，出土的石板棺、文物、玉器等都在在代表著台灣史前文化的脈絡，是為重要人類文明證據。不論是有形或無形的文化遺產，都極富重要研究價值，也顯示對南島語族有所影響。

# No.223

# 世界遺產全書

## The Complete Book of World Heritage Sites

# 世界遺產大旅行

**MOOK** 在「世界遺產」這個領域的耕耘，多年來始終享有口碑，這本全新的《世界遺產全書》，收錄了截至2012年止，全世界962座世界遺產，也是市場上最新、最完整的世界遺產專書。

除此之外，由於台灣不是聯合國會員國，有不少具有名列世界遺產條件的地點始終無緣被世界看見。文化部從文建會時代便陸續召集國內專家、地方政府、文史工作者開會，以符合世界遺產推動之標準，共提出18處潛力點，作為未來提報世界遺產的參考依據。為了讓讀者能從台灣瞭解世界遺產，本書也特別收錄這18個潛力點。

這本新版世界遺產主要分成四大部分：首先「穿越時空，閱讀世界遺產」，引領你走進世界遺產的世界。第二部分「從地圖徹底解讀世界遺產」，延續上個版本，在世界地圖上，從50種不同角度切入，透過詳細的地圖、表格、圖片和文字，一道一道題目讓你深入瞭解每一座世界遺產背後的意義，以及它們在人類歷史和這個地球所扮演的角色。第三部分以最大篇幅，詳盡介紹全世界962座世界遺產。最後一部分則介紹台灣18座世界遺產潛力點，並搭配比較世界上相同類型的世界遺產。

世界之大，MOOK足跡無法踏遍每座世界遺產，況且不少世界遺產在保育和維護上的意義更大於實地旅行，為了讓讀者更清楚該座遺產的面貌，除了我們多年來所採訪累積的圖片之外，更耗費不少心力，向世界各個國家旅遊局、圖片公司，以及聯合國教科文組織世界遺產中心取得珍貴的圖片，為本書增色不少。當然不少地方仍有遺憾，也是我們未來努力的目標。

相信再過兩、三年，全球世界遺產的數量便會超過千座，不妨翻找你過往的旅程紀錄，已經拜訪過多少座世界遺產？未來更可以在地球儀上畫出屬於你自己的世界遺產之旅。

**墨刻出版 總編輯**

吳哥窟

大金塔

華華旅遊
（越‧高‧緬‧寮）旅遊專家
專業 創新 用心 堅持給您最好的…

順化京城

下龍灣

MOOK
自遊自在

世界遺產全書

The Complete Book of World Heritage Sites

# 美國運通旅行支票隨行
# 輕鬆無慮好悠閒

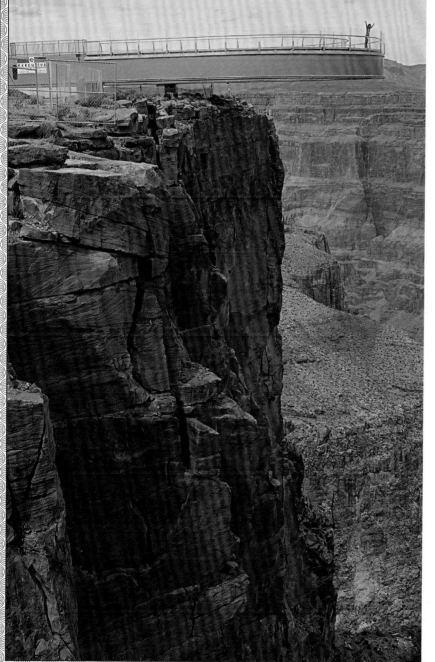

## 美國運通旅行支票

### ■ 遺失可申請補發

比現金更安全，一旦遺失或被竊，可以申請補發，詳細補發辦法及限制，請參閱購買記錄背面之條款説明。

### ■ 世界通行

可在指定銀行、飯店、外幣兌換處兌現；也可在特定的商店及餐廳直接使用，並可找零。

### ■ 永久有效

沒有使用期限，未使用的旅行支票，都可以保留到您下一次出國使用；或視為現金保存，以備不時之需。

### ■ 多種幣別面額可選擇

目前在台灣提供美金、歐元、加幣、澳幣、日圓及英鎊等 6 種幣別及多種面額讓您選購。

歡迎您至全國各大銀行及指定郵局，購買美國運通旅行支票。

美國運通網站：
www.americanexpress.com.tw/tc

# MOOK 自遊自在

The Complete Book of World Heritage Sites

世界遺產全書

# 世界遺產全紀錄

## 5大洲、157國、962座世界遺產

絕吳僅有的震撼與感動

**ANGKOR** 吳哥窟

五星旅程・精選美食・完美住宿

中南半島 旅遊首選

精品

*Indochine*

如畫山水令人心越誠服

**HALONG BAY**
下龍灣

品冠旅遊粉絲團

吳哥窟旅遊專頁

北越旅遊專頁

# MOOK 自遊自在

## 世界遺產全書
The Complete Book of World Heritage Sites

## 425 非洲

## 469 美洲

# MOOK

## 自遊自在

## 世界遺產全書

*The Complete Book of World Heritage Sites*

### 469 台灣 世界遺產潛力點

MOOK自遊自在 NO.223
世界遺產全書導讀

這本全新的《世界遺產全書》，收錄了截至2012年止，全世界
962座世界遺產，也是市場上最新、最完整的世界遺產專書。
分佈在5大洲、157個會員國或地區，其中745座屬於文化遺
產，188座為自然遺產，29座則是綜合遺產。
歡迎讀者利用MOOK自遊自在旅遊網：http://travel.mook.com.
tw以及墨刻景點家：http://www.tripass.net，查詢最新的旅遊

書籍或新聞。
若您發現書中內容有任何缺失之處，請不吝指教，同時，我們
也歡迎讀者分享您的感想和看法，來信請寫至：
台北市104民生東路二段141號 9樓 墨刻編輯部
傳真：(02)2500-7796、2500-7797
E-mail：mook_service@hmg.com.tw

符號說明

 文化遺產　 自然遺產　 綜合遺產

 瀕危文化遺產　 瀕危自然遺產　 瀕危綜合遺產

# 穿越時空
# 閱讀世界遺產

截至2012年為止，全世界已經有962座世界遺產，分布在5大洲、157個國家或地區，其中745座屬於文化遺產，188座為自然遺產，29座則是融合文化與自然的綜合遺產。

本書結構主要分成四大部分：首先從世界遺產的的誕生、世界遺產類型、審查標準、旅遊與保護之間的平衡，引領你走進世界遺產的世界。

第二部分的「地圖上的世界遺產」，從50個不同角度，將962座世界遺產作群組歸納，分成「基礎情報」、「地球生態奇景」、「人類文明寶藏」三大類；由於文化遺產數量龐大，因此又細分為「古代文明」、「宗教世界」、「偉大建築」、「城市聚落」、「產業遺產」。這100頁的篇幅，透過地圖和圖表，幫你徹底解讀世界遺產。

第三部分「世界遺產全紀錄」，把這5大洲、157國、962座世界遺產，以詳盡地圖、文字、圖片，全數囊括這些世界的瑰寶。

最後一部分「台灣世界遺產潛力點」，由於台灣不是聯合國會員國，有不少具有名列世界遺產條件的地點始終無緣被世界看見。文化部從文建會時代便陸續召集國內專家、地方政府、文史工作者開會，以符合世界遺產推動之標準，多年來共提出18處潛力點，作為未來提報世界遺產的參考依據。為了讓台灣讀者能從台灣看世界，本書也特別收錄這18個潛力點。

京旺旅遊 WONDER TOUR

# 中南半島的旅遊首選
# 誠旺旅行社

緬甸 Myanmar
寮國 Laos
泰國 Thailand
吳哥窟
東埔寨 Cambodia
越南 Vietnam
下龍灣

走進古文明世界

愛戀越南下龍灣
探索寮國永珍
珍藏緬甸仰光
深入吳哥千年之美

感受世界文化
體驗歷史之謎

## 誠旺旅行社股份有限公司 LOYALTY TRAVEL SERVICE CO.,LTD.

地址：10485 台北市中山區建國北路二段 66 號五樓
電話：02-25152828 ／傳真：02-25022828 ／網址：loyaltytour.travel.net.tw
交觀甲 7178　品保北 1758

# 世界遺產的誕生

● 世界遺產是經由聯合國教科文組織根據「保護世界文化和自然遺產公約」，由締約國大會通過後，根據是否具「傑出普世之價值」(Outstanding universal value)為標準，評定哪些地方可列入世界遺產。

● 指定世界遺產的目的便是鼓勵世界各國簽定合作保育宣言，宣示並執行自己領土內的自然與文化遺產。同時透過國際合作的方式，提供人才、專業知識、技術、法律保護等各方面的交流，確保遺產的完整性。

● 1972年11月16日聯合國教科文組織第17屆會議於巴黎召開，會中通過《保護世界文化和自然遺產公約》，這是聯合國首度界定世界遺產的定義與範圍，希望透過國際合作的方式，解決世界重要遺產的保護問題。

● 申請世界遺產的國家，必須加入會員，簽署《保護世界文化和自然遺產公約》，繳交會員費用。每個遺產地點將可獲得會費百分之一的補助，執行委員會必須統一審核、討論如何運用這些經費。

● 執行委員由會員國共同投票選出，共21個席次，任期6年，每2年改選1/3席次。執行委員會除了必須決定哪些地點可被列入世界遺產，也必須審核是否有任何己被列入世界遺產名單的地點有保護不周的狀況。在這過程中，委員會必須聽取由專家所組成的團體之專業意見。會員國提報世界遺產候選地點時，必須備有該地點保護規畫，以及未來執行方式的保證。通常世界遺產在被指定之前，必須經過5年的評估時間。

● 繼1977年世界遺產委員會在法國巴黎開了第一屆大會之後，1978年的第二屆大會在美國華盛頓舉行，參與的會員國包括澳洲、加拿大、厄瓜多、埃及、法國、迦納、伊朗、伊拉克、奈及利亞、波蘭、塞內加爾、突尼西亞、美國、前南斯拉夫，並於會中提出了第一份世界遺產名單，共有12座，其中8座為文化遺產，4座為自然遺產。

**【克羅埃西亞】**
旅讀克斯12天

**【法國】**
行遍南北法12天

**【德國】**日耳曼風雲
東西德10天

**【捷克】金旅獎**
神奇奧捷10天

**旅行的意義**

體驗身為人類的價值
收藏亙古珍貴的人類寶藏
☑ 絕景 ☑ 祕境
☑ 神話 ☑ 文明
擁抱傳奇 一生回憶
歐洲、日本、中東、南亞
深度.質感的世界遺產之旅

就在 **金龍旅遊**

**【印度】**
印度金三角世界
遺產精華9天

**【伊朗】**
典藏波斯
伊朗行10天

**【日本】**
奧飛驒合掌村溫泉美食5天
知床祕境禮文利尻稚內7天

# 世界遺產的類型

- 世界遺產的標誌外圈的圓象徵著自然界，中間的方形則代表人類所創造的事物，同時圓圈也有保護的意思。整體象徵著自然與文化之間相互依存的關係。
- 根據《保護世界文化和自然遺產公約》，世界遺產可分為：文化遺產、自然遺產、兼具文化及自然的綜合遺產。
- 文化遺產並不只是狹義的建築物而已，而是與人類文化發展有關的事物都可被認定為世界遺產，包括紀念物(Monuments)、建築群(Groups of buildings)、場所(Sites)，都屬於文化遺產的範圍。至2012年為止，世界各地共計有745處文化遺產，是四大類世界遺產裡數量最多的。
  文化遺產可能是建築大師的作品，例如建築師高第在巴塞隆納的建築；也可能是對後世建築有重要影響的型式，如歐洲常見的哥德式教堂；亦或是表現某種傳統生活，如日本京都建築群或中國的紫禁城，甚至具相同特性但在不同區域的建築，也會同時被列入世界遺產，例同樣位於德國境內的威瑪和德紹的包浩斯(Bauhaus)建築，以及跨國界的德國和英國的羅馬長城。
- 自然遺產指特殊的物理、生物、地理景觀。這地方可能代表了「地球變動所留下的重要景觀，代表了地理和生物演進的過程，亦或是瀕臨絕種動植物的棲息、生態地，甚至是景色絕美的自然奇觀」。包括了化石遺址(Fossil Site)、生物圈保存(Biosphere Reserves)、熱帶雨林(Tropical Forest)與生態地理學地域(Biographical Regions)等。例如澳洲昆士蘭沿海的大堡礁、全球唯一的巨蜥棲息地印尼科摩多群島、世界最高峰喜馬拉雅山區、達爾文研究發展出進化論的加拉巴哥群島(Galapagos)，都屬於世界自然遺產。至2012年為止，世界各地共計有188座自然遺產。
- 綜合遺產乃兼具文化與自然特色，表示該地同時符合自然與文化遺產的條件，也是最稀有的一種世界遺產。至2012年底為止，只有29處，例如大陸的黃山、武夷山、泰山，祕魯的馬丘比丘，澳洲的烏魯魯卡達族達國家公園等。

# 其他類型遺產

- 除了有形的世界遺產之外，聯合國教科文組項下還有不同計畫，較為人熟知的有非物質文化遺產(Intangible Cultural Heritage)，以及世界記憶遺產(Memory of the World)兩大類，它們不論是對象、種類、體系、公約與審查機制，都完全與世界遺產不同，不明就裡的媒體常會混為一談。不過保存與傳承的目的，都是舉世相同的標準。
- 非物質文化遺產是2001年5月所新增，包括了瀕臨失傳的語言、戲曲、表演藝術、傳統手工藝、特殊文化空間、宗教祭祀路線或儀式等無形的文化型式。由於世界快速現代化與統一，這類遺產的傳承比具實質形體的文化類世界遺產更為不易，顯示出這類遺產的可貴與急待保存。
  2001年教科文組織首度公布了19種口述與無形人類遺產，例如日本能劇、有百戲之祖稱號的「中國崑曲」，以及西西里島的提線木偶戲等，2003年的第二次會議選出了28項，2005年的第三次會議更多達43項，足見保存這些具特殊價值的文化活動的困難和急迫。根據UNESCO 2003年非物質文化遺產公約，自2009年起獨立成為非物質文化遺產名錄。
  這份非物質文化遺產名單整合了2008年以前的90項「口述與無形人類遺產」，2009年新增91項、2010年50項、2011年34項、2012年33項，共累積達298項。
- 世界記憶遺產是聯合國教科文組織於1992年啟動的一個文獻保護項目，旨在保存具有較高歷史文化價值的記憶遺產，每兩年評選一次。被列入世界記憶遺產名錄以後，聯合國教科文組織將提供保存管理補貼和技術支持。目前世界記憶遺產已有96個國家的243部文獻列入，其中布拉姆斯的樂譜、貝多芬的第九號交響曲、中國李時珍《本草綱目》都是記憶遺產的文獻之一。

# 世界遺產審查標準

●要列入世界遺產名單，必須具備非常傑出的普世性價值，而且至少具有以下十個判準的其中一項，這是根據2005年世界遺產協會所提出的審查標準，前6項為文化遺產，後4項為自然遺產。

1. 代表人類開創性天才的知名傑作。
2. 展現了人類價值的重要轉折，不論是世界上某個文化區塊，還是橫跨一個時代的建築、工藝、藝術，以及城市規劃發展。
3. 對某個文化傳統或文明(不論仍然存活還是消失)具有相當獨特的表徵和見證(testimony)。
4. 在人類歷史上，某種突出的建築形式和建築工法，具有相當重要的地位。
5. 人類傳統聚落或土地和海洋的利用，足以代表某個文化，或者人類與環境的互動，特別是在環境不可逆的改變情況下，這些都變得十分脆弱。
6. 直接與生活的傳統、信仰、藝術和文學相關的作品，而且具有普世的重要性。
7. 包含了最極致的自然奇蹟，以及極為特殊的自然美景。
8. 代表了地球發展史上最為突出的案例，包括記錄生命、某種地形形成過程中的重要地質變化，以及某些突出的地形和地質特徵。
9. 在生態學和生物學的演變過程中具代表性的案例，不論是陸地、淡水、海岸及海洋的生態系，還是動物、植物的生態群落。
10. 在保護生物多樣性上，扮演最重要的自然棲息地，特別是那些正在遭受威脅的物種。

# 世界遺產旅行

● 被列入世界遺產的實質好處有兩個，一是帶來顯著的旅遊收益，二是可以獲得國際提供的專業技術與資金的支援，來維護文物與自然景觀，這兩項益處對開發中國家而言，都十分重要。

● 最好的國際合作範例是1960年開始的埃及努比亞遺址遷移工程。原因是埃及開始修建亞斯文大壩，將使得努比亞遺址淹沒，聯合國為此結合世界各地的科學家、工程師和考古學家，共同將神殿古蹟遷移到高處(例如阿布辛貝神殿及費麗神殿)。整件工程歷時20年才完成，樹立了國際合作的典範。而這也是世界遺產概念的首度具體行動。

● 被列入世界遺產，就像是被戴上了世界小姐的榮冠，想要一親芳澤的觀光客也絡繹不絕到來。觀光除了帶來大量的外匯，同時為當地提供就業機會，甚至是改善當地的硬體設施。

● 但是聯合國教科文組織選出世界遺產的目的並不是為了觀光，而是為了結合國際力量保存這些脆弱的文物和自然景觀。因此每個地點或項目被列入世界遺產後，並不代表永遠列名。過度開發、戰爭或自然災害都很容易對世界遺產形成無可彌補的傷害，因此每處世界遺產指定地，必需定期每6年向聯合國教科文組織報告該遺產的保護及發展狀況。

● 若世界遺產指定地遭到嚴重破壞而無法改善時，將被撤銷其資格。到2012年為止，有38個地點被列入瀕危世界遺產名單。例如阿富汗遭到塔利班政權推毀的巴米揚大佛(Bamiyan)。並有兩處遭到除名的命運。

● 世界遺產遭受破壞的原因主要有：環境變化急遽變化、大規模興建硬體設施、城市或旅遊業過度發展、土地的使用變動造成的破壞、武裝衝突，以及不可預期的自然災害等。其中除了自然災害是難以防範，例如2002年8月東歐嚴重的水患，使布拉格、布達佩斯等地的建築與中古文件，遭受相當大的損失。

● 毫無限制的觀光發展和未經良好設計的開發，也對景區造成很大傷害。除了人數過多，旅館、商店、索道等大量建築都對遺產造成可怕的威脅。尤其是載運遊客所帶來的空氣污染和大量垃圾，都對該地造成嚴重的傷害，例如印尼婆羅浮屠的石雕，因空氣中大量的二氧化碳而使得千年來屹立於此的石雕，遭受嚴重侵蝕；埃及吉薩金字塔附近原本計劃興建新的機場，也是在教科文組織的強烈要求下才停工。

● 觀光與保護之間必須尋求平衡，才能使遺產的保存更為久遠，因此建立新的旅遊態度是件很重要的事。除了是藉著當地政府與國際合作，確保遺產環境健全，訪客更應學習如何用心對待這些珍貴的遺產。同時，藉著真實的文化交流，國際間才能建立互敬互重，團結解決問題的模式。

# 從地圖徹底解讀世界遺產

文化遺產
自然遺產
綜合遺產

北
美
洲

美國

南
美
洲

冰島

貝里斯
瓜地馬拉　宏都拉斯
薩爾瓦多　尼加拉
哥斯大黎加

海地多明尼加

委內瑞拉
圭亞納
蘇利南

厄瓜多

巴西

玻利維亞

智利

阿根廷

美國

| 文化遺產 | 8 |
| 自然遺產 | 12 |
| 綜合遺產 | 1 |

第10名 21

墨西哥

| 文化遺產 | 27 |
| 自然遺產 | 4 |
| 綜合遺產 | 0 |

第6名 31

義大利　西班牙　中國　法國　德國　墨西哥　印度　英國　俄羅斯　美國

Q1

# 世界遺產**數量最多**的前10名國家？

**英國**
- 文化遺產 23
- 自然遺產 4
- 綜合遺產 1

第8名 **28**

**義大利**
- 文化遺產 44
- 自然遺產 3
- 綜合遺產 0

第1名 **47**

**俄羅斯**
- 文化遺產 15
- 自然遺產 10
- 綜合遺產 0

第9名 **25**

**西班牙**
- 文化遺產 39
- 自然遺產 3
- 綜合遺產 2

第2名 **44**

**法國**
- 文化遺產 34
- 自然遺產 3
- 綜合遺產 1

第4名 **38**

**德國**
- 文化遺產 34
- 自然遺產 3
- 綜合遺產 0

第5名 **37**

**印度**
- 文化遺產 23
- 自然遺產 6
- 綜合遺產 0

第7名 **29**

**中國**
- 文化遺產 30
- 自然遺產 9
- 綜合遺產 4

第3名 **43**

從排行榜前10名的名單看來，除了義大利、英國，一為半島、一為島嶼之外，幾乎都是地大物博的國家。過去世界遺產每年提名時，有時候一個國家同時會有好幾個一起進榜，因此像中國直到1987才有第一批世界遺產，但數量卻可以迅速累積。

不過這情況未來不會再出現，世界遺產大會已決定未來每年提名時，儘量以首次入榜的國家為主，而每個國家一次也儘量只提名一座。

前兩名的義大利和西班牙，冠、亞軍的姿態已持續多年，而且幾乎每年都有新的名單入榜，它們多半以古蹟、建築、城市等文化遺產取勝，堪稱歐洲文化的代表，法國、德國也不遑多讓，分居4、5名，緊追在後。

中國的30座文化遺產、9座自然遺產、4座綜合遺產，算是類型分布最平均的國家。反倒是第十名的美國，自然遺產比文化遺產還多，這也充分反應出這個以自然國家公園取勝的國家特性。

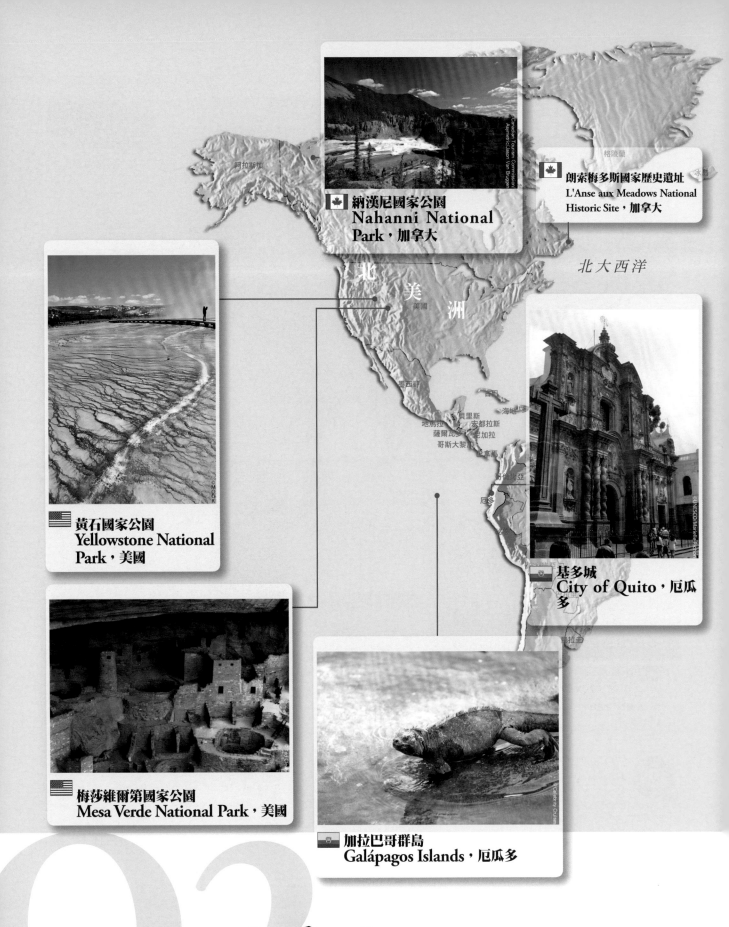

納漢尼國家公園
Nahanni National
Park，加拿大

朗索梅多斯國家歷史遺址
L'Anse aux Meadows National
Historic Site，加拿大

黃石國家公園
Yellowstone National
Park，美國

基多城
City of Quito，厄瓜
多

梅莎維爾第國家公園
Mesa Verde National Park，美國

加拉巴哥群島
Galápagos Islands，厄瓜多

北大西洋

北　美　洲

阿拉斯加

格陵蘭

美國

墨西哥

貝里斯
地馬拉　宏都拉斯
薩爾瓦多　尼加拉
哥斯大黎加　巴拿馬

哥倫比亞

厄多

# 全世界最早的12座世界遺產？

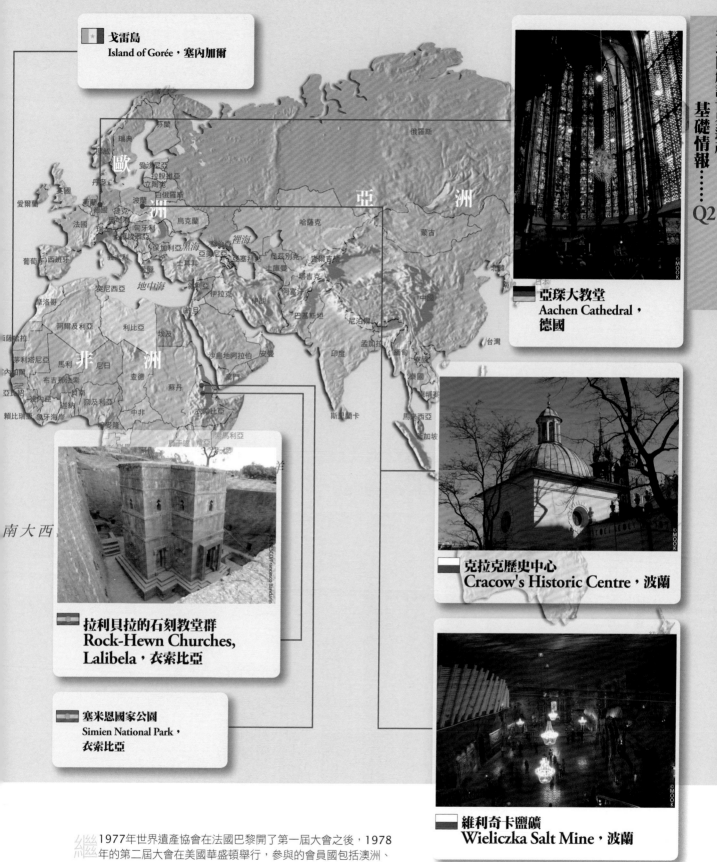

戈雷島
Island of Gorée，塞內加爾

亞琛大教堂
Aachen Cathedral，
德國

克拉克歷史中心
Cracow's Historic Centre，波蘭

拉利貝拉的石刻教堂群
Rock-Hewn Churches,
Lalibela，衣索比亞

塞米恩國家公園
Simien National Park，
衣索比亞

維利奇卡鹽礦
Wieliczka Salt Mine，波蘭

繼1977年世界遺產協會在法國巴黎開了第一屆大會之後，1978
年的第二屆大會在美國華盛頓舉行，參與的會員國包括澳洲、
加拿大、厄瓜多、埃及、法國、迦納、伊朗、伊拉克、奈及利亞、
波蘭、塞內加爾、突尼西亞、美國、前南斯拉夫，並於會中提出了
第一份世界遺產名單，共有12座，其中8座為文化遺產，4座為自然
遺產。然而為什麼是這12座，從當時參與的會員國家不難看出其中
的關聯性，尤其是位於美洲、同時有兩座入榜的美國和厄瓜多。

第3名
每年 **440** 萬人次造訪
🇺🇸 大峽谷國家公園
Grand Canyon National Park，美國

第4名
每年 **424** 萬人次造訪
🇺🇸 自由女神像
Statue of Liberty，美國

第5名
每年 **420** 萬人次造訪
梵諦岡城
Vatican City，羅馬教廷

第7名
每年 **400** 萬人次造訪
羅馬競技場(羅馬歷史中心Historic Centre of Rome, the Properties of the Holy See in that City Enjoying Extraterritorial Rights and San Paolo Fuori le Mura)，義大利

每年造訪人次

1200
1000
800
600
400
200
0

巴黎塞納河岸 法國
萬里長城 中國
大峽谷國家公園 美國
自由女神像 美國
梵諦岡城 羅馬教廷
雪梨歌劇院 澳洲
羅馬競技場 義大利
吉薩金字塔 埃及
泰姬瑪哈陵 印度
吳哥遺址 柬埔寨

北 美 洲
北 大 西 洋

# 全世界最具人氣的10座世界遺產？

第1名

每年 1,200 萬人次造訪

巴黎塞納河岸
Paris, Banks of the Seine，法國

第9名

每年 240 萬人次造訪

泰姬瑪哈陵
Taj Mahal，印度

第2名

每年 1,000 萬人次造訪

萬里長城
The Great Wall，
中國

第10名

每年 150 萬人次造訪

吳哥遺址
Angkor，柬埔寨

第8名

每年 300 萬人次造訪

吉薩金字塔(曼菲斯及其陵墓群－
從吉薩到達蘇爾Memphis and its
Necropolis – the Pyramid Fields
from Giza to Dahshur)，埃及

第6名

每年 400 萬人次造訪

雪梨歌劇院
Sydney Opera House，澳洲

誰是世界上最具人氣的世界遺產？這個問題恐怕很難有標準答案，也許網路發達的今天可以對全世界網友作一次問卷調查，不過其問卷基礎也只是網路人口。

唯一可以作為實際參考依據的，大概只有每年實際造訪的旅遊人次了，這個統計數字多半來自各個國家的官方旅遊單位，實際標準並不統一。

《富比士旅行家》(Forbes Traveller)在2007年曾經公布一個全世界排名前50大的旅遊景點統計，兼具世界遺產身分的大致有這10座，每年造訪的旅遊人次也依序排名。

其中法國不愧為世界旅遊大國，巴黎塞納河岸以1200萬人次遙遙領先，而萬里長城則因為有中國龐大的人口為後盾，以1000萬人次緊追在後。

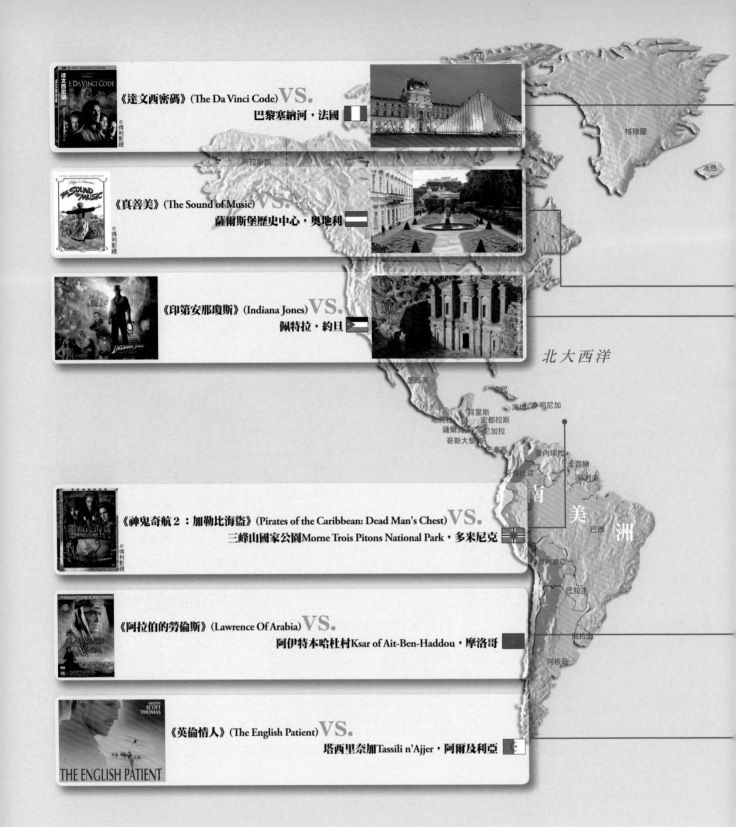

《達文西密碼》(The Da Vinci Code) VS.
巴黎塞納河，法國

《真善美》(The Sound of Music) VS.
薩爾斯堡歷史中心，奧地利

《印第安那瓊斯》(Indiana Jones) VS.
佩特拉，約旦

北大西洋

《神鬼奇航2：加勒比海盜》(Pirates of the Caribbean: Dead Man's Chest) VS.
三峰山國家公園Morne Trois Pitons National Park，多米尼克

《阿拉伯的勞倫斯》(Lawrence Of Arabia) VS.
阿伊特本哈杜村Ksar of Ait-Ben-Haddou，摩洛哥

《英倫情人》(The English Patient) VS.
塔西里奈加Tassili n'Ajjer，阿爾及利亞

南美洲

格陵蘭
冰島
阿拉斯加
墨西哥
古巴
海地 多明尼加
貝里斯
地馬拉 宏都拉斯
薩爾瓦多 尼加拉
哥斯大黎加
巴拿馬
委內瑞拉
哥倫比亞
圭亞那
蘇利南
厄瓜比亞
巴西
秘利維亞
巴拉圭
智利
烏拉圭
阿根廷

Q4

哪些經典電影曾經以世界遺產為 電影場景

32

《末代皇帝》(The Last Emperor) VS.
北京故宮，中國 🇨🇳

《古墓奇兵》(Tomb Raider) VS.
吳哥遺址，柬埔寨 🇰🇭

《火線大逃亡》(Seven years in Tibet) VS.
拉薩布達拉宮，中國 🇨🇳

《臥虎藏龍》(Crouching Tiger, Hidden Dragon) VS.
皖南古村落，中國 🇨🇳

名勝古蹟向來是電影最愛取景的地方，有時藉由實景鋪陳故事，有時因為電影紅了，拍攝地點也成了知名旅遊景點，兩者可說相得益彰。

如果電影故事內容本來就發生在該地，那麼現場取景就是必要條件，例如《達文西密碼》的羅浮宮、塞納河，《末代皇帝》的北京故宮，《神鬼傳奇》的金字塔，《火線大逃亡》的布達拉宮，恰

好這些地方又是赫赫有名的世界遺產。

有時候電影場景實在太夢幻，讓人想一探究竟到底在哪裡拍攝的，也創造了該地的觀光價值，例如《魔戒》的末日山脈(Mt Doom)，就是以紐西蘭東加里羅國家公園裡的魯瓦皮胡山(Mt Ruapehu)為場景；《臥虎藏龍》裡周潤發一場蜻蜓點水的戲就是在黃山宏村的月沼拍攝的，也讓皖南古村落聲名大噪。

│ 精彩旅程尚未結束 │ 請接下頁→

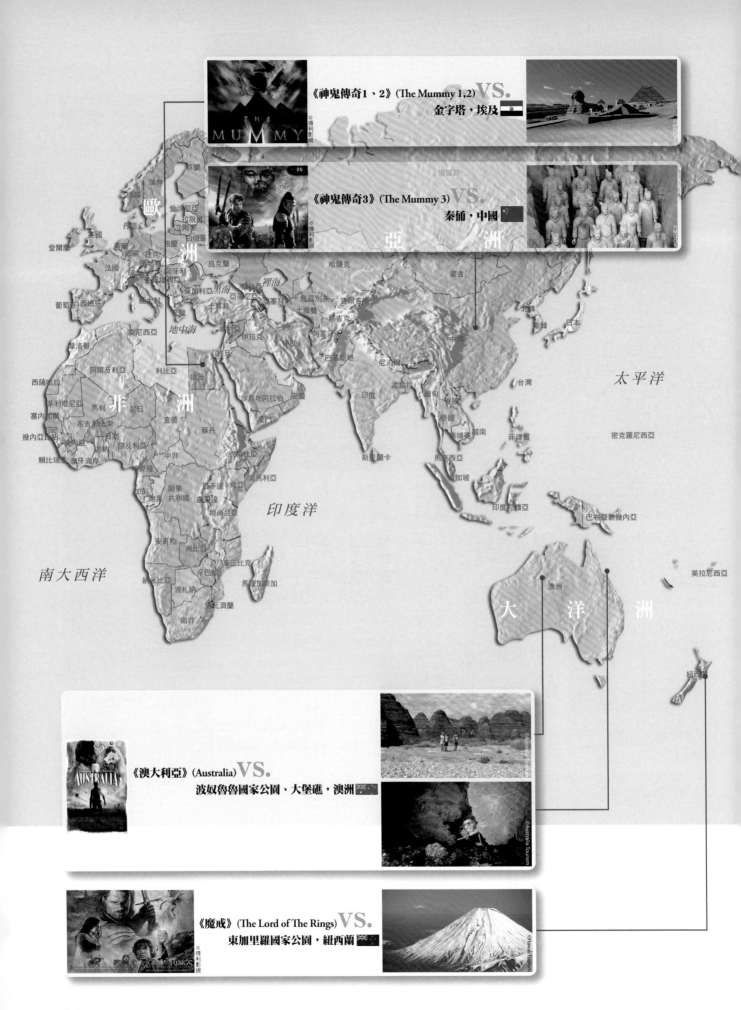

《神鬼傳奇1、2》(The Mummy 1,2) vs.
金字塔‧埃及

《神鬼傳奇3》(The Mummy 3) vs.
秦俑‧中國

《澳大利亞》(Australia) vs.
波奴魯魯國家公園、大堡礁‧澳洲

《魔戒》(The Lord of The Rings) vs.
東加里羅國家公園‧紐西蘭

專業旅遊 與 品質保證

## 全台灣旅遊市場最合理價格

■法南 + 西班牙 + 安道爾 + 葡萄牙 + 摩洛哥 18 日
■埃及 + 希臘 + 土耳其 + 約旦 19 日
■巴爾幹半島十一國 22 日
■俄羅斯 + 波羅的海 + 東歐十國 19 日（含芭蕾舞）

■北歐五國
■北歐四國
■克羅埃西亞 + 斯洛維尼亞 + 波希米亞 + 黑山四國 12 日
■西班牙 + 葡萄牙 12 日
■德國 12 日
■英國 10 日（英格蘭 + 蘇格蘭 + 愛爾蘭）
■波蘭 + 波羅的海三國 10 日
■俄羅斯 9 日（含芭蕾舞）

■南美洲七國
■南美洲四國
■墨西哥 + 古巴

■伊朗波斯文化 10 日
■突尼西亞 10 日

# 昂齊旅行社有限公司

交觀甲 0994 品保 0809

台北市長安東路二段 112 號 7 樓　　TEL：02-251-66666

# 有哪些世界遺產與世界名著或影響時代的巨作息息相關？

大多數世界遺產未必是因為這些世界名著才入列，然而有了文學上的加持，不僅強化該遺產的可看性，也增添許多浪漫與故事性。

如果沒有古希臘盲人作家荷馬的《伊里亞德》和《奧迪賽》兩部偉大史詩，恐怕希臘邁錫尼的考古文物也不會有這麼多的故事來描述，相對的，也因為有了邁錫尼的挖掘出土，神話才變成歷史事實。

此外，《睡美人》的法國城堡，三島由紀夫的京都金閣寺，海明威《老人與海》的古巴海岸，都是創作裡讓遊人咀嚼再三的實地實景。至於達爾文的《進化論》雖然不是文學名著，卻因為拉巴哥群島上的獨特物種，讓「物競天擇」學說對後世產生極大影響。

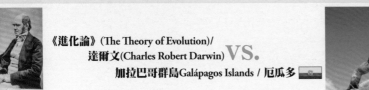

《進化論》(The Theory of Evolution)/
達爾文(Charles Robert Darwin) **VS.**
加拉巴哥群島Galápagos Islands / 厄瓜多

加拉巴哥群島位於東太平洋、赤道兩側，不斷的火山熔岩噴發和地殼隆起形成了這19座年輕島嶼，這裡距離美洲大陸有1000公里之遙，地理位置的孤立加上三股洋流匯聚於附近海域，除了促成生物演化成地方特有種，也成了一個海洋生物的調色盤，鬣蜥蜴、巨型陸龜等特有生物，在1835年達爾文造訪此地後，觸發了他《物競天擇》的演化論學說。

《老人與海》(The Old Man and the Sea)/
海明威(Ernest Hemingway) **VS.**
哈瓦那舊城及防禦工事Old Havana and
its Fortifications / 古巴

以「老人與海」獲得諾貝爾文學獎的美國作家海明威，在古巴居住超過20年，而他這部膾炙人口的小說，就是從古巴得到靈感並於當地寫作完成的。海明威第一次來訪哈瓦那是在1932年，當時他住在舊城區中的Ambos Mundos旅館，直到1939年，買下了位於哈瓦那南邊12公里處的別墅，從此與他的第三任妻子瑪莎·葛爾洪定居在此。

《睡美人》(La belle au bois dormant) /
查理·貝洛(Charles Perrault) **VS.** 羅亞爾河谷地
The Loire Valley between Sully-sur-Loire
and Chalonnes /法國

羅亞爾河谷地城堡群中的于賽堡(Chateau d'Ussé)是童話「睡美人」(La belle au bois dormant)的故事背景地。事實上，睡美人和于賽堡並無直接關聯，是因為17世紀的作家查理·貝洛(Charles Perrault)居住在此的時候，美麗的城堡及茂密的森林，激發出創作睡美人的靈感。

《唐吉訶德》(Don Quixote) /塞凡提斯(Cervantes) **VS.**
阿卡拉·德·埃納雷斯大學與舊城區
University and Historic Precinct of Alcalá de Henares /西班牙

距離馬德里30公里，為世界第一座經規畫設立的大學城。它是西班牙大文豪塞凡提斯(Cervantes)的故鄉，其包括《唐吉訶德》在內等鉅作，為現代西班牙語與西班牙文學留下了不可抹滅的影響。

歐洲

非洲

南大西洋

太平洋

**《哈姆雷特》(Hamlet) /
莎士比亞Shakespeare** VS.
**克倫堡Kronborg Castle / 丹麥**

克倫堡在北歐16~18世紀的歷史裡，扮演極重要的角色，也是莎士比亞名劇《哈姆雷特》的故事背景，雖然莎翁是否為故事原作之說頗有爭議，鉅作卻也為城堡的風光過往更添神秘色彩。

**三島由紀夫** VS. **古京都歷史建築群
Historic Monuments of Ancient Kyoto / 日本**

在京都眾多寺院中，金閣寺得以成為代表，歸功於三島由紀夫的同名小說。這部小說是根據真實事件而寫成的，1950年，一名年輕僧侶放火燒了金閣寺，金碧輝煌的金閣寺頓時成了廢墟，經過重修才恢復原貌。

**《望廬山瀑布》/ 李白** VS.
**廬山Lushan National Park / 中國**

廬山的秀麗景觀，為人所稱道，茶聖陸羽稱廬山谷簾泉為天下第一泉，落差達155公尺的三疊泉瀑布，飛瀑成雙。其中李白的《望廬山瀑布》就寫道：「日照香爐生紫煙，遙看瀑布掛前川。飛流直下三千尺，疑是銀河下九天。」

**《伊里亞德》(The Iliad)與《奧迪賽》(The Odessey) / 荷馬(Homer)**
VS. **邁錫尼與提林斯考古遺址
Archaeological Sites of Mikines and Tiryns / 希臘**

邁錫尼(Mycenae)與提林斯(Tiryns)是兩個希臘最重要的古文明遺址，從其中挖掘出來的大量古文物證明了長久以來不可解的邁錫尼文明之謎，也讓荷馬兩部史詩《伊里亞德》和《奧迪賽》中提到的黃金王國邁錫尼，從神話中走出來成為證據確鑿的歷史。

**《車輪下》(Unterm Rad) /
赫曼・赫賽Hermann Hesse** VS. **莫爾布龍修道院
Maulbronn Monastery Complex / 德國**

20世紀最為人所熟知的德國文學家赫曼・赫賽中學時期曾在此就讀，也讓此修道院的名聲更為響亮。儘管赫塞在此的歲月可說是典型的慘綠少年，甚至失去身心平衡，但這座修道院曾多次出現在他的作品中。1905年德國作家赫曼・赫賽在此發表自傳小說《車輪下》。

**《羅蕾萊》(Die Lorelei) /
海涅(Heinrich Heine)** VS. **萊茵河中上游河谷地
Upper Middle Rhine Valley / 德國**

就在萊茵河右岸的聖高爾斯好森(St. Goarshausen)近郊，有一塊高聳的岩石垂直矗立於河水中，名為蘿蕾萊之岩，因為此處水勢較急，河底又藏有暗礁，衍生出女妖干擾航行的傳說。德國著名詩人海涅便曾為這則羅蕾萊的故事譜上詩作，因而讓女妖傳說永垂不朽。

**古巴／哈瓦那：哈瓦那舊城及防禦工事**
Old Havana and its Fortifications

**秘魯／利馬：利馬歷史中心**
Historic Centre of Lima

**墨西哥／墨西哥市：墨西哥市歷史中心**
Historic Centre of Mexico City and Xochimilco

北大西洋

南 美 洲

目前全世界158個擁有世界遺產的國家，其中有47個國家的首都就是世界遺產，比例相當高，有的是整個歷史城區都在世界遺產保護範圍，有的則是城市裡同時擁有好幾座世界遺產。

把「歷史中心」畫為世界遺產範圍的，多半都屬於歷史悠久的老城，伯恩、羅馬、瓦雷塔、維也納、布達佩斯、塔林、布拉格、里加、維爾紐斯、華沙、突尼斯、開羅、大馬士革、沙那、墨西哥市、哈瓦那、巴拿馬市、基多、利馬、巴拉馬利波這些首都幾乎都是從舊城區發展，因為保存完好，所以舊城都受到世界遺產保護。

另外也有一些首都同時有兩座以上的世界遺產入列，例如倫敦4座、布魯塞爾2座、維也納2座、阿姆斯特丹2座、莫斯科3座、德里2座、北京3座、首爾2座。

**埃及／開羅：開羅歷史區**
Historic Cairo

# Q6 哪些國家的首都裡擁有世界遺產？

34 中國／北京：頤和園 Summer Palace, an Imperial Garden in Beijing

35 韓國／首爾：昌德宮 Changdeokgung Palace Complex

歐洲

亞洲

太平洋

32 印度／德里：紅堡 Red Fort Complex

33 尼泊爾／加德滿都：加德滿都谷地 Kathmandu Valley

南大西洋

| 標示號碼 | 國家名稱 | 首都名稱 | 世界遺產名稱 |
|---|---|---|---|
| ❶ | 葡萄牙 | 里斯本 | 里斯本貝倫塔與修道院 Monastery of the Hieronymites and Tower of Belém in Lisbon |
| ❷ | 安道爾 | 安道爾 | 馬德留－佩拉菲塔－克拉羅大峽谷文化景觀 Madriu-Perafita-Claror Valley |
| ❸ | 法國 | 巴黎 | 塞納河岸 Paris, Banks of the Seine |
| ❹ | 英國 | 倫敦 | 西敏宮、西敏寺和聖馬格麗特教堂 Westminster Palace, Westminster Abbey and Saint Margaret's Church、倫敦塔 Tower of London、海權時代的格林威治 Maritime Greenwich、皇家植物園，裘園 Royal Botanic Gardens, Kew |
| ❺ | 比利時 | 布魯塞爾 | 布魯塞爾大廣場 La Grand-Place, Brussels、建築師維克霍塔設計的主要城市建築 Major Town Houses of the Architect Victor Horta (Brussels) |
| ❻ | 荷蘭 | 阿姆斯特丹 | 阿姆斯特丹防線 Defence Line of Amsterdam、辛格運河以內的阿姆斯特丹17世紀運河環形區 Seventeenth-century canal ring area of Amsterdam inside the Singelgracht |
| ❼ | 盧森堡 | 盧森堡市 | 盧森堡城 City of Luxembourg: its Old Quarters and Fortifications |
| ❽ | 瑞士 | 伯恩 | 伯恩古城 Old City of Berne |
| ❾ | 義大利 | 羅馬 | 羅馬歷史中心 Historic Centre of Rome, the Properties of the Holy See in that City Enjoying Extraterritorial Rights and San Paolo Fuori le Mura |
| ❿ | 馬爾它 | 瓦雷塔 | 瓦雷塔城 City of Valletta |
| ⓫ | 希臘 | 雅典 | 雅典衛城 Acropolis, Athens |
| ⓬ | 保加利亞 | 索菲亞 | 博亞納教 Boyana Church |
| ⓭ | 匈牙利 | 布達佩斯 | 布達佩斯 Budapest, including the Banks of the Danube, the Buda Castle Quarter and Andrássy Avenue |
| ⓮ | 奧地利 | 維也納 | 維也納歷史中心 Historic Centre of Vienna、熊布朗皇宮和花園 Palace and Gardens of Schönbrunn |
| ⓯ | 捷克 | 布拉格 | 布拉格歷史中心 Historic Centre of Prague |
| ⓰ | 德國 | 柏林 | 柏林博物館島建築群 Museumsinsel (Museum Island), Berlin |
| ⓱ | 瑞典 | 斯德哥爾摩 | 德羅汀罕宮 Royal Domain of Drottningholm |
| ⓲ | 芬蘭 | 赫爾辛基 | 芬蘭防禦城堡 Fortress of Suomenlinna |
| ⓳ | 愛沙尼亞 | 塔林 | 塔林歷史中心 Historic Centre (Old Town) of Tallinn |
| ⓴ | 拉脫維亞 | 里加 | 里加歷史中心 Historic Centre of Riga |

｜精彩旅程尚未結束｜請接下頁→

英國／倫敦：海權時代的格林威治
**Maritime Greenwich**

葡萄牙／里斯本：里斯本貝倫塔
**Tower of Belém in Lisbon**

希臘／雅典：雅典衛城
**Acropolis, Athens**

匈牙利／布達佩斯：布達佩斯
**Budapest**

奧地利／維也納：維也納歷史中
心**Historic Centre of Vienna**

瑞士／伯恩：伯恩古城
**Old City of Berne**

俄羅斯／莫斯科：紅場
**Red Square, Moscow**

捷克／布拉格：布拉格歷史中心
**Historic Centre of Prague**

德國／柏林：柏林博物館島建築群
**Museumsinsel (Museum Island), Berlin**

瑞典／斯德哥爾摩：德羅汀罕宮
**Royal Domain of Drottningholm**

**19** 愛沙尼亞／塔林：塔林歷史中心
Historic Centre (Old Town) of Tallinn

**20** 拉脫維亞／里加：里加歷史中心
Historic Centre of Riga

**21** 立陶宛／維爾紐斯：維爾紐斯歷史中心 Vilnius Historic Centre

**22** 波蘭／華沙：華沙歷史中心
Historic Centre of Warsaw

歐　洲

非　洲

南大西洋

| 標示號碼 | 國家名稱 | 首都名稱 | 世界遺產名稱 |
|---|---|---|---|
| ㉑ | 立陶宛 | 維爾紐斯 | 維爾紐斯歷史中心 Vilnius Historic Centre |
| ㉒ | 波蘭 | 華沙 | 華沙歷史中心 Historic Centre of Warsaw |
| ㉓ | 烏克蘭 | 基輔 | 聖索菲亞主教堂與相關修道院建築群、基輔佩徹爾斯克 Kiev: Saint-Sophia Cathedral and Related Monastic Buildings, Kiev-Pechersk Lavra |
| ㉔ | 俄羅斯 | 莫斯科 | 克里姆林宮及紅場 Kremlin and Red Square, Moscow、克羅門斯科耶的升天教堂 Church of the Ascension, Kolomenskoye、新聖女修道院 Ensemble of the Novodevichy Convent |
| ㉕ | 阿爾及利亞 | 阿爾及爾 | 卡斯巴赫 Kasbah of Algiers |
| ㉖ | 突尼西亞 | 突尼斯 | 突尼斯舊城 Medina of Tunis |
| ㉗ | 埃及 | 開羅 | 開羅歷史區 Historic Cairo |
| ㉘ | 模里西斯 | 路易斯港 | 阿普拉瓦西‧加特區 Aapravasi Ghat |
| ㉙ | 敘利亞 | 大馬士革 | 大馬士革古城 Ancient City of Damascus |
| ㉚ | 葉門 | 沙那 | 沙那古城 Old City of Sana'a |
| ㉛ | 亞塞拜然 | 巴庫 | 巴庫古城和少女之塔、希凡沙王皇宮 Walled City of Baku with the Shirvanshah's Palace and Maiden Tower |
| ㉜ | 印度 | 德里 | 紅堡 Red Fort Complex、胡馬雍陵墓 Humayun's Tomb, Delhi |
| ㉝ | 尼泊爾 | 加德滿都 | 加德滿都谷地 Kathmandu Valley |
| ㉞ | 中國 | 北京 | 北京故宮 Imperial Palaces of the Ming and Qing Dynasties in Beijing and Shenyang、頤和園 Summer Palace, an Imperial Garden in Beijing、北京天壇 Temple of Heaven: an Imperial Sacrificial Altar in Beijing |
| ㉟ | 韓國 | 首爾 | 首爾宗廟 Jongmyo Shrine、昌德宮 Changdeokgung Palace Complex |
| ㊱ | 菲律賓 | 馬尼拉 | 菲律賓的巴洛克式教堂建築群 Baroque Churches of the Philippines |
| ㊲ | 墨西哥 | 墨西哥市 | 墨西哥市歷史中心 Historic Centre of Mexico City and Xochimilco |
| ㊳ | 古巴 | 哈瓦那 | 哈瓦那舊城及防禦工事 Old Havana and its Fortifications |
| ㊴ | 多明尼加 | 聖多明尼加 | 聖多明尼哥殖民城市 Colonial City of Santo Domingo |
| ㊵ | 巴拿馬 | 巴拿馬市 | 老巴拿馬考古遺址與巴拿馬歷史區 Archaeological Site of Panamá Viejo and Historic District of Panamá |
| ㊶ | 厄瓜多 | 基多 | 基多城 City of Quito |
| ㊷ | 秘魯 | 利馬 | 利馬歷史中心 Historic Centre of Lima |
| ㊸ | 委內瑞拉 | 卡拉卡斯 | 卡拉卡斯大學城 Ciudad Universitaria de Caracas |
| ㊹ | 蘇利南 | 巴拉馬利波 | 巴拉馬利波歷史城區 Historic Inner City of Paramaribo |
| ㊺ | 巴西 | 巴西里亞 | 巴西利亞 Brasilia |
| ㊻ | 摩洛哥 | 拉巴特 | 拉巴特，一座現代都市與歷史城市共享的遺產 Rabat, Modern Capital and Historic City: a Shared Heritage |
| ㊼ | 巴貝多 | 橋鎮 | 橋鎮及其軍事要塞 Historic Bridgetown and its Garrison |

**第1名**

🇫🇷 艾菲爾鐵塔
**Tour Eiffel,**
**法國巴黎**

遺產名稱：巴黎塞納河岸
Paris, Banks of the Seine

建築年代：西元1889年
建築特色：連同塔頂的旗竿，鐵塔高有324公尺，除了四個基腳使用鋼筋水泥，塔身全部都是鋼鐵構成，共使用18,038片鋼鐵，以250萬個鉚釘結合，鋼鐵結構重達7,300公噸。

建築高度 **324** 公尺

**第3名**

🇩🇪 科隆大教堂
**Cologne Cathedral,**
**德國科隆**

遺產名稱：科隆大教堂
Cologne Cathedral

建築年代：1248~1880年
建築特色：哥德式風格的科隆大教堂，從1248年開始興建，1265年完成了主祭壇與聖詠台，接下來的建設進度緩慢，直到1842年普魯士王國興起才為今日的規模重新打下基礎。

建築高度 **157** 公尺

北 美 洲
美國

著時代推進，人類的建築技術愈加成熟，也不斷挑戰高度的極限，目前世界第一高樓為阿拉伯聯合大公國杜拜塔的800公尺，然而20世紀之後，人類所建造的摩天大樓還沒有一座被列為世界遺產，名列第一的仍是19世紀末的艾菲爾鐵塔。

名列前10名的建築中，除了埃及古夫金塔和西藏布達拉宮，其餘都位於歐洲，然而並非建築年代愈晚就蓋得愈高，取決因素則在建築形式，特別是這10座就有4座是屬於哥德式建築，伸向無際蒼穹的尖塔是其最大特色。不過聖彼得大教堂和聖母百花大教堂的大圓頂也非常驚人。

**第8名**

🇫🇷 夏特大教堂
**Cathédrale Notre**
**Dame，法國夏特**

遺產名稱：夏特大教堂
Chartres Cathedral

建築年代：西元1134~1260年
建築特色：歐洲哥德式建築的最佳典範之一，教堂內的176片彩繪玻璃，算是歐洲中世紀最重要的作品之一。高115公尺的鐘塔又稱為北塔，其70公尺高的雕飾精美的平台和火焰式的哥德尖塔建於1507~1513年。

建築高度 **115** 公尺
(北鐘塔)

**第2名**

🇪🇸 聖家堂
**Templo de la Sagrada**
**Familia，**
**西班牙巴塞隆納**

遺產名稱：巴塞隆納的高第建築
Works of Antoni Gaudí

建築年代：1883年至今
建築特色：按高第的設計，聖家堂有18個高塔：12個紀念耶穌的12個門徒、4個代表傳教士、1個是聖母瑪利亞，最高的當然象徵耶穌，高度將達170公尺。

建築高度完成時 **170** 公尺；目前112公尺

350 —

300 —

250 —

200 —

150 —

100 —

50 —

0 —

單位：公尺

法國巴黎艾菲爾鐵塔
西班牙巴塞隆納聖家堂
德國科隆大教堂
法國史特拉斯堡聖母院大教堂
埃及吉薩古夫金字塔
梵諦岡聖彼得大教堂
中國西藏布達拉宮
法國夏特大教堂
義大利西恩納市政大廈
義大利翡冷翠聖母百花大教堂

**在人類所打造的建築中，**
**高度排名前10名 的世界遺產有哪些？**

Q7

**第10名**

## 🇮🇹 聖母百花大教堂
### Florence Cathedral，義大利翡冷翠

遺產名稱：翡冷翠歷史中心
Historic Centre of Florence

建築年代：西元1420~1436年
建築特色：1436年所立起的紅色八角形大圓頂，沒有用傳統施工支架，而是利用滑輪來蓋頂的技術，以當時的技術造出這麼一個壯觀的圓頂，讓百花大教堂又添一項值得稱讚的事蹟。

建築高度（主圓頂）**100**餘公尺

**第9名**

## 🇮🇹 西恩納市政大廈
### Palazzo Pubblico，義大利西恩納

遺產名稱：西恩納歷史中心
Historic Centre of Siena

建築年代：西元1310年
建築特色：市政大廈大約在1310年完工，當時是九人會議的總部。曼賈塔樓高102公尺，名稱是取自第一位敲鐘的人，是義大利中古世紀塔樓第二高的，登上塔樓可以俯瞰整個市中心廣場往外擴散的西恩納景致。

建築高度（曼賈塔樓）**102**公尺

**第7名**

建築高度 **117**公尺

## 🇨🇳 布達拉宮
### Potala Palace，中國西藏

遺產名稱：拉薩布達拉宮歷史建築
Historic Ensemble of the Potala Palace, Lhasa

建築年代：西元1645~1653
建築特色：這座建於拉薩市中心海拔3700公尺高的紅山頂上的龐大建築，經過多次修復和增建的工程，形成一個沿著山勢盤繞的大型宮殿，基本上分成白宮和紅宮，白宮是歷代達賴喇嘛的寢宮，而紅宮則容納達賴喇嘛的靈塔及各種佛堂。

**第4名**

## 🇫🇷 聖母院大教堂
### Cathédrale Notre Dame，法國史特拉斯堡

遺產名稱：史特拉斯堡，大島
Strasbourg, Grande Ile

建築年代：1176~1439年
建築特色：法國文豪雨果曾經讚美聖母院大教堂是「巨大和精緻的完美結合」，興建工程從1176年持續到1439年，此後大約有將近4個世紀的時間，這座高達142公尺的尖塔，是當時最高的建築。

建築高度（尖塔）**142**公尺

**第6名**

建築高度 **132.5**公尺（主圓頂）

## 🇻🇦 聖彼得大教堂
### Basilica di San Pietro，梵諦岡

遺產名稱：梵諦岡城
Vatican City

建築年代：西元1400~1666年
建築特色：聖彼得教堂是全世界最大的教堂，長186.35公尺、寬947.5公尺，內部的地板面積達2萬1千4百多平方公尺，沿教堂外圍走一圈也有1778公尺，本堂高40公尺、主圓頂則高132.5公尺，包括貝尼尼的聖體傘等主要的裝飾在內，共有44個祭壇、11個圓頂、778根立柱、395尊雕塑和135面馬賽克鑲嵌畫。

**第5名**

建築高度 **138.8**公尺（原本146.6公尺）

## 🇪🇬 古夫金字塔
### Great Pyramid of Khufu，埃及吉薩

遺產名稱：曼菲斯及其陵墓群－從吉薩到達蘇爾Memphis and its Necropolis – the Pyramid Fields from Giza to Dahshur

建築年代：西元前2560年
建築特色：古夫金字塔四邊側面正對著東、西、南、北四極，底座是毫無瑕疵的正四方形，邊長230.33公尺。至少動用了3萬名民工，每塊石塊平均重達2.5噸，數量超過250萬塊，總重量幾近700萬噸，建成的金字塔體積達2,583,283立方公尺，可納入整座梵諦岡的聖彼得大教堂。

# 在自然遺產中，哪10座**海拔高度**居世界前10名？

## Q8

單位：公尺

**第2名**
海拔高度 **7,816** 公尺

**②南達戴維與花之谷國家公園**
Nanda Devi and Valley of Flowers National Parks，印度

概要：位於西部喜馬拉雅山區，花之谷國家公園以高山野花和優美的自然景象享有盛名，此外，這裡也棲息著珍貴的亞洲黑熊、雪豹、棕熊。

**第1名**
海拔高度 **8,848** 公尺

**①薩嘉瑪莎國家公園(聖母峰)**
Sagarmatha National Park，尼泊爾

概要：薩嘉瑪莎國家公園就是一般所稱的喜馬拉雅山區，全境1148平方公里，涵蓋尼泊爾境內2845公尺以上的山區到聖母峰之間的範圍。平均海拔3000公尺以上，6000公尺以上的高山也比比可見，世界最高的聖母峰就在此列。

**第4名**
海拔高度 **6,050** 公尺

**④克盧恩／蘭格爾—聖伊萊亞斯／冰河灣／塔琴希尼—阿爾塞克**
Kluane/Wrangell-St Elias/Glacier Bay/Tatshenshini-Alsek，美國、加拿大

概要：涵蓋了加拿大(育空領地與卑詩省)以及美國(阿拉斯加)邊界壯麗的冰河與高山景觀，擁有北極圈外世界上最大的冰原，自然景觀令人嘆為觀止，是許多灰熊、北美馴鹿以及白大角羊的棲息地。

**第3名**
海拔高度 **6,768** 公尺

**③華斯卡蘭國家公園**
Huascarán National Park，秘魯

概要：地處世界最高熱帶山脈——布蘭卡山脈(Cordillera Blanca)，主峰華斯卡蘭高6,768公尺，園內處處可見高原、峽谷、冰河和眾多海拔6,000公尺以上的山峰。

8000 —

6000 —

4000 —

2000 —

0 —

北美洲

南美洲

薩嘉瑪莎國家公園(聖母峰)©MOOK　　肯亞山國家公園©MOOK　　瑞士少女峰©Switzerland Tourism

**第7名**
海拔高度 **5,199**公尺

**⑦肯亞山國家公園**Mount Kenya National Park/Natural Forest，肯亞

概要：非洲第二高山，論山勢的險峻，肯亞山可是排行第一名。肯亞山是座死火山，最近一次爆發的時間是在260萬到310萬年前，當時的肯亞山高達6,500公尺，山形類似現在的吉力馬札羅山，北邊迄今仍看得到許多火山錐和火山口。

**第8名**
海拔高度 **5,109**公尺

**⑧魯文佐里山國家公園**Rwenzori Mountains National Park，烏干達

概要：坐落於烏干達西部的魯文佐里山脈，占地將近1,000平方公里。魯文佐里山脈是非洲最美麗的高山之一，境內不僅有非洲第三高峰瑪格麗塔峰（Margherita Peak），為數眾多的冰川、瀑布和湖泊，更有獨特而豐富的植物生態。

**第5名**
海拔高度 **5,895**公尺

**⑤吉力馬札羅山國家公園**
Kilimanjaro National Park，坦尚尼亞

概要：非洲的第一高峰吉力馬札羅山，是一座由基博（Kibo）、希拉（Shira）與馬文濟（Mawenzi）三座火山組成，並且聳立於遼闊熱帶稀樹草原上的休眠火山。過去吉力馬札羅山的頂峰終年積雪，並且有冰河往下延伸，但現在冰河已經大幅後退，情況令人擔憂。

**第9名**
海拔高度 **4,750**公尺

**⑨堪察加火山群**
Volcanoes of Kamchatka，俄羅斯

概要：屬於全球火山活動最頻繁的地區，擁有高密度且噴發形式多樣的活火山群，，火山與冰河的交互作用形成了壯麗的地景奇觀。火山群生物物種豐富，有棕熊、藍鯨、海獺、斯特拉海鵰，當地海域也是世界上鮭魚種類最多的地區。

**第6名**
海拔高度 **5,410**公尺

**⑥桑蓋國家公園**
Sangay National Park，厄瓜多

概要：是史上活動持續最久的火山，以其渾然天成的秀麗景色及其獨特生態著稱。主要包括三種地形：高山冰河、山麓丘陵、沖積扇平原，許多瀑布自冰河切割出來的懸谷落下，豐沛的雨量和地形落差，形成湍急的河流奔向亞馬遜河盆地。

**第10名**
海拔高度 **4,620**公尺

**⑩塞米恩國家公園**
Simien National Park，衣索比亞

概要：境內涵蓋了塞米恩山以及非洲第四高峰——衣索比亞最高峰達尚峰（Ras Dashan）。這裡不僅有經歷了千萬年侵蝕的壯麗山谷以及高山草地，同時也是獅尾狒、衣索比亞狼和特有動物北山羊的棲息地。

要論自然界的海拔高度，一定要從山脈算起，列入世界自然遺產的，不乏世界名山。其中亞洲的喜馬拉雅山系就拔得頭籌，分居前兩名，一座位於尼泊爾，一座在印度。

非洲前四大高峰都入選世界遺產，這四座高山海拔高度也都擠進前十名；美洲也有三座在榜內，都是位於太平洋火環東側的南北美兩大山系，尤其是南美洲的安地斯山脈。

至於以文化遺產勝出的歐洲，則全數落榜，歐洲第一高峰白朗峰海拔4810公尺，但並不在世界遺產之列，目前歐洲海拔最高的世界遺產則是瑞士的少女峰，海拔4158公尺，但是並沒有擠進世界前十名。

# 哪些世界遺產因為維護不力被聯合國教科文組織除名？目前又有哪些被列為瀕危名單？

北大西洋

南美洲

**2009**年的世界遺產大會宣布，把德國的「德勒斯登易北河谷」(Dresden Elbe Valley)從世界遺產中除名，因為德勒斯登市執意在河谷上蓋四線道的大橋，將嚴重破壞景觀，這也是1978年以來，繼阿曼的阿拉伯羚羊保護區(Arabian Oryx Sanctuary)之後，第二個被除名的世界遺產。這對向來重視自然與文化景觀維護的歐美國家來說，無疑是一大諷刺。

德勒斯登易北河谷長18公里，2004年才被列入世界遺產名單；2006年，德勒斯登市政府計畫在這段河谷上建大橋，因此先將之列入「瀕危世界遺產名單」，然而仍未能阻止建橋，最後才祭出除名手段。

同樣的，阿曼決定將阿拉伯羚羊保護區面積縮減90%並探勘石油，於是在2007年將之除名。

至於瀕危世界遺產每年都會變動，維護得好就能再回到正常的名單中，截至2012年為止，共有38個在列。

## 除名遺產

| 編號 | 國家 | 遺產名 | 登錄年度 | 除名年度 |
|------|------|--------|----------|----------|
| ❶ | 阿曼 | 阿拉伯羚羊保護區Arabian Oryx Sanctuary | 1994 | 2007 |
| ❷ | 德國 | 德勒斯登易北河谷Dresden Elbe Valley | 2004 | 2009 |

## 瀕危遺產

| 編號 | 國家 | 遺產名 | 登錄年度 | 瀕危年度 |
|------|------|--------|----------|----------|
| ❶ | 阿富汗 | ◆ 巴米揚山谷文化遺址Cultural Landscape and Archaeological Remains of the Bamiyan Valley | 2003 | 2003 |
| ❷ | 阿富汗 | ◆ 賈姆宣禮塔遺址Minaret and Archaeological Remains of Jam | 2002 | 2002 |
| ❸ | 喬治亞 | ◆ 姆茨赫塔紀念古蹟群Historical Monuments of Mtskheta | 1994 | 2009 |
| ❹ | 喬治亞 | ◆ 巴格蒂主教堂和吉拉蒂修道院Bagrati Cathedral and Gelati Monastery | 1994 | 2010 |
| ❺ | 伊朗 | ◆ 巴姆城及其文化景觀Bam and its Cultural Landscape | 2004 | 2004 |
| ❻ | 伊拉克 | ◆ 亞述Ashur (Qal'at Sherqat) | 2003 | 2003 |
| ❼ | 伊拉克 | ◆ 薩邁拉考古城Samarra Archaeological City | 2007 | 2007 |
| ❽ | 耶路撒冷 | ◆ 耶路撒冷舊城及其城牆Old City of Jerusalem and its Walls | 1981 | 1982 |
| ❾ | 印尼 | ◆ 蘇門答臘熱帶雨林Tropical Rainforest Heritage of Sumatra | 2004 | 2011 |
| ❿ | 巴勒斯坦 | ◆ 耶穌誕生地：伯利恆主誕堂及朝聖之路Birthplace of Jesus: Church of the Nativity and the Pilgrimage Route, Bethlehem | 2012 | 2012 |
| ⓫ | 葉門 | ◆ 扎比德古城Historic Town of Zabid | 1993 | 2000 |
| ⓬ | 塞爾維亞 | ◆ 科索沃的中世紀古蹟Medieval Monuments in Kosovo | 2004 | 2006 |
| ⓭ | 中非共和國 | ● 曼諾弗－高達聖弗里斯國家公園Manovo–Gounda St Floris National Park | 1988 | 1997 |
| ⓮ | 象牙海岸、幾內亞 | ● 寧巴山自然保護區 Mount Nimba Strict Nature Reserve | 1981 | 1992 |
| ⓯ | 象牙海岸 | ● 共莫耶國家公園Comoé National Park | 1983 | 2003 |
| ⓰ | 剛果民主共和國 | ● 維龍加國家公園Virunga National Park | 1979 | 1994 |

## 瀕危遺產

| 編號 | 國家 | 遺產名 | 登錄年度 | 瀕危年度 |
|---|---|---|---|---|
| ⑰ | 剛果民主共和國 | ● 加蘭巴國家公園 Garamba National Park | 1980 | 1996 |
| ⑱ | 剛果民主共和國 | ● 卡胡茲－比加國家公園Kahuzi-Biega National Park | 1980 | 1997 |
| ⑲ | 剛果民主共和國 | ● 薩隆加國家公園Salonga National Park | 1984 | 1999 |
| ⑳ | 剛果民主共和國 | ● 霍加皮野生動物保護區Okapi Wildlife Reserve | 1996 | 1997 |
| ㉑ | 埃及 | ◆ 阿布美納城Abu Mena | 1979 | 2001 |
| ㉒ | 衣索比亞 | ● 塞米恩國家公園Simien National Park | 1978 | 1996 |
| ㉓ | 尼日 | ● 阿伊爾和泰內雷自然保護區Air and Ténéré Natural Reserves | 1991 | 1992 |
| ㉔ | 塞內加爾 | ● 尼奧科洛－科巴國家公園Niokolo-Koba National Park | 1981 | 2007 |
| ㉕ | 坦尚尼亞 | ◆ 基爾瓦基斯瓦尼遺址和松戈姆納拉遺址Ruins of Kilwa Kisiwani and Ruins of Songo Mnara | 1981 | 2004 |
| ㉖ | 貝里斯 | ● 貝里茲堡礁系統Belize Barrier Reef Reserve System | 1996 | 2009 |
| ㉗ | 智利 | ◆ 翰伯石與聖羅拉硝石廠區Humberstone and Santa Laura Saltpeter Works | 2005 | 2005 |
| ㉘ | 哥倫比亞 | ● 洛斯卡蒂奧國家公園Los Katíos National Park | 1994 | 2009 |
| ㉙ | 秘魯 | ◆ 昌昌考古遺址Chan Chan Archaeological Zone | 1986 | 1986 |
| ㉚ | 委內瑞拉 | ◆ 科羅港口城鎮Coro and its Port | 1993 | 2005 |
| ㉛ | 馬達加斯加 | ◆ 阿欽安那那雨林Rainforests of the Atsinanana | 2007 | 2010 |
| ㉜ | 馬利 | ◆ 廷布克圖Timbuktu | 1998 | 2012 |
| ㉝ | 馬利 | ◆ 阿斯基亞陵墓Tomb of Askia | 2004 | 2012 |
| ㉞ | 烏干達 | ◆ 卡蘇比的布干達王陵Tombs of Buganda Kings at Kasubi | 2001 | 2010 |
| ㉟ | 宏都拉斯 | ◆ 普拉塔諾河生物圈保護區Río Plátano Biosphere Reserve | 1982 | 2011 |
| ㊱ | 巴拿馬 | ◆ 巴拿馬加勒比海沿岸防禦工事：波多貝羅到聖羅輪佐Fortifications on the Caribbean Side of Panama: Portobelo-San Lorenzo | 1980 | 2012 |
| ㊲ | 美國 | ◆ 大濕地國家公園Everglades National Park | 1979 | 2010 |
| ㊳ | 英國 | ◆ 海權時代商城利物浦Liverpool – Maritime Mercantile City | 2004 | 2012 |

| 編號 | 世界遺產 | | 共有國家 |
|---|---|---|---|
| ❶ | 阿爾卑斯山區史前干欄式民居Prehistoric Pile dwellings around the Alps | | 奧地利、法國、德國、義大利、斯洛維尼亞、瑞士 |
| ❷ | 烏布蘇湖盆地Uvs Nuur Basin | | 俄羅斯、蒙古 |
| ❸ | 費爾托／諾吉勒湖文化景觀Fertö / Neusiedlersee Cultural Landscape | | 奧地利、匈牙利 |
| ❹ | 比亞沃維耶扎原始森林Belovezhskaya Pushcha | | 白俄羅斯、波蘭 |
| ❺ | 比利時和法國的鐘樓Belfries of Belgium and France | | 比利時、法國 |
| ❻ | 斯特魯維測量點Struve Geodetic Arc | | 白俄羅斯、愛沙尼亞、芬蘭、拉脫維亞、立陶宛、摩爾達維亞、挪威、俄羅斯、瑞典、烏克蘭 |
| ❼ | 瓦爾肯群島／瑞典高海岸High Coast / Kvarken Archipelago | | 芬蘭、瑞典 |
| ❽ | 庇里牛斯山之普渡山Pyrénées - Mont Perdu | | 法國、西班牙 |
| ❾ | 羅馬帝國的邊界Frontiers of the Roman Empire | | 德國、英國 |
| ❿ | 穆斯考公園Muskauer Park / Park Muzakowski | | 德國、波蘭 |
| ⓫ | 瓦登海The Wadden Sea | | 德國、荷蘭 |
| ⓬ | 羅馬歷史中心Historic Centre of Rome | | 羅馬教廷、義大利 |
| ⓭ | 阿格特雷克及斯洛伐克喀斯特洞窟群Caves of Aggtelek Karst and Slovak Karst | | 匈牙利、斯洛伐克 |
| ⓮ | 阿爾布拉–伯連納的利西亞阿爾卑斯山鐵路Rhaetian Railway in the Albula / Bernina Landscapes | | 義大利、瑞士 |
| ⓯ | 庫爾斯沙嘴Curonian Spit | | 俄羅斯、立陶宛 |
| ⓰ | 喀爾巴阡山脈與德國原始山毛櫸森林Primeval Beech Forests of the Carpathians and the Ancient Beech Forests of Germany | | 德國、斯洛伐克、烏克蘭 |
| ⓱ | 寧巴山自然保護區 Mount Nimba Strict Nature Reserve | | 象牙海岸、幾內亞 |
| ⓲ | 塞內甘比亞石圈Stone Circles of Senegambia | | 塞內加爾、甘比亞 |
| ⓳ | 維多利亞瀑布Mosi-oa-Tunya / Victoria Falls | | 辛巴威、尚比亞 |
| ⓴ | 瓜拿納印第安族的耶穌會教堂Jesuit Missions of the Guaranis | | 阿根廷、巴西 |
| ㉑ | 桑哈跨三國保護區Sangha Trinational（2012，746,309 ha） | | 喀麥隆、中非共和國、剛果 |
| ㉒ | 克盧恩／蘭格爾—聖伊萊亞斯／冰川灣／塔琴希尼—阿爾塞克 Kluane / Wrangell-St Elias / Glacier Bay / Tatshenshini-Alsek | | 加拿大、美國 |
| ㉓ | 瓦特頓冰河國際和平公園Waterton Glacier International Peace Park | | 加拿大、美國 |
| ㉔ | 塔拉曼加地區—阿密斯德保護區／阿米斯達國家公園 Talamanca Range-La Amistad Reserves / La Amistad National Park | | 哥斯大黎加、巴拿馬 |
| ㉕ | 聖喬治山Monte San Giorgio | | 義大利、瑞士 |
| ㉖ | 科阿峽谷和西艾加維德史前岩石藝術遺址Prehistoric Rock Art Sites in the Côa Valley and Siega Verde | | 葡萄牙、西班牙 |
| ㉗ | 水銀遺產：阿爾馬登與依德里亞Heritage of Mercury. Almadén and Idrija | | 西班牙、斯洛維尼亞 |

# 哪些世界遺產為兩個國家所共有？Q10

由兩個國家一起申報同一個世界遺產，大多數都是因為這些世界遺產位於兩國交界處，地理上很難切割開來。不過也有一些是例外，例如英國和德國的「羅馬帝國邊界」，原本是德國境內的邊牆，自1987年被列為世界遺產，後來英國的哈德良長城因為性質相同，於2005年兩個合併列為同一座世界遺產，而英國和德國並未相連。

此外，最特殊的是「斯特魯維測量點」，橫跨十個國家，這條測量線總常2820公里，堪測計畫是由俄羅斯地質學家斯特魯維在1816~1855年間主持，是全球首度對子午線進行長距離的測量，這對於後來確認地圖標準繪製，以及在地球科學和地形學上都有相當大的助益。而整條測量線以258個三角定位找出265個主要落點，世界遺產協會則選出34個原駐點，這些落點分別以當初測量時留下的記號為主，包括岩石洞、鐵十字架、石堆註記或是紀念碑等，算是最特殊的一座世紀遺產。

在 旅行途中，首先映入眼簾，最能直接打動人心的，便是自然美景。不論是地理天候形塑出來的冰河、火山、峽灣、奇岩怪石、喀斯特石灰岩地形，還是熱帶雨林、珊瑚礁孕育出的豐富生態，或者陸地上的野生動物遷徙，或者海面上的鯨豚巡航，這些都是造物主的奇蹟，也是許多人一生中必定要造訪一次的大自然奇景，而這大多數都在世界遺產的名單中。

# Q11
# 哪些世界遺產以絕佳的自然景觀，被公認為世界奇景？

歐洲
芬蘭
瑞典
挪威
⑨
愛沙尼亞
拉脫維亞
立陶宛
丹麥
愛爾蘭
英國
波蘭
白俄羅斯
烏克蘭
亞洲
德國
法國
捷克
匈牙利
哈薩克
西班牙
葡萄牙
奧地利
羅馬尼亞
保加利亞
黑海
裡海
亞塞拜然
烏茲別克
吉爾吉斯
蒙古
摩洛哥
阿爾及利亞
土耳其
⑦
亞美尼亞
土庫曼
塔吉克
中國
太平洋
非洲
茅利塔尼亞
馬利
尼日
查德
蘇丹
⑧
⑥
台灣
幾內亞
奈及利亞
衣索比亞
孟加拉
緬甸
寮國
賴比瑞亞
象牙海岸
喀麥隆
剛果
肯亞
越南
泰國
菲律賓
密克羅尼西亞
坦尚尼亞
新加坡
南大西洋
安哥拉
尚比亞
⑩
辛巴威
納米比亞
波札那
印度洋
印度尼西亞
巴布亞新幾內亞
莫三比克
南非
⑤
澳洲

**⑥九寨溝**
**Jiuzhaigou Valley Scenic and Historic Interest Area，中國**
【主要特色】喀斯特地形

**⑧薩嘉瑪莎國家公園(聖母峰)**
**Sagarmatha National Park，尼泊爾**
【主要特色】高山生態

**⑩維多利亞瀑布**
**Mosi-oa-Tunya / Victoria Falls，辛巴威、尚比亞**
【主要特色】瀑布

**⑤大堡礁**
**Great Barrier Reef，澳洲**
【主要特色】海洋珊瑚礁

**⑦葛勒梅國家公園及卡帕多起亞岩石區**
**Göreme National Park and the Rock Sites of Cappadocia，土耳其**
【主要特色】奇岩怪石

**③伊瓜蘇國家公園**
**Iguaçu National Park，巴西、阿根廷**
【主要特色】瀑布

世界上各個國家設立的國家公園、保護區何其多，保育植物、保育動物，也保育生態，能被列為世界遺產的，自有其不凡意義。

這些動物需要被保護，當然是生存環境遭受極大威脅，一般人耳熟能詳的就有大貓熊、黑猩猩、白犀牛、美洲野牛，還有海洋哺乳動物鯨魚等。只不過這些動物的棲地本身也極其脆弱，再加上人為或政治不穩定的破壞，這些自然遺產也有一大半都被列為瀕危名單。本單元所列舉，僅為其中較具代表性的20座。

# Q12

## 哪些自然遺產，是以設立保護區或國家公園的方式，保護某些特定的野生動物？

### ❶保加利亞
**斯雷伯爾納自然保護區**
Srebarna Nature Reserve

此保護區最大的特色在於它是近百種鳥類的滋生地，以及80多種往來於歐亞兩洲候鳥每年冬天的棲息地，出現在這裡的鳥類中包括達爾馬西亞鵜鶘、疣鼻天鵝、灰雁，以及大白鷺、夜鷺、紫蒼鷺和白琵鷺等。

### 非洲

### ❷坦尚尼亞
**塞倫蓋提國家公園**
Serengeti National Park

本區具有重要的生態價值，不僅孕育著為數量眾多的動物群落，如獅子、豹、大象、犀牛和水牛，每年還會上演有蹄哺乳類動物隨季節逐水草而居的景象，其中最令人嘆為觀止的，就是上百萬隻瞪羚以及數十萬隻斑馬進行大遷徙的壯觀畫面。

### ❸坦尚尼亞
**塞盧斯自然保護區**
Selous Game Reserve

本區的野生動物種類繁多，大象、鱷魚、黑犀牛、河馬和非洲豺犬的數量，甚至高居非洲國家公園之冠。

### ❹烏干達
**布溫迪國家公園**
Bwindi Impenetrable National Park

布溫迪森林是非洲最豐富的生態系統之一，動植物種類繁多，境內除了有超過160種樹木、100種蕨類、120種哺乳動物、300多種鳥類，更是山地大猩猩等瀕危物種的庇護所。

### ❺剛果民主共和國
**霍加皮野生動物保護區**
Okapi Wildlife Reserve

這裡除了擁有各式各樣的樹木與植物，動物種類也相當繁多，包括13種以上的靈長類動物、瀕臨絕種的非洲象以及5千隻野生霍加皮鹿(全球估計有3萬隻左右)。

### ❻塞內加爾
**朱賈國家鳥類保護區**
Djoudj National Bird Sanctuary

朱賈國家鳥類保護區位於塞內加爾河三角洲上，占地160平方公里，境內的一座大湖連同周邊的河流、池塘及水潭，是許多候鳥飛過撒哈拉沙漠後最先到達的淡水棲地，因此具有極重要的鳥類保育價值。

本區擁有將近400種、150萬隻鳥類，較常見的包括紅鶴、鵜鶘、紫鷺、非洲琵鷺、大白鷺和鸕鷀。

### 亞洲

### ❼印度
**瑪那斯野生動物保護區**

Manas Wildlife Sanctuary

位於喜馬拉雅山腳的緩丘上，這片林木茂密的丘陵，到處是沖積草原及熱帶雨林，保護區裡棲息著各種瀕危動物，包括孟加拉虎、亞洲象、印度犀牛、侏儒豬等。

### ❽中國
**四川臥龍、四姑娘山、夾金山大貓熊保護區**
Sichuan Giant Panda Sanctuaries – Wolong, Mt Siguniang and Jiajin Mountains

人見人愛的貓熊目前在中國大陸只存活在四川、甘肅、陝西交界的山區，總數不過1000隻左右，大多分布在四川境內，因此四川以貓熊故鄉自居，設置了臥龍等5處保護區，以挽救貓熊瀕臨絕種的危機。

### ❾泰國
**懷卡坎野生動物保護區**
Thungyai-Huai Kha Khaeng Wildlife Sanctuaries

由於林相變化多，也成為野生動物的最佳棲息地，整座保護區有百分之七十七是大型哺乳類動物，包括野生大象、老虎、水牛、豹、亞洲野生狗等，百分之五十是鳥類，百分之三十三是脊椎動物，是難得擁有完整且多樣生態的保護區。

歐 洲
亞 洲
非 洲
地中海
裡海
黑海
南大西洋
印度洋
大 洋 洲
美拉尼西亞
澳洲
紐西蘭

---

### ⑩日本
**北海道知床半島Shiretoko**

全境布滿高山和海岬，因而成為棕熊、蝦夷鹿、大島貓頭鷹等野生動物的天堂。知床五湖的自然生態豐富，時常可以看到蝦夷鹿群在湖畔覓食的情景外，不過最引人注目的就是棕熊的出沒。

### ⑪印尼
**科摩多國家公園**
**Komodo National Park**

科摩多國家公園位於峇里島東邊海面，全境約7萬5千公頃，由多座火山島組成，沿岸是白沙灘、珊瑚礁、碧藍海洋，內陸則是遍布多刺灌木叢、乾燥草原的崎嶇山坡，在完全對比的自然景觀裡，棲息著5700多隻大蜥蜴。

這些蜥蜴因外表和好鬥的行為模式，而被稱為「科摩多龍」。全球獨一無二只在印尼離島生長的科摩多龍，是科學家的最愛，尤其是在研究生物演化理論方面。

### 大洋洲

### ⑫澳洲
**大堡礁Great Barrier Reef**

由大大小小約2600個珊瑚礁構成的大堡礁，孕育了400種海綿動物、300

種珊瑚、4000種軟體動物和1500種魚類，因此大堡礁的海底世界可說色彩繽紛。

### ⑬澳洲
**鯊魚灣Shark Bay**

坐落在澳洲大陸西海岸最西處的鯊魚灣，四周被島嶼和陸地圍繞著，它擁有全球最廣最豐富的海草床，占地4800平方公里，和世界上數量最多的儒艮。鯊魚灣還同時保育5種瀕臨絕種的哺乳動物。

### 美洲

### ⑭加拿大
**伍德野牛國家公園**
**Wood Buffalo National Park**

棲息著北美數量最多的野牛，同時也是美洲鶴的棲地。皮斯河和阿薩巴斯卡河之間有著世界上最大的內陸三角

---

洲，是這座國家公園的最大特色。

### ⑮墨西哥
**維茲坎諾鯨魚保護區**
**Whale Sanctuary of El Vizcaino**

維茲坎諾位在下加利福尼亞半島，包含兩個潟湖帶，氣候乾燥到水份蒸發率高達98%，在這樣的極端條件上，形成有趣的生態景觀。海岸線上長滿了紅樹林，灰鯨、藍鯨、海獅、海豹、海象都至此區繁殖、避寒；四種瀕臨絕種的海龜也在這裡居住。

### ⑯墨西哥
**國王蝴蝶生態保護區**
**Monarch Butterfly Biosphere Reserve**

每年秋天，數十億萬計的蝴蝶，自北美各地飛到墨西哥市西北方大約100公里處，約56,259公頃的山區避冬。

### ⑰哥斯大黎加
**關納卡斯帝保護區**
**Area de Conservación Guanacaste**

這個生態系是由太平洋海岸的熱帶旱林，延伸近20公里到太平洋，包括大片的紅樹林，是很多瀕絕生物的棲地，例如：海水鱷、不吸血的大型食肉蝙蝠（False Vampire Bat）、橄蠵龜、革龜、美洲豹、美洲綠鵑（Mangrove Vireo）、紅樹林蜂鳥（Mangrove Hummingbird）、大鸛鳥（Jabiru Stork）等。

---

### ⑱厄瓜多
**加拉巴哥群島Galápagos Islands**

地理位置的孤立加上三股洋流匯聚於附近海域，除了促成生物演化成地方特有種，也成了一個海洋生物的調色盤，鬣蜥蜴、巨型陸龜等特有生物，在1835年達爾文造訪此地後，觸發了他《物競天擇》的演化論學說。因此加拉巴哥群島始終享有「生物博物館及演化櫥窗」的美譽。

### ⑲巴西
**賽拉多保護區：**
**恰帕達‧多斯‧維亞德羅斯與艾瑪斯國家公園**
**Cerrado Protected Areas: Chapada dos Veadeiros and Emas National Parks**

賽拉多是個熱帶草原區，也是世界上最古老，生物種類最多的一個熱帶生態區，包括許多瀕臨絕種生物如：鬃狼（maned wolf）、水豚（capybaras）、南美駝鳥（rheas）等。

### ⑳蘇利南
**蘇利南中央自然保護區**
**Central Suriname Nature Reserve**

大部份地方人煙罕至，故能保留原始生態體系，猩紅色、紅綠色和藍金色金剛鸚鵡、數量穩定的美洲豹、南美大犰狳、大河獺徜徉其間。

53

相對於活生生的動物，植物生存環境所遭受的威脅較容易被忽略，然而這裡往往也是珍稀動物的重要棲地。

由於這些自然保護區人煙稀少、地處偏遠，範圍又相當遼闊，相較於動物的脆弱，植物生態毋寧是保存得較好，當然，還是有一部分遭受威脅。這些植物類的世界遺產，大致又可從「豐富的植物生態」、「古代植物及原始森林」、「植被面積遼闊與大型植物」、「珍稀特有種」加以分類。

北大西洋

北美洲

南美洲

# Q13 哪些地方因為植物生態特殊而成為世界遺產，同時兼具保育某些特殊植物的功能？

## 【古代植物及原始森林】

| 編號 | 國家名稱 | 世界遺產名稱 | 概要 |
|---|---|---|---|
| ⑦ | 葡萄牙 | 馬德拉群島的月桂樹森林 Laurisilva of Madeira | 以當今全世界最大的月桂樹林且年代久遠的月桂樹森林聞名，其中將近90%的面積都屬於原生林。此外還有稀少的苔蘚、蕨類和開花植物與多達66種的維管束植物等。 |
| ⑧ | 西班牙 | 加拉霍奈國家公園 Garajonay National Park | 位於大西洋加那利群島的戈梅拉(Gomera)島中央，占地3984公頃，70%為珍稀的月桂樹所覆蓋，月桂樹數量居全球之冠。盛行西風帶來大量水氣，植被茂密，植物種類多達450種，其中34種為特有種。 |
| ⑨ | 塞席爾 | 瑪依谷地自然保護區 Vallée de Mai Nature Reserve | 境內有大片由當地特有棕櫚樹形成的棕櫚林，在這些棕櫚樹中，最知名的是以巨大種子稱霸植物界的海椰子(Coco de Mer)。 |
| ⑩ | 日本 | 白神山地Shirakami-Sanchi | 這片人煙稀少的森林有8000年的歷史，其中位在中央的16,971畝的山毛櫸原生林被收錄為世界遺產。 |
| ⑪ | 澳洲 | 昆士蘭熱帶溼林區 Wet Tropics of Queensland | 是世界上最古老的雨林之一，不只蘊含許多瀕臨絕種的動植物，它本身更就像是一部地球的生態進化史。 |
| ⑫ | 澳洲 | 岡瓦納雨林保護區 Gondwana Rainforests of Australia | 澳洲東海岸雨林保護區位處在澳洲東海岸的大斷層上，以多樣瀕臨絕跡的雨林物種著名。 |
| ⑬ | 澳洲 | 大藍山區 Greater Blue Mountains Area | 擁有廣大的尤加利樹林地，藍山本身等同一部完整的澳洲尤加利樹生態進化史，還有超過400種的動植物在此生息。 |
| ⑭ | 澳洲 | 塔斯馬尼亞荒原Tasmanian Wilderness | 境內的公園及自然景觀保留地共涵蓋100萬公頃，是全球僅存的溫帶雨林之一。 |
| ⑮ | 紐西蘭 | 蒂瓦希普拿姆─紐西蘭西南部 Te Wahipounamu-South West New Zealand | 自然植被相當豐富多元，緯度、高度、氣溫、雨量等的不同，形成了濕地、草地、灌木叢和森林等生態區，擁有許多古代植物，如14種羅漢松、南山毛櫸。 |

## 【植被面積遼闊與大型植物】

| 編號 | 國家名稱 | 世界遺產名稱 | 概要 |
|---|---|---|---|
| ⑯ | 俄羅斯 | 科米原始森林 Virgin Komi Forests | 保留了大片的松柏、山楊、樺木等針葉林，並庇護著許多珍貴的野生動物。 |
| ⑰ | 波蘭、白俄羅斯 | 比亞沃維耶扎原始森林 Belovezhskaya Pushcha / Białowieża Forest | 廣大的森林包括許多常青闊葉樹種，也是許多稀有哺乳動物的棲地。 |
| ⑱ | 俄羅斯 | 西高加索山脈 Western Caucasus | 是歐洲少見未經人類開發衝擊的山區，此區域有多樣性的生態系統，包含許多特有種的植物與野生動物。 |
| ⑲ | 馬來西亞 | 京那峇魯國家公園Kinabalu Park | 以熱帶雨林生態而聞名遐邇，尤其生長在國家公園保護區內更有無數奇特的繁茂植物，像是世界最大朵花之一的拉芙西亞花和項鍊蘭花，以及橡樹、杜鵑花、豬籠草和矮灌木等各類花草茂盛成長。 |
| ⑳ | 美國 | 紅木國家公園 Redwood National and State Parks | 以巨大的紅木為名，園區裡有全球最高的樹。紅木生長於雲霧繚繞的溫帶海岸區，是很好的建材，其中最具代表性的是水杉(Sequoia)。 |

## 【豐富的植物生態】

| 編號 | 國家名稱 | 世界遺產名稱 | 概要 |
|---|---|---|---|
| ❶ | 坦尚尼亞 | 吉力馬札羅山國家公園<br>Kilimanjaro National Park | 遼闊的熱帶稀樹草原，以及高山的熱帶雨林。 |
| ❷ | 南非 | 開普植物生態保護區<br>Cape Floral Region Protected Areas | 區內大約有150種特有的植物，有些更是瀕臨絕種的稀有物種。其中包括南非國花——帝王花(King Protea)。 |
| ❸ | 印尼 | 蘇門答臘熱帶雨林Tropical Rainforest Heritage of Sumatra | 包括三座國家公園，境內計有上萬種植物，包括17個原生種。 |
| ❹ | 巴拿馬 | 達立安國家公園Darien National Park | 從紅樹林沼澤、低地至山地雨林，提供絕佳的生物棲地，混雜的生物基因數量龐大。 |
| ❺ | 巴西 | 東南部大西洋沿岸森林保留區<br>Atlantic Forest South-East Reserves | 是巴西最完整的大西洋沿岸森林，也是世上最後一片可展現大西洋沿岸陸地生物多樣性與生物演化歷史的地方。 |
| ❻ | 巴西 | 發現大西洋岸森林保留區Discovery Coast Atlantic Forest Reserves | 這裡的緯度已達南緯24度，卻仍有雨林生態，主要是因為位於信風帶使當地的冬季雨水不斷。保留區裡樹林和灌木林種類繁多，也孕育了多樣的生物。 |

## 【珍稀特有種】

| 編號 | 國家名稱 | 世界遺產名稱 | 概要 |
|---|---|---|---|
| ㉑ | 烏干達 | 魯文佐里山國家公園<br>Rwenzori Mountains National Park | 為數眾多的冰川、瀑布和湖泊，更有獨特而珍稀的高山植物生態。 |
| ㉒ | 肯亞 | 肯亞山國家公園Mount Kenya National Park／Natural Forest | 植被豐富，地貌多元，從低海拔的森林，往上到荒原，再到高山林地，可以發現11種肯亞山特有植物和150種地區植物。 |
| ㉓ | 馬達加斯加 | 欽吉伯瑪拉哈自然保護區 Tsingy de Bemaraha Strict Nature Reserve | 未遭破壞的原始森林、湖泊和紅樹林，也是稀有瀕危的狐猴以及鳥類的棲息地。這裡約有10,000~12,000種植物，其中85%為特有種。 |
| ㉔ | 中國 | 黃山Mount Huangshan | 怪石、奇松、雲海、溫泉等四大絕景，造就了飄渺夢幻天成美景。奇松便是最珍貴的資產。 |
| ㉕ | 日本 | 屋久島Yakushima | 屋久杉原生林是屋久島最重要的自然景觀，大面積的杉木都有數千年的歷史，而繩文杉則是其中最具代表性也最著名的杉木，根據推斷已有超過7200年的歷史。 |
| ㉖ | 厄瓜多 | 加拉巴哥群島Galápagos Islands | 這裡距離美洲大陸1000公里之遙，促成生物演化成地方特有種，始終享有「生物博物館及演化櫥窗」的美譽。 |
| ㉗ | 委內瑞拉 | 卡奈馬國家公園Canaima National Park | 孤立的高地孕育出3000種地特有植物。 |
| ㉘ | 秘魯 | 華斯卡蘭國家公園<br>Huascarán National Park | 擁有豐富的植被與動物群，超過779種植物與112種鳥類，並生長著獨一無二的巨型開花植物Puyas Raimondi，可長到10公尺高，生命週期長達40年，每株可開3000朵花和600萬顆種子。 |

火山地熱是地球最初生成時的樣貌，從這些名列世界遺產的火山地貌，約略可以拼湊出地球的形成軌跡，而這些火山熔岩的地質、地形，也提供了地球科學家極佳的研究材料。

其中最知名、又能以最近距離觀賞的就是夏威夷大島的火山國家公園，火山口仍在冒煙，溶岩仍然不斷溢流，事實上，整個夏威夷群島就是火山島嶼地形，火山礫石海灘、冷卻的熔岩、巨大火山口仍然清晰可辨。

格陵蘭
冰島
北美洲
北大西洋
美國
⑪ 夏威夷
太平洋
波里尼西亞
墨西哥
貝里斯
瓜地馬拉 宏都拉斯
薩爾瓦多 尼加拉瓜
哥斯大黎加
海地・多明尼加 ⑬
⑭
委內瑞拉
哥倫比亞
圭亞那
蘇利南
厄瓜多 ⑯ 南美洲
⑮ 巴西
祕魯
玻利維亞
巴拉圭
⑰
智利
阿根廷

# 地球生成過程中，火山扮演了關鍵角色，有哪些火山地貌被列為世界遺產？

Q14

⑪
©Hawaii Tourism

🏴󠁧󠁢󠁥󠁮󠁧󠁿❶聖基爾達島
**St. Kilda**，**英國**
位於蘇格蘭外赫布里底群島最西岸，是大西洋北部的群島。本島是座火山群島，包含其他4座小島。

🏴󠁧󠁢❷巨人之路與海岸堤道
**Giant's Causeway and Causeway Coast**，**北愛爾蘭**
4萬多根六角形黑色巨大玄武岩石柱由海中凸峭，而形成了這條傳說中的巨人之路。此區地質研究已經有300多年了，對地球科學發展有貢獻良多，後來並確認形成因素是由約5-6億年前，第三紀時的火山作用而形成的。

🇮🇹❸伊奧利亞群島
**Isole Eolie**，**義大利**
伊奧利亞群島是由七座火山活動形成的小島組成，這裡可以觀賞到原始火山的活動。

🇪🇸❹加拉霍奈國家公園
**Garajonay National Park**，**西班牙**
由於加那利群島係由火山噴發所形成的，加拉霍奈國家公園裡因而不時可見裸露於地表的凝固黑色火山岩流，嶙峋崢嶸。

🏴󠁧󠁢❺戈夫島野生動植物保護區
**Gough and Inaccessible Islands**，**英國**
戈夫島是第三紀火山島，大多數海岸線為約500至1000尺高的峭壁，沒有可庇護的港口，唯一的著陸點為東海岸。多山與峭壁，成為世界上最重要的海鳥棲息地。

🇹🇿❻恩格羅恩格羅自然保護區
**Ngorongoro Conservation Area**，**坦尚尼亞**
境內重要的地理景觀包括世界最大的火山口「恩格羅恩格羅火山口」，以及活火山「歐鐸尼尤蘭加」(Oldonyo Lenga)。

🇦🇺❼赫德與麥當納群島
**Heard and McDonald Islands**，**澳洲**
這是唯一靠近南極的活火山島嶼，被人類譽為是「開啟一扇深入地球核心的窗戶」，藉以觀察目前仍在不斷發展的地貌及冰河動態。

歐 洲

亞 洲

非 洲

南大西洋

印度洋

太平洋

密克羅尼西亞

大 洋 洲

美拉尼西亞

上噴竄，形成閒歇泉、泥漿泉、噴氣孔、溫泉等超過10000種地熱型態，占全球目前已知半數。

### ⑬三峰山國家公園
**Morne Trois Pitons National Park，多米尼克**
是個火山地質國家公園，以高1,342公尺的火山為重點，同時還有50個不停冒著泥漿的山噴氣孔和噴泉、1個景觀十分荒涼的谷地、3個淡水湖，還有1個不斷冒煙的沸騰湖。

### ⑭皮頓火山錐生態區
**Pitons Management Area，聖露西亞**
皮頓火山錐主要由海中突起的二個火山錐體構成，一是葛洛斯峰(Gros Piton)，另一座為佩提峰(Petit Piton)，這二座錐峰與附近面積2,909公頃的區域，見證火山噴發及地殼隱沒帶地形，包括火山口、溫泉、硫黃氣體、火山灰和輕石沈積，熔岩流等等。

### ⑮加拉巴哥群島
**Galápagos Islands，厄瓜多**
加拉巴哥群島位於東太平洋、赤道兩側，不斷的火山熔岩噴發和地殼隆起形成了這19座年輕島嶼。

### ⑯桑蓋國家公園
**Sangay National Park，厄瓜多**
桑蓋名稱取自公園內仍定期噴發的活火山，它同時是史上活動持續最久的火山，園內以其渾然天成的秀麗景色及其獨特生態著稱。

### ⑰巴西的大西洋群島：費爾南多迪諾羅尼亞島和羅卡斯環礁
**Brazilian Atlantic Islands: Fernando de Noronha and Atol das Rocas Reserves**
這個位於巴西外海的兩個群島，共有21座島，是海底火山噴發形成，由於海岸地形十分崎嶇，因此在海水低潮時，外露的礁岩形成潟湖。

### ⑱留尼旺的山峰、冰斗與峭壁
**Pitons, cirques and remparts of Reunion Island，法國**
位於印度洋上的火山島留尼旺，位於模里西斯和馬達加斯加之間，該島主要由兩座坐落於印度洋西南方、彼此相互接鄰的火山山脈組成。兩座高聳的火山山峰、巨大的峭壁以及三處位於懸崖邊的冰斗，掌控著全島。

### ⑧堪察加火山群
**Volcanoes of Kamchatka，俄羅斯**
屬於全球火山活動最頻繁的地區，擁有高密度且噴發形式多樣的活火山群，火山與冰河的交互作用形成了壯麗的地景奇觀。

### ⑨豪勳爵群島
**Lord Howe Island Group，澳洲**
是海底2000多公尺深處的火山爆發產物，群島以壯觀的地勢景觀，及大量的稀有物種聞名。

### ⑩東加里羅國家公園
**Tongariro National Park，紐西蘭**
因為有多座活火山和休火山，加上多元的生態環境，形成詭奇多變的地理景觀。

### ⑪夏威夷火山國家公園
**Hawaii Volcanoes National Park，美國**
全世界最活躍的兩座活火山冒烏納羅亞(Mauna Loa)和奇勞威亞(Kilauea)都位於此公園內，迄今仍在不斷噴流而出的奇勞威亞火山。
爆發後的火山熔岩，滾燙地流入冰涼的海水中，由於受到來往浪潮的推擠，衝擊岩石和暗礁，而逐漸形成的黑沙灘，是夏威夷島最受矚目的海岸景色之一，也是特殊的火山景觀。

### ⑫黃石公園
**Yellowstone National Park，美國**
黃石國家公園的地熱景觀，源自數十萬年前火山連續噴發形成的成果，最後一次的火山爆發約在64萬年前，激烈噴瀉的熔岩覆蓋地表，熱泉滲入岩層裂隙，極度的高溫又迫使滾泉往

北 美 洲

北大西洋

格陵蘭

冰島

美國

墨西哥

貝里斯
瓜地馬拉
薩爾瓦多
宏都拉斯
尼加拉瓜
哥斯大黎加
巴拿馬

海地 多明尼加

委內瑞拉
圭亞那
蘇利南

哥倫比亞

南

厄瓜多

秘魯

玻利維亞

智利

阿根廷

火山與冰河是兩個自然現象的極端，但有時二者又能並存。萬年不化的冰因重力作用而沿著地面傾斜方向移動，這種移動的大冰塊便形成冰河，所以冰河通常分佈在高緯度或高山地區。

在歐洲，瑞士和法國的冰河列車，是觀賞冰河最便利舒適的旅遊方式；在南半球的紐西蘭，則擁有世界海拔最低的冰河，不必爬山、不必坐火車，更不必搭直昇機，走在平地就可以接近壯闊的冰河。而峽灣地形，多半也是由冰河作用所形成。

# Q15

## 冰河記錄了地球千萬年來氣候的變遷，哪些冰河被列為世界遺產？

---

### 🇸🇪 ❶拉普人地區
**Laponian Area，瑞典**

瑞典北極圈地區(Arctic Circle)是拉普人(Laponian)和薩米人(Sami)的家鄉，這裡可說是全世界原住民依循先人依循季節遷徙的生活方式，居住且活動範圍最廣的地區。

### 🇳🇴 ❷西挪威峽灣
**West Norwegian Fjords – Geirangerfjord and Nærøyfjord，挪威**

峽灣是百萬年前的冰河切割所形成的特殊自然景觀，挪威西部的峽灣又被譽為世界上最經典的峽灣地形。

### 🇧🇬 ❸皮林國家公園
**Pirin National Park，保加利亞**

位於海拔高度1008~2914公尺之間，公園內錯落湖泊、瀑布、洞穴和松樹林，陡峭的群山間星羅棋布著70座冰湖，擁有上百種罕有或罕見植物(特別是巴爾幹更新世植物)。

### 🇨🇭 ❹少女峰地區與阿雷奇冰河
**Swiss Alps Jungfrau-Aletsch，瑞士**

海拔超過4,000公尺的少女峰、僧侶峰(Mönch)與艾格峰(Eiger)，在阿爾卑斯山的中心地帶連成一片壯麗的白皚山色。與少女峰一同被列為世界遺產的，還有全歐洲最大的阿雷奇冰

河，冰河總長達23公里，面積超過120平方公里。

### 🇺🇬 ❺魯文佐里山國家公園
**Rwenzori Mountains National Park，烏干達**

魯文佐里山脈是非洲最美麗的高山之一，境內不僅有非洲第三高峰瑪格麗塔峰(Margherita Peak)、為數眾多的冰川、瀑布和湖泊，更有獨特而豐富的植物生態。

### 🇹🇿 ❻吉力馬札羅山國家公園
**Kilimanjaro National Park，坦尚尼亞**

非洲的第一高峰吉力馬札羅山，高5,895公尺。過去，吉力馬札羅山的頂峰終年積雪，厚達100公尺以上，並且有冰河往下延伸，但現在冰河已經大幅後退。

### 🇮🇳 ❼南達戴維與花之谷國家公園

**Nanda Devi and Valley of Flowers National Parks，印度**

位於西部喜馬拉雅山區，花之谷國家公園以高山野花和優美的自然景致享有盛名，此外，這裡也棲息著珍貴的亞洲黑熊、雪豹、棕熊。

### 🇳🇵 ❽薩嘉瑪莎國家公園(聖母峰)
**Sagarmatha National Park，尼泊爾**

薩嘉瑪莎國家公園其實就是一般所稱的喜馬拉雅山區，全境1148平方公里，涵蓋尼泊爾境內2845公尺以上的到山區到聖母峰之間的範圍。平均海拔3000公尺以上，6000公尺以上的高山也比比可見，世界最高的聖母峰就在此列。沿途可見冰河和罕見的高山動植物，植物像是銀蕨、杜松、樺樹等，動物則有喜馬拉雅黑熊、狼、山貓、雪豹。

### 🇨🇳 ❾雲南三江並流
**Three Parallel Rivers of Yunnan Protected Areas，中國**

三江並流所指的三江，由西而東依次是怒江、瀾滄江、金沙江，3條大河以平行的方式穿越雲南西北部，一同並行奔流將近400公里，而且最窄處的直線距離僅有66公里，不僅在中國是獨一無二的自然景觀，在世界上也屬罕見。

### 🇷🇺 ❿堪察加火山群

**Volcanoes of Kamchatka，俄羅斯**

屬於全球火山活動最頻繁的地區，擁有高密度且噴發形式多樣的活火山群，火山與冰河的交互作用形成了壯麗的地景奇觀。

### 🇳🇿 ⓫蒂瓦希普拿姆─紐西蘭西南部
**Te Wahipounamu-South West New Zealand，紐西蘭**

巨大的萬年冰河則塑造出南島西南部的地貌，此處有全球最大的中溫冰河和數條流動快速的冰河，緩慢往下移動的萬年冰河，挾其龐大且堅硬的體積，硬生生在山巒間切割出通道入海，在冰河溶化後，便留下峽灣、峭壁、瀑布、礫石海灘等冰河地形。

### 🇨🇦🇺🇸 ⓬克盧恩／蘭格爾─聖伊萊亞斯／冰河灣／塔琴希尼─阿爾塞克
**Kluane/Wrangell-St Elias/Glacier**

---

Bay/Tatshenshini-Alsek，
加拿大、美國

涵蓋了加拿大(育空領地與卑詩省)以及美國(阿拉斯加)邊界壯麗的冰河與高山景觀，擁有北極圈外世界上最大的冰原，自然景觀令人嘆為觀止，是許多灰熊、北美馴鹿以及白大角羊的棲息地。

### 🍁⑬加拿大洛磯山脈國家公園
Canadian Rocky Mountain Parks，
加拿大

遠溯6億年前，美洲大陸接近赤道，西邊僅及於大平原區，平原上的河流天天將砂石、黏土、淤泥傾倒進大陸邊緣的淺海，慢慢累積壓縮成砂岩、頁岩、石灰岩、白雲石及石英石。2億年前，原本相安無事的大陸地塊改變走向撞擊海洋地塊，撞擊的衝力舉起地塊，從西向東造山，直到1億2千萬年前，洛磯山逐漸形成。
加拿大洛磯山的歷史，記錄在層層重疊的石頭裡，洛磯山的形狀，由河流和冰河聯手雕塑。

### 🍁🇺🇸⑭瓦特頓冰河國際和平公

園
Waterton Glacier International Peace Park，加拿大、美國

公園內到處都是扣人心弦的美景，由洛磯山脈的群山、一望無際的遼闊平原和散布於其間的湖泊，風、火、水共同雕琢出的險峻山嶺，升起在翠綠的平原上，各種不同的生態體系在這裡交會，而寧靜的瓦特頓湖以及鏈狀般的冰河湖，為這座自然與文化珍寶般的國家公園，孕育多樣化的自然生態。

### 🇺🇸⑮奧林匹克國家公園
Olympic National Park，美國

暴風山脊(Hurricane Ridge)可說是公園內最美麗也是最不容錯過的景點之一，在山頂可遠眺那白雪覆蓋、峰峰相連的奧林匹克山脈的壯觀景致，還可一覽公園特殊景觀之全貌及領略勁風的威力。

### 🇪🇨⑯桑蓋國家公園
Sangay National Park，厄瓜多

主要包括三種地形：高山冰河、山麓丘陵、沖積扇平原，許多瀑布自冰河切割出來的懸谷落下，豐沛的雨量和地形落差，形成湍急的河流奔向亞馬遜河盆地。

### 🇵🇪⑰華斯卡蘭國家公園
Huascarán National Park，秘魯

華斯卡蘭國家公園地處世界最高熱帶山脈——布蘭卡山脈(Cordillera Blanca)，主峰華斯卡蘭高6,768公尺，園內處處可見高原、峽谷、冰河和眾多海拔6,000公尺以上的山峰，其中有663處冰河、296座湖泊與3條主要河流的41條支流。

### 🇦🇷⑱冰河國家公園
Los Glaciares，阿根廷

位在阿根廷南部的冰河國家公園，是南美洲最具代表性的冰河，不規則的冰河山峰崢嶸崎嶇，其中最長的是佩里托—莫雷諾(Perito Moreno)冰河，長約20~30公里，一座座的冰山不斷擠壓往前，每日往前僅數公分之距離。
而園區裡的3條冰河匯流於阿根廷湖(Lake Argentino)，高數十公尺的白色冰山在此爆破、斷裂，形成轟隆隆如雷般的巨鳴，蔚為奇觀。

北 美 洲

美國

北大西洋

墨西哥

貝里斯
瓜地馬拉　宏都拉斯
薩爾瓦多　尼加拉瓜
哥斯大黎加

海地　多明尼加

委內瑞拉　蓋亞那
　　　　　法屬圭亞那

哥倫比亞

厄瓜多

南 美 洲

巴西

秘魯

玻利維亞

巴拉圭

智利

烏拉圭

阿根廷

格陵蘭

冰島

11　12　13

歷 經千萬年，風化也好，雨蝕也罷，世界各地都分布著各種奇岩怪石，澳洲的愛爾斯岩、土耳其的卡帕多起亞，越南的下龍灣，都是地球上奇岩的代表。

這些岩石可能是由火山噴發或熔岩流出所形成，例如北愛爾蘭的巨人堤道；有的則是石灰岩的溶蝕作用所形成，也就是所謂的喀斯特地形，例如越南下龍灣。

每個奇岩地貌都有其生成的故事，它們也多半是知名的觀光景點，提供到訪的觀光客不少旅遊題材。

# 大自然的力量
# 在地球留下美麗的鑿痕，
# 哪些世界遺產以
# 奇特而壯麗的 岩 石 著稱？

---

## ❶巨人之路與海岸堤道
## Giant's Causeway and Causeway Coast，英國北愛爾蘭

巨人之路與海岸堤道位於北愛爾蘭的安特里姆高原(Antrim plateau)海岸邊，4萬多根六角形黑色巨大玄武岩石柱由海中凸峭，而形成了這條傳說中的巨人之路。後來並確認形成因素是由約5~6億年前，第三紀時的火山作用而形成的。沿著海岸懸崖的山腳下，40000多根玄武石柱不規則的排列起來，綿延6公里。這種石柱多6邊形，也有4邊、5邊和8邊形的，石柱高者達12公尺，矮者也有6公尺多，高低參差、錯落有致，從峭壁延伸至海底，形成了這一道通向大海的巨大的天然階梯。

## ❷梅特羅
## Meteora，希臘

位於高起岩塊上的修道院，大部分建於14世紀，在修道院裡的生活十分簡陋，直到距今100年前，修道士所需

的食物和水都仰賴纜索運輸。

## ❸葛勒梅國家公園及卡帕多起亞岩石區
## Göreme National Park and the Rock Sites of Cappadocia，土耳其

數百萬年前，當卡帕多起亞東西面兩座火山：Erciyes及Hasan大爆發，火山灰泥涵蓋了整片卡帕多起亞地區，岩漿冷卻後，人類的足跡就跟著踏上這塊土地，風化及雨水的沖刷，刻出大地的線條，軟土泥沙流逝，堅硬的玄武岩及石灰華突兀地挺立，或形成山谷，或磨出平滑潔白的石頭波浪，更留下傳奇的仙人煙囪，以及基督徒利用高岩巨岩避難的洞穴社區。

## ❹欽吉伯瑪拉哈自然保護區
## Tsingy de Bemaraha Strict Nature Reserve，馬達加斯加

欽吉伯瑪拉哈自然保護區鄰近馬達加斯加西部海岸，由於屬於石灰岩地質，因此數百萬年來的雨水侵蝕，也造就出這裡有如斧劈刀削般的喀斯特地形。

## ★❺下龍灣
## Halong Bay，越南

下龍灣面積廣達1553平方公里，包含約3000個石灰岩島嶼。這些石灰岩地形是由中國東南的板塊延伸而出，經過億萬年溶蝕、堆積，加上海水入

侵，形成壯麗非凡的景觀，也就是所謂的喀斯特地形。這裡的許多島嶼都是中空，內有溶洞，溶洞裡的石鐘乳、石筍、石柱，構織出一幅幅怪誕奇異的畫面。

## ❻黃山
## Mount Huangshan，中國

安徽省大地錦繡多姿，屹立在安徽省南部的黃山，不但是中國群山中最壯觀的山水典範，境內群峰矗立，怪石、奇松、雲海、溫泉等四大絕景，更造就了飄渺夢幻天成美景。不論是雲雨霧晴，或四季輪替，黃山「天開圖畫」的美景，稱霸中國群山。

## ❼南中國喀斯特地形
## South China Karst

南中國喀斯特地形橫跨了雲南、貴州、廣西、四川等省分，是世界上熱帶和亞熱帶潮濕氣候的喀斯特地形典型代表。喀斯特地貌又名溶岩地貌

呢，是柔軟的水犀利溶蝕岩石後的結果，將地表侵蝕成溶溝、峰叢、槽谷、窪地、泉湖，還可得在地表下造就石鐘乳、石筍、石花、石幔、伏流。南中國喀斯特地形由於面積廣闊，其中最知名的代表是雲南石林、貴州荔波，以及重慶武隆。

## ❽波奴魯魯國家公園
## Purnululu National Park，澳洲

波奴魯魯國家公園坐落於澳洲西部，園區主要順著班格班格山脈(Bungle Bungles)規畫。其地質結構是泥盆紀時期的石英砂岩，歷經2000萬年不斷的侵蝕，形成一連串蜂窩狀的圓錐尖頂，在陡斜的山脈上可觀察到因水的侵蝕而形成的黑灰色條紋。

## ❾烏奴魯卡達族國家公園
## Uluru-Kata Tjuta National Park，澳洲

世界上最大獨立巨岩烏魯魯和群岩卡

歐　洲

亞　洲

俄羅斯

蒙古

哈薩克

烏克蘭
黑海　裡海
保加利亞
土耳其
亞美尼亞
亞塞拜然
敘利亞
伊拉克
伊朗
地中海

突尼西亞
摩洛哥
阿爾及利亞
利比亞
埃及

非　洲

茅利塔尼亞
馬利
尼日
查德
蘇丹
沙烏地阿拉伯
安曼
葉門

吉爾吉斯
土庫曼
塔吉克
阿富汗
巴基斯坦
尼泊爾
印度
孟加拉
緬甸
泰國
柬埔寨 越南
斯里蘭卡
馬來西亞
新加坡

中國

台灣

菲律賓

印度洋

南大西洋

剛果
民主共和國

安哥拉
尚比亞
莫三比克
辛巴威
納米比亞
波札納
史瓦濟蘭
南非

馬達加斯加

太平洋

美拉尼西亞

大　洋　洲

澳洲

紐西蘭

達族達，是澳洲中部沙漠最美麗的兩個紅色傳奇。烏魯魯圓周達9.4公里、高度達348公尺，卡達族達由36塊岩石所構成，佔地約3500公畝，平均高度500多公尺。6億年前，烏魯魯及卡達族達所在的阿瑪迪斯盆地(Amadeus Basin)被造山運動往上推擠，致使原本埋在海底的山脈形成兩個沖積扇，到了3億年前，新的造山運動又將這兩個沖積扇推出海面，呈

90度直角拱起的是烏魯魯，而卡達族達則以20度的斜角聳立，經過日經月累的風蝕，形成今日所見的獨立巨岩和岩群。

**⑩豪勳爵群島**
Lord Howe Island Group，澳洲

豪勳爵群島是典型的孤立海洋島群，是海底2000多公尺深處的火山爆發產物，群島以壯觀的地勢景觀，及大量

的稀有物種聞名。

**⑪恐龍公園**
Dinosaur Provincial Park，加拿大

在加拿大亞伯達省，有一大片連綿廣達數千萬哩的惡地形，恐龍公園成為最受矚目的焦點，這兒以各色各樣的植物、鱷魚、魚類及恐龍化石聞名於世。

**⑫優勝美地國家公園**
Yosemite National Park，美國

國家公園內平均標高約2000公尺，擁有陡峭的懸崖山壁、瀑布奇岩、湖泊溪流等奇景。

若要提起國家公園內，人氣指數最高的景點，當然就以船長岩(El Captain)莫屬。這個超級巨大的花崗岩，高度達1096公尺，由於岩石巍然聳立，再加上隨著陽光照射，而在一天會有光影和顏色的些許變化。

**⑬伊斯基瓜拉斯托／塔南巴雅自然公園**
Ischigualasto / Talampaya Natural Parks

位於阿根廷中部，它們都是古老的三疊紀時期(距今約2億~2億5千萬年前)，也就是大家所熟知的恐龍時期的地質，其地質中富含恐龍、兩棲類、哺乳類始祖和古植物等生物化石，也是世界上唯一具有完整連續的三疊紀化石地點。

**⑭中國丹霞地貌**
China Danxia，中國

「丹霞地貌」這個地理名詞源自中國，主要是針對西太平洋大陸與海盆邊緣地區，原本由紅色砂岩及礫岩所組成的沉積層因為地殼抬升，經過流水切割、侵蝕、風化等作用，形成一連串壯觀的紅色崖壁、塔峰、峽谷、瀑布、溝壑等景觀。

地質年代指的是地球上各種地質中，劇烈的構造運動、大規模的岩漿活動、海陸變遷以及生物的興盛與滅絕等重大地質事件所發生的時代，而埋藏在不同地質年代的化石也代表了時代的演進。

在不同地區的地層之間，要分辨它們的新老關係時，常需利用地層中所含的生物化石來確定。按照時間順序排列的化石世界遺產，正是地球歷史的重要證據。

# 化石埋藏在不同的地層裡，詳實記錄了地殼的變動，哪些珍貴的化石遺址訴說了幾十億年來地球的歷史？

### ❶大峽谷國家公園
Grand Canyon National Park，美國

整個峽谷地區長度約363公里，深度達1.6公里，形成的原因主要為谷底部蜿蜒曲折的科羅拉多河切割而成，經歷大約3百至6百萬年的過程才形成今日的面貌，也由於河流切割，可以發現20億年前的地層和原始生命化石。

### ❷加拿大洛磯山脈國家公園
Canadian Rocky Mountain Parks，加拿大

在這裡可以發現4、5億年前古生代寒武紀三葉蟲的化石。

### ❸米瓜夏國家公園
Miguasha National Park，加拿大

米瓜夏公園位於魁北克東南部加斯普半島南部的海岸上，是一座古生物學遺址，是世界上關於泥盆紀「魚的時代」最著名的化石遺址，有3億7千萬年前的魚化石。

### ❹喬金斯化石崖
Joggins Fossil Cliffs，加拿大

喬金斯化石崖是一處富含石炭紀化石的地點，因為海潮不斷侵蝕的結果，使得更久遠以前的地層不斷露出地表，大量的古生代石炭紀化石不斷出土，揭示了3億多年前古生物的演化歷史。

### ❺澳洲哺乳動物化石遺跡（瑞沃斯萊/納拉庫特）
Australian Fossil Mammal Sites (Riversleigh / Naracoorte)，澳洲

位在澳洲東岸，是全球10大化石遺跡之一。澳洲哺乳動物化石遺跡主要分布在北部的瑞沃斯萊，和南部的納拉庫特兩處。這些遺跡對於是對澳洲的動物群生態演化做了詳盡的記錄。這裡同時發現了古生代二疊紀以及新生代第四紀更新世大型鳥類的化石。

### ❻聖喬治山
Monte San Giorgio，瑞士、義大利

瑞士義語區南部的聖喬治山，擁有中生代三疊紀中期（約2億4千5百萬年到2億3千萬年前）完整而豐富的海洋生物化石，展示了古時爬蟲類、魚類、鸚鵡螺、甲殼綱動物等生物曾在此生存的證據。
也因為這個潟湖靠近陸地，化石中也包含了許多陸地上的物種，諸如爬蟲類、昆蟲及植物等，記錄了這一地區遠古時期的地理環境，形成非常珍貴的化石寶庫。

### ❼伊斯基瓜拉斯托/塔南巴雅自然公園
Ischigualasto / Talampaya Natural Parks，阿根廷

位於阿根廷中部，它們都是古老的三疊紀時期（距今約2億~2億5千萬年

前），也就是大家所熟知的恐龍時期的地質，其地質中富含恐龍、兩棲類、哺乳類始組和古植物等生物化石，是世界上唯一具有完整連續的三疊紀化石地點，使其成為史前研究的重要基地。

### ❽多塞特和東德文海岸的峭壁地形
Dorset and East Devon Coast，英國

綿延在此區的峭壁地形乃中生代岩石構造地形，展現1.85億年地球的地質學歷史。這地區是極為重要的化石區域，沿海提供了三疊紀、侏羅紀和白堊紀年代的特有岩層，連續跨過中生代，也是世界上重要化石現場，包括脊椎動物、無脊椎動物等的化石，都被保存得很好，也為中生時期留下不同的考古證據，為近300年來為地球科學研究提供了極為重要的貢獻。

### ❾瓦特頓冰河國際和平公園
Waterton Glacier International Peace Park，加拿大、美國

這裡發現1億5000萬年前中生代侏羅紀的藍藻類化石。

### ❿恐龍公園
Dinosaur Provincial Park，加拿大

在加拿大亞伯達省，有一大片連綿廣

達數千萬哩的惡地形，恐龍公園成為最受矚目的焦點，這兒以各色各樣的植物、鱷魚、魚類及恐龍化石聞名於世，不僅擁有冰河時期的遺跡，而恐龍的骨骸遺跡也從德蘭赫勒（Drumheller），一直延伸到恐怖神秘的恐龍谷。在這裡不但可以看到超過37種以上的恐龍骨骸化石，同時更是全球規模最大、而且件數最多的恐龍骨骸展示中心。

### ⓫薩嘉瑪莎國家公園（聖母峰）
Sagarmatha National Park，尼泊爾

高山上可以發現海底古生物的化石，約等於中生代白堊紀。

### ⓬麥塞爾化石遺址
Messel Pit Fossil Site，德國

這個遺址挖掘到西元前570萬年至360萬年間的始新世動物化石，值得一提的是，它提供了哺乳動物早期進化的資料，從動物骨骼到胃內食物都清楚可見，化石本身也保存相當完整。

### ⓭瓦地·阿海坦（鯨谷）
Wadi al-Hitan (Whale Valley)，埃及

在埃及西部沙漠的一處鯨魚化石谷，有許多罕見的和已絕種的鯨魚。這些化石代表生物演化中的一個重要階段，生動地刻畫這些鯨魚形式和生活，約相當於新生代第三紀始新世。

此區目前發現最早出現的鯨類為古鯨

亞目(Archaeocetes)中的械齒鯨，是人們已知的原始鯨類之一，雖然屬於鯨魚的一種，但外貌特徵卻和大海蛇相似，進化後後面的肢體已沒有，顯示了現代鯨魚的身形，但保留頭骨和牙齒結構的原始主幹。

### 🇨🇳⑭雲南澄江化石遺址 Chengjiang Fossil Site，中國

由40多處化石遺址組成，是中國大陸第一個化石類自然遺產。這裡完整保存了寒武紀初期的海洋古生物化石群，包括無脊椎與脊椎動物等眾多物種的軟體組織構造。從1984年大陸古生物學家在此發現生物化石以來，本遺址至少被發掘出16個生物門、為數眾多的謎樣物種，而且有196種生物被列入文獻中，其中包括海綿動物、刺胞動物、身長2公尺的奇蝦、長著磷質網狀骨片的微網蟲，以及可能是脊椎動物始祖的雲南蟲。來自此地的沉積物，也提供了目前已知最古老的脊索動物門化石證據。

澄江化石遺址不僅見證了5億3千萬年前，造成幾乎現今所有的動物門全部湧現的「寒武紀大爆發事件」，讓人類得以了解寒武紀早期的生物群落架構，也為地球早期海洋生態體系的形成留下了珍貴的紀錄。

**地質年代表**

| 宙 EON | 代 ERA | 紀 PERIOD | 世 EPOCH | 距今大約年代 YEARS |
|---|---|---|---|---|
| 顯生宙 Phanerozoic | 新生代 Cenozoic | 第四紀 Quaternary | 全新世 Holocene | 現代～1萬年 |
| | | | 更新世 Pleistocene | 1萬～180萬 |
| | | 第三紀 Tertiary | 上新世 Pliocene | 180萬～530萬 |
| | | | 中新世 Miocene | 530萬～2380萬 |
| | | | 漸新世 Oligocene | 2380萬～3370萬 |
| | | | 始新世 Eocene | 3370萬～5500萬 |
| | | | 古新世 Paleocene | 5500萬～6550萬 |
| | 中生代 Mesozoic | 白堊紀 Cretaceous | – | 6550萬～1億4200萬 |
| | | 侏羅紀 Jurassic | – | 1億4200萬～2億500萬 |
| | | 三疊紀 Triassic | – | 2億500萬～2億5000萬 |
| | 古生代 Paleozoic | 二疊紀 Permian | – | 2億5000萬～2億9200萬 |
| | | 石炭紀 Carboniferous | – | 2億9200萬～3億5400萬 |
| | | 泥盆紀 Devonian | – | 3億5400萬～4億1700萬 |
| | | 志留紀 Silurian | – | 4億1700萬～4億4000萬 |
| | | 奧陶紀 Ordovician | – | 4億1700萬～4億9500萬 |
| | | 寒武紀 Cambrian | – | 4億9500萬～5億4500萬 |
| 元古宙 Precambrian | 元古代 Proterozoic | 震旦紀 Sinian | – | 5億4500萬～8億 |
| | | – | | 8億～25億 |
| 太古宙 Archean | 太古代 Archaeozoic | – | | 25億～46億 |

## 第8名 最大落差 94公尺

### ❽黃石公園
### Yellowstone National Park，美國

瀑布名：下瀑布
The lower Falls

黃石國家公園除了地熱結構的奇景，位於下環線西北方的峽谷村(Canyon Village)則展現深闊的峽谷地形。峽谷村刀割般的地形和奇麗的色彩，徹底顯露地理變遷的歷史。多彩的流紋岩、陡峭的深谷及高懸的瀑布構築成峽谷村迷人的風采，區內設有多處觀景台可俯瞰上瀑布飛濺的英姿及下瀑布絕美的風韻。

## 第9名 最大落差 90公尺

### ❾納漢尼國家公園
### Nahanni National Park，加拿大

瀑布名：維吉尼亞瀑布
Virginia Falls

這座公園沿著北美最壯觀的河流之一南納罕尼河分布，包含深潭和巨大的瀑布，以及獨一無二的溶洞群，高海拔地區發現白大角羊和白山羊的蹤跡，也是北美棕熊、馴鹿等動物的家園。

## 加拿大 第4名 最大落差 348公尺

### ❹加拿大洛磯山脈國家公園
### Canadian Rocky Mountain Parks，加拿大

瀑布名：塔吉高瀑布

塔谷高瀑布位於幽鶴國家公園，瀑布水柱從鼎天岩壁宣洩而下氣勢奔放，正是幽鶴公園主題「山牆和瀑布」奇妙風景寫照。最後一次冰河期結束前，幽鶴冰河努力挖深谷地，周圍河谷追趕不及，只能懸掛山牆將雪水傾倒谷地，造就幽鶴風景特色。塔谷高瀑布水源來自瓦普堤克冰原(Waputik Icefield)著養的大里冰河(Daly Glacier)，水勢因季節與時刻變化，夏天午後最是豐沛。

## 第1名 最大落差 979公尺

### ❶卡奈馬國家公園
### Canaima National Park，委內瑞拉

瀑布名：天使瀑布
Angel falls

位於委內瑞拉東南部圭亞那高地上，境內超過百座的平頂山，原為南美與非洲大陸相接時的湖底，經地殼抬升後被風雨侵蝕而成。世界上落差最大的天使瀑布自海拔2560公尺處落下，飛散的濕氣滋養了熱帶叢林，改變桌山僵硬冰冷的外貌。

## 第2名 最大落差 739

### ❷優勝美地國家公園
### Yosemite National Park，美國

瀑布名：優勝美地瀑布
Yosemite Falls

公園內有不少瀑布，但以優勝美地瀑布氣勢最磅礴，分為上下兩段，上瀑落差達439公尺，水勢湍急，下瀑300公尺，水流略緩。

瀑布永遠是個熱門的旅遊話題，只是究竟如何欣賞總有不同的角度，有的看其水勢與水量，有的則比較其寬度，更多的則是比較它們的高低落差，當千軍萬馬的滔滔水勢從高崖直奔而下，總是人人引頸企盼的天然奇景。

名列世界遺產的瀑布，有的以單一入列，更多的則是涵蓋在某個國家公園範圍裡，世界上落差最大的是委內瑞拉的天使瀑布，達到979公尺，將近兩座台北101大樓的高度，可以想見水勢宣洩而下的力道有多大，不過世界最知名的，則是南美洲的伊瓜蘇瀑布和非洲的維多利亞瀑布，雖然它們的落差分別只有80公尺和150公尺，卻以其水勢磅礴和壯觀取勝，而能以單一瀑布名列世界遺產。

# 世界上有不少知名的瀑布被列為世界遺產，若依照高低落差來排序，它們的排名如何？

**第5名** 最大落差 **250**公尺

⑤**西挪威峽灣**
**West Norwegian Fjords – Geirangerfjord and Nærøyfjord**，挪威

瀑布名：七姊妹瀑布
Seven Sisters falls

這兩段峽灣的陡峭山壁最高直線距離為海拔1,400公尺，深及海平面以下500公尺。無論是搭乘渡輪或快艇，每過一個峽灣彎道，兩旁的高聳岩壁和自由壁上垂直落下的瀑布，就像一幕幕景片不斷在眼前替換、延展。

**第11名** 最大落差 **40**公尺

⑪**九寨溝**
**Jiuzhaigou Valley Scenic and Historic Interest Area**，中國

瀑布名：珍珠灘瀑布

珍珠灘位於日則溝，其下方就是海拔2,433公尺的珍珠灘瀑布。這是珍珠灘激流，流到陡峭的斷崖處沖刷而下，所形成的瀑布。珍珠灘瀑布，瀑高約有40公尺，站在下面往上看，雖然無法窺見瀑布全貌，但是卻可以看到水勢如銀白珠簾掛在寬闊的崖

**第7名** 最大落差 **133**公尺

⑦**紀伊山地靈場與參拜道路**
**Sacred Sites and Pilgrimage Routes in the Kii Mountain Range**，日本

瀑布名：那智大瀑布

那智瀑布高133公尺，是日本落差最大的瀑布。走在參天的杉木林道上，可以看見古人觀瀑布的心得：「百尺喬杉擁巇巇，風翻素練半空垂，山中三日不知暑，巨瀑真成天下奇」。當地人認為那智瀑布是神的化身，傳說只要沾上那智瀑布的水珠便可得福氣。瀑布下方的飛瀧神社，是每年11月14日紅葉祭舉行的地點。祭典的高潮是數十位穿著古裝的男女，將寫滿歌頌紅葉詩句的彩紙片，隨流水漂逝，整個過程浪漫典雅。

**第10名** 最大落差 **80**

⑩**伊瓜蘇國家公園**
**Iguaçu National Park**，阿根廷

瀑布名：伊瓜蘇瀑布
Iguaçu Falls

比起此美的尼加拉瓜大瀑布，伊瓜蘇的河面足足有三倍寬，平日由270條以上的瀑布，從80公尺高的地方川流不息的傾瀉而下，在每年10到3月雨季間更是暴漲到350條以上；夜以繼日的深鬱悶吼迴盪叢林間。

**第3名** 最大落差 **580**公尺

③**蒂瓦希普拿姆─紐西蘭西南部**
**Te Wahipounamu-South West New Zealand**，紐西蘭

瀑布名：鮑文瀑布
Bowen Falls

巨大的萬年冰河則塑造出紐西蘭南島西南部的地貌，此處有全球最大的中溫冰河和數條流動快速的冰河，緩慢往下移動的萬年冰河，挾其龐大且堅硬的體積，硬生生在山巒間切割出通道入海，在冰河融化後，便留下峽灣、峭壁、瀑布、礫石海灘等冰河地形。

太平洋

美拉尼西亞

南大西洋　印度洋　大　洋　洲

**第6名** 最大落差 **150**公尺

⑤**維多利亞瀑布**
**Mosi-oa-Tunya / Victoria Falls**，尚比亞、辛巴威

瀑布名：維多利亞瀑布
Victoria Falls

維多利亞瀑布是南部非洲世界級的景點，瀑布有5分之4的面積在辛巴威境內，5分之1位在尚比亞。在維多利亞雨林自然保護區內，瀑布終年水流不斷，高達150公尺落差激起豐沛的水氣，使得瀑布周圍形成特殊的雨林地貌。

世界上以單一一座湖泊列入世界遺產的並不多，大多數都是某座國家公園或某個自然保護區裡的湖泊一併被畫入世界遺產的範圍，其中有幾個例外，世界第一大淡水湖貝加爾湖便是其一。

不論從湖水面積、深度，到含水量，都居世界第一的貝加爾湖，同時也是一個生態奇蹟，通常一般的湖泊的壽命能夠維持3萬年就已經是極限，貝加爾湖卻維持了2500萬年而不見乾涸，是令科學家驚訝的發現，正因為貝加爾湖維持了2千多萬年的壽命，依賴貝加爾湖維生的水中及陸地生物才能穩定演化，形成珍貴的特有種，根據統計，依賴貝加爾湖生存的物種高達1800種。

除此之外，面積只有貝加爾湖14516分之一的普列提維切湖，早在1979年便進入世界遺產的名單，以其獨特的喀斯特地形和絕景受到青睞。

面積 **2.17** 平方公里

## 普列提維切湖國家公園
### Plitvice Lakes National Park，克羅埃西亞

湖泊名：普列提維切湖
**Plitvice Lakes**

普列提維切湖是克羅埃西亞最有價值的自然景觀，它之所以吸引人，在於它豐富多變的地貌所產生的和諧美感，四季都呈現不同面貌。湖區由16座湖泊及無數的瀑布組成，所以又稱為16湖國家公園，屬於喀斯特地形，也就是石灰岩與水蝕交互作用所形成的特殊地理與水文地質景觀。

普列提維切湖大致可分為上湖區和下湖區，上湖區位於石灰岩山谷，有茂密的森林和湧流的瀑布；下湖區較小而淺，只有稀少的矮灌叢。比起前幾座湖泊面積小得多，只有2.17平方公里。

面積 **360** 平方公里

## 黃石公園
### Yellowstone National Park，美國

湖泊名：黃石湖
**Lake Yellowstone**

橫跨懷俄明州、蒙大拿州、愛達荷州的黃石國家公園，面積廣達台灣版圖的1/4，這一塊地域遼廣的自然生態保育區，是美國境內最大的哺乳動物棲息地之一，擁有多種野生動植物和珍稀的地熱地貌。

其中黃石湖是最大湖泊，位於國家公園正中央，湖岸線長達160公里，過去湖面曾經比現在大上兩倍，不過平均深度仍有41公尺，最深達97公尺。

北 美 洲

南 美 洲

面積 **1,414** 平方公里

## 冰河國家公園
### Los Glaciares，阿根廷

湖泊名：阿根廷湖
**Lake Argentino**

位在阿根廷南部的冰河國家公園，是南美洲最具代表性的冰河，不規則的冰河山峰角頭崢嶸，其中最長的是佩里托－莫雷諾(Perito Moreno)冰河，長約20～30公里，一座座的冰山不斷擠壓往前，每日往前僅數公分之距離。而園區裡的3條冰河匯流於阿根廷湖(Lake Argentino)，高數十公尺的白色冰山在此爆破、斷裂，形成轟隆隆如雷般的巨鳴，蔚為奇觀。

# 世界上有哪些湖泊被納入世界遺產範圍，依照湖面大小排序又如何？

## 第1名

### 貝加爾湖
### Lake Baikal，俄羅斯

**湖泊名：貝加爾湖**
**Lake Baikal**

貝加爾湖可說是地質與生物界的奇蹟，擁有許多令人咋舌的世界紀錄。它長636公里、寬79公里，水深最深處達1620公尺，面積達到31,500平方公里，皆為世界淡水湖之最。透明度更高達40公尺，也就是說水面下40公尺(相當於13層樓高)的物體都可以看得一清二楚。它的含水量更占全球淡水量的20%，幾乎是北美五大湖的總和。

貝加爾湖是世界上最古老的湖泊之一，原本與海洋連結在一起，在2500萬年前被陸地包圍，經年淡化之後成為完全不含鹽分的淡水湖，許多水底生物也逐漸演化，形成貝加爾湖特有種。

面積 **31,500** 平方公里

## 第6名

面積 **350** 平方公里

### 奧赫里德地區的自然及文化遺產
### Natural and Cultural Heritage of the Ohrid region，馬其頓

**湖泊名：奧赫里德湖**
**Lake Ohrid**

坐落於馬其頓的西南方，奧赫里德是歐洲最早有人定居的地方之一，希臘神話中的腓尼基王子卡德摩斯(Cadmus)，曾在奧赫里德湖畔創立了名為利區尼寶斯(Lychnidos)的城鎮。今日的奧赫里德城建築大多出現在7~19世紀，它最著名的地方在於一度擁有365間教堂，因而被稱為馬其頓的耶路撒冷。

奧赫里德湖是歐洲最深的湖泊之一，也是歐洲最古老的湖泊，大約在500萬年前地殼隆起所形成，孕育超過200種的地方特有的動植物。湖最深達288公尺，平均深155公尺，湖岸線長87.5公里。

## 第2名

面積 **30,000** 平方公里

### 馬拉威湖國家公園
### Lake Malawi National Park，馬拉威

**湖泊名：馬拉威湖**
**Lake Malawi**

馬拉威湖面積略小於貝加爾湖，廣達3萬平方公里。

馬拉威湖國家公園位於馬拉威湖南端，擁有天然原始的生態環境，動植物資源相當豐富，由於孕育了數百種當地特有的淡水魚，對生物演化的研究工作有極大的貢獻，因此這裡也是該國唯一以保護魚類及水生棲地為目的而成立的國家公園。

## 第3名

面積 **7,500** 平方公里

### 圖卡納湖國家公園
### Lake Turkana National Parks，肯亞

**湖泊名：圖卡納湖**
**Lake Turkana**

位於肯亞最北端的圖卡納湖一區，境內包括湖中的中島國家公園(Central Island National Park)、南島國家公園(South Island National Park)，以及東北岸的西比羅伊(Sibiloi National Park)等三個國家公園，為東非地塹湖群中位置最北、最大的湖泊，也是肯亞第一大湖、全球最大的沙漠湖泊，湖岸線比肯亞的海岸線還長。

# Q20

## 哪些地方因為特殊的海洋生態以及壯麗的海洋景觀，而被列為世界遺產？

海洋占地球面積百分之七十，不過因為人類難以接近，相較於陸地上的世界遺產，以海洋為主題的可說屈指可數，有的是海岸地形，有的是珊瑚礁生態，有的則是保護水底下的生物，雖然人們不一定有機會可以近距離觀賞，卻都是地球上最珍貴的資產。

波里尼西亞

北美洲　北大西洋

南美洲

| 編號 | 洲別 | 國家名稱 | 世界遺產名稱 | 概要 |
|---|---|---|---|---|
| ❶ | 歐洲 | 芬蘭 瑞典 | 瓦爾肯群島 / 瑞典高海岸 Kvarken Archipelago / High Coast | 面積共142,500公頃，包括8萬公頃的海域以及附近的群島，加上海岸邊零星分布的湖泊和海拔約350公尺的山丘等，這些獨特地形源自冰河作用。 |
| ❷ | 歐洲 | 英國 | 聖基爾達島St. Kilda | 本島是座火山群島，包含其他4座小島，是歐洲多種珍貴瀕危雀鳥的棲息地。 |
| ❸ | 歐洲 | 法國 | 波托灣Gulf of Porto: Calanche of Piana, Gulf of Girolata, Scandola Reserve | 位在科西嘉島(Corse)的西側，屬於區域自然公園的一部分，高達300公尺的紅色花崗岩岸伸入海中，被譽為地中海最美麗的海灣之一。 |
| ❹ | 歐洲 | 西班牙 | 伊比薩島Ibiza, Biodiversity and Culture | 伊比薩島是海洋與海岸生態系統互動的極佳例子。這裡生長著大片濃密的波西尼亞海草(Posidonia Seagrass)，為地中海特有種，許多海洋生物賴以維生。 |
| ❺ | 歐洲 | 德國 荷蘭 | 瓦登海The Wadden Sea | 這是一大片溫暖、平坦的海岸潮汐環境，成形於複雜的自然與生態因素互動，當地出現大量過渡性棲息地，像是深受潮汐影響的海峽、海草地、淡菜床、河口沙洲、沼澤、沙丘等，六成以上的範圍是多種動植物的家，包括海豹和海豚等海洋哺乳類動物，這裡更是1200萬隻鳥類的聚集場。 |
| ❻ | 非洲 | 茅利塔尼亞 | 阿爾金岩礁國家公園 Banc d'Arguin National Park | 這裡雖然有貧瘠的沙漠地形，但海洋地帶生態豐富，不僅是西非主要的候鳥繁殖場，有紅鶴、寬嘴鷸和燕鷗等數量繁多的鳥類棲息，同時也是具有經濟價值的漁場。 |
| ❼ | 非洲 | 塞席爾 | 亞達伯拉環礁 Aldabra Atoll | 由四座大珊瑚島組成，是世界第二大環礁。動植物繁多，最著名的就是亞達伯拉象龜，而這裡也是全世界象龜數量最多之處；其他知名動物還包括綠蠵龜、雙髻鯊、鬼蝠魟。 |
| ❽ | 亞洲 | 越南 | 下龍灣 Halong Bay | 下龍灣面積廣達1553平方公里，包含約3000個石灰岩島嶼。這些石灰岩地形是由中國東南的板塊延伸而出，經過億萬年溶蝕、堆積，加上海水入侵，形成壯麗非凡的景觀。 |
| ❾ | 亞洲 | 菲律賓 | 圖巴塔哈珊瑚礁海洋公園Tubbataha Reef Marine Park | 圖巴塔哈珊瑚礁海洋公園由兩座環狀珊瑚礁島系統組成。海底生物種類多且密集，海底原始珊瑚礁垂直100公尺形成完整的生態圈及天然屏障，北端的珊瑚礁小島則是鳥類和海龜最佳棲息地。 |
| ❿ | 亞洲 | 印尼 | 科摩多國家公園Komodo National Park | 由多座火山島組成，沿岸是白沙灘、珊瑚礁、碧藍海洋，內陸則是遍布多刺灌木叢、乾燥草原的崎嶇山坡，在完全對比的自然景觀裡，棲息著5千7百多隻大蜥蜴，被稱為「科摩多龍」。 |
| ⓫ | 亞洲 | 俄羅斯 | 弗蘭格爾島自然保護區Natural System of Wrangel Island Reserve | 位於北極圈內，由於第四紀冰期時未被冰雪覆蓋，演化出其他北極凍原遠遠不及的高度生物多樣性。本島擁有世界上族群數目最多的海象和北極熊的巢穴，也是灰鯨遷移必經路線和一百種候鳥的最北築巢地。 |
| ⓬ | 大洋洲 | 澳洲 | 赫德與麥當納群島Heard and McDonald Islands | 這是唯一靠近南極的活火山島嶼，其保存價值在於未受到外來動植物的影響，並保存豐富原始的島嶼生態系統。 |
| ⓭ | 大洋洲 | 澳洲 | 鯊魚灣Shark Bay | 擁有全球最廣最豐富的海草床，占地4800平方公里，和世界上數量最多的儒艮。鯊魚灣還同時保育5種瀕臨絕種的哺乳動物。 |
| ⓮ | 大洋洲 | 澳洲 | 大堡礁Great Barrier Reef | 由大大小小約2600個珊瑚礁構成的大堡礁，孕育了400種海綿動物、300種珊瑚、4000種軟體動物和1500種魚類。 |
| ⓯ | 大洋洲 | 澳洲 | 豪勳爵群島Lord Howe Island Group | 群島以壯觀的地勢景觀，及大量的稀有物種聞名，尤其是鳥類更是一絕。 |
| ⓰ | 大洋洲 | 索羅門群島 | 東倫內爾East Rennell | 是世界上最大的珊瑚環礁，島上的特加諾湖(Lake Tegano)為鹹水湖，過去曾經是礁湖，也是太平洋諸島中最大的湖泊，湖泊裡還有許多石灰岩小島並孕育不少地方特有種。 |
| ⓱ | 美洲 | 墨西哥 | 維茲坎諾鯨魚保護區Whale Sanctuary of El Vizcaino | 海岸線上長滿了紅樹林，灰鯨、藍鯨、海獅、海豹、海象都到此區繁殖、避寒；四種瀕臨絕種的海龜也在這裡居住。 |
| ⓲ | 美洲 | 墨西哥 | 加利福尼亞灣的島嶼和保護區Islands and Protected Areas of the Gulf of California | 涵蓋244座島嶼、小島和海岸地區，被稱做「物種演化研究的天然實驗室」。本區有695種維管束植物、891種魚類(其中90種為地區特有種)，而全世界的海洋哺乳動物，這裡就占了其中的39%種；鯨魚種類之多占世界第三位。 |
| ⓳ | 美洲 | 貝里斯 | 貝里茲堡礁系統Belize Barrier Reef Reserve System | 是面積僅次於澳洲大堡礁的珊瑚礁地形。特殊的地形包括：環礁、砂島、紅樹林、潟湖、河口三角洲……等7種，也是海龜、海牛、美洲海水�او羚等眾多瀕臨絕種生物的居地。 |
| ⓴ | 美洲 | 古巴 | 格拉瑪台地國家公園Desembarco del Granma National Park | 位於古巴東南方，是個持續隆起的海洋階梯地形，同時也形成最壯觀的西大西洋海岸崖壁。而深入西大西洋海底的海洋階梯，也衍生出特殊的海洋生態系。 |

25

14

密克羅尼西亞

26

7

13

南大西洋

歐　洲

芬蘭

瑞典

挪威

丹麥

愛沙尼亞
拉脫維亞
立陶宛
白俄羅斯

英國

愛爾蘭

德國
波蘭
捷克
烏克蘭

法國

西班牙
葡萄牙

地中海

俄羅斯

黑海
保加利亞
羅馬尼亞
亞塞拜然
喬治亞

亞　洲

蒙古

裡海
伊拉克
伊朗
阿富汗
巴基斯坦
尼泊爾

土耳其
敘利亞
以色列
約旦

摩洛哥
突尼西亞
阿爾及利亞
利比亞
埃及

西撒哈拉
茅利塔尼亞
馬利
尼日
查德
蘇丹

非　洲

沙烏地阿拉伯
安曼
葉門

印度

孟加拉
緬甸

台灣

泰國
越南

8

幾內亞
賴比瑞亞
象牙海岸
迦納
奈及利亞
中非
喀麥隆

衣索比亞

肯亞

剛果
民主共和國
盧安達

坦尚尼亞

莫三比克

馬達加斯加

史瓦濟蘭

南非

菲律賓

9

印度尼西亞

10

巴布亞新幾內亞

16

14

澳洲

大　洋　洲

13

15

美拉尼西亞

紐西蘭

11

28 29

12

| 編號 | 洲別 | 國家名稱 | 世界遺產名稱 | 概要 |
|---|---|---|---|---|
| 21 | 美洲 | 古巴 | 亞歷杭德羅‧德洪堡國家公園Alejandro de Humboldt National Park | 古巴最大的島嶼，這裡的地質環境複雜程度高居加勒比海之冠，而且在中新世至更新世的冰河時期，是許多生物的避寒所，因而該地成為全球生態系統與物種最多樣化的地區之一。這裡許多地下岩石都有毒性，所以植物必須發展出一套系統使其足以在如此嚴苛環境下生存。 |
| 22 | 美洲 | 哥斯大黎加 | 可可斯國家公園Cocos Island National Park | 是東太平洋地區唯一具有雨林生態系的地方。可可斯島位於北迴歸線逆流的第一個陸地點，眾多島嶼和洋流形成複雜的互動，使得這地區成為最佳的海洋地質觀察室。這裡同時也是長尾鯊、雙髻鯊、白尾鯊、魟魚、鮪魚、海豚等大型海洋動物的最佳棲地。 |
| 23 | 美洲 | 巴拿馬 | 柯意巴國家公園及海洋保護區Coiba National Park and its Special Zone of Marine Protection | 柯意巴島是中美洲太平洋岸最大的島，原與大陸相連，海水上升後分離變成島嶼。島上原和大陸同種的生物，經萬年演化後，在外貌和行為上與大陸親屬歧異，形成地方特有亞種，四周海域受惠於特殊的地理位置避開了冷風和聖嬰現象，提供海洋新物種充分發展的空間。 |
| 24 | 美洲 | 哥倫比亞 | 馬佩洛動植物保護區Malpelo Fauna and Flora Sanctuary | 最特別的是龐大的鯊魚，例如長相奇特的雙髻鯊和白眼鯊。同時，這裡也有多種大型石斑和梭魚，為了維持鯊魚類的大型海洋生物之食物來源無虞，這裡全區禁止捕魚。 |
| 25 | 美洲 | 厄瓜多 | 加拉巴哥群島Galápagos Islands | 這裡距離美洲大陸有1000公里之遙，地理位置的孤立加上三股洋流匯聚於附近海域，除了促成生物演化成地方特有種，也成了一個海洋生物的調色盤，鬣蜥蜴、巨型陸龜等特有生物，在1835年達爾文造訪此地後，觸發了他《物競天擇》的演化論學説。 |
| 26 | 美洲 | 聖露西亞 | 皮頓火山錐生態區Pitons Management Area | 海中珊瑚礁群覆蓋率達60%，提供各式各樣生物生長環境，包括168種有鰭魚類、60種有刺細胞動物、8種軟體動物、14種海綿、11種棘皮動物、15種節肢動物…… |
| 27 | 美洲 | 巴西 | 巴西的大西洋群島：費爾南多迪諾羅尼亞島和羅卡斯環礁Brazilian Atlantic Islands: Fernando de Noronha and Atol das Rocas Reserves | 由於豐富的海洋生態而受保護，由於南大西洋的海水中富含多種微小生物，形成的食物鏈供應鮪魚、鯊魚、海豚、海龜等大型生物，尤其是Baía dos Golfinhos一帶的海豚數量，為世界之冠；同時這裡也是多種瀕臨絕種的大型海龜如玳瑁的天堂；大批的魚類也吸引種類繁多的熱帶海鳥群在此繁殖生存。 |
| 28 | 大洋洲 | 美國 | 帕帕哈諾莫庫阿基國家海洋保護區Papahānaumokuākea | 距離夏威夷主要群島西北方約250公里處，延伸超過1931公里的帕帕哈諾莫庫阿基，擁有包括10座小島和環礁珊瑚礁。以海底火山和隱沒的海岸、大規模的珊瑚礁和潟湖為最大特色。 |
| 29 | 大洋洲 | 吉里巴斯 | 鳳凰群島保護區Phoenix Islands Protected Area | 擁有一座全球數一數二未受破壞的超大型珊瑚群島生態系統、14座據測應為死火山的海底山，以及其他深海生物。在此區域共有將近800種已知動物，包括約200種珊瑚、500種魚類、18種水生哺乳類動物和44種鳥類，它是南太平的海洋和陸地生物棲息地，同時也是全世界規模最大的指定海洋保護區。 |
| 30 | 大洋洲 | 帛琉 | 洛克群島南部礁湖Rock Islands Southern Lagoon | 帛琉擁有全世界最潔淨的水質、最美麗的珊瑚礁景觀、還有最合適的水溫，被國際潛水評為世界七大海底奇觀之首。這裡蘊藏了全世界種類最多、最豐富的海底資源，總計有700多種珊瑚，以及超過1,500種的熱帶魚類。 |

喀斯特地形就是所謂的石灰溶岩地形，在石灰岩層廣布的地方，因溶蝕作用進行已久，幾乎一切河流均在地表消失，另形成暗流水系，地層表面僅見石灰阱、岩溝及灰岩盆地等，呈現乾荒景象，這種地景就是因為克羅埃西亞、斯洛維尼亞這一帶亞得里亞海岸的喀斯特區而得名。柔軟的水將地表侵蝕成溶溝、峰叢、槽谷、窪地、泉湖，還在地表下造就石鐘乳、石筍、石花、石幔、伏流。

克羅埃西亞、斯洛維尼亞的精采石灰溶岩很早就在世界遺產之列，後來中國更多達4座喀斯特地形入選，而世界上最知名的海上喀斯特，就屬越南的下龍灣。

北美洲
北大西洋
南美洲

格陵蘭
冰島

# 世界上有哪些
# 地貌豐富多變的喀斯特地形，
# 被列為自然遺產？

## ❶克羅埃西亞
### 普列提維切湖國家公園Plitvice Lakes National Park

湖區由16座湖泊及無數的瀑布組成，所以又稱為16湖國家公園。普列提維切湖國家公園的可貴之處，就在於石灰岩地表都能看得到這些溶蝕作用，以及石灰華多孔岩石如何與藻類、苔蘚和植物交互生長，成為一個特殊、卻十分敏感的生態體系。而這種水、岩石，與植物交互影響所形成的獨特景觀，從萬年前次冰河時期結束到現在，就未曾受干擾。

## ❷保加利亞
### 皮林國家公園Pirin National Park

這座石灰岩質的國家公園內錯落湖泊、瀑布、洞穴和松樹林，陡峭的群山間星羅棋布著70座冰湖，除了擁有上百種當地特有或罕見植物(特別是巴爾幹更新世植物)的特色外，皮林國家公園獨特的景觀也具備了美學價值。

## ❸匈牙利、斯洛伐克
### 阿格特雷克及斯洛伐克喀斯特洞窟群 Caves of Aggtelek Karst and Slovak Karst

這個位於匈牙利和斯洛伐克邊界的石灰岩洞群(又稱喀斯特地形)，共有715個石灰岩洞，這是非常罕見、珍貴的溫帶地區石灰岩洞，有別於熱帶與冰河地區的石灰岩洞，其中有一段長達25公里的洞穴「巴拉德拉——多明加洞穴」(Baradla-Domica Cave)非常精采，裡面有鐘乳石、石筍與地下激流等珍奇的地理現象。

## ❹斯洛維尼亞
### 什科茨揚溶洞Skocjan Caves

身為研究喀斯特地形絕佳範例的什科茨揚溶洞，位於斯洛維尼亞西南方的區域，這處擁有多座瀑布且深度長達200公尺的石灰岩洞穴裡，延伸著一條6公里長的地下步道以及多處崩塌的溶蝕洞。

雷卡河(Reka River)在Velika Dolina消失於地表之下並流入什科茨揚溶洞，之後朝著亞得里亞海的方向繼續蔓延34公里，形成另一條河流的源頭。雨季時這條消失於地表下160公尺的河流，形成巨大且壯觀的景象。

## ❺中國
### 黃龍Huanglong Scenic and Historic Interest Area

黃龍因「黃龍溝」而得名，黃龍溝屬於喀斯特地形，由於石灰岩體所滲出含有大量碳酸鈣的岩溶水，若流淌的水受阻礙而滯流，水中的碳酸鈣質便開始附著、堆積，形成結晶石灰華。日久堆積成梯田狀相連的堤埂，俯瞰宛若一條金色巨龍橫臥在山中，因而名為「黃龍溝」。

## ❻中國
### 九寨溝Jiuzhaigou Valley Scenic and Historic Interest Area

此地湖泊屬高山梯湖，湖水源自雪山溶雪，經石灰岩質透析後注入湖泊，水質澄淨，透明度可達30公尺以上。由於石灰岩質山體不斷滲出飽含碳酸鈣的山泉，持續附著、堆積在朽木上，日積月累，令湖中的朽木結滿黃褐色、乳白、青藍色的石灰華，加上湖內蘊藏豐富的藻類植物，在陽光的照映下，可見到清澈見底的水中，透露出乳白色的石灰華、黃綠色的水藻和枝椏交錯的朽木，五彩繽紛。

歐

州

裡海

地中海

印度洋

南大西洋

太平洋

密克羅尼西亞

美拉西亞

美拉尼西亞

紐西蘭

### ⑦中國
**武陵源Wulingyuan Scenic and Historic Interest Area**

武陵源的地質時代屬泥盆紀沉積岩經過河谷侵蝕堆積、剝蝕構造等作用而形成集合險峭、陡峭、挺拔、雄奇、陰柔等景觀的山形地貌，無論就科學或美學來看，都極具價值。索溪峪河谷北邊和天子山東南部的溶岩景觀都屬於湘西型溶岩地貌，處處可見詭譎的鐘乳石柱、石瀑、石筍、石花。

### ⑧中國
**南中國喀斯特地形South China Karst**

南中國喀斯特地形橫跨了雲南、貴州、廣西、四川等省分，是世界上熱帶和亞熱帶潮濕氣候的喀斯特地形典型代表。南中國喀斯特地形由於面積廣闊，其中最知名的代表是雲南石林、貴州荔波，以及重慶武隆。

### ★ ⑨越南
**下龍灣 Halong Bay**

這些石灰岩地形是由中國東南的板塊延伸而出，經過億萬年溶蝕、堆積，加上海水入侵，形成壯麗非凡的景觀。下龍灣一連串的多重形狀島嶼就像人間天堂般，尤其當舢舨船穿梭其間時，更會令人產生時空倒錯的感覺。若想親身體驗自然力的神奇，當然要搭船去親近深幽的洞穴和高聳的奇石怪岩。這裡的許多島嶼都是中空，內有溶洞，溶洞裡的石鐘乳、石筍、石柱，構織出一幅幅怪誕奇異的畫面。

### ★ ⑩越南
**風雅－格邦國家公園Phong Nha-Ke Bang National Park**

風雅地區的複雜喀斯特地質系統，由4億年前的古生代演化至今，所發現的罕見地理景觀包括：地下伏流、梯形洞穴、懸洞、樹枝狀洞穴等多種，已足夠讓科學家興奮不已，而全區共有300多個洞穴，總長度達70公里，目前只有20多個經過仔細探勘，顯示仍有極大的研究之空間。

### ⑪菲律賓
**公主港地底伏流國家公園Puerto-Princesa Subterranean River National Park**

公主港地下洞穴國家公園擁有一座長達8.5公里的水道，穿過東南亞常見的喀斯特景觀地形，由山連向海洋，雖然渠道較低的部份容易受到潮汐影響，但完整的生態系統，以及周邊茂密的森林，造就相當完整的生物保護區。

### ⑫馬來西亞
**姆魯山國家公園Gunung Mulu National Park**

它是是世界上最廣大而壯觀的天然鐘乳石地洞之一。馬來西亞的鐘乳岩層的地區分布廣袤，幾乎包括了婆羅洲的北砂勞越大部分，而目前共發現了26個地下洞穴及長達159公里的通道，僅佔總數的30%。所有的鐘乳石風貌並非只在岩洞內呈現，露出於外的鐘乳石層的尖峰有的比樹還高，甚至高到45公尺，這就是全球罕見的石灰刀石林。

### ⑬馬達加斯加

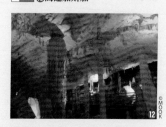

**欽吉伯瑪拉哈自然保護區 Tsingy de Bemaraha Strict Nature Reserve**

欽吉伯馬拉哈自然保護區鄰近馬達加斯加島西部海岸，由於屬於石灰岩地質，因此數百萬年來的雨水侵蝕，也造就出這裡有如斧劈刀削般的喀斯特地形。擁有獨特的石灰岩針狀石林、深裂險峻的峽谷及水道。

### ⑭美國
**黃石國家公園Yellowstone National Park**

令人驚艷的景區「瑪莫斯溫泉」(Mammoth Hot Springs)，此處以層層相疊的石灰華景觀獨步園區。這塊區域在百萬年前，是一片富含石灰岩的浩瀚汪洋，火山爆發促使地下熱泉自岩層裂隙中湧出地表，溶解石灰岩中的碳酸鈣，遇冷凝結的碳酸鈣沉積成石灰華平台，高高低低的平台構成階梯狀的景觀，一躍為人氣指數最高的招牌景區。

### ⑮美國
**卡爾斯巴洞穴國家公園Carlsbad Caverns National Park**

這是個鐘乳石洞穴群，地質為海底珊瑚礁沉積而形成的石灰岩，經過長時間的溶解、堆積，形成鐘乳石、石筍與石柱等地形，水與時間聯手在這裡形成的獨特景觀。

# 在每年的特定時刻，有哪些古文明遺跡的某一處建築，會產生天文異象？——

格陵蘭

冰島

北美洲

北大西洋

美國

墨西哥

⑤

④

貝里斯

海地 多明尼加

地馬拉 宏都拉斯

薩爾瓦多 尼加拉瓜

哥斯大黎加

巴拿馬 委內瑞拉

厄瓜多

南美洲

哥倫比亞

圭亞那

蘇利南

秘魯

⑥

巴西

玻利維亞

巴拉圭

智利

阿根廷

烏拉圭

## 🇲🇽 ④前西班牙殖民時期城市提：奧狄華岡
### Pre-Hispanic City of Teotihuacan，墨西哥

提奧狄華岡被死亡大道劃分為四塊，整座城市約20平方公里大，控制著墨西哥河谷。建於中美洲後古典時期的提奧狄華岡太陽神廟是當今世界上最大的金字塔遺跡之一，而月亮神廟則建約建在古典時期。

太陽金字塔位在死亡大道的東邊，底座佔222平方公尺，高度超過70公尺。太陽金字塔建於西元100年，由三百萬噸的石塊、磚塊所堆砌而成，每年夏至的時候，正對著太陽金字塔，可以看到太陽從金字塔落下。

## 🇵🇪 ⑥馬丘比丘歷史保護區
### Historic Sanctuary of Machu Picchu，秘魯

馬丘比丘在印地安魁加語是「古老山峰」的意思，整座遺址海拔2,350公尺，位於維坎諾塔(Vilcanota)山脈東側的一個鞍部上，在斜坡上有梯田，城市下方的河谷深達610公尺。

遺址裡有宮殿、浴場、神殿、祭壇、廣場、倉庫，以及150多間屋子，由高低不平的台階連結起來，街道狹窄整齊有序，所有建築都由山頂上的灰色花崗岩構成，不論就建築學或美學而言，都是天才之作。有些石頭重達50噸，但石頭砌得如此精準，在沒有泥灰連接的狀況下，連薄薄的刀刃也插不進去。

城內的主要遺跡包括太陽神殿、拴日石(Intihuatana)、老鷹神殿、中央廣場等。太陽神殿是馬丘比丘唯一的圓柱體建築，可以說是馬丘比丘最精良的石造建築。在印加帝國時期，只有國王和祭司才能在此祭拜，每年6月21日冬至清晨，太陽第一道光芒就會從東邊的窗口直射在神殿的聖石上。

馬丘比丘其中一項基本功能是天文觀測，這可以從拴日石(The Intihuatana stone)得到證明，所謂的拴日石就是日晷，在每年3月21日和9月21日的春分、秋分正午，太陽剛好立在拴日石柱的正上方，不會留下任何陰影。古印加人相信這根柱子可以綁住太陽，在冬至時將太陽帶回來。

## 🇲🇽 ⑤前西班牙殖民時期城市：奇琴伊察
### Pre-Hispanic City of Chichen-Itza，墨西哥

在奇琴‧伊察的中心，佇立著一座占地3000餘平方公尺的金字塔神廟，神廟由塔身和台廟兩部分組成。金字塔底座呈四方形，每邊長55.5公尺，塔身有九層，向上逐層縮小至梯形平台。廟內立柱飾有浮雕，圖案為馬雅人崇拜的羽蛇神和勇士。神廟是馬雅人為供奉庫庫爾坎羽蛇神神而修建的，馬雅人認為帶羽毛的蛇神是天神和雨神的化身，可以帶來風調雨順，而「羽蛇神」也是托爾特克文明的主神。

庫庫爾坎金字塔高約30公尺，四周各由91級台階環繞，加起來一共364階，再加上塔頂的羽蛇神廟，共有365階，剛好象徵了一年的365個日子。

每年春分和秋分兩天的日落時分，北面一組台階的邊牆會在陽光照射下形成彎彎曲曲七段等腰三角形，連同底部雕刻的蛇頭，宛若一條巨蟒從塔身向大地游動，象徵著羽蛇神在春分時甦醒，爬出廟宇，秋分日又回去。每一次，這個幻像持續整整3小時22分，分秒不差。

## ❶波茵河灣考古遺址 Brú na Bóinne，愛爾蘭

古文明之所以迷人，有不少是因為數千年前人類所創最初的偉大文明，至今仍有許許多多的謎題無法破解，留給後人無限想像空間，因而穿鑿附會的外星人之說，總能時常占據極大篇幅。

許多自然異象透過今日的科學證據來解釋，其實並不難理解，尤其一些古文明建築特別喜歡在每年的特定時刻玩花樣，例如春分、秋分、夏至、冬至，或者光影的投射，或者太陽升起落下的角度，這些天文現象再自然不過。然而幾千年前的古代人類究竟如何知道這些天文曆法，又究竟如何精密地運用在這些建築之上，這才是後人們探索千年，亟欲知道的答案。

波茵河灣考古遺址位於都柏林北方50公里處，是一群史前墳墓群，它們的歷史比埃及金字塔還要久遠，是世界上最巨大、保存最完整的「長廊式墓穴」建築，顧名思義，此類建築指的是要通過一條長長的通道，才能進到裡頭的墓室。年代大都在新石器時期，建造地點則多是沿著大西洋沿岸的歐洲地區。

此區主要有三座墳墓：紐格蘭奇(Newgrange)、諾斯(Knowth)、道斯(Dowth)。紐格蘭奇巨石古墓大約建造於西元前3200年，這座神奇的古墓占地一英畝，周圍環繞著97塊巨石，其中一些巨石上還刻有中世紀時期的圖案花紋。墓室入口的石板上，裝飾著螺旋狀的神祕圖紋。石塚之下是一條長達19公尺的走廊，兩側共有43座石柱，走廊一直通到中心墳室，墳室後面尚有2個房間，屋頂有6公尺高，並由石板做成一奇異的突形頂。另外還有3座奉獻水池，裝飾著光滑的石頭。墓室最神奇的是入口上方敞開的一個小長方窗口，每年冬至的黎明時分，光線會慢慢穿透19公尺長的通道，射入墓室最裡端的石塊上。

## ❸努比亞遺址：阿布辛貝至費麗
## Nubian Monuments from Abu Simbel to Philae，埃及

阿布辛貝神殿(Abu Simbel Temple)最裡面的聖壇，4位神祇由左至右為彼特(Ptah)、阿蒙‧雷太陽神(Amun-Ra)、拉姆西斯二世、雷‧哈拉克提(Ra-Horakhty)，安坐在整體建築的中軸線上，每年逢10月20及2月20日這兩天，陽光會穿越前廳射入聖壇，奇妙的是，只有3位神祇受光，唯獨冥神彼特依然隱在陰暗中。

對於這項現象及日期代表的意義，學者尚無定論，一派咸信與法老王即位周年慶有關，另一派則指出所有坐向相同的建築都可引光入室，因此日期代表的意義不大，兩派唯一的共識是法老王可藉太陽神獲取新生的能量。

## ❷史前巨石群
## Stonehenge, Avebury and Associated Sites，英國

關於史前巨石區的存在，原因眾說紛紜，穿鑿附會的傳說也很精采，包括外星人入侵、巨人族突然僵化為巨石、魔法師梅林使用魔法從愛爾蘭將巨石運來，以及信奉特魯伊教(Druid)的塞爾特人(Celts)所建立的神殿等等，而最近的考古隊研究發現，推論巨石陣的最早用途不是天文觀測工具、不是宗教祭祀場所，而是一處墓地。

1960年代，一名美國科學家提出巨石群是早期民族的天文儀這個說法，乍看之下毫無規則的巨石，其實有一定的規則，由光線的移動可觀察天體的運行，作為觀測天象之用。

每年夏至，人如果站在巨石群正中央，抬頭面向軸線，可以看到緩緩升起的太陽，順著軸線移動。每年這裡都要舉行朝聖儀式，慶祝夏至日的到來。

尼羅河就是埃及的一切。今天旅人來到埃及，不論從非洲第一大城開羅開始，還是從亞斯文溯尼羅河北上，所有埃及古文明精華，全數集中在尼羅河沿線。其中尤以吉薩(Giza)金字塔、卡納克(Karnak)神殿、阿布辛貝(Abu Simbel)神殿，並列為埃及三大必看的古文明遺址。這三座遺址恰好呈北、中、南分布，吉薩金字塔就在開羅附近，卡納克和路克索神殿居於尼羅河谷地中部的路克索，

阿布辛貝則位於埃及最南端與蘇丹交界之處。從這三處不朽的古文明，恰好可以看出尼羅河對埃及建築的影響，以及古埃及人的高度智慧。

同樣的，如同中華文化發源於黃河，美索不達米亞和印度也都各自有一條孕育文明的大河，如今各有一處遺跡被列為世界遺產，美索不達米亞是兩河流域的亞述，印度則是印度河的摩亨佐達羅。

## 【埃及】

### ❶曼菲斯及其陵墓群：從吉薩到達蘇爾
### Memphis and its Necropolis Pyramid Fields from Giza to Dahshur

曼菲斯(Memphis)是古埃及舊王國時期的首都，在西元前3100年前就已經是一個繁華的大都會，其盛況可以從沙卡拉陵墓群的氣派、金字塔的壯觀來判定。從吉薩到沙卡拉的金字塔地區，周遭的大小金字塔約有80餘座，不過，最完美、最引人注目的當屬吉薩的這3座，其建築的技巧迄今無人能解，以現在的工程技術，依然無法複製出建於西元前2600多年前的金字塔。

### ❷古底比斯及其陵墓群
### Ancient Thebes with its Necropolis

兩千多年前，這裡是埃及新王國時期的首都。底比斯的地理位置相當優異，都城跨越尼羅河兩岸，沿岸盡是寬廣的平原。古埃及人依據大自然日昇日落的定律，衍生出死亡與復活循環不息的信仰，繼而形成日出的東方代表重生、繁衍；日落的西方代表死亡、衰退的觀念，因而膜拜阿蒙(Amun)的神殿遍及東岸，而富麗堂皇的皇家陵墓則建於西岸。

### ❸努比亞遺址：阿布辛貝至費麗
### Nubian Monuments from Abu Simbel to Philae

阿布辛貝以拉姆西斯二世建立的兩座神廟聞名全球，一座是自己祭祀太陽神拉神 (Ra-Harakhty)、阿蒙神 (Amun)、佩特神(Ptah)的「拉姆西斯二世神殿」，一是妻子納法塔莉(Nafertari)祭祀哈特女神(Hathor)的「納法塔莉神殿」。神殿完成於西元前1290~1224之間，迄今已超過3千年的歷史，現在，神殿外那4尊拉姆西斯二世的石像，已經成為繼金字塔之後，最有資格代表埃及的象徵。

## 【美索不達米亞】

### ❹亞述Ashur (Qal'at Sherqat)，伊拉克

興起於美索不達米亞的亞述王國於西元前14~9世紀時，選擇了這座位於底格里斯河西岸的城市當作首都，並以該帝國最偉大的神祇兼守護神亞述神替它命名。這座亞述帝國的宗教中心以及皇室陵墓所在地，發跡於西元前3000年以前，歷經多番興衰的古城擁有展現從蘇美人到帕底亞王國一路以來的建設，雖然西元前7世紀時毀於巴比倫人之手，卻於西元1~2世紀帕底亞王國統治之時再度復甦，最後終在西元2世紀時遭到薩珊王朝的徹底摧毀。

## 【印度】

### ❺摩亨佐達羅考古遺址
### Archaeological Ruins at Moenjodaro，巴基斯坦

摩亨佐達羅位於印度河西岸，距離巴基斯坦首都喀拉蚩約580公里，根據考古遺址往前推算，這座城市約建於西元前3千年前，現存遺跡則清楚說明了早期縝密的城市計畫，包括以未窯燒的磚蓋牆，城市筆直交錯的主幹道，以及排水系統、地窖倉庫、擁有藝廊的議事廳等，就連住屋的架構也經過設計，在地震來襲時會往外崩塌，以減低人身傷害。

# 埃及建築主要元素

## 圓柱

神殿圓柱的柱頭花樣百出，有仿紙莎草、有蓮花、有椰棗棕櫚，全都是生長在尼羅河畔的植物。圓柱上通常都有精緻與上色的浮雕。

## 方尖碑

方尖碑這種幾何建築形式可能是抽象自然的具體表現，例如陽光的光束，太陽神在埃及人的生活中無所不在。古時方尖碑的頂端還貼有金箔。

## 浮雕

建築物的浮雕大致分為兩種，一為凸浮雕，把圖案背景切割掉；另一種為凹浮雕，先把圖案輪廓鑿刻出來，再刻出圖樣的細部。

## 金字塔

金字塔是法老王追求永生的具體表現，他們相信要獲得永生就得確保肉體像在人間一樣繼續存在，因此金字塔的門戶與洞穴的窗戶永遠開著，靈魂才能來去自如，同時透過洞開的門窗，盯著保護自己的肉體。

## 塔門

塔門是新王國時期才發展出來的建築形式，高大的塔門為神殿的主要入口，基地寬闊，通常為下寬上窄，內牆平直，外牆向外傾斜。

| 王朝前期 | 古王國時期 | 新王國時期 | | 托勒密王朝時期 |
|---|---|---|---|---|
| BC4000-BC3000 | BC2686-BC2181 | BC1570-BC1070 | | BC323-BC30 |

早期王朝
BC3000-BC2686

中王國時期
BC2040-
BC1782

王朝晚期
BC1070-BC323

●荷魯斯神殿，BC237-BC57年，埃及艾德芙 (P.34)
●費麗神殿，BC237-，埃及亞斯文

●階梯金字塔，BC2770，埃及沙卡拉
●吉薩金字塔與獅身人面像，BC2551-BC2472，埃及開羅 (P.22)
●卡納克阿蒙神殿，BC2100-BC300，埃及路克索 (P.26)
●哈基蘇女王神殿，BC1458，埃及路克索
●西底比斯的巨像，BC1360-BC1260，埃及路克索
●阿布辛貝神殿，BC1285-BC1265，埃及阿布辛貝

| BC4500 | BC4000 | BC3500 | BC3000 | BC2500 | BC2000 | BC1500 | BC1000 | BC900 | BC800 | BC700 | BC600 | BC500 | BC400 | BC300 | BC200 | BC100 | 0 | 100 | 200 |
|---|---|---|---|---|---|---|---|---|---|---|---|---|---|---|---|---|---|---|---|

印度河谷文明
BC3000-BC1500
●摩亨佐達羅，BC2500-BC1700，巴基斯坦信德

蘇美文明
BC4000-BC2000

巴比倫
BC2000-BC539
●烏爾的梯形塔廟，
BC2000，伊拉克
烏爾

亞述
BC1100-614

●辛納赫里布皇宮，BC702-BC693，伊拉克尼尼微

■埃及
■美索不達米亞
■印度

## 希臘建築主要元素

科林斯式圓柱

複合式圓柱

愛奧尼克式圓柱

**圓柱**
真正影響後世的希臘建築，就是進入希臘文化黃金時期的雅典神殿，而神殿的三大柱式，直到今天仍然受到世界各地的廣泛運用。

多立克式圓柱

**柱廊**
柱廊是希臘人一項簡單卻影響深遠的發明，它單純利用圓柱和楣的原理，串連成多用途的長廊柱，提供一個可坐下、遮蔭、交易的空間。

克羅埃西亞

波士尼亞

得
里
亞
海

匈牙利

羅馬尼亞

塞爾維亞

保加利亞

馬其頓

阿爾
巴尼亞　希臘

愛奧尼亞海

愛琴海

突尼西亞

利比亞

阿爾及

## 愛琴海、希臘是孕育西方文明的搖籃<br>有哪些世界遺產代表了從<br>愛琴海、希臘到希臘化時期<br>的古文明？

| BC4000 | BC3500 | BC3000 | BC2500 | BC2000 | BC1500 | BC1000 | BC900 | BC800 | BC700 | BC600 | BC500 | BC400 | BC300 | BC200 | BC100 | 0 | 100 | 200 |
|---|---|---|---|---|---|---|---|---|---|---|---|---|---|---|---|---|---|---|

**米諾安文明**
BC3000-BC1400

**古希臘時期**
BC800-BC323

**邁錫尼文明**
BC1600-BC1050

**希臘化時期**
BC323-BC30

●巨石陣，BC2100-2000，英格蘭南部
●克諾索斯皇宮，BC1600-BC1400，希臘克里特島
●邁錫尼城，BC1350，希臘邁錫尼

●雅典衛城與巴特農神殿，BC447-BC438年，希臘雅典

**劇場**

劇場是希臘人祭祀酒神的慶典場地，要大到容得下一個圓形或半圓形的舞台，供慶典中合唱和舞蹈表演使用，還要加上大量座位的觀眾席。

黑海

喬治亞

土耳其

亞美

⑲

敘利亞

⑰

⑫

黎巴嫩

⑮ 伊拉克

以色列

約旦

⑯

愛

琴海、希臘向來被視為現代歐洲文明的搖籃，舉凡民主政府、西方哲學思想、希臘戲劇、神殿建築，以及至今仍然每4年舉行一次的奧林匹克運動會，都發源自愛琴海、希臘半島。

最早的愛琴海文明是西元前2200年克里特島的米諾安文明，接著由希臘本土的邁錫尼接手；西元前800年，以雅典為發展重心的城邦勢力崛起，直到西元前4世紀，馬其頓王亞歷山大統一整個希臘地區，並進而征服埃及、美索不達米亞、中亞、印度，把希臘文化進一步向外擴散。

真正影響後世的希臘建築，就是進入希臘文化黃金時期的雅典神殿，直到今天，神殿圓柱的三大樣式——多立克(Doric)、愛奧尼克(Ionic)及科林斯(Corinthian)式，仍然受到世界各地的廣泛運用。

希臘人追求人與宇宙間的和諧，表現在建築上則是力求美學的極至以及呼應天然環境的契合。而柱廊、劇場、廣場等建築型式對後世在城市空間的規劃上，都有很大的影響。

| 編號 | 國家 | 遺產 | | 主要文明 |
|---|---|---|---|---|
| ❶ | 希臘 | 巴塞的阿波羅神殿 Temple of Apollo Epicurius at Bassae | | 古典希臘 |
| ❷ | 希臘 | 雅典衛城 Akropolis, Athens | | 古典希臘 |
| ❸ | 希臘 | 德爾菲考古遺址 Archaeological Site of Delphi | | 古典希臘 |
| ❹ | 希臘 | 埃皮道洛斯考古遺址 Archaeological Site of Epidavros | | 古典希臘 |
| ❺ | 希臘 | 奧林匹亞考古遺址 Archaeological Site of Olympia | | 古典希臘 |
| ❻ | 希臘 | 狄洛斯島 Delos | | 古典希臘 |
| ❼ | 希臘 | 薩摩斯島的皮拉哥利歐與赫拉神殿 Pythagoreion and Heraion of Samos | | 愛琴海 希臘 羅馬 |
| ❽ | 希臘 | 韋爾吉納考古遺址 Archaeological Site of Vergina | | 古典希臘 |
| ❾ | 希臘 | 邁錫尼與提林斯考古遺址 Archaeological Sites of Mikines and Tiryns | | 邁錫尼 |
| ❿ | 保加利亞 | 卡贊勒克的色雷斯古墓 Thracian Tomb of Kazanlak | | 古典希臘 |
| ⓫ | 保加利亞 | 內塞伯爾古城 Ancient City of Nessebar | | 希臘化 |
| ⓬ | 賽浦路斯 | 帕弗斯 Paphos | | 希臘化 羅馬 |
| ⓭ | 義大利 | 阿格利真托考古區 Archaeological Area of Agrigento | | 古典希臘 羅馬 |
| ⓮ | 義大利 | 夕拉古沙和潘塔立克石墓群 Syracuse and the Rocky Necropolis of Pantalica | | 古典希臘 羅馬 |
| ⓯ | 伊拉克 | 哈特拉 Hatra | | 希臘化 羅馬 |
| ⓰ | 約旦 | 佩特拉古城 Petra | | 希臘化 羅馬 |
| ⓱ | 敘利亞 | 阿勒坡古城 Ancient City of Aleppo | | 希臘化 羅馬 |
| ⓲ | 土耳其 | 襄多斯至雷圖恩 Xanthos-Letoon | | 希臘化 羅馬 |
| ⓳ | 土耳其 | 希艾拉波利斯－帕慕卡雷 Hierapolis-Pamukkale | | 希臘化 羅馬 |
| ⓴ | 土耳其 | 特洛伊遺址 Archaeological Site of Troy | | 愛琴海 邁錫尼 古典希臘 羅馬 |
| ㉑ | 利比亞 | 昔蘭尼考古遺址 Archaeological Site of Cyrene | | 古典希臘 |

# 羅馬帝國橫跨歐亞非三大洲，當時所征服的土地，有哪些如今被列為世界遺產？

**圓形競技場**
競技場是典型的羅馬式建築，希臘劇場是專門上演戲劇，多半順著山勢而建，競技場卻是供比賽和競技用，就位於城市內，直接由平地升起。

**水道橋**
羅馬時代水通常由埋設在地下的水管輸送，如果要露天穿越山谷，就要架設水道橋，這是既具有功能、又相當美觀的建築設計。

**圓頂**
羅馬人在結構工程工程的發明上可謂成就輝煌，圓頂是把混凝土灌入作為永久性框模的牆面之間構築而成，不論從內或由外，都可好好欣賞。

**羅馬建築主要元素**

## 【歐洲】

| 編號 | 國家名稱 | 世界遺產名稱 |
|---|---|---|
| ❶ | 英國 | 羅馬帝國邊界Frontiers of the Roman Empire |
| ❷ | 英國 | 巴斯City of Bath |
| ❸ | 西班牙 | 塞哥維亞舊城及水道橋Old Town of Segovia and its Aqueduct |
| ❹ | 西班牙 | 阿維拉舊城Old Town of Ávila with its Extra-Muros Churches |
| ❺ | 西班牙 | 美里達Archaeological Ensemble of Mérida |
| ❻ | 西班牙 | 拉斯梅德拉斯Las Médulas |
| ❼ | 西班牙 | 塔拉克考古遺址Archaeological Ensemble of Tárraco |
| ❽ | 西班牙 | 埃爾切的帕梅拉爾Palmeral of Elche |
| ❾ | 西班牙 | 盧戈的羅馬古城牆Roman Walls of Lugo |
| ❿ | 西班牙 | 海克力士塔Tower of Hercules |
| ⓫ | 葡萄牙 | 艾芙拉歷史中心Historic Centre of Évora |
| ⓬ | 法國 | 亞爾勒的羅馬及仿羅馬式建築Arles, Roman & Romanesque Monuments |
| ⓭ | 法國 | 歐紅桔羅馬劇場與凱旋門Roman Theatre and its Surroundings and the "Triumphal Arch" of Orange |
| ⓮ | 法國 | 嘉德水道橋Pont du Gard (Roman Aqueduct) |
| ⓯ | 法國 | 卡爾卡頌歷史防禦堡壘Historic Fortified City of Carcassonne |
| ⓰ | 法國 | 里昂舊城區Historic sites of Lyons |
| ⓱ | 阿爾巴尼亞 | 布特林特Butrint |
| ⓲ | 阿爾巴尼亞 | 貝拉特與吉諾卡斯特拉歷史中心Historic Centres of Berat and Gjirokastra |
| ⓳ | 克羅埃西亞 | 斯普利特的戴克里先皇宮Historical Complex of Split with the Palace of Diocletian |
| ⓴ | 克羅埃西亞 | 波瑞曲歷史中心的優夫洛西斯大教堂<br>Episcopal Complex of the Euphrasian Basilica in the Historic Centre of Poreč |
| ㉑ | 賽浦路斯 | 帕弗斯Paphos |
| ㉒ | 德國 | 特里爾的羅馬時期建築、聖彼得大教堂和聖母教堂<br>Roman Monuments, Cathedral of St Peter and Church of Our Lady in Trier |
| ㉓ | 德國 | 羅馬帝國的邊界Frontiers of the Roman Empire |
| ㉔ | 希臘 | 薩摩斯島的皮拉哥利歐與赫拉神殿Pythagoreion and Heraion of Samos |
| ㉕ | 義大利 | 羅馬歷史中心Historic Centre of Rome, the Properties of the Holy See in that City Enjoying Extraterritorial Rights and San Paolo Fuori le Mura |
| ㉖ | 義大利 | 拿波里歷史中心Historic Centre of Naples |
| ㉗ | 義大利 | 拉威那早期基督教古蹟Early Christian Monuments of Ravenna |
| ㉘ | 義大利 | 阿格利真托考古區Archaeological Area of Agrigento |
| ㉙ | 義大利 | 龐貝、艾克拉諾、托雷安農濟亞塔考古區<br>Archaeological Areas of Pompei, Herculaneum and Torre Annunziata |
| ㉚ | 義大利 | 卡薩爾的羅馬別墅Villa Romana del Casale |
| ㉛ | 義大利 | 阿奎雷亞的考古遺址與大教堂Archaeological Area and the Patriarchal Basilica of Aquileia |
| ㉜ | 義大利 | 提弗利哈德良別墅Villa Adriana (Tivoli) |
| ㉝ | 義大利 | 維洛納City of Verona |
| ㉞ | 義大利 | 夕拉古沙和潘塔立克石墓群Syracuse and the Rocky Necropolis of Pantalica |
| ㉟ | 瑞士 | 貝林佐納的三座城堡及城牆<br>Three Castles, Defensive Wall and Ramparts of the Market-Town of Bellinzona |
| ㊱ | 塞爾維亞 | 坎辛格拉－羅慕里亞納，加萊里烏斯宮 |
| ㊲ | 斯洛伐克 | 斯皮斯城堡Spišský Hrad and its Associated Cultural Monuments |

## 【亞洲】

| 編號 | 國家名稱 | 世界遺產名稱 |
|---|---|---|
| ㊳ | 以色列 | 馬薩達Masada |
| ㊴ | 約旦 | 佩特拉古城Petra |
| ㊵ | 約旦 | 烏姆拉薩斯考古遺址Um er-Rasas |
| ㊶ | 黎巴嫩 | 安杰爾古城Anjar |
| ㊷ | 黎巴嫩 | 巴別克遺址Baalbek |
| ㊸ | 黎巴嫩 | 比布魯斯遺址Byblos |
| ㊹ | 黎巴嫩 | 泰爾古城Tyre |
| ㊺ | 敘利亞 | 大馬士革古城Ancient City of Damascus |
| ㊻ | 敘利亞 | 波士拉古城Ancient City of Bosra |
| ㊼ | 敘利亞 | 帕密拉遺址Site of Palmyra |
| ㊽ | 敘利亞 | 阿勒坡古城Ancient City of Aleppo |
| ㊾ | 土耳其 | 特洛伊遺址Archaeological Site of Troy |
| ㊿ | 土耳其 | 希艾拉波利斯－帕慕卡雷Hierapolis–Pamukkale |
| �51 | 土耳其 | 襄多斯至雷圖恩Xanthos–Letoon |
| �52 | 土耳其 | 伊斯坦堡歷史區Historic Areas of Istanbul |

## 【非洲】

| 編號 | 國家名稱 | 世界遺產名稱 |
|---|---|---|
| �53 | 阿爾及利亞 | 傑米拉Djémila |
| �54 | 阿爾及利亞 | 提姆加德Timgad |
| �55 | 阿爾及利亞 | 提帕薩Tipasa |
| �56 | 阿爾及利亞 | 阿爾及爾的卡斯巴赫Kasbah of Algiers |
| �57 | 利比亞 | 大萊普提斯考古遺址Archaeological Site of Leptis Magna |
| �58 | 利比亞 | 薩布拉塔考古遺址Archaeological Site of Sabratha |
| �59 | 利比亞 | 加達梅斯古鎮Old Town of Ghadamès |
| �60 | 摩洛哥 | 沃盧比利斯考古遺址Archaeological Site of Volubilis |
| �61 | 突尼西亞 | 伊利捷競技場Amphitheatre of El Jem |
| �62 | 突尼西亞 | 迦太基遺址Site of Carthage |
| �63 | 突尼西亞 | 杜加Dougga / Thugga |

**浴池**
羅馬的公共浴場不是免費就是收費低廉，通常蓋在奢華的建築物內部，區隔成熱水池和溫水池，羅馬人在營造大型空間的技巧十分卓越。

**圖書館**
圖書館是希臘化時期發展出來的建築，主要是埃及托勒密王朝時代的發明，後來這個功能性建築也傳到小亞細亞及近東，成為博物館前身。

**凱旋門**
凱旋門運用了嵌牆柱，通常建在廣場入口，是紀念戰役勝利而設的拱門，凱旋門要夠大，才能讓軍隊載著戰利品穿越夾道歡呼的民眾。

## ■羅馬帝國征服過的領土

馬世界遠比一般人想像的大得多，一支有紀律的部隊勾勒出一個北起北海、南至非洲亞特拉斯山脈，西起大西洋沿岸、東至幼發拉底河的龐大帝國，領地橫跨今天25個以上國家的領土。這個龐大世界囊括了當時地球上最美麗以及人類中最文明的部分。

西元395年，君士坦丁大帝從羅馬遷都至君士坦丁堡。東羅馬帝國被稱為拜占庭帝國，東西羅馬帝國徹底分裂。西元527至565年查世丁尼一世時期，拜占庭帝國文治武功達最盛時期，蓋了蘇菲亞大教堂，產生了所謂的「拜占庭式建築」，圓球狀的屋頂，誇大了教堂外觀的力學美。

拜占庭的圓頂向西越過亞得里亞海，則成為威尼斯聖馬可大教堂的希臘式十字形五個圓頂；向北至俄羅斯，為了避免冬天下雪時壓垮淺圓頂，於是發展出洋蔥形圓頂。直到1453年拜占庭被鄂圖曼土耳其帝國滅亡為止，這個橫跨歐亞非的帝國，其藝術風格影響可說無遠弗屆。

# 羅馬帝國分裂之後，定都於君士坦丁堡的拜占庭帝國曾經統治過哪些地方？在哪些世界遺產中看得到其所創造的拜占庭風格？

### ☪ ⊠土耳其
### 伊斯坦堡歷史區
**Historic Areas of Istanbul**

伊斯坦堡不但是世界上唯一一座跨於歐亞大陸上的城市，更是拜占庭、鄂圖曼兩大帝國的首都，它曾是全世界政治、宗教及藝術中心長達2千年之久，在這樣的千年古都中，小亞細亞文明、拜占庭遺跡、鄂圖曼文化並存。伊斯坦堡歷史區最教人驚豔的文化資產就是拜占庭君士坦丁大帝時代的賽馬場，以及公元6世紀的建築巨作聖索菲亞教堂。

### ⊠敘利亞
### 波士拉古城 Ancient City of Bosra

西元268年起，波士拉成為拜占庭帝國裡管理33個教區的主教區，但在632年被伊斯蘭教帝國占領，自此成為伊斯蘭教徒前往麥加朝聖的重要停休站。

### ⊠敘利亞
### 十字軍堡壘和薩拉丁城堡
**Crac des Chevaliers and Qal'at Salah El-Din**

這兩座城堡可說是11~13世紀東西方十字軍征戰時期的軍事代表作，顯示東西雙方雖然互為敵對，卻在建築等文化內容，相互交流與影響。薩拉丁城堡融合了拜占庭、法蘭克人及12世紀伊斯蘭阿育比(Ayyubid)王朝的特色。

### ⊠約旦

### 烏姆拉薩斯考古遺址
**Um er-Rasas (Kastrom Mefa'a)**

原本是一處羅馬軍營，西元5世紀開始烏姆拉薩斯開始發展成為一座城鎮，而後歷經長時間的發展，這塊遺址上出現了羅馬、拜占庭以及西元3~9世紀的早期伊斯蘭文明。

### ⊠阿爾巴尼亞
### 布特林特 Butrint

西元9世紀時拜占庭帝國的統治讓布特林特進入黃金時期，其後又遭威尼斯人占領。

### ⊠阿爾巴尼亞
### 貝拉特與吉諾卡斯特拉歷史中心
**Historic Centres of Berat and Gjirokastra**

歷經拜占庭、羅馬、土耳其人的統治，該城融合了不同的宗教與文化，展現於歷史可以回溯到西元前4世紀的城堡、拜占庭時期的教堂，以及鄂圖曼年代的清真寺與蘇非派兄弟會。

### ⊠保加利亞
### 內塞伯爾古城
**Ancient City of Nessebar**

過去曾多次被不同文明占領，因而擁有豐富的歷史與各個時期的建築。西元前兩千多年以前，色雷斯人已然在此設立聚落，到了西元前6世紀時，這裡成了希臘人的殖民地，甚至後來成為拜占庭帝國的重要要塞之一。

### ⊠克羅埃西亞
### 波瑞曲歷史中心的優夫洛西斯大教堂 Episcopal Complex of the Euphrasian Basilica in the Historic Centre of Poreč

西羅馬帝國滅亡之後，西元539年由拜占庭帝國接手，並設立了一個主教席位，今天城裡最珍貴的資產優夫洛西斯大教堂，便是這個時期遺留下來的。其中最具價值的就在那些貼著金箔的鑲嵌畫，代表著拜占庭最高藝術創作。

### ⊠賽浦路斯
### 特羅多斯地區的彩繪教堂
**Painted Churches in the Troodos Region**

在拜占庭時期，該區成為拜占庭藝術的中心，如今保留下來的9間教堂和一座修道院，內部大量裝飾著色彩繽紛的壁畫，和建築本身充滿鄉村風格的外觀形成強烈的對比，藉由這些壁畫，人們得以對賽普勒斯當地的拜占庭與後拜占庭時期繪畫，有著概略的認識。

### ⊠希臘
### 特沙羅尼基的初期基督教與拜占庭式建築群
**Paleochristian and Byzantine Monuments of Thessalonika**

特沙羅尼基被發現於西元前315年，是最早的基督教傳播地之一。這些精緻的基督教建築，經由西元4世紀至15世紀不斷的修建，而呈現出不同時

期的建築特色，這點也影響了拜占庭世界。

### ⑪希臘
**阿斯特山Mount Athos**

阿斯特山是希臘東正教的聖山，嚴禁女性及小孩入山，自1054年即是希臘東正教的精神中心。這座拜占庭藝術的寶庫，擁有20座修道院及1400名修道士，其設計影響遠至俄羅斯，而學校的繪畫則影響了東正教的藝術。

### ⑫希臘
**達芙尼修道院、荷西歐斯‧魯卡斯修道院及希歐斯島的尼亞‧摩尼修道院Monasteries of Daphni, Hossios Luckas and Nea Moni of Chios**

這三座修道院雖然相隔有一段距離，但其美學特色相彷。建於廣場中的教堂皆為十字型，大圓頂由內角拱支撐著，呈八邊形結構。在金色背景裝飾著華麗的大理石，為拜占庭藝術第二個黃金時間的象徵。

### ⑬義大利
**威尼斯與潟湖區**
**Venice and its Lagoon**

最早威尼斯是拜占庭的殖民地，取得自治權後建立了共和國，在七世紀時威尼斯已經成為世界上強盛富有的國家之一，領土延伸到地中海。

### ⑭義大利

### 拉威那早期基督教古蹟
**Early Christian Monuments of Ravenna**

位於波河三角洲的拉威那，於羅馬帝國時期就被奧古斯都（Augusto）選為艦隊的基地，並開始其都會發展；402年西羅馬帝國把首都遷到此城，特歐多西歐皇帝（Teodosio）並將基督定為國教；其後拉威那遂成為東羅馬帝國支持的蠻族國王特歐多利可（Teodorico）所建王朝的國都，直到第8世紀為止；因此基督教前期的建築結合拜占庭鑲嵌藝術的大量應用，而誕生了閃亮的馬賽克之都。

### ⑮羅馬尼亞
**摩爾達維亞的教堂群**
**Churches of Moldavia**

羅馬尼亞東北部的莫爾達維亞省是一片洋溢著鄉村風情的森林地帶，當地七座外觀彩繪精緻壁畫的東正教教堂，象徵著15～16世紀拜占庭藝術的巔峰！

### ⑯塞爾維亞

### 斯塔利拉斯和蘇波坎尼修道院
**Stari Ras and Sopoćani**

坐落於拉斯卡地區的蘇波坎尼修道院興建於13世紀下半葉，它是西方和拜占庭世界間相互接觸的象徵，內部精緻的彩繪壁畫被譽為最漂亮的塞爾維亞中世紀藝術，特別是位於主殿西牆的《安眠聖母》壁畫。

### ⑰塞爾維亞
**斯圖德尼察修道院**
**Studenica Monastery**

斯圖德尼察修道院的兩大主要結構為融合羅馬與拜占庭風格的聖母教堂（Church of the Virgin），以及外觀呈現八角形圓頂的國王教堂（Church of the King），這兩個同樣以白色大理石建造的紀念建築，因為收藏大量13～14世紀的拜占庭壁畫而擁有極高的藝術價值。

### ⑱塞爾維亞
**科索沃的中世紀古蹟**
**Medieval Monuments in Kosovo**

這些中世紀古蹟由四座高度反映融合拜占庭與羅馬建築風格的東正教教堂組成，它們的內部裝飾發展於13～17世紀，風格獨特的巴爾幹壁畫，對日後巴爾幹半島的藝術發展扮演著關鍵性的角色。

### ⑲埃及
**聖凱瑟琳區Saint Catherine Area**

聖凱薩琳修道院位於聖經所記載摩西接受上帝十誡的西奈山山腳下。這是座現存的世界最古老修道院之一，院內珍藏早期基督教手稿及聖像，其建築可說是拜占庭早期建築的最佳範例。而整個聖凱瑟琳地區裡不但有許多進行中的考古活動，也是猶太、基督教、伊斯蘭教三大宗教的聖地。

### ⑳利比亞
**薩布拉塔考古遺址**
**Archaeological Site of Sabratha**

本遺址最古老的建築是西元前7世紀所建的濱海碼頭，其他重要的遺跡則包羅羅馬帝國及拜占庭帝國的碉堡、神殿、噴泉、廣場、劇院與教堂。

### ㉑突尼西亞
**蘇塞舊城 Medina of Sousse**

蘇塞是腓尼基人於西元前11世紀建立的城市，陸續經歷羅馬、汪達爾、拜占庭帝國及阿拉伯人的統治，並且發展成艾格萊卜王朝（Aghlabid Dynasty，西元800-909年）重要的貿易中心和軍事港口。

鄂圖曼帝國最顛峰時疆土橫跨歐亞非三洲，從維也納到黑海、阿拉伯半島、北非埃及全在它的掌握之下，占了世界六分之一的領土，千餘年來，博斯普魯斯海峽、黑海、馬爾馬拉海三面環繞的水域帶，帶給伊斯坦堡特殊的地理位置和歷史定位，鄂圖曼帝國在極盛時期藉著這片水域通過黑海，把勢力從巴爾幹半島直通維也納，令歐洲人聞風喪膽長達數個世紀。

儘管鄂圖曼已隨著帝國崩解，過去金戈鐵馬、氣吞萬里的榮光早已煙消雲散，身為一座歷史名城，伊斯坦堡依舊處處散發著那種東西文明所撞擊出來的魅力，歷經千餘年始終不減。除了伊斯坦堡，在它所統治過的土地，也可以看到些許鄂圖曼曾經有過的歷史光輝。

# 拜占庭帝國之後，鄂圖曼接續在伊斯坦堡建立一個橫跨歐亞非的帝國，時間長達六個世紀，如今哪些世界遺產，仍留有鄂圖曼遺風？

## 【歐洲】

## 【非洲】

### 埃及
### 開羅歷史區 Historic Cairo

西元969年法蒂瑪王朝征服埃及，建都於現在的開羅(意謂征服者、勝利)，一直到馬木路克王朝(Mamluk Dynasty 奴隸王朝，1250-1517)結束，為期500餘年的時間，開羅一直都是伊斯蘭世界的中心，清真寺比鄰而建，數量驚人，當時曾被稱為「千塔之城」。其中位於大城堡的藍色清真寺，活脫就像是土耳其伊斯坦堡藍色清真寺的翻版。

### 波士尼亞及赫塞哥維納
### 莫斯塔爾舊城與舊橋地區
### Old Bridge Area of the Old City of Mostar

名稱原意為「橋樑守護者」的莫斯塔爾，橫跨於內雷特瓦河的一座深谷上，15~16世紀時發展成為鄂圖曼土耳其的邊境城市，並於19~20世紀的奧匈時期持續開發。這座城市長期因其古老的土耳其房舍以及名稱由來的舊橋莫爾斯特橋(Stari Most)聞名。

### 突尼西亞
### 突尼斯舊城 Medina of Tunis

突尼斯是突尼西亞的首都，融合非洲、歐洲和伊斯蘭風情。其中巴爾多博物館收藏出土自突尼西亞各地的馬賽克鑲嵌畫，從史前、迦太基、羅馬、異教徒、前基督教時期，到阿拉伯穆斯林，各類型鑲嵌畫應有盡有，至於博物館建築本身就是鄂圖曼土耳其時期的一座宮殿，足見突尼西亞歷史之豐，東西方各種文化都曾交會在這片土地上。

### 阿爾及利亞
### 阿爾及爾的卡斯巴赫
### Kasbah of Algiers

始建於公元前6世紀的卡斯巴赫由於先後受到腓尼基人、羅馬人、汪達爾人、拜占庭人、阿拉伯人、土耳其人和法國人的統治，因此現今所看到包括堡壘、清真寺、土耳其宮殿和傳統民房在內的歷史古蹟，充分融合了羅馬、拜占庭、土耳其軍事建築以及阿拉伯的建築風格。

【亞洲】

### 土耳其
### 伊斯坦堡歷史區Historic Areas of Istanbul

位於歷史城區的老皇宮正是鄂圖曼強盛的象徵，因為四百餘年歷史間，36位蘇丹（皇帝）中的半數都以托普卡匹宮為家，武功強盛時，蘇丹不僅在此運籌帷幄，決勝於萬里之外，其後宮的香豔及血腥傳奇，就連莫札特的歌劇也要上演齣以鄂圖曼後宮生活為場景的《後宮誘逃》。老皇宮除了占地廣闊、房間多如迷宮，老實說並沒有多麼驚人的偉大建築，不過裡面卻收藏了鄂圖曼累積幾百年基業的精華，以及在世界各地攻城掠地所取得的寶藏。其中最知名的，便是寶物收藏室裡重達86克拉、世界第五大的鑽石，以及鑲了三顆大翡翠的托普卡匹比首。

### 以色列
### 阿克古城Old City of Acre

中世紀時期阿克古城成為耶路撒冷十字軍王朝的首都，這些年代回溯到12~13世紀的十字軍時期城鎮遺址，幾乎完整的保留了下來，和後來18~19世紀時統治該城、並將它建設成典型伊斯蘭教都城的鄂圖曼土耳其帝國建構的今日城市面貌重疊，形成非常特殊的層次景觀，堡壘、清真寺、商旅客棧以及浴池等典型伊斯蘭建築要素，錯落於中世紀的結構間。

### 阿爾巴尼亞
### 貝拉特與吉諾卡斯特拉歷史中心Historic Centres of Berat and Gjirokastra

「千窗之城」貝拉特和「兩千階梯之城」吉諾卡斯特拉，是現今罕見的鄂圖曼土耳其時期的典型建築範例。發跡於西元前6世紀的貝拉特，是該國最古老的城市之一，歷經拜占庭、羅馬、土耳其人的統治，該城融合了不同的宗教與文化。

### 敘利亞
### 阿勒坡古城
### Ancient City of Aleppo

阿勒坡是敘利亞第二大城，人口約20萬，與大馬士革同為世界上居住歷史最為久遠的城市之一。因為處於東西貿易交會處，阿勒坡在公元前2世即出現在世界 史上，先後為西台、亞述、希臘、羅馬、蒙古、以及馬穆魯克、鄂圖曼土耳其等阿拉伯帝國所統治。

### 波士尼亞及赫塞哥維納
### 維謝格拉德的索科羅維奇古橋
### Mehmed Paša Sokolović Bridge in Višegrad

在波士尼亞及赫塞哥維納東部的德里納河(Drina River)上，跨越了一座出自鄂圖曼土耳其帝國最偉大的建築師錫南(Sinan)之手的邁赫邁德·巴什·索科羅維奇古橋，這件落成於1755年的土耳其建築巔峰之作，充分展現鄂圖曼帝國先進的土木技術。

### 土耳其
### 番紅花城City of Safranbolu

早自13世紀開始，番紅花城就是東、西方貿易商旅必經的驛站，到了17世紀時，黑海地區繁盛的商貿使番紅花城邁入顛峰期，富豪廣建華宅突顯身份，這些運用磚、木打造的鄂圖曼宅邸，通過歲月、天候的考驗留存至今，成為番紅花城最搶眼的特色。位於山谷中的番紅花城就像是停駐在另一個時空的古鎮，空氣中瀰漫著濃重的鄂圖曼氣味。

### ❶義大利
### 羅馬歷史中心
### Historic Centre of Rome, the Properties of the Holy See in that City Enjoying Extraterritorial Rights and San Paolo Fuori le Mura

絲路的起點，也是終點，代表西方文化的偉大精髓。

### ❷土耳其
### 伊斯坦堡歷史區
### Historic Areas of Istanbul

伊斯坦堡不但是世界上唯一一座跨於歐亞大陸上的城市，更是拜占庭、鄂圖曼兩大帝國的首都，它曾是全世界政治、宗教及藝術中心長達2千年之久，在這樣的千年古都中，小亞細亞文明、拜占庭遺跡、鄂圖曼文化並存。

### ❸埃及
### 開羅歷史區
### Historic Cairo

西元969年法蒂瑪王朝(Fatimid Dynasty，唐朝稱「綠衣大食」)征服埃及，建都於現在的開羅，掌控著東地中海的貿易大權，創造了開羅最繁盛的時期，人口密集，生活富庶，清真寺比鄰而建，數量驚人。

### ❹敘利亞，大馬士革古城
### Ancient City of Damascus

首建於西元前3世紀的大馬士革，是中東地區的知名古城之一，在大馬士革的市區裡留下眾多文物。

### ❺敘利亞‧阿勒坡古城
### Ancient City of Aleppo

因為處於東西貿易交會處，阿勒坡在公元前2世紀即出現在世界歷史上，先後為西台、亞述、希臘、羅馬、蒙古、以及馬穆魯克、鄂圖曼土耳其等阿拉伯帝國所統治。

### ❻敘利亞‧帕密拉遺址
### Site of Palmyra

在占地6平方公里的遺址裡，包括巴爾沙明神廟(Baal-Shamin Temple)、貝爾神廟(Bel Temple)、劇場、公共浴室等兼具希羅和波斯當地文化特色的建築。

# 自古以來，絲路扮演了東西文化交流的重要角色
# 哪些世界遺產位於這條交通要衝上，
# 並能見到 東西文化融合 的樣貌？

**⑨土庫曼**
**古瑪浮State Historical and Cultural Park "Ancient Merv"**

古瑪浮遺址是昔日中亞絲路上最重要的中繼站，也是目前保存最佳的綠洲城市。南北絲路在此分開，越過天山後，再度會合，在這片綠洲上有著人類四千多年來所創造的文物，12世紀時曾是塞爾柱土耳其的首都。

**⑩烏茲別克**
**伊特克汗‧卡拉Itchan Kala**

伊特克汗‧卡拉就是基瓦(Khiva)綠洲的內城，古代絲路發達時，這裡是要穿越沙漠，前往波斯之前的最後一個商旅落腳處。城牆所圍起來的市中心，就像一座藍色天空下的城市博物館，建築物完好而整齊地排列，時間彷彿凝凍在商旅往來的大絲路時代。

**⑪烏茲別克**
**布哈拉歷史中心historic Centre of Bukhara**

布哈拉位於是中亞古絲路的商業重鎮，城內屹立著城堡、清真寺、伊斯蘭宗教學校和市集，其中一座圓頂市集(Toqi Bazaar)早期以絲綢交易為主，現在則是出售各式各樣的手工藝和紀念品。

**⑦伊拉克，哈特拉Hatra**

坐落於巴格達東北方290公里的哈特拉，是西元前3世紀時希律希底帝國(Seleucid Empire)創立的亞述城市，到了帕底亞王國(Parthian Empire)王國時期，因為位居絲路上的重要位置，一躍成為重要的宗教和貿易中心。

**⑧伊朗**
**巴姆城及其文化景觀Bam and its Cultural Landscape**

巴姆城最初歷史回溯到阿契美尼德時期，位居絲路之路上的交通要衝，使得這座城市運用當時特有建築技術建成的防禦城市，融合多種風格且獨具特色。

**⑫烏茲別克**
**撒馬爾罕Samarkand**

撒馬爾罕是烏茲別克共和國的舊都，城內佈滿伊斯蘭教清真寺和陵墓建築。據說當年亞歷山大大帝尚未抵達撒馬爾罕以前，就曾經夢見過這座城市，等到他真正抵達這裡，認為此城之美超過他的想像。

**⑬蒙古**
**鄂爾渾河谷文化景觀**
**Orkhon Valley Cultural Landscape**

13至14世紀，蒙古帝國的首都卡爾哈林(Kharkhorum)就在此河谷地區，維吾爾族也曾在此設立首都，此外，考古學家也發現不少6世紀的遺跡群，以及融合在地文化的佛教寺廟等，並從中發現過去遊牧民族的信仰、貿易等社會活動，以及歐亞文化交會變換的蛛絲馬跡。

漫　漫絲路，承載著千百年來中西文明交流的傳奇史，旅者的足跡不曾停歇，無數的販夫走卒、宗教家、掠奪者、浪蕩子，都在這條大路上留下自己的痕跡。

確切的說，絲路是亞、歐、非各地區文明興起、經貿交流的結果，歷經數千年的時空變遷，交通路線隨著政經發展與自然環境不斷發展、變化，因此，「絲路」不是一條單一不變的大道，而是由無數路線交錯連結而成的網絡。

通過這條絲路，中國傳出了絲綢、瓷器、茶葉、火藥、指南針、羅盤、造紙術、印刷術，西方則傳來香料、玻璃、歌舞、樂器、奇獸異果及祆教、景教、摩尼教、佛教、伊斯蘭教等各式宗教。

古文化孕育出的思想流派和各項空前發明，都透過「絲路」散播到全球其他地區，劃時代的政治活動，也沿著這條大道進行。因此，「絲路」不單純只是商品交易的金融管道，它藉由政治、經濟、文化各方面的演變，推動著歐亞大陸各民族文化間的交流與融合，在漫長的人類文明史中寫下壯闊的痕跡。

# 在哥倫布尚未發現新大陸之前，美洲文明的圖像究竟如何？又有哪些遺跡被列為世界遺產？

在歐洲人還沒發現新大陸之前，也就是所謂的前哥倫布時期（pre-Columbian），美洲地區一直存在著兩大文明區塊，一是中美洲以馬雅與阿茲特克為主的文明，一是南美洲的印加文明，這兩大文明所遺留下來的建築，至今仍是考古的重要依據。

西元1492年哥倫布發現新大陸，歐洲人大幅改變了對世界的認知，也從此轉變了美洲的命運。西元1500年前後，西班牙征服者從墨西哥灣上岸，發現了前所未見的古老文明隱身在雨林裡，對於中美洲文明的城市佈局和建築留下深刻的印象。

中美洲曾經崛起過的文明，其散佈的範圍大致包括了今天的墨西哥、瓜地馬拉、宏都拉斯及薩爾瓦多等國家，依照時間先後，較著名的有薩波特克（Zapotecs）、馬雅（Maya）、托爾特克（Toltecs）、秘茲特克（Mixtecs）、阿茲特克（Aztecs）等文明。它們通常被劃分為以墨西哥高原、河谷為主的「高地」，和以墨西哥灣區為主的「低地」，不論哪個時期或區域，基本上擁有許多相似的文化特徵，包括建築、城市規劃、球場、金字塔神廟、活人獻祭等。

至於南美洲的印加文明，他與中美洲的阿茲特克幾同時開展，然後同樣覆滅於外來殖民者的手中。印加帝國的幅員涵蓋了南美洲安地斯山脈全境，相當於今天的厄瓜多、祕魯、玻利維亞、到智利、阿根廷等國。

地圖標示：墨西哥、古巴、多明尼加、海地、貝里斯、瓜地馬拉、宏都拉斯、薩爾瓦多、尼加拉瓜、哥斯大黎加、巴拿馬、委內瑞拉、哥倫比亞、厄瓜多、祕魯、巴西、玻利維亞、巴拉圭、智利、烏拉圭、阿根庭

| BC5000 | BC4500 | BC4000 | BC3500 | BC3000 | BC2500 | BC2000 | BC1500 | BC1000 | BC900 | BC800 | BC700 | BC600 | BC500 | BC400 | BC300 | BC200 | BC100 | 0 | 10 |
|---|---|---|---|---|---|---|---|---|---|---|---|---|---|---|---|---|---|---|---|

**奧爾梅克文明**
BC1500-300
●奧爾梅克巨石頭像，BC1200-BC600，
墨西哥墨西哥灣海岸

**薩波特克文明**
BC500-800

●提卡爾，BC200年-800，
地馬拉提卡爾

●帕蓮克城，BC100年-1
墨西哥帕蓮克

●提奧狄華岡城，BC100-
墨西哥提奧狄華岡

## 【中美洲】

| 編號 | 國家 | 遺產名 | 主要文明 |
|---|---|---|---|
| ❶ | 墨西哥 | 墨西哥市歷史中心和霍奇米爾科<br>Historic Centre of Mexico City and Xochimilco | 阿茲特克帝國 |
| ❷ | 墨西哥 | 瓦哈卡歷史中心和阿爾班山考古遺址Historic Centre of Oaxaca and Archaeological Site of Monte Albán | 薩波提克文明<br>阿茲特克帝國 |
| ❸ | 墨西哥 | 帕蓮克Pre-Hispanic City and National Park of Palenqu | 馬雅文明 |
| ❹ | 墨西哥 | 提奧狄華岡Pre-Hispanic City of Teotihuacan | 馬雅文明<br>阿茲特克帝國 |
| ❺ | 墨西哥 | 奇琴伊察Pre-Hispanic City of Chichen-Itza | 馬雅文明 |
| ❻ | 墨西哥 | 艾爾塔印El Tajin, Pre-Hispanic City | 馬雅文明<br>阿茲特克帝國 |
| ❼ | 墨西哥 | 烏斯瑪爾Pre-Hispanic Town of Uxmal | 馬雅文明 |
| ❽ | 墨西哥 | 霍奇卡爾科考古建築區<br>Archaeological Monuments Zone of Xochicalco | 馬雅文明<br>阿茲特克帝國 |
| ❾ | 墨西哥 | 坎佩切的古瑪雅城市卡拉克穆爾<br>Ancient Maya City of Calakmul, Campeche | 馬雅文明 |
| ❿ | 瓜地馬拉 | 提卡爾國家公園Tikal National Park | 馬雅文明 |
| ⓫ | 瓜地馬拉 | 基里瓜考古公園及遺跡<br>Archaeological Park and Ruins of Quirigua | 馬雅文明 |
| ⓬ | 宏都拉斯 | 科潘的馬雅遺址Maya Site of Copan | 馬雅文明 |
| ⓭ | 薩爾瓦多 | 霍亞德塞倫考古遺址<br>Joya de Cerén Archaeological Site | 馬雅文明 |

## 【南美洲】

| 編號 | 國家 | 遺產名 | 主要文明 |
|---|---|---|---|
| ⓮ | 哥倫比亞 | 鐵拉登特羅國家考古公園<br>National Archeological Park of Tierradentro | 不明(1-9世紀) |
| ⓯ | 哥倫比亞 | 聖奧古斯汀考古公園<br>San Agustín Archeological Park | 不明((1-8世紀) |
| ⓰ | 秘魯 | 庫斯科城City of Cuzco | 印加帝國 |
| ⓱ | 秘魯 | 馬丘比丘歷史保護區<br>Historic Sanctuary of Machu Picchu | 印加帝國 |
| ⓲ | 秘魯 | 查文考古遺址Chavin Archaeological Site | 查文文明(1500BC-300BC) |
| ⓳ | 秘魯 | 昌昌考古遺址Chan Chan Archaeological Zone | 奇穆王國(15世紀) |
| ⓴ | 秘魯 | 納茲卡線條地面圖騰<br>Lines and Geoglyphs of Nasca and Pampas de Jumana | 納茲卡文明(200BC-AD600) |
| ㉑ | 秘魯 | 聖城卡羅爾－蘇沛The Sacred City of Caral-Supe | 諾特奇可文明(3000 BC) |
| ㉒ | 玻利維亞 | 提華納庫文化的精神和政治中心Tiwanaku: Spiritual and Political Centre of the Tiwanaku Culture | 提華納庫文明(200BC-AD800) |
| ㉓ | 玻利維亞 | 薩邁帕塔堡壘Fuerte de Samaipata | 印加帝國及其他 |
| ㉔ | 阿根廷 | 奎布拉達罕華卡谷地Quebrada de Humahuaca | 印加帝國及其他 |

| 300 | 400 | 500 | 600 | 700 | 800 | 900 | 1000 | 1050 | 1100 | 1150 | 1200 | 1250 | 1300 | 1350 | 1400 | 1450 | 1500 |
|---|---|---|---|---|---|---|---|---|---|---|---|---|---|---|---|---|---|

**秘茲特克文明**
900-1500

**印加帝國**
1200-1532

**馬雅文明**
BC300-900

**阿茲特克文明**
1400-1520

●奇琴·伊察，800-1500，墨西哥奇琴·伊察(P.178)
●復活島石像，1000-1500，智利復活島
●烏斯瑪爾，600-900，墨西哥猶加敦烏斯瑪爾

●阿茲特克的大神廟，1325-15世紀，墨西哥墨西哥市
●薩克薩瓦滿的神廟式碉堡，15世紀末-16世紀，祕魯庫斯科
●馬丘比丘，1500，祕魯馬丘比丘

# 史前時代人類
## 在哪些地方的洞穴留下畫作，
### 如今列為世界遺產保護？

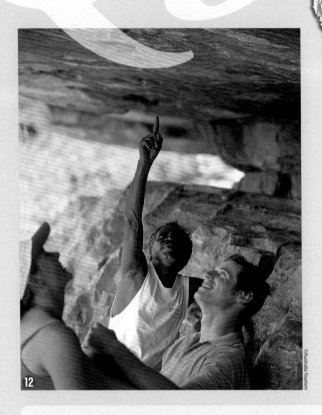

©Australia Tourism

**北美洲**

北大西洋

**南美洲**

格陵蘭

冰島

美國

墨西哥

古巴
海地　多明尼加
貝里斯
瓜地馬拉　宏都拉斯
薩爾瓦多　尼加拉
哥斯大黎加
巴拿馬

委內瑞拉　圭亞納　蘇利南
哥倫比亞
厄瓜多爾
祕魯
巴西
玻利維亞
巴拉圭
智利
烏拉圭
阿根廷

| 20萬年前 | 3萬8000年前 | 1萬年前 |
|---|---|---|
| 舊石器時代前期 | 舊石器時代後期 | 中石器時代 |

❶特索地羅Tsodilo，波札那

❷威蘭得拉湖區Willandra Lakes Region，澳洲

❸科阿峽谷史前岩石藝術遺址Prehistoric Rock-Art Sites in the Côa Valley，葡萄牙

❹阿爾塔米拉岩洞壁畫Cave of Altamira and Paleolithic Cave Art of Northern Spain，西班牙

❺卡卡度國家公園Kakadu National Park，澳洲

卡皮瓦拉山國家公園Serra da Capivara National Park，巴西 ❻

❼維澤黑河谷洞穴及史前遺址 Prehistoric Sites and Decorated Caves

平圖拉斯河手印洞Cueva de las Manos, Río Pinturas，阿根廷 ❽

❾馬托波山 Matobo Hills，辛巴威

❿塔德拉爾特·阿卡庫斯岩畫遺址Rock-Art Sites of Tadrart

⓫伊比利半島地中海盆地岩畫藝術Rock Art of the

烏魯魯卡達族達國家公園Uluru-Kata Tjuta National Park，澳洲 ⓬

毗姆貝克塔岩石庇護所Rock Shelters of Bhimbetka，印度 ⓭

塔斯馬尼亞荒原Tasmanian Wilderness，澳洲 ⓮

瓦爾加莫尼卡的岩畫Rock Drawings in Valcamonica，義大利 ⓯

©UNESCO/Yvon Fruneau

❿

　　舊石器時代到新石器時代，在還沒發明文字之前的史前人類，除了以石作為工具之外，能給後人作為考古研究依據的，就是這些遺留在山洞或山壁上的畫作了。從這些岩畫上所描繪的人形、獸類，不難看出當時人類從狩獵為主的生活方式慢慢演進為游牧、農耕，當然還可以看出他們的祭祀儀式以及的藝術創意。

　　有趣的是，這些大量留下來的岩畫，不分洲別，不分種族地域，分佈得十分平均，五大洲都能看到這些藝術創作，儘管當時地球五大洲的陸塊並不是我們今天所看到的模樣。

歐 洲

亞 洲

非 洲

大 洋 洲

太平洋

印度洋

南大西洋

地中海

瑞典
挪威
芬蘭
丹麥
愛沙尼亞
拉脫維亞
立陶宛
白俄羅斯
波蘭
德國
捷克
斯洛伐克
匈牙利
奧地利
烏克蘭
哈薩克
保加利亞黑海
羅馬尼亞
英國
愛爾蘭
法國
西班牙
葡萄牙
義大利
希臘
土耳其
喬治亞
亞美尼亞
亞塞拜然
烏茲別克
吉爾吉斯
土庫曼
塔吉
阿富汗
伊拉克
敘利亞
伊朗
約旦
巴基斯坦
摩洛哥
阿爾及利亞
突尼西亞
利比亞
埃及
沙烏地阿拉伯
安曼
葉門
印度
緬甸
泰國
寮國
柬埔寨
越南
菲律賓
孟加拉
斯里蘭卡
馬來西亞
新加坡
印度尼西亞
台灣
中國
密克羅尼西亞
巴布亞新幾內亞
澳洲
美拉尼西亞
紐西蘭

西撒哈拉
茅利塔尼亞
馬利
尼日
查德
蘇丹
幾內亞比索
幾內亞
貝南
奈及利亞
賴比瑞亞 象牙海岸
中非
喀麥隆
衣索比亞
索馬利亞
烏干達
肯亞
剛果 盧安達
坦尚尼亞
安哥拉
尚比亞
辛巴威
莫三比克
馬達加斯加
納米比亞
波札那
史瓦濟蘭
南非

⑱ ⑳ ⑦ ⑮ ④ ③ ⑪ ⑯ ⑩ ⑬ ㉑ ⑤ ⑫ ② ⑭ ㉓ ⑰ ① ⑨ ⑲

21

5

| | | 7000年前 |
|---|---|---|
| | | 新石器時代 |

e Vézère Valley，法國 **7**

s，利比亞

rranean Basin on the Iberian Peninsula，西班牙

塔西里奈加 Tassili n'Ajjer，阿爾及利亞

⑰瓊戈尼岩石藝術區Chongoni Rock-Art Area，馬拉威

⑱亞爾它岩石壁畫Rock Art of Alta，挪威

⑲德拉肯斯山脈公園uKhahlamba / Drakensberg Park，南非

塔努遠古壁畫遺跡Rock Carvings in Tanum，瑞典⑳

湯噶犁岩畫Petroglyphs within the Archaeological Landscape of Tamgaly，哈薩克㉑

聖法蘭西斯科山脈岩畫Rock Paintings of the Sierra de San Francisco，墨西哥㉒

孔多亞岩畫遺址Kondoa Rock-Art Sites，坦尚尼亞㉓

**18**

**19**

| 精彩旅程尚未結束 | 請接下頁→

# 哪個地區 曾經出土人類化石
## 對人類的演化研究極具重大價值而被列為世界遺產？

### ⑧阿塔普爾卡考古遺址
### Archaeological Site of Atapuerca，西班牙

位於布勾斯以東15公里處，當地洞窟群中保存著大量早期歐洲人類化石，年代從100多萬年前跨越至基督教紀元初始，為研究遠古時代人類體態特徵及生活方式提供珍貴的原始資料。2008年初，考古學家在此挖掘出一塊人類下顎骨碎片，是迄今在該遺址出土最古老的化石，有可能是尼安德塔人和智人的最後共同祖先。

### ③奧莫河谷地
### Lower Valley of the Omo ，衣索比亞

位於衣索比亞南部，鄰近圖卡納湖(Lake Turkana)的奧莫河谷地，是世界上著名的史前遺址，考古學家已在奧莫河岸挖掘出更新世到上新世之間，距今2百萬年前的人類化石碎片，此外，這裡也有許多奧杜萬石器時代的(Oldowan industry)的工具出土，證明奧莫河谷地是目前已知人類最古老的露營地之一。

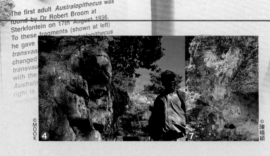

### ①恩格羅恩格羅自然保護區
### Ngorongoro Conservation Area，坦尚尼亞

這裡除了有密度極高的野生動物群，也有珍貴的人類遺跡，根據化石考證，原始人類於3百萬年前出現在附近的歐杜維峽谷(Olduvai Gorge)，同樣相距不遠的雷托利遺址(Laetoli Site)，也保存了早期原始人類的足跡，年代可回溯到360萬年前。

### ④史特克芳登等洞穴的原人化石遺址
### Fossil Hominid Sites of Sterkfontein, Swartkrans, Kromdraai, and Environs，南非

1936年，Robert Broom博士在此發現了第一個類人猿的頭骨，之後的挖掘陸續發現大約350萬年到150萬年前的化石，約有500具頭骨、顎骨、牙齒和軀骸出土，是原人發展的重要史證。此外，還有數千具動物化石，超過300片各種植物化石，以及超過9000件石頭工具，其中包含地球上最早的人造器物。

人類的演化大概可以分成幾個階段：早期猿人、晚期原人(直立人)、早期智人(舊人)、晚期智人(新人)。早期猿人約生存在400萬年前到200萬年前之間，已具備人類基本特點，能夠直立行走，製造簡單的工具。晚期原人又稱為直立人，大約生存在200萬年前到20萬年前之間，身體像人，腦容量較大，製造時器，開始使用火，中國的北京人和印尼的爪哇人便是。

早期智人又稱為舊人，距今約20萬到1萬年前，和現代人很接近，例如歐洲的尼安德塔人；在此之前都屬於舊石器時代，直到晚期智人出現，已經和現代人沒太大差別，也慢慢由舊石器時代走向新石器時代。從這些被列為世界遺產的人類化石遺址，可以看到人類演進過程。

舊石器時代

猿人

500萬年前　　　　　　400萬年前　　　　　　300萬年前

### ❼周口店北京人遺址
### Peking Man Site at Zhoukoudian，中國

北京人遺址發現於1921年，從1927年以後才開始有系統性的發掘，卻因為1937年太平洋戰爭爆發，發掘工作只好被迫中斷。1949年之後又恢復發掘的工作，從中發現了近200件人類化石(40個人以上)、上萬件石器和近200種動物化石。這亦是迄今世界上同一個時期遺址中最所發現最豐富、最全面與最具代表性的一處人類遺址，其中包括人類最早用火的遺跡。

從遺物中可知，山頂洞人的生活較北京猿人進步許多：除了懂得用火，還會縫製獸衣及裝扮自己，身體特徵更與現代人無異。而最重要的是，中國人的源起於中國本土，並非來自遺址發掘前，人類學界所聲稱的來自中亞之說，這對人類的演進及生物學、歷史學的發展，有極大的貢獻。

### ❿玲瓏谷考古遺址
### Archaeological Heritage of the Lenggong Valley，馬來西亞

本遺址位於馬來西亞霹靂州北部的玲瓏谷，範圍涵蓋兩區共四處的考古場址。這裡的洞穴及露天考古場址紀錄了距今183萬年前到1,700年前的人類活動，時間橫跨舊石器時代、新石器時代及青銅時代，是非洲大陸以外最古老的人類歷史遺跡。

### ❻圖卡納湖國家公園
### Lake Turkana National Parks，肯亞

肯亞被稱為「人類的搖籃」，科學家判斷非洲是人類的起源地，就是因為考古學家Richard Leakey在圖卡納湖岸的Koobi Fora挖掘到一副直立人骸骨化石。Koobi Fora一地藏有豐富的哺乳動物、軟體動物等化石，對了解古生物環境相當重要。

### ❺桑吉蘭原人遺址(爪哇人)
### Sangiran Early Man Site，印尼

1936年至1941年在爪哇島中部進行的考古挖掘工作，占地約48平方公里的桑吉蘭一地，挖出了第一座原人化石，隨後，巨猿人、又稱為直立人的爪哇猿人等50具化石陸續出土，幾乎占去全球發現的原人化石的一半。這也證明，桑吉蘭早在150萬年前就有人類居住，是科學家想要瞭解人類演化的重要關鍵地。

### ❷阿瓦什河谷地
### Lower Valley of the Awash，衣索比亞

阿瓦什河是衣索比亞的主要河流，其谷地是非洲大陸最重要的古生物學遺址之一，這裡發現的遠古人類化石最早可追溯到4百萬年前，其中包括1974年在阿法爾(Afar)出土、以52塊人類骨骸化石重組而成的人類祖先「露西」(Lucy)，據估計該遺骸已經存在了320萬年；這些化石不僅為人類進化史提供了強大的證據，也重新形塑了我們對人類歷史的認知。

### ❾威蘭得拉湖區
### Willandra Lakes Region，澳洲

威蘭得拉湖區於1981年登入世界遺產的保護名單，原因是此區域保存有自更新世(Pleistocene，地質年代的專有名詞，單位是世，時間距今164萬年前之間)所形成的湖泊群和砂積層化石，以及人類在此活動的考古遺跡。在此也挖掘出許多完整的巨型有袋動物的化石。

在歐洲黑暗時代的封建化社會，由於羅馬教宗的統治，基督教得到廣泛的傳播，從此主宰了歐洲人的思想與信仰；今天的歐洲史，毋寧是一部基督文明史。其中教堂的興建，就是見證。11世紀之後，隨著工藝和商業的擴大，亮麗的都市文化興起，歐洲的文藝復興開始萌芽，這種萌芽是伴隨著興建教堂和大學開始的。藝術和科學以愈來愈快的步伐迅速成長，其中最具象徵性的，就是哥德式大教堂的出現。創新的工程技術結合一套新的建築語彙，創造出一種全新的教堂建築風格。於是歐洲各個大城市開始互相較勁，看看誰蓋的教堂最高、最壯麗，世界上最具代表性的哥德式教堂，首推巴黎的聖母院以及德國的科隆大教堂。

此後，隨著歐洲建築史的演進，每一個時期總有一座代表性的教堂永垂於世，它們不再是單純的宗教建築物，更是城市的文化標誌。其中米開朗基羅在梵諦岡所建的聖彼得大教堂，兼具了文藝復興和巴洛克時期的風格；至於現代建築，當然首推高第在巴塞隆納所興建的聖家堂。

此外，在希臘、東歐和俄羅斯發展出來的東方正教，也有其代表性風格，拜占庭建築便是其中之一。隨著大航海時代來臨，教堂在亞洲、美洲等殖民地蔓延開來，不少融合殖民風格的教堂都被列為世界遺產。

**🏳 羅斯基爾大教堂**
**Roskilde Cathedral，丹麥**

建造年代：12~13世紀
建築形式：哥德式
特色：丹麥境內第一座哥德式教堂，爾後不斷的改建，融合了各時期的教堂建築風格，最後一次的改建在19世紀，也因此提供歐洲宗教建築學的發展且清楚的概要。

**🏳 比薩大教堂廣場Piazza del Duomo, Pisa，義大利**

建造年代：西元1173~1370年
建築形式：仿羅馬式
特色：主教堂建於1064年，在11世紀時可說是世界上最大的教堂，分成四列的拱廊把教堂正面以立體方式呈現，這就是結合古羅馬元素的獨特比薩風，在整片神蹟廣場中，都可看見這種模式。

**🏳 旭本尼克聖雅各教堂**
**The Cathedral of St James in Šibenik，克羅埃西亞**

建造年代：西元1402~1555年
建築形式：哥德式、文藝復興式
特色：這棟宗教建築從牆壁、筒形拱頂到圓頂都是以特殊技術把石塊準碓地組合起來，在19世紀之前的歐洲，多半只能用木材及磚頭接榫與架構，但旭本尼克聖雅各教堂卻用石材辦到了。

**🏳 梵諦岡城Vatican City (聖彼得大教堂)，羅馬教廷**

建造年代：西元1400~1666年
建築形式：文藝復興式、巴洛克式
特色：聖彼得大教堂是一座長方形的教堂，整棟建築呈現出一個拉丁十字架的結構，同時也是目前全世界最大的一座教堂。其中大圓頂為文藝復興式，列柱廊及主教堂內部則呈巴洛克式。

**🏳 塞維亞大教堂與王宮**
**Cathedral, Alcázar and Archivo de Indias in Seville，西班牙**

建造年代：15世紀
建築形式：哥德式、文藝復興式
特色：大教堂寬160公尺，長140公尺，規模僅次於羅馬聖彼得及倫敦聖保羅教堂，為世界第三大教堂。

**🏴 肯特伯里大教堂、聖奧古斯丁寺、聖馬丁教堂**
**Canterbury Cathedral, St Augustine's Abbey, and St Martin's Church，英國**

建造年代：西元1070-1174年
建築形式：哥德式
特色：建於西元597年的肯特伯里大教堂是英國最古老的教堂，不過現今的教堂為1070-1174年所重建。

**🏳 科隆大教堂**
**Cologne Cathedral，德國**

建造年代：1248~1880年
建築形式：哥德式
特色：哥德式風格的科隆大教堂，從1248年開始興建，1265年完成了主祭壇與聖詠台，接下來的建設進度緩慢，直到1842年普魯士王國興起才為今日的規模重新打下基礎。

# 在基督教世界中，有哪些是<br/>以教堂為主題<br/>被列為世界遺產？

**🏳 莫爾達維亞的教堂群**
**Churches of Moldavia，羅馬尼亞**

建造年代：15~16世紀
建築形式：拜占庭
特色：七座外觀彩繪精緻壁畫的東正教教堂，象徵著15~16世紀拜占庭藝術的巔峰。其中沃洛涅特修道院(Voroneț Monastery)素有「東方西斯汀大教堂」之稱。

## 喀爾巴阡山區斯洛伐克境內的木造教堂 Wooden Churches of the Slovak part of the Carpathian Mountain Area，斯洛伐克

建造年代：16~18世紀
建築形式：木造教堂
特色：由於宗教習性不同，使得這些宗教建築彼此間展現各異的外部式樣與內部空間，反映出宗教建築不同時期的流派與發展。

©Slovakia Tourism

## 夏特大教堂 Chartres Cathedral，法國

建造年代：西元1134~1260年
建築形式：哥德式
特色：歐洲哥德式建築的最佳典範之一，教堂內的176片彩繪玻璃，算是歐洲中世紀最重要的作品之一。16世紀的火焰哥德式高塔，和內部的羅馬式建築大不相同。

©MOOK

| 洲別 | 國家 | 教堂名 |
|---|---|---|
| 歐洲 | 保加利亞 | 博亞納教堂Boyana Church |
| 歐洲 | 保加利亞 | 伊萬諾沃岩洞教堂Rock-Hewn Churches of Ivanovo |
| 歐洲 | 比利時 | 圖爾納的聖母大教堂Notre-Dame Cathedral in Tournai |
| 歐洲 | 克羅埃西亞 | 波瑞曲歷史中心的優夫洛西斯大教堂Episcopal Complex of the Euphrasian Basilica in the Historic Centre of Poreč |
| 歐洲 | 賽浦路斯 | 特羅多斯地區的彩繪教堂Painted Churches in the Troodos Region |
| 歐洲 | 捷克 | 澤拉納霍拉的內波穆克聖約翰朝聖教堂Pilgrimage Church of St John of Nepomuk at Zelená Hora |
| 歐洲 | 捷克 | 庫納霍拉：歷史城區及聖芭芭拉教堂和塞德雷茲的聖母大教堂Kutná Hora: Historical Town Centre with the Church of St Barbara and the Cathedral of Our Lady at Sedlec |
| 歐洲 | 芬蘭 | 皮泰亞維齊教堂Petäjävesi Old Church |
| 歐洲 | 法國 | 維澤雷教堂與山丘Vézelay, Church and Hill |
| 歐洲 | 法國 | 亞眠大教堂Amiens Cathedral |
| 歐洲 | 法國 | 聖薩凡修道院教堂Abbey Church of Saint-Savin sur Gartempe |
| 歐洲 | 法國 | 漢斯聖母大教堂Cathedral of Notre-Dame, Former Abbey of Saint-Remi and Palace of Tau, Reims |
| 歐洲 | 法國 | 布爾日大教堂Bourges Cathedral |
| 歐洲 | 德國 | 亞琛大教堂Aachen Cathedral |
| 歐洲 | 德國 | 史派亞大教堂Speyer Cathedral |
| 歐洲 | 德國 | 威斯教堂Pilgrimage Church of Wies |
| 歐洲 | 德國 | 希德斯漢的聖瑪麗大教堂和聖米歇爾教堂St Mary's Cathedral and St Michael's Church at Hildesheim |
| 歐洲 | 德國 | 特里爾的羅馬時期建築、聖彼得大教堂和聖母教堂Roman Monuments, Cathedral of St Peter and Church of Our Lady in Trier |
| 歐洲 | 義大利 | 擁有達文西《最後的晚餐》壁畫的感恩的聖瑪利亞教堂及修道院Church and Dominican Convent of Santa Maria delle Grazie with "The Last Supper" by Leonardo da Vinci |
| 歐洲 | 義大利 | 蒙德納的大教堂、芝維卡塔及大廣場Cathedral, Torre Civica and Piazza Grande, Modena |
| 歐洲 | 義大利 | 阿西西的聖方濟大教堂及其他方濟會遺跡Assisi, the Basilica of San Francesco and Other Franciscan Sites |
| 歐洲 | 挪威 | 厄尼斯教堂Urnes Stave Church |
| 歐洲 | 波蘭 | 亞沃爾和希維德尼察的和平教堂 Churches of Peace in Jawor and Swidnica |
| 歐洲 | 波蘭 | 小波蘭南部的木造教堂Wooden Churches of Southern Little Poland |
| 歐洲 | 羅馬尼亞 | 馬拉穆列斯的木造教堂Wooden Churches of Maramureş |
| 歐洲 | 俄羅斯 | 基日島木造教堂 Kizhi Pogost |
| 歐洲 | 俄羅斯 | 克羅門斯科耶的升天教堂 Church of the Ascension, Kolomenskoye |
| 歐洲 | 西班牙 | 布勾斯大教堂Burgos Cathedral |
| 歐洲 | 西班牙 | 博伊峽谷仿羅馬式教堂Catalan Romanesque Churches of the Vall de Boí |
| 歐洲 | 瑞典 | 加美斯達教堂村莊Church Village of Gammelstad, Luleå |
| 歐洲 | 烏克蘭 | 基輔：聖索菲亞主教堂與相關修道院建築群、基輔佩徹爾斯克Kiev: Saint-Sophia Cathedral and Related Monastic Buildings, Kiev-Pechersk Lavra |
| 歐洲 | 英國 | 達拉謨城堡與大教堂Durham Castle and Cathedral |
| 歐洲 | 英國 | 西敏宮、西敏寺和聖馬格麗特教堂Westminster Palace, Westminster Abbey and Saint Margaret's Church |
| 亞洲 | 亞美尼亞 | 伊斯密亞特辛教堂群和茲瓦特諾特斯遺址Cathedral and Churches of Echmiatsin and the Archaeological Site of Zvartnots |
| 亞洲 | 喬治亞 | 巴格蒂主教堂和吉拉蒂修道院Bagrati Cathedral and Gelati Monastery |
| 亞洲 | 印度 | 果亞的教堂與修道院Churches and Convents of Goa |
| 亞洲 | 菲律賓 | 菲律賓的巴洛克式教堂建築群Baroque Churches of the Philippines |
| 非洲 | 衣索比亞 | 拉利貝拉的石刻教堂群 Rock-Hewn Churches, Lalibela |
| 美洲 | 阿根廷 | 瓜拿納印第安族的耶穌會教堂Jesuit Missions of the Guaranis |
| 美洲 | 智利 | 奇洛埃教堂Churches of Chiloé |

西元622年伊斯蘭聖者穆罕默德(Muhammad)率領家人和追隨者從麥加(Mecca)逃往北方480公里處的麥地那(Medina)。作為社會和宗教的改革者，他以麥地那這個穆聖之城為根據地，創始面朝麥加的禮拜，開啟了伊斯蘭教的新紀元。

西元7世紀之後，從阿拉伯半島崛起的軍隊，挾著伊斯蘭教的信仰，以極快的速度向西擴張至地中海沿岸，包括土耳其、埃及、

北非、伊比利半島南部，向東延伸至波斯、中亞、印度等地區。

伊斯蘭教從沙漠的遊牧民族崛起，完全沒有偉大建築的傳統，加上穆罕默德一直在一個極簡單的環境中生活和禮拜，使得伊斯蘭教藝術和建築，都是順著這個背景與思維發展出來。伊斯蘭建築類型主要包括清真寺(Mosque)、伊斯蘭經學院(Madressa)、陵墓(Mausoleum)，以及伊斯蘭世界裡較少被保存下來的宮殿。

# 伊斯蘭教發展過程中，
## 有哪些清真建築占有一席之地
### 並被列為世界遺產？

| 標示號碼 | 國家名稱 | 世界遺產名稱 | 主建物 | 建造年代 | 主要特色 |
|---|---|---|---|---|---|
| ❶ | 葉門 | 沙那古城 Old City of Sana'a | 卡比爾大清真寺 (Jami' al-Kabir) | 630年 | 沙那古城從西元7、8世紀伊斯蘭教開始擴展勢力之始，就具有相當重要的地位。 |
| ❷ | 突尼西亞 | 開羅安Kairouan | 阿奎巴大清真寺 (Great Mosque Oqba) | 672年 | 北非最大的清真寺，以大理石和褐黃色的斑岩和為建材，中央有廣闊的天井，周圍盡是美麗的拱形門廊。 |
| ❸ | 耶路撒冷 | 耶路撒冷舊城及其城牆 Old City of Jerusalem and its Walls | 圓頂石頭清真寺 (Dome of the Rock) | 705~709年 | 木造鎏金的圓頂建築，外觀貼滿以藍色為主的馬賽克，形成可蘭經文和幾何圖案，頂端有新月形標誌，是舊城最顯目的地標。 |
| ❹ | 敘利亞 | 大馬士革古城 Ancient City of Damascus | 奧馬雅清真寺(Umayyads) | 715年 | 奧馬雅清真寺最早的建築體是西元前1世紀的亞述人所建，幾番改建成羅馬時期的朱比特神廟，基督教神廟，最後成為伊斯蘭教的清真寺。 |
| ❺ | 突尼西亞 | 突尼斯舊城 Medina of Tunis | 大清真寺 | 732年 | 在12~16世紀，突尼斯被公認為伊斯蘭世界最富庶的城市，目前舊城裡保存了約700處古蹟，包括宮殿、清真寺、陵寢等。 |
| ❻ | 伊朗 | 伊斯法罕伊瑪目廣場 Meidan Emam, Esfahan | 薩非王朝(Safavid era)時期古蹟、皇家清真寺(Shah Mosque)、希克斯洛特夫拉清真寺(Sheykh Lotfollah)、蓋塞爾伊耶希門廊(Portico of Qaysariyyeh)、提姆瑞德宮(Timurid) | 8世紀~17世紀 | 西元17世紀初，阿拔斯一世(Shah Abbas I the Great)創建了這座「伊朗最美的廣場」，四周圍繞著無數完美呈現波斯伊斯蘭藝術的建築，建築間彼此以兩層樓高的拱廊相連接，形成一座長500公尺、寬160公尺的長方形廣場，反映出當時波斯社會的文化水準與生活方式。 |
| ❼ | 摩洛哥 | 費茲舊城Medina of Fez | 舊伊斯蘭學校 | 857年 | 費茲從12世紀起，就已是鼎盛的城市，而舊城裡的大學也是世上最古老的一座。尤其在13~15世紀時的馬里尼德(Merenid)朝代成為首都，帶領摩洛哥進入黃金時期。始終是摩洛哥最重要的宗教和文化中心。 |
| ❽ | 埃及 | 開羅歷史區Historic Cairo | 阿茲哈清真寺 Al-Azhar Mosque | 972年 | 開羅一直都是伊斯蘭世界的中心，掌控著東地中海的貿易大權，創造了開羅最繁盛的時期，人口密集，生活富庶，清真寺比鄰而建，數量驚人，當時曾被稱為「千塔之城」。目前伊斯蘭區仍號稱有為數800座以上的清真寺。 |
| ❾ | 阿爾及利亞 | 貝尼哈瑪達山上城堡 Al Qal'a of Beni Hammad | 大清真寺 | 1007年 | 是哈瑪達王朝(Hammadid empire)為執政所建立的第一座堡壘型首都，也是當時阿拉伯世界的手工業及商業重鎮。 |
| ❿ | 印度 | 古德卜高塔建築群 Qutb Minar and its Monuments, Delhi | 古德卜勝利之塔 | 1198年 | 擁有全印度最高石塔的古德卜高塔建築群，是印度最早的伊斯蘭教統治者興建的，屬於印度德里蘇丹國的伊斯蘭教建築。 |
| ⓫ | 摩洛哥 | 馬拉喀什舊城 Medina of Marrakesh | 古圖比亞清真寺 (Koutoubia Masque) | 1199年 | 馬拉喀什於1070年建城，是摩洛哥的第二大城市，曾經貴為皇城，現存完整的城牆約有10公尺高，全長將近16公里，計有20個城門及200座塔樓。 |
| ⓬ | 土耳其 | 狄弗利伊大清真寺和醫院 Great Mosque and Hospital of Divriği | 狄弗利伊大清真寺 | 1229年 | 安納托利亞高原的中部地區於西元11世紀初被突厥人征服，蘇丹Emir Ahmet Shah在狄弗利伊這個地方蓋了一座大清真寺。清真寺有一間祈禱室、兩個穹頂，其穹頂建築的高超技法及出入口繁複的雕刻，相較於內部牆壁的素雅，恰成對比。 |
| ⓭ | 馬利 | 傑內古城 Old Towns of Djenné | 泥磚建築、傑內大清真寺 | 1300年 | 傑內是馬利中部尼日河內陸三角洲上的一座古城，15、16世紀時，該城進入最輝煌繁華的時期，並且在傳播伊斯蘭文化上扮演著重要角色。 |
| ⓮ | 馬利 | 廷布克圖Timbuktu | 西迪‧亞細亞(Sidi Yahiya)、金葛雷‧柏爾(Djingaray Ber)、桑可雷(Sankore)三座泥造清真寺。 | 14～15世紀初 | 廷布克圖最早建立於西元10世紀，15、16世紀時，這裡是伊斯蘭世界規模最大的學府桑可雷大學(Sankore University)以及其他伊斯蘭學校的所在地，不僅擁有學術及信仰上的崇高地位，也是伊斯蘭教在非洲的傳播中心。 |
| ⓯ | 烏茲別克 | 撒馬爾罕 Samarkand – Crossroads of Cultures | 雷吉斯坦(Registan)廣場三座宗教大學 | 1420年 | 撒馬爾罕是烏茲別克共和國的舊都，城內外佈滿伊斯蘭教清真寺和陵墓建築。據說當年亞歷山大大帝尚未抵達撒馬爾罕以前，就曾經夢見過這座城市，等到他真正抵達這裡，認為此城之美超過他的想像。 |
| ⓰ | 孟加拉 | 巴格哈特清真古城Historic Mosque City of Bagerhat | 清真寺、早期的伊斯蘭紀念碑 | 15世紀前半葉 | 15世紀時，土耳其大公烏魯格卡強翰(Ulugh Khan Jahan)在巴格哈特城郊打造了這座古城。 |
| ⓱ | 烏茲別克 | 布哈拉歷史中心 Historic Centre of Bukhara | 烏魯別克宗教學校 (Ulugbeka Madrassa)、米利阿拉伯宗教學校 (Mir-i-Arab Madrassa) | 1514年 | 布哈拉是中亞絲路的商業重鎮，城內屹立著城堡、清真寺和市集。 |
| ⓲ | 土耳其 | 伊斯坦堡歷史區 Historic Areas of Istanbul | 蘇雷曼尼亞清真寺、藍色清真寺 | 1557年 | 伊斯坦堡是唯一為基督教及伊斯蘭先後選為首都的城市，也是唯一同時坐擁亞洲區和歐洲區的國都。 |
| ⓳ | 阿爾及利亞 | 阿爾及爾的卡斯巴赫 Kasbah of Algiers | 清真寺 | 1660年 | 堡壘、清真寺、土耳其宮殿和傳統民房在內的歷史古蹟，充分融合著羅馬、拜占庭、土耳其軍事建築以及阿拉伯的建築風格。 |
| ⓴ | 巴基斯坦 | 拉合爾的古堡和夏拉莫花園 Fort and Shalamar Gardens in Lahore | 堡壘、清真寺 | 1673年 | 拉合爾古堡和印度紅堡同樣出自蒙兀兒帝國沙賈汗(Shah Jahan)之手，堡壘和清真寺以大理石為建材，加上精細的馬賽克與鍍金裝飾。 |

佛教萌芽於印度次大陸，影響卻遍及全亞洲。西元前316年，印度半島上首度出現一個中央集權的大帝國——孔雀王朝。孔雀王朝的第三位繼承人阿育王皈依了佛教，阿育王為印度留下兩種偉大建築，一個是石獅柱，一個是佛塔。

由於佛陀主張過著沉思默想的禪修生活，從西元前3世紀開始，出現了石室、石窟的建築，隨著佛陀造像(壁畫與雕刻)在1、2世紀發展成形，更豐富了石窟的藝術價值。

佛陀造像藝術可以說是伴隨著犍陀羅(Gandhara)藝術的發展而茁壯的，這得歸功於西元1至3世紀的貴霜王朝(Kushan)，在此之前，佛陀是以菩提樹、法輪、傘蓋等形象存在，直到大乘教派把佛陀人格化、偶像化。

貴霜王朝加上隨後於4世紀崛起的笈多王朝，並稱為印度藝術史上的古典風格時期。向北傳播過程中，則出現了世界最高立佛的阿富汗巴米揚(Bamiyan)大佛及中國西域地區的眾多石窟。

笈多王朝之後，也就是在7世紀左右，佛教在印度本土日漸式微，到了11世紀伊斯蘭教入侵，佛教在北印度幾乎絕跡，南印度則轉化為印度教。

此後，大乘佛教在西藏、中國、朝鮮、日本繼續發光發熱，小乘佛教向南傳播，與印度教在中南半島、東南亞島嶼交替發展。

# 佛教發展以及東傳過程中，哪些佛寺、佛教遺跡被列為世界遺產

| 編號 | 國家名稱 | 世界遺產名稱 | | 主要特色 |
|---|---|---|---|---|
| ❶ | 阿富汗 | 巴米揚山谷文化遺址<br>Cultural Landscape and Archaeological Remains of the Bamiyan Valley | | 巴米揚山谷位於興都庫什山脈，除了已毀的兩尊高達53公尺和38公尺的大佛像，山壁另有千座人工斧鑿的洞穴，內有壁畫、佛像，有如神龕一般，其融合多元文化展現出來的犍陀羅(Gandhara)特色。 |
| ❷ | 巴基斯坦 | 塔赫特伊巴希佛教遺址及薩赫伊巴合古城<br>Buddhist Ruins of Takht-i-Bahi and Neighbouring City Remains at Sahr-i-Bahlol | | 這座在西元2至3世紀間興建的僧廟格局為矩形，規劃相當完整，包括佛塔、寺廟、舍利塔、天井等，在僧廟遺址中也發現許多雕刻和證明佛教和印度教徒都曾經在此留下足跡的錢幣。 |
| ❸ | 印度 | 阿姜陀石窟<br>Ajanta Caves | | 阿姜陀石窟類別區分為兩種，一是支提(Chaitya)，為印度佛教建築的一種形式，泛指佛殿、塔廟、祠堂。另一種是毘訶羅(Vihara)，指出家僧人集體居住靜修的僧院、學園、僧房。 |
| ❹ | 印度 | 桑奇佛塔建築<br>Buddhist Monuments at Sanchi | | 桑奇佛塔最早建於西元前3世紀孔雀王朝(Maurya)時代，全力護持佛教的阿育王(Asoka)在此豎立了一根銘刻其法敕的石柱及小磚塔，繼之而起的巽加王朝(Shaka)將小塔擴建為壯觀的大塔。 |
| ❺ | 印度 | 菩提迦耶的摩訶菩提佛寺<br>Mahabodhi Temple Complex at Bodh Gaya | | 佛陀成正覺之後的兩百五十多年，也就是西元前三世紀，阿育王在菩提樹下安放了一塊金剛座並建造一座正覺塔，後來幾經錫蘭王、緬甸王的重修、整建。 |
| ❻ | 尼泊爾 | 藍毗尼佛陀出生地<br>Lumbini, the Birthplace of the Lord Buddha | | 佛陀的出生地藍毗尼坐落在喜馬拉雅山脈腳下，目前規劃成一座園區，園區裡有三個重點，一是佛陀母親摩耶夫人廟（Mayadevi Temple），二是阿育王石柱，三則為水池和菩提樹。 |
| ❼ | 斯里蘭卡 | 丹布拉黃金寺廟<br>Golden Temple of Dambulla | | 堪稱僧伽羅佛教藝術結晶的皇家岩廟，吸引無數信徒前來朝聖，裡頭收藏著岩廟壁畫的複製品，以及來自世界各地的佛像、法器、昔日以棕櫚葉製成的書籍等。 |
| ❽ | 斯里蘭卡 | 安努拉德普勒聖城<br>Sacred City of Anuradhapura | | Devanampiya Tissa統治時期，正值佛教傳入斯里蘭卡的國王，將這座城市打造成為佛教朝聖和學習的中心。如今，安努拉德普勒依舊擁有數十座大大小小的佛塔。 |
| ❾ | 斯里蘭卡 | 坎迪聖城<br>Sacred City of Kandy | | 這座城市一直都是佛教徒心中的聖地，佛牙寺以及它每年七、八月間舉行的Esala Perahera滿月慶典，是教徒甚至所有人一生都想經歷一次的特殊體驗。 |
| ❿ | 孟加拉 | 帕哈浦爾的毗訶羅遺址<br>Ruins of the Buddhist Vihara at Paharpur | | 松瑪浦拉・瑪哈威拉(Somapura Mahavira)直至12世紀，是當地著名的知識中心，也是孟加拉的大乘佛教自7世紀之後崛起的證明。 |
| ⓫ | 中國 | 莫高窟<br>Mogao Caves | | 莫高窟藝術文物囊括了壁畫、彩塑、建築、絹畫、經文、染織，展現縱橫數千年的社會、政治、經濟、宗教景況，忠實記載了豐富的古文化。莫高窟南北長1600多公尺，上下疊層如蜂巢。 |
| ⓬ | 中國 | 雲岡石窟<br>Yungang Grottoes | | 始建於北魏時期雲岡石窟，綿延1公里長，大大小小佛像共計有53窟、5萬1千多尊，論氣勢、論藝術成就，都堪稱世界級的藝術寶庫。 |
| ⓭ | 中國 | 峨嵋山—樂山大佛<br>Mount Emei Scenic Area, including Leshan Giant Buddha Scenic Area | | 四川峨嵋山和山西五台山、浙江普陀山、安徽九華山並稱為4大佛教名山，地位崇高，廟宇眾多。樂山大佛高達71公尺，為全球最大的石雕坐佛。 |
| ⓮ | 中國 | 大足石刻<br>Dazu Rock Carvings | | 大足石刻集釋、道、儒造像之大成，為中國晚期石刻藝術的代表性作品，也是西元9世紀末~13世紀中葉，共有5萬多尊的石刻佛像，散佈在四十多處地點。 |
| ⓯ | 中國 | 龍門石窟<br>Longmen Grottoes | | 龍門石窟的石窟雕刻作品，可說是北魏至唐代佛教文化的代表，高度展現中國藝術精華。 |
| ⓰ | 印尼 | 婆羅浮屠寺廟建築群<br>Borobudur Temple Compounds | | 世界最大的佛教遺跡——婆羅浮屠約建於西元8世紀後半到9世紀之間，由統治爪哇的莎蘭達(Sailendra)王朝的三位國王，花了50到75年時間完成整個建築。 |
| ⓱ | 韓國 | 海印寺藏經版殿<br>Haeinsa Temple Janggyeong Panjeon, the Depositories for the Tripitaka Koreana Woodblocks | | 寺內完整保存了自高麗時代遺留至今的八萬塊大藏經版。寺廟內共有兩座藏經殿，木造的殿內結構沒有任何塊麗雕刻，卻能避免所有因氣候造成藏經版腐蝕的損傷，保護被封存百年的藏經版完好無缺。 |
| ⓲ | 韓國 | 佛國寺與石窟庵<br>Seokguram Grotto and Bulguksa Temple | | 石窟庵的釋迦如來佛像為韓國國寶的第一級，並在世界雕刻史上的登峰之作，不論是佛像頸部的三道柔和線條，僧衣覆蓋左肩的薄紗狀，在胸膛與雙足衣服的美麗線條，皆為雕刻藝術的最高傑作。 |
| ⓳ | 日本 | 法隆寺地區佛教遺址<br>Buddhist Monuments in the Horyu-ji Area | | 法隆寺包括了48座佛寺建築，是日本歷史最悠久的木造建築，已有上千年歷史。 |

世界遺產中，哪些遺址或寺廟屬於**印度教**，
又有哪些是**佛教和印度教並存**？

與佛教、耆那教同樣源自婆羅門的印度教，在笈多王朝時代融合印度民間信仰開始轉化發展，漸漸形成了梵天(創造神)、毗濕奴(守護神)、濕婆(破壞神)三神一體崇拜的格局。

現存最早的印度神廟建於笈多王朝時代，早期只供僧侶使用，規模較小。印度神廟後來的發展愈來愈龐大，廟本身就像是一座聖山，一件巨大的雕塑品，有時儼然一座小鎮，但不外三個基本結構：底座、由雕刻裝飾成的飾文條，以及居高臨下廟塔。而不論輪廓如何，神廟即代表宇宙。

今天能夠永垂後世，代表佛教與印度教的兩座偉大建築，非婆羅浮屠與吳哥窟莫屬，他們同樣屬於佛教與印度教藝術最上乘的傑作。一個在東南亞的爪哇島上，由一整座山鑿刻而成；一個位於中南半島的柬埔寨，是全世界規模最大的神殿建築群。

如果一定要區分何者屬於佛教，何者是印度教，難免顯得一廂情願。因為這兩個宗教一直並存，而且關係密切，不論在中心思想、教條，甚至所崇拜的神祇都有重疊之處。

婆羅浮屠的基礎原本可能是印度教的大型建築，但經歷數代的擴建，最終成為偉大的佛教藝術成就；吳哥遺址的基本架構是由信奉印度教的歷任高棉君王所建立，然而這當中也有信奉大乘佛教的君王加雅巴巴曼七世(Jayavarman VII)把佛教定為國教，大吳哥城(Angkor Thom)就是他的規劃。

婆羅浮屠完成於9世紀，吳哥窟在12世紀達到顛峰，13世紀時，泰國、緬甸都乍現過佛陀的光芒，然而隨著王朝覆滅，佛教與印度教滋長的土地上，便不曾再出現超越前人的偉大傑作。

## 印度教

| 編號 | 國家名稱 | 世界遺產名稱 | | 主要特色 |
|---|---|---|---|---|
| ❶ | 印度 | 艾勒方塔石窟 Elephanta Caves | | 艾勒方塔石窟又被稱為象窟，歷史上對它的紀錄不多，僅知道石窟是在西元450年~750年佛教衰落、印度教興起的期間開鑿。石窟的雕刻風格偏向笈多古典主義，在石窟門廊兩側與窟內的天然岩壁上，共有9幅巨型浮雕，石窟內有大量以濕婆神(Shiva，印度三大神中的破壞神)為主的浮雕和塑像，描述著濕婆神的神話故事，因此這裡也是一座濕婆神廟。 |
| ❷ | 印度 | 帕塔達卡爾建築群 Group of Monuments at Pattadakal | | 帕塔達卡爾是印度西南部卡納塔克邦(Karnataka)的一座古城。西元7-8世紀是該城最昌盛的時期，時值查路克亞王朝(Chalukya dynasty)，大多數的寺廟是在此時期建造的。其中最著名的是洛克什瓦利(Lokeshwari)和韋魯帕克沙(Virupaksha)寺廟，這些建築充分展現了「折衷」與「融合」，南印度和北印度的建築特色，非常和諧地交融在同一座建築裡。 |
| ❸ | 印度 | 科拉王朝大廟建築 Great Living Chola Temples | | 9~13世紀，柯拉王朝(Chola Empire)最強盛的期間曾經統治大半個印度半島，創造出許多科拉式建築，尤其是供人們居住生活的大廟。今天被列為世界遺產的主要有三處，一是坦賈武爾(Thanjavur)的布里哈迪錫瓦拉寺(Brihadishwara Temple)，一是Gangaikondacholisvaram的Brihadisvara Temple，還有一處是Darasuram的Airavatesvara Temple，其中又以坦賈武爾的大廟最著名。 |
| ❹ | 印度 | 瑪瑪拉普蘭建築群 Group of Monuments at Mahabalipuram | | 瑪瑪拉普蘭曾經是一座港口城市，由7世紀的帕拉瓦(Pallava)國王Narasimha Varman I(AD 630~668)所建，整座遺址就座落在孟加拉灣的海岸邊，呈橢圓形分佈。岩石雕刻的洞穴聖堂、巨石構成的神壇、戰車型式的神殿，以及巨大的露天石雕，都是帕拉瓦藝術風格的代表，至今，石雕的傳統仍然延續下來，在周遭許多雕刻工作室，都還能聽到鐵鎚、鑿子敲打的聲音遍傳整個village，而這聲響，已經持續了上千年。 |
| ❺ | 印度 | 科納克的太陽神廟 Sun Temple at Konarak | | 印度諸多巨型建築奇蹟之一，是為了敬奉太陽神蘇利耶(Surya)的神廟，而整座廟宇本身就是一輛戰車，以12對輪子載著太陽神橫越天空。神廟於13世紀由Narasimhadeva國王所建，以其華麗的雕刻著稱，神與鬼、國王與平民、大象與馬，以及數十對各種情色姿勢的夫妻，都栩栩如生地雕刻在浮雕上，也是印度最著名的婆羅門聖殿。 |
| ❻ | 印度 | 卡修拉荷寺廟群 Khajuraho Group of Monuments | | 卡修拉荷在10~13世紀時是昌德拉(Chandella)王朝的首都。在卡修拉荷的全盛時期，當時度教寺廟多達80幾座。卡修拉荷的寺廟雖以描繪性事馳名，但是從寺廟的建造技巧和裝飾風格看來，都堪稱為早期印度工匠最偉大的藝術成就。 |
| ❼ | 柬埔寨 | 柏威夏寺 Temple of Preah Vihear | | 柏威夏寺建於西元11世紀上半，祀奉印度教的濕婆神，沿著將近800公尺的軸線，散布著由步道和階梯串連的多間神殿。寺廟的建築和石雕尤其令人驚嘆，因應所在的自然環境，同時考量到宗教功能，完美打造出這座印度廟，而且拜地處偏遠之賜，帕威夏寺部分保留相當完整。 |
| ❽ | 越南 | 美山聖地 My Son Sanctuary | | 美山聖地是曾經繁盛一時的占婆(Champa)帝國的宗教中心，這個曾在4~12世紀雄霸越南中部的帝國，留下許多令人驚異的大型宗教建築，其中又以美山聖地的規模最大。占婆帝國以海上貿易為主要經濟來源，驍勇善戰，最早以婆羅門教為國教，因此美山聖地裡的建築屬於印度式，崇奉的也都是印度神祇。 |

## 印度教、佛教並存

| 編號 | 國家名稱 | 世界遺產名稱 | | 主要特色 |
|---|---|---|---|---|
| ❾ | 印度 | 艾羅拉石窟 Ellora Caves | | 艾羅拉石窟包含有12座佛教石窟(西元600~800年)、17座印度教石窟(西元600~900年)和5座耆那教石窟(西元800~1000年)，從這些石窟中不僅可得知在遮婁迦王朝(Chalukya)和特拉什特拉庫塔王朝(Rashtrakuta)統治該地區期間，印度教蓬勃發展、佛教逐漸衰落與耆那教崛起，同時也代表著當時包容各種宗教的社會狀況。 |
| ❿ | 柬埔寨 | 吳哥遺址 Angkor | | 吳哥是昔日高棉吳哥王朝的首都，吳哥王朝的國王們竭盡所能的建造廟宇，留存今天在柬埔寨西北叢林中占地廣達5000平方公里的神殿遺跡，氣勢與質量均無與倫比。吳哥遺址區佔地廣泛，以俗稱小吳哥的吳哥窟(Angkor Wat)及俗稱大吳哥的大吳哥城(Angkor Thom)為中心，擴展為東部、南部、北部及郊區景點。 |
| ⓫ | 印尼 | 普蘭巴南寺廟群 Prambanan Temple Compounds | | 爪哇中部的普蘭巴南寺廟群，是印尼境內最大、最古老的印度寺廟，建造歷史可追溯至西元8至9世紀，包括240多座廟宇。寺廟建築大致分為三部分，一是金字塔形的底座，上建有5座通往中心的方形樓梯，其上是有三座環形平台的圓錐體，以及最頂端的紀念佛塔。此外，散布在2千5百平方公尺的圍牆和欄杆，皆飾以華美的石雕，圍著環形平台的則是72座開放式佛塔，每一座都安置著一尊佛像。 |

# 歷史上社會普遍以父權為主，
# 然而有哪些是因為
# 女性、或是由女性掌權者
## 主導而留下的偉大遺產？

### 亞羅斯拉佛歷史中心
### Historical Centre of the City of Yaroslavl，俄羅斯
相關女性：凱薩琳大帝

亞羅斯拉佛位於莫斯科東北250公里處，由於地處伏爾加河(Volga)和科多羅索河(Kotorosl)交界，自11世紀起即逐漸發展為商業城鎮。亞羅斯拉佛保留著為數眾多的17世紀教堂，凱薩琳大帝在位時，曾以新古典主義風格將這座城市的街道做了放射狀的規劃，是都市計畫革新的重要先例。

### 新聖女修道院
### Ensemble of the Novodevichy Convent，俄羅斯
相關女性：皇室婦女

這座16-17世紀的修道院有著一段淒清的歷史，它是沙皇統治時期皇室女性的修道所，丈夫死去或失寵的皇后、獨身的年輕公主都曾在此幽居。巴洛克風格的建築群落精緻華麗，內部裝飾更精雕細琢，並收藏許多珍貴畫作與藝術品。

### 布倫漢宮
### Blenheim Palace，英國
相關女性：英格蘭女王安妮(Queen Anne)及公爵夫人莎拉·邱吉爾(Sara Churchill)

1704年，約翰·邱吉爾(John Churchill)對法國和巴伐利亞的戰中贏得勝利，英格蘭於是封他為Marlborough地區的首任公爵，並為他蓋了布倫漢宮。整座建築從1705年開始興建，直到1722年落成，其建築樣式是18世紀英格蘭典型的王侯住宅。當時封約翰·邱吉爾為公爵的，便是英格蘭女王安妮(Queen Anne)，據說女王和秋吉爾的妻子莎拉原本就是知己好友。

### 維澤雷教堂與山丘
### Vézelay Church & Hills，法國
相關女性：抹大拉的瑪利亞

聖瑪德蓮長方形教堂(St Mary Magdalene)坐落於勃艮第的維澤雷山丘，宣稱擁有瑪麗·瑪德蓮(Marie-Madeleine，即抹大拉的瑪利亞)的聖骨，此處也是「聖地牙哥朝聖路線」的交會點之一。

### 熊布朗宮和花園
### Palace and Gardens of Schönbrunn，奧地利
相關女性：瑪莉亞·泰瑞莎

從18世紀到20世紀初的1918年之間，熊布朗宮一直都是奧地利最強盛的家族——哈布斯堡王朝家族的官邸，它的建築由Johann Bernhard Fischer von Erlach和Nicolaus Pacassi兩位建築師設計，希望成為一座超越法國凡爾賽宮的宮殿，建築風格融合了瑪莉亞·泰瑞莎式外觀，以及充滿巴洛克華麗裝飾的內部，成為中歐宮廷建築的典範。名稱意思為「美泉宮」的熊布朗宮，總房間數多達上千間，如今只開放一小部分供遊客參觀，包括莫札特七歲時曾向瑪莉亞·泰瑞莎一家人獻藝的「鏡廳」、裝飾著鍍金粉飾灰泥以4千根蠟燭點燃的「大廳」、被當成謁見廳的「藍色中國廳」、裝飾著美麗黑金雙色亮漆嵌板的「漆廳」、高掛奧地利軍隊出兵義大利織毯畫的「拿破崙廳」、耗資百萬裝飾成為熊布朗宮最貴廳房的「百萬之廳」，以及瑪莉亞·泰瑞莎、法蘭茲·約瑟夫一世等人的寢宮。

不論古今中外，以男性主宰的政治場域，不論建築或任何紀念物，甚少見到女性的身影，因此只要是與女性相關的建築，便更加彌足珍貴。

數遍所有世界遺產，也只有十來座與女性有關，從這些建築可以歸納出兩元素：一為愛情，一為權力，當這兩者相乘，所發揮出的力量可謂無比巨大，其中世界最知名的當屬印度的泰姬瑪哈陵，

愛情當然是最初動機，但能傾全國之力加以完成，最終還是得靠強大的王權。有趣的是，泰姬瑪哈陵是皇帝蓋給其愛妃，另一座胡馬雍陵墓則是王妃蓋給自己死去的丈夫。

除此之外，歷史上也有少數女性掌權者，英格蘭安妮女王、俄羅斯凱薩琳大帝、中國慈禧太后也都用她們的權力創造了與她們相關的歷史遺產。

歐洲

太平洋

印度洋

## 德羅汀罕宮Royal Domain of Drottningholm，瑞典

相關女性：普魯士王妃Lovisa Ulrika

德羅汀罕宮最初是國王Johan III為王后Katarina所建的宮殿，取名為「王后之島」(Drottningholm)，經17世紀大幅改建，展現1660年代瑞典巴洛克型式的風華。長久以來，這裡一直是皇室夏春的住所，1744年瑞典王儲Adolf Redrik迎娶普魯士王妃Lovisa Ulrika時，更將這座宮殿送給王妃當作結婚禮物。這位普魯士王妃則創造了德羅汀罕宮的藝術黃金時期，她邀請了多位學者到宮裡為收藏品歸類、編號，並成立Ulrika Library，影響當時科學、藝術甚為深遠，圖書館目前仍保存完好並開放參觀。

## 頤和園 Summer Palace, an Imperial Garden in Beijing，中國

相關女性：慈禧太后

頤和園是中國皇家園林的登峰造極之作，集合了北方(四合院)、杭州西湖(昆明湖)、西藏(萬壽山喇嘛廟)、江南水鄉(蘇州)等各種風格於一處，堪稱是世界最精妙的皇家園林。頤和園原是帝國的行宮和花園，乾隆將其改建為清漪園，不過在英法聯軍時被毀。1888年慈禧挪用海軍經費重建，並改名為頤和園，但又於八國聯軍時遭燒毀，這座命運多舛的庭園，最後在1903年重新修復，恢復昔日光彩。廣達290公頃的面積，根據地形和地點，設有精緻的亭、臺、樓、閣，巧妙的構思至今仍讓中外景觀設計家拍案叫絕。

## 胡馬雍陵墓Humayun's Tomb，印度

相關女性：皇后哈吉碧崗(Haji Begum)

混合紅色砂岩和黑、白大理石的胡馬雍大帝陵墓，是印度第一座具有花園的陵墓。

胡馬雍大帝是蒙兀兒帝國的第二任皇帝，他身亡9年後，由波斯妻子哈吉碧崗(Haji Begum)於1565年下令興建，據說她花了150萬盧比興建這座陵墓，而日後幾位蒙兀兒皇家成員也埋葬於此，包含沙賈汗最喜愛的兒子達拉希克(Dara Shikoh)、蒙兀兒最後一任皇帝巴哈杜兒汗二世(Bahadur Shah II)。

胡馬雍大帝陵墓是早期蒙兀兒風格的建築物，後來阿格拉的泰姬瑪哈陵就是以此為範本，加以設計而成。

## 姬路城Himeji-jo，日本

相關女性：千姬

位於日本山陽地區姬山之上的姬路城，由於它的外觀都是白色的，因此擁有「白鷺城」的美稱，春天粉櫻妝點，更襯托名城的高貴。現在所看到的姬路城是池田輝政所建，建於西元1601年(慶長6年)，姬路城最早的建城歷史其實可追溯到西元1346年的鎌倉幕府時代，戰國時期羽柴秀吉(後來的豐臣秀吉)又再加築了三層，姬路城的樣貌漸漸勾勒出來。豐臣秀吉死後，德川家康於關原之戰中奪得權柄，姬路城的城主也換成德川家的女婿池田輝政，池田輝政的任內繼續擴大修築姬路城，如今壯觀的天守閣群於焉成形。

姬路城最出名的女主人當為千姬莫屬，千姬是德川家康的孫女，在7歲時因政治婚姻嫁給豐臣秀吉之子豐臣秀賴，大阪城陷落後，豐臣秀賴也自刎而死，失去丈夫的千姬在返回江戶城途中遇到本多忠刻，兩人陷入愛河並締結良緣。

後來本多忠刻成為姬路城的城主，與千姬過著幸福的時光，並育有兩子，可惜好長子和本多忠刻皆相繼早逝，傷心欲絕的千姬也未再嫁，離開姬路城遁入佛門直到70歲去世。

## 泰姬瑪哈陵Taj Mahal，印度

相關女性：慕塔芝‧瑪哈(Mumtaz Mahal)

泰姬瑪哈陵位在亞穆納河畔，是蒙兀兒第五代君王沙‧賈汗(Shah Jahan)為皇后慕塔芝所建造的陵墓。

泰姬瑪哈陵的名稱取自「慕塔芝‧瑪哈」(Mumtaz Mahal)皇后頭銜，意思就是「思念瑪哈」。慕塔芝‧瑪哈皇后與沙‧賈汗王結縭19年，經常陪伴君王南征北討，總共生育有14個兒女。西元1630年，慕塔芝皇后於第14次生產後去世，臨終前要求沙賈汗王終身不得再娶，並且為她建造一座人人都可瞻仰的美麗陵墓。

泰姬瑪哈陵於西元1631年開始興建，總共動用印度和中亞等地的工匠大約2萬名，費時23年才建造完成。泰姬瑪哈陵樣式融合印度、波斯、中亞伊斯蘭教等風格。

### 英國：達拉謨城堡與大教堂
**Durham Castle and Cathedral**
建築年代：西元1072年
城堡特色：外觀呈八角形，是古諾曼人的要塞，也是當地主教的住所。

### 英國：格溫尼德郡的愛德華國王城堡
**Castles and Town Walls of King Edward in Gwynedd**
建築年代：西元1283~1330年
城堡特色：英國國王愛德華一世在位期間在北威爾斯所完成的一系列中小型城堡，是中世紀軍事防禦的卓越例子。

### 德國：奎德林堡神學院、古城和城堡
**Collegiate Church, Castle, and Old Town of Quedlinburg**
建築年代：西元1067~12世紀中
城堡特色：奎德林堡是薩克森・奧圖大帝統治東法蘭克王國時的首都，因此在中世紀時便是一個繁榮的商業城市。

### 法國：羅亞爾河谷地
**The Loire Valley between Sully-sur-Loire and Chalonnes**
建築年代：12~16世紀
城堡特色：12~14世紀出現的城堡，以作為軍事堡壘為考量。15~16世紀，以滿足王室需要的居住型城堡開始被建造，義大利文藝復興風吹進法國。

### 瑞士：貝林佐納的三座城堡及城牆 Three Castles, Defensive Wall and Ramparts of the Market-Town of Bellinzone
建築年代：13~15世紀
城堡特色：掌握了義大利與阿爾卑斯山麓間的交通孔道，早在羅馬時代就是重要的軍事要地。

### 義大利：蒙特城堡 Castel del Monte
建築年代：西元1240年
城堡特色：獨特的中世紀軍事建築，整座城堡呈完美的規則形狀，不論從數學還是天文學，都十分精準，城堡許多建築元素和風格，都是取自東方的伊斯蘭和北歐的西妥會哥德式建築。

# Q37

# 哪些歐洲古堡列入世界遺產？

**丹麥：克倫堡**
Kronborg Castle
建築年代：西元1574~1585年
城堡特色：控制往來丹麥和瑞典水路的要道，在北歐16~18世紀的歷史裡，扮演極重要的角色。

**波蘭：馬爾堡城堡**
Castle of the Teutonic Order in Malbork
建築年代：西元1274年
城堡特色：曾為德意志條頓騎士團總部，在1309年後再度擴建，成為規模宏大且工法精緻的中世紀磚造建築群。

**白俄羅斯：米爾城堡建築群**
Mir Castle Complex
建築年代：15世紀末~18世紀
城堡特色：透過型式和外觀，展現一連串在設計與布局上受到的文化影響，同時反映出歷史上長期的政治與文化對立與合一。

**捷克：利托米什爾城堡**
Litomyšl Castle
建築年代：16~18世紀
城堡特色：承襲了義大利的文藝復興拱廊式城堡建築風格，後來在18世紀因天災而重建新增的巴洛克式裝飾物。

**捷克：克羅梅日什的花園和城堡**
Gardens and Castle at Kroměříž
建築年代：17世紀
城堡特色：其重要性在於它為後來的歐洲巴洛克式貴族王侯宅邸和花園，樹立了完整與良好的建築典範。

**斯洛伐克：斯皮斯城堡** Levoča, Spišský Hrad and the Associated Cultural Monuments
建築年代：12~16世紀
城堡特色：以石灰岩為材料所建造，原形可上溯至羅馬帝國晚期，當時就曾經有軍事防衛功能的堡壘存在。

**匈牙利：布達佩斯**
Budapest, including the Banks of the Danube, the Buda Castle Quarter and Andrássy Avenue
建築年代：13世紀起建
城堡特色：布達山丘上的城堡，隨著時代的潮流，從羅馬式的圓形古堡發展成為一座哥德式的城堡區，多元且繽紛的建築型態，不僅僅見證了當時建築師們的美學功力，也完全展現布達的完整歷史。

城堡在歐洲歷史發展上占著極重要地位，法文的城堡Château和英文的Castle，都是從義大利文的Castello來的。

以法國為例，中世紀的法國城堡都是各地的貴族領主所建的防禦性城堡，15世紀末到16世紀間，法國、西班牙及神聖羅馬帝國(帝國首都位於今天的德國)為了爭奪義大利興起了一場戰爭，也間接使得文藝復興的風潮傳至法國、西班牙、德國等地。

整體說來，在中世紀時歐洲的城堡一開始都是各王公貴族的防禦性要塞建築，外有護城河，內有城郭及守望塔。後來隨著一場接著一場的戰爭，以及歐洲建築史的發展演進，文藝復興、巴洛克、洛可可、新古典等主流建築風格分別融入義式、法式等各地元素，也成了歐洲最美麗的天際線。

｜精彩旅程尚未結束｜請接下頁→

# 木造建築保存不易
## 有哪些屹立至今，而被列為世界遺產？

木材保存不易，不似以石材為主的建築總能屹立千年，因此能夠流傳後世的紀念性或永久性建築屈指可數。

從世界建築史來看，中國對木構建築的堅持，可謂自成一格。木結構建築儘管保存不易，卻相對有許多優點，包括使用上有很大的靈活性，防震性較佳，也便於施工建造。因為木結構建築的各個部分都是用榫卯連結起來，工匠可以依照樑、柱、門窗等不同構件加以施工、拼裝，於是殿堂、亭榭、廊子、高塔等各種建築類型變化萬千，造就了中國建築獨特的美學。而中國人對於木材的偏好，也間接影響到韓國和日本，也因此光這三個國家的木造建築世界遺產就占了一半。

在歐洲地區，北歐和東歐算是使用木頭最多的區域，不過相形之下，規模都遜於東方國家。

北 美 洲

北大西洋

南 美 洲

## 歐洲

| 編號 | 國家名稱 | 世界遺產名稱 | 概要 |
|---|---|---|---|
| ❶ | 葡萄牙 | 吉馬良歷史中心Historic Centre of Guimarães | 中世紀聚落轉型現代城市的最佳發展範例，其中15~19世紀的建築，展現了葡萄牙的傳統建築材料與技術。 |
| ❷ | 挪威 | 布里根建築Bryggen | 所保留的木造房舍建築，呈現14~16世紀漢撒同盟時期來自德國商人的群居特色。 |
| ❸ | 挪威 | 厄尼斯教堂Urnes Stave Church | 是維京時代留下的教堂建築，建於12~13世紀，是北歐地區傳統木造建築中最顯著的樣式。 |
| ❹ | 挪威 | 羅洛斯銅礦鎮Røros Mining Town | 目前留有80棟有庭院的木造房子，還原小鎮中世紀的樣貌。 |
| ❺ | 瑞典 | 加美斯達教堂村莊Church Village of Gammelstad, Luleå | 遺留了424間木造房子，被認定為保存最完善的教會村莊。 |
| ❻ | 芬蘭 | 勞馬古城Old Rauma | 城中仍有一座建於15世紀的木造方濟會修道院。 |
| ❼ | 芬蘭 | 佩泰耶維齊古教堂Petäjävesi Old Church | 同時融合文藝復興時期的十字架構及哥德式拱型圓頂，是斯堪地那維亞東部的傳統建築樣式。 |
| ❽ | 芬蘭 | 韋爾拉磨木紙板工廠Verla Groundwood and Board Mill | 木製紙漿的傳統產業不再風光，韋爾拉完整保存以木漿製紙的工業遺址。 |
| ❾ | 俄羅斯 | 基日島木造教堂Kizhi Pogost | 普雷歐布朗傑斯卡大教堂(Preobrazhenskaya Tserkov)，建於西元1714年，從地面到中央頂約37公尺高。教堂結構完全沒使用半根釘子，純粹以精密的斧鑿技巧完成。 |
| ❿ | 波蘭 | 亞沃爾和希維德尼察的和平教堂 Churches of Peace in Jawor and Swidnica | 歐洲規模最大的純木構教堂，建於17世紀中葉。 |
| ⓫ | 波蘭 | 小波蘭南部的木造教堂 Wooden Churches of Southern Little Poland | 建於16世紀晚期，採用東方與北歐常用的木造工法，無論建材或形式都可說是中世紀教堂建築中的特例。 |
| ⓬ | 德國 | 奎德林堡神學院、古城和城堡Collegiate Church, Castle, and Old Town of Quedlinburg | 保存完好的木造結構建築，飄散出一股中世紀的城鎮風情。 |
| ⓭ | 法國 | 史特拉斯堡，大島Strasbourg, Grande Ile | 此島滿載了建城2000年來的歷史、文化、與生活，河邊分布著被紅花綴滿的典雅半木造屋。 |
| ⓮ | 斯洛伐克 | 喀爾巴阡山區斯洛伐克境內的木造教堂Wooden Churches of the Slovak part of the Carpathian Mountain Area | 木造教堂共有9座，分別興建於16~18世紀間並各自分布於不同的地點，其中包兩座羅馬天主教堂，三座新教教堂，以及三座希臘天主教堂。 |
| ⓯ | 匈牙利 | 古村落霍羅克Old Village of Hollókő and its Surroundings | 整個村莊僅有兩條道路，道路兩側建立著歷史民房，其中有65個房舍是受到保護的。披覆稻草的木造民房是帕羅次(Palóc)地區的傳統建築風格。 |
| ⓰ | 羅馬尼亞 | 馬拉穆列斯的木造教堂Wooden Churches of Maramureş | 區內8座出現於不同時期和地區的木造東正教教堂，說明它們對興建馬尼亞東正石教堂所持的反對意見。 |

## 大洋洲

| 編號 | 國家名稱 | 世界遺產名稱 | 概要 |
|---|---|---|---|
| ㊳ | 澳洲 | 皇家展覽館和卡爾頓花園Royal Exhibition Building and Carlton Gardens | 展覽館以紅磚、木材、鋼鐵和石板瓦建成，設計融合了拜占庭、羅曼式和義大利文藝復興風格。 |

## 美洲

| 編號 | 國家名稱 | 世界遺產名稱 | 概要 |
|---|---|---|---|
| ㊴ | 加拿大 | 盧嫩堡古城Old Town Lunenburg | 盧嫩堡是北美洲英國殖民據點的典範。其中有些木頭結構的房屋，歷史可追溯到18世紀，幾個世紀以來，受到當地居民不遺餘力的保護。 |
| ㊵ | 蘇利南 | 巴拉馬利波歷史城區Historic Inner City of Paramaribo | 在荷蘭的技術與當地的工藝建材逐漸融合過程中，城內的建築創造出洋溢著歐洲風情、當地傳統和適應南美環境的獨特樣式。 |
| ㊶ | 智利 | 奇洛埃教堂Churches of Chiloé | 島上的木造教堂，在南美其他地點就很少見。充分展現歐洲與印第安文化融合的特色。目前在奇洛埃群島約有60座類似的木造教堂使用中。 |

太平洋

歐洲
亞洲
非洲

印度洋

密克羅尼西亞
美拉尼西亞

大 洋 洲

紐西蘭

## 亞洲

| 編號 | 國家名稱 | 世界遺產名稱 | 概要 |
|---|---|---|---|
| ⑰ | 土耳其 | 番紅花城City of Safranbolu | 富豪廣建華宅突顯身份，這些運用磚、木打造的鄂圖曼宅邸，通過歲月、天候的考驗留存至今，成為番紅花城最搶眼的特色。 |
| ⑱ | 寮國 | 龍坡邦Town of Luang Prabang | 龍坡邦是寮國的歷史古都，有豐富的廟宇等古建築，在法國殖民時期，這裡還是法國人鍾情的避暑勝地，遺留下66棟法國殖民時期建築。 |
| ⑲ | 中國 | 麗江古城Old Town of Lijiang | 以五花石面舖成的街道曲折有致，與白牆黛瓦、高低錯落的「三坊一照壁」木造民居建築，形成一種古樸的美感。 |
| ⑳ | 中國 | 平遙古城Ancient City of Ping Yao | 城內商家林立，豪宅大院櫛比鱗次。由於整座古城保存良好，因而被評為中國保留最完整的縣級古城。平遙城內的明清四合宅院共計有3,797座四合院。 |
| ㉑ | 中國 | 頤和園Summer Palace, an Imperial Garden in Beijing | 廣達290公頃的面積，根據地形和地點，設有精緻的亭、臺、樓、閣，巧妙的構思至今仍讓中外景觀設計家拍案叫絕。 |
| ㉒ | 中國 | 承德避暑山莊Mountain Resort and its Outlying Temples, Chengde | 承德避暑山莊興建的時間歷時89年之久，占地564公頃，約為北京頤和園的近兩倍、北海的八倍，是中國現存最大的皇家園林。 |
| ㉓ | 中國 | 北京和瀋陽的明清皇宮Imperial Palaces of the Ming and Qing Dynasties in Beijing and Shenyang | 故宮的宮殿建築是中國現存最大最完整的木造古建築群，體現中國封建倫理及倫理五常的規制，不但建築技藝傑出，更是珍稀文物的陳列寶庫。 |
| ㉔ | 中國 | 泰山Mount Taishan | 泰山的宗教地位突出，以佛、道教為主，特別是道教碧霞君的信仰，最為熱烈。玉皇頂上就是一座碧霞祠，終年煙火裊裊。 |
| ㉕ | 中國 | 曲阜的孔府孔廟孔林Temple and Cemetery of Confucius and the Kong Family Mansion in Qufu | 祭祀孔子的大成殿建築精美，足以和故宮的太和殿媲美，也是民間建築中唯一具皇家規格的例子。 |
| ㉖ | 中國 | 蘇州古典園林Classical Gardens of Suzhou | 蘇州古典園林融合了深遠的文化、無為的哲學、與自然融合的美學觀與豐厚的財產，才能造就一座極為優雅而充滿中國文人雅士品味的藝術傑作。 |
| ㉗ | 韓國 | 昌德宮建築群Changdeokgung Palace Complex | 宮殿建築和傳統造景的祕苑，為李氏朝鮮王朝時期，保存最完美的一座宮殿。 |
| ㉘ | 韓國 | 宗廟Jongmyo Shrine | 宗廟是祭祀朝鮮時代歷代皇帝和皇妃神位的地方。 |
| ㉙ | 日本 | 嚴島神社Itsukushima Shinto Shrine | 被列入日本三景的大鳥居，朱紅色的木造建築高達數層樓，左右兩根主柱以百年以上的神木支撐，並在屋翼東側及西側，分別以金漆繪上太陽及月亮。 |
| ㉚ | 日本 | 姬路城Himeji-jo | 姬路城不像歐洲城堡採用石砌，而是木造建築，所以防火是日本城堡最重視的一環，白漆喰就有防火的功能。 |
| ㉛ | 日本 | 古京都歷史建築群Historic Monuments of Ancient Kyoto | 京都是日本的千年古京，眾多保存完善的木造建築，以及由特殊宗教文化背景所造就的園庭造景，都是世界藝術文化的寶藏。 |
| ㉜ | 日本 | 法隆寺地區佛教遺址Buddhist Monuments in the Horyu-ji | 法隆寺包括了48座佛寺建築，是日本歷史最悠久的木造建築，已有上千年歷史。 |
| ㉝ | 日本 | 奈良古建築群Historic Monuments of Ancient Nara | 奈良是日本第一個首都，留下相當可觀的古蹟資產。共有8處；東大寺、春日大社、春日山原始林、興福寺、元興寺、藥師寺、唐招提寺與平城宮跡。 |
| ㉞ | 日本 | 紀伊山地靈場與參拜道路Sacred Sites and Pilgrimage Routes in the Kii Mountain Range | 紀伊山地的熊野三山，包括熊野本宮大社、熊野速玉大社及熊野那智大社為修驗道及神道信仰者的精神中心。 |
| ㉟ | 日本 | 白川鄉合掌造聚落Historic Villages of Shirakawa-go and Gokayama | 一棟好的合掌造要能擋得住年年的強風大雪得靠好的木材、茅草和專業的好手，可惜這些材越來越少了，也因此現存的完整合掌造，更顯彌足珍貴。 |
| ㊱ | 日本 | 日光地區神社及寺廟Shrines and Temples of Nikko | 日光地區的宗教建築，以東照宮、輪王寺和二荒山神社為主，合稱日光二社一寺，特別是東照宮，最能展現江戶建築和雕刻工藝的奇蹟。 |
| ㊲ | 日本 | 平泉Hiraizumi | 名氣最大的就屬中尊寺和毛越寺，大小寺院錯落其間，在全盛時期，這裡共有40餘間寺殿和300座以上的僧堂。 |

哈薩克／科亞阿何密亞沙伊陵墓
**Mausoleum of Khoja Ahmed Yasawi**

印度／胡馬雍陵墓
**Humayun's Tomb, Delhi**

土耳其／尼姆魯特山
**Nemrut Daği**

中國／明清皇陵 Imperial Tombs of the Ming and Qing Dynasties

匈牙利／佩奇的早期基督教遺跡
**Early Christian Necropolis of Pécs (Sopianae)**

自古以來，有能力大興土木、為自己打造身後之所，多半是當時該地的最高統治者，有時甚至傾全國之力，就為了讓自己得以永生，供後世萬代景仰。

於是像金字塔、秦始皇陵，或中國皇室陵墓，巨大工程的背後，往往是成千上萬的人力、巨額的財力，高超的藝術技巧，嚴密的社會組織，以極強大的資源管理能力，而王權統治無疑是最大的驅動力。當然也有像印度蒙兀兒王朝的泰姬瑪哈陵，其驅動力主要是來自「愛情」，然後藉由王權加以完成。

被列為世界遺產的，當然不只這些皇陵，在遠古時代，有些埋葬的是一般民眾，因為深具考古及藝術價值而被列入，而這麼多墳塚中，唯一的特例要算是瑞典的林地公墓，這是20世紀之後由建築師所設計的公墓，因其完美結合了周遭環境而被入選。

# 哪些民族或地區的陵墓墳塚
## 被列為世界遺產？

| 編號 | 國家名稱 | 世界遺產名稱 | 建造年代 | 陵墓主人 | 主要特色 |
|---|---|---|---|---|---|
| ❶ | 芬蘭 | 薩馬拉登馬基青銅時代墓穴 Bronze Age Burial Site of Sammallahdenmäki | 西元前1500年~西元前500年 | 一般民眾 | 30多座花崗岩堆砌的圓形墓穴 |
| ❷ | 瑞典 | 林地公墓 Skogskyrkogården | 1917~1920 | 一般人民 | 由兩位瑞典建築師Asplund和Lewerentz共同打造,融合植被景觀與建築元素。 |
| ❸ | 匈牙利 | 佩奇的早期基督教遺跡 Early Christian Necropolis of Pécs (Sopianae) | 西元350年 | 基督教徒 | 墓地建在地面上,兼具墓穴和禮拜堂的功能,描述天主教主題的壁畫。 |
| ❹ | 義大利 | 切爾維泰里及塔爾奎尼亞的伊特魯斯坎墓地Etruscan Necropolises of Cerveteri and Tarquinia | 西元前9世紀~西元前1世紀 | 伊特魯斯坎人 | 伊特魯斯坎人將生前居住環境的模樣呈現在他們的墓中,包括起居室、接待室等,裡面還有美麗的壁畫及陳列生活用品。 |
| ❺ | 義大利 | 夕拉古沙和潘塔立克岩石墓群 Syracuse and the Rocky Necropolis of Pantalica | 西元前13世紀~西元前7世紀 | 一般人民 | 潘塔立克擁有5千多座墳墓 |
| ❻ | 馬爾它 | 哈爾薩夫列尼地下宮殿 Hal Saflieni Hypogeum | 西元前2500年 | 一般人民 | 它是當今世上唯一一座史前時代的地下神廟,後來成為大墳場。 |
| ❼ | 保加利亞 | 卡贊勒克的色雷斯古墓 Thracian Tomb of Kazanlak | 西元前4世紀 | 王公貴族 | 狹窄的通道與圓形的墓室,墓室牆壁上裝飾著一對色雷斯夫妻參與葬儀的情景。 |
| ❽ | 保加利亞 | 斯韋什塔里的色雷斯古墓 Thracian Tomb of Sveshtari | 西元前3世紀 | 祭司、王妃 | 色彩繽紛的半人半植物女像柱與壁飾,其中10尊以深浮雕的方式刻劃於中室牆壁上的女性形象,以及拱頂上的弦月窗裝飾。 |
| ❾ | 馬利 | 阿斯基亞陵墓Tomb of Askia | 15世紀末 | 國王阿斯基亞‧穆罕默德一世(Askia Mohammad I) | 一座金字塔形墳墓、兩座清真寺、一座公墓以及一座戶外集會場,是西非泥造建築的代表。 |
| ❿ | 突尼西亞 | 迦太基城鎮克觀遺址 Punic Town of Kerkuane and its Necropolis | 西元前250年 | 一般民眾 | 這座古代迦太基城鎮裡約有200座以上的墳墓 |
| ⓫ | 埃及 | 曼菲斯及其陵墓群－從吉薩到達蘇爾 Memphis and its Necropolis – the Pyramid Fields from Giza to Dahshur | 埃及古王國時代(西元前2680年) | 法老王及貴族 | 金字塔群 |
| ⓬ | 埃及 | 古底比斯及其陵墓群 Ancient Thebes with its Necropolis | 埃及新王國時代(西元前16世紀~西元前11世紀) | 法老王及貴族 | 尼羅河西岸國王谷地及皇后谷地的60座以上地下陵墓。 |
| ⓭ | 烏干達 | 卡蘇比的布干達王陵 Tombs of Buganda Kings at Kasubi | 13~20世紀 | 布干達王國(Buganda Kingdom)四位已故國王的陵墓 | 以茅草、蘆葦及籬笆條建成。 |
| ⓮ | 土耳其 | 尼姆魯特山Nemrut Daği | 西元前1世紀 | 科馬吉尼王國(Commagene Kingdom)國王安提奧克斯一世(Antiochus I) | 是一處結合了陵墓和神殿的聖地,中間以碎石堆建高50公尺的錐形小山,就是安提奧克斯一世的墳丘,東、西、北三側各有一座神殿。 |
| ⓯ | 印度 | 胡馬雍陵墓 Humayun's Tomb, Delhi | 1557年~1565年 | 蒙兀兒帝國第二任皇帝胡雍大帝 | 早期蒙兀兒風格的建築物,具有濃厚的波斯建築元素,後來阿格拉的泰姬瑪哈陵就是以此為範本,加以設計而成。 |
| ⓰ | 印度 | 泰姬瑪哈陵Taj Mahal | 西元1631~1654年 | 慕塔芝‧瑪哈皇后(Mumtaz Mahal) | 樣式融合印度、波斯、中亞伊斯蘭教等風格。 |
| ⓱ | 中國 | 秦陵兵馬俑 Mausoleum of the First Qin Emperor | 西元前3世紀 | 秦始皇 | 陵區面積超乎想像,高聳入雲的陵塚、巨碩的寢殿雄踞於陵園南北側,陪葬兵馬俑坑就位在距陵塚1.5公里處。 |
| ⓲ | 中國 | 明清皇陵 Imperial Tombs of the Ming and Qing Dynasties | 15~16世紀 | 明清皇族 | 明清歷代皇族陵墓,分別位於河北、湖北、南京。 |
| ⓳ | 中國‧北韓 | 古高句麗王國首都及陵墓 Capital Cities and Tombs of the Ancient Koguryo Kingdom | 西元前277年~西元668年 | 古高句麗王國皇室、貴族 | 位於長白山腳下五女山城、國內城、丸都山城等三座城市,以及40座古墓,其中有14座王陵,26座貴族墓葬 |
| ⓴ | 南韓 | 高敞、和順、江華的石室古墓遺址 Gochang, Hwasun and Ganghwa Dolmen Sites | 西元前7世紀~西元前3世紀 | 建造年代時的掌權者 | 石室古墓遺址,且以群組的形式出現。 |
| ㉑ | 南韓 | 朝鮮王朝皇陵 The Royal Tombs of the Joseon Dynasty | 14世紀末 | 朝鮮王朝皇族 | 每座陵墓位置一律有山為背、南面向水源,除了陵墓本身,還設有T型木造神龕、警衛亭等,周邊圍繞著動物或人形石雕。 |
| ㉒ | 哈薩克 | 科亞阿何密亞沙伊陵墓 Mausoleum of Khoja Ahmed Yasawi | 西元1389~西元1405年 | 蘇菲教派聖人亞沙伊(Khoja Ahmed Yasawi) | 來自波斯的建築師以實驗性質打造了這座陵墓,不論是造型還是結構都是創舉,而成為所謂的帖木兒式建築。 |

**6** 土耳其／伊斯坦堡歷史區 Historic Areas of Istanbul（托普卡匹皇宮 Topkapı Sarayı）

**3** 中國／拉薩布達拉宮歷史建築 Historic Ensemble of the Potala Palace, Lhasa

**10** 法國／凡爾賽宮 Palace and Park of Versailles

**13** 德國／波茨坦與柏林的宮殿庭院 Palaces and Parks of Potsdam and Berlin

**11** 法國／楓丹白露宮殿及花園 Palace and Park of Fontainebleau

**12** 法國／亞維儂歷史中心：教皇宮 Historic Centre of Avignon: Papal Palace

**19** 西班牙／格拉納達王宮與城堡 Alhambra, Generalife and Albayzín, Granada

　　皇家宮殿御院和王室陵墓有異曲同工之妙，一為死，一為生，然而都是王權發揮到極致的表現，從這些君王生前的住所，適足以反應出每個年代集其錢與權，所表現出來的建築藝術極致。

　　在東方大一統的極權社會，特別是中國，宮廷建築仿若一座城市，除了建築藝術之美，更在於建築規模和部局的表現；在西方，除了早期的羅馬，以及晚期的法國、英國、奧匈帝國之外，由於不曾出現過大一統的大帝國，因此能列入世界遺產的宮殿，大多都是各地公侯依其領地所蓋的宮殿住所，小巧、精緻、奢華。

# 世界遺產中，有哪些是
# 皇家的宮殿及園林建築？

Q40

| 編號 | 國家名稱 | 世界遺產名稱 | | 建築年代 | 主要特色 |
|---|---|---|---|---|---|
| ❶ | 亞塞拜然 | 巴庫古城和少女之塔、希凡沙王皇宮<br>Walled City of Baku with the Shirvanshah's Palace and Maiden Tower | | 西元1411年 | 由希凡沙國王Shirvanshah Sheykh Ibrahim I所打造，2層樓的建築，有50大小種不同的空間，由3座狹窄的迴旋梯連結。 |
| ❷ | 中國 | 北京和瀋陽的明清皇宮<br>Imperial Palaces of the Ming and Qing Dynasties in Beijing and Shenyang | | 西元<br>1406~1420年 | 中國現存最大最完整的木造古建築群，體現中國封建倫理及倫理五常的規制，不但建築技藝傑出，更是珍稀文物的陳列寶庫。 |
| ❸ | 中國 | 拉薩布達拉宮歷史建築<br>Historic Ensemble of the Potala Palace, Lhasa | | 西元<br>1645~1653年 | 這座建於拉薩市中心海拔3700公尺高的紅山頂上的龐大建築，基本上分成兩個部分：白宮和紅宮。 |
| ❹ | 中國 | 頤和園Summer Palace, an Imperial Garden in Beijing | | 西元<br>1750~1880年 | 是中國皇家園林的登峰造極之作，集合了北方(四合院)、杭州西湖(昆明湖)、西藏(萬壽山喇嘛廟)、江南水鄉(蘇州街)等各種風格於一處。 |
| ❺ | 南韓 | 昌德宮建築群Changdeokgung Palace Complex | | 西元1405年 | 隨地形變化搭建的昌德宮，總面積廣達13萬多坪，古意盎然的宮廷建築和傳統造景的祕苑，為李氏朝鮮王朝時期，保存最為完美的宮殿。 |
| ❻ | 土耳其 | 伊斯坦堡歷史區Historic Areas of Istanbul<br>（托普卡匹皇宮Topkapı Sarayı） | | 15~19世紀 | 在約莫450年的帝國歷史間，36位蘇丹中的半數以托普卡匹皇宮為家，而且是帝國的強盛時期。 |
| ❼ | 奧地利 | 熊布朗皇宮和花園Palace and Gardens of Schönbrunn | | 西元18世紀 | 奢華的巴洛克風格幾乎是奧地利裝飾藝術中最引人注目的範例。而皇宮花園則展現了哈布斯堡家族歷經數世紀以來的品味和興趣。 |
| ❽ | 奧地利 | 維也納歷史中心Historic Centre of the City of Vienna<br>（霍夫堡Hofburg） | | 13~19世紀 | 霍夫堡是奧匈帝國的統治核心，也是統治奧匈帝國長達700年的哈布斯堡王朝駐在地，是19世紀時牽動整個歐陸的重要地點。 |
| ❾ | 克羅埃西亞 | 斯普利特的戴奧克里齊安皇宮<br>Historical Complex of Split with the Palace of Diocletian | | 西元3世紀 | 整座皇宮長215公尺，寬180公尺，城牆高28公尺，4個角落有4座高塔，4面城門裡有4座小塔，都兼具防禦守衛功能。 |
| ❿ | 法國 | 凡爾賽宮Palace and Park of Versailles | | 西元<br>1661~1820年 | 法國史上最豪華的宮殿城堡。宮廷的大肆排場與崇尚君主權力的生活，不斷在此上演，是巴洛克到洛可可風的典型代表。 |
| ⓫ | 法國 | 楓丹白露宮殿及花園Palace and Park of Fontainebleau | | 12~16世紀 | 結合文藝復興和法國傳統藝術，後來成為許多法國宮殿仿效的對象。 |
| ⓬ | 法國 | 亞維儂歷史中心：教皇宮、主教團和亞維儂橋<br>Historic Centre of Avignon: Papal Palace, Episcopal Ensemble and Avignon Bridge | | 14世紀 | 矗立在亞維儂市區的教皇宮，有「世界最大且最美的房子」之稱。歷任教皇將原有主教的府邸改建成教皇宮，內部極盡豪華奢靡之能事。 |
| ⓭ | 德國 | 波茨坦與柏林的宮殿庭院<br>Palaces and Parks of Potsdam and Berlin | | 1744年 | 外觀結合巴洛克與古典主義風格，內部的豪華裝飾則是典型的洛可可代表作。宮殿內有小畫廊、圖書館、書房、寢宮等12個房間。 |
| ⓮ | 德國 | 布魯耳的奧古斯都堡宮殿與法爾肯拉斯特古堡<br>Castles of Augustusburg and Falkenlust at Brühl | | 18世紀 | 宮殿集結多位藝術家的心血結晶，設計出德國境內洛可可建築的代表傑作，並依選帝侯之名命名為奧古斯都堡宮殿。 |
| ⓯ | 德國 | 德紹的沃利茲宮殿庭院<br>Garden Kingdom of Dessau-Wörlitz | | 18世紀 | 這些設計將美學、教育及經濟目的和諧地融合在一起，並結合英式風格的建築及庭院景觀，處處可感受到十八世紀的美學景致。 |
| ⓰ | 義大利 | 卡塞塔的18世紀皇宮以及園林、萬維泰利水道水道橋和聖萊烏喬建築群18th-Century Royal Palace at Caserta with the Park, the Aqueduct of Vanvitelli, and the San Leucio Complex | | 18世紀 | 將宏偉宮殿與花園、森林、狩獵屋及絲織工廠做完美的結合。 |
| ⓱ | 義大利 | 薩佛伊皇宮<br>Residences of the Royal House of Savoy | | 16世紀 | 一系列的建築計畫出自當時具代表的建築及藝術家之手。所有的建築都是以皇家宮殿為中心輻射出去。 |
| ⓲ | 塞爾維亞 | 坎辛格拉－羅慕里亞納，加萊里烏斯宮<br>Gamzigrad-Romuliana, Palace of Galerius | | 西元289年 | 重要的羅馬晚期遺跡，1953年確認該遺址為皇宮。這處結合神廟、宮殿、浴室和凱旋門的遺址，還具有敬神與宣揚皇帝功績的用途。 |
| ⓳ | 西班牙 | 格拉納達王宮與城堡<br>Alhambra, Generalife and Albayzín, Granada | | 西元<br>1238~1527年 | 堪稱是摩爾建築藝術的極致之作，原為摩爾式碉堡，王宮部分建於14代紀，為末代伊斯蘭教皇宮。 |
| ⓴ | 西班牙 | 塞維亞大教堂與王宮<br>Cathedral, Alcázar and Archivo de Indias in Seville | | 西元<br>1248年~16世紀 | 塞維亞曾為摩爾王朝首都，塞維亞王宮與格拉那達阿爾汗布拉宮，並列西班牙最具代表性的伊斯蘭教王宮。 |
| ㉑ | 瑞典 | 德羅汀罕宮<br>Royal Domain of Drottningholm | | 西元1766年 | 瑞典皇室的夏宮所在，目前皇室所居的宮殿，由建築型式以及幾何式花園，都不難看見凡爾賽宮的影子。 |
| ㉒ | 英國 | 布倫漢宮Blenheim Palace | | 西元<br>1705~1722年 | 其建築樣式是18世紀英格蘭典型的王侯住宅。 |
| ㉓ | 貝南 | 阿波美王宮Royal Palaces of Abomey | | 西元<br>1625~1900年 | 達荷美人(Dahomey)在貝南南部建立阿波美王朝，共經歷了12位國王的統治，形成一個充分就地取材的完整建築群。 |

# 被列為世界遺產、
# 有上千年歷史的建築繁不勝數，
# 然而有哪些是 20世紀之後
## 才出現的建築或紀念物？

**北 美 洲**

北大西洋

南 美 洲

19、20世紀之交，新科技、新建材、再加上新風格的探尋，建築的發展有別於過去幾千年人類的建築史，走向一個全新的時代，新建築型式的產生不再限於歐陸，也很難用某一種風格規範所有地區，一直到20世紀結束為止，新藝術、構造理性主義、國際現代主義、後現代多元主義……都以當代建築概括，新技術打造出過去不可能產生的空間、高度與線條，於是摩天大樓競相追逐高度，劇院、公共建築，甚至住宅，都有了全新的面貌，不僅建築師極盡展現個人風格與想像力，建築的發展更超越了國界與洲界，而且永無止境。

被列入世界遺產的建築或紀念物，有些從外表看來似乎不是多麼炫目及知名的偉大建築，然而在每一個建築概念的發展階段，都獨具意義。不過有有些建築的歷史紀念意義更大於建築本身，例如德國納粹集中營以及廣島原爆圓頂。

---

**■❶勒阿弗禾：**
**奧古斯特・培瑞重建的城市**
Le Havre, the City Rebuilt by Auguste Perret，法國
【登錄時間】2005年
勒阿弗禾海港的熱鬧與繁榮，卻在二次世界大戰成了戰火下的犧牲品，遭到戰爭波及而毀損的建築，佔了全城的85%，1946年由建築師奧古斯特・培瑞(Auguste Perret)著手進行都市重建工程。奧古斯特・培瑞選擇使用大量的混凝土進行重建，大量三層樓高的集體建築，成了勒阿弗禾新建市區最大規模的景觀。

**■❷瓦堡電台**
Varberg Radio Station，瑞典
【登錄時間】2004
瓦堡電台位在南瑞典的格林頓(Grimeton)，電台建於1922~1924年間，架有當時可跨越大西洋的無限通信系統，目前電台還保有六個127公尺高的鋼架電塔天線系統，還有短波發射機和天線，以及由瑞典建築師Carl Åkerblad所設計的電台大廈。

**■❸林地公墓**
Skogskyrkogården，瑞典
【登錄時間】1994
林地公墓是由兩位瑞典建築師

Asplund和Lewerentz，在1917~1920年間共同打造，他們適切的融合植被景觀與建築元素，完成與當地景觀不協調的建築，其獨特的設計手法影響了不少各國的建築設計師。

**■❹巴塞隆納的高第建築**
Works of Antoni Gaudí，西班牙
【登錄時間】1984年
奇特、立體與富有高度想像力的高第建築，形塑出了巴塞隆納繽紛多彩的風格。高第一生留下17件建築精品，其中就有7件榮登世界文化遺產。

**■❺巴塞隆納的加泰隆尼亞**
**音樂宮與聖保羅醫院**
Palau de la Música Catalana and Hospital de Sant Pau, Barcelona，西班牙
【登錄時間】1997年
這座音樂廳與聖保羅醫院(聖十字醫院的前身)同為另一位加泰隆尼亞現代主義建築大師多明尼各(Lluis Domènech i Montaner)的代表作。多明尼各與高第及普魯居(Josep Puig i Cadafalch)被併稱為「泰隆尼亞現代主義建築三傑」，其作品強調師法自然，慣以動植物作為裝飾元素。在建材使用上，除沿用紅磚、馬賽克和彩色玻璃，也開發出了不少新技術。

**■❻建築師維克霍塔設計的**
**主要城市建築**
Major Town Houses of the Architect Victor Horta，比利時
【登錄時間】2000
布魯塞爾的四座主要城市建築：Hôtel Tassel、Hôtel Solvay、Hôtel van Eetvelde及Maison & Atelier Horta，是建築師維克霍塔的傑作，他同時也是新藝術派的先驅。這些城市建築反映了19、20世紀藝術、思想與社會的變遷。

**■❼李特維德設計的**
**施洛德住宅**
Rietveld Schröderhuis (Rietveld Schröder House)，荷蘭
【登錄時間】2000
建於1924年的施洛德住宅是著名的建築師李特維德第一間完整設計的新房子，從外到內都徹底地和妥託人施洛德太太討論，利用李特維德把空間分解成平面，以及無限座標空間的理念，結合使用者的習慣和對各種空間的要求，完成極簡卻又符合使用者所有需求的風格派機能住宅，被認為是當時歐洲最前衛的建築。

**■❽沃達蒸汽幫浦站**
D.F. Wouda Steam Pumping

Station，荷蘭
【登錄時間】1998
這個世界上最大的蒸汽幫浦站位於荷蘭Friesland省，於1920年開始運轉，直到今天仍然可以正常運作。這個由荷蘭人自製的工程，保護荷蘭人民及土地免受水患的威脅。

**■❾柏林現代住宅群落**
Modernism Housing Estates，德國
【登錄時間】2008年
建於1913至1932年間的柏林現代住宅群落正是所有現代社區建築的原始樣板！這些住宅以最有效率的格局設計，滿足所有居住上的功能需求，因而解決了當時居住空間不足的問題，正好符合了後工業時代新世界的期待，是以其所發揮的影響可以說是無遠弗屆的。

**■❿奧斯威辛/畢爾克瑙：**
**德國納粹集中營**
Auschwitz Birkenau – German Nazi Concentration and Extermination Camp，波蘭
【登錄時間】1979
納粹後來敗逃之時，奧斯威辛和畢爾克瑙的集中營只有少數遭到破壞，其餘則完好地保留至今，恰為那段殘酷的歷史留下見證。堅實的圍牆、裝刺

的鐵絲網、嚴酷的瞭望哨，還有槍決台、毒氣室、焚化場。

### 🏴 ⑪弗羅茨瓦夫百年廳
### Centennial Hall in Wroclaw，波蘭

【登錄時間】2006

弗羅茨瓦夫百年廳建於1911到1913年的德意志帝國時期。此廳為多功能的混凝土建築，建築師馬克思・伯格(Max Berg)將之設計為四葉草形，中央的圓形大廳可容納6000名觀眾，圓形屋頂有23公尺高，由鋼與玻璃構成。其形式與建築工法均對20世紀初期的現代建築有很大的影響。

### 🏴 ⑫布爾諾的圖根哈特別墅
### Tugendhat Villa in Brno，捷克

【登錄時間】2001年

布爾諾的圖根哈特別墅是由知名的建築師Ludwig Mies van der Rohe所設計，這項建築建於1929年，建築過程使用了特殊的採光、通風、玻璃帷幕、室內加熱設計，建材則以玻璃、貴重的石頭和木材、鍍鉻的鋼鐵為主，同時兼顧美學和實用價值。

### 🏴 ⑬特拉維夫白城─現代化運動
### White City of Tel-Aviv：the Modern Movement，以色列

【登錄時間】2003

因蘇伊士運河開通使得雅法(Yafa)房價高漲，一群猶太人因而移居並於1909年創立了特拉維夫。因為1930年代留歐的以色列學生帶回了當時最流行的現代主義，於是大量興建布局不對稱、簡潔且著重功能性的建築，出現在這座年輕且蓬勃發展的城市中，使它成為世界上聚集最多國際風格建築的區域之一。

### 🏴 ⑭廣島原爆圓頂
### Hiroshima Peace Memorial (Genbaku Dome)，日本

【登錄時間】1996

原爆圓頂原本是建於1915年4月的3~5層樓建築，由當時知名的捷克籍建築師Jan Letzel所設計，建築採巴洛克式樣的結構，融合分離主義派的細部裝飾混合而成，1945年8月6日上午8:15，人類史上第一顆原子彈在距離原爆圓頂160公尺的爆心地投下，所有的窗戶被爆風炸裂，當時在館內辦公的30名職員無一倖存，建築卻奇蹟式地保留了下來。

### 🏴 ⑮巴西利亞
### Brasilia，巴西

【登錄時間】1987

興建於1956年的巴西利亞，由Lucio Costa和其學生Oscar Niemeyer所提出的設計圖，充滿創新興想像力，可說是前無古人，不啻為20世紀都市設計之典範。

### 🏴 ⑯墨西哥國立自治大學城區校本部
### Central University City Campus of the Universidad Nacional Autónoma de México (UNAM)，墨西哥

【登錄時間】2007

這所綜合大學興建於1949-1952，超過60位建築師、工程師、藝術家通力合作，所完成的二十世紀現代主義獨特作品，整合了都市生活、建築學、工程學、景觀設計、藝術，尤其是融入了墨西哥被殖民之前的傳統元素，將社會和文化價值具體形象化，成為現代拉丁美洲意味深長的標誌。

### 🏴 ⑰路易斯・巴拉岡的住家和工作室
### Luis Barragán House and Studio，墨西哥

【登錄時間】2004

路易斯・巴拉岡他的家和工作室位於墨西哥市郊區，建於1948年，是二次世界大戰後的傑出巨作，融合現代、傳統以及當地的藝術潮流和元素，形成全新的典範，對於當代庭院、廣場、景觀設計產生重大影響。

### 🏴 ⑱卡拉卡斯大學城
### Ciudad Universitaria de Caracas，委內瑞拉

【登錄時間】2000

卡拉卡斯大學由委內瑞拉建築師Carlos Raúl Villanueva於1940-1960年間設計建造，為一現代城市規劃的傑出作品。

### 🏴 ⑲塞維爾銅礦城
### Sewell Mining Town，智利

【登錄時間】2006

建築在安地斯山脈標高約2,000公尺的塞維爾，是1904年布萊登礦業公司 為了開採銅礦而興建，城市裡有教堂、賭場、電影院、醫院和一般住宅區，建築多半為木造，外觀是鮮豔的紅、黃、綠、藍等顏色，鼎盛時期全鎮約有15,000人，直到1977年才被完全廢棄。

### 🏴 ⑳雪梨歌劇院
### Sydney Opera House，澳洲

【登錄時間】2007

落成於1973年的雪梨歌劇院，不論在建築形狀還是建築結構上，在20世紀的建築史上都具有開創性的地位，當初設計歌劇院的丹麥建築師Jørn Utzon從此名垂千史。

# 地理大發現的航海時代，
# 西班牙、葡萄牙、英國、法國、荷蘭
# 紛紛在世界各地建立殖民地，
# 有哪些殖民城市被納為世界遺產？

北 美 洲

南 美 洲

## 西班牙

| 編號 | 洲別 | 國家 | 遺產名 |
|------|------|------|--------|
| ❶ | 美洲 | 墨西哥 | 墨西哥市歷史中心和霍奇米爾科 Historic Centre of Mexico City and Xochimilco |
| ❷ | 美洲 | 墨西哥 | 瓦哈卡歷史中心和阿爾班山考古遺址 Historic Centre of Oaxaca and Archaeological Site of Monte Albán |
| ❸ | 美洲 | 墨西哥 | 葡爺貝拉歷史中心Historic Centre of Puebla |
| ❹ | 美洲 | 墨西哥 | 瓜娜華朵古鎮及其銀礦 Historic Town of Guanajuato and Adjacent Mines |
| ❺ | 美洲 | 墨西哥 | 莫雷利亞歷史中心Historic Centre of Morelia |
| ❻ | 美洲 | 墨西哥 | 拉卡提卡斯歷史中心Historic Centre of Zacatecas |
| ❼ | 美洲 | 墨西哥 | 克雷塔羅歷史建築區 Historic Monuments Zone of Querétaro |
| ❽ | 美洲 | 墨西哥 | 特拉科塔潘歷史建築區 Historic Monuments Zone of Tlacotalpan |
| ❾ | 美洲 | 墨西哥 | 坎佩切歷史防禦城鎮 Historic Fortified Town of Campeche |
| ❿ | 美洲 | 瓜地馬拉 | 安地瓜‧瓜地馬拉Antigua Guatemala |
| ⓫ | 美洲 | 尼加拉瓜 | 老雷昂遺址Ruins of León Viejo |
| ⓬ | 美洲 | 巴拿馬 | 老巴拿馬考古遺址與巴拿馬歷史區Archaeological Site of Panamá Viejo and Historic District of Panamá |
| ⓭ | 美洲 | 古巴 | 哈瓦那舊城及防禦工事Old Havana and its Fortifications |
| ⓮ | 美洲 | 古巴 | 千里達與甘蔗谷Trinidad and the Valley de los Ingenios |
| ⓯ | 美洲 | 古巴 | 西恩富戈斯都會歷史中心 Urban Historic Centre of Cienfuegos |
| ⓰ | 美洲 | 古巴 | 卡馬圭歷史中心Historic Centre of Camagüey |
| ⓱ | 美洲 | 多明尼加 | 聖多明哥殖民城市Colonial City of Santo Domingo |
| ⓲ | 美洲 | 美國 | 波多黎各聖胡安La Fortaleza and San Juan National Historic Site in Puerto Rico |
| ⓳ | 美洲 | 委內瑞拉 | 科羅港口城鎮Coro and its Port |
| ⓴ | 美洲 | 哥倫比亞 | 卡塔赫納的港口、堡壘和遺蹟群Port, Fortresses and Group of Monuments, Cartagena |
| ㉑ | 美洲 | 哥倫比亞 | 聖克魯斯德蒙波斯歷史中心 Historic Historic Centre of Santa Cruz de Mompox |
| ㉒ | 美洲 | 厄瓜多 | 基多城City of Quito |
| ㉓ | 美洲 | 厄瓜多 | 昆卡的聖安娜歷史中心 Historic Centre of Santa Ana de los Ríos de Cuenca |
| ㉔ | 美洲 | 秘魯 | 庫斯科城City of Cuzco |
| ㉕ | 美洲 | 秘魯 | 利馬歷史中心Historic Centre of Lima |
| ㉖ | 美洲 | 秘魯 | 阿雷奇帕歷史中心Historical Centre of the City of Arequipa |
| ㉗ | 美洲 | 玻利維亞 | 波托西城City of Potosí |
| ㉘ | 美洲 | 玻利維亞 | 蘇克雷古城Historic City of Sucre |
| ㉙ | 美洲 | 智利 | 港口城瓦爾帕拉伊索的歷史城區 Historic Quarter of the Seaport City of Valparaíso |
| ㉚ | 非洲 | 西班牙（加那利群島） | 拉古的聖克里斯托瓦爾城San Cristóbal de La Laguna |
| ㉛ | 亞洲 | 菲律賓 | 維干古城Historic Town of Vigan |

### 葡萄牙

| 編號 | 洲別 | 國家 | 遺產名 |
|---|---|---|---|
| ❶ | 美洲 | 烏拉圭 | 科洛尼亞德爾薩克拉門托的歷史城區<br>Historic Quarter of the City of Colonia del Sacramento |
| ❷ | 美洲 | 巴西 | 歐羅普雷多黑金歷史小鎮Historic Town of Ouro Preto |
| ❸ | 美洲 | 巴西 | 歐琳達歷史中心Historic Centre of the Town of Olinda |
| ❹ | 美洲 | 巴西 | 聖徒灣歷史中心Historic Centre of Salvador de Bahia |
| ❺ | 美洲 | 巴西 | 聖路易歷史中心Historic Centre of São Luís |
| ❻ | 美洲 | 巴西 | 鑽石鎮歷史中心Historic Centre of the Town of Diamantina |
| ❼ | 美洲 | 巴西 | 戈亞斯鎮歷史中心Historic Centre of the Town of Goiás |
| ❽ | 歐洲<br>（大西洋） | 葡萄牙 | 亞速爾群島的英雄港中心區<br>Central Zone of the Town of Angra do Heroismo in the Azores |
| ❾ | 非洲 | 摩洛哥 | 馬扎甘葡萄牙城(今賈迪達市)Portuguese City of Mazagan (El Jadida) |
| ❿ | 非洲 | 莫三比克 | 莫三比克島 Island of Mozambique |
| ⓫ | 亞洲 | 斯里蘭卡 | 迦勒古鎮及堡疊Old Town of Galle and its Fortifications |
| ⓬ | 亞洲 | 中國 | 澳門歷史中心Historic Centre of Macao |
| ⓭ | 非洲 | 肯亞 | 蒙巴薩的耶穌堡Fort Jesus, Mombasa |

### 英國

| 編號 | 洲別 | 國家 | 遺產名 |
|---|---|---|---|
| ❶ | 美洲 | 加拿大 | 盧嫩堡古城Old Town Lunenburg |
| ❷ | 美洲 | 英國屬地 | 百慕達聖喬治歷史古城與相關要塞<br>Historic Town of St George and Related Fortifications, Bermuda |
| ❸ | 亞洲 | 馬來西亞 | 馬六甲海峽的歷史城市：馬六甲和喬治城Melaka and George Town, Historic Cities of the Straits of Malacca（註：雖最後為英國殖民地，但都留有葡萄牙、荷蘭的殖民影子） |
| ❹ | 美洲 | 巴貝多 | 橋鎮及其軍事要塞Historic Bridgetown and its Garrison |

### 法國

| 編號 | 洲別 | 國家 | 遺產名 |
|---|---|---|---|
| ❶ | 美洲 | 加拿大 | 魁北克歷史區Historic District of Old Québec |
| ❷ | 非洲 | 塞內加爾 | 聖路易斯島 Island of Saint-Louis |

### 荷蘭

| 編號 | 洲別 | 國家 | 遺產名 |
|---|---|---|---|
| ❶ | 美洲 | 荷屬安第列斯群島 | 威廉斯塔德歷史區、內城和港口，荷蘭安第列斯群島<br>Historic Area of Willemstad, Inner City and Harbour, Netherlands Antilles |
| ❷ | 美洲 | 蘇利南 | 巴拉馬利波歷史城區Historic Inner City of Paramaribo |

從15世紀起，哥倫布、達伽瑪、麥哲倫、哈德遜、塔斯曼、庫克等探險家先後啟動海洋探險時代，也使得當時歐洲幾個強權包括西班牙、葡萄牙、英國、荷蘭、法國紛紛在異地建立屬於自己的殖民地，於是一座座融合在地風情與宗主國色彩的殖民城市在地球的另一端不斷竄起。

從這份列為世界遺產的殖民城市名單，不難看出當時殖民時代發展的軌跡，也許大多數人對大英帝國的「日不落國」印象深植已久，其實英國所建立的殖民城市，遠遠比不上葡萄牙，更追不上西班牙，這當然跟殖民先後有關。目前被列為世界遺產的，西班牙有31處，葡萄牙有13處，英國4處，法國、荷蘭各有兩處。

| 精彩旅程尚未結束 | 請接下頁→

**❶梅莎維爾第國家公園**
**Mesa Verde National Park，美國**

位於科羅拉多州西南方的梅莎維爾第，是由普柏洛(Puebloan)印第安人所留下的古文明遺跡，最著名的景觀為成群的壁屋(Cliff Dwellings)。開鑿於砂岩峽谷的崖壁上，目前留存的數量約有600座，建於12~13世紀。

**❷巴塞隆納的高第建築**
**Works of Antoni Gaudí，西班牙**

米拉之家(Casa Mila)建於1906~1910年，堪稱是高第落實自然主義最成熟的作品。從裡到外，整個結構既無稜也無角，全無直線的設計，營造出無窮的空間流動感。外觀呈白色波浪形，配上精雕細緻的鍛鐵陽台，顯得雄偉大器且豪華精緻。

米拉之家不僅是棟建築，也是件大型雕塑！不過，其命運坎坷，原為工業鉅子的豪宅，後來卻淪為賭場，也曾翻身為補習班和分租公寓。被指定為世界文化遺產後，才在1986年由卡沙文化基金會(Centre Calture Caixa Catalunya)買下整修，重現其美麗。

　　綜觀被列為世界遺產的建築，不是因為王權所打造的宮殿、陵墓，就是宗教力量所促成的神殿、教堂、廟宇、清真寺，真正能入選世界遺產的民居，可說屈指可數。

　　這些民居多半是群集的聚落，結合了當地特殊的地形，而形成十分獨特有趣的人文地貌，其中世界最為知名的，當屬土耳其的卡帕多起亞岩石區，葛勒梅(Göreme)的意思是「讓你看不到」，數千年來，人們在火山灰和巨石中挖出教堂、洞穴社區，形成共居、共同生活的文化，也造就了今日所見的千古奇觀。

　　除了這些自然形成的歷史聚落，唯一的特殊例子就是西班牙建築師高第的米拉之家，這座像是大型雕塑般的建築其實是一棟公寓，即便已經進入21世紀，這棟20世紀初的建築仍是獨樹一格。

**❼斯凱利麥可島**
**Skellig Michael，愛爾蘭**

斯凱利麥可島孤懸在愛爾蘭西南部凱里郡外16公里的海面上，約7世紀起，一座造型奇特的蜂窩狀隱修院，矗立在高出水面600英尺的陡峭山坡上。這是早期的愛爾蘭基督徒們，遠離塵世在極端艱苦的環境裡生存的寫照。如今這個小修道院完好的保存1400年以前它最初修建時的風貌。

原來的修道士使用了大約500塊石頭修建了一條石階路，一直通向夾於兩個山峰之間，被稱作「基督的馬鞍」的鞍部地區。兩個山峰中的第二個，也是最高的一個在斯凱利格·邁克島上，距離海平面714英尺。山峰頂部有一塊具有歷史意義的刻有十字架的紀念石。中世紀的朝聖者在訪問修道院後，會攀上紀念石的頂部，並且親吻岩石以示虔誠。

**世界上有哪些造型獨特，或是融合當地環境的民宅和歷史聚落，因其獨特的人文地貌，而被列為世界遺產？**

**④阿貝羅貝洛的土魯利屋**
**The Trulli of Alberobello，義大利**

土魯利屋是阿貝羅貝洛的居民，利用當地產的石灰岩所建成的，是一種史前的建築技巧，石牆外不再塗灰泥，一棟棟角椎狀以及圓錐屋，整體看起來非常可愛且神祕。

歐

**⑥白川鄉合掌造聚落**
**Historic Villages of Shirakawa-go and Gokayama，日本**

在白山山脈中，傳統的村落擁有一種特殊的居住形式，這就是合掌造村落。村民以養蠶、生產蠶絲、絹絲製品維持生活，社會結構以每個大家庭為中心，形成一個互助合作的村落，由於這種團結一致的生活型態，才有可能動員全村力量建造或修築合掌造這種特殊的房舍。合掌造的名稱，得自厚厚稻草建成的高尖屋頂，造型宛如兩手合成的正三角形。

亞

洲

太平洋

**❸馬特拉的岩穴**
**The Sassi and the Park of the Rupestrian Churches of Matera，義大利**

這是地中海地區最顯著的穴居聚落案例，而且完全與地形和生態完美結合。大約從舊石器時代就有人類定居於此，後來在人類歷史的舞台都扮演了重要角色。馬特拉多為石灰岩地形，中世紀時隱者在此鑿洞居住，由於地理位置孤立，距離最近的大城市拿波里有150英哩之遠，馬特拉保存完整的石洞風貌，與百年前的耶路撒冷相當神似。

南大西洋

非

洲

大

洋

洲

**❺葛勒梅國家公園及卡帕多起亞岩石區**
**Göreme National Park and the Rock Sites of Cappadocia，土耳其**

基督徒和穆斯林一起利用奇岩怪石，鑿出洞穴住家、洞穴教會，一大片巨石甚至就是一個洞穴社區，巨石內錯綜複雜，廳室無數，最大洞穴社區可容納高達600人。洞穴社區易守難攻，地下城更是嘆為觀止，不知從何時起，卡帕多起亞人所有地上的活動，包括豢養牲畜、釀酒、生活、教育，全都轉進地下，而抵禦伯軍隊的基督徒更巧妙地利用地下城：窄而複雜的通道只容一人進或出，垂直開口的通氣孔、循環系統可以讓最底層和最上層的空氣一樣清新，而利用槓桿原理推動的兩噸重大圓石門，更是地下最堅固的堡壘……地下城許許多多不解的秘密讓它成為卡帕多起亞的另一個傳奇。

### 擁有達文西《最後的晚餐》壁畫的感恩的 聖母瑪利亞教堂及修道院
**Church and Dominican Convent of Santa Maria delle Grazie with "The Last Supper" by Leonardo da Vinci**

教堂內最有名的是達文西所畫的《最後晚餐》。其創作時間約於1495至1497年，繪於修道院裡的教士餐廳，強烈表現大師的「動態」風格，尤其是12位門徒各種不同的手勢上。而且達文西精確地運用透視法表現空間裡人物的關係與互動，也完美地表達了耶穌的神性，是文藝復興顛峰的代表作之一。

### 威欽查及維內多省的 帕拉底奧式宅邸
**City of Vicenza and the Palladian Villas of the Veneto**

帕拉底奧是文藝復興時代代表的建築師之一，位於維內多省的威欽查，市內有一條帕拉底奧大道，兩旁有不少宅邸是出自名建築師帕拉底奧之手。在維內多省也有不少帕拉底奧設計的城市住宅及別墅，對於建築的發展影響深遠。

### 翡冷翠歷史中心 Historic Centre of Florence

翡冷翠是文藝復興象徵的城市，15、16世紀在麥第奇家族統治下，經濟及文化都達到鼎盛，六百年非凡的藝術成就展現在聖母百花大教堂、聖十字教堂、烏菲茲美術館及碧提宮等。

市內無數博物館、教堂，其建築、陳設的藝術作品，展現文藝復興時期最耀眼的珍寶，而這都要歸功於麥第奇家族。麥第奇家族由經商到執政，他們把人文主義的精神注入整個翡冷翠之中，獎勵可以美化俗世的繪畫、雕刻、建築等各種藝術，再現古希臘羅馬精神，形成文藝復興時代，當時的大師級人物如米開朗基羅、唐納泰羅、布魯內雷斯基、波提且利等人，都在這股風潮中，留下不朽的藝術作品。

麥第奇家族統治翡冷翠達三世紀之久，這段時期翡冷翠可說是歐洲的藝術文化中心，知名的雕刻家、建築師、藝術家都聚集在裡。麥第奇家族由老科西摩開始成為實質統治者，其他知名的成員還有偉大的羅倫佐及16世紀的科西摩一世，麥第奇家族對藝術創作的支持，使這個家族能在藝術歷史上留下重要地位，也讓翡冷翠成為文藝復興的殿堂。

### 烏韋達與巴埃薩文藝復興建築群
**Renaissance Monumental Ensembles of Úbeda and Baeza**

16世紀文藝復興時期，烏韋達與巴埃薩的城市建設出現重大發展。在由義大利傳入的人文主義思潮影響下，西班牙政府開始有計畫、有步驟地建設這兩座小城市。

### 費拉拉文藝復興城及波河三角洲
**Ferrara, City of the Renaissance, and its Po Delta**

臨著波河三角洲的費拉拉，因為艾斯特家族的費心經營，將費拉拉帶入文藝復興的城市，吸引許多大師前來設計、建造艾斯特家族的宮殿。

## Q44 15世紀歐洲興起了文藝復興運動，有哪些被列為世界遺產的城市或建築，是 **文藝復興** 的代表？

## 扎莫希奇舊城
### Old City of Zamość

扎莫希奇位於波蘭東南方連結黑海與西歐、北歐的貿易要道上，由義大利帕多瓦的建築師柏納多．莫蘭多(Bernando Morando)負責城市規劃，是16世紀晚期文藝復興城市的完美典範。舊城區至今仍保存了原始的規模，包括城堡和眾多融合義大利與中歐傳統的古老建築。

## 烏爾比諾歷史中心
### Historic Centre of Urbino

位於山丘上的烏爾比諾小山城，在15世紀時歷經了文藝復興時期，吸引全義大利藝術家及學者，並影響歐洲其他區域文化的發展。到了16世紀，因為經濟和文化的停滯，使得文藝復興的外觀得以完整保存至今。

## 契斯基庫倫洛夫歷史中心 Historic Centre of Česk CKrumlov

契斯基庫倫洛夫最早建於13世紀，整個城鎮的建築風格融合了哥德式、文藝復興式及巴洛克式建築，是歐洲典型的的城鎮雛形。

從空中俯瞰，可以看到伏爾塔瓦河以S形包圍整個城鎮，在河左岸延山丘而建的是龐大的城堡區，而河右岸則是一片紅色屋頂起伏的舊城區。契斯基庫倫洛夫的權力象徵——契斯基庫倫洛夫古堡，位在全鎮最高的地理位置上，是哥德式建築混合文藝復興式建築最佳的代表，無論從哪個角度都可以看見那以紅黃壁畫裝飾的高塔，獨特的造型相當引人注目，甚至連夜間都有燈光照明，成為全鎮的象徵。

## 提弗利艾斯特別墅
### Villa d'Este, Tivoli

這一座充滿異國風味的度假別墅，是16世紀由紅衣主教伊波利多艾斯特(Ippolito d'Este)所建，別墅是由受古希臘羅馬藝術薰陶的建築師與考古學家皮羅李高里奧(Pirro Ligorio)所設計，企圖把文藝復興時期藝術家們的理想展現於這片翁鬱的花園裡，不過後來由不同時期的大師陸續完成。

## 瓦雷塔 City of Valletta

瓦雷塔形狀有如堡壘，四周環繞著厚重的城牆。瓦雷塔最主要的道路是共和大道，筆直地穿越整個半島，最後抵達聖艾爾摩(St. Elmo)要塞。道路兩旁的建築物，分屬於義大利文藝復興風格、洛可可和新古典主義樣式，外觀多為石頭原色，唯有造型優雅的陽台被漆成綠色或紅色。位於共和大道的大統領宮(The Grandmaster's palace)，原是騎士團長宮殿。首相辦公室則是義大利名建築師吉羅拉莫．凱撒(Gerolamo Cassar)所設計，原本屬於義大利文藝復興樣式，後來於1744年加蓋正面的巴洛克牆壁。

## 皮恩查歷史中心
### Historic Centre of the City of Pienza

位於托斯卡尼省的皮恩查，是教宗皮歐二世(Pope Pius II)的出生地，他於1459年把整座城市改建成文藝復興風格，也是首度把文藝復興風格應用在城市建築上，他找了建築師Bernardo Rossellino進行整座城市的改造。

**1420** 年代，哥德風格的義大利米蘭大教堂才開始興建，然而在此同時，240公里以外的翡冷翠，建築風格已悄悄改變，聖母百花大教堂的巨大紅色圓頂揭示著新時代的來臨。

這就是15世紀興起的文藝復興運動，歐洲從中世紀對宗教的迷思走出來，重新發現人本的價值，所要復興的就是古典時期對完美比例及天人合一的美感。這個思維表現在建築上，就是建築物的幾何圖形、線條、或任何柱式，比例都要經過精密的計算以及理性的處理，增一分則太多，減一分則太少。

義大利的文藝復興風潮從翡冷翠發軔，接著是羅馬，然後威尼斯。由米開朗基羅所設計的聖彼得大教堂圓頂，把文藝復興風格推向極至。

## 🇳🇴 挪威

### 卑爾根建築 Bryggen

卑爾根是挪威第二大城柏根(Bergen)市區裡最古老的地區。所保留的木造房舍建築，呈現14~16世紀漢撒同盟時期(Hanseatic League)，來自德國商人的群居地特色。雖然幾經大火侵襲，但居民不斷地在原地重建相同的建築，最後一次浴火重建是1702年。從柏根港望去，赭紅、鵝黃、奶油色等鮮豔的尖頂建築並排，形成柏根最大的特色。現在所保存的58座建築多數仍在使用中，自主要是商店或藝術工作室，二樓有部分房舍開放。

想要了解卑爾根的歷史，最佳去處是位於漁市場轉角的漢撒博物館，裡面完整地保留當時德國商人的生活實況，導覽員會詳細地說明當時居民如何小心謹慎地預防火災，多數房舍裡不准點火，唯一准予用火的地方是公用廚房，也是大夥集會聊天的場所。

## 🇩🇪 德國

### 史特拉爾松德與威斯瑪歷史中心
### Historic Centres of Stralsund and Wismar

仍保留十四世紀建築風格的老城史特拉爾松德和威斯瑪，曾是當時的海上貿易重鎮，見證了漢撒同盟的全盛時期。

這兩座城市保有完整的中世紀風格，從建築、街道、港口、廣場等，都能追溯當時所遵循的呂北克法律，也是漢撒同盟時期典型的海岸商城。

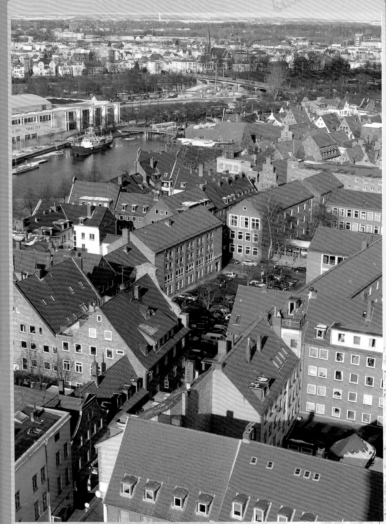

## 🇩🇪 德國

### 漢撒城市-呂北克 Hanseatic City of Lübeck

數百年前的「漢撒同盟」時期，呂北克可是首屈一指的大城市，且是同盟的權力中心。今日老城內被聯合國列入保護的珍貴文化遺產，就是建於漢撒同盟的全盛時期，哥德式的磚造建築藝術，由紅磚堆砌排列的樓房，居然發展出完美的建築結構，處處是優雅與迷人的氛圍。而古城內7座哥德式的教堂，更是在厚重堅實的磚造主體上矗立起高聳的尖塔，氣勢雄偉而壯觀。

冰島

英國

愛爾蘭

洋

法國

葡萄牙

西班牙

# Q45

## 波羅的海地區有哪些海岸商城，因為中世紀的
## 漢撒同盟城市被列為世界遺產？

## 瑞典

### 漢撒同盟城市威士比
### Hanseatic Town of Visby

位於瑞典東南方的高特島(Gotland)上，威士比因為是「一座保有完整漢撒聯盟時期建築與城牆的城鎮」，而被評定為世界遺產。

在12~13世紀時，威士比是波羅的海附近從事商業往來相當活躍的城鎮，1288年以石灰石建造、長達3.6公里的城牆，現在仍幾近完整的圍繞著威士比，不僅在瑞典難得一見，也是北歐地區保留最完整的中世紀城牆。

每年8月中旬，鎮民們會穿上中世紀服飾遊行，節慶活動約維持一週。

## 愛沙尼亞

### 塔林歷史中心
### Historic Centre of Tallinn

塔林就是一座活生生的城市博物館，同時也是漢撒同盟城市(Hanseatic League，14至17世紀北歐商業都市之政治及商業同盟)全盛時期的最佳典範。塔林是歐洲保存得最完整的中世紀城市之一，蜿蜒纏繞的石子街道，大約從11到15世紀慢慢成形，今天幾乎一條不漏地保留下來；而那一棟棟教堂、穀倉、貨棧、商人會所、民宅，也幾乎都以原貌維持至今。至於塔林的黃金年代──15、16世紀因為加入漢撒同盟而在波羅的海扮演重要角色同時贏得聲望，強大的經濟除了使得塔林更有能力從防禦工事上保護自己，也更有機會在建築和藝術上發光發熱。塔林舊城的下城區因為漢撒同盟的關係，受到德國呂北克(Lübeck)法律的管制，居住在城裡的商人、中產階級統一由市議會管理。

## 拉脫維亞

### 里加歷史中心
### Historic Centre of Riga

地理位置上，里加位於東西歐交會的波羅的海岸邊，500公尺寬的道加瓦河(Daugava)貫流而過，幾個世紀以來，一直是拉脫維亞最重要的商業、金融和文化中心，13世紀末開始，成為漢撒同盟城市之一，然而也因為如此，德國、瑞典、俄國、波蘭等不同國籍的人頻繁進出、甚至住在這裡，而把里加視為自己的城市。

## 波蘭

### 中世紀城鎮土倫
### Medieval Town of Toruń

土倫這個古老城鎮在波蘭歷史上具有重要地位。13世紀中葉，條頓騎士團在此修築城堡以彰顯征服普魯士的功績，是為土倫城的雛型，隨後土倫便成為漢撒同盟時期的商業中心。至今土倫城仍保存著許多14到15世紀的建築，也包括天文學家哥白尼的住所，漫步城區可感受古老波蘭的歷史風情。

1241年，呂北克和漢堡首先簽定同盟條約，後來除了德國北部的城市外，從波蘭到荷蘭的沿海城市也相繼加入，這便是漢撒同盟(Hanseatic League)的雛型。最早，漢撒同盟只是商人和貴族為了商業合作而形成的結盟關係，在會員間有效率地處裡經貿往來，形成巨大的交易網絡，確保經濟利益的共同市場；從由商人主導的結盟關係，發展到各城市間的結盟，當時許多自由城市都是漢撒同盟的會員。

到了十四世紀中期，同盟權力集中在呂北克身上，在其領導下，漢撒同盟壟斷從北海到波羅的海的貿易往來，盟城間彼此互惠互利，甚至還擁有軍隊和金庫。

不過由於是建立在利益上的結合，並不能使會員們同心同德，而十六世紀實行中央集權的荷蘭與英國募地崛起，漢撒同盟因而勢微，自1669年後就再也沒有開過會，但它代表的重商主義和冒險精神，仍在同盟城市的建設及思想上留下極深的烙印。

目前在歐洲地區波羅的海沿岸共有7座漢撒同盟城市入選為世界遺產。

# 世界上有哪些 農 業 景 觀 被列為世界遺產？

北 美 洲

北大西洋

南 美 洲

農業是人類最早的產業，也奠定了一個地方富庶的基礎，隨著時代更迭，每個地方所栽種的農產及呈現出的農業景觀也會有所改變。然而人們栽種的植物畢竟不像建築物能歷經千年而屹立不搖，因此能入列世界遺產的農業景觀不僅在該農產的發展過程中扮演極關鍵性角色，而且至今依然活生生地存在著。

綜觀全球這12座農業世界遺產，其中葡萄園就占了5座最多，足以顯示葡萄釀酒在西方社會的悠久歷史以及產業的制度化，當然或多或少也反映出世界遺產委員會以西方為主的價值觀。此外，還有龍蛇蘭1座、菸草1座、甘蔗1座、咖啡2座、水稻田2座，其中古巴就占了3座，只是隨著產業的演進，農業景觀維護的確不易，菲律賓的梯田就被列為瀕危名單。

## 哥倫比亞

**哥倫比亞咖啡文化景觀**
Coffee Cultural Landscape of Colombia

哥倫比亞咖啡文化景觀位於安地斯山脈的中西部地帶，本區擁有百年歷史的咖啡栽種文化，以及傳統建築、料理、音樂、神話傳說等豐富的文化資產。

## 古巴

**古巴東南部第一座咖啡農園考古園區**
Archaeological Landscape of the First Coffee Plantations in the South-East of Cuba

在19~20世紀，咖啡為加勒比海及拉丁美洲地區的經濟與社會有極大的貢獻，位於馬埃斯特拉(Sierra Maestra)山腳下的咖啡莊園遺址，為此留下一個獨特的見證。

## 古巴

**千里達與甘蔗谷 Trinidad and the Valley de los Ingenios**

距離千里達舊城約12公里遠的「甘蔗谷」，是18世紀蔗園景觀的見證，面積約270平方公里的廣大土地上劃分為70多處甘蔗園，為了運輸甘蔗，還舖設了一條鐵道穿過谷地中央，雖然蒸氣火車現在已經不再運行，但仍然看到簡陋的火車站聳立在路邊。

## 墨西哥

**龍舌蘭植物景觀及古老釀酒工廠**
Agave Landscape and Ancient Industrial Facilities of Tequila

位於瓜達拉哈拉郊區50公里遠的龍舌蘭鎮，是墨西哥「國酒」的產地。在這個美麗的河谷地帶，製造龍舌蘭酒已有2000年以上的歷史，而近數十年來國際間對龍舌蘭酒的喜愛，更使其成為墨西哥的象徵。

受保護的範圍包括龍舌蘭以及Arena、Amatitan這3個城鎮。由於釀酒的技術融合了西班牙殖民前的傳統發酵技術，以及歐美引進的蒸餾科技，而該特色也反映在酒廠的建築上，使這地區的文化景觀，展現獨一無二的特性。

歐洲　亞洲

太平洋

南大西洋　印度洋

### ✚ 瑞士

**拉沃葡萄園梯田**
**Lavaux, Vineyard Terracesn**

是瑞士第二大葡萄酒產地，這一帶共有
26個葡萄園區，這處沿著日內瓦湖北岸
種植的拉沃葡萄園梯田，種植歷史據稱
可追溯至羅馬軍隊占領時期，也有人說
最早是從中世紀的傳教士才開始釀酒，
而目前在斜坡上將近30公里長的種植面
積，則確認是始於11世紀。

### ■ 印尼

**峇里島的文化景觀：體現「三界和諧」**
**哲學的蘇巴克水稻灌溉系統Cultural**
**Landscape of Bali Province: the**
**Subak System as a Manifestation of**
**the Tri Hita Karana Philosophy**

據文獻記錄，峇里島早在9世紀，就挖
掘出複雜的水源渠道，讓稻田適時獲得
充分灌溉；而這種繁複的灌溉系統，當
地稱之「蘇巴克」(Subak)。

### 葡萄牙

**上杜羅河葡萄酒區**
**Alto Douro Wine Region**

上杜羅河成為葡萄酒鄉的歷史超
過兩千年，根據考古證據顯示，
早在西元3~4世紀的西羅馬帝國
末年時，這裡已經開始釀製葡萄
酒。17世紀下半葉波特酒的出
現，讓該區的葡萄園不斷擴張，
到了18世紀時，波特酒不但成
為上杜羅河的主要產品，更以絕
佳的品質躋身世界名酒之列。

### 菲律賓

**菲律賓山系梯田**
**Rice Terraces of the Philippine**
**Cordilleras**

居在在此的怡芙高(Ifugao)族住
民，為了適應崎嶇不平、耕地稀
少的艱困環境，將一塊塊的石
頭沿著山坡築成擋土牆，修建成
可耕種的田地。經過數千年的開
墾，開闢出兩萬公頃的梯田，相
加的長度可以繞行半個地球，胼
手胝足的精神克服了大自然。

### 葡萄牙

**皮庫島葡萄園文化景觀**
**Landscape of the Pico Island**
**Vineyard Culture**

以島上火山、同時為葡萄牙最高
山皮庫山(Ponta do Pico)命名
的皮庫島，是亞速群島的第二大
島，密布著一小塊一小塊的葡萄
園，它們的週遭圍繞著直接以玄
武岩塊堆砌、沒有加上任何水泥
接合的護牆，使葡萄免受強風與
海水的侵害。

### 匈牙利

**托凱葡萄酒歷史文化景觀**
**Tokaj Wine Region Historic**
**Cultural Landscape**

位處匈牙利東北方，以低地和河
谷地形為主的托凱，是以葡萄
園、農地、村落交織而成的迷人
城鎮，時至今日，在這裡仍然可
以看得到古老傳統的釀酒技術和
文化。

### ⚑ 古巴

**比尼雅萊斯谷 Viñales Valley**

比尼雅萊斯谷屬於喀斯特溶蝕地
形，土壤並不肥沃，但在谷地裡
許多原住民部落利用傳承了千年
的種植方式，在此種植菸草和穀
類。

### ▮▮ 義大利

**阿瑪菲海岸景觀 Costiera Amalfitana**

阿瑪菲海岸有著絕佳的自然景觀，這些農村地區展現居民如何
適應這多樣性的地形，有階梯式的葡萄園、果園也有牧場。

世界上礦產何其多，但能被列為世界遺產的，必定是該礦區在人類或該國產業歷史上，占有舉足輕重的地位。從礦產來看，大致有金、銀、銅、煤、鐵，和硝石，這些也都是一般人耳熟能詳的礦藏，只是年代不同，發生在不同國家的城鎮，便有了不同意義。

這些名列世界遺產的礦區，大致都是從16世紀之後開始的。在美洲，多半是伴隨地理大發現時代之後，歐洲強權在殖民地開發的礦區，例如墨西哥的瓜娜華朵在過去250年間生產全世界20％的銀礦，玻利維亞的波托西城生產的白銀則專供西班牙皇室。至於智利生產的硝石製成化學肥料，更改變了全球的農業發展。

時空再回到18世紀的歐洲強權，工業革命起源地的英國，所有的煤、鐵、銅等礦產，正是工業革命最強大的後盾，所以大英帝國本土就有三座與礦產相關的世界遺產入列。

| 編號 | 國家 | 遺產名 | 年代 | 礦產 | 概要 |
|---|---|---|---|---|---|
| ❶ | 墨西哥 | 瓜娜華朵古鎮及其銀礦Historic Town of Guanajuato and Adjacent Mines | 1559~ | 銀 | 銀礦在過去250年間生產全世界20％的產量，銀礦使該地人民生活富裕，因此市區的巴洛克式及新古典式建築，都粧點得十分漂亮。 |
| ❷ | 玻利維亞 | 波托西城City of Potosí | 1546~1783 | 銀 | 約有7,000噸白銀在此採出送給西班牙皇室，波托西因此可說是16世紀時全球最大工業城。 |
| ❸ | 智利 | 翰伯斯與聖羅拉硝石廠區Humberstone and Santa Laura Saltpeter Works | 1880~1940 | 硝石 | 這裡所開採出的硝石製造成化學肥料，改變了全球的農業環境，也為智利帶來巨大的財富。 |
| ❹ | 智利 | 塞維爾銅礦城Sewell Mining Town | 20世紀初~1970年代 | 銅 | 標高約2,000公尺，為了開採銅礦而興建，城市裡有教堂、賭場、電影院、醫院和一般住宅區。 |
| ❺ | 英國 | 鐵橋峽谷Ironbridge Gorge | 18世紀後半~19世紀 | 煤鐵 | 鐵橋峽谷是工業革命的象徵。在鐵橋峽谷附近，有個建於1708年，紀錄了挖掘焦炭的庫爾布魯克戴爾(Coalbrookdale)熔爐。 |
| ❻ | 英國 | 布拉納馮工業景觀Blaenavon Industrial Landscape | 18世紀末~19世紀 | 煤鐵 | 在19世紀，這裡是世界上最主要的煤和鐵的生產地之一，許多與採礦的相關一切，至今仍然保留完整。 |
| ❼ | 英國 | 康沃爾與西德文郡的礦區景觀Cornwall and West Devon Mining Landscape | 18~19世紀前半 | 銅 | 是18和19世紀時的礦產技術中心，對當時的工業革命造成非常深遠的影響力。 |
| ❽ | 挪威 | 羅洛斯銅礦鎮Røros Mining Town | 1644~1977 | 銅 | 羅洛斯位於多山地形的銅礦區，該區開採銅礦的歷史將近333年，直到1977年才停止開採。 |
| ❾ | 瑞典 | 法倫銅礦區Mining Area of the Great Copper Mountain in Falun | 17世紀後半~1992 | 銅 | 根據地質學家的考證，至少在13世紀前，當地就已經開始了銅礦的開採，17世紀時，法倫銅產量達到最高峰。 |
| ❿ | 瑞典 | 英格堡鐵工廠Engelsberg Ironworks | 16世紀末~1919 | 製鐵 | 在17~18世紀，瑞典的鐵工業生產可說是居於領導地位，英格堡上完整保存了一座當時的鐵工廠。 |
| ⓫ | 德國 | 埃森的礦業同盟工業區景觀Zollverein Coal Mine Industrial Complex in Essen | 19世紀~20世紀初 | 煤 | 位於埃森的居爾威威瑞恩煤礦採掘場，是由一座高聳巨大的鐵架與周圍巨大廠房，構成一幅重工業文明的代表圖像。 |
| ⓬ | 德國 | 弗爾克林根鐵工廠Völklingen Ironworks | 1873~1986 | 製鐵 | 這間工廠在早期的科學技術及工業發展史上具有獨特地位。 |
| ⓭ | 斯洛伐克 | 班斯卡斯特瓦尼卡歷史城鎮和周邊工業遺跡Banská Štiavnica | 17~18世紀 | 金銀 | 以產礦、冶金和文藝復興建築聞名的城鎮。 |
| ⓮ | 奈及利亞 | 蘇庫爾文化景觀Sukur Cultural Landscape | 17世紀~1960 | 製鐵 | 境內擁有一座居高臨下的酋長宮殿、村落、大批梯田、神聖圖騰以及曾經繁華一時的鐵器工業遺跡。 |
| ⓯ | 日本 | 島根縣石見銀山及其文化景觀Iwami Ginzan Silver Mine and its Cultural | 16~17世紀 | 銀 | 因為16世紀開始大量開採銀礦，促進了日本和東亞與歐洲之間的貿易與文化往來。17世紀時，石見銀山的銀礦開發達到高峰。 |
| ⓰ | 比利時 | 瓦隆尼亞礦業遺址Major Mining Sites of Wallonia | 19、20世紀 | 煤 | 這4座分布於瓦隆煤礦盆地的舊礦區，見證了比利時在工業革命時期的繁榮景象，以及它在社會、科技和都市規劃方面的創新發展。 |
| ⓱ | 法國 | 北卡萊海峽採礦盆地Nord-Pas de Calais Mining Basin | 18~20世紀 | 煤 | 1930年代，本區成為歐洲極為重要的產煤區，進入礦業發展的黃金時期，並且吸引7萬多名外地人來此工作，直到1990年才停止產礦。 |
| ⓲ | 斯洛維尼亞、西班牙 | 水銀遺產：阿爾馬登與依德里亞Heritage of Mercury. Almadén and Idrija | 西元前7世紀~21世紀 | 水銀 | 這個世界遺產由西班牙的阿爾馬登鎮以及斯洛維尼亞的依德里亞鎮共同登錄，它們分別為全世界第一大以及第二大的汞礦產地。 |

# 世界上有哪些礦業被列為世界遺產？

說到現代工業，不能不提工業革命的起源地英國。18世紀中葉，英國人瓦特(James Watt)改良了蒸氣機之後，接著引起了一連串的技術革命，從過去的手工勞動轉向大量機器產，這個技術大躍進從英格蘭傳遍歐洲大陸，19世紀再傳到北美地區。

如今英國就有四處世界遺產與工業革命息息相關，其中有三座為紡織業，也標示了那個年代紡織在工業革命時所扮演的角色。除了英國，在義大利、芬蘭也都有紡織和木漿廠入選，它們也都是工業革命的產物。較為特別的是法國和波蘭各有一處製鹽廠入選，前者已經跨入工業時代，後者則已經有700年以上的歷史，波蘭的維利奇卡鹽礦可以說是兼具礦業和工業特色，但最驚人的，還是因為開採鹽礦所形成的地底景觀。

| 編號 | 國家 | 遺產名 | 年代 | 產業 | 概要 |
|---|---|---|---|---|---|
| ❶ | 英國 | 新拉納克村 New Lanark | 19世紀初 | 紡織 | 山中的烏托邦，新拉納克是保存最完好的英國18世紀村落，位於蘇格蘭，除保留了舊的棉紡工廠外，新拉納克的工廠一直營運至1968年，後被列為保護區，由基金會管理。在19世紀初，社會主義理想者羅伯特‧歐文(Robert Owen)以此為基地，創造出工業社會的理想。在19世紀及之後，對當時與現在的社會有很深的影響。 |
| ❷ | 英國 | 索爾泰爾城鎮 Saltaire | 19世紀後半 | 紡織 | 保留完好的19世紀下半期工業城鎮。紡織廠、公共建築和工人住宅，建築品質高超，完整地保留著其原始風貌，重現維多利亞時代的風範。 |
| ❸ | 英國 | 海權時代商城利物浦 Liverpool – Maritime Mercantile City | 18~19世紀 | 造船 | 利物浦擁有六處以上的歷史中心與港區，見證18、19世紀全球貿易。在大英帝國殖民發展中是很重要的，不論是在碼頭興建技術、運輸系統，或是港口管理都很進步的。 |
| ❹ | 英國 | 德文特河谷工業區 Derwent Valley Mills | 18~19世紀 | 紡織 | 德文特河谷位於英格蘭中部，座落著一連串18、19世紀、具有歷史價值的棉花紡織工廠。在南面是建於1771年的克倫福特水利工廠(Cromford Mill)，是第一座採水力發動的。在斯特拉斯(Strutt)的北部工廠(North Mill)現在是德文特河谷遊客中心，為一棟鐵框建築結構的建築，對全世界的高樓大廈的建築結構都產生影響。 |
| ❺ | 比利時 | 普朗坦─莫雷圖斯印刷博物館 Plantin-Moretus House-Workshops-Museum Complex | 16~19世紀 | 印刷 | 其歷史可源自文藝復興及巴洛克時期，安特普和巴黎、威尼斯是當時歐洲三大印刷名城。這個博物館保存了不少古老印刷設備、一個大型圖書館及珍貴的檔案。 |
| ❻ | 法國 | 阿克瑟農王室鹽廠 Royal Saltworks of Arc-et Senan | 1775年 | 製鹽 | 從路易十五時期開始的鹽廠，其實是一個理想市鎮園，以主要建築為核心，其他設施在周圍以同心圓方式往外擴散。標示了工業時期的建築特色，與啟蒙時代的文明進程。 |
| ❼ | 義大利 | 克里斯比阿達城 Crespi d'Adda | 19世紀 | 紡織 | 是19至20世紀工業城鎮的典範，在北美和歐洲地區，由開明企業家依勞工需求所建造的住宅城，很多當年為了工業目的所設計的用途至今依然清晰可見。 |
| ❽ | 義大利 | 卡塞塔的18世紀皇宮以及園林、萬維泰利水道橋和聖萊烏喬建築群 18th-Century Royal Palace at Caserta with the Park, the Aqueduct of Vanvitelli, and the San Leucio Complex | 1789年 | 絲織 | 卡塞塔的建築群是18世紀時，波旁王朝(Bourbon)的查理三世(Charles III)為對抗凡爾塞宮及馬德里皇宮而建，獨特之處在於將宏偉宮殿與花園、森林、狩獵屋及絲織工廠做完美的結合。 |
| ❾ | 芬蘭 | 韋爾拉磨木紙板工廠 Verla Groundwood and Board Mill | 19~20世紀初 | 木漿 | 19~20世紀，北歐和北美洲地區以木漿製紙的工業發展蓬勃，但隨著時代更迭，木製紙板的傳統產業不再風光，維拉完整保存這座工業遺址。 |
| ❿ | 波蘭 | 維利奇卡鹽礦 Wieliczka Salt Mine | 12~16世紀 | 製鹽 | 現在的維利奇卡鹽礦從1290年開始，已經有700年以上歷史，也可以說是波蘭歷史最悠久的、始終運行不輟的一座工廠。整個鹽礦區由9層密密麻麻、彷彿迷宮般的隧道構成，最深達地底327公尺。用鹽製成的禮拜堂和聖人雕像，都是長年在此採礦的工人在工作之餘慢慢雕琢出來。隨著階梯不斷往下，沿途更會經過地底鹹水湖泊、高達36公尺的大廳，以及餐廳、會議室、博物館等，其中最壯觀的就是聖慶加禮拜堂(St. Kinga's Chapel)，整座教堂長寬約54和17公尺，高12公尺。 |

# 世界上有哪些工業被列為世界遺產？

# 有哪些交通建設被列為世界遺產？

與交通建設相關的世界遺產，目前大致可以分成三大類，一是水路，一是陸路，另一個則是空中。水路的世界遺產都是運河和水閘，陸路則是鐵路，較特別的是空中，入選的是瑞典在20世紀初的一座電台，是可以跨越大西洋的無線通信系統，具有歷史時代意義。

運河或水閘有的表現出先進的水利技術，有的則是諸多技術成為工業革命的前導，有的則兼具軍事防禦功能。有趣的是目前三座陸路交通的世界遺產都是高山鐵路，一在奧地利，一在瑞士，一在印度，歐洲的鐵路穿越阿爾卑斯山區，印度的鐵路則是跨越喜馬拉雅山區和尼爾格里高山，這些都代表了現代交通建設在建築學、工程學與環境概念的高度成就。

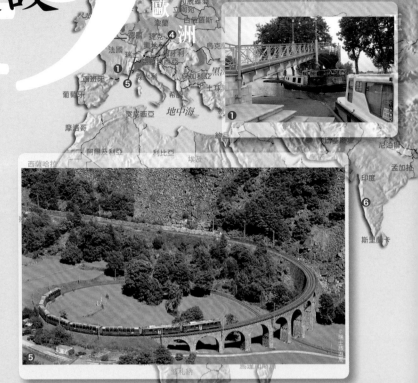

| 編號 | 國家 | 遺產名 | 年代 | 概要 |
|---|---|---|---|---|
| ❶ | 法國 | 中央運河Canal du Midi | 17世紀末 | 1667年開工的米提運河，先從地中海岸的樹德(Séte)開往土魯斯(Toulouse)，再一路往西，由於大西洋和地中海兩海域的水位高低差異懸殊，要求精密的計算和工程技術，再加上需考量注入足夠的水量，才能讓運河可行船，長達240公里的水道，總共花了1萬5千名勞工長達14年的時間，興建了水閘、渠道、陸橋等350處工程，從鄰近山區的31條大小河流引水注入，成就此一劃世紀的民生工程，諸多技術也成為工業革命的前導。 |
| ❷ | 比利時 | 中央運河的四座船舶升降機及其周邊，魯維爾及魯爾克斯行政區（埃諾省）The Four Lifts on the Canal du Centre and their Environs, La Louvière and Le Roeulx (Hainault) | 1882~1917 | 中央運河位於比利時南部，連接斯凱德爾河(Scheldt River)與默茲河(Meuse River)兩個河流盆地，總長約20公里。為了克服埃諾省魯維爾市附近7公里河段高達66公尺的水位落差，以及水量不夠充沛的問題，比利時人延攬了英國土木工程師艾德溫．克拉克(Edwin Clark)設計並建造4座船舶升降機，以利船隻行進。1888年，第1座船舶升降機完工，1917年，整條運河開通完成。 |
| ❸ | 瑞典 | 瓦堡電台Varberg Radio Station | 1922～1924 | 瓦堡電台位在南瑞典的格林頓(Grimeton)，電台建於1922～1924年間，架有當時可跨越大西洋的無限通信系統，目前電台還保有六個127公尺高的鋼架電塔天線系統，還有短波發射機和天線，以及由瑞典建築師Carl Åkerblad所設計的電台大廈，雖然目前電台沒有經常使用，但所有設備仍維持相當良好。 |
| ❹ | 奧地利 | 塞梅林格鐵道Semmering Railway | 1848~1854 | 西元1848~1954年時，奧地利人在阿爾卑斯的高山峻嶺間興建了一條長達41公里的鐵路，在工業技術不如今日先進的當時，塞梅林格鐵道象徵著早期鐵道建築的卓越成就，不論是隧道、高架橋或其他工程，都因為必須克服重重的險境與困難而令人敬佩。 |
| ❺ | 瑞士 義大利 | 阿爾布拉-伯連納的利西亞阿爾卑斯山鐵路 Rhaetian Railway in the Albula / Bernina Landscapes | 20世紀初 | 標誌著瑞士建築學、工程學與環境概念的高度成就。這一整段鐵路總長約128公里，一共穿越55個隧道和狹廊，以及196座橋樑與高架道路，讓原本隔絕於崎嶇山麓中的孤立區域，其相互間的交通從此變得便利起來。<br>伯連納鐵路至今仍是穿越阿爾卑斯山區的鐵道中海拔最高的一座，同時也是世界同類型鐵路中高低落差最大的路線之一，完美體現了人類運用現代技術克服險阻山嶽的最佳範例。阿爾布拉-伯連納鐵路更難能可貴的地方在於，它雖然破除了地形上的障礙，卻不但沒有破壞原本壯麗的自然景觀，反而和諧地與整個環境融合在一起。 |
| ❻ | 印度 | 印度的高山鐵道Mountain Railways of India | 1879~1881 1891~1908 | 印度高山鐵道被列入世界遺產有兩處，一是大吉嶺喜馬拉雅(Darjeeling Himalayan)鐵道，一處是塔米爾納杜邦尼爾格里(Nilgiri)高山鐵道。其中塔米爾納度的鐵道原本計畫在1854年興建，然而由於山區施工困難，延宕到1891年才動工，並於1908年竣工。這段鐵道從海拔326公尺上升到2203公尺，至今仍然在運作中，代表一個世紀前的鐵道技術，而在英國殖民時代，對印度人口的移動和社會經濟都有極大意義。 |
| ❼ | 加拿大 | 麗都運河Rideau Canal | 1832年 | 是北美洲最古老且至今仍功能健全的運河系統。運河連接加拿大首都渥太華(Ottawa)和安大略湖畔的城市金斯頓(Kingston)，全長202公里，連結多個湖泊，當初是英國為了保護其殖民利益，抵禦美國而建的軍事設施，後來開放民居和貿易。<br>目前受保護的地區包括運河的所有水域、水壩設施、橋樑、堡壘、閘門，以及相關的考古研究地點。 |

## 荷蘭

**沃達蒸汽幫浦站**
**D.F. Wouda Steam Pumping Station**

這個世界上最大的蒸汽幫浦站位於荷蘭Friesland省，於1920年開始運轉，直到今天仍然可以正常運作。這個由荷蘭人自製的工程，保護荷蘭人民及土地免受水患的威脅。

## 伊朗

**舒希達古代水利系統 Shushtar, Historical Hydraulic System**

該城早在西元前好幾個世界就是甘蔗和主要莊稼的生產區，這一切都得歸功於歷史回溯到西元前5世紀、大流士一世時代的水利系統，該項傑出工程藉由一道高聳的崖壁讓水流傾洩至盆地後下流至平原，再以一系列地道與水車引渠，不但提供農作物的灌溉更供應整個城市的用水，貫穿城內的渠道同時形成一道護城河。該遺址展現了當時人們的智慧，也對後來的羅馬建築產生影響。

## 荷蘭

**小孩堤防的風車群 Mill Network at Kinderdijk-Elshout**

荷蘭人早自13世紀就運用風車作為動力工具，極盛時期全境的風車多達近萬座，但隨著科技的進步，現在剩下的風車不到1000座。像小孩堤防這般保存了19座18世紀以來的古老風車是絕無僅有。

## 阿曼

**阿曼的阿夫拉賈灌溉系統 Aflaj Irrigation Systems of Oman**

阿曼屬於熱帶沙漠氣候，耕種灌溉無法只等自然雨量，阿夫拉賈灌溉引水系統便應運而生。阿夫拉賈是以人工挖出渠道，依照地勢的落差，將山區水源引進、輸送至耕地。
即便現在已有先進的水利設施，這種可追溯至西元500或甚至西元前2500年，至今仍然有3000多組阿夫拉賈灌溉系統，在農村地區繼續使用中。

## 中國

**青城山和都江堰水利系統**
**Mount Qingcheng and the Dujiangyan Irrigation System**

都江堰是紀元前256年左右，為防治岷江氾濫所建設的水利工程，由當時擔任蜀郡守的李冰和兒子李二郎接續完成。具洩洪和灌溉等功能，基本工程包括魚嘴、飛沙堰、寶瓶口等三部分。魚嘴是分水堤，飛沙堰是洩洪堰，寶瓶口是引水口。
當年李冰以竹籠裝滿卵石，放入岷江江心作為分水堤，將岷江分成內江和外江，內江的水經由寶瓶口進入成都平原灌溉，歷兩千多年，迄今仍是灌溉成都平原的大功臣。

說到水利工程，不能不提到荷蘭人填海造陸的卓越成就，在水利灌溉設施這方面，荷蘭就有聞名全球的風車群和蒸汽幫浦站入選，分別代表工業革命前後兩種截然不同動力的水利設施。
當然荷蘭人的成就是近幾個世紀的事，要追溯到基督誕生之前的遠古社會，中國、古代波斯，以及阿拉伯半島上的阿曼都有代表作。中國的都江堰水利系統世界馳名，歷經兩千多年，即便遭受2008年的汶川大地震的考驗，仍然屹立不搖。至於古波斯自高山引水的水利系統，更對後來羅馬人處處興建的水道橋產生啟發。

# 哪些水利或灌溉設施
# 改善了人類生活被列為世界遺產？

# 世界遺產全紀錄

5大洲、157國、962座世界遺產

## 歐洲

# 阿爾巴尼亞Albania

位於巴爾幹半島東南部的阿爾巴尼亞，由於接近希臘，又在巴爾幹交通要衝上，入選的兩座世界遺產，都與這樣的歷史和地理背景相關。古希臘羅馬遺址、拜占庭教堂、鄂圖曼土耳其清真寺，見證其歷史發展脈絡。

貝拉特與吉諾卡斯特拉歷史中心
Historic Centres of Berat and Gjirokastra

1992 文化遺產 3980ha

## 布特林特 Butrint

布特林特坐落於阿爾巴尼亞與希臘的邊界，早在西元前10世紀時便已出現聚落，這座伊特魯斯坎人(Etruscan)創立的城市，先後成為希臘殖民地、羅馬城市以及主教管轄區。

西元9世紀時拜占庭帝國的統治讓布特林特進入黃金時期，其後又遭威尼斯人占領，布特林特一路異主，到了阿爾巴尼亞獨立時，卻因為瘧疾爆發，導致無人居住。

1928年義大利考古隊在荒煙漫草間發掘了它，出土遺跡中展現該城各個時期的樣貌，古希臘羅馬時期的圍牆與圓形劇場和神廟、西元前6世紀的古堡、基督教傳入時期的大教堂等等，都見證了它昔日的經濟與軍事實力。

2005 文化遺產 136 ha

## 貝拉特與吉諾卡斯特拉歷史中心
### Historic Centres of Berat and Gjirokastra

「千窗之城」貝拉特和「兩千階梯之城」吉諾卡斯特拉，是現今罕見的鄂圖曼土耳其時期的典型建築範例。

位於阿爾巴尼亞中部、發跡於西元前6世紀的貝拉特，是該國最古老的城市之一，歷經拜占庭、羅馬、土耳其人的統治，該城融合了不同的宗教與文化，其歷史可以回溯到西元前4世紀的城堡、拜占庭時期的教堂，以及鄂圖曼年代的清真寺與蘇菲派兄弟會。

吉諾卡斯特拉則位於阿爾巴尼亞南部，坐落於一座谷地上，海拔300公尺，是一個由希臘人社區所組成的城市，以一座城堡和一系列美麗的雙層房舍著稱。

# 安道爾Andorra

安道爾這個位於法國和西班牙之間、庇里牛斯山脈東邊的的小山國，國土為歐洲第六小的國家，面積僅468平方公里，首都為安道爾·維拉(Andorra la Vella)，海拔1023公尺，為歐洲最高首都。這座入選的世界遺產位於該國東南部。

馬德留－佩拉菲塔－克拉羅大峽谷文化景觀
Madriu-Perafita-Claror Valley

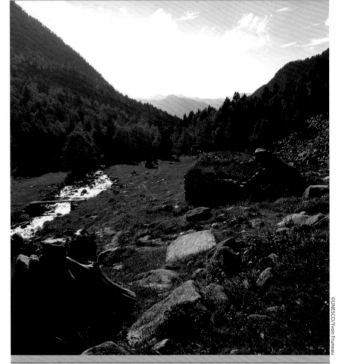

2004 文化遺產

## 馬德留－佩拉菲塔－克拉羅大峽谷文化景觀
### Madriu-Perafita-Claror Valley

安道爾南方有一座占地約43平方公里、幾乎占該國9%面積的冰河峽谷，由於東、南、西三面環繞著山脈，北面是陡峭的峽谷，遺世獨立的環境成為稀有和瀕危野生動物的避難所。

馬德留－佩拉菲塔－克拉羅大峽谷展現了次寒帶高山景觀的縮影，它充滿戲劇性的峭壁冰景、冰河、高低起伏的樹林谷地以及高山牧場，反映了長年以來氣候、經濟、社會系統的轉變，更展現其獨特的田園風格與山脈文化，特別是人類歷經千年才領會出與該地自然環境和諧相處的方式，這些古老的土地管理社區體系，已沿用超過700年的時間。

# 奧地利Austria

奧地利歷史悠久，哈布斯堡王朝曾經在歐洲權傾一時，9處世界遺產清一色都屬於文化遺產，類型橫跨城堡、宮殿、園林、城市歷史中心，以及溪谷、湖泊與鐵道等人文景觀，十足反映其多元文化面貌。

德國　捷克

瓦豪溪谷文化景觀
Wachau Cultural Landscape

維也納歷史中心
Historic Centre of Vienna

薩爾斯堡歷史中心
Historic Centre of the City of Salzburg

熊布朗皇宮和花園
Palace and Gardens of Schönbrunn

瑞士

費爾托/諾吉勒湖文化景觀
Fertő/Neusiedlersee Cultural Landscape

哈爾斯塔特-達赫斯泰因/
薩爾茲卡莫古特的文化景觀
Hallstatt-Dachstein/
Salzkammergut Cultural Landscape

塞梅林格鐵道
Semmering Railway

格拉茲歷史中心
City of Graz - Historic Centre

斯洛伐克

匈牙利

阿爾卑斯山區史前干欄式民居
Prehistoric Pile dwellings around the Alps

斯洛維尼亞

義大利　亞得里亞海

📅1996　🏛文化遺產　⬭236 ha

## 薩爾斯堡歷史中心
**Historic Centre of the City of Salzburg**

　　身為音樂神童莫札特的故鄉，薩爾斯堡因為保存了大量精緻的城市建築而成為世界遺產。

　　這座城市從中世紀開始直到19世紀為止，一路由大主教管轄，最早便因為火焰哥德式藝術而吸引了來自各地的手工藝匠在此定居；後來又因為義大利建築師Vincenzo Scamozzi和Santini Solari聯手打造的巴洛克式面貌而聞名，大量的教會和修道院建築為薩爾斯堡帶來戲劇性的城市景觀。

　　舊城區以莫札特廣場為中心圍繞著許多著名建築，包括大教堂、老市政廳、主教官邸、主教官邸噴泉等，都是不可錯過的景點。當然，建築永遠比不過一個永恆的名字，那就是在此出生的音樂家莫札特，為了紀念他不朽的成就，每年都會舉辦薩爾斯堡音樂節，成為吸引觀光客的一個主要活動。

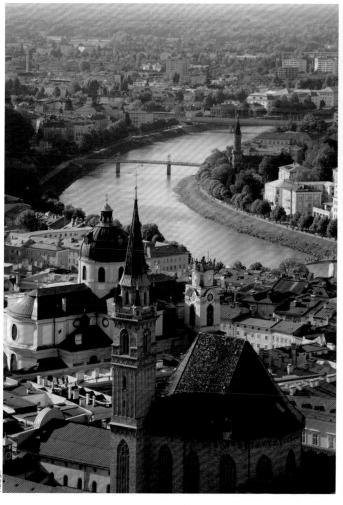

# 熊布朗宮殿和花園
## Palace and Gardens of Schönbrunn

　　從18世紀到20世紀初，熊布朗宮一直都是奧地利最強盛的家族──哈布斯堡王朝家族的官邸，它的建築由Johann Bernhard Fischer von Erlach和Nicolaus Pacassi兩位建築師設計，建築風格融合了「瑪莉亞・泰瑞莎式」外觀，以及充滿巴洛克華麗裝飾的內部，成為中歐宮廷建築的典範。

　　名稱意思為「美泉宮」的熊布朗宮，總房間數多達上千間，如今只開放一小部分供遊客參觀，包括莫札特七歲時曾向瑪莉亞・泰瑞莎一家人獻藝的「鏡廳」、裝飾著鍍金粉飾灰泥以4千根蠟燭點燃的「大廳」、被當成謁見廳的「藍色中國廳」、裝飾著美麗黑金雙色亮漆嵌板的「漆廳」、高掛奧地利軍隊出兵義大利織毯畫的「拿破崙廳」、耗資百萬裝飾成為熊布朗宮最貴廳房的「百萬之廳」，以及瑪莉亞・泰瑞莎、法蘭茲・約瑟夫一世等人的寢宮。

　　散布於宮殿後方的庭園占地1.7平方公里，林蔭道和花壇切割出對稱的幾何圖案，位於正中央的海神噴泉充滿磅礴的氣勢，由此登上後方的山丘，可以抵達猶如希臘神殿的Gloriette樓閣，新古典主義的立面裝飾著象徵哈斯堡皇帝的鷲，這裡擁有欣賞熊布朗宮和維也納市區的極佳角落。

　　建築本身加上庭園，以及1752年設立的世界第一座動物園，讓熊布朗宮成為奧地利最熱門的觀光勝地之一，1996年列入世界遺產名單之後，每年吸引超過600萬遊客前往參觀。

# 哈爾斯塔特－達赫斯泰因／薩爾茲卡莫古特的文化景觀
## Hallstatt-Dachstein / Salzkammergut Cultural Landscape

　　位於上奧地利、施泰爾馬克和薩爾斯堡省的薩爾茲卡莫古特，早在史前時代已然出現人煙，再加上礦產的開採，使得當地在西元前第二個千禧年時，便開始發跡，繁榮至20世紀中葉，當地富裕的景象展現於哈爾斯塔特優美的建築上。

　　雖然當地的礦產維持了人們的經濟活動，不過動人的湖泊景色卻未因此受到破壞，成為人類和大自然互惠且和平共處的良好示範。

# 塞梅林格鐵道　Semmering Railway

　　西元1848~1954年時，奧地利人在阿爾卑斯的高山峻嶺間興建了一條長達41公里的鐵路，在工業技術不如今日先進的當時，塞梅林格鐵道象徵著早期鐵道建築的卓越成就，不論是隧道、高架橋或其他工程，都因為必須克服重重的險境與困難而令人敬佩。

　　如今這條坐擁阿爾卑斯山美麗風光的鐵道，連同沿途的特色建築，成為奧地利休閒娛樂勝地。

1999　文化遺產

# 格拉茲城—歷史中心
# 和艾根堡城堡

City of Graz – Historic Centre and Schloss Eggenberg

歷經哈布斯堡家族數個世紀的統治，長期繁榮興盛的格拉茲至今仍是奧地利最重要的城市之一。

身為第二大城，蜿蜒狹窄的街道旁林立的象徵文藝復興、巴洛克、現代風格等不同時期建築，格拉茲的舊市區是最能代表中歐藝術和建築的範本，偉大的藝術家和建築師在此盡情揮灑，讓這座結合各個時期風格建築的城市洋溢著中世紀的風情。

格拉茲的地理位置在奧地利西南方，地處東歐與巴爾幹半島交接處，蘊育了豐富、多元化的文化色彩。西部接鄰阿爾卑斯山山腳，莫爾河(Mur)流經市中心，周圍盡是廣闊的綠地，而有「花園城市」之稱。 在格拉茲的石板路上漫步，除了可以欣賞到精緻的建築、時尚的櫥窗，往來穿梭的格拉茲人所散發出的優雅風采，更讓這個藝術之城成為歐洲遊客的旅遊勝地。

131

**☑2000　🏛文化遺產　◔18,387 ha**

# 瓦豪溪谷文化景觀
## Wachau Cultural Landscape

　　身為多瑙河之靈的瓦豪溪谷，坐落於梅克(Melk)和克雷姆斯(Krems)之間，這段35公里的河岸，由於優美的自然環境，及巧奪天工的美麗河谷、沿岸的城堡遺跡，而在1998年被收錄為世界遺產。從史前時代發跡，至今依舊保留著巧奪天工的優美景觀，其間錯落著修道院以及城堡等建築和遺跡。

　　在沿途的景觀上，可以看見未受破壞的大自然、一連串的歷史建築、從史前時代演變至今的農業用地以及城鎮規劃，形成一種跨越時光且非常獨特的風景。

**☑2001　🏛文化遺產　◔68,369 ha**

# 費爾托 / 諾吉勒湖文化景觀
## Fertö / Neusiedlersee Cultural Landscape

　　位於奧地利布蘭根省的諾吉勒湖，八千年來都是不同文化交匯的地點，當地地貌因為人類活動和自然環境的交相影響，產生了不同的景觀，其中最具代表性的是圍繞於湖畔四周的村莊聚落建築，它們大多出現在18~19世紀，因而增添了諾吉勒湖這處充滿田園之美的文化價值。

　　諾吉勒湖位於奧地利和匈牙利交界處，在匈牙利境內則名為費爾托(Fertö)，是中歐最大的草原湖，海拔113公尺，總面積約320平方公里。湖泊大部份位於奧地利境內，有五分之一是在匈牙利境內，因此由奧地利和匈牙利共同提報，並通過列名世界遺產。

●與匈牙利並列

## 2001 🏛 文化遺產 ⬡ 462 ha

# 維也納歷史中心
**Historic Centre of the City of Vienna**

　　奧匈帝國的首都、歐洲指標性的音樂之都，維也納從凱爾特和羅馬聚落演變成一座中世紀和巴洛克城市，又在19世紀時經歷了工業革命。從坐落於歷史中心的巴洛克風格城堡和花園，到環城大道旁的成串建築，維也納見證著兩千年來世代交替的重要價值，同時展現了政治與文化發展的關鍵，成為歐洲珍貴的城市規劃遺產。

　　它的建築形式充分展現了三個不同時期的風格，分別是：中世紀建築、巴洛克時期建築及現代主義建築，這是維也納歷史中心列入世界遺產名單最主要的原因之一。

　　仔細研究維也納建築的發展，可以發現它從莊嚴沉穩的仿羅馬式建築、哥德式建築演替成華麗精巧的巴洛克風格，而當巴洛克式建築在歐洲流行的時候，統治維也納的哈布斯堡王朝正處於最強盛時期，因此對於這種講究雕刻裝飾的巴洛克主義特別傾心，在維也納建造了許多令人瞠目結舌的氣派建築和迷宮般的大型花園，這是維也納發展史中的黃金時期。

　　而哈布斯堡王朝在維也納創立的功績，除了華麗的建築結構之外，將維也納建立成歐洲音樂的首都，所有世界最頂級的音樂家都從維也納發聲，其中包括薩爾斯堡出身的莫札特，維也納在世界古典音樂史上達到的成就，不但影響歐洲音樂史的發展，同時也讓維也納成為古典音樂的朝聖中心。即使到了20世紀之後，維也納仍然在建築和音樂兩方面獨領風騷，每年超過700萬的遊客湧入這個都市，就是為了一睹音樂之都的風采。

## 2011 🏛 文化遺產 ⬡ 274 ha

# 阿爾卑斯山區
# 史前干欄式民居
**Prehistoric Pile dwellings around the Alps**

　　阿爾卑斯山區的河川、湖泊及溼地邊，共有111處史前干欄式民居遺跡，為德國、奧地利、瑞士、義大利、法國、斯洛維尼亞等6國共有的世界遺產。這些史前民居大約建於西元前5千年至5百年間，時間橫跨新石器時代與青銅器時代，部分遺跡保存完好，提供豐富的考古證據，並展示當時人類的生活方式與適應環境的社會發展，是研究這個地區早期農耕社會形成的重要史料。

●與法國、德國、義大利、斯洛維尼亞、瑞士等6國並列

133

# 白俄羅斯Belarus

位於俄羅斯和波羅的海諸國之間的白俄羅斯,其歷史發展始終夾處於俄國和波蘭、立陶宛兩方勢力之間,直到1991年蘇聯解體才正式獨立。除了一座與波蘭並列的自然遺產,還有兩座城堡建築入選。

拉脫維亞
俄羅斯
比亞沃韋札原始森林
Belovezhskaya Pushcha / Białowieża Forest
立陶宛
涅斯維日的拉濟維烏家族城堡建築群
Architectural, Residential and Cultural Complex of the Radziwill Family at Nesvizh
波蘭
米爾城堡建築群
Mir Castle Complex
斯特魯維測量點
Struve Geodetic Arc
烏克蘭

©UNESCO/Francesco Bandarin

## 2005 文化遺產

## 斯特魯維測量地質測量地點
### Struve Geodetic Arc

斯特魯維測量點是在一條橫跨10個國家的地質測量弧線中,以三角測量法落在這幾個國家的測量點。這條測量線總長2820公里,勘測計畫是由俄羅斯地質學家斯特魯維(Friedrich Georg Wilhelm Struve)在1816~1855年間主持,是全球首度對子午線進行長距離的測量,這對於後來確認地圖標準繪製,以及在地球科學和地形學上都有相當大的助益。

整條測量線以258個三角定位找出265個主要落點,聯合國教科文組織選出34個落點,分別以當初測量時留下的記號為主,包括岩石洞、鐵十字架、石堆註記或是紀念碑等。

這個世界遺產共跨越白俄羅斯、愛沙尼亞、芬蘭、拉脫維亞、立陶宛、摩爾達維亞、挪威、俄羅斯、瑞典、烏克蘭等10個國家。
●與愛沙尼亞、芬蘭、拉脫維亞、立陶宛、摩爾達維亞、挪威、俄羅斯、瑞典、烏克蘭並列。

## 1979 自然遺產 92,669 ha

## 比亞沃韋札原始森林
### Belovezhskaya Pushcha / Białowieża Forest

比亞沃韋札原始森林位於波羅的海與黑海的分水嶺,橫跨白俄羅斯與波蘭邊境,年代可回溯到西元前8千年,是歐洲目前僅存的一片原始森林,也是極為珍貴的自然區。這裡不僅生長著常青闊葉樹、針葉樹等900種植物,還孕育了許多稀有的哺乳動物,包括駝鹿、狼、貂、山貓以及歐洲最重的陸上動物——歐洲野牛。

1932年,波蘭政府為了保護古老的森林資源,並且重新復育數量稀少的歐洲野牛,在此正式成立比亞沃韋札國家公園,面積占整個原始森林的1/10,而這座國家公園也是歐洲歷史最悠久的國家公園之一。
●與波蘭並列

## 2000 文化遺產

## 米爾城堡建築群 Mir Castle Complex

米爾城堡建築群於15世紀末開始興建,最初的哥德式建築落成於16世紀初的Ilinich公爵之手,然而隨著城堡異主,不斷經過擴建,融合了文藝復興和巴洛克式風格,到了拿破崙時期,卻因為戰爭遭到棄置而多所毀壞,直到19世紀末才根據昔日藍圖加以重建,並將附近的區域納入,成為花園。

這座中歐城堡透過型式和外觀,展現一連串在設計與布局上所受到的文化影響,同時反映出歷史上長期的政治與文化對立和合一,成為當地令人印象深刻的古蹟。

## 2005 文化遺產

## 涅斯維日的
## 拉濟維烏家族城堡建築群
### Architectural, Residential and Cultural Complex of the Radziwill Family at Nesvizh

身為波蘭豪門的拉濟維烏家族,在中、東歐長達好幾個世紀的歷史中,扮演了舉足輕重的地位,該貴族世家誕生過多位知名人物,對於傳播南、西歐的文化有著重要的貢獻。

拉濟維烏家族於1533年開始擁有位於涅斯維日的城堡建築群,他們不但讓這座城堡成為16~17世紀中歐建築的發展原型,同時也是中歐新建築學派的搖籃。直到1939年遭到蘇聯紅軍驅逐,拉濟維烏家族才離開這個居住了幾個世紀的城堡。

該城堡群十座相互連結的建築環繞著六角形的庭園,其中基督聖體教堂(Corpus Christi Church)為最重要的結構,衍生出日後蘇俄的十字圓頂長方形建築。

# 比利時Belgium

比利時豐富的歷史文化，讓這個小小的國度，竟擁有11項文化遺產。從遠古新石器時代遺址，到古典城市建築，再到現代建築和工業及水力工程遺產，沒有大山大水的比利時，全然以文化面取勝。

北海
荷蘭

布魯日歷史中心
Historic Centre of Brugge

普朗坦—莫雷圖斯印刷博物館
Plantin-Moretus
House-Workshops-Museum Complex

圖爾奈聖母大教堂
Notre-Dame Cathedral
in Tournai

法蘭德斯地區的比京會修道院
Flemish Béguinages

史托克雷特宅邸
Stoclet House

德國

布魯塞爾大廣場
La Grand-Place, Brussels
建築師維克多．奧爾塔
設計的主要城市建築
Major Town Houses of
the Architect Victor Horta

斯皮耶納的新石器時代燧石礦區(蒙斯市)
Neolithic Flint Mines at Spiennes (Mons)

瓦隆尼亞礦業遺址
Major Mining Sites of Wallonia

法國

比利時和法國的鐘樓
Belfries of Belgium and France

盧森堡

中央運河的四座船舶升降機及其周邊，
魯維爾及魯爾克斯行政區(埃諾省)
The Four Lifts on the Canal du Centre and their Environs,
La Louvière and Le Roeulx (Hainault)

🗓1998 🏛文化遺產

## 布魯塞爾大廣場
La Grand-Place, Brussels

　　布魯塞爾大廣場素有歐洲最美麗的廣場之稱，廣場四周環繞著中世紀的建築物，大廣場中心以石塊鋪構而成，長度約110公尺，寬約70公尺。四周的建築以國王之家(La Maison du roi)和市政廳最為出色，建築總數約40座左右。只是原先的中世紀建築都無法逃過法國國王路易十四在西元1695年攻打比利時所帶來的破壞，所以現存的建築物大部分是18世紀重建的。

　　早在11世紀時，廣場的中央便是市集的所在地，而今廣場上仍保持有花市和鳥市。夜間的大廣場是個燈火輝煌的廣場，夏季時廣場上會舉辦不定期的音樂會。

　　市政廳是大廣場上最引人矚目的哥德式建築物，同時也是比利時境內保存最好的國家建築，它的美麗不僅是那些雕刻精細的外觀，還有高90公尺的鐘塔更是雄偉壯觀。

　　哈布邦公爵之家(Residence of the Dukes of Brabant)也是大廣場上重要的建築之一，偌大的建築包含6間房舍，分別代表著製革業、磨坊業、煤炭業、雕塑業和採石業行會。之所以稱為哈布邦公爵之家，是因為該建築的立面裝飾有哈布邦公爵們的半身雕像，建築上方有著花瓶樣式的欄杆，在三角楣上則飾有象徵繁榮之意的雕刻，整體有義大利王宮的風格。

🗓1998 🏛文化遺產 🌿60 ha

## 法蘭德斯地區的比京會修道院
Flemish Béguinages

　　比京會是一個成立於13世紀的婦女宗教組織，當時由於戰亂頻仍，加上黑死病肆虐，社會上有許多未婚婦女及寡婦，為了生存，他們必須結合成一個自給自足的社群，這便是比京會的創立目的。比京會的婦女們平日除了侍奉上帝、從事勞動外，還要照顧老弱殘疾，但她們並未如修女般立誓，因此可以擁有自己的財產，且不用過著戒律嚴格的生活，隨時也都可離開。

　　歐洲有許多比京會修道院，位於布魯日的這所成立於1245年，目前已不再有任何比京會婦女居住，看到的都是天主教本篤會(Benedicitines)的修女。修道院周圍被綠樹成蔭的運河與白牆圍繞，院內有大片綠色草坪與白揚木，後方一整排紅白色的山形牆房屋靜靜屹立，氣氛特別寧靜安詳，宛如來到世外桃源。

135

**1998** ・ 文化遺產 ・ 67 ha

# 中央運河的四座船舶升降機及其周邊，魯維爾及魯爾克斯行政區(埃諾省)

**The Four Lifts on the Canal du Centre and their Environs, La Louvière and Le Roeulx (Hainault)**

　　中央運河位於比利時南部，連接斯凱德爾河(Scheldt River)與默茲河(Meuse River)兩個河流盆地，總長約20公里。為了克服埃諾省魯維爾市附近7公里河段高達66公尺的水位落差，以及水量不夠充沛的問題，比利時人延攬了英國土木工程師艾德溫·克拉克(Edwin Clark)設計並建造4座船舶升降機，以利船隻行進。1888年，第1座船舶升降機完工，1917年，整條運河開通完成。

　　這4座船舶升降機帶有濃厚的工業時期特色，它的運作原理是讓船隻駛入一個水槽，然後藉由液壓千斤頂的運作，使左右兩個水槽同時垂直上升和下降，讓船隻得以前進。這些至今仍在運作的船舶升降機，不僅展現了歐洲優越的水利工程技術，也是19世紀晚期保存得最完整的工業景觀。

**2000** ・ 文化遺產 ・ 410 ha

# 布魯日歷史中心

**Historic Centre of Brugge**

　　布魯日是個迷人的中古世紀小鎮，走在布魯日的街頭，無時無刻不感受到那股早已被傳統與藝術洗鍊過的氛圍。而那一條條小而精緻的運河，在這座古城裡縱橫交錯，也讓布魯日獲得了「比利時的威尼斯」之稱。

　　乘坐遊船順著蜿蜒的運河貫穿市區，也是另一種悠閒的旅遊方式，兩岸皆是布魯日有趣的風格建築，尤其是那些中世紀遺留下來的修道院或醫院等古蹟，更讓人一發思古幽情。而在地標建築中，以供奉著基督聖血及聖物的聖血禮拜堂最為出名，建於13世紀的鐘樓則緊追在後，遊客可攀爬366層階梯登上樓頂飽覽全市風光，而鐘樓內部也有一座由47個小鐘所組成的排鐘，每年著名的排鐘演奏會就是在此舉行的。

　　布魯日在二次大戰中僥倖躲過戰火摧殘，使得城市裡的歷史建築能保存得如此完整，也因此在2000年時被聯合國教科文組織評定為世界文化遺產。

**1999** ・ 文化遺產

# 比利時和法國的鐘樓

**Belfries of Belgium and France**

　　中世紀時期的歐洲，鐘樓是一個城市強盛的象徵。最早的時候，鐘樓多半為木造建築，商人用來存放貴重物品之用，後來才逐漸改成磚造建築，其主要作用也改為代表這個城市的自由與權勢。

　　這些建於西元11~17世紀之間的鐘樓，法國北方有23座，比利時境內有32座，呈現了從仿羅馬、哥德、文藝復興、到巴洛克時期，各種不同風格的建築，而一起被列為世界遺產。

● 與法國並列

符號說明 ・ 登錄時間 ・ 遺產面積　遺產類型 ・ 文化遺產 ・ 自然遺產 ・ 綜合遺產 ・ 瀕危文化遺產 ・ 瀕危自然遺產 ・ 瀕危綜合遺產

📅2000　🏛文化遺產　◆172 ha

# 斯皮耶納的新石器時代
# 燧石礦區(蒙斯市)

Neolithic Flint Mines at Spiennes (Mons)

　　這座古老礦區位於蒙斯市東南方的斯皮耶納村附近，占地廣達100公頃，是歐洲歷史最悠久、面積最大的新石器時代燧石礦區。

　　由於堅硬的燧石破碎後會產生鋒利的切口，可當工具使用，因此新石器時代的人類會鑿取這種岩石，經過敲擊成形與打磨的程序，將它製作成手斧，然後用來砍伐森林。此外，燧石和鐵器互相敲打會產生火花，因此當時的人們也把它當作取火工具。

　　斯皮耶納的新石器時代燧石礦區，不僅見證了燧石開採從露天走入地下的演變過程，也展現了遠古人類卓越的發明及應用能力。

📅2000　🏛文化遺產

# 建築師維克多・奧爾塔
# 設計的主要城市建築

Major Town Houses of
the Architect Victor Horta (Brussels)

　　本世界遺產包括布魯塞爾的4座主要城市建築：塔塞爾旅館(Hôtel Tassel)、索勒維旅館(Hôtel Solvay)、埃特維爾德旅館(Hôtel van Eetvelde)以及奧爾塔故居及工作室(Maison & Atelier Horta)，負責設計的是比利時知名建築師維克多・奧爾塔。

　　維克多・奧爾塔是「新藝術運動」(Art Nouveau)的發起人之一，他突破當時傳統的建築思維，大量採用明朗的布局、彎曲的線條以及漫射的光線，摒棄直線和銳利的角度，因此也使得這4座城市建築成為19世紀末期歐洲建築中的先鋒之作，並且反映了歐洲在19及20世紀的藝術、思想與社會變遷。

🖊 2000　🏛 文化遺產　◇ 0.50 ha

# 圖爾奈聖母大教堂
## Notre-Dame Cathedral in Tournai

　　埃諾省圖爾奈市的聖母大教堂是歐洲最優美的宗教遺跡之一。12世紀上半葉，這座教堂在先前遭大火燒燬的主教聖堂地基上重建完成，它以當地出產的藍灰色石料作為外牆建材，並且融合了羅馬與哥德風格的建築元素，最具特色的部分包括：沉重肅穆的羅馬式中殿、重建於13世紀中葉充滿哥德風格的唱詩班席位、5座醒目的哥德式塔樓、以及建築手法介於羅馬與哥德之間，屬於過渡期作品的耳堂。這些風格鮮明的建築結構，清楚呈現了大教堂所經歷的三段設計期。

　　圖爾奈聖母大教堂不僅擁有建築上的價值，同時也保存了不少珍貴的藝術品，其中最具代表性的就是製於13世紀初期，以銀與銅鑄造而成的聖母雕像(Shrine of Our Lady)。

符號說明　 登錄時間　 遺產面積　　遺產類型　 文化遺產　 自然遺產　綜合遺產　 瀕危文化遺產　 瀕危自然遺產　 瀕危綜合遺產

## 2005 文化遺產

# 普朗坦—莫雷圖斯印刷博物館
## Plantin-Moretus House-Workshops-Museum Complex

　　安特衛普在15、16世紀時是歐洲印刷業的重鎮，而來自法國的普朗坦(Christopher Plantin)更是當時印刷業界的翹楚，他於1555年在這裡開設了一間印刷廠，成為他事業的立足點，在他於1589年過世後，印刷廠由莫雷圖斯家族所繼承，並經營了長達300年之久。如今，遊客可以在普朗坦以前的工作室中見識仍能運轉的印刷機器、製版機等歷史文物，了解16世紀一本書印製完成的過程。

　　館內的收藏還包括一台世界上最古老的印刷機(約西元1600年)、早期的印刷原料、珍貴的活字印刷本古騰堡聖經(Gutenberg Bible)、豐富的印刷圖像，以及包括魯本斯在內的大師蝕刻板畫收藏等，完整見證了15至18世紀的印刷歷史。由於歷史意義非比尋常，因此在2005年時被列為世界遺產。

## 2012 文化遺產 118 ha

# 瓦隆尼亞礦業遺址
## Major Mining Sites of Wallonia

　　瓦隆尼亞礦業遺址包含了4座開採於19及20世紀，至今仍保存良好的煤礦場，它們共同組成一條由東向西橫跨比利時，長170公里、寬3到15公里的帶狀區域。這4座礦區分別是19世紀初由建築師布魯諾‧雷納德(Bruno Renard)設計建造的格朗霍奴礦區(Grand-Hornu)及工業城、擁有歐洲最早的煤礦場以及許多建於1838年到1909年間建築物的路克森林礦區(Bois du Luc)、布勒尼礦區(Blegny-Mine)，以及為了紀念1956年嚴重礦場災變而成立煤礦博物館的卡齊爾森林礦區(Bois du Cazier)。

　　這4座分布於瓦隆煤礦盆地(Walloon Coal Basin)的舊礦區，見證了比利時在工業革命時期的繁榮景象，以及它在社會、科技和都市規劃方面的創新發展。這些地區的城市設施、工業建築及工人住宅都經過高度融合，並且具有歐洲工業革命初期的新古典主義風格。

## 2009 文化遺產 0.86 ha

# 史托克雷特宅邸 Stoclet House

　　1905年時，銀行家兼藝術愛好者阿道夫‧史托克雷特(Adolphe Stoclet)挑選了當時維也納分離派運動中最傑出的建築師之一約瑟夫‧霍夫曼(Josef Hoffmann)替他興建這座宅邸。

　　沒有預算限制，這棟落成於1911年的建築，被認為是霍夫曼的代表作，同時也是20世紀最精緻華麗的私人建築之一。覆蓋著大理石的外觀、充滿現代主義的簡潔感，出自克林姆、摩瑟等藝術大師設計的內部空間與細節，都讓這棟宅邸由內而外展現渾然一體的美感，猶如一件巨大的新藝術傑作而躋身世界遺產之列。

# 波士尼亞及赫塞哥維納
# Bosnia and Herzegovina

夾處於克羅埃西亞和塞爾維亞之間，過去同屬「南斯拉夫」的成員之一，1990年代獨立之初，曾經發生過波士尼亞戰爭，入選的兩座世界遺產，都是橋樑建築，算是世界名橋，為鄂圖曼土耳其時代遺產。

2005 文化遺產

## 莫斯塔爾舊城與舊橋地區
Old Bridge Area of the Old City of Mostar

名稱原意為「橋樑守護者」的莫斯塔爾，橫跨於內雷特瓦河(Neretva River)的一座深谷上，15~16世紀時發展成為鄂圖曼土耳其的邊境城市，並於19~20世紀的奧匈時期持續開發。

這座城市長期因其古老的土耳其房舍以及名稱由來的莫爾斯特舊橋(Stari Most)聞名，該橋在聳立了427年後因1993年的波士尼亞戰爭而損毀，連帶使得舊城區中交織土耳其、地中海和西歐風格的許多建築也遭池魚之殃。聯合國教科文組織積極修復莫爾斯特舊橋與莫斯塔爾多元文化的舊城，重建的橋樑已於2004年重新開放。

2007 文化遺產

## 維謝格拉德的索科羅維奇古橋
Mehmed Paša Sokolović Bridge in Višegrad

在波士尼亞及赫塞哥維納東部的德里納河(Drina River)上，跨越了一座出自鄂圖曼土耳其帝國最偉大的建築師錫南(Sinan)之手的麥何密特•帕夏•索科羅維奇古橋，這件落成於1755年的土耳其建築巔峰之作，充分展現鄂圖曼帝國先進的土木技術。

以11座砌石拱、每座11~15公尺不等的跨距橫越將近180公尺的距離，多數砌石拱曾因兩次世界大戰受損後修復。近年來前南斯拉夫籍諾貝爾文學獎得主安德里奇(Ivo Andric)的小說《德里納河上的橋》(The Bridge on the Drina)，讓這座古蹟更加聲名大噪。

# 保加利亞Bulgaria

位於希臘北方的保加利亞，深受東方正教的影響，因此與基督信仰相關的教堂和古城遺產便達4座。此外，還有兩座古希臘時期的色雷斯古墓，以及兩座列入自然遺產的保護區和國家公園。

羅馬尼亞

斯雷伯爾納自然保護區
Srebarna Nature Reserve

伊萬諾沃岩洞教堂
Rock-Hewn Churches of Ivanovo

馬達拉騎士浮雕
Madara Rider

斯韋什塔里的色雷斯古墓
Thracian Tomb of Sveshtari

博亞納教堂
Boyana Church

內塞伯爾古城
Ancient City of Nessebar

塞爾維亞

卡贊勒克的色雷斯古墓
Thracian Tomb of Kazanlak

里拉修道院
Rila Monastery

馬其頓

皮林國家公園
Pirin National Park

黑海

土耳其

希臘

愛琴海

馬爾馬拉海

©www.bulgariatravel.org

🗓1979　🏛文化遺產　◈0.68 ha

## 博亞納教堂 Boyana Church

在保加利亞首都索非亞的郊區，坐落著一座中世紀保加利亞東正教教堂。博亞納教堂的整體結構分成三個部分，東面的雙層教堂是最早出現的結構，誕生於10世紀末到11世紀初，13世紀時保加利亞第二王朝時期，添加了位於今日中央的建築，到了19世紀中葉，整個教堂因西面的擴張終於形成今日的規模。

©UNESCO / Yvon Fruneau

博亞納教堂以上溯1259年的濕壁畫著稱，今日看到的是覆蓋於數百年前首批壁畫上的第二層壁畫，共擁有89幅場景、多達240位人物，它是目前東歐保存最完善且完整的古壁畫之一，代表著中世紀東歐藝術的精髓。

🗓1979　🏛文化遺產　◈1.20 ha

## 馬達拉騎士浮雕 Madara Rider

西元9世紀保加利亞第一王朝帝國改信基督教之前的首座聖地馬達拉村(Madara)，位於保加利亞東北方，在它附近一面100公尺高的巨岩上，有幅上溯西元710年的早期中世紀浮雕，描繪一位將長矛刺向臥倒於他腳下的雄獅的騎士浮雕，他的頭上盤旋著老鷹，後方則追著一隻獵犬，這番場景在當時通常象徵凱旋勝利。

浮雕四周還有以希臘文和保加利亞文撰寫的銘文，記載著西元705~801年間的重大史蹟，不過部分文字遭到嚴重侵蝕難以窺見全貌，但這類生動的浮雕因在歐洲十分罕見，而極具藝術價值。

©www.bulgariatravel.org

©www.bulgariatravel.org

🗓1979　🏛文化遺產　◈172 ha

## 伊萬諾沃岩洞教堂 Rock-Hewn Churches of Ivanovo

伊萬諾沃岩洞教堂是位於伊萬諾沃村、洛姆河(Rusenski Lom)河岸上方32公尺處、開鑿於堅固巨岩之中的教堂、禮拜堂和修道院的統稱，迥異於保加利亞其他的修道院建築群，這片散落於河岸岩洞間的宗教聖地，最初是12世紀首批隱修者挖掘他們個人修行室或教堂的地方，全盛時期該區擁有多達40間的教堂，不過大多數難以保存至今。

岩洞教堂最引人注目之處在於它保存完善的美麗壁畫，其中五座13~14世紀教堂中的壁畫，被認為是保加利亞中世紀藝術最美麗的範本。

**1979** 文化遺產 **0.02 ha**

# 卡贊勒克的色雷斯古墓
## Thracian Tomb of Kazanlak

　　盛產保加利亞玫瑰的卡贊勒克，同時也是古希臘時期色雷斯三世的首都蘇特波里斯(Seutopolis)所在地，地底下隱藏著大量王公貴族的陵墓。

　　目前出土的色雷斯古墓只是廣大墓地中的一小部分，三座圓拱狀石砌的建築，包括了狹窄的通道與圓形的墓室，墓室牆壁上裝飾著一對色雷斯夫妻參與葬儀的情景，色彩繽紛的馬匹以及夫妻溫柔緊握彼此手腕的告別動作，令人留下深刻的印象。這些古蹟年代可以回溯到西元前4世紀，是保加利亞境內保存最完善的古希臘時期藝術傑作。

**1983** 文化遺產 **27 ha**

# 內塞伯爾古城 Ancient City of Nessebar

　　今日保加利亞知名的黑海度假勝地內塞伯爾，過去曾多次被不同文明占領，因而擁有豐富的歷史與各個時期的建築。

　　其古城位於以一道人造地峽和大陸連接的半島上，西元前兩千多年以前，色雷斯人已然在此設立聚落，到了西元前6世紀時，這裡成了希臘人的殖民地，甚至後來成為拜占庭帝國的重要要塞之一。

　　古城內大量的古蹟包括希臘化時代的衛城、阿波羅神廟與市集，中世紀的施特拉密特羅波利亞(Stara Mitropoliya)教堂和堡壘，以及保加利亞19世紀黑海沿岸典型的木屋等。

**1983** 文化遺產 **11 ha**

# 里拉修道院 Rila Monastery

　　保加利亞最大且最著名的東正教修道院，以該國聖人兼隱修士「里拉的聖約翰」(John of Rila)命名，在西元10世紀創立修道院之前，聖約翰就是在這裡的岩洞中生活並埋葬於此。

　　里拉修道院位於索非亞南方117公里、海拔高度1147公尺的里斯卡河(Rilska River)深谷中，打從創立以來便受到保加利亞統治者的支持與敬重，第二王朝時每位沙皇的大筆捐獻，讓它在12~14世紀時達到高峰，成為中世紀保加利亞的精神與社會生活中心。里拉修道院象徵著保加利亞的文藝復興風格，同時也是斯拉夫文化本身的體現。

### 🖊1983 　❄自然遺產 　💎38,350 ha

# 皮林國家公園 Pirin National Park

大規模包圍保加利亞西南方的皮林山脈，位於海拔高度1008~2914公尺之間的皮林國家公園，擁有廣達274平方公里的面積。隨著歷史演進，這座石灰岩地形的國家公園無論面積或邊界均不斷變化，最初於1962年時在保育高山森林的前提下創立了維廉國家公園(Vihren National Park)，當時的面積還不到今日的四分之一。

公園內錯落湖泊、瀑布、洞穴和松樹林，陡峭的群山間星羅棋布著70座冰湖，除了擁有上百種當地特有或罕見植物(特別是巴爾幹更新世植物)的特色外，皮林國家公園獨特的景觀也具備了美學價值。

### 🖊1983 　❄自然遺產 　💎638 ha

# 斯雷伯爾納自然保護區
Srebarna Nature Reserve

這座位於多瑙河南方2公里處的自然保護區，坐落於古羅馬時期沿著黑海延伸的龐蒂克大道(Via Pontica)上，範圍包括一座同名湖泊及其周遭區域。

占地約5.4平方公里，斯雷伯爾納自然保護區創立於1948年，該地區大量的原生物種早已多次吸引外國生物學家前往研究，此保護區最大的特色在於它是近百種鳥類的繁殖地，以及80多種往來於歐非兩洲候鳥每年冬天的棲息地，出現在這裡的鳥類中包括達爾馬齊亞鵜鶘、疣鼻天鵝、灰雁，以及大白鷺、夜鷺、紫蒼鷺和白琵鷺等鷺鷥。

### 🖊1985 　🏛文化遺產 　💎648 ha

# 斯韋什塔里的色雷斯古墓
Thracian Tomb of Sveshtari

1982年發現於土石堆中的斯韋什塔里的色雷斯古墓，位於保加利亞的東北部，這座歷史回溯到西元前3世紀的古墓，反映出色雷斯信仰崇拜建築的基本結構。這座古墓擁有獨一無二的建築裝飾，像是色彩繽紛的半人半植物女像石柱和壁飾，其中10尊以深浮雕的方式刻劃於中室牆壁上的女性形象，以及拱頂上的弦月窗裝飾，都是目前為止在色雷斯地區發現的唯一同類型範例。

根據古地理學家的說法，此古墓提醒著人們，蓋塔(Getae，一支和古希臘以及北方淨土世界交流的色雷斯民族)文化的存在。

# 克羅埃西亞Croatia

克羅埃西亞的自然遺產為喀斯特地形中的上乘之作，而文化遺產方面，則是從羅馬時代到中世紀的古城及傑出的宗教性建築；較特殊的是赫瓦爾島上的古老農田，因為活生生持續耕種了兩千多年，而被納入保護之列。

義大利
斯洛維尼亞
匈牙利
塞爾維亞

波瑞曲歷史中心的優夫洛西斯大教堂
Episcopal Complex of the Euphrasian Basilica
in the Historic Centre of Poreč

普利提維切湖國家公園
Plitvice Lakes National Park

亞得里亞海
波士尼亞

旭本尼克聖雅各教堂
The Cathedral of St James in Šibenik

特羅吉爾歷史城

斯普利特的
戴克里先皇宮
Historical Complex of Split
with the Palace of Diocletian

史塔利格拉德平原
杜布洛夫尼克老城
Old City of Dubrovnik

 1979年　文化遺產　21 ha

# 斯普利特的戴克里先皇宮
## Historical Complex of Split with the Palace of Diocletian

這是克羅埃西亞境內最重要的羅馬時代遺跡。羅馬皇帝戴克里先出生於達爾馬齊亞貧寒之家，本人行伍出身，西元284到305間出任羅馬皇帝，是3世紀時最偉大的軍人皇帝。他遜位前，在他出生地附近(Spalato，即今天的Split)為自己打造了退位後使用的皇宮。

皇宮以一座傳說中的堡壘為樣本，幾乎算是一座城市。皇宮以布拉曲(Brač)產的光澤白石建造，耗時10年，動用2000位奴隸，同時不惜耗資進口義大利和希臘的大理石，以及埃及的獅身人面像和石柱。整座皇宮東西寬215公尺，南北長181公尺，城牆高26公尺，總面積31000平方公尺，四個角落有四座高塔，四面城門裡有四座小塔，都兼具防禦守衛功能。

四座城門以街道相連，把皇宮分成幾大區塊，銀門、鐵門以南是皇室居住以及進行宗教儀式的地方，北邊是士兵、僕役居所，以及工廠、商店所在；金門、銅門以東是皇帝陵寢，西邊則有神殿。

戴克里先死後，皇宮變成行政中心及官員住所。經過數個世紀的變遷，拜占庭、威尼斯、奧匈帝國接連統治，皇宮城牆裡的原始建築基於居民的需求，已經翻了好幾番，還好歷代的斯普利特居民都能與城牆裡的建築和平共存，把破壞程度降到最低。今天歷史遺跡、神殿、陵墓、教堂、民居、商店共聚城牆內迷宮般的街道裡，乍看雖雜亂，卻有自己的發展邏輯，錯落有致。

🧭1979年　🏛文化遺產　🌐97 ha

# 杜布洛夫尼克老城
## Old City of Dubrovnik

　　杜布洛夫尼克老城坐落在達爾馬齊亞海岸南端的一塊石灰岩脊上，從高處俯瞰，強大厚實的米白色城牆包圍著斑駁紅色磚瓦，清澈湛藍的亞得里亞海三面環抱，彷彿一片攤在海面上的巨大貝殼。

　　這裡曾經是一座繁華的地中海貿易中心，海權力量僅次於威尼斯。儘管1667年經歷一場毀滅性的大地震，近代又爆發克羅埃西亞與塞爾維亞人之間的武力衝突，杜布洛夫尼克仍然把古老遺產完完整整地保存下來，而贏得「斯拉夫的雅典」稱號。

　　杜布洛夫尼克的歷史可以追溯到7世紀，其間經過拜占庭、威尼斯、匈牙利的統治，1358年，一個自治的「拉古沙共和城邦」(The republic of Ragusa)誕生，杜布洛夫尼克以拉古沙(Ragusa)之名馳騁於地中海，一度成為地中海第三強權。15、16世紀時，拉古沙的商船艦隊超過500艘，隨著歐洲地理大發現紀元開啟，杜布洛夫尼克富甲一方；接著歐洲文藝復興運動興起，藝術、建築、文學、科學發展達到顛峰，是杜布洛夫尼克的黃金年代。

　　然而1667年一場大地震毀去了城中大半建築，幸好根基雄厚的杜布洛夫尼克迅速從災難中站起來，富麗堂皇的巴洛克式建築就是明證。到了18世紀末，商船增加到673艘，與拉古沙締結邦交的城市超過80個。直到1808年，拿破崙攻破堡壘，解散城邦，「拉古沙」時代告終。

　　近代史上，杜布洛夫尼克面臨最殘酷的考驗，就是克羅埃西亞獨立之初，遭受塞爾維亞軍隊重砲轟擊，超過2000顆炸彈及導彈落在城裡，許多象徵性的達爾馬齊亞文化遺產嚴重受損。1995年在聯合國教科文組織和歐盟協助重建下，杜布洛夫尼克逐漸走出戰火陰影，再度展現黃金年代的榮耀。

1979年　自然遺產　29,482 ha

# 普列提維切湖國家公園
## Plitvice Lakes National Park

　　普列提維切湖是克羅埃西亞最有價值、也最具知名度的自然景觀。它之所以吸引人，在於它豐富多變的地貌所產生的和諧美感，四季都呈現不同面貌。

　　湖區由16座湖泊及無數的瀑布組成，所以又稱為十六湖國家公園，為喀斯特地形(karst)的代表作，也就是石灰岩與水蝕交互作用所形成的特殊地理與水文地質景觀。

　　普列提維切湖大致可分為上湖區和下湖區，上湖區位於石灰岩山谷，有茂密的森林和奔騰的瀑布；下湖區較小而淺，只有稀少的矮灌叢。大部分的水來自黑河(Bijela)和白河(Crna Rijeka)和地下湧泉，相反的，水有時候也會滲透進石灰岩，成為伏流，最後所有的水都匯入科拉納河(Korana)。

　　普列提維切湖國家公園的可貴之處，就在於石灰岩地表就能看得到這些溶蝕作用，以及石灰華(travertine)多孔岩石如何與藻類、苔蘚和植物交互生長，形成一個特殊、卻十分敏感的生態體系。而這種水、岩石，與植物交互影響所形成的獨特景觀，從萬年前次冰河時期結束到現在，就未曾受干擾。

　　普列提維切湖的湖水變化萬千，從蔚藍到鮮綠，從深藍到淺灰，湖水呈現什麼顏色，要看湖水深度、水中礦物質及有機物質比例，以及陽光的角度而定。

　　處於亞得里亞海岸及歐洲大陸的交界處，普列提維切湖國家公園的夏天陽光充足，冬季覆滿白雪，得天獨厚的氣候，使得湖區周遭到處是烏沉沉的茂密森林，老木翳天，枝柯交纏，水氣森森，石涼苔滑。因為保護得宜，甚至還保留了大片的原始森林，這樣的環境，也提供生物多樣性的發展。

🏅1997年 🏛文化遺產 🌐1.10 ha

# 波瑞曲歷史中心的
# 優夫洛西斯大教堂

## Episcopal Complex of the Euphrasian Basilica in the Historic Centre of Poreč

波瑞曲是羅馬人於西元前2世紀建立起來的城市，至今城裡許多角落仍然可以看到傾頹的羅馬遺址，西羅馬帝國滅亡之後，西元539年由拜占廷帝國接手，並設立了一個主教席位，今天城裡最珍貴的資產優夫洛西斯大教堂，便是這個時期遺留下來的。

優夫拉休斯大教堂所坐落的位置，原本是一座4世紀的小禮拜堂——毛魯斯禮拜堂(Oratorium of Maurus)，至今還能看到原始的地板鑲嵌畫；6世紀時，經由優弗拉休斯主教(Euphrasius)擴建為一座綜合性的宗教建築群，包括一座三殿式教堂、中庭、八角形洗禮堂，以及主教寓邸。13到15世紀之間，教堂又陸續增建，並於16世紀立起高聳的鐘塔。

優弗拉休斯主教來自拜占庭帝國首都君士坦丁堡(今日土耳其伊斯坦堡)，他有幸親身見識到拜占庭文化黃金年代的最傑出的代表性建築——聖索菲亞大教堂，因而決心在他主掌的教區波瑞曲裡，也蓋一座能代表拜占庭文化的教堂，於是從君士坦丁堡召來最有名的藝術大師參與教堂的興建，而最具價值的就在那些貼著金箔的鑲嵌畫，代表著拜占庭時代最高藝術創作。

這座遺產所訴說的，是早期基督教信仰以及拜占庭式建築的完美結合。對著迷於拜占庭黃金鑲嵌畫的人來說，優弗拉休斯大教堂無疑是一座挖掘不盡的藝術金礦。

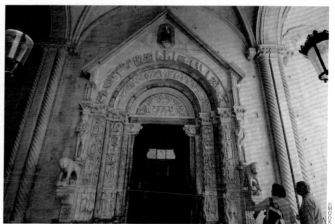

🏅1997 🏛文化遺產 🌐6.40 ha

# 特羅吉爾歷史城 Historic City of Trogir

這是一座狹窄的島嶼城市，城牆環島而繞，北面有一道小石橋連接克羅埃西亞本土，南面另一條開合橋跨越特羅吉爾水道，通往奇歐佛島(Čiovo)。

目前約3000人住在老城裡，歷史的鑿痕使得整座「島城」彷彿露天的城市博物館，從城市外觀可以清楚看到社會、文化發展的脈絡——希臘羅馬的城市布局、中世紀的防禦城堡、仿羅馬式的教堂、威尼斯哥德式、文藝復興與巴洛克風格的宅邸在狹窄的中世紀街道交錯，外圍環繞寬闊的濱海大道。

西元前3世紀，希臘人開始在島上開拓殖民，隨後的羅馬時代，特羅吉爾發展成一座主要港口，而這古老的城市基礎，便成為日後特羅吉爾城市的發展核心。接下來十多個世紀，特羅吉爾起起落落，有時享有獨立的自治權，強大經濟實力展現在精緻完美的建築與雕刻；有時又與達爾馬齊亞海岸其他城市的命運一樣，落在不同統治者的手中：克羅埃西亞國王、阿拉伯人、威尼斯、奧匈帝國、法國拿破崙輪番上陣，其中對城市風格影響最深遠的，無疑是15到18世紀威尼斯長期的統治。

當許多達爾馬齊亞城市被威尼斯併吞後，逐漸失去活力，唯有特羅吉爾持續誕生偉大的藝術家，使得這座結合仿羅馬、哥德、文藝復興、巴洛克的複合風格城市，不僅在亞得里亞海，甚至整個中歐，都是保存最完整的一座。

🖉2000　🏛文化遺產　◯0.10 ha

# 旭本尼克聖雅各教堂
The Cathedral of St James in Šibenik

　　1402年規劃、1432年興建之初，聖雅各大教堂原本規劃為威尼斯哥德風格，最終在1555年完成時，卻轉變為托斯卡尼文藝復興風格，共耗時一個半世紀。

　　教堂主體沒有用到一根木頭，全部以白色石灰岩打造，石材來自以產白石聞名的布拉曲(Brač)、科楚拉(Korčula)等島嶼，以及拉布島(Rab)的紅色角礫大理石。

　　教堂興建彷彿一場接力賽，第一階段多半以義大利籍的建築大師及當地石匠主導，共同完成哥德式的下層建築體；1444年之後，

參與這座教堂興建的最重要人物接連上場，在喬治·達爾馬齊亞(Juraj Dalmatinac)的領導之下，轉變為文藝復興風格，完成了側廊獅子門、後堂的71顆人頭像、柱頭及洗禮堂。

　　另一位重要人物尼古拉·佛羅倫斯(Nikola Firentinac)接續完成側廊祭壇、圓頂、筒形拱頂；尼古拉於1505年死後，最後才由巴托羅米歐(Bartolomeo)和賈科莫(Giacomo da Mestre)接手完成整座教堂。

　　這棟宗教建築在建築史上有幾個獨特之處：聖雅各大教堂從牆壁、筒形拱頂到圓頂都是以特殊技術把石塊準確地組合起來，在19世紀之前的歐洲，多半只能用木材及磚頭接榫與架構，偉大的喬治·達爾馬齊亞卻用石材辦到了。也因為如此，建築物外觀及內部，形狀幾乎一模一樣，而這也是我們今天看到的，正面大門的三葉狀山牆與三堂式的教堂規劃，以及三塊筒形拱頂完全一致，這在歐洲可說是獨一無二。

🖉2008　🏛文化遺產　◯6,403 ha

# 史塔利格拉德平原 Stari Grad Plain

　　史塔利格拉德平原位於亞德里亞海上的赫瓦爾島(Island of Hvar)，從西元前4世紀，來自帕洛斯島(Paros)的古希臘人在這裡建立殖民地並開墾農地以來，這塊土地上的農業景觀至今幾乎與昔日無異。這些仍舊種植農作物的古老農地上，以葡萄、橄欖樹和薰衣草為主，依然欣欣向榮，這一切，都得歸功於已經超過2400年歷史的古老石牆。

　　這些以石牆為界切割出的幾何形耕地，連同石砌小屋和集水系統等建設，成為解說古希臘農業系統的最佳範例，它們整體構成的文化景觀留下了極其重要的價值。

　　行走在史塔利·格拉德的這些古老石牆間，你可以很輕易的辨認出橄欖樹、葡萄和薰衣草。在兩千多年前，希臘人來到赫瓦爾之前，野生的橄欖樹便已存在，至今仍能看到那些蒼勁的千歲橄欖樹依然挺立。在古希臘文明中，橄欖油與希臘文化密不可分，橄欖除了可食用之外，壓榨出來的橄欖油還可以製成肥皂、精油、入藥、燈油……這些傳統古老用法，依然廣泛使用，流傳至今。

# 賽浦路斯Cyprus

賽浦路斯是地中海上人口第三多的島嶼，由於土耳其和希臘雙方種族衝突，分為北賽及南賽，北賽僅被土耳其承認，南賽則為歐盟會員國一員，也就是賽浦路斯共和國，入選的三座世界遺產都位於南賽。

地中海
北賽浦路斯
帕弗斯 Paphos
喬伊魯科蒂亞 Choirokoitia
特羅多斯地區的彩繪教堂 Painted Churches in the Troodos Region

✎1980　🏛文化遺產

## 帕弗斯 Paphos

傳說帕弗斯是希臘神話中掌管愛與美之女神艾芙洛迪特(Aphrodite)的誕生地，西元前12世紀時邁錫尼人曾在此設立祂的神廟，也因此使得這處位於塞浦路斯西南方的海岸城市，成為艾芙洛迪特女神和前希臘化時代豐饒女神的崇拜中心。

帕弗斯在希臘羅馬時期是這座島嶼的首府，因此擁有多座羅馬宮殿、劇場、堡壘和陵墓，它們除了極具歷史與文化價值之外，點綴其間的精緻鑲嵌畫分外令人驚艷，這些全世界最美麗的鑲嵌畫，栩栩如生的描繪出希臘神祇的生活場景與傳說。

©UNESCO/Lacoudre, Anthony

©www.visitcyprus.com

©UNESCO/Lacoudre, Anthony

✎1985　🏛文化遺產

## 特羅多斯地區的彩繪教堂
### Painted Churches in the Troodos Region

特羅多斯地區是位於賽浦路斯中央的最大山脈群，它們延伸了該島大部分的西部地區，除了擁有多處散置於山坡平地上的村落外，此區最大的特色在於坐落山頂的拜占庭教堂與修道院群。

遠古時期，特羅多斯地區以銅礦聞名，到了拜占庭時期，該區成為拜占庭藝術的中心，如今保留下來的9間教堂和一座修道院，內部大量裝飾著色彩繽紛的壁畫，和建築本身充滿鄉村風格的外觀形成強烈的對比，藉由這些壁畫，人們得以對塞浦路斯當地的拜占庭與後拜占庭時期繪畫，有著概略的認識。

©UNESCO/Caroline Delwalli

©www.visitcyprus.com

©www.visitcyprus.com

©www.visitcyprus.com

✎1998　🏛文化遺產　◇6.20 ha

## 喬伊魯科蒂亞 Choirokoitia

身為地中海東部最重要的新石器時代遺址之一，聚落發跡於西元前7000年的喬伊魯科蒂亞，見證著一個組織機能社會的存在，該集體聚落四周還圍繞著保護社區的堡壘。

史前時代的賽浦路斯，在東方與歐洲世界文化的傳遞上扮演著關鍵角色，伊魯科蒂亞這座保存完善的遺址，不但清楚展現地中海地區原始城市聚落的起源，更能提供與亞洲傳播至地中海的文明相關的重要證據。

# 捷克 Czech Republic

捷克入選的12座世界遺產，皆為寶貴的文化遺產，以具歷史、宗教與美學價值的建築和遺跡為主，人們可以透過這些精緻細膩的雕工或設計，深刻感受曾在這塊土地生活過的祖先們，如何展現對人類文化發展的努力。

德國

波蘭

特熱比奇的猶太社區和
聖普羅科皮烏斯大教堂
Jewish Quarter and
St Procopius' Basilica in Třebíč

利托米什爾城堡
Litomyšl Castle

歐羅摩茲的
聖三位一體紀念柱
Holy Trinity Column in Olomouc

布拉格歷史中心
Historic Centre of Prague

克羅梅日什的
花園和城堡
Gardens and Castle
at Kroměříž

庫納霍拉：歷史城區及聖芭芭拉
教堂和塞德雷茲的聖母大教堂
Kutná Hora: Historical Town Centre with the Church
of St Barbara and the Cathedral of Our Lady at Sedlec

綠山的內波穆克
聖約翰朝聖教堂
Pilgrimage Church of St John
of Nepomuk at Zelená Hora

霍拉索維采的
歷史村落保護區
Holašovice Historical
Village Reservation

特奇歷史中心
Historic Centre of Telč

斯洛伐克

契斯基庫倫洛夫歷史中心
Historic Centre of Český Krumlov

布爾諾的圖根哈特別墅
Tugendhat Villa in Brno

萊德尼采—
瓦爾季采的文化景觀
Lednice-Valtice Cultural Landscape

奧地利

⊘1992年 🏛文化遺產 ◯1,106 ha

## 布拉格歷史中心
### Historic Centre of Prague

西元9世紀前後，波希米亞王朝在伏爾塔瓦河(Vltava)西岸山丘上開始建造城堡，開始了布拉格的發展。當時城堡內興建許多宮殿、教堂誇耀波希米亞王朝光榮的歷史，而在13世紀時，布拉格城堡受戰火波及全毀，一時之間布拉格光彩盡失。但在14世紀中期，查理四世(Charles IV)將布拉格定為神聖羅馬帝國的首都，大肆興建宮殿、教堂，布拉格的都市建築在這個時期迅速發展擴增，成為一個繁榮富有的大都市，號稱「黃金布拉格」，而今天在布拉格保存下來最受注目的建築群，也以「黃金布拉格」時期的作品為主。

當時，雄心壯志的查理四世要將布拉格建設成一個媲美羅馬、君士坦丁堡的歐洲大城，從德意志帝國、義大利等地請來最優秀的建築師、藝術家建設布拉格城，並為每個建築畫上精緻的壁畫，當時中歐第一座大學——「查理大學」和連接伏爾塔瓦河兩岸的查理大橋(Karluv most)就是這時候建設完成，而城堡區內則開始興建聖維爾大教堂的工程，紀念歷代在此長眠的波希米亞王。這時候的布拉格不但在建築上有卓越成就，同時也是中歐的經濟、政治、學術中心。

今天在布拉格可以看到從11~18世紀不同形式的建築。仿羅馬式、哥德式、文藝復興式、巴洛克式一直到現代主義等各種風格，匯集在布拉格的歷史中心，走在街上，彷彿來到一個露天的建築博物館。

⊘1992年 🏛文化遺產 ◯52 ha

## 契斯基庫倫洛夫歷史中心
### Historic Centre of Český Krumlov

契斯基庫倫洛夫最早建於13世紀，整個城鎮的建築風格融合了哥德式、文藝復興式及巴洛克式建築，是歐洲典型的城鎮雛形，由於維持了將近500年平靜的局勢未受戰火波及，至今仍保留了中世紀的景觀，這是它列入世界遺產名單最主要的原因。

從空中俯瞰，可以看到伏爾塔瓦河(Vltava)以S形包圍整個城鎮，在河左岸延山丘而建的是龐大的城堡區，而河右岸則是一片紅色屋頂起伏的舊城區。契斯基庫倫洛夫的權力象徵——契斯基庫倫洛夫古堡，位在全鎮最高的地理位置上，是哥德式建築混合文藝復興式建築最佳的代表，無論從哪個角度都可以看見那以紅黃壁畫裝飾的高塔，獨特的造型相當引人注目，甚至連夜間都有燈光照明，成為全鎮的象徵。

古堡區由許多建築合成，最精采的還是進入城門之後的城堡宮殿，聖喬治禮拜堂、宴會廳、寢宮及各種裝飾華麗的房間都是最吸引人的部分。

📷1992年 🏛文化遺產 🌐36 ha

# 特奇歷史中心 Historic Centre of Telč

　　原以木結構為建築主體的特奇山城，在14世紀遭逢一場大火後，四周便繞以城牆和護城河，房舍並改以石頭建造；到了15世紀晚期，建築風格以哥德式為主。

　　1530年的大火讓這個城鎮再度面臨重建，此時的建築結合了哥德式、文藝復興、巴洛克或洛可可樣式，像是哥德式拱形廳門、文藝復興式的外觀及樓梯，和文藝復興式或巴洛克式的山形牆…這些建築至今仍完整保存下來，充滿了夢幻風格，讓人來到這裡，會以為走進了童話世界，而非現實的城鎮。

📷1994年 🏛文化遺產 🌐0.64 ha

# 綠山的內波穆克聖約翰朝聖教堂
Pilgrimage Church of St John of Nepomuk at Zelená Hora

　　1719年，布拉格大主教指派的委員會在研究殉道者內波穆克聖約翰的遺體後，發現他的舌頭保存完好，足以顯現其神聖地位，因此為了紀念這位聖徒，當地修道院院長提議建造一座朝聖教堂，地點就選在聖約翰早年受教育的綠山。

　　綠山的內波穆克聖約翰朝聖教堂是一座極為出色的巴洛克－哥德式宗教建築，其設計者為著名的捷克建築師楊‧布拉澤伊‧聖蒂尼(Jan Blazej Santini)。由於傳說聖約翰在殉道時，身體上方出現一座鑲有五顆星的皇冠，因此聖蒂尼便以五角星的外形來設計教堂的主結構。這座別出心裁的朝聖教堂，成功銜接了新哥德與巴洛克兩種建築風格，具有承先啟後的歷史價值。

151

1996年　文化遺產　14,320 ha

## 萊德尼采─瓦爾季采的文化景觀
### Lednice-Valtice Cultural Landscape

　　西元17~20世紀時，在今日捷克南摩拉維亞(Southern Moravia)這塊土地，曾經被列支敦士登(Liechtenstein)王國政府統治，這段期間，在原本就擁有富饒田園景致的萊德尼采─瓦爾季采一帶的土地上，建造了許多巴洛克式、古典和新哥德式的建築，以及美麗浪漫的英式庭園，占地約200平方公里的景致壯觀迷人，是捷克面積最大的國家公園，也是歐洲最大的人工風景區。

1995年　文化遺產　62 ha

## 庫納霍拉：歷史城區及聖芭芭拉教堂和塞德雷茲的聖母大教堂
### Kutná Hora: Historical Town Centre with the Church of St Barbara and the Cathedral of Our Lady at Sedlec

　　這座城市在14世紀由於銀礦開採而發展，你可以想見這是一個富裕的城市，在14~15世紀，庫納霍拉是全歐洲最有錢的城市之一，由於保存良好，到處都可以看到當年繁華的遺跡。

　　其中，最壯麗的建築莫過於聖芭芭拉教堂，這是哥德式晚期的傑作之一，哥德式的建築結構，與布拉格城堡中的聖維塔大教堂並列世紀之冠；另一個迷人的教堂是塞德雷茲的聖母大教堂，這是18世紀的早期巴洛克建築，後來也影響了歐洲中部地區建築風格。

符號說明　 登錄時間　遺產面積　遺產類型　文化遺產　自然遺產　綜合遺產　瀕危文化遺產　瀕危自然遺產　瀕危綜合遺產

1998年　🏛 文化遺產　◯ 75 ha

# 克羅梅日什的花園和城堡
## Gardens and Castle at Kroměříž

　　克羅梅日什為位於橫貫摩拉瓦河(Morava)淺灘上的一座城鎮，其建於17世紀的城堡和花園，原為文藝復興時期建築，1752年的一場大火讓它面臨重建命運，此時的主教便將它改為巴洛克式風格。

　　克羅梅日什的花園和城堡的重要性，在於它為後來的歐洲巴洛克式貴族王侯宅邸和花園，樹立了完整與良好的建築典範。

1998年　🏛 文化遺產　◯ 11 ha

# 霍拉索維采歷史村落保護區
## Holašovice Historical Village Reservation

　　位於捷克波希米亞地區的霍拉索維采歷史村落，包括23座石造農莊、120棟建築物，以及一間內波穆克聖約翰小禮拜堂。這裡的建築物具有一層樓結構，採用鞍狀屋頂，而且外緣的三角牆都面向村落中央的草坪廣場。

　　這些建於18到19世紀時期的本土建築群，充滿濃厚的「南波希米亞民間巴洛克風格」(South Bohemian folk Baroque)，並且延續了源自中世紀的街道格局，完整保存了傳統的中歐村落風貌。二次世界大戰結束後，這裡的德國居民紛紛搬離，導致許多農莊年久失修，不過自1990年開始，當地恢復重建，目前大約有140位捷克居民。

153

# 利托米什爾城堡 Litomyšl Castle

　　起始於義大利的文藝復興拱廊式城堡建築風格，在16世紀廣泛運用在歐洲中部，1582年建造而成的利托米什爾城堡，就承襲了這種風格，而且不僅如此，整座城堡的外觀或裝飾都極為精緻細膩，包括了後來在18世紀因天災而重建新增的巴洛克式裝飾物，都令人驚豔。而這些迄今皆完整被保存下來，並於1999年列入世界文化遺產名單內。

# 歐羅摩茲的聖三位一體紀念柱
## Holy Trinity Column in Olomouc

　　位於霍爾尼廣場的聖三位一體紀念柱高35公尺，是中歐地區最大的巴洛克式雕像。

　　建於1716年的聖三位一體紀念柱，耗時38年才完工，起初是由當地一名工匠Wenzl Render主動發起建造，他極積的參與募款、設計和監工，然而到了1733年，在整項工程僅完成最下層的小禮拜堂時，Wenzl Render便壯志未酬辭世了；儘管之後仍有幾位好手接任，也都未能在他們在世時親見它的落成，直到1754年，這項艱鉅的工程才在Johann Ignaz Rokický手中完工，當時全城歡欣鼓舞，成為當時摩拉維亞最重要、神聖的大事，連奧匈帝國女皇瑪麗亞‧特瑞莎和夫婿都前來參加揭幕儀式。

　　紀念柱主要分成三部份，最上端是三位一體雕像，中間則是聖母升天雕塑，這些皆由當地著名雕刻家，以鍍金青銅鑄成，雕像不但表情傳神、動作優雅，甚至連衣服的披拂褶皺看來也極為自然生動，這座聖三位一體紀念柱想要表現的，不是誇張繁複的巴洛克風格，而是一種和諧自然的建築範本。

**🛈** 2001年　**🏛** 文化遺產　**🌐** 0.73 ha

# 布爾諾的圖根哈特別墅
## Tugendhat Villa in Brno

　　圖根哈特別墅是知名德國建築設計師盧威密斯凡德羅(Ludwig Mies van der Rohe)於1929年設計建造的，當時他應圖根哈根夫婦(Tugendhat)的要求，建立了這棟別墅，以做為新婚住所之用。

　　圖根哈特別墅分成3層樓，乳白色的建築牆面充滿一種簡約時尚風格；由於沒有預算上限，密斯凡德羅利用許多上等、甚至外國進口的建材，如蜜黃花紋瑪瑙、石灰華、黑檀木、玻璃、鍍鉻的鋼鐵，打造一所前所未有的高級寓宅。

　　建築過程使用了特殊的採光、通風、玻璃帷幕和室內加熱設計，深具巧思，像是樓下的主空間，分為書房、客廳和餐廳三部分，觸目所及，全是充滿時尚感的精緻家具和盆栽裝潢，皆兼具美學和實用價值；兩側牆面是大片的玻璃落地窗，從這裡可以直接欣賞到戶外的花園美景，也能掌握每分每秒的光影變化，感覺坐在家中，就在欣賞一幅四時風情畫，這種結合住宅與花園，考量光學的物理設計，極具現代化。

　　即使在今日，也堪稱新穎時尚，何況在20世紀初的當時，更被視為前衛獨特的作品，深具藝術與建築價值，是不少建築師必定朝拜的經典範本。

**🛈** 2003年　**🏛** 文化遺產　**🌐** 5.73 ha

# 特熱比奇的猶太社區和
# 聖普羅科皮烏斯大教堂
## Jewish Quarter and St Procopius Basilica in Třebíč

　　特熱比奇的猶太社區(包括猶太人墓地)，和聖普羅科皮烏斯大教堂的重要性，在於從中世紀到20世紀這段期間，猶太教和基督教兩種不同文化的和平共存做了見證。另外，原本具猶太教風格的聖普羅科皮烏斯大教堂，後改為基督教形式，也影響了後來西方歐洲建築風格。

# 丹麥Denmark

丹麥的本土面積不大，卻擁有一座世界第一大島格陵蘭，一共有4座世界遺產入選，一為大教堂，一為城堡，以及象徵丹麥身份證明的10世紀石碑。格陵蘭島面積為丹麥本土的50倍大，這座自然遺產就位於島嶼西海岸。

🌐1994 🏛文化遺產 🌐4.96 ha

## 葉林古北歐文石碑及教堂
### Jelling Mounds, Runic Stones and Church

這座立在丹麥日德蘭半島(Jylland)葉林鎮上的四座石碑經常被稱為「丹麥的出生證明石」。其中一座大型碑石由10世紀的哈拉德‧布魯爾魯斯(Harald Bluerooth)國王所設立，碑石除了紀念其父母親，同時頌揚自己在丹麥與挪威的功績，並將碑石送給所有的丹麥基督徒。

碑石的記載不僅反應當時代的政治氣氛，也證明了基督教已於10世紀中傳入北歐地區。碑石旁的教堂同時列入遺產範圍，根據歷史學家考證，哈拉德‧布魯爾魯斯國王曾將他的父親葬在教堂的地底下。

🌐2004 🌐自然遺產 🌐402,400 ha

## 伊魯利薩特冰峽灣 Ilulissat Icefjord

伊魯利薩特冰灣位在格陵蘭(Greenland)西海岸，距離北極圈約250公里處，總面積為40240公頃，是Sermeq Kujalleq冰冠的面海灣口。Sermeq Kujalleq可說是活動相當頻繁的冰河，每天以19公尺的速度移動，每年約崩解35立方公里，根據其250年來的變化，科學家可以依其移動或變化的情形來觀測全球氣候的演變，可說是全球地質歷史的最佳紀錄。

🌐1995 🏛文化遺產 🌐0.40 ha

## 羅斯基爾大教堂 Roskilde Cathedral

羅斯基爾大教堂建於12~13世紀，是丹麥境內第一座哥德式教堂，隨著時代更迭，每個時期都為教堂添加了些許當時代的建築特色，光看19世紀的設計燈飾懸掛在1420年木工打造的詩班座椅上方，便可了解一二。這不僅成為丹麥教會建築演進代表之一，也提供外界對北歐宗教建築學的最佳典範。

自15世紀起，約在宗教革命之後，大教堂成為皇室和教會主教等重要神職人員的安葬處，共有20位國王和17位皇后的陵墓分別在教堂墓室中，這也讓羅斯基爾大教堂的地位非同凡響。

羅斯基爾大教堂內最受注目的莫過於皇室墓室和坐落在教堂中央的金色木雕祭壇，其鍍金且展開三面的祭壇上，細雕出耶穌生平的重要事件。此外，裝置在2樓，以聖喬治屠龍為藍本設計的整點報時鐘，及教堂圓頂天花板精細的壁畫，都值得細細欣賞。

2000 文化遺產

# 克倫堡 Kronborg Castle

　　文藝復興風格的克倫堡，因為地理位置重要，控制了往來丹麥和瑞典水路的要道，使克倫堡在北歐16~18世紀的歷史裡，扮演極重要的角色。而豐富的貿易及交通稅收，更使克倫堡成為文化重鎮。

　　不過，它的大名鼎鼎，卻是因為莎士比亞的曠世名劇《哈姆雷特》以這裡為故事背景。其實，追溯名垂不朽的《哈姆雷特》的發源，應該是莎翁借用了在丹麥流傳甚久的故事《阿姆雷德》(Amled)改編而成。這兩個故事架構完全相同，只不過莎士比亞加入了奧菲麗亞發瘋、以及遇見老國王亡魂等情節，使整個故事更形豐富。

　　克倫堡建於1420年左右，不過1629年一場大火將燒掉大部分的建築，使得克里斯提四世(Christian IV)再度發揮其建築的興趣，重新建構這座鎏金屋頂、氣勢磅礴的防衛城堡，不過此舉卻嚴重危害當時岌岌可危的政府財政。1658年瑞典軍隊進占克倫堡，將寶物洗劫一空。1785年後皇室不再居住於此，並淪為陸軍武器庫，一直到1924年在嘉士柏啤酒公司的贊助下，才再度恢復昔日光芒。

# 愛沙尼亞Estonia

愛沙尼亞一直都是波羅的海三小國中最西化的國家，從歷史、民族、文化、語言來看，愛沙尼亞其實更接近北歐，其中首都塔林最能代表愛沙尼亞的精神，它彷彿皇冠上的寶石，最耀眼的旅遊資源都集中在這座中世紀的古城裡。

芬蘭
波羅的海
塔林歷史中心
Historic Centre
(Old Town) of Tallinn
斯特魯維測量點
Struve Geodetic Arc
俄羅斯
拉脫維亞

📅1997　🏛文化遺產　◇113 ha

# 塔林歷史中心
## Historic Centre of Tallinn

塔林是愛沙尼亞首都，城雖不大，卻是波羅的海邊、歐洲最迷人的城市之一。塔林的精華幾乎全都集中在中世紀的舊城區裡，儘管歷史命運多舛，走馬燈似的外來政權帶來連綿不斷的戰火，塔林依舊完整保留了中世紀的美麗與歷史氛圍，這得歸功於它那堅實的城牆、石造建築，以及城市現代化過程中、沒有早遭到破壞，在北歐地區，已經找不到像塔林這樣的城市。

1997年，塔林舊城被列為世界遺產，可以這麼說，塔林就是一座活生生的城市博物館，同時也是漢撒同盟城市(Hanseatic League，

14至17世紀北歐商業都市之政治及商業同盟)全盛時期的最佳典範。

塔林是歐洲保存得最完整的中世紀城市之一，蜿蜒纏繞的石子街道，大約從11到15世紀慢慢成形，今天幾乎一條不漏地保留下來；而那一棟棟教堂、穀倉、貨棧、商人會所、民宅，也幾乎都以原貌維持至今。至於塔林的黃金年代——15、16世紀因為加入漢撒同盟而在波羅的海演重要角色同時贏得聲望，強大的經濟除了使得塔林更有能力從防禦工事上保護自己，也更有機會在建築和藝術上發光發熱。

塔林舊城大致分為兩大部分：稱為圖姆皮(Toompea)的上城區坐落在一塊石灰岩高地上，屬於統治階層和貴族的活動領域；下城區位於圖姆皮和塔林港之間，因為漢撒同盟的關係，受到德國呂北克(Lübeck)法律的管制，居住在城裡的商人、中產階級統一由市議會管理。

●斯特魯維測量點Struve Geodetic Arc
詳見白俄羅斯

符號說明　登錄時間　遺產面積　　遺產類型　文化遺產　自然遺產　綜合遺產　瀕危文化遺產　瀕危自然遺產　瀕危綜合遺產

# 芬蘭Finland

數百年來，芬蘭夾於瑞典、俄國這兩大強權之間，文化上也分別受這兩國的強烈影響；此外，芬蘭有「千湖之國」的美譽，湖泊、森林遍布全國。因此，入選的遺產中，多半是要塞堡壘、木造古城、木造教堂及木漿造紙工廠。

挪威海
挪威
日海
瑞典
波斯尼亞灣
俄羅斯

瓦爾肯群島 Kvarken Archipelago

佩泰耶維齊古教堂 Petäjävesi Old Church

韋爾拉磨木紙板工廠 Verla Groundwood and Board Mill

薩馬拉登馬基青銅時代墓地遺址 Bronze Age Burial Site of Sammallahdenmäki

勞馬古城 Old Rauma

斯特魯維測量點 Struve Geodetic Arc

芬蘭防禦城堡

1991　文化遺產　29 ha

## 勞馬古城 Old Rauma

　　坐落於波斯尼亞灣旁的勞馬古城，是芬蘭歷史最悠久的港口城市之一，自9世紀開始就靠著熱絡的貿易活動逐漸繁榮起來。

　　勞馬古城是北歐最大的木造歷史古城，占地約29公頃，總共包含大約600棟建築物。由於當地曾在17世紀兩度遭遇祝融之災，因此除了建於15世紀中葉的木造聖十字教堂以外，其他建築最早可回溯到18世紀。

　　人們來到此地，不僅可以造訪著名的聖十字教堂，欣賞內部的中世紀壁畫，還可以參觀目前已經開放成博物館的漁夫之家(Kirsti house)以及船夫之家(Marela house)。

1991　文化遺產　210 ha

## 蘇歐門里納要塞 Fortress of Suomenlinna

　　蘇歐門里納要塞(或稱芬蘭防禦城堡)位於芬蘭首都赫爾辛基入港處，長達6公里的城牆串起港口島嶼，形成堅實的禦敵堡壘，是18世紀所少見的歐洲堡壘形式。島上的防禦設施、綠草如茵的草地、各式藝廊展場、餐廳及咖啡屋，營造成氣氛獨特的露天博物館。

　　芬蘭城堡最早興築於1747年，當時芬蘭受瑞典政權管轄，雖然瑞典在17世紀是軍事強權，但自18世紀起，原屬瑞典版圖的波羅的海地區，紛紛落入蘇俄的轄區。深受蘇俄的軍事擴張的威脅，瑞典便決定利用赫爾辛基港口的6座島嶼，興建防禦工事。數以萬計的士兵、藝術家、犯人都參與了這偉大的工程，法國政府更貢獻了90桶黃金，歷時40年才完工。這項偉大的工程被命名為Sveaborg，也就是「瑞典城堡」之義。

　　雖然建立了強固的堡壘，還是不敵俄國的入侵，在1808年芬蘭成為俄國屬地，所以島上有許多建築呈現俄國特色。1917年芬蘭獨立，隔年這裡也隨之更名為Suomenlinna，成為芬蘭軍隊的駐地，直到1972年才交由政府管理，現在則成了赫爾辛基最受歡迎的觀光勝地，1991年被聯合國列入世界遺產。

# 薩馬拉登馬基青銅時代墓地遺址
## Bronze Age Burial Site of Sammallahdenmäki

　　薩馬拉登馬基青銅時代墓地遺址位於芬蘭西部的拉皮地區 (Lappi)，總共包含30多座可回溯到西元前1,500年至西元前500年間，以花岡岩堆砌而成的圓錐形石堆墳塚，是當時人們信仰與社會結構的珍貴見證。

　　這些分布於山坡上的石堆墳塚，採用的是自當地收集或者從下方峭壁挖鑿而來的石塊，而且可以按照形狀大小區分為幾種類型，包括低矮的小型石堆、較高聳的大型石堆以及環狀石堆。除此以外，這些石堆還呈現兩種獨特的結構，一種是橢圓形結構，一種是較扁平的四邊形結構（又稱為「教堂地板」），後者在北歐地區極為罕見。

# 韋爾拉磨木紙板工廠
## Verla Groundwood and Board Mill

　　韋爾拉磨木紙板工廠位於芬蘭東南部的科沃拉區(Kouvola)，這個保存完整的小規模鄉村工業建築遺址，見證了19到20世紀北歐及北美地區傳統木漿造紙工業的興盛與沒落。

　　1872年，當地第一間磨木廠在韋爾蘭柯斯基激流(Verlankoski Rapids)西岸成立，但不幸毀於1876年的一場大火。1882年，兩名造紙商重新成立一間同樣全木造的磨木紙板工廠，但木材乾燥區又在1892年被燒毀。有鑑於此，後來工廠最大股東的建築師胞弟愛德華·狄佩爾(Carl Eduard Dippell)把乾燥廠改建成一棟四層樓磚房，並且運用裝飾手法，營造出教堂般的外觀。這間磨木紙板工廠一直運作到1964年，才因產量減少而結束營業。

# 佩泰耶維齊古教堂　Petäjävesi Old Church

　　這座位於芬蘭中部佩泰耶維齊區的古老鄉村教堂，隸屬於路德教派，其建築形式融合了文藝復興時期的十字形平面格局及哥德式拱型圓頂，是北歐東部傳統木構教堂建築的範例。

　　佩泰耶維齊古教堂的設計及建造者是一位名叫雅可·勒帕寧(Jaakko Klemetinpoika Leppänen)的教堂建築師傅，他從1763年開始動工，在1765年完工，位於西側的鐘塔則是他孫子艾爾基·勒帕寧(Erkki Leppänen)在1821年增建的。雖然自1879年起，這座古教堂就被當地的新教堂取代，直到1920年代才在一位奧地利藝術史學家的推動下開始重新整修，但卻也得以保存了最傳統的木造教堂樣貌。

# 高海岸／瓦爾肯群島
## High Coast / Kvarken Archipelago

　　芬蘭的瓦爾肯群島和瑞典的高海岸位於波斯尼亞灣的西岸，同樣因為冰河地形而入選為自然世界遺產。高海岸的面積共142,500公頃，包括8萬公頃的海域以及附近的群島，加上海岸邊零星分布的湖泊和海拔約350公尺的山丘等，這些獨特地形源自冰河作用，地質學家預估原本被冰河壓迫的陸塊，在冰河持續融化的狀態下不斷上升，未來瑞典與芬蘭之間的波斯尼亞灣，很可能會變成一個湖泊。

●與瑞典並列
●斯特魯維測量點Struve Geodetic Arc
詳見白俄羅斯

# 法國France

說法國是世界遺產的黃金之國一點也不過份，在這塊五角型的國土上，密布被視為人類文化菁華的遺跡。從羅馬時代到近代，不只是令人讚嘆的奇景，還能從中體會歷史的流動、文明的進程與智慧的累積。

新喀里多尼亞礁湖：
珊瑚礁多樣性及相關生態系統
Lagoons of New Caledonia:
Reef Diversity and Associated Ecosystems
（南太平洋）

英國

北卡萊海峽採礦盆地
Nord-Pas de Calais Mining Basin

英吉利海峽

比利時

亞眠大教堂
Amiens Cathedral

比利時與法國鐘樓
Belfries of Belgium and France

漢斯聖母大教堂
Cathedral of Notre-Dame,
Former Abbey of Saint-Remi
and Palace of Tau, Reims

盧森堡

德國

聖米歇爾山
Mont-Saint-Michel and its Bay

勒阿弗禾：奧古斯特·培瑞重建的城市
Le Havre, the City Rebuilt by Auguste Perret

巴黎塞納河岸
Paris, Banks of the Seine

中世紀古城普羅萬
Provins, Town of Medieval Fairs

夏特大教堂
Chartres Cathedral

凡爾賽宮
Palace and Park of Versailles

南錫的史特尼斯拉等三座廣場
Place Stanislas, Place de la Carrière
and Place d'Alliance in Nancy

布爾日大教堂
Bourges Cathedral

羅亞爾河谷地
The Loire Valley between
Sully-sur-Loire and Chalonnes

楓丹白露宮殿及花園
Palace and Park of Fontainebleau

楓特內修道院
Cistercian Abbey of Fontenay

史特拉斯堡，大島
Strasbourg – Grande île

維澤雷教堂與山丘
Vézelay, Church and Hill

比斯開灣

聖薩凡修道院教堂
Abbey Church of Saint-Savin sur Gartempe

阿克瑟農王室鹽場
Royal Saltworks of Arc-et-Senans

維澤黑河谷洞穴及史前遺址
Prehistoric Sites and Decorated
Caves of the Vézère Valley

沃邦的防禦工事
Fortifications of Vauban

瑞士

阿爾卑斯山區史前干欄式民居
Prehistoric Pile dwellings around the Alps

波爾多月亮港
Bordeaux, Port of the Moon

里昂舊城區
Historic Site of Lyons

留尼旺的山峰、
冰斗與峭壁
Pitons, cirques and remparts of Reunion Island
（印度洋）

聖艾米里翁管轄權
Jurisdiction of Saint-Emilion

聖地牙哥朝聖路線
Routes of Santiago de
Compostela in France

喀斯與塞文——
地中海農牧文化景觀
The Causses and the Cévennes,
Mediterranean agro-pastoral Cultural Landscape

歐宏桔羅馬劇場與凱旋門
Roman Theatre and its Surroundings
and the "Triumphal Arch" of Orange

義大利

阿爾比的主教城
Episcopal City of Albi

嘉德水道橋
Pont du Gard (Roman Aqueduct)

亞維儂歷史中心：教皇宮、主教團和亞維儂橋
Historic Centre of Avignon:
Papal Palace, Episcopal Ensemble and Avignon Bridge

亞爾勒的羅馬及仿羅馬式建築
Arles, Roman and Romanesque Monuments

庇里牛斯山之普渡峰
Pyrénées - Mont Perdu

中央運河
Canal du Midi

卡爾卡頌歷史防禦堡壘
Historic Fortified City of Carcassonne

西班牙

安道爾

地中海

波托灣
Gulf of Porto:
Calanche of Piana,
Gulf of Girolata,
Scandola Reserve

歐洲

芬蘭·法國

---

1979　文化遺產　183 ha

## 維澤雷教堂與山丘 Vézelay Church & Hills

聖瑪德蓮長方形教堂(St Mary Magdalene)坐落於勃艮第的維澤雷山丘，宣稱擁有瑪麗·瑪德蓮(Marie-Madeleine，即抹大拉的瑪利亞)的聖骨，此處也是「聖地牙哥朝聖路線」的交會點之一。

聖瑪德蓮教堂建於12世紀，屬於修道院式的教堂，不論在教堂內部柱子的柱頭上和正門，雕刻都十分精采，是勃艮第地區仿羅馬式建築的傑作。

1981　文化遺產　1.37 ha

## 亞眠大教堂 Amiens Cathedral

位於庇卡底省(Picardy)心臟位置的亞眠大教堂，是13世紀最大的古典哥德式教堂。教堂的成列雕像與浮雕，最為著稱的精華，在西正面的國王廊有22座代表法國國王的巨像。

亞眠大教堂內部共由126根柱子支撐，其內部空間是在目前的西歐中世紀教堂中是最大的，而中殿高度達42.3公尺，也是目前法國教堂中最高的主拱頂。

161

1979　文化遺產　6,560 ha

# 聖米歇爾山及其海灣
## Mont-Saint-Michel and its Bay

從遠處觀望聖米歇爾山，宛如一座獨立的島嶼和莊嚴的城堡，自中世紀蓋了修道院之後，這裡便成為重要的朝聖之地。

早在8世紀之前，聖米歇爾山周圍並非今日所見的沙洲，而是一片青翠的「西希」森林，但不知名的原因森林下沉，造就了這座周長900公尺、高88公尺的花崗岩小山孤立於沙洲。此處以潮汐落差而著名，最大的漲潮期是在「月望」和「月朔」的36~48小時之後，高漲的海水將山頭變成一座孤立於河口的岩島，退潮時，又會露出與本土接壤的蕩大道，彷彿海中仙境。

根據凱爾特的神話，聖米歇爾山曾經是死去靈魂的安息地與海上基地，西元708年，歐貝爾主教(Bishop Aubert)曾三度夢見天使長聖米歇爾(Saint Michel)托夢給他，希望以祂的名義在岩石山頂建立一座聖堂。

西元966年，諾曼地公爵查理一世在此建立本篤會修道院(The Benedictines)，歷經數度修建與擴充，加上四周被斷崖與大海環繞的險惡要勢，讓聖米歇爾山成為百攻不破的碉堡要塞，從15世紀的英法百年戰爭與16世紀的宗教戰爭即可證明。

數百年來，這裡一直是修道士的隱居之處，由於修道院長期壓榨領地內的農民，在法國大革命時，聖米歇爾山首度被民眾攻陷，從神聖的修道院淪為監獄，直到1874年才被法國政府列為國家古蹟，1966年正式歸還給本篤會修士。

符號說明　登錄時間　遺產面積　　遺產類型　文化遺產　自然遺產　綜合遺產　瀕危文化遺產　瀕危自然遺產　瀕危綜合遺產

1979　文化遺產　1.06 ha

# 夏特大教堂 Chartres Cathedral

夏特大教堂是西方文明中數一數二的偉大建築物,重建於13世紀初期,因為原建於11世紀的仿羅馬式教堂,在1194年遭大火燒毀,當時僅存留下西大門、南北兩鐘塔、地下墓室,而「聖母之紗」是唯一倖留的聖物。

教堂內的176片彩繪玻璃大多數是自13世紀時保存下來的,算是歐洲中世紀最重要的彩繪玻璃之一。彩繪玻璃窗主題訴說耶穌生平、舊約聖經和聖人的故事,興建之時龐大的資金由貴族、富商和工會贊助,因此在部分彩繪玻璃窗的最下部,可以看見包括多種行業工作場景或家族徽章等捐贈者的標記。而在這些繽紛的彩繪玻璃中,又以藍色為主調,形成當地特殊的「夏特藍」代表色。

符號說明　 登錄時間　 遺產面積　　遺產類型　 文化遺產　 自然遺產　 綜合遺產　 瀕危文化遺產　瀕危自然遺產　 瀕危綜合遺產

⚫1979　🏛文化遺產　🌐1,070 ha

# 凡爾賽宮與花園 Palace and Park of Versailles

　　凡爾賽宮是法國有史以來最壯觀的宮殿，早在路易十三(Louis XIII, 1601~1643)時期還只是座擁有花園的狩獵小屋，直到路易十四(Louis XIV,1638~1715)繼位，他有意將政治中心移轉至此，遂展開擴建計劃，耗費50年才打造完工。

　　隨著路易十四的去世，這種宮廷般的大肆排場與崇尚君主權力的生活，在路易十五(Louis V,1710~1774)和路易十六(Louis XVI,1754~1793)掌政期間並未改變，王公貴族們依然奢靡無度，日夜縱情於音樂美酒的享樂中。沒想到引發法國大革命，路易十六被送上斷頭台，凡爾賽宮人去樓空，直到路易菲利浦(Louis-Philippe,1773~1850)與各黨派協商之後，1837年，將凡爾賽宮改為歷史博物館。在這裡，看到的不僅是一座18世紀的宮殿藝術傑作，同時也看到了法國歷史的軌跡。

　　凡爾賽城堡(Château de Versailles)城堡是凡爾賽宮的參觀重點，由下往上觀望，讓人更增添幾分崇敬，至於裝飾於大門的路易十四太陽神標誌，則象徵他的偉大功績。凡爾賽花園(Jardin de Versailles)包含了噴泉、池塘、林道、花床、運河等，其中光是噴泉就有32座。

165

# 楓丹白露宮殿及花園
## Palace and Park of Fontainebleau

　　位於巴黎東南方的楓丹白露(Fontainebleau)，名字源自Fontaine Belle Eau，意謂「美麗的泉水」。12世紀，法王路易六世(Louis VI,1081~1137)下令在此修建城堡和宮殿，做為避暑勝地，而歷代的國王不是拿它來當作行宮、接待外賓，就是長期居住在此，因此，重要的皇室文物或建築風格都在這裡留下痕跡，深具藝術遺產價值。

　　眾多國王中，又以弗朗索瓦一世(François I,1494~1547)的修建計畫最具看頭，他除了保留中世紀的城堡古塔，還增建了金門、舞會廳、長廊，並加入義大利式的建築裝飾。這種結合文藝復興和法國傳統藝術的風格，在當時掀起一陣仿效浪潮，也就是所謂的「楓丹白露派」。

　　路易十四(Louis XIV,1638~1715)掌政後，每逢秋天，便選在楓丹白露進行狩獵活動，這項傳統一直延續到君主專制末期。不過到了17世紀後，法國皇室搬移至凡爾賽宮居住，楓丹白露光采漸漸黯淡，甚至在法國大革命時，城堡的家具遭到變賣，整座宮殿宛如死城。直到1803年，經由拿破崙的重新佈置，楓丹白露又重現昔日光彩。

　　目前城堡開放參觀的重點包括大殿建築、小殿建築、文藝復興殿，以及6座庭院和花園，漫步其間，數百年前的皇族生活彷彿近在眼前。

符號說明　◉登錄時間　◎遺產面積　　遺產類型　🏛文化遺產　自然遺產　綜合遺產　瀕危文化遺產　瀕危自然遺產　瀕危綜合遺產

1981 文化遺產 65 ha

# 亞爾勒的羅馬及仿羅馬式建築
## Arles, Roman & Romanesque Monuments

位於隆河三角洲頂點的亞爾勒，完整保留早期城市演變至中世紀歐洲大城的遺跡，其中包括早期羅馬建築、4世紀時的浴場和大型墳場，以及12世紀的中世紀城牆遺跡。

它留下重要的羅馬遺跡，如聖托菲姆教堂及迴廊(Église St-Trophime et Cloître)、共和廣場裡的方尖碑(Obélisque)、羅馬劇場(Théâtre Antique)、羅馬競技場(Les Arènes)和地下柱廊(Cryptoportiques)、君士坦丁浴場(Thermes de Constantin)。

建於西元75年的羅馬競技場，是普羅旺斯保存最好的羅馬式遺跡之一。由2層樓、50座拱門所形成的大型競技場，最多可以容納2萬名觀眾，直徑最廣的部分長達136公尺，坐在最高的一排座位可以一覽亞爾勒的城景。

1981 文化遺產 5.77 ha

# 楓特內西妥會修道院
## Cistercian Abbey of Fontenay

因保存了完整的西妥會(Citeaux)教會生活形式及遺跡，楓特內修道院在1981年被列入世界遺產。西元1112年，勃艮第的貴族青年貝納(St. Bernard)加入了西妥會，當時的西妥會和主流的克呂尼(Cluny)教會對立，摒棄克呂尼講究的生活形式，以清貧的方式修行。

修士們自己種植藥草、製作鐵器，水源充沛的楓特內正好提供了製鐵所需的水力，保留下來的鍛造間(Les forges)也成為今日歐洲最古老的工廠遺址之一。

修道院在18世紀被改建為造紙廠，法國大革命時期教士紛紛出奔，此地荒廢一時，直到19世紀被現任城主的祖父買下，重新整修才將修道院回復原有風貌。

1983 文化遺產 0.16 ha

# 聖薩凡修道院教堂 Abbey Church of St. Savin

這座11世紀的修道院教堂，擁有哥德式的細長尖塔與龐大中殿，內部有歐洲最壯觀的12世紀仿羅馬式系列壁畫，描繪從創世紀至十誡的舊約聖經故事。

這座呈基督十字形的教堂擁有一座高80公尺的方形鐘樓，教堂的地窖則埋葬著 聖薩凡(St Savin)和聖塞普朗( St Cyprian)兩位聖者，延續教堂的濕壁畫風格，牆上畫滿兩位聖者一生的故事。

1982 文化遺產 585 ha

# 阿克瑟農王室鹽場
## Royal Saltworks of Arc-et Senan

從西元1775年起，由路易十六時期開始的鹽場，由Claude-Nicolas Ledoux所蓋，它其實是一個理想市鎮圖，以主要建築為核心，其他設施在周圍以同心圓方式往外擴散。

這座鹽場上的建築是工業革命時期的第一個主要成就，也標示了啟蒙時代的文明進程，不過這個計畫從來沒有實現。

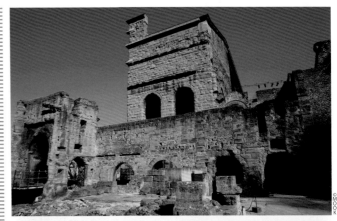

⬥1979 🏛 文化遺產

# 維澤黑河谷壁畫洞穴及史前遺址
## Prehistoric sites and Decorated Caves of Vézère Valley

　　位於法國西部的維澤黑谷地，一共包含了147個舊石器時代的遺跡，以及25個史前壁畫洞穴。其中發現於1940年代的拉斯科(Lascaux)洞穴，對於考古學者研究史前人類的藝術可說相當重要。在洞穴壁畫上呈現了狩獵的景致，還能看到100個左右的動物形體，栩栩如生的細節與豐富色彩，具有相當的價值。

©UNESCO/ F. Bandarin

⬥1983 🏛 文化遺產

# 南錫的史特尼斯拉等三座廣場
## Place Stanislas, Place de la Carrière and Place d'Alliance in Nancy

　　南錫是18世紀的洛林公爵史特尼斯拉·雷克金斯基(Stanislas Leszczynski，國王路易十五的岳父)的臨時居所，西元1752年到1756年間，由建築師Héré所領導的團隊，以史特尼斯拉、卡雷黑、達連斯等三座廣場美化了這座洛林省的首府，因此成為城鎮規劃黃金時代的典範，在廣場上則可看到他的雕像。

⬥1983 🌿 自然遺產 ◯11,800 ha

# 波托灣 Gulf of Porto: Calanche of Piana, Gulf of Girolata, Scandola Reserve

　　位在科西嘉島(Corse)西側的斯堪多拉半島(Scandola peninsula)，屬於地區自然公園的一部分，高達300公尺的紅色花崗岩岸伸入海中，被譽為地中海最美麗的海灣之一。半島上的植被主要為灌木叢林，提供了海鷗、鸕鷀、海鷹的重要棲地，至於清澈的海水以及周遭小島和海蝕洞穴，則孕育豐富的海洋生物。

Corse Tourist Office

⬥1981 🏛 文化遺產 ◯9.45 ha

# 歐紅桔羅馬劇場與凱旋門
## Roman Theatre and its Surroundings and the "Triumphal Arch" of Orange

　　牆面寬103公尺、高37公尺的古歐宏桔古代劇場(Théâtre Antique)，是世界上保存最好的羅馬劇場之一，尤其舞台牆面完整地保存下來。

　　而位於昔日舊城邊界、通往里昂路上的凱旋門，是紀念羅馬皇帝奧古斯都平定高盧，於西元1世紀前後建立的，在中世紀正式歸於歐紅桔所有，並於19世紀開始多次展開修復工作。凱旋門長19.5公尺、寬8.4公尺、高19.2公尺，共有3個拱門，大致呈西北──東南走向。其上的浮雕主要以軍隊、武器及徽章描述羅馬人和高盧人戰鬥情景，歌頌羅馬帝國光輝的成就。

符號說明 ⬥登錄時間 ◯遺產面積　遺產類型 🏛文化遺產 🌿自然遺產 🏛綜合遺產 🏛瀕危文化遺產 🌿瀕危自然遺產 🏛瀕危綜合遺產

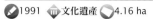
1991　文化遺產　4.16 ha

# 漢斯聖母大教堂、
# 聖雷米修道院及朵皇宮

## Cathedral of Notre-Dame, Former Abbey of Saint-Remi and Palace of Tau, Reims

　　曾有25位法國國王在此加冕，而使漢斯聖母大教堂成為法國人心目中的聖地，教堂正面的左側門上，有一座「微笑的天使」雕像，被認為是漢斯市的地標。一起被列入遺產的還有聖雷米修道院及昔日漢斯大主教的宅邸朵皇宮。

　　自西元816至1825年，共有34位領主(其中有25位為法國國王)在漢斯聖母大教堂接受加冕，就連苦陷英法百年戰爭的皇太子查理也不例外。

　　從漢斯大教堂的右翼往右走，即可直通朵皇宮(Palais du Tau)。16世紀時，這棟建築原為漢斯大主教的官邸，在過去，法國國王的加冕儀式結束之後，就會在朵皇宮舉行大型的宴會。經過路易十四(Louis XIV)重修之後，朵皇宮仍然保留了它13世紀的禮拜堂及哥德式的建築風格，目前它是漢斯重要的博物館之一，收藏許多珍貴的雕塑、織錦畫、和宗教儀式相關的古物等。

歐洲

法國

1985　文化遺產　0.33 ha

# 嘉德羅馬水道橋

## Pont du Gard (Roman Aqueduct)

　　建於西元前45年，當時羅馬帝國領土擴展迅速，勢力遠及法國西南部的尼姆，而尼姆是高盧地區的大城市，居民人數高達2萬，為了應付羅馬城市必備的公共澡堂、大型噴泉，以及市民日常所需等每日將近2千萬公升的用水量，羅馬人開始往外找水源，最後在尼姆市外50公里處找到了泉源。

　　工程團隊一路打造地下或半地下的引水道，直至距尼姆市不遠的嘉德河岸，尼姆引水計畫中最龐大的工程──嘉德水道橋於是動工，以便跨越寬達270公尺的河床，據推估，當時可能動用了1000名工人、施工期達3至5年。

　　外觀優雅的嘉德水道橋，寬275公尺、高49公尺，是古羅馬水道橋中最高的一座，由上中下三層共49座圓拱組成。上層47個小拱頂，做為引水道之用；中層11個中拱頂，前有步道，人車皆可通行；下層6個大拱頂，一來支撐上面兩層，其次有阻擋洪水等功能。

　　工程團隊運來數百塊巨石來打造嘉德水道橋，有些巨石的體積

甚至可以超過2立方公尺，估計整體石材總重量高達5萬400噸。儘管工程浩大，但石塊間完全沒有使用任何黏合材料，純粹是靠工程團隊精密的力學計算來切割組合，完美的技術，讓水道橋歷經上千年仍矗立山間。

# 史特拉斯堡—大島 Strasbourg – Grande île

　　被萊茵河支流包圍的史特拉斯堡大島，滿載了建城2000年來的歷史、文化、與生活，河邊分布著典雅的半木造屋。

　　大島上最值得一看的建築是聖母院大教堂，法國文豪雨果曾經讚美這座教堂是「巨大和精緻的完美結合」，興建工程從1176年持續到1439年，此後大約有將近4個世紀的時間，這座高達142公尺的尖塔，是當時最高的建築。教堂南邊的大鐘門是整座大教堂中最古老的部分，從這道門一進入，就會看到教堂內最有名的天文鐘，由史特拉斯堡數學家與瑞士鐘錶匠所共同於16世紀所製作的。

　　位在法國、德國、瑞士三國交叉口的史特拉斯堡，融合了拉丁民族與日爾曼民族的文化特色，為了平息法德兩國自普法戰爭到第二次世界大戰以來的恩恩怨怨，1949年歐洲議會成立時，還刻意將開會地點選在史特拉斯堡，1979年的時候更被冠上「歐洲首都」之名，象徵歐洲從此朝無國界的合作邁進。

## 庇里牛斯山之普渡峰
**Pyrenees-Mont Perdu**

庇里牛斯山為西班牙與法國的界山，呈東西走向，長435公里，平均海拔在2,000公尺以上，最高峰為高3,352公尺的普渡峰。氣候與植被呈明顯垂直變化，超過2,300公尺處即為高山草原，3,000公尺以上仍有冰川。

靠西班牙一側坐落著Añisclo和Escuain兩座歐洲最大、最深的峽谷，景色壯麗。托爾托薩(Tortosa)為登山滑雪聖地，遊客絡繹不絕。另外值得一提的是，山區仍保有恬靜的田園景觀，及在現代歐洲僅見的昔日高地生活方式，活脫就是一座傳統農業生活展示館。

●與西班牙並列

### 2001　文化遺產　108 ha

## 中世紀古城普羅萬
**Provins, Town of Medieval Fairs**

普羅萬位於巴黎東部的郊區地帶，是一座建於中世紀的防禦古城。11到14世紀，統治本地的香檳區公爵會在這裡及其他三個城鎮舉辦年度展覽會，促進歐洲北部與地中海地區之間的貿易交流，使普羅萬成為歐洲重要的政治與貿易中心，並且見證了國際羊毛貿易的繁榮盛況。在當時四大貿易展覽城鎮裡，普羅萬是至今唯一仍然保有中世紀建築樣貌的古城，其上城區至今仍被保存完好的城牆所圍繞，城內有許多石造房屋，還有一座建於12世紀的凱撒塔(Tour César)。普羅萬除了具有歷史上的價值，現在還是重要的玫瑰產地，因此又有「玫瑰城」的稱號。

歐
洲

法
國

### 1991　文化遺產　365 ha

## 塞納河岸　**Paris, Bank of Seine**

從羅浮宮到艾菲爾鐵塔，從協和廣場到大小皇宮，塞納河畔見證了巴黎的歷史演進。1853年，拿破崙三世時代的塞納省長奧斯曼男爵(Baron Georges Eugène Haussmann)改造了巴黎，這項大工程對19~20世紀間發展的都市計畫，有重大影響，同時許多重量級的建築、博物館、華廈和古蹟，也如雨後春筍般出現於塞納河畔，將巴黎帶入美好年代。

海明威曾說：「假如你夠幸運，在年輕時待過巴黎，那麼不論未來你在哪裡，巴黎將永遠跟著你，因為巴黎是一席流動的饗宴」。而塞納河，穿越巴黎的過去、現在和未來，正是這饗宴的流動泉源。

沒有橋，就沒有塞納河，古代的塞納河只有大橋和小橋，兩岸居民靠著交通渡輪(即今日的「蒼蠅船」Bateaux Mouches)來往。到了17世紀，因土木技術的發達而大量修築橋梁，如今跨越塞納河的橋梁多達37座，浪漫的巴黎人賦予其不凡的意義，增添更多浪漫的想像空間。

# 卡爾卡頌歷史防禦堡壘
## Historic Fortified City of Carcassonne

卡爾卡頌位居伊比利半島與其他歐洲地區的走廊地帶，12世紀時，特宏卡維家族(Les Trencavels)在本市建造城堡與大教堂，保存完整的城廓相當可觀。

早在羅馬時代，法國西南部奧德河(Aude)右岸山丘上就有防禦工事，但現有這座中世紀堡壘城鎮，防禦城牆、城市建築、街道和精緻的哥德式教堂，再加上現代科學保護組織的創始人之一Viollet-le-Duc從19世紀後半開始的長期維修計畫，讓卡爾卡頌在軍事用途之外，更有獨特的歷史文化價值。

卡爾卡頌目前的規模，是13世紀十字軍東征時所興建的，在毀損的羅馬防禦工事上再打造一處軍事堡壘，有著內外2道城牆，加起來達3公里長，隨後在城外再加建一道無水的護城溝渠，城內還有52座瞭望塔，以強化其防衛的功能。

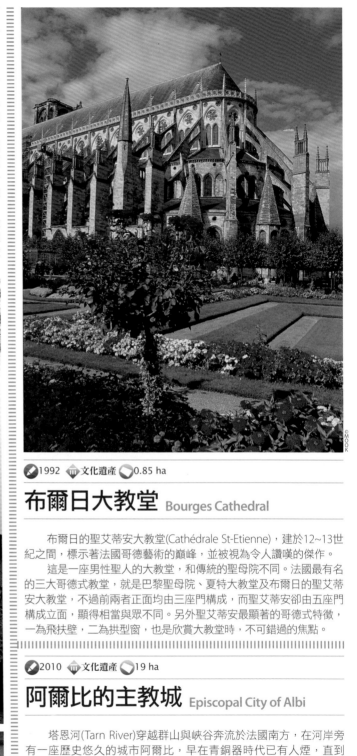

# 布爾日大教堂 Bourges Cathedral

布爾日的聖艾蒂安大教堂(Cathédrale St-Etienne)，建於12~13世紀之間，標示著法國哥德藝術的巔峰，並被視為令人讚嘆的傑作。

這是一座男性聖人的大教堂，和傳統的聖母院不同。法國最有名的三大哥德式教堂，就是巴黎聖母院、夏特大教堂及布爾日的聖艾蒂安大教堂，不過前兩者正面均由三座門構成，而聖艾蒂安卻由五座門構成立面，顯得相當與眾不同。另外聖艾蒂安最顯著的哥德式特徵，一為飛扶壁，二為拱型窗，也是欣賞大教堂時，不可錯過的焦點。

# 阿爾比的主教城 Episcopal City of Albi

塔恩河(Tarn River)穿越群山與峽谷奔流於法國南方，在河岸旁有一座歷史悠久的城市阿爾比，早在青銅器時代已有人煙，直到1040年時因為舊橋(Pont-Vieux)的興建，靠著熱絡的貿易活動與舊橋過路費而蓬勃發展。

13世紀時，教宗與法國國王聯手對抗以阿爾比為發源地、盛行於法國朗格多克(Languedoc)地區的卡塔爾教派(Cathars)，為了打擊此相信二元論與神秘直覺說的「異端邪說」，主教在聖戰後於阿爾比興建了一座主教宮(Palais de la Berbie)，以及宏偉的堡壘和極度高聳的聖塞希爾教堂(Cathedral of Sainte-Cécile)。以南法獨特哥德式風格、當地紅橘兩色磚塊興建，主教城的古蹟和幾個世紀以來未曾變遷的城區，展現了同質且協調的氣氛，象徵著中世紀建築與城市發展的巔峰。

⚑1995 🏛文化遺產 🌐8.20 ha

# 亞維儂歷史中心：
# 教皇宮、主教團和亞維儂橋
**Historic Centre of Avignon: Papal Palace, Episcopal Ensemble and Avignon Bridge**

西元14世紀時，教皇從羅馬逃往亞維儂，入駐教皇宮(Palais des Papes)，期間經歷7位教皇，直到1377年才遷回羅馬。留下的雄偉城牆和宮殿，成為重要的歷史遺跡。

矗立在亞維儂市區的教皇宮，有「世界最大且最美的房子」之稱。西元1309~1377年期間，教皇克雷蒙五世(Clement V, 1264~1314)因為派系鬥爭而出走羅馬，選定亞維儂為駐在地，在這段期間經歷了7位教皇，歷任教皇將原有主教的府邸改建成教皇宮，內部極盡豪華奢靡之能事。

隆河上那座顯著的斷橋——聖貝內澤橋(Pont St-Benezet)，與教皇宮同為亞維儂的正字標誌，不過，風格卻大相逕庭。這座橋因為法國民謠《在亞維儂橋上》(Sur le Pont d'Avignon)而聞名。橋未斷之前有22個拱門，現因隆河氾濫沖毀僅剩一小段，橋上還殘留著祭祀著「貝內澤」的小禮拜堂。

⚑1996 🏛文化遺產 🌐1,172 ha

# 中央運河 Canal du Midi

這條橫跨法國西南部的運河，當初興建的主因是為了方便法國國內的貨物運輸，在運河打通前，貨物必須往南繞行西班牙才能到達法國另一端。1663年Bonrepos男爵Pierre-Paul Riquet極力鼓吹法國國王路易十四和首相開通這條串連大西洋和地中海的蔚藍海岸的運河，並擔下所有的工程費用和設計規畫。

1667年開工的運河，先從地中海岸的榭德(Séte)開往土魯斯(Toulouse)，再一路往西，由於大西洋和地中海兩海域的水位高低差異懸殊，要求精密的計算和工程技術，再加上需考量注入足夠的水量，才能讓運河可行船，長達240公里的水道，總共花了1萬5千名勞工長達14年的時間，興建了水閘、渠道、陸橋等350處工程，從鄰近山區的31條大小河流引水注入，成就此一劃世紀的民生工程，諸多技術也成為工業革命的前導。

⚑1999 🏛文化遺產 🌐7,847 ha

# 聖艾米里翁管轄權
**Jurisdiction of Saint-Émilion**

葡萄的栽培技術是由羅馬人帶到其統治下的富庶之地，並在中世紀時發揚光大，聖艾米里翁位於聖地牙哥朝聖路線之上，它的起源從8世紀的艾米里翁隱士開始，他為自己挖的隱修岩洞，在中世紀發展成小鎮，在12世紀英格蘭統治期間，這裡成為一個獨特的管轄區，之後更成了國家級的產酒區，如今幾乎就是上等波爾多紅酒的代名詞。

⚑2008 🏛文化遺產 🌐1,153 ha

# 沃邦的防禦工事 Fortifications of Vauban

身為法國元帥以及傑出的軍事工程師，沃邦不但參與路易十四的大小戰役，更為他設計了無數軍事工程，包括堡壘、城牆、稜堡、甚至無中生有的城鎮等等，此外更跨越了山、海等地形限制。

沃邦獲選為世界遺產的12件防禦工事，遍布法國西、北、東部的邊界上，他創新的要塞建築與攻略，見證了西方軍事建築中傳統防禦工事的巔峰，不但對後世帶來深遠的影響，部份甚至沿用至今。而他的築城理論更跨越歐洲，甚至對美洲以及東南亞和俄羅斯的防禦工事帶來重大的影響。

# 里昂舊城區 Historic sites of Lyons

里昂是隆河-阿爾卑斯山省的省會，因為地理位置特殊，一直是歐洲史上極為重要的貿易重地。羅馬時代是軍事重鎮，文藝復興時期免稅政策吸引了許多商人、銀行家到此定居，15世紀成為全歐洲印刷中心，16世紀則因絲綢成為法國紡織中心。1998年，基於里昂展現了古代到近代的都會發展歷史，里昂的舊城區列名世界遺產。

大里昂城包括了灌木區(Croix Rousse)、舊里昂區(Vieux Lyon)和現代區(Presqu'e)，可追溯到西元前歷史的舊里昂區，是世界遺產中最大的一塊文化遺跡，超過300棟不同時代的建築物，集合成一處保存完整的建築群。隨處可見的教堂與劇院，讓人仿如置身文藝復興的榮景裡，而穿梭在舊城鎮裡像迷宮一樣狹窄封頂的小巷(Traboules)，則可以想像當年運輸絲絲織品的盛況。

雖然有許多小巷已經被拆除，現在還是有超過300個小巷，主要分布在舊城區，但是在灌木區、現代區，也可以看到這種特殊型式的建築。

# 法國境內的聖地牙哥朝聖路線
## Routes of Santiago de Compostela in France

中世紀時數百萬名基督徒前往西班牙的聖地牙哥，朝拜耶穌十二門徒之一聖雅各(St Jacques)的聖骨匣。他們冀望透過旅程得到救贖，並帶回象徵聖雅各的扇貝。在橫跨法國的途中，於某些集合點與歇腳的庇護所留下足跡。這條朝聖路線已經存在了上千年歷史，被譽為基督世界三大朝聖路線之一，其他兩條則是從英格蘭的坎特伯里(Canterbury)前往羅馬，以及前往耶路撒冷的朝聖路線。

在巴黎，以大量裝飾展現火焰哥德式風格的聖雅克塔，是法國朝聖之路的起點，18世紀末拆除了教堂，如今只剩下高52公尺的塔樓，於1998年時一併被聯合國教科文組織列入世界遺產。

符號說明 📷登錄時間 ◯遺產面積　遺產類型 🏛文化遺產 ◯自然遺產 🏛綜合遺產 🏛瀕危文化遺產 ◯瀕危自然遺產 🏛瀕危綜合遺產

⏱2000 🏛文化遺產 🌐85,394 ha

# 羅亞爾河谷地
**The Loire Valley between Sully-sur-Loire and Chalonnes**

擁有豐富的城堡及古城遺跡的羅亞爾河流域(Loire Valley)，北至蘇利-須-羅亞爾(Sully-sur-Loire)，靠近奧爾良(Orleans)，西至夏隆(Chalonnes)，靠近翁傑(Angers)的這整塊羅亞爾河區域，被列入世界遺產的保護範圍。

城堡大量的出現，可分為兩個時期：第一個時期是12~14世紀出現的城堡，以作為軍事堡壘為考量，以翁傑堡(Chateau d'Angers)的高聳城牆為典型。這類城堡有的隨著槍砲的演進而逐漸荒廢，好比昔儂

堡(Chateau de Chinon)；有的被改造成適合居住而保留下來，例如布洛瓦堡(Chateau de Blois)和翁布瓦茲堡(Chateau d'Amboise)。

15~16世紀，以滿足王室需要的居住型城堡開始被建造，隨著英法百年戰爭的結束，義大利文藝復興風吹進法國，優雅華麗的城堡如雪儂梭堡(Chateau de Chenonceau)、香波堡(Chateau de Chambord)、阿澤-勒-伊多堡(Chateau d'Azay-le-Rideau)，羅亞爾河城堡真正躍升為法國王室之家。

好大喜功的法王法蘭斯瓦一世(Francois I,1515-1547)是這股風潮的實踐者，他在羅亞爾河流域大事興建城堡，更一手打造了滿足他華麗幻想的香波堡。

羅亞爾河流域谷地所留下的不只是城堡，也是10個世紀以來法國人的歷史足跡、生活型態及文化遺產，如果想要回味昔日皇室的金色年華，羅亞爾河絕對是最具代表的區域。

🖊2005 🏛文化遺產 ◇133 ha

# 勒阿弗禾：
# 奧古斯特・培瑞重建的城市
## Le Havre, the City Rebuilt by Auguste Perret

勒阿弗禾是塞納河谷流向海洋前的最後一道關卡。剛開始勒阿弗禾是以軍港的機能為主，目前商業與貿易繁榮的景象則始於美國獨立戰爭時期，一船船飄過大西洋的補給物資，就是由勒阿弗禾揚帆出

航，也開啟了勒阿弗禾港商業化的第一步，莫內在勒阿弗禾畫下的知名畫作「印象日出」中，也依稀可見當時勒阿弗禾的工業繁榮景象。

然而，海港的熱鬧與繁榮，卻在二次世界大戰成了戰火下的犧牲品，遭到戰爭波及而毀損的建築，佔了全城的85%，雖然勒阿弗禾在1944年9月13日即由同盟聯軍從德軍手中收復，但光是城市整頓及清理，就花費了2年時間，直到1946年才由建築師奧古斯特・培瑞(Auguste Perret)著手進行都市重建工程。

在物資及經費極為缺乏的當時，奧古斯特・培瑞選擇使用大量的混凝土進行重建，大量三層樓高的集體建築，成了勒阿弗禾新建市區最具規模的景觀，兼具傳統與現代的城市風格，也讓勒阿弗禾成為歐洲第一個列入世界遺產的20世紀都會市中心。

🖊2011 🏛文化遺產 ◇302,319 ha

# 喀斯與塞文：地中海農牧文化景觀
## The Causses and the Cévennes, Mediterranean agro-pastoral Cultural Landscape

喀斯與塞文——地中海農牧文化景觀位於法國中南部高山與深谷的交錯地帶，範圍涵蓋法國五個省份，占地約302,300公頃。

喀斯高原和塞文山脈擁有多采多姿的田園風光以及獨特建築，

不僅將人與自然環境之間和諧共生的互動關係表露無遺，同時也見證了中世紀以來地中海地區放牧傳統的演進。本區保存了幾乎所有在地中海地區都能看到的放牧型態，包括農業型放牧、季節遷徙放牧、定居型放牧等等，當地人民經常使用的放牧路徑更充分反映了數百年來的農牧傳統。

建於喀斯高原陡峭台地上的石造農舍、教堂和村莊，具體呈現了11世紀以來大修道院的組織形式。塞文山脈除了是理想的放牧地點，出產著名的高山綿羊，同時也保留了在蠶絲業鼎盛時期所建的石造建築。位於本區的洛澤爾山(Mont Lozère)，則是目前依然保有夏季遊牧傳統的少數地區之一。

🖊2012 🏛文化遺產 ◇3,943 ha

# 北卡萊海峽採礦盆地
## Nord-Pas de Calais Mining Basin

北卡萊海峽採礦盆地位於法國北部的北卡萊海峽省，從比利時邊界一直延伸到白瓊鎮(Béthune)。這裡是法國人在18到20世紀之間，沿著一條120公里長的煤礦帶建立起來的礦業文化景觀。

1930年代，本區成為歐洲極為重要的產煤區，進入礦業發展的黃金時期，並且吸引7萬多名外地人來此工作，直到1990年才停止產礦。本區反映了歐洲在工業時期大規模開採煤礦的發展史，同時也為

當時的礦區生活、礦工間緊密的社群關係，以及法國史上著名的庫里耶(Courrières)煤礦災變，留下了珍貴的紀錄。

本區納入世界遺產的範圍涵蓋了109處文化遺址、19間礦業公司廠區、600座豎井、17座礦坑、51處煤渣堆、運煤系統、3座火車站、38間學校、26棟宗教建築、礦工宿舍、市政廳、醫院等各種硬體設施。

●比利時與法國鐘樓Belfries of Belgium & France
詳見比利時
●阿爾卑斯地區史前湖岸木樁建築
Prehistoric Pile dwellings around the Alps
詳見奧地利

# 波爾多月亮港 Bordeaux, Port of the Moon

法國著名酒鄉波爾多，同時也是位於大西洋沿岸重要的海港城市，早在西元前300年左右，凱爾特人便已在此建立聚落，超過2000年的時間，這座古城的月亮港在歷史上扮演著重要的交易角色，特別是12世紀時與英國和低地國家之間的貿易往來。

波爾多的城市規模打從羅馬時期便不斷擴張，當地出現於啟蒙時代的都市計畫與建築，展現了18世紀初的新思維，成為創新的古典與新古典浪潮的傑出範例。

它的都市型式落實了哲學家們夢想中的都會藍圖：一個結合人文主義、多方性與文化的大鎔爐。

©Bordeaux Tourist Office

---

大洋洲法國屬地

# 新喀里多尼亞礁湖：珊瑚礁多樣性及相關生態系統
## Lagoons of New Caledonia: Reef Diversity and Associated Ecosystems

位於南太平洋的新喀里多尼亞，擁有全長約1500公里、全世界第二長的珊瑚礁！新喀里多尼亞大堡礁(New Caledonia Barrier Reef)環抱著一座面積廣達24000平方公里的礁湖，從距離岸邊30公里處朝西北方延伸了將近200公里的距離，這些珊瑚不但種類豐富且擁有高度地方特性，大部分都維持健康的狀態，和湖中古老的珊瑚化石相互比對，能一窺當地海洋發展歷史。

保持完好生態體系的礁湖還是瀕危動物儒艮的家以及綠蠵龜的重要築巢地，礁湖中多樣的水生生物，從浮游生物到鯊魚等大型魚類，展現了比例良好的生物棲息地特性。

---

非洲法國屬地

# 留尼旺的山峰、冰斗與峭壁
## Pitons, Cirques and Remparts of Reunion Island

位於印度洋上的火山島留尼旺，屬於法國的海外行省，位於模里西斯群島和馬達加斯加島之間，該島主要由兩座坐落於印度洋西南方、彼此相互接鄰的火山山脈組成。

被列入世界遺產的山峰、冰斗與峭壁，主要位於留尼旺國家公園(La Réunion National Park)的核心區域，在這片占據該島40%面積、超過10萬公頃的土地上，兩座高聳的火山山峰、巨大的峭壁以及三處位於懸崖邊的冰斗，掌控著全面的局勢，其他還有大量變化多端的陡峭地形與絕壁、樹木叢生的峽谷和盆地，共同營造出引人注目的地貌。此外，各色生長於此的植物，展現了高海拔的特殊現象，亞熱帶雨林、雲彩森林和石南植物，拼貼出當地的生態景觀。

# 德國 Germany

重視工業及文物保護的德國，有不少教堂、修道院或工業遺產入選。為了表達對上帝的虔敬，每個時代最流行的建築風格都表現在教堂裡；壯觀建築的背後，都有一段悠遠而具代表性的故事，猶如德國歷史，一幕幕在眼前上演。

丹麥

波羅的海

北海

喀爾巴阡山脈與德國原始山毛櫸森林
Primeval Beech Forests of the Carpathians
and the Ancient Beech Forests of Germany

史特拉爾松德與威斯瑪歷史中心
Historic Centres of Stralsund and Wismar

瓦登海
The Wadden Sea

漢撒城市-呂北克
Hanseatic City of Lübeck

荷蘭

不來梅市政廳及羅蘭雕像
Town Hall and Roland on the Marketplace of Bremen

阿爾費德的法古斯工廠 Fagus Factory in Alfeld

柏林博物館島
Museumsinsel (Museum Island), Berlin

柏林現代住宅群落
Berlin Modernism Housing Estates

波茨坦與柏林的宮殿庭院
Palaces and Parks of Potsdam and Berlin

埃森的厝爾威瑞恩煤礦場
Zollverein Coal Mine
Industrial Complex in Essen

希德斯漢的聖瑪麗大教堂和
聖米歇爾教堂
St Mary's Cathedral and
St Michael's Church at Hildesheim

奎德林堡神學院、古城和城堡
Collegiate Church, Castle,
and Old Town of Quedlinburg

波蘭

科隆大教堂
Cologne Cathedral

拉孟爾斯山礦和
戈斯拉爾歷史名城
Mines of Rammelsberg and
Historic Town of Goslar

艾斯雷本的路德紀念館建築群和威登堡
Luther Memorials in Eisleben and Wittenberg

比利時

亞琛大教堂
Aachen Cathedral

古典威瑪
Classical Weimar

穆斯考公園
Muskauer Park / Park Muzakowski

布呂耳的奧古斯都堡宮殿
與法爾肯拉斯特古堡
Castles of Augustusburg
and Falkenlust at Brühl

瓦特堡
Wartburg Castle

威瑪和德紹的包浩斯建築
Bauhaus and its Sites in Weimar and Dessau

盧森堡

德紹沃利茲的王室園林
Garden Kingdom of Dessau-Wörlitz

萊茵河中上游河谷
地 Upper Middle Rhine Valley

班堡
Town of Bamberg

拜羅伊特的侯爵歌劇院 Margravial Opera House Bayreuth

捷克

法國

麥塞爾化石遺址
Messel Pit Fossil Site

弗爾克林根鐵工廠
Völklingen Ironworks

符茲堡、宮廷花園和廣場
Würzburg Residence with the Court
Gardens and Residence Square

洛許修道院
Abbey and Altenmünster of Lorsch

史派亞大教堂
Speyer Cathedral

雷根斯堡舊城
Old town of Regensburg with Stadtamhof

特里爾的羅馬時期建築、
聖彼得大教堂和聖母教堂
Roman Monuments, Cathedral of
St Peter and Church of Our Lady in Trier

莫爾布龍修道院
Maulbronn Monastery Complex

羅馬帝國的邊界
Frontiers of the Roman Empire

賴謝瑙修道院之島
Monastic Island of Reichenau

威斯教堂
Pilgrimage Church of Wies

阿爾卑斯山區史前干欄式民居
Prehistoric Pile dwellings around the Alps

奧地利

瑞士

---

🕐 1987年　🏛 文化遺產　⬡ 527 ha

## 羅馬帝國的邊界 Frontiers of the Roman Empire

　　這條邊牆總長568公里，從萊茵河的波恩一直延伸到多瑙河的雷根斯堡，擁有60個堡壘及900座瞭望塔。羅馬帝國退出萊茵河、多瑙河流域後，周遭居民開始將邊牆搬走用做建材。後來考古學家對邊牆進行研究，並將其放置在一座博物館中，德國政府也開始出資修復。
　　邊牆自1987年被列為世界遺產，到了2005年與英國的哈德良長城合併列為一項世界遺產。●與英國並列

---

符號說明  登錄時間  遺產面積　遺產類型  文化遺產  自然遺產  綜合遺產  瀕危文化遺產  瀕危自然遺產  瀕危綜合遺產

⬡1978年 🏛文化遺產 ◯0.20 ha

# 亞琛大教堂 Aachen Cathedral

　　在今日德國領土中，位於西邊鄰近比利時與荷蘭的亞琛，於歷史地位上可說非比尋常，不但已擁有千年以上的建城歷史，該城的亞琛大教堂更因是承繼了羅馬帝國後政治上正統地位的皇家教堂，讓亞琛的威名名揚四海。

　　其中，最關鍵的轉折點，就是來自768年掌權的查理曼大帝(Charlemagne)，其朝代被稱為加洛林王朝(Carolingians)，並於800年受封加冕成為神聖羅馬帝國皇帝，取得承繼羅馬帝國的正統地位。

　　查理曼大帝在位期間，因喜歡亞琛而在此興建行宮，他所居住的行宮也就變成查理曼帝國的政治中心，經濟上的發展也更加優越。甚至大帝的遺體也葬在此教堂內。不但大帝榮耀了亞琛大教堂，就連936年的奧圖一世(Otto I)國王到1531年卡爾五世國王(Karl V)為止，一共有30位國王在亞琛的大教堂內，舉行加冕為王的儀式，可以說亞琛大教堂具有政治與宗教的雙重地位與象徵。

歐洲

德國

⬡1981年 🏛文化遺產

# 史派亞大教堂 Speyer Cathedral

　　史派亞大教堂長134公尺、高32公尺，享有歐洲最大的羅馬式教堂稱號，擁有4座尖塔的傲然氣勢，初臨乍看，大教堂似乎簡單而樸實，唯有莊重肅穆的氣氛讓人不敢小覷。其實，再仔細看看各細部，大教堂筆直高聳的廊柱上，有源自希臘典雅的建築特色，科林斯式柱頭上精雕細琢了花俏的裝飾圖案，襯托出大教堂雍容典雅的氣勢。

　　走進大殿內，8位英勇的神聖羅馬帝國的帝王塑像凜然在列，教堂內部的壁畫更是當時德國最流行的拿撒勒畫派(Nazarenes)，屬於19世紀初德國浪漫派畫家作品。

　　教堂地下室的皇家墓室(Imperial Vault)，就是安葬8位帝王與4位皇后與其他主教的陵寢，不但是全德國最大的皇家地下墓室，還因擁有精緻細膩的彩繪屋頂，被稱為全世界最美的墓室，讓人讚嘆其歷史與藝術的雙重意義。

179

# 符茲堡、宮廷花園和廣場
## Würzburg Residence with the Court Gardens and Residence Square

符茲堡主教宮是歐洲重要的巴洛克宮殿之一。主體建築由親王主教約翰菲利浦·法蘭茲，委任建築師諾曼(Neumann)規畫，從1720年至1744年完成整體架構，內部的細部建築直到1780年才完工，總計花了60年漫長的時間才完成。

主教宮內舉世知名的就是階梯大廳的濕壁畫，同時也是世界上最大的濕壁畫之一，繁雜高難度的畫法，栩栩如生，是出自提波羅(Tiepolo)之手。

階梯大廳僅由底下的圓拱柱支撐，需要相當的技術，在二次世界大戰時，這些拱柱還歷經了1945年的戰火。在大戰中，符茲堡被嚴重摧毀，當然主教宮也無法避免而遭受破壞，所幸當時已先移走部分的傢俱及藝術品，現在遊客才能在宮殿內看到真品。主教宮經過一番整修後，在1987年才開放參觀，讓人能一睹德國南部具代表性的巴洛克宮殿風采。

# 威斯朝聖教堂 Pilgrimage Church of Wies

教堂於1746年開始興建，1754年教堂的祭壇開始使用，教堂本身是在1757年才全部完工。而成就威斯教堂的最大功臣，乃是當時教堂建築的首席建築師多明尼克·辛瑪曼(Dominikus Zimmermann)設計與監工，在其精巧設計下，一改當時教堂常有的厚重、誇張與壓迫的渲染風格，改以源自法國宮殿、沙龍與豪宅式的世俗建築設計，將教堂帶入洛可可式的風尚潮流，巧妙地將巴洛克式風格移轉至洛可可式的裝飾設計，被稱為德國洛可可樣式的經典作品。

教堂內部呈現出華麗、優雅卻不氣勢凌人的感覺，巧妙地在空間不大的教堂內部中，以彎曲、流動的海草或是貝殼的花紋，帶出流暢的動感，尤其是許多纖細、金碧輝煌的線條與色彩，更賦予教堂典雅、活潑、奔放的視覺感受，宛如夢幻境界般的華麗天堂，不再是高高在上的權威感與距離感，威斯教堂成為細緻而親切的建築設計，被譽為18世紀德國宗教建築中最頂級的建築傑作。

# 奎德林堡神學院、古城和城堡
## Collegiate Church, Castle, and Old Town of Quedlinburg

奎德林堡是薩克森·奧圖大帝統治東法蘭克王國時的首都，因此在中世紀時便是一座繁榮的商業城市。

目前山城保存完好的木造結構建築，飄散出一股中世紀的城鎮風情，由於結構完整，奎德林堡是德國最大的區域型古蹟之一，全區內將近有800座的獨棟房屋被列為古蹟。城內的聖瑟瓦修教堂可說是羅馬式建築中的完美傑作。

的心血結晶，設計出德國境內洛可可建築的代表傑作，並依選帝侯之名命名為奧古斯都堡宮殿(Schloss Augustusburg)。

至於宮殿中的花園設計，則是以典型的巴洛克式風格，由法國建築師多明尼克吉拉德(Dominique Girard)仿照法國庭園風格設計而成，在沒有經過後代的華麗修復技巧下，成為今日全歐洲中最具真實巴洛克原貌風格的庭園作品。

整座宮殿建築，無論是雕刻、繪畫、壁飾、天花板、弔燈、樓梯、人物塑像設計等，綜合成洛可可最具代表性的建築物，成就18世紀最經典的宮殿建築，真實地呈現出王室貴族們優雅又奢華的精緻藝術品味。

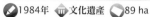

✒️1984年　🏛️文化遺產　⭕89 ha

# 布呂爾的奧古斯都堡宮殿與法爾肯拉斯特古堡

Castles of Augustusburg and Falkenlust at Brühl

十八世紀時，科隆大主教兼選帝侯奧古斯都在原本已遭破壞的城堡遺址上，重新打造出一座亮麗的宮殿建築。宮殿集結多位藝術家

✒️1986年　🏛️文化遺產

# 特里爾的羅馬時期建築、聖彼得大教堂和聖母教堂

Roman Monuments, Cathedral of St Peter and Church of Our Lady in Trier

位於莫色耳河畔(Moselle )的特里爾(Trier)，曾經在德國歷史上扮演舉足輕重的重要地位。君士坦丁大帝崛起於特里爾，在統一羅馬帝國後，使特里爾的政治地位大幅提昇，讓特里爾擁有「第二羅馬」的美譽。

特里爾的黑門是阿爾卑斯山以北保存最完整的羅馬古跡，更是全世界現存最大的羅馬古城門之一。而特里爾聖彼得大教堂的前身是君士坦丁大帝建立的古羅馬教堂原址，它不但是德國最古老的教堂，更是早期羅馬式建築風格的真實呈現。緊鄰大教堂旁就是聖母教堂，建造於1235至1250年間，堪稱為是德國最早期哥德式教堂之一。

另外還有凱撒皇帝浴池，當年是羅馬帝國的第五大浴場；另一處古羅馬圓形競技場的遺址，雖然建築物本身已然殘破，但整體規模全都保持原狀遺留下來。

# 波茨坦與柏林的宮殿庭院
## Palaces and Parks of Potsdam and Berlin

腓特烈大帝是歐洲一代軍事奇才，曾在七年戰爭中以一國之力對抗歐陸群雄，並為普魯士贏得最終勝利，就連拿破崙都受他兵法影響很深。腓特烈大帝渴慕法國文化，並與法國大思想家伏爾泰有密切的信件來往，素有「哲學家國王」之稱。

1744年，腓特烈大帝為自己興建了一座「普魯士的凡爾賽宮」，宮名Sans Souci是法文「忘卻憂煩」的意思，而在200多年後成為旅遊波茨坦的重頭大戲，也是波茨坦最引以為傲的建築藝術象徵。

黃牆、灰瓦、綠色圓頂的王宮，外觀結合巴洛克與古典主義風格，內部的豪華裝飾則是典型的洛可可代表作。宮殿內有小畫廊、圖書館、書房、寢宮等12個房間，喜愛吹笛子的腓特烈大帝最愛的是音樂廳。而鋪著大理石地板和大型法式窗的大理石廳，則是大帝與文人雅士討論哲學的地方，在伏爾泰當年作客的客房內還有一尊伏爾泰的雕像。

忘憂宮最著名的是宮殿前方遼闊的6層階梯式平台，每層平台的牆面上皆爬滿綠意盎然的葡萄藤，迤邐延伸到山丘底部的大型噴泉。而宮殿背後的半圓形雙迴廊柱，靈感則明顯來自於梵諦岡的聖彼得大教堂。雖然大帝與他的王國俱往矣，忘憂宮的美卻依然在藝術家及學者之間傳頌著。

# 漢撒城市–呂北克 Hanseatic City of Lübeck

數百年前的「漢撒同盟」時期，呂北克可是首屈一指的大城市，且是同盟的權力中心。

今日老城內被聯合國列入保護的珍貴文化遺產，就是建於漢撒同盟的全盛時期，哥德式的磚造建築藝術，由紅磚堆砌排列的樓房，居然發展出完美的建築結構，處處是優雅與迷人的氛圍。而古城內7座哥德式的教堂，更是在厚重堅實的磚造主體上矗立起高聳的尖塔，氣勢雄偉而壯觀。

呂北克的建築恢弘氣派與繁華，雖因呂北克的沒落而沉寂，不過，也因著沉寂而能保留住古老的市容，讓今日人們得以瞻仰中世紀呂北克的容顏。呂北克不但美得出奇，同時凝結了城市的驕傲，展現出大城的優雅風範。

符號說明　🖊登錄時間　◯遺產面積　　遺產類型　🏛文化遺產　🌿自然遺產　🏛綜合遺產　🏛瀕危文化遺產　🌿瀕危自然遺產　🏛瀕危綜合遺產

🧭 1991年　🏛 文化遺產　🌐 3.34 ha

# 洛許修道院 Abbey and Altenmünster of Lorsch

　　早在8世紀，位於洛許的修道院就是一處極有名聲的修道院。最初，有16位僧侶住在此地靜修，一年之後，僧侶們取得殉教者Nazarius的遺骨，修道院突然變得極受歡迎，許多信眾紛紛獻上土地、農田、果園、葡萄園、整座教堂，甚至整個村莊，修道院頓時成為當時最富有的修道院之一。由於造訪的信徒眾多，舊有的修道院不敷使用，於是往西500公尺處，於767年修建一座新的修道院，就是今日修道院的所在地。當時，盛極一時的修道院，就連查理曼大帝，也致贈了修道院許多土地。

　　今日前來洛許尋訪修道院的風采，就只見門口矗立著一棟巨型的建築物。這座曾經是全歐洲最重要的修道院，目前只遺留下修道院的國王廳(Königshalle)，但其真正用途無人能解，僅從其外牆上豐富的雕飾，想見昔日的燦爛。

　　在修道院附屬的圖書館中擁有600本手抄本書籍，館藏中最著名的文稿就是《洛許醫藥書》，堪稱醫學探討之始。

🧭 1993年　🏛 文化遺產

# 莫爾布龍修道院建築群
## Maulbronn Monastery Complex

　　莫爾布隆修道院是歐洲阿爾卑斯山以北地區保存的最完整的一座，建於1147年。由堡壘似的城牆圍繞，中間主要的建物在12-16世紀之間陸續成形，其最主要的修道院教堂是過度時期的歌德式建築，並成為後來許多歐洲北部和中部歌德式教堂的原型。此外，教堂的水利系統格外引人注目，包括設計完備的雨水排洪管道、灌溉溝渠及貯水槽等。不過，20世紀最為人所熟知的德國文學家赫曼赫塞(Hermann Hesse)中學時期曾在此就讀，也讓此修道院的名聲更為響亮。儘管赫塞在此的歲月可說是典型的慘綠少年，甚至失去身心平衡，但這座修道院曾多次出現在他的作品中。

🧭 1992年　🏛 文化遺產　🌐 1,010 ha

# 拉孟爾斯山礦和戈斯拉爾歷史名城
## Mines of Rammelsberg and Historic Town of Goslar

　　位於德國北部，哈茨(Harz)山脈以北的戈斯拉爾，早在11世紀，就已在市郊的拉孟爾斯山上發現了銀礦，因著珍貴礦產的開採，而得到神聖羅馬帝國皇帝亨利二世的青睞，於是在此興建皇帝行宮，就近享有礦產的巨大經濟利益。

　　位於古城西南隅的皇帝行宮，以羅馬式建築的風格，在此屹立數百年的輝煌歲月。約於1040年至1050年間，在亨利三世的手中達到最高潮，不但是中古世紀時最重要的城市，還在當時形成一個德意志民族的羅馬文化的中心，讓戈斯拉爾擁有「北方的羅馬」的稱號。

　　而臨近的拉孟爾斯山黃鐵礦坑，是世界上唯一持續開採了千年之久的老礦坑，雖然1988年宣布停產，但整座礦區卻搖身一變成為科技文化古蹟，以龐大、多層次的採礦設備著稱，完整地呈現出採礦歷史的技術演變過程。

# 班堡 Town of Bamberg

　　班堡自10世紀起，就和斯拉夫民族有很深的關係，在它發展最強盛的時候，約莫是12世紀起，它的建築風格影響了整個北德和匈牙利，18世紀晚期更成為南德啟蒙主義的根據地，近代最有影響力的哲學家黑格爾(George Wilhelm Friedrich Hegel)曾住在此地，傳揚人類的理性本質。

　　班堡的地理位置涵括7座小山丘，神聖羅馬帝國的亨利二世以班堡為他的權力中心，除了這一政治重要性，瑞尼茲河(Regnitz)及無數的水道、橋樑，讓班堡充滿了水的流動美感，和羅曼蒂克的氣氛。雖然巴洛克風的流行也傳染了這個中世紀小鎮，但難能可貴的是，兩種建築氛圍相互幫襯，在免於戰火後，成為觀察日耳曼原味建築最理想的地方。

# 弗爾克林根鐵工廠 Völklingen Ironworks

　　這座鐵工廠位於薩爾州的弗爾克林根市，面積達6公頃，是十九、二十世紀歐美地區修建的唯一一座綜合型煉鐵工廠。

　　工廠雖已停產，但至今仍保存完好。這間工廠在早期的科學技術及工業發展史上具有獨特地位，提供了早期鑄鐵過程的完整紀錄。

# 威瑪和德紹的包浩斯建築
## Bauhaus and its Sites in Weimar and Dessau

　　由葛洛普斯創建的「包浩斯」學院，教授們擺脫文藝復興時期的傳統建築，自成一系的建築風格，以功能引導設計，成為二十世紀建築學的先鋒。

　　在威瑪，由教授牧賀設計的白色樓房，堪稱現代建築的雛型。其後由於納粹的壓迫，包浩斯改遷德紹，此兩處的包浩斯建築在後來皆被列為世界文化遺產。

界大戰中被嚴重摧毀，在1950至1960年間重新修建完成。

神奇的是，大教堂擁有一株始建起即存在的千年薔薇，它攀爬數公尺越過教堂的外牆，至今依然生機盎然。教堂內部最引人注目的是一座大型輪狀燭台，12個燭台呈圓周排列，是世上現存最大的一座由純金打造的吊式燭台。

另外，教堂裡收藏了許多天主教的寶物，經過幾千年的收集，這些物品也被列入世界遺產的保護，例如金製的聖母像、本渥主教 (Bishop Bernward)的十字架等。

聖米歇爾教堂由本渥主教於1010年下令興建，精心設計的對稱型式，是本渥主教希望將天國的美麗事物投射至人世間的期望。內部著名的13世紀木製平頂式彩繪天井、青銅大門和廊柱，都十分具羅馬式建築特色。

🖌1985年　🏛文化遺產　◈0.58 ha

# 希德斯漢的聖母大教堂和
# 聖米歇爾教堂
St Mary's Cathedral and St Michael's Church at Hildesheim

希德斯漢建城於西元815年，872年設立為主教城市，之後開始興建聖母大教堂，因此聖母大教堂迄今已超過千年歷史。這座教堂的歷史悠久且保留了神聖羅馬帝國時期的建築風格，於1985年與聖米歇爾教堂一起被列入世界文化遺產之列。希德斯漢聖母大教堂在第二次世

🖌1995年　⚘自然遺產　◈42 ha

# 麥塞爾坑化石遺址 Messel Pit Fossil Site

本遺址位於法蘭克福市東南方35公里處的麥塞爾村，占地42公頃。從1859年開始，這裡一直是褐煤與油頁岩的礦場，1900年左右，人們發現岩層中蘊藏了豐富的化石資源，不過正式的考古挖掘工作直到1970年代才開始進行。麥塞爾坑化石遺址所出土的動物化石，年代可回溯到西元前5,700萬年至3,600萬年的始新世，無論在品質、數量及種類上都極為出色，從動物骨骼到胃內食物都完整保存了下來。這個可為哺乳動物的早期進化提供大量資料的化石遺址，原本即將面臨變成垃圾掩埋場的命運，但在當地人士的積極搶救下，黑森州政府在1991年收購此地，供作科學研究之用。

# 科隆大教堂 Cologne Cathedral

　　科隆大教堂是充滿傳奇色彩的大教堂——它已經蓋了將近800年還沒完工、傳說它是人世間最靠近上帝的所在、更傳説它是地球上最完美的歌德式建築。不管你是不是教徒，這座教堂你都一定聽過、來到德國，也一定要到科隆來看看。

　　歌德式風格的科隆大教堂，從1248年開始興建，1265年完成了主祭壇與聖詠台，但一直到1322年這座祭壇才開始正式使用。接下來的建設則進度緩慢、蓋蓋停停，1560年之後，教堂甚至完全停工了，直到1842年普魯士王國興起才為今日的規模重新打下基礎。1880年，威廉一世將最後一塊基石放置於南鐘塔，象徵性的完工。但事實上，小規模的修繕工程，從未停歇。

　　主祭壇之迴廊是科隆大教堂最古老的部分，共有七個小聖堂，建造時期在1248至1265期間。而正門入口高處的巴伐利亞彩窗，則是在1842年由巴伐利亞國王捐贈給教堂。中世紀時，人們相信光就是上帝之愛，因此，每個大教堂都會有透光的彩色鑲嵌玻璃。其他如十字架小聖堂、三博士之聖骨盒、米蘭聖母像等，都是來到科隆大教堂不能不看的至寶。

　　國際教科文組織在納入此世界遺產時，就很感性地指出：除了它不可思議的內部與壯觀的藝術集成，科隆大教堂更代表了歐洲基督教徒持久不變、經久不衰的力量。

符號說明 登錄時間 遺產面積　遺產類型 文化遺產 自然遺產 綜合遺產 瀕危文化遺產 瀕危自然遺產 瀕危綜合遺產

## 1996年 文化遺產

# 艾斯雷本的路德紀念館建築群和威登堡
## Luther Memorials in Eisleben and Wittenberg

由馬丁‧路德所發動的宗教改革，創立了路德教派的新教，造成歐洲天主教會分裂。

由於新教徒勤勉努力的精神正好切合經濟發展的需求，且政治上也促成各地諸侯君主脫離教會的掌控，而新教所設立的學校和大學等，也為現代教育奠定基礎。

這些建築是為了紀念馬丁‧路德的生活，遺址包括路德在艾斯雷本和威登堡的住處、教堂，以及他在1517年發表宗教改革95個論點的城堡教堂。

## 1998年 文化遺產

# 古典威瑪 Classical Weimar

十八、十九世紀興起的文學運動，在威瑪興起一波又一波的文藝浪潮，吸引德國重要的文人聚集，包括維蘭、歌德、席勒、赫德及雪萊，很快便成了歐洲的文化樞紐。

當年那股風潮所遺留下來的風情至今在威瑪仍清晰可見，別緻的古典風格建築庭園裡，讓人感受到的不只那場文化運動所帶來的發展，還有威瑪曾經扮演的人文重鎮角色。

187

1999年 🏛文化遺產 ◯8.60 ha

# 柏林博物館島
## Museumsinsel (Museum Island), Berlin

博物館島是柏林最重要的資產，因為這兒不但匯集了德國最重要的幾座博物館，同時每年也為柏林吸納進成千上萬的觀光人潮。

博物館島之所以被稱為島，是因為這塊區域剛好被施普雷河所包圍，形成一座宛如牛角形狀的內島。從島的最尖端開始，依序是柏德博物館、佩加蒙博物館、舊國家美術館、新博物館和舊博物館，其中又以佩加蒙博物館的典藏最豐富。

佩加蒙博物館建於1930年，是博物館島上最年輕的一座，卻也是最令人難以忘懷的一座。一走進博物館的大門，你會不由得開始懷疑

自己身在何處，眼前這座宏偉萬千的希臘建築，彷彿將你帶到了2千多年前的希臘化時代，完全忘了自己是在一座室內的博物館中。著名的佩加蒙祭壇(Pergamon Altar)於1878年在土耳其西境被德國考古學家發掘後，便被拆成小塊運回柏林，然後在博物館島上重新組裝搭建。祭壇底部的雕刻，描述的是諸神與巨人之間的戰爭，不同於古希臘藝術平衡與和諧的原則，這些雕飾被表現得誇張和激烈，極具戲劇張力，這就是希臘化時代最經典的藝術特徵，也因此佩加蒙祭壇的圖像總是出現在藝術史的教科書上。

符號說明 登錄時間 遺產面積 遺產類型 文化遺產 自然遺產 綜合遺產 瀕危文化遺產 瀕危自然遺產 瀕危綜合遺產

### 阿爾費德的法古斯工廠
**Fagus Factory in Alfeld**

*2011年　文化遺產　1.88 ha*

位於阿爾費德的法古斯工廠由10棟建築物構成，是座專門製造鞋楦的工廠，廠房內有各種製造部門、倉貯及裝配設施，且直到今日仍在運作。

這座工廠可說是現代建築史的里程碑，因為它是由葛洛普(Walter Gropius)斯設計於1911年，是所有現代工廠的範本模型。葛洛普斯利用大量玻璃外牆，一方面使其具有現代化的外觀，一方面又為工人提供至少6小時的日照光線，充分發揮他機能主義美學的理念，也為他日後創辦包浩斯學院埋下伏筆。

### 瓦特堡　Wartburg Castle

*1999年　文化遺產*

被森林環繞的瓦特堡，怎麼看都是完美城堡印象的真實版，不過，它的歷史除了軍事戰爭外，也和宗教、德國統一有著密切的關係。

1521年馬丁·路德因躲避羅馬教廷的宗教迫害，隱居在瓦特堡中，接受薩克森國王的庇護。躲藏期間，路德將古拉丁文聖經翻譯成德文，讓讀聖經不再是神職人員的專利，大大降低了教會的神祕與權威性，使他成功地推動宗教改革。

歌德於1777年造訪瓦特堡後，目睹瓦特堡岌岌可危，於是挺身籌募維修資金，號召當地居民共同加入搶救工程，此舉不但使瓦特堡再次引起人們注意，也帶給其重生的機會。

歐洲

德國

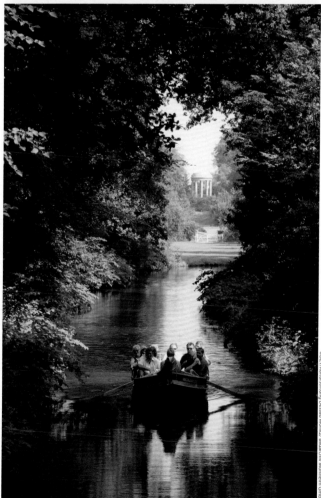

### 德紹沃利茲的王室園林
**Garden Kingdom of Dessau-Wörlitz**

*2000年　文化遺產　14,500 ha*

這座王室園林由十八世紀的攝政王李奧波三世所建，占地廣達150平方公里，可說是啟蒙運動園藝設計的典範。

這些設計將美學、教育及經濟目的和諧地融合在一起，並結合英式風格的建築及庭院景觀，在河流環繞的英式公園、城堡及中國寶塔建築裡，處處可感受十八世紀的美學景致。

**2000年** 🏛 **文化遺產**

# 賴謝瑙修道院之島
## Monastic Island of Reichenau

　　修道院之島上三座修建於九到十一世紀的羅馬式教堂，為中世紀中歐建築風格提供了典範。這些位於賴謝瑙島上的修道院，見證了中世紀的本篤教會和文化，教堂內部的壁畫充分印證了賴謝瑙在當時已成為歐洲的一處藝術中心。

　　另外，教堂內還展示卡洛林及奧托王朝時期盛行的東方文化。

**2001年** 🏛 **文化遺產**

# 埃森的厝爾威瑞恩煤礦場
## Zollverein Coal Mine Industrial Complex in Essen

　　位於埃森的厝爾威瑞恩(Zollverein)煤礦採掘場，與一般人對煤礦場與礦坑的醜陋印象不大相同；此地的煤礦挖掘場是由一座高聳巨大的鐵架，與周圍的巨大廠房，構成一幅如煉鋼廠般，重工業文明的代表圖像。

　　原來，厝爾威瑞恩煤礦採掘場的設計與興建時期，已是魯爾區煤礦業開始走下坡階段，於是礦場主人為節省成本、持續煤礦場的生存，與2位工業建築師於1928年開始構想此一全新的煤礦場改建計畫，由繪圖、設計、興建到完成，只花上4年時間。結合美學與效率、工業與藝術的設計理念，不但保留住歐洲最完整的煤礦區，工業建築也得到更新生命力的偉大成就；厝爾威瑞恩不僅見證了德國煤礦經濟史，更是結合工業與美學的傑出建築典範。

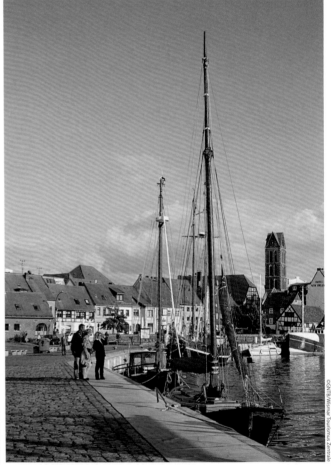

**2002年** 🏛 **文化遺產** ⬡ **168 ha**

# 史特拉爾松德與威斯瑪歷史中心
## Historic Centres of Stralsund and Wismar

　　仍保留十四世紀建築風格的老城史特拉爾松德和威斯瑪，曾是中世紀時的海上貿易重鎮，見證了漢撒同盟的全盛時期。

　　這兩座城市保有完整的中世紀風格，從建築、街道、港口、廣場等，都能追溯當時所遵循的呂北克法律，也是漢撒同盟時期典型的海岸商城。雄偉的建築向世人展示海港當時可觀的財富，以及不凡的政治勢力。

符號說明 ✒登錄時間 ⬡遺產面積　遺產類型 🏛文化遺產 🌳自然遺產 綜合遺產 瀕危文化遺產 瀕危自然遺產 瀕危綜合遺產

2004年　文化遺產　0.29 ha

# 不來梅市政廳及羅蘭雕像
## Town Hall and Roland on the Marketplace of Bremen

　　市政廳及羅蘭雕像都是不來梅在神聖羅馬帝國時期繁榮的標記。市政廳建於1405至1410年間，17世紀被改建為德國北方的文藝復興式樣，稱為威悉文藝復興，而市政廳正是這種建築風格中的佼佼者。廣場上的羅蘭像則是世界上最古老、最具代表性的羅蘭像，羅蘭是查理曼大帝的手下大將，在與巴斯克人的戰役中陣亡，其事蹟透過著名史詩《羅蘭之歌》而廣為人知。

　　羅蘭作為不來梅的守護者，從9世紀起就豎立有他的木像，1404年改立為石雕像。傳說只要羅蘭像能繼續屹立著，不來梅就能保持自由且獨立的地位，因此被視為不來梅自由共和與貿易權利的象徵。

2002年　文化遺產　27,250 ha

# 萊茵河中上游河谷地
## Upper Middle Rhine Valley

　　充滿浪漫情調的萊茵河，發源地不在德國(在瑞士阿爾卑斯山區)、入海口也不在德國(在荷蘭入海)，但最精華段都在德國，而且，對德國人來說，這是一條如父親般的河流(母親則是多瑙河)。

　　早在羅馬帝國時期，這條河的航運就極其發達，尤其特殊的是，由於萊茵河整段河流幾乎沒有落差，即使在科技不發達的過去，這條河都可以雙向行船。

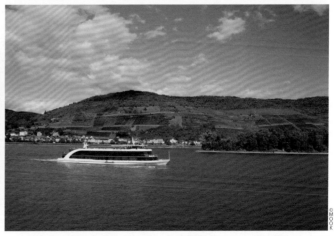

　　因此，萊茵河基本上就像一條柔嫩的橋，默默地連繫著許多不同的文化與思想，交匯出炫爛的歐洲藝術源頭。

　　這裡所稱的上中萊茵河谷地指的是從靠近法蘭克福處的一段長65公里的地帶，從賓根(Bingen)小鎮往北綿延到科布倫次(Koblenz)。這一段的萊茵河谷地以其各自小鎮、城堡、葡萄園和地理面貌，解釋了人類與不同的自然環境互動的歷史，並且此段的自然景致與人文景觀更曾激發許多著名文人、藝術家與音樂家的創作。

　　時至今日，鐵路已取代了航運價值，但對遊人來說，萊茵河更引人入勝的是歌詠他的詩歌與讚美他的神話與傳說；此外，萊茵河沿岸也是歐洲種植葡萄的最北線，是德國區內最大的葡萄酒產地，這裡的白酒，品質絕佳。美景配美酒，「萊茵浪漫」，是旅遊德國時不可錯過的最精華。

# 雷根斯堡舊城
## Old town of Regensburg with Stadtamhof

　　西元179年，羅馬人在雷根斯堡以石材建立了雷吉納城堡。中世紀時期，雷根斯堡的地位愈形重要，巴伐利亞公爵選擇定居於此，波蘭王國更在這裡建立。

　　1245年左右，雷根斯堡成為自由城市，得天獨厚的地理位置，讓它因商業往來頻繁而日漸繁榮。古城裡的穀物市場、聖彼得大教堂、公爵宮殿等，至今都保留著原有的建築型態，是阿爾卑斯山以北最經典的德國都城。

# 喀爾巴阡山脈與德國原始山毛櫸森林
## Primeval Beech Forests of the Carpathians and the Ancient Beech Forests of Germany

　　喀爾巴阡山脈與德國境內的原始山毛櫸森林，是認識這種遍布北半球的植物其歷史、進化與生態學不可或缺的研究對象。這裡跨越多元溫帶林區，展現了該植物在各種生長環境下完整的生活模式，沿著一條長達數百公里的軸線，一路從烏克蘭向西延伸至斯洛伐克，再到德國中北部，其中包括了寶貴的山毛櫸基因庫以及該區多種相互依存的物種，它們同時是上次冰河時代後當地生態系統重新移植和發展的傑出範例，這項進程至今仍持續發展中。

　　這座遺產在2007年被提名時，範圍只限於斯洛伐克和烏克蘭，直到2011年，德國境內的山毛櫸森林才被納入。

●與斯洛伐克、烏克蘭並列

📍2008年 🏛文化遺產 ⬤88 ha

# 柏林現代住宅群落
## Modernism Housing Estates

　　建於1913至1932年間的柏林現代住宅群落正是所有現代社區建築的原始樣板！這些住宅以最有效率的格局設計，滿足所有居住上的功能需求，因而解決了當時居住空間不足的問題，正好符合了後工業時代新世界的期待，是以其所發揮的影響可以說是無遠弗屆的。

📍2009 💧自然遺產 ⬤982,004 ha

## 瓦登海 The Wadden Sea

　　橫越歐洲大陸西北部到北海之間的淺海和潫地，瓦登海面積涵蓋荷蘭的瓦登海保護區以及德國的瓦登海國家公園，因此同屬兩國共有。這是一大片溫暖、平坦的海岸潫地環境，成形於複雜的自然與生態因素互動，當地出現大量過渡性棲息地，像是深受潮汐影響的海峽、海草地、淡菜床、河口沙洲、沼澤、沙丘等等，其中超過六成以上的範圍是多種動植物的家，包括海豹和海豚等海洋哺乳類動物，此外這裡更是1200萬隻鳥類的聚食場，它是今日少數存留下來的大規模潮間帶生態系統，境內依舊不受干擾地持續進行著自然演進。
●與荷蘭並列

📍2012年 🏛文化遺產 ⬤0.19 ha

# 拜羅伊特的侯爵歌劇院
## Margravial Opera House Bayreuth

　　本歌劇院坐落於巴伐利亞省北部的拜羅伊特鎮，是1745到1750年由布蘭登堡拜羅伊特侯爵佛雷德瑞克(Frederick, Margrave of Brandenburg–Beyreuth)的夫人威廉米娜女侯爵(Margravine Wilhelmine)所委託建造，大約可容納500位觀眾。它是現今巴洛克宮廷劇院建築中保存得最完整也極為傑出的例子，而且由於位處城市公共空間，因此對19世紀大型公共歌劇院的普及有重要的起頭作用。

　　負責劇院內部裝潢工作的朱塞佩‧加利(Giuseppe Galli Bibiena)，是當時首屈一指的舞台設計師，他全部用木材打造華麗繁複的室內空間和包廂，並且以彩飾帆布包覆天花板和包廂後牆，不僅提供了保護，也提升了音響效果。值得一提的是，劇院內深達27公尺的舞台還吸引作曲家華格納來到拜羅伊特，並且隨後在城北籌建了一座拜羅伊特節日劇院(Bayreuth Festspielhaus)，演出自己的歌劇作品《尼伯龍根的指環》。
●阿爾卑斯山區史前干欄式民居Prehistoric Pile dwellings around the Alps
詳見奧地利

📍2004年 🏛文化遺產 ⬤348 ha

## 穆斯考公園 Muskauer Park

　　穆斯考公園建於十九世紀初，是歐洲園林中相當重要且出色的代表之一。它並不以創造一個經典或天堂般的景致為目標，而是以當地的植物來塑造景觀，是在城市裡興建園林的先驅，也為後世的「園林建築」提供最佳範例，影響所及包括歐洲及美洲。穆斯考公園位於德國及波蘭邊界，是兩國共同完成的完美傑作，也更顯其珍貴。
●與波蘭並列

# 希臘 Greece

希臘擁有17項世界遺產，皆為古希臘聖地或盛世代表之處。除了這些過往的榮耀，希臘人還將古蹟賦予新生命，藉由每年舉行的慶典以及四年一度的奧林匹克運動會，將古代精神延續下去。

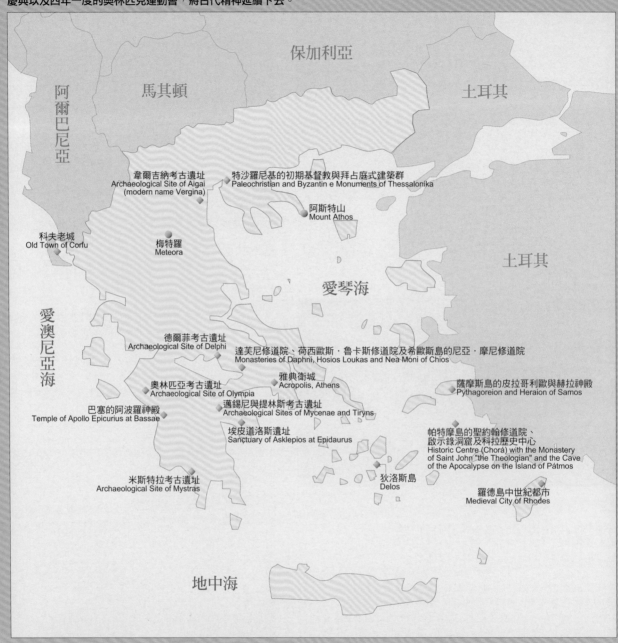

保加利亞

馬其頓

阿爾巴尼亞

土耳其

韋爾吉納考古遺址
Archaeological Site of Aigai
(modern name Vergina)

特沙羅尼基的初期基督教與拜占庭式建築群
Paleochristian and Byzantin e Monuments of Thessalonika

阿斯特山
Mount Athos

科夫老城
Old Town of Corfu

梅特羅
Meteora

土耳其

愛琴海

愛澳尼亞海

德爾菲考古遺址
Archaeological Site of Delphi

達芙尼修道院、荷西歐斯‧魯卡斯修道院及希歐斯島的尼亞‧摩尼修道院
Monasteries of Daphni, Hosios Loukas and Nea Moni of Chios

薩摩斯島的皮拉哥利歐與赫拉神殿
Pythagoreion and Heraion of Samos

雅典衛城
Acropolis, Athens

奧林匹亞考古遺址
Archaeological Site of Olympia

巴塞的阿波羅神殿
Temple of Apollo Epicurius at Bassae

邁錫尼與提林斯考古遺址
Archaeological Sites of Mycenae and Tiryns

埃皮道洛斯遺址
Sanctuary of Asklepios at Epidaurus

帕特摩島的聖約翰修道院、啟示錄洞窟及科拉歷史中心
Historic Centre (Chóra) with the Monastery of Saint John "the Theologian" and the Cave of the Apocalypse on the Island of Pátmos

米斯特拉考古遺址
Archaeological Site of Mystras

狄洛斯島
Delos

羅德島中世紀都市
Medieval City of Rhodes

地中海

---

🖊 1992　🏛 文化遺產　◇ 668 ha

## 薩摩斯島的皮拉哥利歐與赫拉神殿
### Pythagoreion and Heraion of Samos

　　薩摩斯這座愛琴海的島嶼十分靠近小亞細亞，從西元前3000年前，便已發展出自己的文明。

　　在皮拉哥利歐(Pythagoreion)這個堡壘形的港口中，可發現希臘及羅馬的歷史遺跡，包括隧道式的水道橋，而赫拉(Hera)神殿至今仍可見其壯觀的建築規模。

---

🖊 2007　🏛 文化遺產　◇ 70 ha

## 科夫老城　Old Town of Corfu

　　科夫是位於愛澳尼亞海的希臘小島，同時也掌控了亞得里亞海的出入口，極具戰略價值。在古希臘時代，科夫就已經在希臘神話中出現。

　　海洋之神波塞頓(Poseidon)迷戀上大河之神的女兒Korkyara，並把她擄來這座島嶼而結為夫妻。威尼斯強盛的時代，威尼斯人在這裡建了三座堡壘，防止鄂圖曼土耳其帝國的入侵。

---

🏅1987 🏛文化遺產 📐3.04 ha

# 雅典衛城 Akropolis, Athens

在希臘語中，Akro指的是高地、Polis則是城邦，「衛城」意指位於高地的城邦，在希臘境內有多座Akropolis，但以雅典市區的這座衛城最負盛名，也是希臘古文明的最佳見證。

西元前5世紀，雅典居民為了祭祀雅典娜女神，在市區的這座山丘上興建神殿，是衛城最早的雛型，但當時希臘與波斯之間爭戰頻繁，神殿完工後不久就被波斯軍隊占領並燒毀，而後來波斯軍隊又在其他戰役中敗戰、退出希臘，此後雅典的執政官培里克利斯(Perikles)積極設立民主體制，並大力推廣文化、藝術活動，將雅典文明帶向最鼎盛的時期，也在此時著手於衛城的重建工程。

衛城的角色，除了是祭祀的聖地，也是政治與公共場所、防禦要塞，在這處海拔70公尺高的山頭上，聳立著一座座以大理石打造的雄偉建築，而每座建築的細部更是充份展現精湛的建築工藝，堪稱古希臘建築的經典之作。

雅典衛城中最精采的遺址包括巴特農神殿、伊瑞克提翁神殿和南面的戴奧尼索斯劇場、伊羅德‧阿提卡斯音樂廳。

🏅1986 🏛文化遺產 📐20 ha

# 巴塞的阿波羅神殿
Temple of Apollo Epicurius at Bassae

這座著名的神殿是為祭祀太陽神阿波羅以及醫神阿斯克列皮亞斯(Asclepius)而建的，年代約在西元前5世紀。在希臘神殿建築的三大柱式中──多立克(Doric)、愛奧尼克(Ionic)、科林斯(Corinthian)，是目前發現最早的科林斯柱式建築。大膽的建築風格，獨立坐落在阿卡迪亞(Arcadian)群山間。

# 羅德島中世紀都市 Medieval City of Rhodes

位於羅德島北邊的羅德古城建造的時間並沒有確切的記載，約在西元前3世紀就存在了，但現在看到的規模，其實是中世紀以來的樣貌。從1309年至1523年之間，由耶路撒冷撤退的聖約翰軍團駐守在此，對抗東方的伊斯蘭教勢力，在騎士軍團的統治之下，羅德古城建造成一個固若金湯的石城，周圍由寬達12公尺的城牆圍起。除了聖約翰軍團之外，土耳其、威尼斯人也曾統治過這裡，因此整個城市呈現不同的建築景觀。位於上城的騎士團長宮殿(Palace of Grand Master)、大教堂(Great Hospital)和騎士軍團街(Street of the Knights)是舊城中最豪華壯觀的哥德式建築；而下城混和了許多清真寺、土耳其澡堂甚至猶太教堂。中世紀歐亞文明交接的景象，都保存在整個舊城的街道建築及生活型態當中。

# 德爾菲考古遺址 Archaeological Site of Delphi

德爾菲是古代希臘最重要的宗教聖地，古希臘人認為這裡是世界的中心。遺址裡有座鐘形的大理石，象徵「世界的肚臍」，也正因為它特殊的地理位置，傳說阿波羅神會在這裡顯示祂的預言。

希臘王必須藉由祭司在此地卜卦祭祀才能得知阿波羅神的預言，無論是個人或國家的命運，都必須先在這裡卜卦，得到神諭之後才能決定。因此，在與世隔絕的山上，建造了許多神殿、祭壇、劇場及收藏朝聖者獻禮的寶庫，每年都有來自各地的信徒到此地朝聖。

位在海拔2000公尺左右的德爾菲遺蹟，包括阿波羅神殿、雅典人的寶庫(Athenian Treasury)、劇場等建築都是參觀的重點，雖然交通不方便，但德爾菲特殊的環境景觀和保存完整的遺址，成為僅次於雅典衛城最熱門的遺址。

🗓1988　🏛文化遺產　📐1,394 ha

## 埃皮道洛斯考古遺址
### Archaeological Site of Epidavros

今日以露天劇場上演古典戲劇之慶典聞名的埃皮道洛斯，最初其實是因醫療聖地之名而享譽希臘！

西元前6世紀時，醫神阿斯克列皮亞斯(Asclepius)的信仰在當地蔚為流傳，許多信徒紛紛前來醫神傳說中的誕生地，希望能被神力治癒。到了西元前4世紀時，埃皮道洛斯盛極一時，成為古代最著名的醫療中心，不辭千里而來的病患，在當地的醫療室中休息，希望醫神能在他們的睡夢之中，指點正確的醫療方式。

有趣的是，埃皮道洛斯頭除神廟和大量住宿設施外，還建造了浴場、劇場甚至運動場等建築，從遺跡的各種功能來推斷，發現古希臘人早已發現心理的醫療與身體醫療一樣重要，據說劇場的出現，也是為了讓病人能在欣賞戲劇、音樂的同時，身心感到放鬆而幫助療效。

🗓1988　🏛綜合遺產　📐272 ha

## 梅特羅 Meteora

梅特羅自從登錄為世界遺產之後，每天都有超過2000人的朝聖者與觀光客湧入。最主要的參觀重點是位於高起岩塊上的修道院，大部分建於14世紀，在修道院裡的生活十分簡陋，直到距今100年前，修道士所需的食物和水都仰賴纜索運輸。現在總共有6座修道院殘存下來，院內的聖像畫非常精細，是另一個吸引人的地方。

🗓1988　🏛綜合遺產　📐33,042 ha

## 阿斯特山 Mount Athos

阿斯特山是希臘東方正教的聖山，嚴禁女性及小孩入山，自西元1054年即是希臘東正教的精神中心。

這座拜占庭藝術的寶庫，擁有20座修道院以及約1400名修道士，其山城布局和建築設計，影響遠至俄羅斯，而繪畫學校的創作則影響了東正教的藝術。

197

1989　文化遺產　54 ha

# 米斯特拉考古遺址
## Archaeological Site of Mystras

在伯羅奔尼撒半島的斯巴達西南方大約5~6公里處，有一座中世紀城市遺跡，至今仍保留昔日的面貌，靜靜的隱藏於Taygetos山、靠近古斯巴達綠意盎然的陡峭斜坡中。

沿著Taygetos山坡分布，曾經盛極一時的米斯特拉，如今是座無人居住的「廢墟」，也是一處展現拜占廷文化的「露天博物館」。該

遺跡共分為兩個部分，由山頂往山下分別為城堡和宮殿群所在的上城，以及齊聚教堂與修道院的下城。

米斯特拉的興起和斯巴達密不可分，甚至可說「成也斯巴達、敗也斯巴達」，原因在於13世紀中葉，由於斯巴達沒落，法蘭克人於是在附近另闢城鎮與修築城堡，為它打下初步的根基。

而後米斯特拉一路在拜占庭、土耳其和威尼斯人的統治下不斷發展，在17世紀時一度因為蠶絲業發達，人口居然高達4萬人。然而希臘獨立戰爭後，米斯特拉重回希臘懷抱，不過1825年的一場大火，燒毀了當地的房舍，也燒去了該鎮的重要性，1831年時，奧圖一世國王決定新建斯巴達城，於是米斯特拉從此遭到廢棄。

1989　文化遺產　106 ha

# 奧林匹亞考古遺址
## Archaeological Site of Olympia

這裡是奧林匹克運動會的發源地，希臘人為表現他們對眾神的崇敬，而舉行各種祭神慶典。希臘人多半同時舉辦體育競技和文藝表演，這些競技中，就以奧林匹亞最為知名，因為這是為眾神之王宙斯

所舉行的。

奧林匹亞與宙斯的密不可分，遺址裡的布局足堪說分由。整個奧林匹亞遺址的正中心坐落著西元前5世紀興建的宙斯神殿，儘管神殿已頹圮，那些散落一地、彷如巨輪的多利克式石柱依然懾人心魄。巨大神殿裡面安放的，就是曾經名列古代世界七大奇蹟之一的宙斯神像。

奧林匹亞遺址裡除了宙斯、赫拉(Hera，宙斯的妻子)兩座工程浩大的神殿，更擁有一座可容納4萬5千名觀眾的體育場以及面積更大的賽馬場，這也是當年體育競技的所在。

✏️1990　🏛️文化遺產　🗺️3.70 ha

## 達芙尼修道院、荷西歐斯・魯卡斯修道院及希歐斯島的尼亞・摩尼修道院

Monasteries of Daphni, Hossios Luckas and Nea Moni of Chios

　　這三座修道院雖然相隔有一段距離，但其美學特色相仿。建於廣場中的教堂皆為十字型，大圓頂由內角拱支撐著，呈八邊形結構。在金色背景裝飾著華麗的大理石，為拜占庭藝術第二個黃金時間的象徵。其中達芙妮修道院創立於西元1080年，在興建的過程中躲過了多次的遭入侵者破壞與地震的厄運，落成為一座十字造型、中央聳立大型圓頂的拜占庭式建築，1211年時，來自法國的西妥會修士(Cisterican Monks)替修道院的立面，增建了兩座法國哥德式的拱門，然而到了土耳其人統治時期，這裡成為一處軍營，直至16世紀才重回希臘東正教的懷抱。

　　命運多舛的達芙妮修道院在1889和1897年時歷經兩次地震的破壞，結構大大損毀，而1999年的另一場地震無疑是給它致命的一擊，修道院從此關閉進行全面的整修。

　　如今內部有一座小型博物館展出支柱雕刻與殘缺的浮雕裝飾，至於修道院本身，先知、天使、聖母……各個姿態生動且金碧輝煌的重現於觀賞者的眼前，至於位於圓頂中央的全能耶穌，注視著人世間的子民。由於拜占庭式的馬賽克鑲嵌不但耗時且斥資繁重，因此11世紀後許多拜占庭教會幾乎都不採用馬賽克鑲嵌，也因此成為該風格最晚期代表作。

✏️1990　🏛️文化遺產　🗺️351 ha

## 狄洛斯島 Delos

　　狄洛斯島位在基克拉澤群島的中央，因為地理位置特殊，狄洛斯島自古就是戰略要塞，到了羅馬人統治時代，這裡更成為愛琴海的海上貿易中心，來自敘利亞、埃及等商隊都曾在島上留下遺址。除了經濟發達之外，狄洛斯島傳說是太陽神阿波羅的出身地，因此自西元前700年開始就被視為祭祀的聖地，至今留下許多神廟遺址。

©GNTO/Kouzouni

## 邁錫尼與提林斯考古遺址
**Archaeological Sites of Mikines and Tiryns**

🖊 1999　🏛 文化遺產

邁錫尼(Mycenae)與提林斯(Tiryns)是兩個希臘最重要的古文明遺址,從其中挖掘出來的大量古文物證明了長久以來不可解的邁錫尼文明之謎,也讓荷馬兩部史詩《伊里亞德》和《奧迪賽》中提到的黃金王國邁錫尼,從神話中走出來成為證據確鑿的歷史。邁錫尼遺址是德國的考古狂人施里曼(Heinrich Schliemann)於1876年挖掘出來,讓這個在西元前16~12世紀支配希臘本土及愛琴海島嶼霸權的古文明重現在眼前。

邁錫尼文明的城堡自成一格,以長寬達5~8公尺的巨石堆疊而成圍牆最為驚人,在伯羅奔尼薩半島、愛琴海上某些島嶼、希臘中南部甚至雅典,都曾發現邁錫尼式建築,但其中最具規模的,就是邁錫尼衛城。邁錫尼衛城被一條長約900公尺的城牆圍起,這座城牆由巨石一塊塊堆疊出一層堅不可破的防護,也由於這項重量級的浩大工程,衍生出獨眼巨人為邁錫尼人築城的傳說,而邁錫尼人也因此保障自己的財富文化不受外族侵犯。

邁錫尼遺跡中最精采的部分包括邁錫尼衛城的獅子門( Lion Gate)、阿特留斯的寶庫(Treasury of Atreus)等,而遺跡中出土的黃金面具、酒器及各種裝飾品等都展示在雅典的國家考古博物館,這些出土文物可說是邁錫尼文明的精華。

## 特沙羅尼基的初期基督教與拜占庭式建築群
**Paleochristian and Byzantine Monuments of Thessalonika**

🖊 1988　🏛 文化遺產　🌊 5.33 ha

特沙羅尼基這座省城兼海港建立於西元前315年,是最早的基督教傳播地之一。

城裡許多精緻的基督教建築,經由西元4世紀至15世紀不斷的修建,而呈現出不同時期的建築特色,這點也影響了拜占庭世界。聖德米特(St Demetrius)和聖大衛(St David)教堂的馬賽克藝術,可說是早期基督教藝術的偉大作品。

## 帕特摩島的聖約翰修道院、啟示錄洞窟及科拉歷史中心
**Historic Centre (Chorá) with the Monastery of Saint John "the Theologian" and the Cave of the Apocalypse on the Island of Patmos**

🖊 1999　🏛 文化遺產

帕特摩島是神學家聖約翰(St John)執筆寫下《福音書》(Gospel)和《啟示錄》(Apocalypse)的地方。島上的宗教建築不少,10世紀末期這裡建造了一座修道院,成為希臘東正教的學習地及朝聖地。至於島上最古老的聚落科拉(Chorá),也有不少宗教及民間的建築,也都納入世界遺產範圍。

## 韋爾吉納考古遺址
**Archaeological Site of Vergina**

🖊 1996　🏛 文化遺產　🌊 1,421 ha

本遺址位於希臘北部的韋爾吉納鎮,自1850年代開始,考古學家就推測這裡是馬其頓王國第一個首都艾加伊(Aigai)的所在地,並且埋藏了當時留下來的古老墳塚。1861年,挖掘工作在法國拿破崙三世的贊助下開始進行,不過直到1977年之後,希臘考古學家馬諾里斯·安卓尼可斯(Manolis Andronikos)在山丘上挖掘到馬其頓國王的墓室,韋爾吉納鎮才成為舉世聞名的考古遺址。

本址的考古遺跡除了包含一座以馬賽克與灰泥裝飾的奢華宮殿,以及其中一部分可回溯到西元前11世紀的300多座古墳,還有亞歷山大大帝之父菲利浦二世(Philip II)的皇家墳塚。

符號說明　🖊 登錄時間　🌊 遺產面積　　遺產類型　🏛 文化遺產　🌋 自然遺產　🏛 綜合遺產　🏛◆ 瀕危文化遺產　🌋◆ 瀕危自然遺產　🏛◆ 瀕危綜合遺產

# 羅馬教廷(梵諦岡)Holy See

羅馬教廷指的是羅馬天主教教宗司法所管轄的地方，幾乎就等同於一般人所認知的梵諦岡，為世界上面積最小的國家，僅0.44平方公里，人口約800人。由於就位於羅馬城裡，這兩座世界遺產範圍可謂高度重疊。

義大利

羅馬歷史中心
Historic Centre of Rome,
the Properties of the Holy
See in that City Enjoying
Extraterritorial Rights and
San Paolo Fuori le Mura

梵諦岡城
Vatican City

義大利

🗓1980年　🏛文化遺產　◯1,485 ha

## 羅馬歷史中心和羅馬教廷時期的宗教及公共建築

Historic Centre of Rome, the Properties of the Holy See in that City Enjoying Extraterritorial Rights and San Paolo Fuori le Mura

　　由傳說中的建城，歷經世代的擴張，羅馬從點到面，成為當時歐洲最大帝國的首都；帝國滅亡，天主教繼之而起，雖然教堂取代神殿，可是羅馬已成為一種精神、信仰、藝術的代名詞，它是人類文明永恆的象徵。

　　被列為世界遺產的部分包括幾處古老遺跡：議事廣場、奧古斯都的陵寢、哈德良陵寢、萬神殿、圖拉真柱、馬可士奧略利歐柱、羅馬教廷時期的宗教和公共建築，及城牆外的聖保羅。

　　羅馬議事廣場是最早的政治與商業活動中心，神殿、大會堂、元老院、凱旋門、演講台等具有公共功能的建築，全集中於此。

　　1990年世界遺產組織把羅馬入選的範圍擴大到由教皇烏巴諾八世(Urbano Ⅷ) 於17世紀所修建的城牆，這其中又包含了啟發無數文藝復興大師的萬神殿、位於台伯河畔的奧古斯都陵寢、改建為聖天使堡的亞德利安諾陵寢(Mausoleo di Adriano)及馬克奧里略大柱(Colonna di Marco Aurelio)等帝國時期的遺跡。

　　歷任教皇們為使羅馬更加符合天主教國都的身分，還在城牆外盡力增建或重修大大小小的教堂，例如富於鑲嵌藝術之美的聖母瑪莉亞大教堂、拉特拉諾的聖約翰教堂、聖保羅教堂等。

●與義大利並列

文化遺產

# 梵諦岡城 Vatican City

　　梵諦岡是世界上最小的國家、擁有最多的信仰人口，具體表現出上帝在俗世的統治權。梵諦岡有屬於自己的廣播媒體，還發行郵票、貨幣和報紙，更是一個獨立的政權，也是全球天主教徒的聖地。

　　在這樣的聖地裡有著世界上最珍貴的博物館之一及最大的教堂，梵諦岡博物館保存了數不盡的無價藝術品，從埃及、文藝復興的大師作品到現代藝術，這些都歸功於歷代教宗對藝術品有著極高的品味，並費心收藏。而聖彼得大教堂是在公元4世紀時，君士坦丁大帝下令在據說是聖彼得埋葬的地點上，蓋一座由大石柱區隔成五5道長廊的

大教堂。如今聖彼得大教堂是一座長方形的教堂，整棟建築呈現出一個拉丁十字架的結構，造型是非常傳統而神聖，它同時也是目前全世界最大的一座教堂。在現今的聖彼得教堂長達176年的建築過程中，幾位建築或藝術史下留下大師名號者都曾參與聖彼得大教堂的興建，例如布拉曼特、羅塞利諾、山格羅、拉斐爾、米開朗基羅、貝尼尼、巴洛米尼、卡羅馬德諾、波塔、馮塔納等，可以說聖彼得大教堂集合了眾多建築天才的風格於一體，在宗教的神聖性外，它的藝術性也是很有看頭。

　　至於聖彼得廣場昭示著羅馬最輝煌的17世紀巴洛克時代，那時的建築被要求必須彰顯天父的偉大和敬畏宗教的無上神聖，貝尼尼確實辦到了教皇的要求，美麗而經過仔細計算安排的多利克柱廊，從聖彼得大教堂左右兩翼延伸而出，貝尼尼形容它有如「母親的雙臂」，將全世界的信徒導引入這宏偉的廣場，進入神聖的聖彼得大教堂。

符號說明　 登錄時間　 遺產面積　遺產類型　 文化遺產　 自然遺產　 綜合遺產　 瀕危文化遺產　瀕危自然遺產　瀕危綜合遺產

# 匈牙利 Hungary

因歷史上屢遭外族入侵，而讓匈牙利在文化上留下了豐富的遺產，再加上地貌上的變化多端，除了四周環繞山脈且被多瑙河從中一分為二之外，東部的大草原、西南部的湖泊、東北部的葡萄園等，都增添了它不同的風情與特色。

阿格特雷克及斯洛伐克喀斯特洞窟群
Caves of Aggtelek Karst and Slovak Karst

斯洛伐克

烏克蘭

奧地利

帕農哈馬的聖本篤會修道院及其自然環境
Millenary Benedictine Abbey of Pannonhalma and its Natural Environment

古村落霍羅克
Old Village of Hollókő and its Surroundings

布達佩斯
Budapest, including the Banks of the Danube, the Buda Castle Quarter and Andrássy Avenue

荷托貝吉國家公園
Hortobágy National Park - the Puszta

費托文化景觀
Fertő / Neusiedlersee Cultural Landscape

托卡伊葡萄酒歷史文化景觀
Tokaj Wine Region Historic Cultural Landscape

佩奇的早期基督教遺跡
Early Christian Necropolis of Pécs (Sopianae)

克羅埃西亞

塞爾維亞

羅馬尼亞

🕐 1987、2002年　🏛 文化遺產　🌿 473 ha

## 布達佩斯

Budapest, including the Banks of the Danube, the Buda Castle Quarter and Andrássy Avenue

　　被喻為「多瑙河珍珠」的布達佩斯以多瑙河為中央線，一分為二。特別是位於河西岸，布達山丘上的城堡，隨著時代的潮流，從羅馬式的圓形古堡發展成為一座哥德式的城堡區，多元且繽紛的建築型態，不僅僅見證了當時建築師們的美學功力，也完全展現布達的完整歷史，更是被遴選為世界文化遺產的重要原因。

　　具有「中歐巴黎」之稱的布達佩斯，不僅是匈牙利的首府，同時還是全國的行政與經濟文化中心。布達佩斯橫跨在多瑙河的兩岸，是布達與佩斯兩個城市組合而成的，左岸是古老又傳統的布達城，右岸則是充滿巴洛克與古典主義建築的商業城市佩斯。

　　布達城堡山保存許多重要的布達佩斯中古遺跡，以及幾個不錯的博物館，更是全覽整個布達佩斯和多瑙河的眺望點。海拔約170公尺的城堡山位在長約1公里的高原地上，主要分為皇宮和舊城兩大部份，皇宮所在地是13世紀所建的城堡，舊城則是當時中古時代平民主要的居住生活地。從布達跨越多瑙河到右岸的佩斯，瞬間就從古典高雅風情轉換到現代繁榮的現代都會。

203

1987年　🏛 文化遺產　145 ha

# 古村落霍羅克
## Old Village of Hollókö and its Surroundings

　　霍羅克是個展現歷史文化地風情小村莊。整個村莊僅有兩條道路，道路兩側建立著極具歷史價值的民房，其中有65個房舍是受到保護的。覆蓋著乾草的木造民房是帕羅次(Palóc)地區的傳統建築風格。

　　由於這種建材易燃，霍羅克村的房舍自13世紀以來便歷經多次的火災損毀，而現今所看到的村景，是19世紀初1909年一場大火後重建的，不過建築整體結構仍從中世紀保存至今。

1995年　🔔 自然遺產　56,651 ha

# 阿格特雷克及斯洛伐克喀斯特洞窟群
## Caves of Aggtelek Karst and Slovak Karst

　　這個位於匈牙利和斯洛伐克邊界的石灰岩洞群(又稱喀斯特地形)，共有715個石灰岩洞，這是非常罕見、珍貴的溫帶地區石灰岩洞，有別於熱帶與冰河地區的石灰岩洞，其中有一段長達25公里的洞穴「巴拉德拉——多明加洞穴」(Baradla-Domica Cave)非常精采，裡面有鐘乳石、石筍與地下激流等珍奇的地理景觀。

　　就自然、地理、氣候、地質、生物、歷史學等各種角度來看，這裡擁有觀光及研究價值，1995年由匈牙利、斯洛伐克兩國共同提出並列入世界遺產名單中。
　　●與斯洛伐克並列

## 帕農哈馬的千年聖本篤會修道院及其自然環境
Millenary Benedictine Abbey of Pannonhalma and its Natural Environment

🖊1996年 🏛文化遺產 🛡47 ha

帕農哈馬聖本篤會修道院建立於996年，是匈牙利最古老的修道院，匈牙利的開國國王聖依斯特凡的父親，體察到匈牙利人要在歐洲長治久安必須要先入境隨俗，因此，改信天主教並建立這座修道院，因此，這裡可說是匈牙利天主教精神萌芽之所。

這座哥德式的修道院其間雖歷經幾番整修，但古老的地下室、哥德式迴廊、頂棚的溼壁畫及圖書館仍完善的保存下來，環境非常的清幽，目前仍有修道士在此居住。

©Hungary Tourism

🖊2000年 🏛文化遺產 🛡3.76 ha

## 佩奇的早期基督教墓園遺跡
Early Christian Necropolis of Pécs (Sopianae)

佩奇(古稱Sopianae)由於氣候溫暖加上多瑙河流域的富饒土地，使羅馬人早就在這塊土地紮根生存，而埋入地下幾千年的文物，隨著考古學家不斷的挖掘，也陸續呈現在世人面前。

古基督教墓園遺跡就在1975年時被挖掘出。估計為西元350年時期的產物，地面上是一個簡單的禮拜堂，地面下便是墓地。因為這些墓地是建在地面上，兼具墓穴和禮拜堂的功能；而就藝術層面來說，這些墳墓以描述基督教主題的壁畫，裝飾豐富，極具藝術價值。

©MOOK

🖊1999年 🏛文化遺產

## 荷托貝吉國家公園
Hortobágy National Park - the Puszta

位於匈牙利東部的荷托貝吉國家公園有個別稱「普茲塔」(Puszta)，由大片的草原和溼地構成，在這片平原上，有大量的野生動植物在此生活，是歐洲最大的保護草原地之一。

不過這裡是以文化遺產的身分入列，傳統的土地利用形式、以及家畜在草原上吃草的田園景觀，已經超過兩千年。來到這裡，可以參加旅遊團，沿途欣賞牛、馬、羊、鳥群等有趣活潑的大自然生態。

©MOOK

🖊2002年 🏛文化遺產 🛡13,255 ha

## 托卡伊葡萄酒歷史文化景觀
Tokaj Wine Region Historic Cultural Landscape

位於匈牙利東北方，以低地與河谷地形為主的托卡伊，是個由葡萄園、農場、村落交織而成的迷人城鎮。拜火山土壤以及適合生長黴菌的微氣候所賜，這裡擁有流傳了上千年的葡萄栽培模式及釀酒文化，而且一直延續到今天。事實上，「托卡伊」(tokaj)一詞就是西元10世紀從亞美尼亞語「葡萄」演變而來的匈牙利語。

本區的建築包含羅馬天主教、東正教及猶太教教堂、充滿貴族風格的城堡和莊園，以及純樸的民宅，不過最具特色的是酒窖。它們基本上分為兩種，一種建於住宅的地下室，另一種突出於地表，不直接與住宅相連，入口處裝有鐵門或木門。

●諾吉勒湖文化景觀Fertö / Neusiedlersee Cultural Landscape
詳見奧地利

# 冰島Iceland

冰島位於地處歐亞板塊及美洲板塊交接處，地層活動頻繁，境內多火山、地震，整個國家幾乎都建立在火山之上。壯觀的冰河、噴泉、火山、激流與瀑布等自然風光，吸引全世界遊客，入選的世界遺產，都與火山地形相關。

北海

辛格韋勒國家公園
Þingvellir National Park

敘爾特塞島
Surtsey

北海

©Iceland Tourism

📷2004 🏛文化遺產 🔷9,270 ha

## 辛格韋勒國家公園 Þingvellir National Park

冰島當地最受歡迎的觀光勝地辛格韋勒國家公園，位於冰島西南方靠近Reykjanes半島和漢吉爾(Hengill)火山附近。這裡是創立於西元930年、代表全冰島的露天議會「奧爾辛」(the Althing)舉辦的地方，直到1798年停辦為止，每年都以為期兩週的議會時間，制定「自由人之間的公約」法律，同時排解紛爭，因此該地點對冰島人來說擁有非常重要的歷史價值與意義。

除了歷史回溯到10世紀的昔日的會議場所，以及將近50座以石頭和草皮搭建的斷垣殘壁和棚架之外，國家公園內還有18~19世紀的農耕遺址。整座國家公園所呈現的是當地千年以來節約使用土地的證據。

📷2008 🔵自然遺產 🔷3,370 ha

## 敘爾特塞島 Surtsey

敘爾特塞島為冰島的極南點，距離本島南方海岸33公里處，這座因為1963年火山噴發而形成的新島嶼，歷經三年半的堆積從海平面下130公尺處漸漸浮上表面，形成一座遺世獨立的迷你島嶼，從誕生之初便受到嚴密的保護，在排除人力因素的干擾下，敘爾特塞島無疑成為一座原生態自然實驗室，透過它獨特的景觀，生物學家和植物學家能夠長期觀察生物型態在新陸地生長的過程。

隨著時間過去，如今這座島嶼已經出現了各將近70種的苔蘚、維管束和地衣植物，以及近百種的鳥類和三百多種的無脊椎動物。

# 愛爾蘭Ireland

由於經過多次的戰亂及英國統治時期的刻意忽視，跟歐陸相較，從中世紀留存至今的完整建築並不多，但從兩處歷史有上千年之久的世界遺產中，可以窺見愛爾蘭豐厚的古文明面貌。

大西洋

北愛爾蘭

波茵河灣考古遺址
Archaeological Ensemble
of the Bend of the Boyne

斯凱利麥可島
Skellig Michael

英國

📷1996年 🏛文化遺產 🔷22 ha

## 斯凱利麥可島 Skellig Michael

斯凱利麥可島孤懸在愛爾蘭西南部凱里郡外16公里的海面上，約7世紀起，一座座造型奇特的蜂窩狀隱修院，矗立在高出水面600英尺的陡峭山坡上。這是早期的愛爾蘭基督徒們，遠離塵世在極端艱苦的環境裡生存的寫照。如今這個小修道院完好的保存1400年以前它最初修建時的風貌。原來的修道士使用了大約500塊石頭修建了一條石階路，一直通向夾於兩個山峰之間、被稱作「基督的馬鞍」的鞍部地區。兩個山峰中的第二個，也是最高的一個在斯凱利格·邁克島上，距離海平面714英尺。山峰頂部有一塊具有歷史意義的刻有十字架的紀念石。中世紀的朝聖者在訪問修道院後，會攀上紀念石的頂部，並且親吻岩石以示虔誠。

由於地理位置極為偏遠，要想到島上一探究竟並不容易，也因為這樣，使它一直維持著完整的風貌，千百年未曾改變。島上自成一個完整的鳥類生態圈，尤其是較小的島上，是世界上第二大的塘鵝棲息地。不過為了保護完整的自然生態，小島是禁止人登陸的。

©Ireland Tourism

✒1993年　🏛文化遺產　◇770 ha

# 波茵河灣考古遺址 Brú na Bóinne

　　波茵河灣考古遺址位於都柏林北方50公里處，是一群史前墳墓群，它們的歷史比埃及金字塔還要久遠，是世界上最巨大、保存最完整的「長廊式墓穴」建築，顧名思義，此類建築指的是要通過一條長長的通道，才能進到裡頭的墓室。年代大都在新石器時期，建造地點則多是沿著大西洋沿岸的歐洲地區。

　　此區主要有三座墳墓：紐格蘭奇(Newgrange)、諾斯(Knowth)、

道斯(Dowth)。紐格蘭奇巨石古墓大約建造於西元前3200年，這座神奇的古墓占地大約一英畝，周圍環繞著97塊巨石，其中一些巨石上還刻有中世紀時期的圖案花紋。墓室入口的石板上，裝飾著螺旋狀的神祕圖紋。石塚之下是一條長達19公尺的走廊，兩側共有43座石柱，走廊一直通到中心墳室，墳室後面尚有2個房間，屋頂有6公尺高，並由石板做成一奇異的突形頂。另外還有3座奉獻水池，裝飾著光滑的石頭。

　　墓室最神奇的是入口上方敞開的一個小長方窗口，每年冬至的黎明時分，光線會慢慢穿透19公尺長的通道，射入墓室內最裡端的石塊上。

# 義大利 Italy

義大利為全球世界遺產最多的國家，多達47座。受遊客歡迎的義大利是文藝復興起源之地，深厚的文化底蘊，大城市如羅馬、翡冷翠、威尼斯，小城鎮如西恩納、比薩、龐貝均被列為世界遺產，其中有44項文化遺產、3項自然遺產。

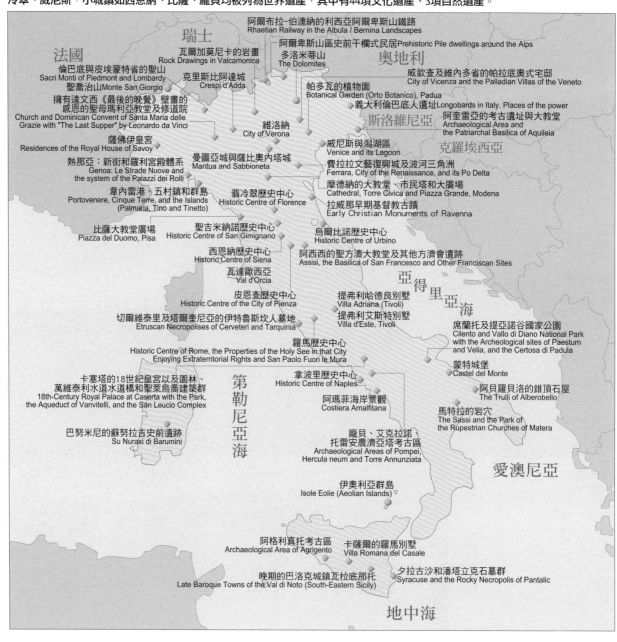

瑞士

法國

奧地利

斯洛維尼亞

克羅埃西亞

阿爾布拉-伯連納的利西亞阿爾卑斯山鐵路
Rhaetian Railway in the Albula / Bernina Landscapes

瓦爾加莫尼卡的岩畫
Rock Drawings in Valcamonica

阿爾卑斯山區史前干欄式民居 Prehistoric Pile dwellings around the Alps

多洛米蒂山
The Dolomites

倫巴底與皮埃蒙特省的聖山
Sacri Monti of Piedmont and Lombardy
聖喬治山 Monte San Giorgio

克里斯比阿達城
Crespi d'Adda

擁有達文西《最後的晚餐》壁畫的
感恩的聖母瑪利亞教堂及修道院
Church and Dominican Convent of Santa Maria delle
Grazie with "The Last Supper" by Leonardo da Vinci

薩佛伊皇宮
Residences of the Royal House of Savoy

熱那亞：新街和羅利宮殿體系
Genoa: Le Strade Nuove and
the system of the Palazzi dei Rolli

韋內雷港、五村鎮和群島
Portovenere, Cinque Terre, and the Islands
(Palmaria, Tino and Tinetto)

比薩大教堂廣場
Piazza del Duomo, Pisa

威欽查及維內多多省的帕拉底奧式宅邸
City of Vicenza and the Palladian Villas of the Veneto

帕多瓦的植物園
Botanical Garden (Orto Botanico), Padua

義大利倫巴底人遺址 Longobards in Italy. Places of the power

阿奎雷亞的考古遺址與大教堂
Archaeological Area and
the Patriarchal Basilica of Aquileia

維洛納
City of Verona

曼圖亞城與薩比奧內塔城
Mantua and Sabbioneta

威尼斯與潟湖區
Venice and its Lagoon

費拉拉文藝復興城及波河三角洲
Ferrara, City of the Renaissance, and its Po Delta

摩德納的大教堂、市民塔和大廣場
Cathedral, Torre Civica and Piazza Grande, Modena

拉威那早期基督教古蹟
Early Christian Monuments of Ravenna

翡冷翠歷史中心
Historic Centre of Florence

聖吉米納諾歷史中心
Historic Centre of San Gimignano

西恩納歷史中心
Historic Centre of Siena

瓦達歐西亞
Val d'Orcia

皮恩查歷史中心
Historic Centre of the City of Pienza

切爾維泰里及塔爾奎尼亞的伊特魯斯坎人墓地
Etruscan Necropolises of Cerveteri and Tarquinia

烏爾比諾歷史中心
Historic Centre of Urbino

阿西西的聖方濟大教堂及其他方濟會遺跡
Assisi, the Basilica of San Francesco and Other Franciscan Sites

亞得里亞海

提弗利哈德良別墅
Villa Adriana (Tivoli)

提弗利艾斯特別墅
Villa d'Este, Tivoli

席蘭托及提亞諾谷國家公園
Cilento and Vallo di Diano National Park
with the Archeological sites of Paestum
and Velia, and the Certosa di Padula

羅馬歷史中心
Historic Centre of Rome, the Properties of the Holy See in that City
Enjoying Extraterritorial Rights and San Paolo Fuori le Mura

蒙特城堡
Castel del Monte

卡塞塔的18世紀皇宮以及園林、
萬維泰利水道橋和聖萊烏喬建築群
18th-Century Royal Palace at Caserta with the Park,
the Aqueduct of Vanvitelli, and the San Leucio Complex

拿波里歷史中心
Historic Centre of Naples

阿瑪菲海岸景觀
Costiera Amalfitana

阿貝羅貝洛的錐頂石屋
The Trulli of Alberobello

馬特拉的岩穴
The Sassi and the Park of
the Rupestrian Churches of Matera

第勒尼亞海

巴努米尼的蘇努拉吉吏史前遺跡
Su Nuraxi di Barumini

龐貝、艾克拉諾
托雷安農濟亞塔考古區
Archaeological Areas of Pompei,
Herculaneum and Torre Annunziata

愛澳尼亞

伊奧利亞群島
Isole Eolie (Aeolian Islands)

阿格利真托考古區
Archaeological Area of Agrigento

卡薩爾的羅馬別墅
Villa Romana del Casale

夕拉古沙和潘塔立克石墓群
Syracuse and the Rocky Necropolis of Pantalic

晚期的巴洛克城鎮瓦拉底那托
Late Baroque Towns of the Val di Noto (South-Eastern Sicily)

地中海

---

2011　文化遺產

# 義大利倫巴底人遺址
## Longobards in Italy. Places of the power (568-774 A.D.)

本遺址涵蓋義大利半島北部的7個古蹟建築群，包括聖薩爾瓦托－聖塔朱利亞修道院建築群(Monastic Complex of San Salvatore-Santa Giulia)、聖薩爾瓦托大教堂(The Basilica of San Salvatore)、克里圖諾聖殿(The Clitunno Tempietto)、聖塔索菲亞建築群(The Santa Sofia complex)以及軍營、堡壘等等，它們充分反映了倫巴底人這支日耳曼族群的輝煌成就。 西元6到8世紀，倫巴底人翻越阿爾卑斯山脈占領義大利北部，建立自己的王國並且發展出獨特的文化。倫巴底建築融合了多元風格，除了汲取日耳曼世界的價值觀，也吸收來自古羅馬、基督教、拜占庭的文化影響。這些建築物不僅預示了日後加洛林王朝(Carolingian Dynasty)的文藝復興、彰顯倫巴底人在中世紀歐洲基督教精神與文化的發展過程中所扮演的重要角色，更見證了歐洲從古代過渡到中世紀的歷史進程。

●羅馬歷史中心和羅馬教廷時期的宗教及公共建築 Historic Centre of Rome, the Properties of the Holy See in that City Enjoying Extraterritorial Rights and San Paolo Fuori le Mura
詳見羅馬教廷

符號說明　 登錄時間　 遺產面積　　遺產類型　 文化遺產　 自然遺產　 綜合遺產　 瀕危文化遺產　瀕危自然遺產　瀕危綜合遺產

🏷1997 🏛文化遺產 🌐98 ha

# 龐貝、艾爾科拉諾、托雷安農濟亞塔考古區

## Archaeological Areas of Pompei, Herculaneum and Torre Annunziata

　　西元79年8月24日,維蘇威火山大爆發,山腳南麓的龐貝古城瞬間被埋沒,火山灰厚達6公尺,龐貝也因此凝結在那個浩劫之日,直到17世紀被考古學家發掘,將近兩千年前都市的一磚一瓦、人們的一舉一動,才得以重見天日。

　　龐貝在被埋沒之前,因為製酒和油而致富,原本是一座十分忙碌的港口,此時正值羅馬皇帝尼祿(Nero)時代,與羅馬往來密切。今天走進遺址裡,街道呈整齊的棋盤狀分佈,除了一般羅馬遺跡裡經常看得到的神殿、廣場、劇場、音樂廳等建築之外,一座商業城市該有的機能,這裡一點也不少,例如銀行、市場、浴場、商店等。

　　此外,由於龐貝幾乎是一整座城市原封不動地被火山灰凝結,相較於世界其他考古遺跡,這裡毋寧是更為人性的。好比市民社交的酒吧共有99間,而且多半位於街道交叉路口;妓院則位於酒吧後頭較隱蔽之處,甚至街道地面上還刻著男人性器官作為路標,妓院裡的春宮圖更是栩栩如生;麵包烘焙屋裡,可以看到磨麵粉的巨大石磨以及烤爐;有錢的富豪之家,家裡不但有花園、神龕、餐廳、廚房,更在門口地板上貼有犬隻的馬賽克鑲嵌畫,以示「內有惡犬」……。

　　而位於拿波里和龐貝之間的艾爾科拉諾,和龐貝同樣埋藏於維蘇威火山西元79年那場驚天動地的爆發中,雖然它的名聲沒有龐貝來得響亮,然而其保存狀況與龐貝相比,則更甚前者。

1982 🏛 文化遺產 ◎505 ha

# 翡冷翠歷史中心 Historic Centre of Florence

　　翡冷翠是文藝復興象徵的城市，15、16世紀在麥第奇家族統治下，經濟及文化都達到鼎盛，六百年非凡的藝術成就展現在聖母百花大教堂、聖十字教堂、烏菲茲美術館及碧提宮等。

　　市內無數博物館、教堂，其建築、陳設的藝術作品，展現文藝復興時期最耀眼的珍寶，而這都要歸功於麥第奇家族。麥第奇家族由經商到執政，他們把人文主義的精神注入整個翡冷翠之中，獎勵可以美化俗世的繪畫、雕刻、建築等各種藝術，再現古希臘羅馬精神，造就了文藝復興時代。當時的大師級人物如米開朗基羅、唐納泰羅、布魯內雷斯基、波提且利等人，都在這股風潮中，留下不朽的藝術作品。

　　麥第奇家族統治翡冷翠達三世紀之久，這段時期翡冷翠可說是歐洲的藝術文化中心，知名的雕刻家、建築師、藝術家都聚集在裡。麥第奇家族由老科西摩開始成為實質統治者，其他知名的成員還有偉大的羅倫佐及16世紀的科西摩一世，麥第奇家族成員雖然不全都是英明的統治者，然而他們對藝術創作的支持，使這個家族能在藝術歷史上留下重要地位，也讓翡冷翠成為文藝復興的殿堂。

🗡1987 🏛文化遺產 🌐8.87 ha

# 比薩大教堂廣場 Piazza del Duomo, Pisa

比薩大教堂所在的神蹟廣場，分布了四個古建築群：大教堂、洗禮堂、鐘塔(斜塔)及墓園，影響了義大利11至14世紀的藝術風格。其中最著名的比薩斜塔由於當地土質鬆軟，一度面臨傾倒的命運，所幸經過搶修後，遊客已重新登塔參觀。

主教堂建於1064年，在11世紀時可說是世界上最大的教堂，由布斯格多(Buscheto)主導設計，這位比薩建築師的棺木就在教堂正面

左下方。修築的工作由11世紀一直持續到13世紀，由於是以卡拉拉(Carrara)的明亮大理石為材質，因此整體偏向白色，不過建築師又在正面裝飾上其他色彩的石片，這種玩弄鑲嵌並以幾何圖案來表現的遊戲，是比薩建築的一大特色。

分成四列的拱廊把教堂正面以立體方式呈現，這就是結合古羅馬元素的獨特比薩風，在整片神蹟廣場中，都可以看見這種模式的大量運用。

由於比薩鬆軟的地質，神蹟廣場周圍的建築、城牆、市區建築都在傾斜。主教堂也不例外，不妨站在教堂中間看祭壇上方耶穌鑲嵌壁畫及吊燈，可以發現吊燈不是從耶穌臉的正中央切下來，而是偏向一邊，證明教堂也是傾斜的。

# 威尼斯與潟湖區 Venice and its Lagoon

由118座島嶼組成的威尼斯建於5世紀,在10世紀成為海權強國,整個城市都是藝術巨擘的傑作,即便是小教堂都有如提香(Titian)、丁特列多(Tintoretto)、維若內塞(Veronese)……等大師的作品。威尼斯的建城起於蠻族的入侵,使得亞得里亞海沿岸的居民往內逃到這裡。

最早威尼斯是拜占庭的殖民地,取得自治權後建立了共和國,

在七世紀時威尼斯已經成為世界上強盛富有的國家之一,領土延伸到地中海。文藝復興也在威尼斯發光發熱,繼翡冷翠、羅馬之後,提香、丁特列多、維若內塞等知名藝術家群集威尼斯,成為當時文藝復興的第三大中心。在威尼斯你可以看到各種建築風格:拜占庭式、哥德式、古典藝術、巴洛克,也可以欣賞到文藝復興時期經典名作,可說是名副其實的藝術之城。

威尼斯是建築在潟湖上的城市,呈S型的大運河是當地160條運河中最主要的一條,隨著大運河到底的聖馬可廣場是威尼斯的政治重心,廣場周圍也是威尼斯最熱鬧的區域,大潮時時還可看到水淹聖馬可廣場的景況。金碧輝煌的宮殿、教堂建築,搖曳海上的浪漫生活,再加上面臨沉沒消失的可能性,造訪威尼斯的遊客未曾稍歇。

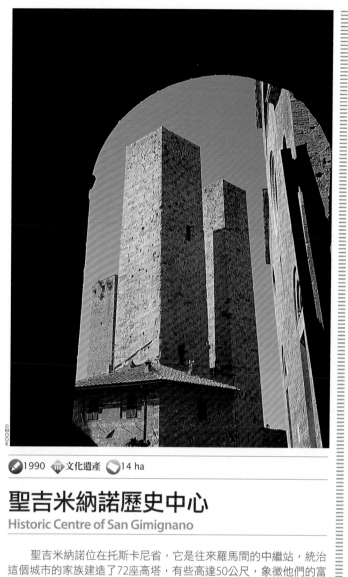

◆1994　🏛文化遺產　◯334 ha

# 威欽查及維內多省的
# 帕拉底奧式宅邸
## City of Vicenza and the Palladian Villas of the Veneto

　　帕拉底奧是文藝復興時期代表的建築師之一，位於維內多省的威欽查，市內有一條帕拉底奧大道，兩旁有不少宅邸是出自名建築師帕拉底奧之手。在維內多省也有不少帕拉底奧設計的城市住宅及別墅，他的作品對於建築的發展影響深遠。

　　在威欽查，巨大的理性宮(Palazzo della Ragione)雄據在領主廣場(Piazza dei Signori)上，青銅的船底狀屋頂及四周羅列的希臘羅馬諸神石雕，是它最大的特色。理性宮是帕拉底奧於1549年接受委託的第一件公共建築設計，因而此宮又稱帕拉底奧殿堂(Basilica Palladiana)，大師的雕像就位於正面；宮前高達82公尺的細塔則立於12世紀，而具有華麗裝飾外觀的首長迴廊(Loggia del Capitaniato)，也是帕拉底奧的作品。

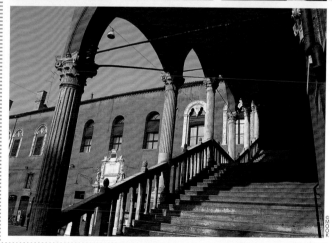

◆1990　🏛文化遺產　◯14 ha

# 聖吉米納諾歷史中心
## Historic Centre of San Gimignano

　　聖吉米納諾位在托斯卡尼省，它是往來羅馬間的中繼站，統治這個城市的家族建造了72座高塔，有些高達50公尺，象徵他們的富裕和權力，僅管目前只剩14座存留下來，聖吉米納諾仍瀰漫中世紀封建時代的氛圍。

　　被譽為「美麗的塔城」，顧名思義，聖吉米那諾在托斯卡尼地區擁有極為特殊的都市景觀。12、13世紀是自治城邦時期，除了與鄰近國家爭戰之外，城內的貴族亦彼此角力，為了顯示自身的財富與權勢，於是競相修築高塔，極盛時期甚至多達76座，如今僅剩14座保存較為完整。這個城市也保存了14、15世紀義大利藝術大師作品。

◆1993　🏛文化遺產　◯1,016 ha

# 馬特拉的岩穴和教堂
## The Sassi and the Park of the Rupestrian Churches of Matera

　　這是地中海地區最顯著的穴居聚落案例，而且完全與地形和生態完美結合。大約從舊石器時代就有人類定居於此，後來在人類歷史的舞台上扮演了重要角色。

　　馬特拉多為石灰岩地形，中世紀時隱修者在此鑿洞居住，由於地理位置孤立，距離最近的大城市拿波里尚有240公里之遠，馬特拉保存完整的石洞風貌，與百年前的耶路撒冷相當神似。

# 費拉拉文藝復興城及波河三角洲
## Ferrara, City of the Renaissance, and its Po Delta

臨著波河三角洲的費拉拉，因為艾斯特家族的費心經營，將費拉拉變成一座文藝復興城市，吸引許多大師前來設計並建造艾斯特家族的宮殿。費拉拉城的主要建築圍繞一座非常特別的主教堂，艾斯特家族的執政中心「市政廳」(Palazzo Comunale)的中庭，擁有造型極美的「榮譽大階梯」，「艾斯坦塞城堡」(Castello Estense)自1450年起便成為領主的宅邸，「鑽石宮」(Palazzo dei Diamanti)則是艾斯特權力的象徵；為了建構歐洲最精緻的宮廷，由比亞裘羅賽提(Biagio Rossetti)依照新的透視法則來設計，加上貝里尼(Jacopo Bellini)、安德烈亞曼特良(Andrea Mantegna)等大師的繪畫妝點，費拉拉在艾斯特家族的主導之下，成為15、16世紀波河地區文藝復興都市景觀的典範。

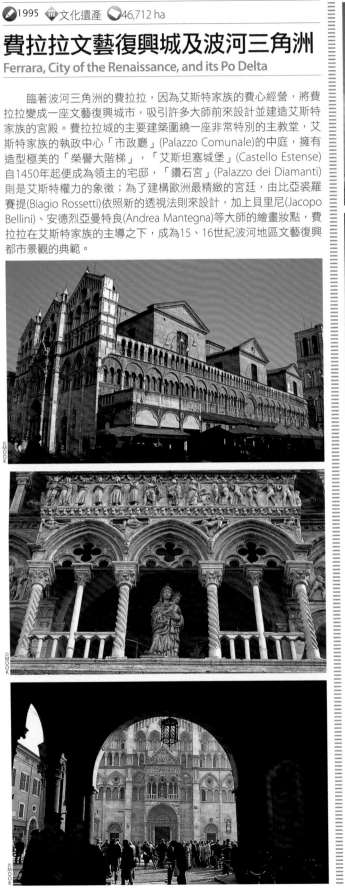

# 拿波里歷史中心 Historic Centre of Naples

拿波里是南義大利最大的城市，氣候溫暖、土地肥沃，還有優良的港口，但也因此遭到許多外國勢力的侵擾，最早是希臘人，西元前七世紀時，希臘人命此地為「Neapolis」，三百年後，換成羅馬人主宰此地，奧古斯都大帝最愛到此避寒，後來倫巴底人及拜占庭帝國都分別統治過這裡。

成為拿波里公國後，拿波里得到了自治的地位，但維持不了多久再度易手於歐洲各皇室間。各民族為拿波里及南義大利帶來不同的文化及生活痕跡，希臘、法國、西班牙的風味融合為一，特別是13到18世紀的歐洲品味對這裡影響深遠，現今多數的重要建築多建於此時，不過，拿波里人也沒有失去自己的特色，17、18世紀的巴洛克時期，拿波里也發展出自己的文化藝術主張，皇宮就是最大的代表作。

符號說明 ⏱登錄時間 🌐遺產面積　遺產類型 🏛文化遺產 自然遺產 綜合遺產 瀕危文化遺產 瀕危自然遺產 瀕危綜合遺產

1995　文化遺產　170 ha

# 西恩納歷史中心 Historic Centre of Siena

西恩納是托斯卡尼地區最完美的中世紀小鎮，尤其是鋪滿紅磚、呈扇形的市中心廣場，在14世紀時發展出獨特的藝術風格，杜奇奧、馬汀尼及安布吉羅‧羅倫奇等藝術大師都曾為這個小鎮妝點市容。

穿梭在中世紀的街道上，每一個突如其來的轉角和小路，都能讓人有回到中世紀時代的錯覺。西恩納在14世紀時發展出獨特的藝術風格，杜奇奧、馬汀尼及安布吉羅‧羅倫奇都是代表人物，主教堂內部還有米開朗基羅、貝尼尼等人的作品，這些藝術品豐富了西恩納的內涵。

此外，市政大廈大約在1310年完工，當時是九人會議的總部。曼賈塔樓高達102公尺，名稱是取自第一位敲鐘的人，是義大利中古世紀塔樓第二高的，登上塔樓可以俯瞰整個市中心廣場往外擴散的西恩納景致。

歐洲<br>|||||||||||<br>義大利

1996　文化遺產　3.10 ha

# 蒙特城堡 Castel del Monte

13世紀腓特烈二世(Emperor Frederick II)在義大利南部靠近巴里(Bari)的地方建造蒙特城堡，是一座獨特的中世紀軍事建築。這座城堡在地理位置上，具有重要的象徵意義，建築呈完美的規則形狀，不論從數學還是天文學，都十分精準，而固若金湯的城堡，也反應出腓特烈二世的雄風。

城堡許多建築元素和風格，都是取自東方的伊斯蘭教和北歐的西妥會哥德式建築。

©Italian State Tourist Board Fototeca ENIT

◆1996 ▥文化遺產 ◯1.32 ha

# 拉威那早期基督教古蹟
## Early Christian Monuments of Ravenna

　　位於波河三角洲的拉威那，於羅馬帝國時期就被奧古斯都(Augusto)選為艦隊的基地，並開始發展；西元402年西羅馬帝國把首都遷到此城，特歐多西歐皇帝(Teodosio)並將基督定為國教；其後拉威那還成為東羅馬帝國支持的蠻族國王特歐多利可(Teodorico)所建王朝的國都，直到第8世紀為止；因此基督教前期的建築結合拜占庭鑲嵌藝術的大量應用，而誕生了這座閃亮的馬賽克之都。

　　由西元4到6世紀之間所建的特歐多立可陵寢(Mausoleo di Teodorico)、聖維塔雷教堂(Basilica di San Vitale)、迦拉帕拉契迪亞陵寢(Mausoleo di Galla Placidia)、大主教禮拜堂(Arcivescovado)、內歐尼安諾洗禮堂(Battistero Neoniano)、新聖阿波里那雷教堂(Basilica di Sant'Apollinare Nuova)、亞利安人的洗禮堂(Battistero degli Ariano)、克拉賽的聖阿波里那雷教堂(Sant Apollinare in Classe)，這8座結合希臘羅馬西方傳統與基督教肖像東方風格的建築，正是拉威那藝術最極致的典範。

◆1996 ▥文化遺產 ◯4.41 ha

# 皮恩查歷史中心
## Historic Centre of the City of Pienza

　　位於托斯卡尼省的皮恩查，是教宗皮歐二世(Pope Pius II)的出生地，他於1459年把整座城市改建成文藝復興風格，也是首度把文藝復興風格應用在城市建築上，他找了建築師貝納多(Bernardo Rossellino)進行整座城市的改造。

　　華麗的皮歐二世廣場周圍建築，包括皮可羅米尼宮殿(Piccolomini)以及波吉亞(Borgia)宮殿和教堂，擁有純文藝復興的建築外觀，而內部是德國南部教堂的晚期哥德式樣式。

◆1996 ▥文化遺產 ◯11 ha

# 阿貝羅貝洛的錐頂石屋
## The Trulli of Alberobello

　　阿貝羅貝洛鎮位於義大利普利亞區(Puglia)的伊特利亞谷地(Itria Valley)，該鎮最具特色的建築景觀，就是居民就地取材，利用豐富的石灰岩所堆疊起來的錐頂石屋(義大利語為trullo)。

　　這些大量出現於19世紀的傳統鄉間房舍，採用乾砌石建築工法，不靠灰泥黏合石塊，成功保存並延續了史前時代的造屋技術。不僅如此，每棟石屋的錐狀屋頂都會豎立一個球形、碟形、碗形或多角形的小尖頂，傳說是當時負責建造石屋的工匠自我署名的一種手法。尖頂下方還會有醒目的白色抽象符號，例如太陽、基督教的十字符號以及「瑪麗亞之心」(一箭穿心圖樣)，據推測可能跟宗教信仰或趨吉避凶的風俗習慣有關。

1997　文化遺產　87 ha

# 卡塞塔的18世紀皇宮以及園林、萬維泰利水道橋和聖萊烏喬建築群

## 18th-Century Royal Palace at Caserta with the Park, the Aqueduct of Vanvitelli, and the San Leucio Complex

本建築群坐落於義大利南部卡塞塔省的首府卡塞塔市。1750年，波旁王室的成員那不勒斯國王查理七世決定在新首府興建一座皇宮，於是他採用參與聖彼得堡整修工程的名建築師盧伊吉·萬維泰利(Luigi Vanvitelli)的設計，將皇宮打造成一座規模宏偉的巴洛克式建築。這座建於1752年到1780年卡塞塔宮，以法國凡爾賽宮作為設計範本，其氣派程度有過之而無不及，內部除了有1,200個房間，還設置一間富麗堂皇的皇家劇院。不過查理七世在1759年繼任為西班牙國王查理三世，因此他從未在這裡住過。

除了卡塞塔宮以外，本建築群還包括位於皇宮周邊，由噴泉、雕像和瀑布組成的人造園林、萬維泰利水道橋以及位於聖萊烏喬村的絲織工廠，反映出條理分明的城市規劃思維。

1997　文化遺產　934 ha

# 阿格利真托考古區

## Archaeological Area of Agrigento

若說阿格利真托是「諸神的居所」並不誇張，因為這個城市的規模早在西元前581年就已建立，當時來自希臘羅德島附近的殖民者，在兩河之中建立了一座名為Akragas的城市，也就是今日阿格利真托的前身。

西元5世紀起，先後被迦太基人、羅馬人占領，又歷經拜占庭、阿拉伯王國的統治，但後來阿格利真托的重要性逐漸被西西里島東岸的城市所取代，昔日繁華忙碌不再，只留下許多神殿遺蹟。這些神殿如今已成為阿格利真托最重要的觀光勝地，它們大多聚集於現今城市南面的谷地間，統稱為神殿谷，許多建築歷史回溯到西元前5世紀。

當你穿梭於當地高低起伏的道路時，經常會因為遠方出現於一片綠意中的神殿而驚豔，彷彿時光不曾流逝，而這正是阿格利真托之所以迷人的地方。

1997　文化遺產　2.20 ha

# 帕多瓦的植物園
## Botanical Garden (Orto Botanico), Padua

　　世界第一座植物園就是建在帕多瓦，時間是1545年，植物園內仍大致保持原貌，當初設立的目的是做為科學研究中心，目前仍是如此。

　　位於義大利東北部維內多省(Veneto)的小城帕多瓦，被稱為美麗的大學城，市內充滿一股濃厚的學術氣息。伽利略曾於西元1592至1610年在此任教，帕多瓦大學的醫學系在歐洲俱有崇高的聲名，而且1678年第一位義大利女性大學生在此畢業，當時全歐洲的大學還尚未允許女子就讀。

　　而帕多瓦的動人之處不只如此，文藝復興的繪畫之父喬托曾於1303至1305年為此城做藝術妝點，因此在知性的氛圍中，帕多瓦同時還隱含著感性之美。

1980　文化遺產　1.50 ha

# 擁有達文西《最後的晚餐》壁畫的感恩聖母教堂及修道院
## Church and Dominican Convent of Santa Maria delle Grazie with "The Last Supper" by Leonardo da Vinci

　　西元1463年在多明尼哥教會的委託之下，索拉利(Solari)始建聖母感恩教堂，並於1490年完成。

　　教堂內最有名的是達文西所畫的《最後晚餐》。由於《達文西密碼》一書風靡全球，充滿爭議性的內容使得這座聖母院的聲名更為遠播。《最後晚餐》的創作時間約於1495至1497年，繪於修道院裡的教士餐廳，強烈表現大師的「動態」風格，尤其是12位門徒各種不同的手勢上。而且達文西精確地運用透視法表現空間裡人物的關係與互動，也完美地表達了耶穌的神性，是文藝復興顛峰的代表作之一。

　　由於達文西以混合了油彩與蛋彩的顏料來創作，而非文藝復興時常用的濕壁畫原料，使得《最後晚餐》完成後不到50年便毀損得極為厲害。1982年起義大利政府利用高科技將畫作恢復原狀，於1999年大功告成。也因此現在民眾得以一窺原作的真實面貌，而學者專家也從恢復的作品中找到許多以往被忽略的線條。

符號說明　登錄時間　遺產面積　　遺產類型　文化遺產　自然遺產　綜合遺產　瀕危文化遺產　瀕危自然遺產　瀕危綜合遺產

## 阿瑪菲海岸景觀 Costiera Amalfitana

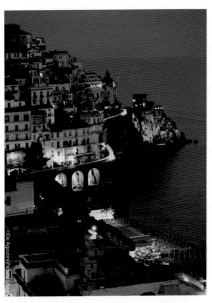

◢1997 🏛文化遺產 ◯11,231 ha

阿瑪菲海岸位於義大利南部的索倫托半島(Sorrentine Peninsula)，總面積約11,200公頃，它不僅是相當受歡迎的旅遊景點，而且具有極高的歷史文化與自然價值，是地中海景觀的傑出典範。

本區雖然從舊石器與中石器時代就有人類活動的痕跡，但直到中世紀初期才開始出現密集的聚落，許多包括阿瑪菲在內的城鎮都保存了代表性的建築及藝術作品。由於地形狹長，適合農耕的土地有限，因此當地居民發揮了強大的環境適應力，充分利用多樣化地形，在較低矮的坡地梯田上栽種葡萄、柑橘、橄欖等農作物，並且在較高的山坡上開闢牧場。

◢1997 🏛文化遺產 ◯1.20 ha

## 摩德納的大教堂、市民塔和大廣場
### Cathedral, Torre Civica and Piazza Grande, Modena

位於義大利北部艾米里亞－羅曼尼亞區(Emilia Romagna)的摩德納市，不僅是當今的美食城市與生產名牌車款的「引擎之都」，更是個歷史悠久的文化古城。摩德納市最著名的建築，就是由兩位大建築師蘭佛朗哥(Lanfranco)與威利蓋摩(Wiligelmus)所設計建造的羅馬天主教教堂。這座從1099年開始興建，在1184年接受教宗祝聖的大教堂，外觀雄偉壯麗，是目前歐洲最重要的羅馬式建築典範之一。

與摩德納大教堂共同名列世界遺產的建築，除了前方的大廣場，還包括大教堂的鐘樓「市民塔」。市民塔建於1179年，高86.12公尺，自古以來一直是當地的重要地標以及傳統象徵。

◢1997 🏛文化遺產 ◯4,689 ha

## 韋內雷港、五村鎮和群島
### Portovenere, Cinque Terre, and the Islands (Palmaria, Tino and Tinetto)

本區涵蓋利古里亞海岸(Ligurian coast)從五村鎮到韋內雷港之間的地帶，擁有原始的自然景觀以及豐富的人文風貌，它們不僅展現了人與自然之間的和諧關係，也勾勒過去1千多年來，當地居民如何在崎嶇狹窄的地理環境中，維持傳統的生活模式。

由蒙特洛索(Monterosso al Mare)、弗納札(Vernazza)、科爾尼利亞(Corniglia)、馬納洛拉(Manarola)及里歐馬喬雷(Riomaggiore)所構成的五村鎮，是在中世紀晚期形成的濱海聚落，由於沿梯地而建，只能靠船隻、火車及步行抵達。韋內雷港是建於西元前1世紀的古老城鎮，它包含3個村落和3座小島，最著名的建築物是聖彼得哥德式教堂(Gothic Church of St. Peter)。

**: 1997　文化遺產　8.92 ha

# 卡薩爾的羅馬別墅
## Villa Romana del Casale

卡薩爾的羅馬別墅是羅馬在農間開發的代表作，廣大的莊園是西方帝國農業經濟的基礎。建於西元4世紀的卡薩爾羅馬別墅是這些奢華別墅的其中一座，最值得一提的是它用豐富及具質感的馬賽克裝飾每個房間，也是羅馬世界中，最優秀的馬賽克工藝之一。

**1997　文化遺產　371 ha

# 薩佛伊皇宮
## Residences of the Royal House of Savoy

薩佛伊(Savoy)公爵艾曼紐・菲利巴爾特(Emmanuel-Philibert)在1562年以杜林(Turin)為首都時，他開始一系列的建築計畫，用來展現他的權力，而這些傑出的建築都是出自當時具代表的建築師及藝術家之手。所有的建築都是以皇家宮殿(Royal Palace)為中心輻射出去，其中也包括許多鄉間的住宅和狩獵小屋。

**1998　文化遺產　155 ha

# 阿奎雷亞的考古遺址與大教堂
## Archaeological Area and the Patriarchal Basilica of Aquileia

西元前181年，羅馬人在阿奎雷亞建立拉丁殖民地，抵抗蠻族入侵，後來該地迅速發展為貿易重鎮，成為早期羅馬帝國時代規模最大、最富裕的城市之一。不僅如此，阿奎雷亞也在宗教上扮演重要的角色，直到1751年都被劃為宗主教區。

西元452年，匈人大肆劫掠阿奎雷亞，建於4世紀的大教堂遭到破壞，並且在接下來的數百年裡歷經多次整建。1909年，南側大廳的泥磚地板被人移除，原先鋪設於西元4世紀的馬賽克地板也重現在世人面前，成為整座教堂最引人注目的焦點。

阿奎雷亞擁有許多保存良好的歷史遺跡，因此是地中海地區最完整的早期羅馬城市範例。

**1997　文化遺產　2.33 ha

# 巴努米尼的蘇努拉吉史前遺跡
## Su Nuraxi di Barumini

約在西元前2200年的青銅器時代，一種獨特的稱作努拉吉(Nuraghi)的防禦性築建開始在地中海上的薩丁尼亞島(Sardinia)出現，這種圓形的防禦塔以石塊堆積而成。

到了西元之後，在迦太基人侵略的壓力下，巴努米尼的居民將這些史前建築擴大及強化，也成為這類型建築的典型代表。

符號說明　 登錄時間　 遺產面積　遺產類型　 文化遺產　 自然遺產　 綜合遺產　 瀕危文化遺產　瀕危自然遺產　 瀕危綜合遺產

● 1998　血 文化遺產　◇ 29 ha

# 烏爾比諾歷史中心
## Historic Centre of Urbino

　　位於山丘上的烏爾比諾小山城，位於義大利中部、靠近亞得里亞海的馬克省(Marche)，在15世紀時歷經了文藝復興時期，吸引全義大利藝術家及學者，並影響歐洲其他區域文化的發展。到了16世紀，因為經濟和文化的停滯，使得文藝復興的外觀得以完整保存至今。

● 1998　血 文化遺產　◇ 159,110 ha

# 席蘭托及提亞諾谷國家公園
## Cilento and Vallo di Diano National Park with the Archeological sites of Paestum and Velia, and the Certosa di Padula

　　席蘭托是一處相當顯著的文化景觀，席蘭托地區有三座東西向山脈，聚落沿著山脈走向散開，也具體而微地揭示這個地區歷史的發展。從史前到中古世紀，這裡不僅是一條貿易路線，同時文化和政治也在此交會；這裡就位於古希臘和伊特魯斯坎兩種文化的交界處，從帕斯圖(Paestum)和維利亞(Velia)這兩座城市挖掘出的考古遺跡可以看出一二。

● 1999　血 文化遺產　◇ 80 ha

# 提弗利的哈德良別墅
## Villa Adriana (Tivoli)

　　提弗利自羅馬共和時期以來就一直是羅馬貴族喜愛的避暑聖地，哈德良別墅是哈德良皇帝(Hadrian)在希臘與埃及的長期旅行後的成果，是非常典型的古羅馬別墅。

　　位於羅馬東北近郊31公里的小城提弗利，由於這裡是提布提尼(Tiburtini)山丘群分布區，因此由山上引來水源，創造如詩如畫的庭園勝景，是吸引皇帝和主教們來此度假的主要誘因。哈德良別墅位於提布提尼山腳下，與提弗利市區相距5公里，是片非常典型的古羅馬別墅，它的設計師就是西元117至138年統治著帝國的哈德良皇帝。

　　富於田園風味的建築，其靈感來自哈德良皇帝在希臘與埃及的長期旅行，因此它不只是皇帝度假的地方，更是他心目中理想城市的雛形。

⊘2000 ⛩文化遺產 ◯14,563 ha

# 阿西西的聖方濟大教堂及其他教會遺跡

## Assisi, the Basilica of San Francesco and Other Franciscan Sites

建立於羅馬時代的阿西西，中古世紀是自治政府的城邦體制，12世紀末誕生了義大利的第一位聖人聖方濟(San Francesco)，也就是日後的方濟會創始人。西元1226年聖方濟去世，翌年羅馬教皇下令於此城為聖人建教堂。

直到1367年才全部完成的大教堂分為上下兩層，採哥德型式建築，不只規模龐大，內部還擁有當時最頂尖的藝術家，例如威馬布耶(Cimabue)、羅倫哲提(Lorenzetti)、西蒙內馬汀尼(Simone Matini)等人的傑出畫作，而文藝復興的繪畫之父喬托所做《聖方濟生平》的系列壁畫，更成為日後聖人肖像的經典。

阿西西是一座中世紀景觀保存非常良好的小山城，如今更成為方濟會的中心，每年吸引成千上萬的信徒前來朝聖；它不只是宗教聖地，由信仰所發展出來的建築群，更是人類藝術與文化的結晶。

⊘2000 ⛩文化遺產 ◯453 ha

# 維洛納 City of Verona

建於西元1世紀、至今仍保存相當完整的圓形劇場，正是維洛納在羅馬帝國時期就已極為繁榮的歷史見證；城內的羅馬遺跡處處可見，非常活潑的「蔬菜廣場」(piazza delle Erbe)是當時的議事廣場與商業中心。

1263年開始史卡立傑利(Scaligeri)家族長達127年的統治時期，他們驍勇善戰的騎士性格亦表現在建築形式上，哥德式尖塔林立的史卡立傑利石棺群，頗令人驚異；堆垛式的「史卡立傑羅橋」(Ponte Scaligero)與「舊城堡」(Castelvecchio)，則成為中世紀防禦工事的建築典範。

15至18世紀末期，維洛納亦臣屬於威尼斯共和國，文藝復興、巴洛克風格的教堂、宮殿紛紛建立；不管是在領主廣場(Piazza dei Signori)的四周或如迷宮般的小徑裡，經過兩千多年不間斷的發展，各個時期的建築皆能和諧地交織出維洛納最迷人的都市景觀。

## 2001　文化遺產　4.50 ha

# 提弗利的艾斯特別墅 Villa d'Este, Tivoli

　　艾斯特別墅是提弗利最著名也最奇妙的景點，又被稱為千泉宮。這一座充滿異國風味的度假別墅，是16世紀由紅衣主教伊波利多艾斯特(Ippolito d'Este)所建，他是費拉拉的艾斯特家族第三任公爵與教皇亞歷山卓六世的女兒所生，因此背景傲人，更因支持朱力歐三世(Giulio III)成為教皇，而被提名為提弗利的統治者；伊波利多艾斯特在短暫的居住後發現，這裡的氣候對其健康頗有助益，因此決定把原為方濟會修院改建為華麗的度假別墅，以配合他的精緻品味。

　　別墅是由受古希臘羅馬藝術薰陶的建築師與考古學家皮羅李高里奧(Pirro Ligorio)所設計，企圖把文藝復興時期藝術家們的理想展現於這片翁鬱的花園裡，不過後來由不同時期的大師陸續完成，因此也帶有巴洛克的味道。

## 2003年　自然遺產　1,089 ha

# 聖喬治山
## Monte San Giorgio

　　瑞士義語區南部的聖喬治山，擁有三疊紀中期(約2億4千5百萬年到2億3千萬年前)完整而豐富的海洋生物化石，展示了古時爬蟲類、魚類、鸚鵡螺、甲殼綱動物等生物曾在此生存的證據。

　　也因為這個潟湖靠近陸地，化石中也包含了許多陸地上的物種，諸如爬蟲類、昆蟲及植物等，記錄了這一地區遠古時期的地理環境，形成非常珍貴的化石寶庫。

　　這座遺產在2003年被提名時，原本只是瑞士獨有，2010年再把範圍擴及義大利境內，成為橫跨兩國的世界遺產。

●與瑞士並列

## 1979　文化遺產　432 ha

# 瓦爾加莫尼卡的岩畫
## Rock Drawings in Valcamonica

　　瓦爾加莫尼卡谷地位於義大利北部的倫巴底平原(Lombardy plain)，有多達14萬幅圖騰及圖案的史前岩畫，這些岩畫持續長達八千年的時間，其內容包括航海、農業、戰爭、跳舞及神話。

　　這些岩畫的價值，就在於它的持續力。從史前時代開始，接著基督誕生、羅馬人統治，再到中世紀，甚至現代，人們在岩石上作畫始終不綴，連接遠古與現代。

## 1995　文化遺產

# 克里斯比阿達城 Crespi d'Adda

　　克里斯比阿達城位於義大利北部的倫巴底省，是19至20世紀工業城鎮(Company Town)的典範，在北美和歐洲地區，由開明企業家依勞工需求所建造的住宅城，很多當年為了工業目的所設計的用途至今依然清晰可見，不過隨著社會及經濟環境的變遷，已經威脅到這些地方的生存。

## 2000　自然遺產　1,216 ha

# 伊奧利亞群島 Isole Eolie (Aeolian Islands)

　　伊奧利亞群島位於西西里島北部海域，取名自半神半人的風神(Aeolus)，總面積約1,200公頃，包括因火山活動而形成的7座大島和5座小島，最大島是利巴里島(Lipari)。

　　利奧利亞群島現今的樣貌，是歷經長達26萬年的火山活動所造成的結果，它們提供了史沖包連式(Strombolian)和伏爾坎寧式(Vulcanian)兩種火山噴發型態的重要例證，因此從18世紀以來一直具有高度的地質研究價值。

　　除了原始的火山活動，人們來到此地還可以享受地中海地區的宜人氣候以及美麗的海岸景觀，因此使得伊奧利亞群島成為義大利熱門的夏季旅遊景點。

## 2004年　文化遺產　21 ha

# 切爾維泰里及塔爾奎尼亞的伊特魯斯坎人墓地
## Etruscan Necropolises of Cerveteri and Tarquinia

　　伊特魯斯坎人將生前居住環境的模樣呈現在他們的墓中，包括起居室、接待室等，裡面還有美麗的壁畫及陳列生活用品。

　　鄰近切爾維泰里城市的大墓地包括上千座墳墓，其組成猶如一座城市，有街道、小廣場、房舍；而在塔爾奎尼亞最有名的，則包括擁有200座繪著壁畫的墳墓，其中最早的可溯及西元前7世紀。

# 熱那亞：新街和羅利宮殿群

Genoa：Le Strade Nuove and the system of the Palazzi dei Rolli

在16至17世紀早期，以義大利北部的熱那亞不論在財富或海權方面，都達到最強盛，當時的新街和羅利宮殿群是熱那亞的歷史中心，更是歐洲第一個統一在公權力架構之下的都市發展計畫，於1576年由上議院所頒布。被列入遺產的範圍包括新街的文藝復興式建築及巴洛克宮殿，羅利宮殿群除了是當時貴族的居所，也作為社交組織舉辦活動，以及迎接國家貴賓住宿之用。

# 夕拉古沙和潘塔立克石墓群

Syracuse and the Rocky Necropolis of Pantalica

夕拉古沙和潘塔立克擁有希臘羅馬時期的遺跡，潘塔立克擁有5千多座墳墓，年代分布從西元前13到7世紀。

夕拉古沙在古希臘時代可是西方世界最重要的城市之一，它易於防守的海岸線、絕佳的天然海港以及肥沃的土壤，吸引了希臘人於西元前733年時在此創立殖民地；到了西元前367年時，這座城市已經成為希臘世界中最富裕的城市，直到西元前215時遭逢羅馬人攻擊，最後終因不敵長達2年的圍城而被迫投降，從此夕拉古沙失去了它的重要性。如今，這座西西里島上知名的濱海度假勝地，仍保留著許多希臘、羅馬和巴洛克時期的建築。

✏2004 🏛文化遺產 🌐61,188 ha

## 瓦達歐西亞 Val d'Orcia

　　瓦達歐西亞是位於西恩納內陸地區的小鎮，農莊散布在山丘上，它反應出十四至十五世紀一套理想的土地管理模式，並創造出極具美學的自然景致，是文藝復興的理想典範。所有這些創新的土地管裡模式包含了城鎮與村落、羅馬教堂與方濟會修道院，以及農舍、旅棧、神殿、橋樑等。

✏2008 🌿自然遺產 🌐141,903 ha

## 多洛米蒂山 The Dolomites

　　屬於阿爾卑斯山系的多洛米蒂山，坐落於義大利的東北方，因為法國礦物學家以白雲石(Dolomite)比擬該山的形狀與顏色而得名。

這片遼闊的山區占地約14萬2千公頃，共包括一座國家公園和多座地區公園，境內擁有多達18座超過3千公尺高的山峰，錯落著陡峭的懸崖、筆直的山壁、既長且深的狹窄河谷，形成全世界最美的高山景觀之一，其中除了石牆、小山峰等重要地形特徵外，還有喀斯特與冰河等地形，此外根據化石分析，此地也保存了中生代碳酸鹽台地系統。

✏2003 🏛文化遺產 🌐91 ha

## 倫巴底與皮埃蒙特省的聖山
Sacri Monti of Piedmont and Lombardy

　　在義大利北部的倫巴底有9座聖山，群集著建於16世紀晚期及17世紀的禮拜堂及宗教建築，它們分別代表了不同觀點及教派的基督教信仰。除了宗教信仰的象徵意義之外，信徒們為了傳播信仰而在屋舍外牆畫上藝術及雕刻，將宗教藝術融入山丘、森林、湖泊等大自然景致之中，在聖山達到了最完美的呈現，也影響了其後在歐洲的發展。

# 晚期的巴洛克城鎮瓦拉底那托
## Late Baroque Towns of the Val di Noto

西西里島東南邊的8座城市：卡塔格羅尼(Caltagirone)、卡塔尼亞山谷的米里泰羅(Militello Val di Catania)、卡塔尼亞(Catania)、莫迪卡(Modica)、那托(Noto)、帕拉佐羅(Palazzolo)、拉古薩伊布拉(Ragusa Ibla)和西克里(Scicli)都被納入世界遺產的範圍。

這些城市都是在1693年的大地震之後重建的，呈現晚期巴洛克風格，不論建築或藝術成就，均屬上乘，而在城鎮規劃以及翻新都市建築方面，更具意義。

2008年　🏛文化遺產　⬡152 ha

# 阿爾布拉/伯連納的利西亞阿爾卑斯山鐵路
## Rhaetian Railway in the Albula / Bernina Landscapes

興建於20世紀初葉的阿爾布拉－伯連納鐵道，標誌著瑞士建築學、工程學與環境概念的高度成就。

這一整段鐵路總長約128公里，一共穿越55個隧道與狹廊，以及196座橋樑與高架道路，讓原本隔絕於崎嶇山麓中的孤立區域，其相互間的交通往來從此變得便利起來。伯連納鐵路至今仍是穿越阿爾卑斯山區的鐵道中海拔最高的一座，同時也是世界同類型鐵路中高低落差最大的路線之一，完美體現了人類運用現代技術克服險阻山嶽的最佳範例。

阿爾布拉－伯連納鐵道更難能可貴的地方在於，它雖然破除了地形上的障礙，卻不但沒有破壞原本壯麗的自然景觀，反而和諧地與整個環境融合在一起，共同構成一幅令人悠然神往的畫面。

●與瑞士並列

2008　🏛文化遺產　⬡235 ha

# 曼圖亞城與薩比奧內塔城
## Mantua and Sabbioneta

三面環湖的曼圖亞城和坐落於波河北岸的薩比奧內塔城彼此相距30公里，這兩個同位於義大利北部倫巴底省(Lombardy)的文藝復興城鎮，在貢札格(Gonzaga)家族的推動下，展現了不同的城市面貌，卻都在建築價值與傳播文藝復興文化上扮演了重要的角色。

西元前2千年前已然發跡的曼圖亞城，利用原有的城市結構加以更新、擴張，產生兼具羅馬到巴洛克時期各種建築特色的不規則布局；至於貢札格家族建造於16世紀的薩比奧內塔城，則是當時理想城市規劃理論的體現，此座城市擁有棋盤狀的設計。

符號說明　登錄時間　遺產面積　遺產類型　文化遺產　自然遺產　綜合遺產　瀕危文化遺產　瀕危自然遺產　瀕危綜合遺產

# 拉脱維亞 Latvia

拉脱維亞就像三明治一樣，南北夾處在愛沙尼亞和立陶宛之間，西臨波羅的海，東邊則與俄羅斯和白俄羅斯接壤。歷史上，德國、瑞典、俄羅斯、波蘭都曾經覬覦並統治過拉脱維亞，首都里加是波羅的海三小國中最大的城市，並入選為世界遺產。

波羅的海
愛沙尼亞
俄羅斯
里加歷史中心
Historic Centre of Riga
斯特魯維測量點
Struve Geodetic Arc
白俄羅斯
立陶宛

📅1997　🏛文化遺產　🌐438 ha

# 里加歷史中心 Historic Centre of Riga

歷經800年的歷史，形塑出里加獨特的城市風貌和豐厚的傳統。

地理位置上，里加位於東西歐交會的波羅的海岸邊，500公尺寬的道加瓦河(Daugava)貫流而過，幾個世紀以來，一直是拉脱維亞最重要的商業、金融和文化中心，13世紀末開始，成為漢撒同盟城市之一，然而也因為如此，德國、瑞典、俄國、波蘭等不同國籍的人頻繁進出、甚至住在這裡，而把里加視為自己的城市，目前里加人口中拉脱維亞人還占不到一半。

文化心理上，里加似乎更接近西歐，自從1201年亞伯特主教建

立了里加城之後，里加在音樂、藝術、文學、建築的發展，一是隨著西歐的文化脈絡前進。

特別是建築方面，里加可以說是一座建築博物館，不只是舊城區保留完整的中世紀建築，從哥德、文藝復興到巴洛克都能看得到，後來19世紀末在市中心發展出來的新藝術建築(Art Noveau)及木造建築，都成為里加獨一無二的價值。

這座如童話故事般的城市一度被稱為東歐的巴黎，然而因為發展過於迅速，玻璃帷幕的旅館、精品店、商業中心不斷進駐，也使得聯合國教科文組織提出警告，如果里加不能控制這種發展，將不惜撤除其世界遺產資格。

● 斯特魯維測量點 Struve Geodetic Arc
詳見白俄羅斯

227

# 立陶宛Lithuania

波羅的海三小國中，唯有立陶宛是以國家的狀態，維持了將近800年之久。中世紀時曾經和波蘭結合組一個國家，成為東歐最大的國家，帝國勢力從東邊的黑海延伸到西邊的波羅的海，也是波羅的海三國中世界遺產最多的國家。

拉脫維亞
維爾紐斯歷史中心
Vilnius Historic Centre
波羅的海
斯特魯維測量點
Struve Geodetic Arc
庫爾斯沙嘴
Curonian Spit
俄羅斯
克拿維考古遺址
Kernavé Archaeological Site
波蘭　　　白俄羅斯

©www.Lithuania.Travel/V.Valužis

 2000　文化遺產

## 庫爾斯沙嘴 Curonian Spit

庫爾斯沙嘴是一座將庫爾斯潟湖與波羅的海分隔開來的狹長形沙丘半島，南端與俄羅斯的桑比亞半島(Sambian Peninsula)相連，北端接近立陶宛的海港城鎮克萊佩達(Klaipėda)，總長98公里。

這座沙丘半島最早在5千年前由冰磧石形成，後來海風與海浪不斷帶來沙子，使得它逐漸高出海平面。不過大自然的破壞力量無所不在，它能保有今日的樣貌，大部分都要歸功於當地人從19世紀以來持續進行的造林固沙計劃。

儘管如此，本區目前仍然面臨不少人為威脅，包括開採油田可能引發的原油外洩，以及觀光客對生態環境造成的傷害。

●與俄羅斯並列

2004　文化遺產　194 ha

## 克拿維考古遺址 Kernavé Archaeological Site

©www.Lithuania.Travel/V.Valužis

克拿維考古遺址位於立陶宛東方、維爾紐斯(Vilnius)西北35公里處，這裡保留了自從一萬年前新石器時代直到中世紀時期，人類在此活動的種種歷史文化遺跡，包括城市、墓地等等，其中又以蓋在山上的五座堡壘最引人注目。克拿維在中世紀曾是重要的封建城市，14世紀晚期遭條頓騎兵團摧毀，但至今許多遺跡仍為人們使用著。

●斯特魯維測量點 Struve Geodetic Arc
詳見白俄羅斯

©www.Lithuania.Travel/K.Driskius

©MOOK

©MOOK

1994　文化遺產　352 ha

## 維爾紐斯歷史中心 Vilnius Historic Centre

從13世紀開始，維爾紐斯就是立陶宛大公國的政治中心，一直到18世紀之前，這裡都深深受到東歐文化和建築發展的影響。儘管不斷遭受外來侵略，部分建築物也被摧毀，維爾紐斯仍然保留了大量而繁複的哥德、文藝復興、巴洛克和古典主義建築，以及中世紀的城市規劃和佈局。今天聯合國教科文組織除了把維爾紐斯舊城列入世界遺產名單，更認定這座舊城是全歐洲最大的巴洛克式舊城。

波羅的海三小國的首都中，一般公認塔林整體呈現最美，里加最都會化，而維爾紐斯則是活潑而不拘謹。走進維爾紐斯舊城，那些巴洛克式、像巧克力磚盒子般的天際線，偶爾還穿插著俄羅斯東正教堂洋蔥頭及天主教堂的尖塔，有的年久失修，有的斑駁陸離，顯得些許頹廢及脆弱，然而也對映出建築上的價值以及維爾紐斯人的不拘小節。

維爾紐斯市中心坐落在內里斯河(Neris River)南岸，以大教堂廣場為核心，維爾紐斯大教堂位於開曠廣場的北面，倚靠在蓋迪米諾山腳下，廣場對面，就是街道如迷宮般的舊城區。而大教堂廣場的地面上還有一個意義非凡的地標，一塊標示著stebuklas(意思是奇蹟)字樣的地磚；1989年立陶宛、拉脫維亞、愛沙尼亞三國人民共有200萬人站出來，手牽手拉成一條人龍，從維爾紐斯經過里加到達塔林，抗議蘇聯占領並爭取獨立，而起點就是這塊地磚。據說只要腳踩著地磚360度轉一圈，願望就能實現。

# 盧森堡 Luxembourg

盧森堡是個超級小國,其首都盧森堡市也是超級迷你,從盧森堡複雜的語言體系,不難看出這座小國的糾葛歷史,由於地處列強交界地帶,盧森堡自古就是歐洲強權的練兵場,盧森堡地下要塞是遊客的必遊景點,也被列為世界遺產。

比利時　德國

盧森堡城
City of Luxembourg:
its Old Quarters
and Fortifications

法國

📝 1994　🏛 文化遺產　◇ 30 ha

## 盧森堡市的老城區和防禦工事
City of Luxembourg: its Old Quarters and Fortifications

　　盧森堡的軍事位置重要,向來是兵家必爭之地,歷經多次爭戰,形成市內被碉堡城牆圍繞的獨特景觀,而今這些砲台、瞭望台及老城區都已被列為世界遺產。

　　盧森堡地下要塞是一個歷史上偉大的工程。963年西格非伯爵(Count Siegfried)在這塊突起的山岬上建立了一座碉堡,在接下來的

幾個世紀裡,後人不斷興建城牆與碉堡,讓它成為一個堅固的防禦系統,儘管如此,在1443年還是無法抵擋勃艮第人想要攻占盧森堡的野心,自此後盧森堡便被鄰國諸侯統治約四個世紀之久。

　　由於碉堡的修建經歷了數個世紀,參與興建者包含有勃艮第人、西班牙人、法國人、奧地利人和德意志聯邦的公民,最後,他們將盧森堡建立成一座防禦性強的城市,因此有「北方的直布羅陀」之稱。

　　這個具強大防禦功能的城市一共由24座碉堡、16個強盛的軍事防禦系統和一條長達23公里的地下通道組成,內部不但可提供數千名士兵和馬匹在此休憩,同時也設有工作室、廚房、麵包店和屠宰場等設施,內部之龐大有如一座迷宮。

# 馬爾它 Malta

馬爾它為地中海上的群島小國，位於義大利西西里島南方80公里處，陸地面積約316平方公里，首都為瓦雷塔(Valletta)。由於位於地中海重要的航線要道上，歷史發跡甚早，史前時代考古遺跡更是該國重要資產。

義大利

地中海

馬爾它巨石神殿
Megalithic Temples of Malta

瓦雷塔城
City of Valletta

哈爾薩夫列尼地下宮殿
Hal Saflieni Hypogeum

✏ 1980　🏛 文化遺產　◯ 56 ha

## 瓦雷塔 City of Valletta

瓦雷塔是馬爾它的首都，形狀有如堡壘，四周環繞著厚重的城牆。在瓦雷塔，迄今仍遺留有1522年至1798年間聖約翰騎士團(Hostel of Saint John)所建設的堡壘和宮殿。瓦雷塔的名稱即取自騎士團大統領La Vallette。由於相繼被腓尼基、希臘、迦太基、羅馬、拜占庭、阿拉伯等所統治，城內有320座建築遺蹟，瓦雷塔可說是世界上古蹟密度最高的地區之一。

瓦雷塔最主要的道路是共和大道，筆直地穿越整個半島，最後抵達聖艾爾摩(St. Elmo)要塞。道路兩旁的建築物，分屬於義大利文藝復興風格、洛可可和新古典主義樣式，外觀多為石頭原色，唯有造型優雅的陽台被漆成綠色或紅色。位於共和大道的大統領宮(The Grandmaster's palace)，原是騎士團長宮殿。首相辦公室則是義大利名建築師吉羅拉莫·凱撒(Gerolamo Cassar)所設計，原本屬於義大利文藝復興樣式，後來於1744年加蓋正面的巴洛克牆壁。

# 馬其頓Macedonia

馬其頓位於巴爾幹半島上，是1991年從南斯拉夫獨立出來的國家。這是一個不靠海的內陸國，首都為斯高比耶(Skopje)，境內超過50座湖泊，海拔2000公尺以上的高山也多達16座，入選的奧赫里德地區就是一座人文與自然兼具的綜合遺產。

奧赫里德地區的自然及文化遺產
Natural and Cultural Heritage of the Ohrid region

● 1979 綜合遺產 83,350 ha

## 奧赫里德地區的自然及文化遺產
Natural and Cultural Heritage of the Ohrid region

坐落於馬其頓的西南方，奧赫里德是歐洲最早有人定居的地方之一，希臘神話中的腓尼基王子卡德摩斯(Cadmus)，曾在奧赫里德湖畔創立了名為利區尼寶斯(Lychnidos)的城鎮。

今日的奧赫里德城建築大多出現在7~19世紀，它最著名的地方在於一度擁有365間教堂，因而被稱為馬其頓的耶路撒冷。城內最古老的斯拉夫修道院帕特雷莫(St Panteleimon)是馬國境內最重要的教堂，此外多達800幅年代上溯11世紀的拜占庭風格聖像，是繼莫斯科的特列季亞科夫畫廊(Tretyakov Gallery)之後，珍藏世上最重要聖像的地方。

---

● 1980 文化遺產

# 哈爾薩夫列尼地下宮殿
Hal Saflieni Hypogeum

馬爾它史前時代薩夫列尼時期的地下宮殿，原本是一處聖地，它是當今世上唯一一座史前時代的地下神廟，後來卻成為大墳場。1902年時一群挖掘水槽的工人意外破壞了它的屋頂，才使得建立於西元前2500年哈爾薩夫列尼地下宮殿重見天日。

地下宮殿共分三層，位於中央的第二層擁有直接鑿自一塊大石頭的圓形主室、天花板彩繪精緻壁畫的賢人室、牆壁上裝飾幾何圖案的裝飾室、以及用來收集蛇或存放救濟品的蛇井等等，其中文物大都轉放博物館收藏。

● 1980 文化遺產

# 馬爾它巨石神殿 Megalithic Temples of Malta

馬爾它境內有7座史前時期的巨石神殿，其中座落在戈佐島(Gozo)的吉甘提亞神殿(Ggantija Temples)，於1980年被列為世界遺產，1992年又將哈加因(Hagar Qim)、塔西安(Tarxien)等神殿列入其中。吉甘提亞神殿大約建於西元前3600-3000年間，被視為島上最珍貴的文化遺產。

馬爾它的巨石神殿，主要是為了舉行祭祀儀式而建造的。從神殿出土的祭壇、神龕、祭刀和神像等，可以得知當時以動物獻祀的是「豐饒女神」。這位女神的造型是下半身肥碩而誇張，搭配一雙纖細的腳，是生殖力的象徵，也反映出當時人們獨特的審美觀。

---

# 摩爾多瓦Moldova

摩爾多瓦是1991年蘇聯解體之後分裂出來的新國家，位於烏克蘭和羅馬尼亞之間，首都為基希納烏(Chişinău)，其國家名稱來自穿越這個國家的摩爾多瓦河。唯一入選的世界遺產，就是與十個國家並列的斯特魯維測量點。

斯特魯維測量點
Struve Geodetic Arc

● 斯特魯維測量點Struve Geodetic Arc
詳見白俄羅斯

# 蒙特內哥羅
## Montenegro

蒙特內哥羅於2006年5月脫離塞爾維亞而獨立，隨即加入歐盟、並使用歐元，也是前南斯拉夫最後一個獨立的成員國。這個才剛起步的國家，它的海灣、山脈和森林，都還散發著原始之美，一座自然、一座文化遺產，都是最美的風景。

地圖標示：
波士尼亞、塞爾維亞、克羅埃西亞、亞得里亞海、阿爾巴尼亞
杜彌托爾國家公園 Durmitor National Park
科托爾自然與文化歷史區域 Natural and Culture-Historical Region of Kotor

1979　文化遺產

# 科托爾自然與文化歷史區域
## Natural and Culturo-Historical Region of Kotor

科托爾位於科托爾峽灣的最深處，背後靠著陡峭的羅浮茜山

(Mountain Lovćen)，前方則是一片平靜無波的大海灣。

科托爾的歷史，就如同亞得里亞海岸的城市，伊利亞人、羅馬人、塞爾維亞人、威尼斯人、拿破崙軍隊、奧地利人輪番主宰……然後是二次大戰後狄托的南斯拉夫共產政權，如今，蒙特內哥羅總算獨立，不同的統治者在城市留下不同的印記。

歷史上，科托爾因為有高大厚實城牆的保護，讓他得以免受戰亂侵襲，但是1667年的毀滅性大地震，毀去了科托爾四分之三的建

符號說明　登錄時間　遺產面積　遺產類型　文化遺產　自然遺產　綜合遺產　瀕危文化遺產　瀕危自然遺產　瀕危綜合遺產

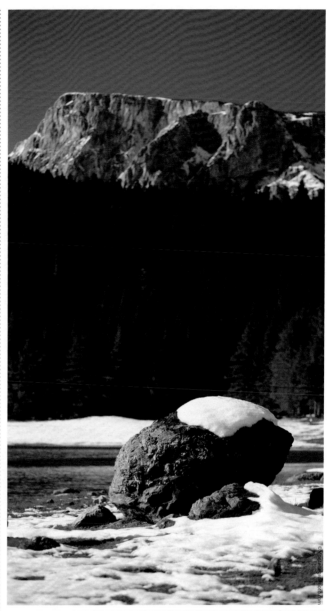

築，地震引發大火，罹難者的屍體更引來大批老鼠而爆發鼠疫，成為科托爾史上最黑暗的一章，當時12000人口僅3000人存活。

這座彷彿被鎖在時空膠囊的古城，早在1979年，就被納入世界遺產保護的行列，除了它那歐洲少見的長城般的城牆，還有它融合了各種不同文化，尤其東正教和天主教兩大教派竟能在一座教堂裡使用不同角落。過去，科托爾因為海上貿易發達，在這個區域的亞得里亞海扮演重要角色，因而留下珍貴的建築資產。

1980　　自然遺產32,100 ha

# 杜彌托爾國家公園 Durmitor National Park

創立於1952年的杜彌托爾國家公園，由杜彌托爾山脈、塔拉(Tara)峽谷、蘇齊查河(Sušica)和德拉加河(Draga)以及寇馬尼查(Komarnica)峽谷高原組成，面積廣達390平方公里。

冰與水的交互作用，在杜彌托爾的石灰岩山脈上留下13座冰河湖，被稱為「山之眼」(Gorske Oči)，其中最大的一座為「黑湖」(Crno Jezero)，背後就是地標之一、呈圓形的「熊峰」(Međed，海拔2287公尺)。杜彌托爾山脈共有48座高峰超過2000公尺，最高峰為波波托夫庫克(Bobotov Kuk)，海拔2523公尺。另外深達1300公尺的塔拉河峽谷，全世界僅次於美國科羅拉多大峽谷的1500公尺。

這座由冰河形成的國家公園內，遍布溪流與湖泊，除了濃密的針葉林外，還有種類繁多的原生植物，交織出絕美的自然景觀。由於此區於中世紀時為塞爾維亞的核心，因此也散布著村落和多座教堂與修道院等古蹟。冬天此地是蒙特內哥羅主要的滑雪勝地，夏天則適合健行、泛舟等活動。

# 荷蘭Netherlands

荷蘭低於海平面的惡劣環境條件，迫使荷蘭人運用一切手段與海爭地，運河、風車、堤壩、海埔新生地，無一不是荷蘭人表現在治水專長上的明證，事實上，在荷蘭9項世界遺產中，有6項都和其傑出的水利工程有關。

威廉斯塔德歷史區、內城和港口，
荷屬安第列斯的庫拉喬島（中美洲）
Historic Area of Willemstad,
Inner City and Harbour, Curaçao,
Netherlands Antilles

比姆斯特爾海埔新生地
Droogmakerij de Beemster
(Beemster Polder)

北海

小孩堤防風車
Mill Network at Kinderdijk-Elshout

辛格運河以內的
阿姆斯特丹17世紀運河環形區
Seventeenth-century canal ring area of
Amsterdam inside the Singelgracht

瓦登海
The Wadden Sea

伍達蒸汽抽水站
Ir.D.F. Woudagemaal
(D.F. Wouda Steam Pumping Station)

阿姆斯特丹防線
Defence Line of Amsterdam

施洛德住宅
Rietveld Schröderhuis
(Rietveld Schröder House)

斯霍克蘭及其周邊
Schokland and Surroundings

比利時　　　　　德國

🖊2010年　🏛文化遺產　🌐482 ha

## 辛格運河以內的阿姆斯特丹17世紀運河環形區
### Seventeenth-century canal ring area of Amsterdam inside the Singelgracht

辛格運河環繞著阿姆斯特丹市中心，17世紀時，為了解決大量移民所帶來的欠地問題，阿姆斯特丹決定展開一項大型都市更新計劃——興建運河環行區，從此，辛格運河成為該市最外緣的邊界。這片緊鄰城牆的歷史都會區以水道建構而成，包括舊城由西到南的水道網，以及圍繞舊城的中世紀港口。

在這項長程計劃中，阿姆斯特丹藉由採用同心弧形運河系統排乾沼地，並填滿運河之間的空間來擴充土地面積，這些新生的居住地讓同質性的都市建築獲得整體性發展，包括擁有山形牆的運河屋等許多古蹟。直到19世紀，阿姆斯特丹的運河環行區都是世界大型城市計畫的參考範本。

●瓦登海The Wadden Sea
詳見德國

符號說明　登錄時間　遺產面積　遺產類型　文化遺產　自然遺產　綜合遺產　瀕危文化遺產　瀕危自然遺產　瀕危綜合遺產

# 小孩堤防的風車群
## Mill Network at Kinderdijk-Elshout

小孩堤防標誌著荷蘭水利史上的一項奇蹟，自中世紀開始，荷

蘭人發現原本只作為動力來源的風車，也可改裝成排水的工具，於是在全國各處低地興建了無數排水用風車，透過複雜的蓄洪與排水結構，讓原本早該沈沒大海的低地也可以為人所居。

由於科技發展，荷蘭境內的風車大多為動力幫浦取代而拆除，因此像小孩堤防這樣仍密集保留19座17世紀排水風車及儲水區的地方，可謂絕無僅有。就算忽略小孩堤防在水利史上的意義，其排列壯觀的風車群與水圳交錯的優美風景，絕對值得專程前往。

歐洲

荷蘭

©MOOK

©Netherlands Board of Tourism and Conventions

# 斯霍克蘭及其周邊
## Schokland and Surroundings

打從史前時代已然發跡的斯霍克蘭，數千年以來不斷受到海水氾濫的影響，使得當地居民曾多次被迫搬遷，該區的發展歷史與文化，稱得上是一部濃縮荷蘭人長期與海抗爭的英雄史蹟。

15世紀以前的斯霍克蘭原本是一座島嶼，然而19世紀時因為海平面不斷上漲，海水入侵的緣故使得當地政府不得不於1859年時撤離該處居民，直到1940年代將其圍墾並排乾南海(Zuider Zee)海水過後，才再度成為得以利用的土地。如今在這片填海新生的土地上，依舊保留了珍貴的昔日村莊遺蹟。

1999　🏛 文化遺產

## 比姆斯特爾海埔新生地
### Droogmakerij de Beemster (Beemster Polder)

　　此為荷蘭最早開發的海埔新生地，可以追溯到十七世紀初葉，也是開發計畫中的傑作，無論道路、運河、堤壩等，皆保存完整的景觀，完全遵照古典主義及文藝復興的思維和原理。

　　這個開發案代表著人類在社會與經濟擴張時，在與海爭地上又向前邁進了一大步。

　　🖊 1998　🏛 文化遺產　◇ 7.32 ha

## 伍達蒸汽抽水站
### D.F. Wouda Steam Pumping Station

　　位於荷蘭北部弗里斯蘭省(Friesland)的伍達蒸汽抽水站，是全世界最大的蒸汽抽水站，它不僅展現了荷蘭人頂尖的工程技術，也為全世界的水力工程立下標竿。

　　荷蘭自古是個與海爭地的國家，除了需要圍起堤防阻擋海水入侵，還必須借助風車和抽水機排出積水，才能讓人民及土地免受水患威脅。1894年，弗里斯蘭省遇到嚴重的水患，為了解決這個問題，官方決定在弗里斯蘭省南岸興建兩座新的蒸汽抽水站，並由水務署總工程師德克・弗瑞德瑞克・伍達(Dirk Frederik Wouda)負責執行建造工程。1916年，第一座抽水站開始動工，1920年啟用，並且在1947年更名為伍達蒸汽抽水站，直到今天仍在運轉。

符號說明　 登錄時間　 遺產面積　　遺產類型　 文化遺產　 自然遺產　 綜合遺產　 瀕危文化遺產　 瀕危自然遺產　瀕危綜合遺產

🖋 1996　🏛 文化遺產　◈ 14,953 ha

# 阿姆斯特丹的防線
## Defence Line of Amsterdam

　　綿延135公里，環繞著阿姆斯特丹城的防線，建於1883年到1920年之間，是荷蘭唯一一個以水力原理所打造的防禦工事。自十六世紀以來，荷蘭人就不斷藉由他們所擅長的水利工程知識來達到防禦目的。

　　這條防線由45個要塞所組成，控制著複雜的運河及水閘，能夠藉由一起湧進來自低地的水，來達到防衛功能。

🖋 2000　🏛 文化遺產

# 李特維德設計的施洛德住宅
## Rietveld Schröderhuis (Rietveld Schröder House)

　　建於1924年的施洛德住宅是著名的建築師李特維德(Gerrit Thomas Rietveld)第一間完整設計的新房子，從外到內都徹底地和妥託人施洛德太太(Truus Schroder-Schrader)討論，李特維德把空間分解成平面，以及無限座標空間的理念，結合使用者的習慣和對各種空間的要求，完成極簡卻又符合使用者所有需求的風格派機能住宅，被認為是當時歐洲最前衛的建築。

　　此住宅的最大特點即在於施洛德太太主要活動的樓層一、二樓，結合了餐廳、起居室、臥室、書房等區域，卻不以固定的牆壁切割空間，而是以活動的隔板作臨時性的區隔，當隔板完全打開時，是完整的一片活動空間，但當隔板拉起時，固定的插座、洗手盆、書桌、衣櫥、床鋪和其他流動家具等，又可以馬上轉化各個小單位成個別機能空間。除了無牆壁阻隔外，大片的玻璃窗、彩色支架和遮陽板穿插在純白的主體上，讓室內和戶外有水平的延伸連結，更是影響後來許多當代建築的技法。

荷蘭美洲屬地

🖋 1997　🏛 文化遺產　◈ 86 ha

# 威廉斯塔德歷史區、內城和港口，荷屬安第列斯的庫拉喬島
## Historic Area of Willemstad, Inner City and Harbour, Curaçao, Netherlands Antilles

　　威廉斯塔德是位在加勒比海庫拉喬島上的城市，1634年荷蘭人在島上建立一個天然而優良的貿易港口。

　　這座城市歷經幾個世紀不斷的發展，而產生幾項重要的歷史意義，其中包括其建築不但展現出歐洲城市設計的概念，而且呈現出荷蘭、西班牙及葡萄牙殖民城市的風貌。

# 挪威Norway

挪威的維京人祖先是了不起的航海家，挪威的世界遺產中，或多或少都與維京人的文化相關。此外峽灣是挪威狂野的靈魂，經過千萬年的冰河不斷地擠壓、挖掘，形成地面上深長彎曲的烙印，也是挪威最美麗的自然景觀。

北海

阿爾塔岩畫
Rock Art of Alta

斯特魯維測量點
Struve Geodetic Arc

俄羅斯

維加群島地理景觀
Vegaøyan -- The Vega Archipelago

瑞典

烏爾內斯木構教堂
Urnes Stave Church

芬蘭

布里根
Bryggen

羅洛斯銅礦鎮
Røros Mining Town

西挪威峽灣
West Norwegian Fjords –
Geirangerfjord and Nærøyfjord

波斯尼亞灣

1979 人文遺產

## 布里根 Bryggen

布里根是挪威第二大城卑爾根(Bergen)市區裡最古老的地區。卑爾根在14~16中葉為漢撒同盟(Hanseatic League)的貿易中心，而布里根則是當時漢撒商人居住和活動的區域；現今這塊地區仍保留當時的建築結構，為這段漢撒同盟的歷史做了最好見證。

卑爾根這個城鎮是由國王奧拉夫(Olav Kyrre)建立於1070年，當時，做為挪威領土並為首都的卑爾根，擁有魚類貿易的壟斷權；到了12世紀，Sverre國王下令布里根一帶為貴族商人的居住使用；接著，1350年，強大的漢撒同盟勢力伸入卑爾根地區，他們利用港口掌管各種食物和原料的往來貿易，並在布里根沿著狹窄的街道與港口平行建立居住的房舍，這些房子最常見的特色為以山牆立面的3層樓木造建築，外側則以木板連結而成一個長型的建築，並共同圍繞著一個庭院。在庭院的後頭，有一個以石頭建造的小倉庫，除了用以儲藏食物，也有防火功能。

從14世紀德國商人將卑爾根設為主要貿易城鎮並建立家園開始，布里根等於是整個社會型態的縮影；只是這裡在1955年前，陸續發生過數次的火災，讓這些中世紀的木造建築遭到嚴重損毀；所幸，它們仍依照原有的型式和建造方式重建而成，最後一次浴火整修是1702年，現今遊客仍能從這些赭紅、鵝黃、奶油色等鮮豔卻又古典的62棟建築物，窺看當時德國商人的群居面貌。

牆是由木板垂直崁疊而成,與一般以水平方式搭建的木構建築不同。

本教堂除了採用北歐及羅馬式建築的空間架構,也承襲了維京時代精湛的木工技術,以及以動物造型為主題、俗稱「烏爾內斯風格」(Urnes style)的裝飾手法。

這種裝飾手法可見於教堂的北牆入口,該入口刻有一條蜷曲向上的蛇,底下有隻四足動物把蛇咬住,根據基督教的圖解研究,這象徵了善惡兩方永無休止的戰爭。

1979　人文遺產

# 烏爾內斯木構教堂 Urnes Stave Church

烏爾內斯木構教堂位於松恩菲尤達納郡(Sogn og Fjordane),建於西元1130年左右,是北歐地區傳統全木造建築中最出色的範例,其外

239

2005  ⬤自然遺產

# 西挪威峽灣
## West Norwegian Fjords – Geirangerfjord and Nærøyfjord

　　峽灣是百萬年前的冰河切割所形成的特殊自然景觀，挪威西部的峽灣又被譽為世界上最經典的峽灣地形，其中Geirangerfjord和Nærøyfjord兩段峽灣在2005年因為其獨特、雄偉的地理景觀，堪稱挪威峽灣地形中景致最出眾的峽灣，而被列入世界自然遺產名單中。

　　這兩段峽灣的陡峭山壁最高直線距離為海拔1,400公尺，深及海平面以下500公尺。無論是搭乘渡輪或快艇，每過一個峽灣彎道，兩旁的高聳岩壁和自山壁上垂直落下的瀑布，就像一幕幕影片不斷在眼前替換、延展。

●斯特魯維測量點Struve Geodetic Arc
詳見白俄羅斯

📐2004 🏛人文遺產 ◯103,710 ha

# 維加群島地理景觀
## Vegaøyan -- The Vega Archipelago

　　維加群島位於北極圈南方海域，總面積103,710公頃，共計有6,930座島嶼。從島嶼上的遺跡最早可追溯到石器時代，在9世紀時，島上住民的收入主要來自漁獲和鴨絨生產，甚至一度是鴨絨生產重鎮。島上目前維持已有1500年歷史的慶祝鴨絨豐收節的傳統。

📐1980 🏛人文遺產

# 羅洛斯銅礦鎮 Røros Mining Town

　　羅洛斯位於多山地形的銅礦區，該區開採銅礦的歷史將近333年，直到1977年才停止開採。

　　羅洛斯鎮於1679年被瑞典軍隊徹底破壞後原地重建，目前留有80棟有庭院的木造房子，大部分都保留了原來房舍正面的樣貌，以還原小鎮中世紀的樣貌。

📐1985 🏛人文遺產

# 阿爾塔岩畫 Rock Art of Alta

　　阿爾塔岩畫分布於挪威芬馬克郡(Finnmark)北極圈內的阿爾塔峽灣一帶，創作時間可回溯到西元前4,200年到500年，相當於石器時代晚期、金屬時代早期，是全世界極為重要的史前時代岩畫遺址。

　　阿爾塔岩畫的考古研究工作始於1967年，自1972年首批史前岩畫在西吉姆盧弗特灣(Hjemmeluft)出土以來，考古人員總共在7處區域45個場址發現了6千多幅岩畫及石刻藝術，其中以西吉姆盧弗特灣的岩畫最為豐富，大約有3千多幅，而這裡也成為阿爾塔史前博物館的所在地。這些由史前居民創作的岩畫，內容包括馴鹿、糜鹿、熊、狼等各種動物圖像，以及漁獵、宗教儀式和農耕場景，真實反映了當時薩米人在北極圈邊緣生活的情形。

# 波蘭Poland

夾處於俄羅斯和西歐、東歐、北歐之間，波蘭就跟它輪番被侵略的歷史一樣，文化面貌複雜而多元，除了屈指可數的自然遺產，其餘幾乎都是東西強權逼迫下遺留的痕跡，這當中有自發的光芒，也有悲淒的傷痕。

波羅的海

立陶宛

俄羅斯

**馬爾波克條頓騎士城堡**
Castle of the Teutonic Order in Malbork

**中世紀城鎮土倫**
Medieval Town of Toruń

**奧斯威辛/畢爾克瑙－德國納粹集中營**
Auschwitz Birkenau German Nazi Concentration and Extermination Camp

德國

白俄羅斯

**比亞沃維耶扎原始森林**
Belovezhskaya Pushcha / Białowieża Forest

**華沙歷史中心**
Historic Centre of Warsaw

**穆斯考公園**
Muskauer Park / Park Muzakowski

**弗羅茨瓦夫百年廳**
Centennial Hall in Wroclaw

**克拉克歷史中心**
Cracow's Historic Centre

**維利奇卡鹽礦**
Wieliczka Salt Mine

**扎莫希奇舊城**
Old City of Zamość

**亞沃爾和希維德尼察的和平教堂**
Churches of Peace in Jawor and Swidnica

**小波蘭南部的木造教堂**
Wooden Churches of Southern Little Poland

烏克蘭

捷克

**卡瓦利亞澤布日多夫斯卡**
Kalwaria Zebrzydowska: the Mannerist Architectural and Park Landscape Complex and Pilgrimage Park

斯洛伐克

🗓1978　🏛文化遺產　◻969 ha

# 維利奇卡鹽礦 Wieliczka Salt Mine

　　維利奇卡一帶從新石器時代起就發現了鹽礦，一直到西元1世紀才有被開採的紀錄，而正式被大幅開採製鹽則是從10世紀開始，現在的維利奇卡鹽礦從1290年開始，已經有700年以上歷史，也可以說是波蘭歷史最悠久的、始終運行不輟的一座工廠。

　　整個鹽礦區由9層密密麻麻、彷彿迷宮般的隧道構成，最深達地底327公尺。一般遊客只能參觀地底64到135公尺之間的最上面3層。搭乘電梯到達地下64公尺的第1層，經過一個又一個鹽坑，可以陸續看到用鹽製成的禮拜堂和聖人雕像，都是長年在此採鹽的工人在工作之餘慢慢雕琢出來的，讓虔誠的信徒即使不能到教堂去，也可以在鹽坑中禱告。除了宗教的需求外，有些鹽洞記載的是採礦工人的工作情形，提供後人更多的想像。

　　隨著階梯不斷往下，沿途更可經過地底鹹水湖泊、高達36公尺的大廳，以及餐廳、會議室、博物館等，其中最壯觀的就是聖慶加禮拜堂(St. Kinga's Chapel)，整座教堂長寬約54和17公尺，高12公尺，從1895年到1927年，花30年時間，移出2萬噸岩鹽才完成。禮拜堂裡，從主祭壇的聖慶加神像、前教宗若望保祿二世雕像，到水晶吊燈、《最後晚餐》等壁畫，全數都是由岩鹽雕鑿而成。

1978　　文化遺產　　150 ha

# 克拉克歷史中心 Cracow's Historic Centre

克拉克是目前波蘭第三大城，人口約77萬人，由於是波蘭境內少數未被戰火波及的城市，而得以保留大量完整的中世紀和文藝復興建築。不論是歷史建築、紀念物，還是藝術作品，沒有第二座波蘭城市能與之匹敵。

傳統上，克拉克就是波蘭的文化中心，不僅僅是傳承古典，在現代藝術與文化的表現，克拉克也享有極高地位。這座城市誕生了兩位諾貝爾文學獎得主——Czesław Miłosz和Wisława Szymborska，而史上第一位波蘭籍教宗——若望保祿二世，也出身於克拉克。

克拉克舊城是在1257年韃靼人入侵之後所規劃設計的，總共有綿延3公里的兩道厚實防禦城牆、47座塔樓、8座城門及一條護城河。如今幾乎所有克拉克知名景點都位於舊城之內。

# 奧斯威辛/畢爾克瑙：德國納粹集中營

Auschwitz Birkenau - German Nazi Concentration and Extermination Camp

奧斯威辛原本只是一座小鎮，然而自從第二次世界大戰期間，納粹德軍在此設立集中營，並且大量屠殺無辜的生命後，乃成為波蘭境內歷史傷痕最深的地方。

奧斯威辛位於克拉克西方60公里，它的波蘭名Oświęcim也許名不見經傳，但德文的Auschwitz，卻是惡名昭彰。

1940年4月，納粹德軍在奧斯威辛郊外的前波蘭軍隊營房設立了這座集中營，最早的時候，本來只打算用來關波蘭的政治犯，沒想到後來卻變成歐洲猶太人的滅絕中心，也成為人類史上最大的實驗性集體屠殺，據估計，超過150萬人、27個國籍的人死於這座「殺

# 華沙歷史中心　Historic Centre of Warsaw

華沙是波蘭首都及最大城市，同時是波蘭的政經文教樞紐。以波蘭的標準來說，華沙是一座年輕的城市，當許多波蘭古城已經在慶祝他們的建城500週年時，華沙才剛從一片森林中冒出頭來。直到14世紀初，馬佐維亞公爵(Mazovia)在今天的皇家城堡蓋了一座堡壘，一座中世紀城鎮漸漸成形。1573年，波蘭國王西吉斯慕都斯三世(Sigismundus Vasa III)決定把國都遷到華沙，完全扭轉了華沙的命運，不僅是政治，經濟、科學、文化、藝術都緊跟著蓬勃發展。

近代史上，影響華沙最巨的，當屬二次世界大戰期間，納粹德軍長達5年的占領，以及1943年猶太起義(Ghetto Uprising)和1944年的華沙起義(Warsaw Uprising)，總共造成85%的華沙建築被毀，80萬華沙居民犧牲，超過戰前華沙總人口的一半。

今天整座城市都是從瓦礫堆中重建，彷彿一隻浴火鳳凰，華沙以快速重建證明其民族性的生命力和韌性，不論城市景觀或內在精神的表現，華沙所呈現的是新與舊、東與西的融合，最不可思議的，便是舊城的復原與重建。

民族性堅韌的波蘭人以強烈的決心重建家園，找出許多歷史照片、繪畫、電影等文件資料，加上居民的生活記憶，重新打造出未受損壞前的舊城面貌。在1949年到1963年之間，重新恢復了華沙17到18世紀的舊觀，不僅努力保留了歷史，也再現華沙極盛時的風華。

人工廠」，也可以説是人類最大的集體墳場，這裡面包括110萬的猶太人、14.5萬的波蘭人、2萬個羅馬人、1萬個俄羅斯人，以及吉普賽人、捷克人、南斯拉夫人、法國人、奧地利人……而最初的營房已經不敷使用，於是1941年在奧斯威辛西方3公里處的畢爾克瑙(Birkenau)又設立了面積更大的奧斯威辛二號(Auschwitz II)。

納粹後來敗逃之時，奧斯威辛和畢爾克瑙的集中營只有少數遭到破壞，其餘則完好地保留至今，恰為那段殘酷的歷史留下見證。堅實的圍牆、裝刺的鐵絲網、嚴酷的瞭望哨，還有槍決台、毒氣室、焚化場……集中營已如今改為博物館，卻掩飾不住瀰漫在周遭的陰森與肅殺。

2003　文化遺產　8.26 ha

# 小波蘭南部的木造教堂
## Wooden Churches of Southern Little Poland

小波蘭南部的木造教堂建於16世紀晚期，有別於羅馬天主教文化中其他石造教堂，這裡是採用東歐與北歐常用的木造工法，無論建材或形式，都可説是中世紀教堂建築中的特例。這些教堂在貴族的支持下修建，因而成為當時社會經濟地位重要表徵。

1992　文化遺產　75 ha

# 扎莫希奇舊城 Old City of Zamość

扎莫希奇位於波蘭東南方連結黑海與西歐、北歐的貿易要道上，由來自義大利帕多瓦的建築師柏納多·莫蘭多(Bernando Morando)負責城市規劃，是16世紀晚期文藝復興城市的完美典範。舊城區至今仍保存了原始的規模，包括城堡和眾多融合義大利與中歐傳統的古老建築。

1997　文化遺產　48 ha

# 中世紀城鎮土倫 Medieval Town of Toruń

土倫這個古老城鎮在波蘭歷史上具有重要地位。13世紀中葉，條頓騎士團在此修築城堡，以彰顯其征服普魯士的功績，是為土倫城的雛型，隨後，土倫城又成為漢撒同盟時期的商業中心。至今土倫城仍保存著許多14到15世紀的建築，也包括天文學家哥白尼的住所，漫步城區可感受古老波蘭的歷史風情。

2001　文化遺產　0.23 ha

# 亞沃爾和希維德尼察的和平教堂
## Churches of Peace in Jawor and Swidnica

坐落於亞沃爾和希維德尼察的和平教堂，在波蘭西南部的西里西亞(Silesia)地區，是歐洲規模最大的純木構教堂，建於17世紀中葉。

當時迫於皇帝的壓力，教堂僅以木料和泥土所構成，但卻以樸素平實的外觀屹立數百年，不僅見證了當時激烈的宗教與政治鬥爭，更體現了對於宗教自由的追求。

1999　文化遺產

# 卡瓦利亞澤布日多夫斯卡：矯飾主義建築及園林景觀
## Kalwaria Zebrzydowska: the Mannerist Architectural and Park Landscape Complex and Pilgrimage Park

本世界遺產位於波蘭南部克拉克(Kraków)附近的卡瓦利亞澤布日多夫斯卡鎮，是一處結合自然環境與宗教含義的建築及園林景觀。

西元1600年，克拉科夫總督米柯拉伊·澤布日多夫斯基(Mikolaj Zebrzydowski)首先在他城堡坐落的山丘上興建「受難小教堂」(Chapel of the Crucifixion)，作為個人靈修之用。

後來他接受方濟會修士的建議，擴大建造規模，並且以聖城耶路撒冷的樣貌為範本，利用當地的自然環境打造一系列具有象徵意義、富有矯飾主義風格的建築群。這些小教堂及修道院充分反映了耶穌受難以及聖母瑪麗亞的一生，至今依然是各地信徒朝聖禮拜的場所。

1997　文化遺產　18 ha

# 馬爾波克條頓騎士城堡
## Castle of the Teutonic Order in Malbork

位於波蘭北部的馬爾波克城堡，曾經是德意志條頓騎士團總部，始建於13世紀，在1309年後再度擴建，成為規模宏大且工法精緻的中世紀磚造建築群。

城堡在第二次世界大戰中曾遭嚴重損毀，但後人根據從前留下來的建築和文獻仔細重建，又重新恢復本來的風采。

2006　文化遺產　37 ha

# 弗羅茨瓦夫百年廳
## Centennial Hall in Wroclaw

弗羅茨瓦夫百年廳建於1911到1913年的德意志帝國時期。此廳為多功能的混凝土建築，建築師馬克思·伯格(Max Berg)將之設計為四葉草形狀，中央的圓形大廳可容納6000名觀眾，圓形屋頂有23公尺高，由鋼與玻璃構成。其建築形式與工法均對20世紀初期的現代建築有很大的影響。

●比亞沃維耶扎原始森林Belovezhskaya Pushcha / Bia　owie　a Forest
詳見白俄羅斯
●穆斯考公園Muskauer Park / Park Muzakowski
詳見德國

# 葡萄牙 Portugal

15世紀晚期到16世紀中期，葡萄牙海權主義在曼努埃爾一世執政時達到顛峰，而發展出獨特的曼努埃爾式(Manueline)建築和藝術，葡萄牙不少世界遺產都是這個時代的產物。而大西洋上的幾座世界遺產小島，也都是航海時代被葡萄牙所征服。

大西洋

波爾圖歷史中心
Historic Centre of Oporto

巴塔哈修道院
Monastery of Batalha

阿寇巴薩修道院
Monastery of Alcobaça

里斯本貝倫塔與修道院
Monastery of the Hieronymites
and Tower of Belém in Lisbon

吉馬良歷史中心
Historic Centre of Guimarães

上杜羅河葡萄酒區
Alto Douro Wine Region

科阿峽谷史前
岩石藝術遺址
Prehistoric Rock-Art Sites
in the Côa Valley

托馬爾的基督教女修院
Convent of Christ in Tomar

辛特拉人文景觀
Cultural Landscape of Sintra

亞速爾群島的英雄港中心區
Central Zone of the Town of
Angra do Heroismo in the Azores

皮庫島葡萄園文化景觀
Landscape of the Pico
Island Vineyard Culture

艾芙拉歷史中心
Historic Centre of Évora

埃瓦斯邊城及其防禦工事
Garrison Border Town of
Elvas and its Fortifications

西班牙

馬德拉群島的月桂樹森林
Laurisilva of Madeira

---

⊘1983 🏛文化遺產

# 亞速爾群島的英雄港中心區

## Central Zone of the Town of Angra do Heroismo in the Azores

英雄港坐落於亞速群島的特爾賽拉島(Terceira)，這座當地最古老的城市，是昔日亞速爾群島的首府，15世紀時隨著葡萄牙東印度公司的崛起，成為重要的貿易與軍事港口，鎮日帆船川流不息的盛況，直到19世紀輪船出現為止才停歇。

在這長達四個世紀的巔峰時期，英雄港市區出現大量宮殿、修道院、教堂與城牆，令人為這座小島上的小城能有此番發展規模而感到震驚，而它今日的名稱來自於瑪莉亞二世，這位葡萄牙皇后於1830~1833年間曾避居於此，因為當地勇敢奮戰的居民，於是賦予它「英雄」的名號。

⊘1983 🏛文化遺產

# 托馬爾的基督教女修院

## Convent of Christ in Tomar

托馬爾的基督教女修院位於里斯本東北方143公里處，其前身為創立於12世紀的聖殿騎士堡壘，由於聖殿騎士從伊斯蘭教徒手中收回了不少失地，因而在基督教世界的資助下擴建了顯赫一時的修道院，成為「收復失地運動」(Reconquest)中的象徵。

然而隨著14世紀聖殿騎士團的消失，1344年時該修道院改變了最初的設計結構，搖身一變成為基督教女修院，展現葡萄牙曼努埃爾時期(Manuel)對於外來文化開放的一面。

除了融合羅馬、拜占庭風格以及堡壘和教堂式樣外，裝飾彩磚的哥德式迴廊和葡萄牙首座雙層迴廊，都説明它重要的文化與歷史價值。

符號說明 登錄時間 遺產面積　遺產類型 文化遺產 自然遺產 綜合遺產 瀕危文化遺產 瀕危自然遺產 瀕危綜合遺產

🗓1983年　🏛文化遺產　🌐0.98 ha

# 巴塔哈修道院 Monastery of Batalha

曼努埃爾式(Manueline)建築是葡萄牙在15世紀晚期到16世紀中期，因極力發展海權主義，而在藝術和建築上出現其獨特的建築風格，取名自當時執政的曼努埃爾一世。其建築特色在於扭轉造型的圓柱、國王紋章和雕飾精細又繁複的窗框，同時運用大自然圖像，如在石頭上鑲著貝殼、錨等。

以淡色石灰岩建造的巴塔哈修道院，佇立在巴塔哈鎮中心，除了建築本身是傑作外，還與葡萄牙14、15世紀的歷史息息相關。卡斯提亞國王朱安(Juan)與葡萄牙公主聯姻，但因對於葡萄牙國王的王位虎視眈眈，於是便在1385年派兵攻打葡萄牙。而當時身兼埃維斯騎士團指揮的若昂(Joào)發誓，如果贏得勝利，將興建一座紀念聖母的偉大修道院。最後，葡萄牙人贏得這場戰役，若昂也成為葡萄牙國王。修道院便於1388年開始興建，一直到1533年才大致完工。

建築本體包括有教堂、皇家迴廊、創立者禮拜堂、修士大會堂等，都是以火焰形式的哥德風格在1434年完工的，不過在15、16世紀增添的曼努埃爾式建築，主導了整個修道院的風格。

# 里斯本貝倫塔與希洛尼摩斯修道院

## Monastery of the Hieronymites and Tower of Belém in Lisbon

為了紀念達迦瑪(Vasco da Gama)發現前往印度的航海路線,曼努埃爾一世(Manuel I)於1502年下令建造了這座希洛尼摩斯修道院修

道院,一直到1572年才完工。整個設計起先是哥德式的風格,隨著設計師去世後,接手的西班牙建築師加入了文藝復興式的色彩,以航海、風景、人物裝飾的精緻大理石壁雕,展現世界獨一無二的葡萄牙哥德風味。修道院完工後一直作為當時即將出海冒險和征戰水手的心靈祈禱聖地。達迦瑪等人的棺木停放於修道院的教堂裡,葡萄牙也是在此簽署加入歐洲聯盟。

離希洛尼摩斯修道院不遠的貝倫塔,也是由曼努埃爾式一世下令所建造的,宛如城堡般的奇特造型與略具摩爾風格裝飾的貝倫塔,在1515~1521年間建造,這時便是葡萄牙航海冒險的時期,許多冒險家都是由此出發前往全球各地探險,因此也成為海上冒險的象徵建築物,又有「世界盡頭,海洋起點」的稱號。

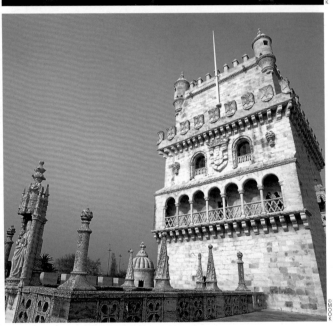

# 科阿峽谷和西艾加維德史前岩石藝術遺址

## Prehistoric Rock Art Sites in the Côa Valley and Siega Verde

擁有現今全世界最重要的史前人類藝術活動遺跡的科阿峽谷,

位於葡萄牙東北部的群山間,這些年代距今上萬年的上舊石器時代(Upper Paleolithic Era)岩石雕刻藝術,以山羊、馬匹和古代野牛等經常出現於西歐早期藝術的特色動物為主題,其他發現還包括魚拓,以及鐵器時代以後的人形雕刻,纖細線條刻畫的人物大多是小頭、配劍、雙腿細長、騎在擁有細長身軀馬匹的戰士。

17世紀開始,當地再度興起岩石藝術,主題轉而與宗教相關,到了20世紀中這裡甚至出現飛機、火車和船隻等現代產物,見證人類藝術與文化的漫長發展。2010年聯合國教科文組織再度擴大遺產的範圍,把西班牙境內的西艾加維德也納進來。
●與西班牙並列

📖1986年 🏛文化遺產

# 艾芙拉歷史中心 Historic Centre of Évora

艾芙拉舊城被保存完整的摩爾城牆所包圍，15世紀時，成為葡萄牙王室的行宮，城裡石板街道和優雅的建築，有股濃濃的中世紀城鎮風味。當地的建築十分有特色：白牆、花磚(Azulejos)，加上飾以花草動物的花紋的鑄鐵陽台，營造出獨特的風韻，而這種建築特色在日後影響巴西的建築甚鉅。

外型酷似碉堡的大教堂(Sé)是當年冒險家達迦瑪前往印度前禱告的教堂，而教堂一旁的聖器藝術博物館收藏許多教會的十字架、金、銀器與聖杯。附近還有個艾芙拉博物館，羅馬式的廊柱、摩爾窗、加上現代的雕刻品收藏，還有葡萄牙自然派與法蘭德斯的繪畫作品，內容豐富。

📖1989年 🏛文化遺產

# 阿寇巴薩修道院 Monastery of Alcobaça

阿寇巴薩修道院是葡萄牙境內規格最大的中古建築群之一。葡萄牙首任國王阿方索‧亨利克斯(Afonso Henriques)曾向西妥隱士會(Cistercian)的創始人聖伯納(St. Bernard)發誓，若能成功擊退摩爾人，將為西妥隱士會興建修道院。

當阿方索於1147年成功地擊退摩爾人時，1178年便開始大興土木，直至1223年才完工。修士們在此過著自給自足和奉獻教會的工作，1269年起興學回饋鄉梓。

教堂則是葡萄牙現存最高大的哥德式建築。教堂裡有兩座石棺，訴說著佩德羅一世(King Pedro I)與英娜斯(Inês de Castro)之間的淒美愛情故事。

修道院的迴廊的十分漂亮，1樓雕有花飾窗格的拱門，建於14世紀狄尼斯國王執政時，而2樓的曼努埃爾式建築則是在16世紀加上的。在迴廊西北邊有間國王廳(Sala dos Reis)，也就是現今的修道院入口處，這是在18世紀時所增添的，裡面有葡萄牙歷任國王的雕像，廳堂四周鑲有描述建造修道院故事的青色瓷磚。

📍1996 🏛文化遺產

## 波爾圖歷史中心 Historic Centre of Oporto

葡萄牙的第二大城波爾圖坐落於杜羅河(Douro)河口，它是北部重要的文化與經濟中心，以生產且外銷葡萄牙最著名的特產波特酒(Port wine)聞名於世。

這座擁有傑出都市景觀的城市，名稱衍生自「港口」這個字，回溯其歷史，早在西元4世紀創立以來，就是一座重要的商業港口，今日錯落於區內的各色古蹟，從羅馬式唱詩班席、新古典主義的股票交易所，到曼努埃爾風格的教堂等等，都能看出它長達兩千多年的發展，以及對外與西方世界間的文化和貿易聯繫。

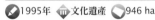

📍1995年 🏛文化遺產 ◯946 ha

## 辛特拉人文景觀 Cultural Landscape of Sintra

圍繞著森林與冷泉的辛特拉，自古以來就是伊比利人的宗教聖地，接著羅馬人、摩爾人也都對其鍾愛有加，葡萄牙國王和貴族們更在此興築了許多行宮。浪漫派的英國詩人拜倫(Lord Byron)也在他的遊記中對辛特拉讚譽有加。

在眾多宮殿裡，佩娜皇宮(Palácio Nacional da Pena)可說是造型最奇特的建築了！佇立在辛特拉的山頂，飾以紅色和黃色的鮮豔色彩，像極了一座童話世界中的糖果屋。佩娜皇宮建於19世紀，由當時年輕的瑪莉亞二世皇后(Maria II)的夫婿費迪南(Ferdinand Saxe-Coburg-Gotha)和一位普魯士的建築師所設計。

皇宮的原址為15世紀時的修道院，費迪南在1838年將它買下後，立即開始整修。費迪南本身即是一名水彩畫家，同時十分熱中新事物和藝術，他將這座夏宮建得很奇特，尤其是融合哥德、埃及、摩爾和文藝復興等藝術元素，與周遭的自然景觀融合。

📍1999 ◯自然遺產 ◯15,000 ha

## 馬德拉群島的月桂樹森林
### Laurisilva of Madeira

15世紀初，葡萄牙航海家發現了位於該國西南方的馬德拉群島，這座幾百萬年前因地殼運動和火山噴發形成的島嶼，以分布廣闊且年代久遠的月桂樹森林聞名，為當今全世界最大的月桂樹林，特別是其中將近90%的面積都屬於原生林，也因此擁有大量當地特有且珍貴的生物，像是馬德拉長趾鴒，以及稀少的苔蘚、蕨類和開花植物，與多達66種的維管束植物等等，有別於其他月桂樹森林的特色，此外，它更是許多無脊椎動物的家。

🌀2001 🏛文化遺產 🌐24,600 ha

# 上杜羅河葡萄酒區 Alto Douro Wine Region

　　上杜羅河成為葡萄酒鄉的歷史已將近兩千年，根據考古證據顯示，早在西元3~4世紀的西羅馬帝國末年時，這裡已經開始釀製葡萄酒。17世紀下半葉波特酒的出現，讓該區的葡萄園不斷擴張，到了18世紀時，波特酒不但成為上杜羅河的主要產品，更以絕佳的品質躋身世界名酒之列。上杜羅河當地的景觀因為這項人類長期發展的產業活動而形成獨特的面貌，葡萄園、酒莊、村落、教堂以及道路，勾勒出傳統歐洲葡萄酒區的景象，也反映出隨時間變遷的釀酒業，在技術以及社會等各方面的發展。

🌀2004 🏛文化遺產 🌐190 ha

# 皮庫島葡萄園文化景觀
## Landscape of the Pico Island Vineyard Culture

　　皮庫島是以島上火山、同時為葡萄牙最高峰皮庫山(Ponta do Pico)命名，是亞速群島的第二大島，占地447平方公里，密布著一小塊、一小塊的葡萄園，它們的周遭圍繞著以玄武岩塊堆砌、沒有加上任何水泥接合的護牆，使葡萄免受強風與海水的侵害。

　　皮庫島的葡萄酒文化起源於15世紀，從今日出現當地的葡萄園、石牆、房舍、莊園地主的宅邸、酒窖、教堂和港口等人文景觀，得以一窺當地如何以小規模的葡萄園區塊，發展出適合當地生活環境的作業型態，並生產出極具價值的美酒。

🌀2001 🏛文化遺產 🌐16 ha

# 吉馬良歷史中心 Historic Centre of Guimarães

　　身為葡萄牙王國以及第一位國王阿方索一世(Afonso I of Portugal)誕生地的吉馬良，是一座興建於西元4世紀的葡萄牙北方城市，至今其城牆上還有一段醒目的文字，訴說這個發源於12世紀的西歐國家歷史。吉馬良在12~16世紀時進入發展巔峰，出現多座地標性建築和華美的別墅，16世紀時該城已出現水渠等大規模城市建設規劃，17世紀時還修築了沃邦式防禦工事。

　　如今這個區內各時期建築保存完善的城市，是中世紀聚落轉型現代城市的最佳發展範例，其中特別是15~19世紀的建築，展現了葡萄牙的傳統建築材料與技術。

🌀2012 🏛文化遺產 🌐179 ha

# 埃瓦斯邊城及其防禦工事
## Garrison Border Town of Elvas and its Fortifications

　　埃瓦斯城位於葡萄牙東南部的阿連提如地區(Alentejo)，緊鄰西班牙邊界。自從1640年葡萄牙成功反抗西班牙的統治、恢復獨立開始，葡萄牙人就大規模地加強埃瓦斯城的軍事建築，使它成為在17到19世紀期間保衛葡萄牙的重要邊境城鎮。

　　埃瓦斯城擁有全世界最大的乾溝式防禦工事，設計者是荷蘭耶穌會神父佩卓·若昂·皮斯卡西歐·科斯曼德(João Piscásio Cosmander)，他依照荷蘭學派的堡壘工程理論，依山坡建造十幾座分布成不規則多邊形的堡壘，堡壘四周環繞著乾溝，外頭還有數座稜堡加以保護，是目前荷蘭式防禦工事中保存得最完善的典範。

　　除了軍營、教堂、修道院、城牆、護城河以及軍事堡壘之外，埃瓦斯城還有一座長達7公里的阿莫雷拉引水道(Amoreira Aqueduct)，可以在長期圍城的狀況下供應足夠的水源。

# 羅馬尼亞Romania

身為東歐大國，居民高達8成6信奉東正教，由於極具羅馬尼亞地方特色，有高達5座世界遺產都與東正教教堂建築相關。而羅馬尼亞位於歐洲第一長河多瑙河的出海口，其注入黑海的三角洲也被畫為自然遺產範圍。

烏克蘭

摩爾達維亞的教堂群
Churches of Moldavia

馬拉穆列斯的木造教堂
Wooden Churches of Maramure

匈牙利

摩爾多瓦

川西凡尼亞的防禦性教堂村落群
Villages with Fortified Churches
in Transylvania

錫吉索拉歷史中心
Historic Centre of Sighişoara

奧拉斯迪山的
達契亞軍事碉堡
Dacian Fortresses of
the Orastie Mountains

多瑙河三角洲
Danube Delta

塞爾維亞

胡雷茲修道院
Monastery of Horezu

保加利亞

黑海

©www.romaniatourism.com

🗓1991　⛰自然遺產　◈312,440 ha

## 多瑙河三角洲 Danube Delta

　　全長2850公里的多瑙河貫穿了歐洲10個國家，擁有300多條支流，流域面積超過81萬平方公里，它在羅馬尼亞和烏克蘭之間形成了全歐洲保存最完善且第二大的三角洲。

　　占地約3446平方公里的多瑙河三角洲，除北部一小部分外，大多位於羅馬尼亞境內，這條最後注入黑海的河流，其支流將沿途土地切割成無數小島，這些島嶼經常於春夏兩季遭淹沒，在這片區域裡，多達45種淡水魚、300種鳥類以及超過1200種植物，在沼澤和湖泊間生長與出沒，每年到了候鳥遷徙的季節，還可以看見來自歐亞非三大洲與地中海區域的無數候鳥在此繁衍。

©www.romaniatourism.com

🗓1993　🏛文化遺產

## 摩爾達維亞的教堂群 Churches of Moldavia

　　羅馬尼亞東北部的摩爾達維亞省是一片洋溢著鄉村風情的森林地帶，當地七座外觀彩繪精緻壁畫的東正教教堂，象徵著15~16世紀拜占庭藝術的巔峰！

　　一幅幅題材來自聖經和著名歷史故事的壁畫，猶如聯屏畫般展現於眾人的眼前，修默修道院(Humor Monastery)的《圍攻軍事坦丁堡》、摩爾多維塔修道院(Moldovi　a Monastery)色彩繽紛的聖經場景、素有「東方西斯汀大教堂」之稱的沃洛涅特修道院(Vorone Monastery)，和諧的用色與優雅的線條輪廓，使得這些壁畫完美的融入周遭景觀之中。

符號說明　登錄時間　遺產面積　　遺產類型　文化遺產　自然遺產　綜合遺產　瀕危文化遺產　瀕危自然遺產　瀕危綜合遺產

1993　文化遺產　22 ha

# 胡雷茲修道院 Monastery of Horezu

17世紀末羅馬尼亞展開了一場藝術與文化上的革命，產生一種將拜占庭主義發揮得淋漓盡致的布蘭考恩風格，該風格以君士坦丁‧布蘭考恩(Constantin Brâncoveanu)王子命名，他於1690年建立的胡雷茲修道院，可謂此純粹發源於羅馬尼亞的藝術風格中最具代表性的傑作。

胡雷茲修道院的建築結構簡單且平衡，裝飾著大量的雕刻、聖像以及彩繪作品，其中90%的壁畫落成於1792~1702年間，展現了深受希臘肖像畫主題影響的早期布蘭考恩風格，它掛滿聖像與圖像的修道院學校，也成為巴爾幹半島的特殊景觀之一。

1999　文化遺產

# 奧拉斯迪山的達契亞軍事碉堡
Dacian Fortresses of the Orastie Mountains

歷史悠久的羅馬尼亞在遠古時稱為達契亞(Dacia)，達契亞人是定居於當地的兩支部落之一，西元前後一世紀之間，為了抵抗羅馬人的入侵，達契亞統治者在今日的奧拉斯迪山間，興建了融合軍事與宗教建築技術的堡壘，展現來自古典世界與歐洲鐵器時代晚期的軍事建築概念。

這六處可謂達契亞王國核心，其所成就的軍事碉堡，見證著當時已發展出高度文明與社會經濟水準。由於西元2世紀初被羅馬人攻克並加以擴建，這些依舊保存完好的遺跡聳立於四周壯觀的大自然間，讓人感受到充滿氣勢且創新的美感。

1993　文化遺產　553 ha

# 川西凡尼亞的防禦性教堂村落群
Villages with Fortified Churches in Transylvania

13世紀時，匈牙利國王在川西凡尼亞地區設置了殖民地，這些緊密結合農夫、工匠和商人的社區，為了抵抗長期備受土耳其人和外族入侵的威嚇，興建了結合防禦工事的撒克遜村莊。

基於安全的理由，這些位於山谷的村落彼此緊密相連，採用順應當地地形的特殊土地管理系統與居住型式，儘管防禦工事從小城墎到設置碉堡的城牆大小不一，但總圍繞著該城的中心――教堂，並大致以一條中央街道為核心向外延伸。如今有七座防禦性教堂村落獲選為世界遺產，它們不但呈現了13~16世紀的建築形貌，也是川西凡尼亞南邊最美的文化景觀。

# 錫吉索拉歷史中心
## Historic Centre of Sighișoara

12世紀時，被稱為川西凡尼亞－撒克遜人的日耳曼手工藝匠和商人，因為匈牙利國王在川西凡尼亞設立殖民地而大量湧入，錫吉索拉就是在這種情況下，而建立於1191年。

長達幾個世紀的時間，錫吉索拉扮演著中歐邊境上重要的戰略與貿易角色，居住其中的日耳曼藝匠不但掌管該城的經濟命脈，同時也出資興建城牆而加以保護，使得這個介於中歐拉丁文化以及東南歐拜占庭文化間的小型城市，成為中世紀防禦城鎮的絕佳範例。不斷蓬勃發展的錫吉索拉，見證著延續將近850年的川西凡尼亞－撒克遜文化，其建築遺產也隨該城古蹟繼續流傳。

# 馬拉穆列斯的木造教堂
## Wooden Churches of Maramureș

馬拉穆列斯位於川西凡尼亞的北方，區內8座出現於不同時期和地區的木造東正教教堂，說明它們對興建羅馬尼亞東正教石頭教堂所持的反對意見。儘管擁有不同的建築風格，然而這些主要興建於17~18世紀的教堂，全都以厚圓木興建而成，並在建築西面樹立獨特的細長鐘塔，狹小且陰暗的內部彩繪著質樸的聖經場景，木造教堂展現了北羅馬尼亞山區的文化景觀。

由於來訪者不多，當地的木造村落和教堂、傳統的生活方式，以及色彩繽紛的傳統服飾反而妥善保存下來，使得馬拉穆列斯猶如一座活生生的露天博物館。

# 俄羅斯Russian Federation

幅員廣闊的俄羅斯，除了獨特的俄羅斯風情所形塑出的人文風貌及建築遺產，其自然環境也為科學家提供許多寶貴的研究資料。由於橫跨歐亞兩大洲，歐洲多半為以建築為主的文化遺產，亞洲區大部分是人煙罕至的自然遺產。

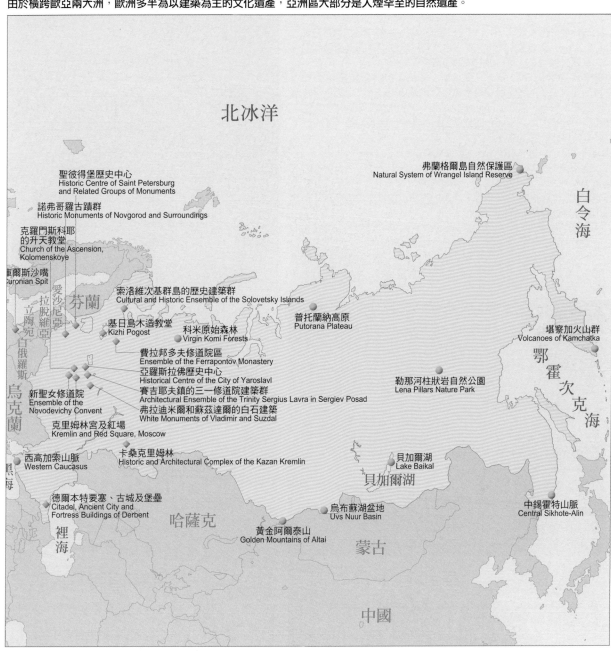

聖彼得堡歷史中心
Historic Centre of Saint Petersburg
and Related Groups of Monuments

諾弗哥羅古蹟群
Historic Monuments of Novgorod and Surroundings

克羅門斯科耶的升天教堂
Church of the Ascension,
Kolomenskoye

庫爾斯沙嘴
Curonian Spit

索洛維次基群島的歷史建築群
Cultural and Historic Ensemble of the Solovetsky Islands

基日島木造教堂
Kizhi Pogost

科米原始森林
Virgin Komi Forests

費拉邦多夫修道院區
Ensemble of the Ferrapontov Monastery

亞羅斯拉佛歷史中心
Historical Centre of the City of Yaroslavl

賽吉耶夫鎮的三一修道院建築群
Architectural Ensemble of the Trinity Sergius Lavra in Sergiev Posad

弗拉迪米爾和蘇茲達爾的白石建築
White Monuments of Vladimir and Suzdal

新聖女修道院
Ensemble of the Novodevichy Convent

克里姆林宮及紅場
Kremlin and Red Square, Moscow

西高加索山脈
Western Caucasus

卡桑克里姆林
Historic and Architectural Complex of the Kazan Kremlin

德爾本特要塞、古城及堡壘
Citadel, Ancient City and Fortress Buildings of Derbent

黃金阿爾泰山
Golden Mountains of Altai

弗蘭格爾島自然保護區
Natural System of Wrangel Island Reserve

普托蘭納高原
Putorana Plateau

堪察加火山群
Volcanoes of Kamchatka

勒那河柱狀岩自然公園
Lena Pillars Nature Park

貝加爾湖
Lake Baikal

烏布蘇湖盆地
Uvs Nuur Basin

中錫霍特山脈
Central Sikhote-Alin

北冰洋

白令海

鄂霍次克海

黑海

裡海

哈薩克

蒙古

中國

貝加爾湖

俄羅斯歐洲區

🏅2000 �🏛 文化遺產

# 費拉邦多夫修道院區
## Ensemble of the Ferrapontov Monastery

　　位於北俄羅斯的沃格達區(Vologda)，是一座保存良好的東正教修道院的典型建築，代表了15至17世紀俄羅斯文化的精神與發展。

　　其中聖母誕生大教堂內部有一幅狄奧尼西(Dionisy)所繪的著名壁畫，是俄羅斯壁畫藝術的極致表現。

🏅1992 �🏛 文化遺產 ◯28,834 ha

# 索洛維次基群島的歷史建築群
## Cultural and Historic Ensemble of the Solovetsky Islands

　　索洛維次基群島位於白海(White Sea)西部海域，由六座島嶼組成，涵蓋範圍達三百平方公里。島上發現有西元五千年前的人類活動遺跡。自15世紀以來，索洛維次基群島即是宗教活動頻繁之地，至今仍保有數座16世紀到19世紀之間興建的教堂與修道院。

# 莫斯科克里姆林宮及紅場

**Kremlin and Red Square, Moscow**

　　自13世紀起，克里姆林宮就是俄羅斯政經、宗教中心，地位非凡。緊依的紅場上矗立著聖巴索教堂，也同步展現東正教的藝術與勢力。

　　從過去到現在，莫斯科的精華都藏在克里姆林宮裡。1472年，莫斯科使者Semyon Talbuzin訪問威尼斯，見識到才氣洋溢的建築，這位率直的使者，毫不客氣地要求當地名建築師陪同返俄，以複製令他震撼的景觀。於是，以Aristotele Fioravanti為首的建築師來到了莫斯科，運用拔尖的技術為克里姆林宮修建精緻的教堂，隨後的數十年，義大利的建築師前仆後繼的加入改造克里姆林宮的工程，一幢接一幢名建築師的作品，構築成克里姆林宮熱鬧的傳奇。

　　五百多年的時光沿著2235公尺長的城牆邊流過了，今日的牆內，建築一樣考究，人潮異常洶湧，兩者都令人驚奇。克里姆林宮由5座巍峨塔樓和19座沖天尖塔環抱，深鑿的護城河無聲無息的流動，見證進出克里姆林宮的歷代政治事件。

　　高聳的城牆內布滿一幢幢華麗的教堂、宮殿、塔樓、廣場，串聯成一首激昂的交響曲，成為全球最優美典雅的建築群。

　　與克里姆林宮比鄰的紅場名氣不相上下，繽紛的聖巴索教堂(Cathedral of St. Basil The Blessed)和肅穆的列寧陵寢，共同撐起紅場的門面，單純，但氣勢令人屏息。

符號說明 ✎登錄時間 ◯遺產面積　遺產類型 🏛文化遺產 ◗自然遺產 🏛綜合遺產 🏛瀕危文化遺產 ◗瀕危自然遺產 🏛瀕危綜合遺產

# 聖彼得堡歷史中心
## Historic Centre of Saint Petersburg and Related Groups of Monuments

　　位於俄羅斯東北邊的聖彼得堡，建城不過300年，從一個荒煙蔓草的海邊沼地，迅速在10年之間發展成俄羅斯第二大城，不但發展的速度驚人，規模及精緻程度也令人嘖嘖稱奇。

　　最主要歸功於彼得大帝、伊麗莎白女皇及凱薩琳大帝等3位有魄力、有遠見的沙皇。尤其是彼得大帝登基後，為恢復通往歐洲的通道與瑞典作戰，爭回波羅的海控制權，1703年在涅瓦河出海口建造聖彼得堡，1712年，彼得大帝將首都從莫斯科遷過來，並建立強大的海軍武力。繼位的伊麗莎白女皇，利用居留歐洲的心得，著眼聖彼得堡都市規劃及建築風格，聖彼得堡放射狀的道路規劃就是在這個時期奠定根基，而聞名於世的冬宮也歸功於這位女皇。凱薩琳大帝集兩位沙皇的成就於一身，不但積極擴張聖彼得堡市的規模，更請來歐洲各國建築師拓展聖彼得堡的建築樣式。

　　經過18世紀歷代沙皇的建設，聖彼得堡成為俄羅斯境內的小歐洲，更因城中散布著交錯的運河而有「北方的威尼斯」的美稱。

　　聖彼得堡不僅是俄羅斯最大的科研中心，擁有國內19%的科技教育機構，它同時也以文化著稱，擁有260座博物館、89座劇院、363座圖書館、200座教堂，展現高度的藝術素養及文化價值。

🌍1992　🏛文化遺產

# 弗拉迪米爾和蘇茲達爾的白石建築
## White Monuments of Vladimir and Suzdal

　　位於弗拉迪米爾的聖母升天大教堂(Cathedral of the Assumption of the Virgin )最早建於1158~1160年之間，蘇茲達爾的聖德米利歐教堂(St Demetrios)則建於1190年，這兩座以純白石頭搭建而成

的教堂，都是由弗拉迪米爾大公爵安德列‧波戈流比斯基(Andrei Bogoliubsky)所建造，在俄國建築史上占有重要的地位。

　　弗拉迪米爾在13世紀被莫斯科大公國取代領導地位之前，一直是政治與宗教中心，當時弗拉迪米爾—蘇茲達爾大公國、及莫斯科大公國的公爵貴族們的婚禮、登基儀式等都是在聖母升天大教堂舉行。另一座聖德米利歐教堂顯得較為嬌小精緻，內牆的上層刻滿浮雕，共計有上千個石塊雕刻，包括聖經故事裡的大衛王、亞歷山大大帝東征，以及舊約聖經裡的力士參孫。

# 賽吉耶夫鎮的三一修道院建築群
## Architectural Ensemble of the Trinity Sergius Lavra in Sergiev Posad

賽吉耶夫鎮是莫斯科的衛星城市之一，位於市區東北71公里處。風景如畫，建築獨特，對於俄國人來說，這個小鎮的意義可不僅只於美麗的名勝古蹟，俄國東正教的信仰中心，最神聖的聖賽吉耶夫三一修道院就位在此地，蓄長鬍著黑衣袍的修士、拿著一罐罐空保特瓶排隊裝聖水的人潮、教堂燭光後一雙雙敬虔的眼神，這裡是一窺神秘的東正教信仰核心的窗口。

這座東正教修道院建築群保留了15到18世紀的教堂特有的軍事元素，但其色彩絢麗繽紛又帶有濃厚的童話味道。其中最重要的聖母升天大教堂，內有沙皇包里斯・戈杜諾夫(Boris Godunov)的陵墓，以及俄羅斯史上最偉大畫家安德瑞・魯布列夫(Andrei Rublev)的名作《三位一體》(The Trinity)。

# 西高加索山脈 Western Caucasus

西高加索山脈位於俄羅斯南部高加索山脈的最西端，從黑海一直延伸到厄爾布魯士山(Mount Elbrus)，占地將近30萬公頃。此地只有野生動植物棲息其間，是歐洲少數尚未遭受人為開發衝擊的山區。

本區擁有多樣性的生態系統，目前列入紀錄的植物共有1,500多種，其中1/5的高山植物屬於特有種。1924年，前蘇聯政府為了保育珍貴的高山森林及歐洲最高的樹木高加索冷杉(Nordmann Fir)，在此成立了高加索國家自然生物圈保護區(Caucasian State Nature Biosphere Reserve)。

除了種類豐富的植物以外，本區還是全球瀕危物種歐洲野牛的原生地，而同樣名列全球瀕危物種的雪豹，偶爾也會在這裡出沒。

# 基日島木造教堂 Kizhi Pogost

基日島位於歐內加湖(Lake Onega)，島上的木造教堂原名普雷歐布朗傑斯卡大教堂(Preobrazhenskaya Tserkov)，建於西元1714年，從地面到中央尖頂約37公尺高。教堂結構完全沒使用半根釘子，純粹以精密的斧鑿技巧完成。此教堂曾經在15世紀末被雷擊中，1714年再建修復，目前建築物逐漸老朽，如何保存下去成為困難的課題。

基日島上除了這座教堂，還從各地移築了許多18世紀到19世紀的木造農家建築與風車，使整座島像是北俄羅斯建築史博物館。

# 科米原始森林 Virgin Komi Forests

科米原始森林占地328萬公頃，位於烏拉爾地區的凍土地帶。遼闊的疆域涵蓋山脈、冰河、湖泊、泥炭沼、河流等各種地形，保留了大片的松柏、山楊、樺木等針葉林，並庇護著許多珍貴的野生動物。有關此地的相關研究已經持續了五十年，為科學家研究生物多樣性提供了許多寶貴的資料。

📷1994 🏛文化遺產

# 克羅門斯科耶的升天教堂
Church of the Ascension, Kolomenskoye

　　這座建於1532年的教堂是歷史最悠久的俄羅斯傳統木造教堂之一，位於莫斯科郊區克羅門斯科耶的皇家莊園，是為了慶祝伊凡四世(也就是後來的恐怖伊凡)的誕生而建。

　　教堂的篷頂形式、以石頭和磚砌成的底座，在俄國建築發展史上有舉足輕重的地位，因為這是首次將木造建築的樣式以磚蓋起來，它為25年後聖瓦西里教堂的建造鋪路。

📷2005 🏛文化遺產296

# 亞羅斯拉佛歷史中心
Historical Centre of the City of Yaroslavl

　　亞羅斯拉佛位於莫斯科東北250公里處，由於地處伏爾加河(Volga)和科多羅索河(Kotorosl)交界，自11世紀起即逐漸發展為商業城鎮。亞羅斯拉佛保留著為數眾多的17世紀教堂，凱薩琳大帝在位時，曾以新古典主義風格將這座城市的街道做了放射狀的規劃，是都市計畫革新的重要先例。

●斯特魯維測量地質測量地點 Struve Geodetic Arc
詳見白俄羅斯
●庫爾斯沙嘴Curonian Spit
詳見立陶宛

📷1992 🏛文化遺產

# 諾弗哥羅古蹟群
Historic Monuments of Novgorod and Surroundings

　　位於中亞與北歐往來要道上的諾弗哥羅，在西元9世紀時成為俄羅斯史上的第一個首都。這個城市遍布許多中世紀以降的古蹟、教堂與修道院，數量與年代都是全俄羅斯之最，可說是東正教的精神堡壘，同時也是俄羅斯風格的古典建築精髓所在。

　　其中最重要的史蹟便是西元1045年至1050年建造的聖索非亞大教堂，至今仍為民眾所使用。此外，諸多教堂的天花板與牆壁上仍完整保留著14世紀由希臘藝術家狄奧尼(Theophanes)所創作的拜占庭風格濕壁畫，亦是諾弗哥羅文藝發展蓬勃的最好例證。

1996, 2001　自然遺產　3,830,200 ha

# 堪察加火山群 Volcanoes of Kamchatka

堪察加屬於全球火山活動最頻繁的地區，擁有高密度且噴發形式多樣的活火山群，火山與冰河的交互作用形成了壯麗的地景奇觀。

而火山群的外海生物物種豐富，有棕熊、藍鯨、海獺、斯特拉海鵰，當地海域也是世界上鮭魚種類最多的地區。

2000　文化遺產

# 卡桑克里姆林歷史建築群
Historic and Architectural Complex of the Kazan Kremlin

卡桑是俄羅斯最為古老的城市之一，蒙古時代曾為喀山汗國(Kazan Khanate)的都城，在1552年被伊凡四世攻下而歸併俄羅斯，目前是韃靼斯坦共和國(Tatarstan)的首府。卡桑克里姆林建築遺址群匯聚了好幾個世紀的古老建築，除了16至19世紀的俄羅斯歷史建築，還包括10至16世紀的古老建物和碩果僅存的韃靼堡壘。其中以高59公尺的蘇尤姆別卡尖塔(Syuyumbike's Tower)最引人注目，據說是以汗國末代王后命名。

2001　自然遺產　406,177 ha

# 中錫霍特山脈 Central Sikhote-Alin

位於俄羅斯東部的錫霍特山脈擁有世界上最特殊的溫帶林，在混合針葉林與亞熱帶林的生態環境中，南方物種如老虎、喜瑪拉雅熊，與北方物種如棕熊等奇異地並存著。從錫霍特山綿延到日本海的這塊區域同時也是許多瀕絕物種的重要棲地，例如俗稱西伯利亞虎或東北虎的阿穆爾虎(Amur Tiger)。

2003　文化遺產　9.70 ha

# 德爾本特要塞、古城及堡壘
Citadel, Ancient City and Fortress Buildings of Derbent

德爾本特位於裡海西岸，是俄羅斯聯邦達吉斯坦共和國(Republic of Dagestan)境內的一座大城。這個擁有超過5千年歷史的古老城市，從西元前1世紀開始就掌控了歐洲與中東地區之間的交通要道，直到19世紀都保有戰略地位。當地由波斯薩珊王朝建於西元5世紀的防禦設施，也被沿用了超過14個世紀之久。

由於地理位置特殊，這座要塞古城就建在從塔巴薩蘭山脈(Tabasaran Mountains)一直延伸到裡海岸邊的兩道平行石牆之間，以便獲得堅固的屏障，而這兩道石牆也成為德爾本特市的最大特色。

除了石牆之外，沿著石牆矗立的數十座高塔以及坐落於山上的堡壘，也是德爾本特軍事防禦系統的一部分。

2004　文化遺產　5.18 ha

# 新聖女修道院
Ensemble of the Novodevichy Convent

新聖女修道院是瓦西里三世在1524年為紀念俄羅斯古城斯摩棱斯克擺脫立陶宛統治而修建的一座女子修道院。後來在這裡成功抵禦了16世紀末的蒙古軍隊和17世紀的波蘭軍隊的入侵。

它的周圍都用城牆圍住，原為克里姆林宮外城的一部分，修道院內有很多珍貴的古建築，紅白相間的鐘樓非常漂亮。修院建立起來後，主要用來「安置」皇室的女眷，舉凡死了丈夫、失寵、嫁不出去，皆會被安排來這裡做修女。其中最有名的一個，就是彼得大帝同父異母的姐姐索菲亞，在篡位失敗後就被監禁在修道院至死，最後也埋骨於此，彼得大帝失寵的第一任妻子最後的命運也是終結在此。十月革命後修道院被迫關閉，改為國家歷史博物館的一個分館，蘇聯解體後才又作為女子修道院重新開放。

## 黃金阿爾泰山 Golden Mountains of Altai

🏅1998　💧自然遺產　🌐1,611,457 ha

阿爾泰山脈跨越中國、蒙古、哈薩克及俄羅斯領土，海拔1,000到3,000公尺，綿延約2,000公里，是構成西伯利亞西部生物地理區的主要山脈，也是兩大主要河川鄂畢河(Ob)與額爾濟斯河(Irtysh)的源頭。

本世界遺產的範圍涵蓋三個部分：阿爾泰自然保護區(Altaisky Zapovednik)以及捷列茨科耶湖(Lake Teletskoye)周邊緩衝區；卡東斯基自然保護區(Katunsky Zapovednik)以及別盧哈山(Mount Belukha)周邊緩衝區；烏科克高原(Ukok Plateau)。這些地區擁有最完整的高山植被、豐富的林木資源，並且棲息著雪豹等瀕臨絕種的保育類動物，此外還是黃金、寶石、有色金屬及稀有金屬的產地。自古以來，阿爾泰山脈就以礦產豐富著稱，事實上「阿爾泰」在蒙古語裡就是「金山」之意。

## 貝加爾湖 Lake Baikal

🏅1996　💧自然遺產　🌐8,800,000 ha

貝加爾湖可說是地質與生物界的奇蹟，擁有許多令人咋舌的世界紀錄。它長636公里、寬79公里，水深最深處達1620公尺，皆為世界淡水湖之最。透明度更高達40公尺，也就是說水面下40公尺(相當於13層樓高)的物體都可以看得一清二楚。它的含水量更高達23000立方公里，占全球淡水量的20%，幾乎是北美五大湖的總和。

此外根據地質研究，證實貝加爾湖是世界上最古老的一個湖泊，原本與海洋連結在一起，在2500萬年前被陸地包圍，經年淡化之後成為完全不含鹽分的淡水湖，許多水底生物也逐漸演化，形成貝加爾湖特種。值得一提的是，世界上所有淡水湖的演變幾乎都是朝向「沼化」而變成陸地，但貝加爾湖因長年維持低溫，水中含氧穩定，因而不易沼化，方能保留許多珍貴的物種綿延至今。

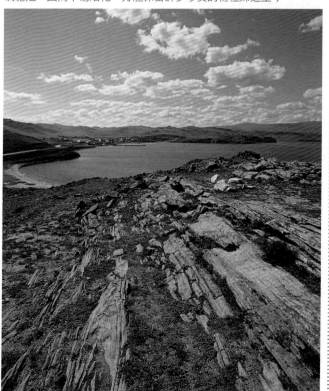

©MOOK

## 烏布蘇湖盆地 Uvs Nuur Basin

🏅2003　💧自然遺產　🌐898,064 ha

烏布蘇湖盆地位處西伯利亞和中亞之間，是中亞最北邊的封閉型盆地。烏布蘇湖是個面積廣大、水深卻淺的鹹水湖，是許多過境水鳥及海鳥的重要據點。囊括湖泊、沙漠、山脈與乾草原，加上獨特的氣候和水文，孕育出豐富多樣的生物種類，更是許多稀有物種如沙鼠、跳鼠、雪豹、盤羊(argali)的庇護所。

●與蒙古並列

## 弗蘭格爾島自然保護區 Natural System of Wrangel Island Reserve

🏅2004　💧自然遺產　🌐916,300 ha

弗蘭格爾島位於北極圈內，由於第四紀冰河期時未被冰雪覆蓋，演化出其他北極凍原遠遠不及的高度生物多樣性。

本島擁有世界上族群數目最多的海象和北極熊的巢穴，也是灰鯨遷移必經路線和一百多種候鳥緯度的最北築巢地。

## 普托蘭納高原 Putorana Plateau

🏅2010年　💧自然遺產　🌐1,887,251 ha

普托蘭納高原位於北極圈以北約100公里處，是一座位於中央西伯利亞高原西北邊緣的玄武岩高原，它的位置正好與普托蘭斯基州自然保護區(Putoransky State Nature Reserve)重疊，此區的最高峰是一座海拔高度達1700公尺的喀門山(Mount Kamen)。

這處被列為世界遺產的高原，為一個完整的亞北極和北極的生態系統提供居住地，它們生存於遺世獨立的山脈中，其中包括原始針葉林、森林寒帶草原、苔原、北極荒野生態體系，以及冷水湖和河流系統。馴鹿的主要遷移路線也穿越此區，這是一種特殊、大規模且越來越罕見的大自然現象。

## 勒那河柱狀岩自然公園 Lena Pillars Nature Park

🏅2012　💧自然遺產　🌐1,272,150 ha

勒那河柱狀岩自然公園位於西伯利亞遠東地區的薩哈(雅庫特)共和國中部，以勒那河(Lena River)沿岸奇特宏偉的天然岩柱景觀著稱。

本區的柱狀岩由寒武紀時期的石灰岩、泥灰岩和白雲石岩層所組成，高度大約150到300公尺，它們崎嶇不平、深邃陡峭的外觀，主要是極端大陸性氣候的冬夏溫差(冬季溫度-60°C，夏季溫度40°C)以及地表逕流的溝蝕作用所產生的結果。

除了擁有奇特的天然石景，勒那河柱狀岩自然公園還具有極高的生物研究價值，這裡不僅蘊藏了長毛象化石、北美野牛化石等豐富的寒武紀古生物化石群，還孕育了種類豐富的動植物，包括西伯利亞麝、西伯利亞花栗鼠、紅鹿等44種哺乳動物、99種鳥類，以及多達464種植物，而且其中不乏已被列入紅皮書的稀有物種。

歐洲

俄羅斯

# 聖馬利諾San Marino

聖馬利諾為義大利半島東北部的小國家，全境被義大利包圍，面積僅61平方公里，人口3萬人，宣稱為世界上共和立憲制最悠久的國度，從西元1600年開始，已有400多年歷史。同名的首都聖馬利諾市即為世界遺產。

義大利

聖馬利諾歷史中心
與蒂塔諾山
San Marino Historic Centre
and Mount Titano

義大利

©MOOK

📷2008 🏛文化遺產 🔷55 ha

## 聖馬利諾歷史中心與蒂塔諾山
### San Marino Historic Centre and Mount Titano

　　聖馬利諾這個位於亞平寧山(the Apennine Mountains)間的超小國家，原是歐洲最古老的共和國之一，雖然最後只能以城邦國家的形式保存下來，卻代表了民主政體發展中一個重要的階段。

　　同名首都坐落於該國最高山蒂塔諾山的西側山坡，其歷史中心年代上溯到13世紀，區內擁有修建防禦高塔與稜堡的城牆、14和16世紀的修道院、18世紀的蒂塔諾劇院，以及19世紀新古典主義的長方形會堂，說明了這處歷史中心幾個世紀以來依然運行不輟。由於高山屏障，使聖馬利諾逃過了工業時代以來對都市的衝擊，而沒有受到太大的影響。

# 塞爾維亞Serbia

塞爾維亞可以說是巴爾幹半島這個歐洲火藥庫的中心，近代歐洲幾次戰火爆發，都與塞爾維亞脫離不了關係。85%的塞爾維亞人虔誠信奉東正教，中世紀以來留下的珍貴遺產，都是這些宗教建築。

匈牙利
克羅埃西亞
羅馬尼亞
坎辛格拉－羅慕里亞納，
加萊里烏斯宮
Gamzigrad-Romuliana,
Palace of Galerius
波士尼亞
斯塔利拉斯和
蘇波坎尼修道院
Stari Ras and Sopoćani
斯圖德尼察修道院
Studenica Monastery
蒙特尼哥羅
科索沃的中世紀古蹟
Medieval Monuments
in Kosovo　馬其頓
亞得里亞海
阿爾巴尼亞

📷1986 🏛文化遺產 🔷1.16 ha

## 斯圖德尼察修道院
### Studenica Monastery

　　斯圖德尼察修道院由塞爾維亞共和國創始人斯特凡·納曼亞(Stefan Nemanja)大公創立於1190年，修道院初步落成後，大公隨即退位隱居其中，他的歷代子孫多次擴建修道院並讓它成為皇家陵墓，也因此斯圖德尼察修道院成為該國最大、且最富有的東正教修道院之一。

　　斯圖德尼察修道院的兩大主要結構為融合羅馬與拜占庭風格的聖母教堂(Church of the Virgin)，以及外觀呈現八角形圓頂的國王教堂(Church of the King)，這兩個同樣以白色大理石建造的紀念建築，因為收藏大量13~14世紀的拜占庭壁畫而擁有極高的藝術價值。

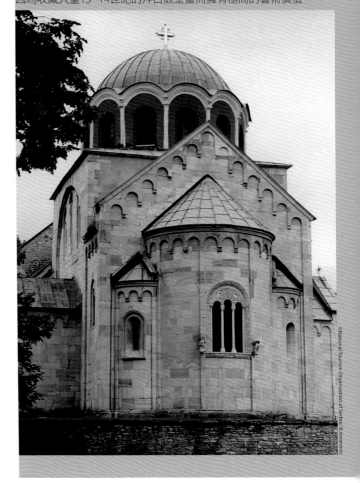

©National Tourism Organisation of Serbia/B.Jovanovic

符號說明　登錄時間　遺產面積　　遺產類型　文化遺產　自然遺產　綜合遺產　瀕危文化遺產　瀕危自然遺產　瀕危綜合遺產

2007　文化遺產　179 ha

# 坎辛格拉－羅慕里亞納，加萊里烏斯宮
Gamzigrad-Romuliana, Palace of Galerius

坎辛格拉位於多瑙河南岸，在這座塞爾維亞著名的水療度假勝地近郊，保存了一處名為菲利斯‧羅慕里亞納(Felix Romuliana)的重要晚羅馬遺跡，早年因為為數眾多的塔樓，使得歷史學家認為這裡是處羅馬軍營，直到1953年才確認該遺址為皇宮。

加萊里烏斯皇帝以他母親Romula的名字替這處結合神廟、宮殿、浴室和凱旋門的遺址命名，興建於289年，除當作奢華別墅使用外，還具有敬神與宣揚皇帝功績的用途，也因此使得這處集紀念活動與舉行儀式等功能於一身的建築群更顯獨特。

2004　瀕危文化遺產　2.88 ha

# 科索沃的中世紀古蹟
Medieval Monuments in Kosovo

位於巴爾幹半島東南方、塞爾維亞南部的科索沃地區，自從1999年科索沃戰爭後便紛爭不斷，受聯合國的保護的它於2008年單方面宣布獨立，然而塞國不願放棄該地區主權，也因此在政局不穩定且難以保護的情況下，當地的中世紀古蹟於2006年被列入瀕危遺產。

這些中世紀古蹟由四座融合拜占庭與羅馬建築風格的東正教教堂組成，它們的內部裝飾發展於13~17世紀，風格獨特的巴爾幹壁畫，對日後巴爾幹半島的藝術發展扮演著關鍵性的角色。

1979　文化遺產　199 ha

# 斯塔利拉斯和蘇波坎尼修道院
Stari Ras and Sopoćani

斯塔利拉斯是塞爾維亞中世紀王國拉斯卡(Raška)的首都，坐落於昔日王國中心，創立於西元8~10世紀，幾個世紀以來，扮演著重要的角色，今日的斯塔利拉斯近郊，仍保留著令人印象深刻的中世紀古蹟，包括城牆、教堂以及修道院，其中創立於8世紀的佩特洛瓦(Petrova)，是巴爾幹半島上最古老的教堂之一。

同樣坐落於拉斯卡地區的蘇波坎尼修道院，興建於13世紀下半葉，它是西方和拜占庭世界間相互接觸的象徵，內部精緻的彩繪壁畫被譽為最漂亮的塞爾維亞中世紀藝術，特別是位於主殿西牆的《安眠聖母》壁畫。

# 斯洛伐克 Slovakia

斯洛伐克與捷克原本是一國家，1992年經過一場和平分離之後，斯洛伐克共和國正式成立，斯洛伐克曾經為奧匈帝國時期的一部分，現今的布拉提斯拉瓦就是當時的帝國首都。斯洛伐克境內共有百座城堡，也有數處被列為世界遺產。

波蘭

喀爾巴阡山區斯洛伐克境內的木造教堂
Wooden Churches of the Slovak part
of the Carpathian Mountain Area

巴爾代約夫保護區
Bardejov Town
Conservation Reserve

捷克

伏爾考林內斯
Vlkolínec

勒弗查、斯皮斯城堡及相關文化遺產
Levoča, Spišský Hrad and
the Associated Cultural Monuments

喀爾巴阡山脈
原始山毛櫸森林
Primeval Beech Forests
of the Carpathians

烏克蘭

奧地利

阿格特雷克及斯洛伐克喀斯特洞窟群
Caves of Aggtelek Karst and Slovak Karst

班斯卡什佳夫尼察歷史城鎮及
周邊工業遺跡
Historic Town of Banská Štiavnica and
the Technical Monuments in its Vicinity

匈牙利

©www.slovakia.travel/Alexander Vojcek

◈1993年 🏛文化遺產 ◎1,351 ha

## 勒弗查、斯皮斯城堡及相關文化遺產
Levoča, Spišský Hrad and the Associated Cultural Monuments

以石灰岩為材建造的斯皮斯城堡，原形可上溯至羅馬帝國晚期，當時就曾經有軍事防衛功能的堡壘存在。

西元11世紀時，曾在現址興建一座高塔，但隨後被毀，直到12世紀，當時為防韃靼人攻打而興建，爾後經過多位匈牙利國王增建，至1464年轉手給經營製鐵業有成的Zapolsky家族，此後便一直在貴族手上流轉。

最後承接的Csaky家族，也因為城堡坐落高山，生活機能不便，1663年後棄城堡轉移他處生活。直到1945年，由當時的捷克斯洛伐克政府接手，城堡正式成為文化古蹟建築被保存著。

原本遺產範圍只有斯皮斯城堡，位於勒弗查城鎮歷史中心、約建於13、14世紀的防禦工事也在2009年納入保護範圍。

©www.slovakia.travel/Alexander Vojcek

◈1993年 🏛文化遺產 ◎20,632 ha

## 班斯卡什佳夫尼察歷史城鎮及周邊工業遺跡
Historic Town of Banská Štiavnica and the Technical Monuments in its Vicinity

班斯卡什佳夫尼察位於斯洛伐克中部，它不僅是該國最古老的礦鎮，也見證了人類文明與科學的演進。

從青銅時代和鐵器時代，這個礦藏豐富的小鎮就已經有人類定居，到了中世紀晚期，這裡成為匈牙利帝國重要的金礦與銀礦產地，經濟開始蓬勃發展。15到16世紀，鎮上築起防禦用的城堡，抵擋土耳其人的入侵，許多建築被改造成充滿文藝復興風格的豪華「宮殿」，著名的地標三一廣場(Trinity Square)也在這段時期建造完成。

1627年，斯卡什佳夫尼察成為歐洲最早利用火藥採礦的地點，除了革命性的採礦技術以外，當地的水利系統及設施直到19世紀都居於世界領先地位。

◈1993年 🏛文化遺產 ◎4.90 ha

## 伏爾考林內斯 Vlkolínec

伏爾考林內斯是斯洛伐克中部的一個山間小村，村內有45間純樸可愛的中歐傳統木造房舍，形成該國境內保存最完整的木屋群。

這些木屋大致為兩到三房的格局，外觀相當一致，所有木造外牆都以黏土包覆，再刷成白色或漆成藍色，每戶也以較窄的一側朝向街道，此外還有庭院以及農用房舍。其中編號第16、17號的木屋，現在已經開放為民俗博物館，遊客來到這裡可以看到傳統的日常生活及工作用具。

©www.slovakia.travel/Alexander Vojcek

除了木屋以外，當地的重要建築還包括一座建於1770年的鐘樓，以及建於1875年的聖母瑪莉亞教堂(The Church of the Blessed Virgin Mary)。

符號說明 ◈登錄時間 ◎遺產面積 遺產類型 🏛文化遺產 自然遺產 綜合遺產 瀕危文化遺產 瀕危自然遺產 瀕危綜合遺產

©www.slovakia.travel/Alexander Vojcek

©www.slovakia.travel/Stefan Kordos

# 巴爾代約夫鎮保護區
## Bardejov Town Conservation Reserve

巴爾代約夫鎮坐落於斯洛伐克東北部的貝斯基德山脈(Beskyd Mountains)，該鎮雖然幅員不大，卻完整保存了中世紀的建築風貌，同時也見證了當地的都市化進程。

人類在此地居住的歷史，最早可以回溯到舊石器時代以及鐵器時代。中世紀期間，這裡成為喀爾巴阡山地區主要貿易路線上的重要城鎮，經濟日漸繁榮，因此鎮區周圍築起許多防禦工事，許多重要的建築物開始在鎮裡出現，包括修道院、教堂、釀酒廠、造磚廠等等。

18世紀初，大批猶太人來此定居後，在巴爾代約夫鎮西北部近郊建立了猶太住宅區，並且建造了一座精美的猶太會堂，成為該鎮的特色之一。

©www.slovakia.travel/Marek Mikoláj

©www.slovakia.travel/Ján Lacika

# 喀爾巴阡山區
# 斯洛伐克境內的木造教堂
## Wooden Churches of the Slovak part of the Carpathian Mountain Area

坐落於斯洛伐克境內、名列世界遺產的喀爾巴阡山區木造教堂共有9座，分別興建於16~18世紀間，並各自分布於不同的地點。其中包括Hervartov和Tvrdošín的兩座羅馬天主教堂，三座位於Hronsek、Leštiny、Kežmarok的同名Articular的新教教堂，以及三座分散在Bodružal、Ruská Bystrá和Ladomirová的希臘天主教教堂，外加一座出現在Hronsek的鐘塔。

由於宗教習性不同，使得這些宗教建築彼此間展現各異其趣的外部式樣與內部空間，反映出宗教建築於不同時期的流派與發展，以及特殊的文化與地理環境對其產生的顯著影響。

●阿格特雷克及斯洛伐克喀斯特洞窟群Caves of Aggtelek Karst and Slovak Karst
詳見匈牙利
●喀爾巴阡山脈與德國原始山毛櫸森林Primeval Beech Forests of the Carpathians and the Ancient Beech Forests of Germany
詳見德國

## 斯洛維尼亞Slovenia

1986　自然遺產　413 ha

斯洛維尼亞處於斯拉夫、日耳曼、義大利拉丁三種不同文化的交界，儘管曾經是南斯拉夫的一員，但不論就地貌，還是人民特質而言，事實上都更接近奧地利。而身為「喀斯特」這個地理名詞發源地的斯洛維尼亞，溶洞景觀自然榜上有名。

水銀遺產：依德里亞
Heritage of Mercury:Idrija

什科茨揚溶洞
Skocjan Caves

### 什科茨揚溶洞 Škocjan Caves

身為研究喀斯特地形絕佳範例的什科茨揚溶洞，位於斯洛維尼亞西南方的區域，這處擁有多座瀑布且深度長達200公尺的石灰岩洞穴裡，延伸著一條6公里長的地下步道以及多處崩塌的溶蝕洞。

什科茲揚溶洞就像世界上大多數偉大的喀斯特地貌一樣，都有一段奇特的形成過程。大約在250萬年前的更新世(Pleistocene)，雷卡河(Reka)從東南方的Snežnik山腳下發源，在地面平穩地走了55公里之後，來到以石灰岩為主的喀斯特地區，當河水溶解石灰岩、深切河床，勉強再走一段路，形成一條長4公里的峽谷之後，到了Velika Dolina(斯洛維尼亞語意謂「大峽谷」)附近，便彷彿遇上一堵高牆，突然消失在地表，成為伏流後，又走了34公里，進入義大利境內，接近亞得里亞海時又流出地表，名為提瑪弗河(Timmavo)。

早在西元前3000年前洞穴內就出現人類身影；到了西元前2世紀，什科茲揚溶洞開始有文字紀錄；17世紀時，斯洛維尼亞偉大的科學家瓦瓦索(J. V. Valvasor)探勘了雷卡河盆地、坑洞以及其地下伏流；而真正有系統的探勘，要到19世紀之後；至於觀光發展起步甚晚，直到20世紀才有遊客，遠遠不及波斯托伊納。

目前整個景區由什科茲揚溶洞地區公園(Škocjan Caves Regional Park)管轄，全部涵蓋在世界遺產的範圍，遊客可以參觀3公里左右的洞穴美景。

●阿爾卑斯山區史前干欄式民居Prehistoric Pile dwellings around the Alps 詳見奧地利

©Regijski Park Skocjanske Jame

符號說明　登錄時間　遺產面積　遺產類型　文化遺產　自然遺產　綜合遺產　瀕危文化遺產　瀕危自然遺產　瀕危綜合遺產

🗓2012　🏛文化遺產　🌐104 ha

# 水銀遺產：阿爾馬登與依德里亞
Heritage of Mercury. Almadén and Idrija

　　這個世界遺產由西班牙的阿爾馬登鎮以及斯洛維尼亞的依德里亞鎮共同登錄，它們分別為全世界第一大以及第二大的汞礦產地，前者的開採歷史可回溯到西元前7世紀，後者則始自西元1490年，兩者皆持續開採到21世紀。

　　阿爾馬登鎮位於伊比利半島中南部的雷阿爾城省(Ciudad Real)，自古就是著名的汞礦產地，過去兩千年來的產量高達25萬公噸。該鎮的文化遺產除了可呈現古今採礦歷史的建築，例如雷塔馬爾城堡(Retamar Castle)，還包括一些宗教建築以及傳統住屋。

　　世界第二大的汞礦產地依德里亞鎮，位於斯洛維尼亞西部的葛利希卡地區(Goriška)，其文化遺產包括水銀商店及基礎設施、礦工宿舍、礦工戲院等等。

　　儘管這兩大汞礦場因為受到大環境的影響已經關廠停產，但它們完整保存了人們沿用了千百年的汞礦提煉程序和技術，也見證了歐洲與美洲之間的汞礦貿易以及礦業演進史，具有極高的文化價值。
●與西班牙並列

# 西班牙Spain

西班牙共有44項世界遺產，全世界僅次於義大利，除了3座國家公園的自然遺產、2座綜合遺產，歷史古蹟占了絕大部分，從史前岩洞壁畫、古羅馬遺址，到摩爾及西班牙帝國時代的建築與古城都有，就連建築大師高第的現代主義建築也在列。

比斯開灣

盧戈的羅馬古城牆
Roman Walls of Lugo

赫丘力士塔
Tower of Hercules

奧維多及奧斯圖里亞斯王國遺址
Monuments of Oviedo and the Kingdom of the Asturias

法國

聖地牙哥古城
Santiago de Compostela (Old Town)

聖地牙哥朝聖之路
Route of Santiago de Compostela

拉斯梅德拉斯
Las Médulas

阿爾塔米拉岩洞壁畫
Cave of Altamira and Paleolithic Cave Art of Northern Spain

維斯蓋亞橋
Vizcaya Bridge

大西洋

科阿峽谷和西艾加維德史前岩石藝術遺址
Prehistoric Rock Art Sites in the Côa Valley and Siega Verde

阿塔普爾卡考古遺址
Archaeological Site of Atapuerca

聖米蘭・尤索和聖米蘭・蘇索修道院
San Millán Yuso and Suso Monasteries

布勾斯大教堂
Burgos Cathedral

底里牛斯山之普渡峰
Pyrénées - Mont Perdu

葡萄牙

莎拉曼卡舊城
Old City of Salamanca

博伊峽谷仿羅馬式教堂
Catalan Romanesque Churches of the Vall de Boí

塞哥維亞舊城及水道橋
Old Town of Segovia and its Aqueduct

阿拉崗的摩德哈爾式建築
Mudejar Architecture of Aragon

艾斯科瑞亞修道院
Monastery and Site of the Escurial, Madrid

波布列特修道院
Poblet Monastery

阿維拉舊城
Old Town of Ávila with its Extra-Muros Churches

昆卡古城
Historic Walled Town of Cuenca

塔拉戈考古遺址
Archaeological Ensemble of Tárraco

托雷多古城
Historic City of Toledo

阿卡拉・德・埃納雷斯大學與舊城區
University and Historic Precinct of Alcalá de Henares

伊比利半島地中海盆地岩畫藝術
Rock Art of the Mediterranean Basin on the Iberian Peninsula

卡薩雷斯舊城
Old Town of Cáceres

阿蘭胡埃斯文化景觀
Aranjuez Cultural Landscape

瓦倫西亞絲綢交易中心
La Lonja de la Seda de Valencia

瓜達盧佩的聖瑪麗亞皇家修道院
Royal Monastery of Santa María de Guadalupe

梅里達考古遺址
Archaeological Ensemble of Mérida

水銀遺產：阿爾馬登
Heritage of Mercury: Almadén

特拉蒙塔那山區文化景觀
Cultural Landscape of the Serra de Tramuntana

埃爾切的帕梅拉爾
Palmeral of Elche

多納納國家公園
Doñana National Park

伊比薩島
Ibiza, Biodiversity and Culture

哥多華歷史中心
Historic Centre of Cordoba

塞維亞大教堂與王宮
Cathedral, Alcázar and Archivo de Indias in Seville

格拉納達王宮與城堡
Alhambra, Generalife and Albayzín, Granada

烏韋達與巴埃薩文藝復興建築群
Renaissance Monumental Ensembles of Úbeda and Baeza

巴塞隆納的高第建築
Works of Antoni Gaudí

巴塞隆納的加泰隆尼亞音樂宮與聖保羅醫院
Palau de la Música Catalana and Hospital de Sant Pau, Barcelona

地中海

加拉霍奈國家公園
Garajonay National Park

拉古納的聖克里斯托瓦爾城
San Cristóbal de La Laguna

泰迪國家公園
Teide National Park

---

 2007年 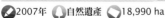 自然遺產 18,990 ha

## 泰迪國家公園 Teide National Park

　　這座占地達18,990公頃的國家公園位於特內利費(Tenerife)島中央，此一島嶼是加那利群島中面積最大的一座島。

　　其存在為海洋島嶼演化的地質過程提供了證據，園區內的泰迪峰是一座活火山，海拔3,718公尺，為西班牙第一高峰。若從大西洋底算起，泰迪峰更高達7,500公尺，是世界第三高的火山結構體。巨大的垂直落差和火山的活動，使得這裡的生態系統自成一格。

---

 2000年 文化遺產

## 盧戈的羅馬古城牆 Roman Walls of Lugo

　　盧戈位於西班牙北部、米尼奧(Minho)河上游的支流畔，在西元前19年為羅馬帝國所征服，當時此地原為一處名為盧卡斯・奧古斯汀(Lucus Augusti)的羅馬軍營，由於當地盛產黃金，且位於布拉加(Bracara)通往加斯圖里加(Asturica)的大道上，因而逐漸轉型為一座小型但卻重要的城鎮。為了加強防衛能力，於是以巨大的片岩砌成長2000公尺、高約10公尺的城牆，為羅馬帝國後期典型的防禦工事。

---

符號說明  登錄時間  遺產面積　　遺產類型  文化遺產  自然遺產  綜合遺產  瀕危文化遺產  瀕危自然遺產  瀕危綜合遺產

1984年 文化遺產

# 格拉納達王宮與城堡
**Alhambra, Generalife and Albayzín, Granada**

　　任誰都無法否認，這是一座美得令人神魂顛倒的宮殿。精緻的摩爾藝術在此發揮得淋漓盡致，凡是到訪過的旅客，都有種置身「天方夜譚」的夢幻感受！

　　阿爾汗布拉宮的名稱來自阿拉伯語，意思是「紅色的城堡」，或許是因為宮殿的大型紅色城牆和高塔，在莎碧卡山丘(La Sabica)的圍繞下顯得特別醒目。它原本只是座碉堡，後來演變成今日碉堡、王宮和小城於一身的龐大建築群。

　　阿爾汗布拉宮原為一座摩爾式碉堡，可能始建於13世紀。穆罕默德(Muhammed Al-Ahmar)曾加以修復，他的兒子在繼位後也陸續加蓋。約14世紀時，在兩位摩爾國王Yusuf I 和穆罕默德五世(Muhammed V)的努力下，才開始興建王宮，範圍包括正義門、浴室、格瑪雷斯塔和其他塔樓。穆罕默德五世執政時，除了將王宮興建完畢，還修築了美麗的獅子宮殿。

　　1474年，費南度與伊莎貝爾聯姻，天主教勢力大增，終於在1492年殲滅伊斯蘭教勢力，完成以天主教統一西班牙的宿望。阿爾汗布拉宮於是落入天主教徒手中，因而陸續增建教堂、方濟會修道院和要塞。之後，曾在這座宮殿中度過幾個月的卡洛斯五世，更以自己的名義增建新建築，並整修內部，因而有了卡洛斯五世宮殿。

　　不過，18至19世紀初，阿爾汗布拉宮逐漸荒廢。直到1870年，這裡才被西班牙政府列為紀念性建築，爾後，在眾人的努力修復下，阿爾汗布拉宮才有今日的美麗面貌，讓世人得以重見這座精心雕琢的摩爾宮殿！

# 高第建築 Works of Antoni Gaudí

高第一生留下17件建築精品，其中就有7件榮登世界遺產之列，分別是奎爾宮、奎爾公園、米拉之家、巴特婁之家、文生之家、奎爾紡織村及教堂、聖家堂。

奎爾宮(Palacio Güell)建於1886~1891年，是高第為奎爾公爵設計的宅邸，1969年就已被西班牙政府列為國家級古蹟。這座豪宅幾乎花光奎爾公爵的財產，但也讓高第從此聲名大噪。

奎爾公園(Parque Güell)為高第最具童話趣味的作品。大師以高低起伏的地形為本，搭配蘑菇、糖果屋和七彩大蜥蜴，營造出五彩繽紛的童話世界。

米拉之家(Casa Milà)是高第在巴塞隆納所設計的最後一棟建築，為大師成熟之作。內部革命性與創新的設計，被譽為西班牙現代主義代表性建築，當之無愧！

巴特婁之家(Casa Batlló)雖非高第所建，但卻是經其徹底翻修過的。立面以海藍色馬賽克拼貼出「海洋」主題，象徵加泰隆尼亞人與海為伍、冒險犯難、追尋自由和樂觀進取的精神，強烈的民族情感不言而喻。

文生之家(Casa Vicens)這棟花花綠綠的瓷磚製造商宅第，是高第初試啼聲之作。那種見到童話屋般的愉悅，讓人打從心底佩服高第的大膽和創意。

奎爾紡織村及教堂(Cripta de la Colonia Güell)的造鎮計畫中，高第雖然僅完成小教堂地下室，但它卻是高第中最常被研究的作品，原因就在於，高第技巧地計算出每個拱的承重量。

聖家堂(La Sagrada Familia)這座1882年即動工的教堂，為大師投注43年心力、壯志未酬的曠世巨作，迄今工程仍在進行中。其靈感來自蒙特瑟瑞聖石山，除「復活立面」外，皆出自大師之手。

## 1985年 🏛 文化遺產 ◯

# 西班牙北部的
# 阿爾塔米拉岩洞壁畫
### Cave of Altamira and Paleolithic Cave Art of Northern Spain

　　這些史前岩洞壁畫位在坎塔布利亞(Cantabria)自治區的聖地亞納・德・瑪爾(Santillana del Mar)附近。17個畫有史前岩洞壁畫的洞窟一字排開,構成了這座「史前西斯汀大教堂」(西斯汀大教堂以米開朗基羅所繪的壁畫著稱於世)。這些壁畫為舊石器時代岩洞藝術的極致之作,年代約為西元前35,000到11,000年。

　　史前藝術家們運用赭石、紅、黃、黑等有限的顏色,採寫實、粗獷、重彩的手法,勾勒出簡單的風景和栩栩如生的動物畫像。壁畫保存情況良好,具有高度的歷史與藝術價值。

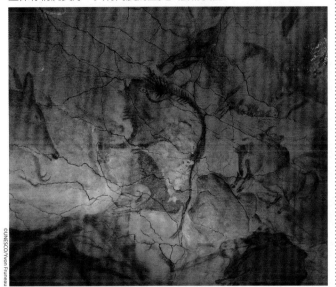

## 🗺 2011 🏛 文化遺產 ◯ 30,745 ha

# 特拉蒙塔那山區文化景觀
### Cultural Landscape of the Serra de Tramuntana

　　特拉蒙塔那山脈矗立於地中海馬約卡島(Majorca)西北部,與海岸線平行,山勢陡峭險峻。數千年來,當地居民利用極為有限的自然資源,在一片崇山峻嶺中發展農耕文化,改變土地的容貌,並且營造出今日充滿獨特田園風光的山區文化景觀。

　　西元10世紀初,馬約卡島被摩爾人占領,摩爾人運用阿拉伯世界精良的水利技術,在此修建相互連通的灌溉渠道和集水設施,發展出繁複的水利系統,而這套系統至今仍為當地居民沿用。

　　13世紀,這裡成為基督教王國的領土後,居民開始引進基督教世界的農耕技術以及土地管理制度,在一小塊一小塊石牆梯田上細心栽種橄欖樹、柑橘樹等作物,並且建造農村、燈塔、教堂,逐漸形成現今的樣貌,同時也使得這塊占地30,745公頃的世界遺產區域,成為穆斯林文化與基督教文化互相交會的絕佳見證。

●庇里牛斯山之普渡峰Pyrénées - Mont Perdu
**詳見法國**
●科阿峽谷和西艾加維德史前岩石藝術遺址Prehistoric Rock Art Sites in the Côa Valley and Siega Verde
**詳見葡萄牙**

## 1984年 🏛 文化遺產

# 布勾斯大教堂 Burgos Cathedral

　　布勾斯就位在「朝聖之路」上。11世紀時,它曾是里昂王國的都城,之後卻長期被遺忘,因而完整保留了中世紀風貌。

　　宏偉的大教堂於西元1221年由國王菲利浦三世親自奠基,這座獻給聖母的哥德式聖殿,是西班牙繼塞維亞和托雷多之後第三大的教堂,歷經整整3個世紀的時間,才完成今日大小尖塔攀天、同時點綴著大量花格窗的優雅面貌。

　　由於大教堂歷經漫長的建築時間,多次換手的建築師也在外觀上留下各自的「簽名」:13世紀的首任法國設計師,將巴黎與雷姆斯(Reims)大教堂的法國哥德式風格,展現於布勾斯大教堂的主立面上,由3層結構建架而成,兩旁聳立著方型的塔樓。到了15世紀,受德國影響的繼任設計師Juan de Colonia,則替它們增添了高聳的尖塔。如今,這處尖拱狀的主要入口上方,分層疊置著玫瑰窗、窗柱間分立雕像的雙尖拱窗,以及位於頂端的聖母雕像。

　　十字型的教堂內部,容納了多達15間的禮拜堂,其中又以統領禮拜堂(Capilla del Condestable)最為出色,裝飾著繁複的銀匠式雕刻。八角型的屋頂上開著星芒狀的花窗,一處處小尖頂向下延伸,形成了鑲嵌彩繪玻璃與雕像的大壁龕,底層則是由獅子、盾牌、盔甲構成的徽章,該禮拜堂的外觀也不遑多讓,武裝騎士和天使雕像、花格窗、以及尖塔點綴而成。

# 塔拉戈考古遺址
## Archaeological Ensemble of Tárraco

　　坐落於一座岩石山丘上，擁抱地中海碧海藍天的塔拉戈納，位於巴塞隆納的南方，它是今日黃金海岸的中心，也是昔日羅馬人征服伊比利半島的基地——西元前218年，羅馬派出Publius Cornelius Scipio往南攻打駐守於西班牙的迦太基統帥漢尼拔，從那時開始，這座城市就在羅馬歷史中扮演舉足輕重的地位。

　　隨著時間演進，這座羅馬時期稱為塔拉戈(Tarraco)的城市，不但陸續發展出城牆，進而演變成羅馬帝國的度假勝地，成千上萬民眾聚集，神廟與建築如雨後春筍般出現於城市四周，從它今日保存下來的古蹟：城牆、塔樓、圓形劇場、競技場……不難看出昔日盛極一時的景象。

　　今日的塔拉戈納區分為兩個區塊：上城(La Part Alta)和新城(Centre Urbà)，兩者之間以一條美麗的徒步大道新蘭布拉(Rambla Nova)劃出界線。城牆圍繞的上城是昔日羅馬人苦心經營的舊城，依舊瀰漫著中世紀的氛圍，也是塔拉戈納的參觀重點，走逛其中可以發現仍有不少遺跡等待出土。

# 馬德里的艾斯科瑞亞修道院
## Monastery and Site of the Escurial, Madrid

　　既是皇宮又是修道院，艾斯科瑞亞是西班牙國勢頂盛時，國王菲利浦二世投注畢生心血完成的偉大建築，兼具美術館、圖書館、陵寢和教堂的機能，曾經是伊比利半島的政治、經濟、文化中心，內部收藏的美術品無論價值或數量都難以估計。

　　艾斯科瑞亞是一座體積異常龐大的建築，其中光房間就多達4,500間、庭院總計16座，特別是位於中心的主教堂圓頂，可說是達到建築工事與裝飾上的巔峰之作。

　　然而，外觀簡樸的艾斯科瑞亞皇宮，趨向毫無人性的黃灰色，配上剛硬的線條，幾乎打破過去的建築型式，此風格之後影響伊比利半島的建築，幾乎長達一個世紀。正因為冷冰冰的外觀反而更加凸顯內部裝潢的華麗，菲利浦二世為了完成此一巨作，幾乎動員了當代西班牙、義大利最有名的藝術家。

⚜1985年 🏛文化遺產

# 阿維拉舊城
## Old Town of Ávila with its Extra-Muros Churches

　　坐落於海拔高度超過1130公尺的山上，阿維拉是全西班牙最高的地區首府，也因此四季氣候涼爽。阿維拉位於馬德里的西北方，興建於一座岩山頂端平台上的舊城，四周圍繞著厚實的城牆，使它贏得「石頭城」的封號，城牆保存狀況相當完整，如果沿著舊城外圍走上一遭，可以欣賞捍衛這座城市的塔樓與多道當作出入口的城門，維持著濃厚的中世紀氣氛。

　　阿維拉的中古世紀城牆起造年代約在11~12世紀，是古羅馬人與伊斯蘭教徒留下來的防禦工事，共有8座城門，及多達88座的城塔，其中又以文森門和阿卡乍門最令人印象深刻。

　　此外，城內還有座建造之初就嵌在城牆上的大教堂，形成另一座堅固的防禦堡壘。舊城外西北處有座瞭望台，可將壯觀的城堡景色盡收眼底。

# 奧維多及奧斯圖里亞斯王國遺址
## Monuments of Oviedo and the Kingdom of the Asturias

　　西元8世紀中葉，由西哥德人建立的基督教小王國——奧斯圖里亞斯王國，在西班牙北部創建奧維多城，794年時毀於摩爾人之手。阿方索二世決定重建，並遷都於此。

　　9世紀時，由於宗教聖物轉存至此，奧維多一躍成為與聖地牙哥齊名的聖地，宗教建築紛紛出現，連帶催生出一種創新的「前仿羅馬式」(pre-Romanesque)建築風格，深深影響日後伊比利半島上的宗教建築形式。建於842-850年間、如今依然屹立的聖瑪利(Santa María del Naranco)和聖米爾蓋(San Miguel de Lillo)教堂為前仿羅馬式教堂的經典之作。除眾多古老教堂外，當代的豐卡拉達(Foncalada)水利建築同樣著名。

# 烏韋達與巴埃薩的
# 文藝復興建築群
## Renaissance Monumental Ensembles of Úbeda and Baeza

　　這兩座位於西班牙南部的小城，其形成年代可追溯至9世紀摩爾人統治時代，及13世紀基督教王國重掌西班牙政權時期。

　　16世紀文藝復興時期，烏韋達與巴埃薩的城市建設出現重大發展。在由義大利傳入的人文主義思潮影響下，西班牙政府開始有計畫、有步驟地建設這兩座小城市，此一做法也被沿用於日後拉丁美洲的殖民城市建設上。

# 聖地牙哥古城 Santiago de Compostela

　　聖地牙哥和羅馬與耶路撒冷並列天主教世界的三大朝聖地，位於西班牙極西處，是長達800公里的朝聖之路的終點，數個世紀以來，成千上萬的朝聖者，從法國翻越庇里牛斯山，沿途經潘普隆納(Pamplona)、布勾斯(Burgos)和萊昂 (León)……跋山涉水，歷經千辛萬苦，才終於來到其精神的最後依歸。

　　聖地牙哥全名為「Santiago de Compostela」，關於它的名稱由來和傳說有關，據說耶穌12門徒之一的聖雅各，死後遺體從耶路撒冷被運往西班牙，並於此地下葬，後來一位牧羊人因為星星的指引而發現，因此將它命名為「星星之野的聖地牙哥」，「Compostela」源自拉丁文中的「campus」和「stellae」，這兩個字分別象徵「原野」與「星星」。不僅如此，之後聖雅各更騎著白馬手持長劍出現在聖地牙哥，替眾人指點迷津，而在祂的精神指引下，加利西亞人最終得以擊退摩爾人！而這位聖人目前仍長眠於聖地牙哥的大教堂裡。

符號說明　登錄時間　遺產面積　遺產類型　文化遺產　自然遺產　綜合遺產　瀕危文化遺產　瀕危自然遺產　瀕危綜合遺產

1985年　文化遺產　134 ha

# 塞哥維亞舊城及水道橋
## Old Town of Segovia and its Aqueduct

　　塞哥維亞位於馬德里西北方95公里處，坐落於超過海拔1,000公尺的高地上，這座環繞兩條河流的古老城市，彷彿聳立於岩壁上。

　　塞哥維亞的名稱源自伊比利半島的凱爾特人，首批居民將它命名為Segobriga，意思是「勝利之城」。而它優越的戰略位置，更是它打從中世紀以來，便備受君王青睞的原因，因此城內處處可見昔日的皇宮建築，以及可遠溯自羅馬時代的古老城牆和水道橋(Acueducto Romano)，堪稱西班牙境內規模最龐大的古羅馬遺跡，全長894公尺，由163根拱形柱組合而成。

　　塞哥維亞是15世紀時卡斯提亞王國的重要城市，後來天主教雙王之一的伊莎貝爾，於1474年在此加冕成為卡斯提亞女王，而她所居住的阿卡乍堡，據說是今日迪士尼電影中《白雪公主》城堡的靈感來源。

1986年　文化遺產

# 托雷多古城 Historic City of Toledo

　　托雷多距離馬德里不過70公里，曾經在馬德里之前擔任過西班牙的首都。坐落於7座山丘上，三面環河、後擁城牆，優越的地理位置，使它輕而易舉的成為人們眼中的防禦要衝，也因此托雷多一路以來，都在歷史上扮演著重要的腳色。

　　托雷多發跡得很早，羅馬時期時已經成為羅馬外省的行政和經濟中心，因而獲得重視。之後又陸續成為西哥德人和摩爾人統治下的首都，伊斯蘭教政權讓托雷多的發展達到高峰，而它當然也是西班牙天主教國王和伊斯蘭哈里發之間爭奪的對象。

　　漫長的歷史讓托雷多擁有無數珍貴的資產，其中特別是融合了伊斯蘭教、天主教和猶太教的混血文化，使得它擁有「三個文化城」的美譽。

在伊斯蘭教與天主教政權不斷爭奪的年代，莎拉曼卡成為兩者之間的戰場，終於在10世紀時才回到天主教的懷抱，並逐漸重新建設、規畫這座城市。

西元1218年時，天主教國王阿方索九世(Alfonso IX of León)創立了莎拉曼卡大學，從此改寫了這座城市的命運，這座小鎮因而一躍成為歐洲的學術中心，至今仍是西班牙最重要的大學，也因此吸引許多自海外慕名而來的學生到此求學、定居。

除了濃厚的學術氣息之外，莎拉曼卡也被稱為「西班牙最美麗」的城市，原因在於市內大量以砂岩打造的建築，每當陽光照射，便散發出金黃色般的光輝，特別是那座大量裝飾丘里格拉式雕刻的主廣場。

 1988年  文化遺產  51 ha

# 莎拉曼卡舊城 Old City of Salamanca

莎拉曼卡是一個既古老又年輕的城市，距離馬德里以西200公里，悠遠的歷史，早在古羅馬人殖民西班牙以前，Vaccaei人已在此創立城市，後來因為銀之路的開發，這處位居樞紐地位的城市，揭開繁榮的序幕，其歷史回溯至西元1世紀的羅馬橋(Puente Romano)，便是昔日銀之路的一段。

符號說明 登錄時間 遺產面積 遺產類型 文化遺產 自然遺產 綜合遺產 瀕危文化遺產 瀕危自然遺產 瀕危綜合遺產

# 塞維亞大教堂與王宮
## Cathedral, Alcázar and Archivo de Indias in Seville

　　塞維亞曾貴為摩爾王朝首都，至今仍留有不少摩德哈爾式建築珍品。大教堂與王宮為兩大遊客朝聖地點。

　　寬160公尺、長140公尺的大教堂，它是全世界第三大的教堂，僅次於羅馬的聖彼得大教堂和倫敦的聖保羅大教堂。歷經一個世紀興建的大教堂原本為哥德式風格，中央圓頂坍塌之後，建築風格轉為文藝復興式，加上由昔日清真寺喚拜塔改建而成的摩爾式希拉達塔，以及穆斯林入內祈禱前淨身的橘子庭園(Patio de los Naranjos)，整座教堂融合了多種風格。

　　龐大的體積和富麗堂皇的裝飾是大教堂的特色。教堂的中央圓頂高42公尺，下方的主禮拜堂(Capilla Mayor)中坐落著大教堂的鎮堂之寶──祭壇屏風，這座堪稱全世界最大的祭壇屏風，費時80多年才完工，上頭裝飾了超過1,000位的聖經人物雕像。教堂內另一處吸睛的景點，是哥倫布靈柩，這位大航海家的靈柩完工於1902年，其四周扶棺者分別代表哥倫布大航海時代的西班牙四大王國。

　　至於塞維亞王宮與格拉那達阿爾汗布拉宮，並列西班牙最具代表性的伊斯蘭教王宮。其部分樓層現在仍為西班牙王室使用中。

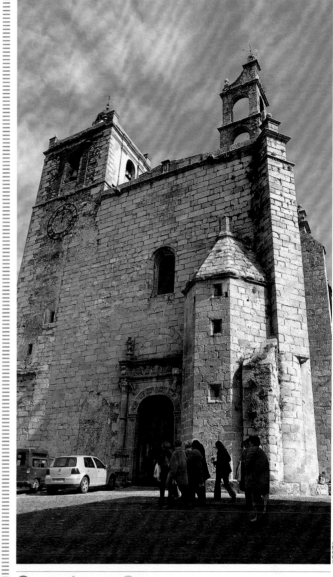

# 卡薩雷斯舊城 Old Town of Cáceres

　　卡薩雷斯這座西元前25年羅馬人就以「Norba Caesarina」之名建立的古城，長期以來一直掌握於摩爾人的手中。1229年，阿方索九世趕走摩爾人，把這座城賞賜給卡薩雷斯騎士團，因而造就了無數遊俠騎士的軼聞。也是在這個時期，卡薩雷斯擁有一處非常龐大且重要的猶太區，儘管到了15世紀，伊莎貝爾女王結束長年內戰之後，將猶太人驅逐出境，然而這座古城至今仍保留不少當時珍貴的遺跡。

　　大航海時代讓卡薩雷斯景氣復甦，由於地處銀之路上，它扮演著運送美洲黃金與白銀前往西班牙各地的中繼站角色，因而迅速致富，於是許多富商、貴族紛紛在此興建豪宅，形成了今日舊城內府邸林立的特色。

　　再加上打從伊斯蘭政權統治時期開始，高塔建築蔚為風氣，直到今日小小的舊城區中，依舊保留了多達30座的高塔，或許正因為如此，白鸛也特別喜歡在此築巢，往往抬頭就能看到盤旋飛翔或棲息鳥巢的白鸛。卡薩雷斯幾乎不曾被烽火波及，讓它得以保存完好的中世紀氣質。

# 梅里達考古遺址
## Archaeological Ensemble of Mérida

在古羅馬時代，梅里達稱之為「Emeritus Augustus」，意思是「奧古斯都軍隊中的單身漢們」，它是奧古斯都大帝的女婿艾格列帕(Agrippa)創立於西元前25年的殖民地，主要為了保護瓜迪亞納河(Río Guadiana)上橋樑與通道，但同時讓無依無

靠的士兵退休後可以在此養老，而它今日的名稱便是從舊名衍生而來。

梅里達是昔日白銀之路的終點、同時也是羅馬Lusitania行省的首府，受重視的情況可見一斑，因此遠在古羅馬時期便已繁榮興盛，城內出現大量公共建築：神廟、劇場、水道橋、民居、墳場……等等，而它保留下來的羅馬遺跡，不但是西班牙境內最重要、同時也是最豐富的，也因此使梅里達贏得「西班牙的小羅馬」的美譽。

羅馬人對於這座城市的建設有著極大的功勞，因此即使在西羅馬帝國垮台後，梅里達依舊在西哥德、伊斯蘭政權、甚至天主教統治時期扮演著重要的角色。阿拉伯人不但將羅馬建築重新利用，並且加以擴建，阿卡乍堡就是其中一例。

# 波布列特修道院 Poblet Monastery

這座距離巴塞隆納約2小時車程的修道院，是西班牙最大的修道院之一，始建於12世紀，建築形式介於羅馬式與哥德式之間，直到13世紀才完工。19世紀時曾遭受法軍掠奪破壞，但因結構堅固，且擁有防禦性城牆，因而修復後樣貌至今幾乎沒有改變。樸實龐大的修院建築和皇室陵寢非常壯觀。

由於這座道院一直都由王室和貴族支持、捐助，所以自1196年起，加泰隆尼亞王室成員都選擇長眠於此，波布列特修道也被指定為皇室陵寢。主祭壇前的十字穿廊上，有兩座彷彿空橋的雕刻，正是1950年由雕刻家馬列斯(Frederic Mares)重建的皇帝陵寢。

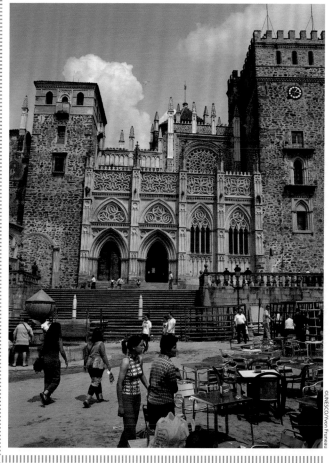

🗓1993年 🏛文化遺產 🌐1.10 ha

## 瓜達盧佩的聖瑪麗亞皇家修道院
### Royal Monastery of Santa María de Guadalupe

　　瓜達盧佩坐落於卡薩雷斯省埃斯特雷馬拉杜(Extremadura)自治地區西北，始建於13世紀，當初是因為牧羊人在瓜達盧佩河畔偶然挖出一尊聖母像，人們於是建了一座小教堂來供奉。

　　西元1340年，基督教軍隊在薩拉多河(Rio Salado)戰役大獲全勝，阿方索六世認為係受聖母庇護之故，因此將這座小教堂封為皇家修道院，之後歷經4個世紀不斷擴建，納入不同時期的建築風格。

　　這座氣勢恢宏的宗教建築瑰寶還與1492年的兩件歷史大事有關，一是西班牙重回基督教政權之手，二是哥倫布發現新大陸，修道院中著名的聖母像於是成為新大陸基督教化的象徵。

🗓1993年 🏛文化遺產

## 聖地牙哥朝聖之路
### Route of Santiago de Compostela

　　9世紀時，在西班牙西北部，有位牧羊人宣稱見到一道光芒指向山上，主教於是下令搜山，結果發現一具石棺，主教遂宣布是使徒聖地牙哥在此顯聖，那座山即日後的聖地牙哥城。

　　從此，有過無數朝聖者從法國的松坡(Somport)起程，越過庇里牛斯山，前往聖地牙哥朝聖。全程長達840公里，如今在這條路上仍留有1,800多棟古建築，不論是宗教性或非宗教性建築，皆具有很高的歷史價值。中世紀時，在促進伊比利半島與歐洲其他地區的文化交流方面，這條「朝聖之路」扮演過極為重要的角色，歐洲議會(Council of Europe)因而在1987年時，宣布將其列為歐洲第一條文化之路。

🗓1999年 🏛綜合遺產 🌐8,564 ha

## 伊比薩島 Ibiza, Biodiversity and Culture

　　伊比薩島是海洋與海岸生態系統互動的極佳例子。這裡生長著大片濃密的波西尼亞海草(Posidonia Seagrass)，為地中海特有種，許多海洋生物賴以維生。

　　島上還完好保留不少年代久遠的歷史遺跡，薩卡勒塔(Sa Caleta)古代民居及普奇・德・莫林古墓群(Puig des Molins)的出土，證明此一島嶼曾在早期(特別是在腓尼基及迦太基時期)地中海上貿易上扮演過重要角色。堅固的上城(Alta Vila)是文藝復興時期要塞建築的經典之作，甚至影響到了日後西班牙殖民帝國在新大陸的要塞設計。

🗓2009 🏛文化遺產 🌐233 ha

## 赫丘力士塔 Tower of Hercules

　　在西班牙西北部、距離拉科魯尼亞2.4公里的一座半島上，聳立著一座高達55公尺的建築，俯視北大西洋超過1900年，是至今仍在使用的古希臘羅馬時期燈塔，也是當今世上最古老的燈塔。

　　其名稱來自於希臘羅馬神話中的大力士，西元2世紀時興建於一座57公尺高的巨岩上，赫丘力士塔打從落成以來就是一座燈塔和地標，結構由下往上共分三層，這座西班牙目前第二高的燈塔於1791年時經過翻修。燈塔的下方還有一座作品年代上溯鐵器時代的雕刻公園，以及一片伊斯蘭教墓園。

# 昆卡古城 Historic Walled Town of Cuenca

　　昆卡位於胡卡河(Río Júcar)和威爾卡河(Río Huecar)兩河谷間的陡峭山脊上，距離馬德里以東約130公里，市內景點主要多集中於昆卡山邊，其中又以大教堂、懸壁屋(Casas Colgadas)以及鵝卵石街道，最吸引遊客。

　　新市區發展於胡卡平原上，至於舊城區「上城」，依然維持著中世紀的風貌，特別是昔日河谷沖刷而成的懸崖峭壁，更讓它擁有一種昔日軍事要塞的磅礴氣勢，而在當地形成特別景觀的懸壁屋，也是因為這樣的大自然造成，給人一種隨時可能塌陷的刺激感。

　　從聖安東尼(San Anton)橋旁的光輝聖母教堂(Nuestra Señora de la Luz)開始漫遊丘陵，可登高遙望美景。如果從主廣場(Plaza Mayor)往西走，會發現一座與昆卡形成強烈對比的建築——科學博物館(Museo de las Ciencias)，館內以高科技的視聽媒體呈現科學的驚異奇航。聳立於科學博物館旁的，還有另一座昆卡的市標蒙嘉納塔(Torre Mangana)，它是昔日摩爾人興建的瞭望台，也是眺望美景的好去處。

# 拉斯梅德拉斯 Las Médulas

　　西元1世紀，在西班牙西北部的拉斯梅德拉斯地區，羅馬帝國統治者開始利用水利來開採、淘洗金銀礦。經過兩個世紀的開採後，羅馬人撤退了，留下一片廢墟。從此，當地不曾出現過工業活動，因而完整保留此一獨特的古代地景。

　　如今，在當地陡峭的山坡和開闊土地上，仍處處可見當時留下來的礦井和水渠，部分水渠轉為灌溉之用。

# 瓦倫西亞絲綢交易中心
La Lonja de la Seda de Valencia

　　這座氣宇不凡的建築，是因應鼎盛的絲綢商貿，於1483年2月5日落成啟用，其後歷經整建，成就今日的規模。屋內正廳寬21.39公尺、長35.6公尺、高17.4公尺。矗立在廳內的8根石柱呈螺旋狀，象徵著扭纏的船繩和絲絹。巨碩的立柱自大理石地板聳立至拱頂，許多舉足輕重的經貿契約就是在這拱頂下落筆簽訂。

　　這幢見證歷史的古建築，無疑是哥德式建築的完美表徵，每道細節都呈現創意與實用的結合，例如自外牆伸出的28座出水口，仿自傳說中的魔怪，造型極盡誇張，導水功能無懈可擊。

1997年　文化遺產

# 巴塞隆納的加泰隆尼亞音樂宮與聖保羅醫院

Palau de la Música Catalana and Hospital de Sant Pau, Barcelona

　　這座音樂廳與聖保羅醫院(聖十字醫院的前身)同為加泰隆尼亞現代主義建築大師多明尼各(Lluís Domènech i Montaner)的代表作。多明尼各與高第及普意居(Josep Puig i Cadafalch)被並稱為「泰隆尼亞現代主義建築三傑」，其作品強調「師法自然」，慣以動植物作為裝飾元素。在建材使用上，除沿用紅磚、馬賽克和彩色玻璃，也開發出了不少新技術，例如音樂廳即由巨大的鋼架結構所構成，室內因而光線充足、空間開闊。

　　聖和平醫院就像座洋溢摩爾風情、花草錦簇的花園，園中坐落著26棟馬賽克城堡般的醫院建築。一進門，映入眼簾的是大廳內美麗的壁畫。這座絕美的花園醫院，其前身是歷史悠久的聖十字醫院。在20世紀初改建之前，只是一棟貧民區中的老舊醫院，而高第就是在此結束其精采的一生。

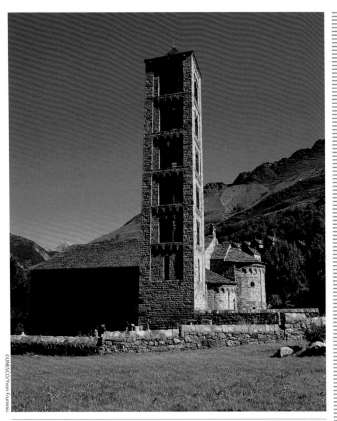
©UNESCO/Yvon Fruneau

2000年 文化遺產

# 博伊峽谷的
# 加泰隆尼亞仿羅馬式教堂
## Catalan Romanesque Churches of the Vall de Boí

為崇山峻嶺所環抱的博伊峽谷，位於西班牙東北部加泰隆尼亞自治區內的庇里牛斯山區。峽谷內散落著8個小村莊，每個村莊都擁有一座保存狀況良好的仿羅馬式教堂，其中，聖克雷門德(Sant Climent de Taüll)和聖馬利亞(Santa Maria de Taüll)教堂尤為經典，內有大量精美的中世紀壁畫。

而所謂「仿羅馬式建築」，係指融合羅馬、拜占庭及早期基督教建築風格與工藝的建築形式，盛行於11世紀中葉至12世紀末，其特色為厚實的牆壁、高大的塔樓及圓拱形穹頂。

1999年 文化遺產 60 ha

# 拉古納的聖克里斯托瓦爾城
## San Cristóbal de La Laguna

坐落於加那利群島之一的特里費(Tenerife)島上，1723年之前為該島的首府。1496年，阿隆索‧費爾南德斯‧德‧魯格(Alonso Fernández de Lugo)征服島上最後土著勢力，之後即在此建城，但未經規畫，城區雜亂無章，此即「高城」(Upper Town)。

魯格於是決定另闢「低城」(Lower Town)，完全按照當時風行於歐洲的幾何形城市規劃，街道寬敞，公共空間開闊，城市布局至今沒有太大改變，其中不乏年代可追溯到16-18世紀、精美絕倫的教堂、公共建築及私人宅第。此外，這座古城還是西班牙首座不設防的殖民城市，成為日後許多美洲殖民城市的設計典範。

1998年 文化遺產

# 伊比利半島地中海盆地岩畫藝術
## Rock Art of the Mediterranean Basin on the Iberian Peninsula

伊比利半島東部的地中海盆地有不少史前文化遺跡。自阿爾塔米拉(Altamira)岩洞舊石器時代壁畫於1879年被發現後，在阿拉崗(Aragón)、安達魯西亞(Andalusia)、卡斯提爾‧拉曼查(Castille-La Mancha)、加泰隆尼亞(Catalonia)、穆爾希亞(Murcia)與瓦倫西亞(Valencia)等地陸續大規模的石器時代壁畫群。

這些壁畫生動地記錄下人類文明從採集、狩獵到種植作物、馴養動物的重要轉折歷程。考古學家按年代及藝術風格，將其分為三大類：舊石器時代壁畫，年代約西元前4萬年至西元前1萬年，主題多為鹿、野牛等動物，也有抽象符號及人的手印；地中海沿岸壁畫，約西元前6,000年至西元前4,000年，已開始出現人的形象，描繪狩獵、種植、舞蹈、戰爭等景象；簡圖式壁畫，西元前4,000年至西元前1,000年，畫面簡單卻充滿活力，且抽象符號大量出現，被認為是藝術抽象化的重要起步。

1997年 文化遺產 19 ha

# 聖米蘭‧尤索和聖米蘭‧
# 蘇索修道院
## San Millán Yuso and Suso Monasteries

自西元6世紀中葉，聖米蘭(St Millán)在此地建立修道院社區起，這裡逐漸成為基督教徒的朝聖地。聖米蘭‧蘇索修道院就是為了紀念聖米蘭而建的，為羅馬式建築。第一部以卡斯提爾語(Castilian，即現代西班牙語)所撰寫的文學作品即誕生於此，這裡因而被認為是現代西班牙語的發源地。

16世紀初期，在舊修道院下方新蓋了一座聖米蘭‧尤索修道院，至今仍然持續宗教活動。

©UNESCO/Yvon Fruneau

🖊1984年 🏛文化遺產

# 哥多華歷史中心 Historic Centre of Cordoba

　　哥多華曾經是羅馬帝國統治下的西班牙首都。西元6~8世紀，西哥德人曾占領此地。二百多年後，摩爾人聯合受天主教迫害的猶太人，一舉拿了下哥多華，而成為主人。尤其在10世紀時，伊斯蘭教政權的勢力發展到了顛峰。阿布杜勒‧拉曼三世(Abd-al-Rahman III)和哈坎二世(Hakam II)統治期間，哥多華成為當時歐洲最進步且富裕的城市，擁有一座阿拉伯大學，以及超過300座的清真寺。

　　在舊城區裡，伊斯蘭建築遺跡、荒廢的中庭和陽台垂吊下來的鮮豔花朵，讓哥多華成為一座浪漫迷人的城市。不慌不急的遊客和享受閒情逸致的居民，漫步在狹窄的街道和曲折的巷弄間。這裡，可見證三個世紀以來混合伊斯蘭教、猶太教和天主教風格的精采建築遺跡。

　　從清真寺中的拱門與壁龕，可以欣賞到摩爾人統治下發展出的伊斯蘭藝術；猶太區則保留了伊比利半島罕見的猶太教堂；至於興建於14世紀時的皮亞納宮(Palacio de l Viana)，更為西班牙16~17世紀的黃金時期埋下伏筆。

285

# 維斯蓋亞橋 Vizcaya Bridge

　　維斯蓋亞橋跨立於畢爾包西側的伊拜薩巴(Ibaizabal)河口，它是由巴斯克建築師阿貝爾托‧帕拉西奧(Alberto de Palacio)設計的，於1893年完工。

　　這座45公尺高的大橋橫跨160公尺，融合了19世紀使用鋼鐵的傳統，及運用稍後出現的輕量化鋼索技術。它是世界第一座裝有吊艙、供行人與汽車過河的高空拉索橋，也　工業革命時期傑出的鋼鐵建築之一。

　　這座功能與美感兼具的金屬大橋曾毀於西班牙內戰期間，之後經重建並採用部分新技術，於1941年恢復通行。

©UNESCO/Niamh Burke

# 阿塔普爾卡考古遺址
## Archaeological Site of Atapuerca

　　位於布勾斯以東15公里處，當地洞窟群中保存著大量早期歐洲人類化石，年代從100多萬年前跨越至基督教紀元初始，為研究遠古時代人類體態特徵及生活方式提供珍貴的原始資料。

　　2008年初，考古學家在此挖掘出一塊120萬年前的人類下顎骨碎片，是迄今在該遺址出土最古老的化石，有可能是尼安德塔人和智人的最後共同祖先。

©UNESCO/Nathalie Valanchon

# 埃爾切的帕梅拉爾 Palmeral of Elche

　　位於西班牙東南部的埃爾切是一座沿海城市，創建於10世紀末阿拉伯人統治伊比利半島時期。該城的帕梅拉爾是個具有北非特色的農業區，「帕梅拉爾」意指種滿椰棗的地方，當地的灌溉系統極為完善，因而得以在貧瘠的土地上創造出農業奇蹟。

　　其實，當地種植椰棗的歷史由來已久，早在西元前500多年就開始了。腓尼基和羅馬人曾在此殖民，如今是歐洲僅存的阿拉伯式農業區，中世紀時由摩爾人建造的灌溉系統依然持續運作中。

# 多納納國家公園 Doñana National Park

　　這座位於安達魯西亞省的國家公園，不僅名列世界遺產，也是拉姆薩濕地公約(Ramsar Convention)列管的世界重要水鳥棲地保育地，涵蓋瓜達基維爾(Guadalquivir)河注入大西洋河口右岸、面積達5萬4,000多公頃的遼闊濕地，遍布潟湖、沼澤、固定及移動土丘、灌木叢林。

　　有5種瀕絕鳥類棲息於此，每年還有多達50萬隻水鳥來此過冬。1998年，由於有毒廢料外洩，污染瓜達基維爾河支流，一度造成生態災難。

符號說明　🖊登錄時間　◯遺產面積　　遺產類型　📜文化遺產　◯自然遺產　📜綜合遺產　📜瀕危文化遺產　◯瀕危自然遺產　📜瀕危綜合遺產

**1986年** **自然遺產** **3,984 ha**

# 加拉霍奈國家公園
## Garajonay National Park

　　加拉霍奈國家公園位於大西洋加那利群島之一的戈梅拉(Gomera)島中央，占地3984公頃，70%為珍稀的月桂樹所覆蓋，月桂樹數量居全球之冠。盛行西風帶來大量水氣，島上流水淙淙、植被茂密，植物種類多達450種，其中34種為特有種。

　　至於特有種動物則有Rabiche和Turqué兩種罕見的鴿子。此外，由於加那利群島係由火山噴發所形成的，加拉霍奈國家公園裡因而不時可見裸露於地表的凝固黑色火山岩流，嶙峋崢嶸，增添了不少奇趣。

**2001年** **文化遺產** **2,048 ha**

# 阿蘭胡埃斯文化景觀
## Aranjuez Cultural Landscape

　　阿蘭胡埃斯文化景觀融合了自然與人類活動關係、彎曲的河道及幾何形景觀設計、田園風光與都市景觀、森林環境和富麗堂皇的建築之間的複雜關係。

　　三百多年來，由於西班牙王室投注了相當多的心力，阿蘭胡埃斯文化景觀因而呈現人文主義與中央集權的色彩，同時還可見到18世紀法國巴洛克風格的花園，及啟蒙運動時期伴隨著種植植物和飼養牲畜而發展起來的城市生活方式。

©UNESCO/Yvon Fruneau

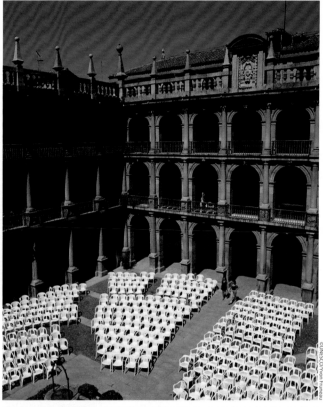

©UNESCO/Yvon Fruneau

**1998年** **文化遺產**

# 阿卡拉‧德‧埃納雷斯大學
# 與舊城區
## University and Historic Precinct of Alcalá de Henares

　　阿卡拉‧德‧埃納雷斯大學距離馬德里30公里，為世界第一座經規畫而設立的大學城。西元1499年，紅衣大主教斯內羅斯(Cisneros)在此創立聖伊德豐索高等學院(Colegio Mayor de San Ildefonso)，享譽歐洲達數個世紀。在歐洲，大學多以它為範本。1836年，伊莎貝爾二世將大學遷往馬德里，直到1977年才復校。

　　此地也是「上帝之城」(Civitas Dei)的原型，西班牙傳教士將此一理想化的市鎮模式傳入美洲。再者，它也是西班牙大文豪凡塞提斯(Cervantes)的故鄉，包括《唐吉訶德》在內等鉅作，為現代西班牙語與西班牙文學留下了不可抹滅的影響。

**1986年** **文化遺產**

# 阿拉崗的摩德哈爾式建築
## Mudejar Architecture of Aragon

　　阿拉崗自治區位於西班牙東北部，摩德哈爾(Mudejar)係指在基督教政權重掌西班牙後，改信天主教的摩爾人及安達魯西亞的穆斯林，亦指12-17世紀間風行於阿拉崗與卡斯提爾、深受摩爾風格影響的裝飾藝術及建築風格，同時也反映出當代歐洲的藝術潮流，特別是哥德式建築。

　　摩德哈爾式建築(尤其是鐘樓)的磚塊和釉面磁磚運用極為精巧且富創意。建於12世紀末的特魯埃爾(Teruel)聖瑪麗亞大教堂，及建於13世紀初的聖馬丁大教堂為其經典之作。

# 瑞典 Sweden

早期瑞典地區是維京人活躍的地點，基督教在9世紀時傳入瑞典，奠定了今日瑞典的生活文化基礎，從入選的世界遺產可以看出些許端倪。而國土狹長的瑞典，北極圈內的拉普人和南方的農業景觀，則呈現出截然不同的風貌。

北海

拉普人地區
Laponian Area

呂勒奧的加美斯達教會村莊
Church Village of Gammelstad, Luleå

芬蘭

赫爾辛蘭的華飾農舍
Decorated Farmhouses of Hälsingland

瓦爾肯高海岸
High Coast / Kvarken Archipelago

畢爾卡和霍弗加登
Birka and Hovgården

俄羅斯

法倫銅礦區
Mining Area of the Great Copper Mountain in Falun

恩厄爾斯貝里煉鐵廠
Engelsberg Ironworks

挪威

塔努姆遠古岩刻遺跡
Rock Carvings in Tanum

波斯尼亞灣

德羅汀罕宮
Royal Domain of Drottningholm

林地公墓
Skogskyrkogården

瓦堡電台
Varberg Radio Station

漢撒同盟城市威士比
Hanseatic Town of Visby

卡斯克隆納軍港
Naval Port of Karlskrona

奧蘭島南部的農耕區
Agricultural Landscape of Southern Öland

丹麥

## 🖊2000 🏛文化遺產 ◇56,323 ha

## 奧蘭島南部的農業景觀
### Agricultural Landscape of Southern Öland

奧蘭島位於波羅的海，島上的南部是一片巨大的石灰岩高原，人們在此居住已超過5千年歷史，其自然景觀幾千年來並未有任何改變，人們和自然共存，就連耕種方式也順應地質狀況的限制，從史前到今日，都沒有改變多少。

也因此該陸塊獨特的地質狀態和沿岸景觀未受到破壞，是全球人類居住地中相當罕見的情況。

## 🖊2004 🏛文化遺產 ◇109 ha

## 瓦堡電台 Varberg Radio Station

瓦堡電台位在南瑞典的格林頓(Grimeton)，電台建於1922~1924年間，架有當時可跨越大西洋的無線通信系統，目前電台還保有六個127公尺高的鋼架電塔天線系統，還有短波發射機和天線，以及由瑞典建築師卡爾‧阿克布拉德(Carl Åkerblad)所設計的電台大廈，雖然目前電台沒有經常使用，但所有設備仍維持得相當完好。

## 🖊1994 🏛文化遺產

## 林地公墓 Skogskyrkogården

1917到1920年，兩位瑞典的年輕建築師艾瑞克‧貢納‧阿斯普朗德(Erik Gunnar Asplund)與西格德‧勞倫茲(Sigurd Lewerentz)運用獨特的設計概念，巧妙地融合地形、植栽和建築元素，聯手打造了位於斯德哥爾摩市南部恩魁亞德達倫區(Enskededalen)的林地公墓。墓園內的其他重要建築還包括建於1920年的「林地教堂」(Woodland Chapel)，以及後來增建的「復活教堂」(Chapel of Resurrection)。

這座建在一片礫石松林裡的寧靜公墓，在充分發揮應有的功能之餘，也完整保存了原始的自然景觀。它不僅體現從浪漫民族主義到實用主義的建築演進史，對全世界的墓園設計更產生了深遠的影響。

✏ 1991　🏛 文化遺產

# 德羅汀罕宮 Royal Domain of Drottningholm

　　德羅汀罕宮位於斯德哥爾摩市郊的小島上，島上有座17世紀的宮殿建築、還有歐洲最古老的劇院，以及巴洛克式花園和中式亭閣。

　　德羅汀罕宮最初是國王Johan III為王后Katarina所建的宮殿，取名為「王后之島」(Drottingholm)，經17世紀大幅改建，由Nicodemus Tessin父子檔花了15年的時間為皇室設計宮殿裝潢，展現1660年代瑞典巴洛克型式的風華。長久以來，這裡一直是皇室女眷的住所，1744年瑞典王儲Adolf Redrik迎娶普魯士王妃Lovisa Ulrika時，更將這座宮殿送給王妃當作結婚禮物。這位普魯士王妃則創造了德羅汀罕宮的藝術黃金時期，她邀請了多位學者到宮裡為收藏品歸類、編號，並成立Ulrika圖書館，影響當時科學、藝術甚為深遠，圖書館目前仍保存完好並開放參觀。

　　皇宮前有一座小型法式幾何花園，花園裡的赫丘力士(Hercules)銅像是出自荷蘭文藝復興大師Adrian de Vries之手，是從丹麥腓特烈城堡搶來的戰利品。建於1766年的巴洛克劇院是目前仍上演劇碼的最古老劇院，1922年劇院重新整理時，許多設計精巧的機關才又重新被發現。中國亭閣(Kina Slott)建於1769年，是國王Adolf Fredrik送給普魯士王后Lovisa的禮物。外觀是洛可式建築，在許多細節上加入東方的龍等裝飾，雖然看起來有點突兀，卻是當時最流行的建築方式。

289

# 漢撒同盟城市威士比
Hanseatic Town of Visby

　　威士比位於瑞典東南方的高特島(Gotland)上，在12~13世紀時，是波羅的海附近從事商業往來相當活躍的城鎮，1288年以石灰岩建造、長達3.6公里的城牆，現在仍幾近完整的圍繞著威士比，不僅在瑞典難得一見，也是北歐地區保留最完整的中世紀城牆。

　　當時這座城牆並不是因為對付外侮而建，主要是因為內戰頻繁，小鎮的領導者刻意將小鎮圍起來，隔絕戰亂。18世紀時，由於瑞典國王下令，凡以石頭蓋屋子的家庭可減少課稅，為了節稅，鎮上便多以石頭屋居多。爾後，為了保存古蹟，瑞典政府規定威士比舊城內房子可買賣，但想重新為外牆漆上不同顏色或甚至改建者，都要向政府報備，由相關單位核准才能施工。因此，威士比才保住鎮上具有中世紀特色的石造房屋和獨特的城鎮景致。

　　高特島上有100間教堂，在舊城裡也有不少教會建築，除了坐落在制高點的聖瑪麗亞大教堂，主廣場旁的聖凱撒琳教堂原建於1233年，為瑞典第一座方濟會修道院，現今只剩下石造的外牆供遊客參觀。

## 1996 文化遺產

# 呂勒奧的加美斯達教會村莊
## Church Village of Gammelstad, Luleå

　　加美斯達村位在瑞典北方近波斯尼亞灣(Gulf of Bothnia)旁的呂勒奧，當地遺留了424間木造房子，被認定為北斯堪地那維亞地區保存最完善的教會村莊。

　　這400多棟房子圍繞著以石頭打造的15世紀教堂，這些木屋過去只提供在週日或宗教節慶時，因為居住地太遠而無法在節日當天返家的信徒暫住。

## 1998 文化遺產

# 卡斯克隆納軍港
## Naval Port of Karlskrona

　　卡斯克隆納是17世紀瑞典南部的重要海事防禦地，當時的瑞典已是歐洲的強權國，為繼續擴展領地，也為保衛當時的南瑞典地區，就是現在芬蘭、愛沙尼亞、拉脫維亞和部分德國北城鎮一帶，因而在卡斯克隆納建立了一座海軍基地。

　　當時所建的軍港大廈、造船廠和防禦設施都被完整的保留下來，讓世人得以瞭解三百多年前歐洲的軍事規劃。

## 1993 文化遺產

# 畢爾卡和霍弗加登 Birka and Hovgården

　　畢爾卡考古遺址位於斯德哥爾摩附近、梅拉爾湖(Mälar)中的畢約可島(Björkö)上，經過考古後，證實在9~10世紀之間就有人居住。霍弗加登則是一座位於阿德爾塞(Adelsö)鄰近的島嶼。

　　這兩個考古遺址在維京時期的貿易網絡裡占有重要位置，對於後來斯堪地那維亞歷史的發展有舉足輕重的影響；另外，畢爾卡同時也是瑞典第一個基督教聚會的地方，由聖安斯加爾(St Ansgar)於西元831年所建立。

歐洲

瑞典

## 1996 綜合遺產 940,000 ha

# 拉普人地區 Laponian Area

　　瑞典北部已進入北極圈地區，這裡也是薩米人(Sami)的家鄉，一般統稱為拉普人(Laponian)。拉普人依循先人習性，隨著季節遷徙的生活方式，在全世界的原住民族中，可説是活動範圍最廣的的一支，也是少數仍隨季節遷徙的原住民之一。

　　過去每年夏天，薩米人會帶著大群的麋鹿，穿過自然保護地往山上移動，但現今汽機車的出現，以及全球氣候變遷，不僅改變極地的地質水流，也威脅到當地住民的生活。

# 法倫大銅山礦區
## Mining Area of the Great Copper Mountain in Falun

　　沒有人知道這裡最早的開礦歷史，但根據地質學家的估算，約自11世紀起就開始了銅礦的開採，可算是世界最早的礦產區之一。17世紀時瑞典成為歐陸強權，當時法倫的銅礦產量，更高達世界銅總產量的7成。

　　2001年法倫銅礦區入選世界遺產，目前列入世界文化遺產的區域包括了礦山周圍的5個地區，其特殊的紅木屋、溝渠與水壩，都與這座礦山息息相關。

　　使法倫銅礦走入歷史最重要的事件是1687年6月25日所發生的礦坑塌陷，形成今日所見驚人的大型坑洞，原因是長久以來的挖掘工作未曾好好規畫，稍不小心就導致木結構塌陷。但是這件意外後，開採的活動仍持續了300年之久，直到1982年才正式結束。

# 赫爾辛蘭的華飾農舍
## Decorated Farmhouses of Hälsingland

　　本世界遺產包含位於瑞典東部的7處木造華飾農舍，6處位於赫爾辛蘭省，1處位於鄰近的達拉那省(Dalarna Province)，它們是赫爾辛蘭地區現存1千多座木造建築的其中一部分。

　　這7處建於18、19世紀的木造農舍，充分展現了當地自中世紀一直延續下來的林業傳統以及建築文化。它們全部以木材製成，大多為二層樓甚至三層樓構造，而且擁有優美的門廊以及可多達11扇的成排窗戶。由於占地寬廣、房間數量眾多，因此這些農舍通常可供兩、三代家庭成員居住，不僅如此，它們還有獨立的房間專門用來舉辦節慶活動。

　　赫爾辛蘭華飾農舍的另一項重要特色，就在於室內的牆壁、天花板和家具皆以色彩鮮艷、花樣豐富的繪畫作為裝飾，並且融合了當地民間藝術以及鄉村士紳們所青睞的巴洛克與洛可可藝術風格，除了彰顯農舍主人對住宅美觀的重視，更反映了他們的財富以及社會地位。

●高海岸/瓦爾肯群島High Coast / Kvarken Archipelago
詳見芬蘭
●斯特魯維測量地質測量地點Struve Geodetic Arc
詳見白俄羅斯

# 🇨🇭 瑞士Switzerland

在瑞士的世界遺產中，其文化遺產保存的完整性可見歷史古蹟對瑞士的重要，此外，拉紹德封與力洛克的鐘錶城鎮，對於以鐘錶精細工業享譽國際的瑞士來說，也是實至名歸。至於瑞士的自然遺產，最為人所熟知的當然非少女峰莫屬。

法國

德國

阿爾布拉-伯連納的
利西亞阿爾卑斯山鐵路
Rhaetian Railway in the Albula /
Bernina Landscapes

拉紹德封與力洛克
的鐘錶城鎮
La Chaux-de-Fonds / Le Locle,
watchmaking town planning

聖加爾修道院
Convent of St Gall

列支敦士登

伯恩古城
Old City of Berne

奧地利

薩多納地質結構
Swiss Tectonic Arena Sardona

少女峰地區與阿雷奇冰河
Swiss Alps Jungfrau-Aletsch

拉沃葡萄園梯田
Lavaux, Vineyard Terraces

貝林佐納的
三座城堡及城牆
Three Castles, Defensive
Wall and Ramparts of the
Market-Town of Bellinzone

聖喬治山
Monte San Giorgio

阿爾卑斯山區史前干欄式民居
Prehistoric Pile dwellings around the Alps

義大利

米斯泰爾的聖約翰本篤會修道院
Benedictine Convent of St John at Müstair

---

📀1983年 🏛文化遺產

## 聖加爾修道院Convent of St Gall

自西元8世紀到19世紀，最初由卡洛林王朝所建的聖加爾修道院一直是歐洲最重要的修道院之一，其附屬的圖書館更擁有世界上最豐富、最古老的館藏，例如畫在羊皮紙上的建築手稿，目前已知是年代最久遠的。

在1755年至1768年，女修道院被重建成巴洛克式的風格。聖加爾修道院的教堂和圖書館反映了12個世紀以來的人類活動，是世界上相當珍貴的文化資產。

293

🗓1983年　🏛文化遺產　◯2,036 ha

# 米斯泰爾的聖約翰本篤會修道院

Benedictine Convent of St John at Müstair

　　位於瑞士和義大利邊境的米斯泰爾聖約翰本篤會修道院，擁有保存得相當完整的壁畫，這些壁畫可追溯到西元800年左右的卡洛林時代。

　　壁畫於19世紀修道院進行修繕作業時才為人所發現，內容以描述基督耶穌的生平故事為主，其中《最後的審判》是年代最為悠久的作品。目前修道院的一部分已整建為博物館，開放給遊人參觀。

🗓2001年　🍃自然遺產　◯82,400 ha

# 瑞士阿爾卑斯山的少女峰和阿雷奇冰河

Swiss Alps Jungfrau-Aletsch

　　海拔超過4,000公尺的少女峰(Jungfrau)、僧侶峰(Mönch)與艾格峰(Eiger)，在阿爾卑斯山的中心地帶連成一片壯麗的白皚山色，儘管上山攬勝的遊客日益擁擠，但在壯闊而神祕的大自然面前，偉大的人類也變得渺小起來。

　　位於少女峰登山鐵道終點站的少女峰車站，本身就是一個有趣的高山育樂中心，還可以走出車站，來一趟冰上健行，體驗各式高山活動。標高3,454公尺的少女峰車站，是歐洲最高的火車站，也因此為她贏得了「歐洲屋脊」(Top of Europe)的美譽。這個歐洲屋脊不僅僅是一座車站而已，它集結了餐廳、商店、瞭望台、冰宮、郵局於一身，也因為位處高海拔，更是科學觀測的重要基地，包括空氣污染監測、大氣平流層微波輻射測量、臭氧層與溫室效應的研究、天文觀測等。車站在少女峰(4,158m)、僧侶峰(4,099m)及艾格峰(3,970m)的環繞下，其壯麗山色是吸引全球遊客不遠千里而來的主因，還可以遠眺阿雷奇冰河(Aletschgletscher)。

　　與少女峰一同被列為世界遺產的，還有全歐洲最大的阿雷奇冰河，冰河總長達23公里，面積超過120平方公里，從少女峰南側一直延伸到上隆河谷地(Rhone Valley)，堪稱上帝在阿爾卑斯山最經典的傑作。

1983年　🏛 文化遺產　🌐 84,684 ha

# 伯恩古城Old City of Berne

　　這座古城早在1983年就被聯合國列為世界文化遺產，因此登高眺望古城風景時，完全看不到任何一座現代建築摻雜其中，清一色的中世紀街景，完整封存了伯恩輝煌的歷史面貌。

　　這座於1191年由柴林根公爵(Duke of Zähringen)所建的城市，自中世紀晚期開始，就是阿爾卑斯北部最大、也最具影響力的城市。城市的象徵——熊，是源於建城者捕獲到的第一隻動物，而伯恩這名字也是熊的意思，至今熊已成為廣受市民喜愛的吉祥物。而長達6公里的舊城區，在翠綠的阿勒河(Aare)環繞下，更是古意盎然。漫步在老城區內，會遇到12座具有歷史價值的噴泉，每座噴泉都有其獨特典故，也將舊城區點綴得十分可愛。而昔日商家為遮蔽風雨而建的拱形騎樓，現在則成了市民與遊客散步購物的好去處。

**⊘ 2008年　🜨 自然遺產　⬡ 32,850 ha**

# 瑞士的薩多納地質結構
## Swiss Tectonic Arena Sardona

　　瑞士的薩多納地質結構位於國土偏東北的區域，涵蓋山地範圍廣達32,850公頃，其中包括7座海拔在3,000公尺以上的山峰。薩多納地質結構最重要的價值，便在於它展現了因大陸板塊碰撞而引發的劇烈造山運動地質結構，這一帶有許多暴露於外的地層斷面，清楚地呈現地殼構造的推擠過程，原本位於深處的古老岩層被推擠進表層的年輕岩層之中，而這裡特殊的地形正好可以讓地質學家們透過三維的角度來研究此一現象。

　　這樣的特徵在格勞烏斯地區(Glarus)特別明顯，也使此區域從18世紀以來便是地球科學的研究重鎮。

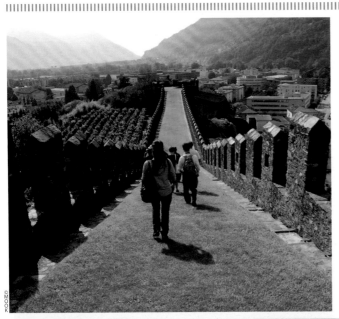

**⊘ 2000年　🏛 文化遺產　⬡ 5.00 ha**

# 貝林佐納的三座防禦城堡及城牆
## Three Castles, Defensive Wall and Ramparts of the Market-Town of Bellinzona

　　中世紀時，貝林佐納是義大利與瑞士南阿爾卑斯區域的交通要塞，自此帶動老城區的商業與繁榮。這個有歷史的小城，充滿中世紀傳奇色彩的城堡與城牆，城堡群是羅馬時期的軍事要地，蜿蜒在貝林佐納老城中心及近郊山頭，數百年來保衛著貝林佐納與提契諾的邊防，而這也是瑞士唯一現存的中世紀堡壘。

　　在米蘭大公國的統治時期，為了掌握南北出入交通，公爵們陸續擴建山丘上的大城堡，並在西元13與15世紀，先後增建了蒙特貝羅城堡與科爾巴洛城堡，以及包圍住貝林佐納城區的城牆。

　　雖然最後提契諾地區仍不敵驍勇善戰的瑞士軍隊，劃歸進入瑞士版圖，但這處城堡群在歷史上的意涵猶是不能抹滅的。西元2000年時，大城堡(Castelgrande)、蒙特貝羅城堡(Castello di Motebello)、科爾巴洛城堡(Castello di Sasso Corbaro)及其所屬城牆，也一起被納入世界文化遺產的行列。

符號說明　⊘ 登錄時間　⬡ 遺產面積　　遺產類型　🏛 文化遺產　🜨 自然遺產　🏛 綜合遺產　🏛 瀕危文化遺產　🜨 瀕危自然遺產　🏛 瀕危綜合遺產

2009年　文化遺產　284 ha

# 拉紹德封與力洛克的鐘錶城鎮
## La Chaux-de-Fonds / Le Locle, watchmaking town planning

　　鐘錶製造是瑞士最引以為傲的產業，而位於瑞士偏遠地帶的侏儸山脈(Jura)則是瑞士鐘錶的大本營，拉紹德封與力洛克這兩座相鄰的城鎮由於土壤貧瘠，因此從17世紀開始便致力於無需地力的鐘錶工業。

　　在19世紀初葉的一場大火之後，拉紹德封與力洛克依鐘錶製造的需求重新規劃，整座城市由平行伸延的屋舍所構成，從空中看就像一套整齊劃一的琴譜一樣，其住宅與工坊交互混合，充分反映出鐘錶製造的理性需求結構。馬克思在其著名的《資本論》中曾描述拉紹德封是一座「巨大的工業城市」。

　　如今拉紹德封與力洛克已成為單一製造業城市的最佳典範，不但保存完整，同時還順應了時勢的變遷，直到現在都還維持著良好且蓬勃的運作。

●聖喬治山Monte San Giorgio
詳見義大利
●阿爾布拉-伯連納的利西亞阿爾卑斯山鐵路 Rhaetian Railway in the Albula / Bernina Landscapes
詳見義大利
●阿爾卑斯山區史前干欄式民居Prehistoric Pile dwellings around the Alps
詳見奧地利

2007年　文化遺產　898 ha

# 拉沃葡萄園梯田 Lavaux, Vineyard Terraces

　　日內瓦湖區的沃州(Vaud)是瑞士第二大葡萄酒產地，這一帶共有26個葡萄園區，這處沿著日內瓦湖北岸種植的拉沃葡萄園梯田，種植歷史據稱可追溯至羅馬軍隊占領時期，也有人說最早是從中世紀的傳教士才開始釀酒，而目前在斜坡上將近30公里長的種植面積，則確認是始於11世紀。

　　聯合國教科文組織在2007年宣布將拉沃葡萄園梯田列為世界文化遺產，理由是居民因應外在的地理環境，花費近千年的時間，逐步瞭解並轉而利用地方資源，最終生產出高度經濟價值的作物，是人類與環境互動演化的最佳驗證。

# 烏克蘭Ukraine

烏克蘭面積廣達603,628平方公里，為歐陸僅次於俄羅斯的第二大國，1991年蘇聯解體後，才獨立出來，基輔(Kiev)為其首都及最大城。由於烏克蘭人信仰東方正教，建築、文學、音樂都呈現濃濃東正教風格，入列的世界遺產也可以看到這個影響。

---

📅2011　🏛文化遺產　◇8.00 ha

## 布科維納與達爾馬齊亞大主教府
### Residence of Bukovinian and Dalmatian Metropolitans

這座宏偉的歷史建築位於烏克蘭布科維納地區的首府徹尼夫齊市(Chernivtsi)，它是在布科維納與達爾馬齊亞大主教埃夫漢尼·海克曼(Yevheniy Hakman)的提議下，由當時在歐洲相當活躍的捷克建築師約瑟夫·赫拉夫卡(Josef Hlávka)設計興建，自1864年開始動工，1882年完工。目前它是國立徹尼夫齊大學(Chernivtsi National University)的所在地。

布科維納與達爾馬齊亞大主教府的構成元素包括正中央的大主

---

📅1990　🏛文化遺產　◇29 ha

## 基輔聖索菲亞主教堂與
## 基輔佩徹爾斯克修道院建築群
### Kiev: Saint-Sophia Cathedral and Related Monastic Buildings, Kiev-Pechersk Lavra

---

📅1998　🏛文化遺產　◇120 ha

## 利維夫歷史中心建築群
### L'viv – the Ensemble of the Historic Centre

這座烏克蘭西部的主要城市起源於西元1256年的哈利奇-沃利尼亞公國(principality of Halych-Volhynia)，當時的大公魯塞尼亞哈雷斯基(Daniil Halytskiy of the Ruthenian)以他兒子的名字為這座城市命名。適中的地理位置讓利維夫迅速發展，卻也受到不同國家的覬覦與爭奪，曾經被波蘭、奧匈、蘇聯等帝國統治，卻也吸引歐洲各族群到此定居，使得利維夫融合了多國的文化與宗教等特色，從今日的城市景觀中依舊可以發現他們獨立卻相互依存的社區，特別是在舊城中，更能看見東歐與德國和義大利在建築和藝術傳統上的交融。

教宅邸、位於正門左側擁有穹頂造型的東正教神學院及三聖教堂、位於正門右側的鐘塔和小禮拜堂，以及占地廣大的花園和造景庭院。此外，赫拉夫卡還利用色彩鮮艷的上釉磁磚為結構複雜的屋頂作裝飾。

本建築群堪稱19世紀歷史建築的傑出典範，它不僅展現出哈布斯堡(Habsburg)王朝統治期間東正教教會的強大力量，而且由於融合了拜占庭、哥德及巴洛克時期的建築元素，因此也反映出當時奧匈帝國在宗教與文化上的包容性。

●**斯特魯維測量地質測量地點**Struve Geodetic Arc
**詳見白俄羅斯**
●**喀爾巴阡山脈與德國原始山毛櫸森林**Primeval Beech Forests of the Carpathians and the Ancient Beech Forests of Germany
**詳見德國**

西元988年，為了和拜占庭皇室聯姻，基輔大公聖弗拉迪米爾(St Vladimir)遂受洗為基督徒，使得基督教成為基輔大公國的國教，也讓「野蠻落後的斯拉夫人」從此躋身基督教文明世界。動工於1037年的聖索菲亞主教堂，是基輔天主教公國首都的象徵，擁有5座主殿、5座後殿和13座圓頂，周圍環繞著來自三邊的雙重走廊，室內裝飾著11世紀開始的鑲嵌和濕壁畫。西元1015年以洞穴修道院之姿開放的基輔佩徹爾斯克修道院，打從創立之初便是東歐重要的東正教中心，到了17~19世紀時更肩負起將東正教傳遍俄羅斯的重責大任。

# 英國及北愛爾蘭United Kingdom of Great Britain and Northern Ireland

決決大不列顛，從世界遺產名單分析，不難看出海權殖民時代所遺留的大批豐富資產，包括象徵英國皇室風華的城堡花園、海權擴張扮演重要角色的港口、工業革命時期留下的工廠城市，以及它的海外殖民地，儘管當年的雄風不再，卻也是英國扭轉人類歷史的極佳見證。

奧克尼新石器時代遺址
Heart of Neolithic Orkney

聖基爾達島
St Kilda

百慕達聖喬治歷史古城與相關要塞（中美洲）
Historic Town of St George and
Related Fortifications, Bermuda

大西洋

北海

愛丁堡新舊城
Old and New Towns of Edinburgh

新拉納克村
New Lanark

巨人之路與海岸堤道
Giant's Causeway and Causeway Coast

愛爾蘭

羅馬帝國邊界
Frontiers of the Roman Empire

達拉謨城堡與大教堂
Durham Castle and Cathedral

海權時代商城利物浦
Liverpool – Maritime Mercantile City

格溫尼德郡的愛德華國王城堡
Castles and Town Walls of
King Edward in Gwynedd

斯托德利皇家公園和噴泉修道院遺址
Studley Royal Park including
the Ruins of Fountains Abbey

朋特西斯特水道橋與運河
Pontcysyllte Aqueduct and Canal

索爾泰爾城鎮 Saltaire

鐵橋峽谷
Ironbridge Gorge

布拉納馮工業景觀
Blaenavon Industrial Landscape

德文特河谷工業區
Derwent Valley Mills

肯特伯里大教堂、
聖奧古斯丁寺、聖馬丁教堂
Canterbury Cathedral,
St Augustine's Abbey,
and St Martin's Church

巴斯
City of Bath

布倫漢宮
Blenheim Palace

海權時代的格林威治
Maritime Greenwich

康沃爾與西德文郡的礦區景觀
Cornwall and West Devon Mining Landscape

倫敦塔
Tower of London

西敏宮、西敏寺和聖馬格麗特教堂
Westminster Palace, Westminster
Abbey and Saint Margaret's Church

多塞特和東德文海岸的峭壁地形
Dorset and East Devon Coast

史前巨石群
Stonehenge, Avebury
and Associated Sites

皇家植物園，裘園
Royal Botanic Gardens, Kew

戈夫島野生動植物保護區（南大西洋）
Gough and Inaccessible Islands

亨德森島（太平洋）
Henderson Island

法國

1986　文化遺產　309 ha

# 斯托德利皇家公園和噴泉修道院遺址
**Studley Royal Park including the Ruins of Fountains Abbey**

斯托德利皇家公園和噴泉修道院遺址，位於英國約克夏郡北部，建於西元1716年到1781年。斯托德利皇家公園是維護原建築風格良好的園林建築，也是英國西妥會教團的古建築之一。

人造湖、水塘、雕塑、塔、寺廟、新哥德式風格的皇宮等，並有一處全英國景觀最美的喬治時代風格的水花園。

噴泉修道院則是1132年由13名僧侶建立，每年都會吸引許多遊客前來參觀，面積廣大，環境自然，整體環繞在綠色的公園之中。

康威城堡是英格蘭國王愛德華一世征服威爾斯後所建的象徵性堡壘，也是目前歐洲保存最好的中古世紀軍事城堡之一。建築於康威河邊狹長型的岩石高地上，從地理位置的選擇到整體的設計都能看出城堡優異的防衛功能。8座圓形高塔與厚實的石頭城牆像是從堅固的岩石中拔地升起，構成長型的堡壘，東西各一個外城門，用來阻擋敵人及過濾進入城堡的人。內部又分為內外兩個區域，外區有大廳、廚房、馬廄、及監獄塔，監獄塔地下層是以前的黑牢；內區(Inner Ward)則是皇室成員生活起居的地方，包含國王、皇后寢室及小禮拜堂；兩個區域間有城牆阻隔，只留小門通道，且所有房間彼此互不相通，即是考慮到就算部分區域被敵軍攻破，其他房間還是可以獨立抵擋，並阻礙敵軍進攻的速度。令人驚訝的是，在那個沒有起重機的年代，這座固若金湯的石頭堡壘和1.2公里長、9尺高、有21個防衛塔的康威城牆，不到5年就完工了！

1986　文化遺產　6.00 ha

# 格溫尼德郡的愛德華國王城堡
## Castles and Town Walls of King Edward in Gwynedd

英國國王愛德華一世(1272-1307)在位期間在北威爾斯所完成的一系列中小型城堡，計有波馬利斯(Beaumaris)、卡那封(Caernarfon)、康威(Conwy)和哈爾雷克(Harlech)等，是外形壯觀並保存良好的城堡。

卡那封和康威兩地則是有計劃的兩個保衛鎮，是中世紀軍事防禦的卓越例子。波馬利斯和哈爾雷克則是由聖喬治的詹姆斯(James of St George)這位當時最了不起的軍事工程師所建。

符號說明　登錄時間　遺產面積　遺產類型　文化遺產　自然遺產　綜合遺產　瀕危文化遺產　瀕危自然遺產　瀕危綜合遺產

## 1986 ● 自然遺產 ● 70 ha

# 巨人之路與海岸堤道
## Giant's Causeway and Causeway Coast

　　巨人之路與海岸堤道位於北愛爾蘭的安特里姆高原(Antrim plateau)海岸邊，4萬多根六角形黑色巨大玄武岩石柱由海中凸峭，而形成了這條傳說中的巨人之路。因此當地的凱爾特人有了特殊的靈感，認為是巨人的通道，可從海洋直通蘇格蘭的傳說。此區地質研究已經有300多年了，對地球科學發展貢獻良多，後來並確認形成因素是由於約5-6億年前，第三紀時的火山作用形成的。

　　沿著海岸懸崖的山腳下，4,0000多根玄武岩石柱不規則的排列起來，綿延6公里，氣勢磅礡，蔚為奇觀。這種石柱多6邊形，也有4邊、5邊和8邊形，石柱高者達12公尺，矮者也有6公尺多，高低參差、錯落有致，從峭壁延伸至海底，數千年如一日的屹立在大海之濱，形成了這一道通向大海的巨大的天然階梯，是一罕見的自然奇觀，被人們想像成巨人走在其上，因此被稱為「巨人堤道」。

©Tourism Ireland

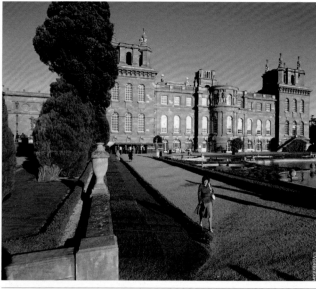

©VisitBritain

## 1987 �🏛 文化遺產

# 布倫漢宮 Blenheim Palace

　　布倫漢宮位於牛津附近，坐落在一座浪漫的公園裡。1704年，約翰・邱吉爾(John Churchill)對法國和巴伐利亞的戰中贏得勝利，英格蘭於是封他為馬爾堡(Marlborough)地區的首任公爵，並為他蓋了布倫漢宮。

　　整座建築從1705年開始興建，直到1722年落成，其建築樣式是18世紀英格蘭典型的王侯住宅。

©VisitBritain

## 1986 🏛 文化遺產

# 鐵橋峽谷 Ironbridge Gorge

　　鐵橋峽谷是工業革命的象徵。在鐵橋峽谷附近，有個建於1708年，記錄了挖掘焦炭的庫爾布魯克戴爾(Coalbrookdale)熔爐。1777-1779年時，英國在此修建世界第一座以鋼鐵鑄造的橋，從此結束了建造橋樑只能用木、石材料的時代。

　　橋身橫跨塞文河(Severn River)，外觀為半圓形拱，跨度30.6公尺，拱肋共5根，各鑄成兩半根。這座橋在鋼鐵建築技術的發展史上，有不容忽視的影響。

1986 文化遺產

# 達拉謨城堡與大教堂
## Durham Castle and Cathedral

達拉謨大教堂建於西元11世紀末到12世紀初之間，教堂內有兩位聖者聖骨遺物的收藏，是早期聖本篤修會的重要聖物，也是英格蘭最大最宏偉的諾曼式建築。

城堡外觀呈八角形，是古諾曼人的要塞，也是當地主教的住所，與大教堂是英國最早被列入世界遺產的古蹟。達拉謨城本身很小，三面被威爾河(River Wear)圍繞著。城中並有達拉謨大學，是英國除牛津、劍橋之後，名列第三的大學。

1987年 文化遺產

# 羅馬帝國邊界 Frontiers of the Roman Empire

這條羅馬邊界指的是西元2世紀左右，羅馬帝國的最大疆域，這條線從大西洋沿岸的不列顛北部，穿過歐洲大陸直達黑海，再從黑海拉到紅海穿過北非抵達大西洋沿岸，全長5000公里。

這座世界遺產與德國境內的城牆遺址並列，英國部分，指的是西元122年由羅馬皇帝哈德良(Hadrian)下令建造的，全長118公里，因而命名為哈德良長城，為羅馬帝國最北疆界。

●與德國並列，德國部分詳見德國。

1986 文化遺產 4,985 ha

# 史前巨石群
## Stonehenge, Avebury and Associated Sites

關於史前巨石群的存在，原因眾說紛紜，穿鑿附會的傳說也很精采，包括外星人入侵、巨人族突然僵化為巨石、魔法師梅林使用魔法從愛爾蘭將巨石運來，以及信奉特魯伊教(Druid)的凱爾特人(Celts)所建立的神殿等，不過這些說法都無法滿足科學家，紛紛提出各種假設和學說，然而卻從未有個定論。唯一可以確定的是，這些龐然大石是藍砂岩，來自距離此地300多公里遠的威爾斯(Wales)，不過卻衍生出另一個問題：這些石頭是如何搬到此地的？

一般估計史前巨石陣大約於4000多年前出現(3000BC-1600BC)，這些石頭有的高達6公尺，重量更達幾十噸重，姑且不論直立的石頭，還有部分巨石橫疊於兩塊巨石之上，不禁令人好奇到底是誰、當時有何機具和技術能如此辦到，而這些也是今日科學家們努力想解開的謎團。

史前巨石陣還有另一個讓學者著迷的課題是關於它的作用，有人認為它是紀念墳塚、宗教聖地……不過目前比較多人認同的說法是天文儀。1960年代，一名美國科學家提出巨石陣是早期民族的天文儀這個說法，乍看之下毫無規則的巨石，其實有一定的規則，由光線的移動可觀察天體的運行，作為觀測天象之用，特別是每到夏至那天，升起的太陽和巨石陣中的巨石排成一線。

在巨石陣外圍、靠近入口的地方，有一顆高約5公尺的巨石——腳跟石(Heel Stone)，微微內傾、指著巨石圍成的圓圈，面向著東北方，每年夏至時，太陽都會從它的上方升起。

1987　文化遺產　2,900 ha

# 巴斯City of Bath

　　巴斯是倫敦西方的古老城鎮，也是英國南部非常熱門的旅遊景點。相傳於西元前860年左右，一位叫布拉杜德(Bladud)的王子因罹患麻瘋病被放逐至此，看到豬在熱泥中打滾治病，他如法炮製後居然治癒了麻瘋病，後來更登基為英王，於是興建了巴斯這個城市。

　　西元1世紀羅馬人入侵英國，便在巴斯溫泉附近廣建浴池，以及獻給水和智慧女神蘇莉絲‧密涅瓦(Sulis Minerva)的神廟，使得巴斯這座溫泉之鄉的雛形日益成熟，18世紀安女王造訪巴斯後，逐漸成為流行的溫泉度假勝地。

　　現今巴斯建築物多為18~19世紀所建，唯一存留的羅馬遺跡位於地面下6公尺，其中最著名的是博物館中的幾個2,000年前的浴池遺跡，如露天大浴池、泉水湧出的國王浴池(King's Bath)等，以及水和智慧女神蘇莉絲‧密涅瓦(Sulis Minerva)的鍍銅神像。

1987　文化遺產　10 ha

## 西敏宮、西敏寺和聖馬格麗特教堂
### Westminster Palace, Westminster Abbey and Saint Margaret's Church

英國皇室的重要正式場合幾乎都在西敏寺舉行，其中最重要的當然是英皇登基大典，從愛德華一世(1066年)迄今，除了兩次例外，英國所有國王和女王都是在此地加冕，死後也多半長眠於此，西敏寺忠實地記錄了英國皇族每一頁興衰起落歷史。

西敏寺內有許多皇室陵墓，其中在主祭壇後方一座三層樓高的墓，就是愛德華一世的陵寢，往後走可以看到亨利七世的禮拜堂，曾被評為「基督教會中最美麗的禮拜堂」。另外，收藏許多文學偉人的紀念碑與紀念文物的詩人之角(Poet's Corner)，也是西敏寺的一大特色，英國三大詩人之一的傑弗瑞·喬叟(Geoffery Chaucer)，是首位下葬於此的詩人，另一位約翰·彌爾頓(John Milton)和名作家威廉·莎士比亞(William Shakespeare)，雖非長眠於此，但也設有紀念碑。

在西敏寺入口處左側的白色哥德教堂就是聖瑪格麗特教堂(Saint Margaret's Church)，是英國貴族加冕之處，現在則是倫敦上流社會熱門的結婚場所。

1988　文化遺產　18 ha

## 肯特伯里大教堂、聖奧古斯丁寺、聖馬丁教堂
### Canterbury Cathedral, St Augustine's Abbey, and St Martin's Church

建於西元597年的肯特伯里大教堂是英國最古老的教堂，不過舊的教堂在西元1067年時被大火燒毀，絲毫無存，現今的教堂為西元1070-1174年所建，最古老的部分是地窖。許多人都認為肯特伯里大教堂具有神奇的魔力，它是肯特伯里最顯著的地標，不論是亨利八世的宗教迫害或是二次大戰時希特勒的猛烈炮火，都沒有對此教堂造成巨大的傷害。

除了大教堂，聖奧古斯丁寺(St. Augustine's Abbey)是另一處同時被列入世界遺產的地點，也是英國最古老的教堂之一。西元597年羅馬教皇(Gregory I 0)派遣聖奧古斯丁(St. Augustine)到英國宣揚天主教，在肯特國王Ethelbert的允諾下，聖奧古斯丁得以於皇宮城牆外建一座教堂，供教徒敬拜之用，3間由木材、燧石、磚塊及瓦片組成的薩克遜式(Saxon)小教堂，就成為此地最早的建築。

🧭1988 🏛文化遺產

# 倫敦塔Tower of London

　　由大大小小約20座塔樓組成的倫敦塔，不但是倫敦這座城市的縮影，也是英國皇室的簡史！

　　興建於昔日羅馬城Londinium的要塞上，如今位於倫敦塔中央的白塔，是首座出現的建築，西元1066年，法國諾曼第的「征服者威廉」(William the Conquerpr)帶領大軍入侵並正式入主不列顛，也將諾曼式建築帶進倫敦，落成於1078年的白塔不但是他的皇宮，同時也是對盎格魯薩克遜人宣告：倫敦已由新統治階級接手。威廉一改過去木造建築的方式，從法國運來大量巨石築塔，而白塔也是少數躲過倫敦15世紀大火的諾曼式建築之一。

　　倫敦塔經過多次擴建，最主要的工程集中於12~13世紀時間，於獅心王理查(Richard the Lionheart)、亨利三世以及愛德華一世任內。到了13世紀末，倫敦塔已勾勒出今日的大致輪廓：數座附屬建築圍繞著白塔，並興建內、外兩圈圍牆和護城河。

　　倫敦塔最初雖當成皇宮使用，然而隨著歷史的發展，它曾經多次轉換或並行用途，像是碉堡、鑄幣廠、軍械庫、軍營、刑場，甚至於皇家動物園。

　　不過倫敦塔最為人所熟知的用途，其實是監獄，打從西元1100開始，這裡就開始監押犯人，到了16~17世紀時，這裡成了最聲名狼籍的監獄。

　　所有的傳說都成為倫敦塔的賣點，各個塔中安排的展覽大多採互動方式，並藉助高科技視聽器材，脫離了説教式的歷史陳述，讓遊客在參觀的同時充滿趣味。

# 愛丁堡新舊城
## Old and New Towns of Edinburgh

自15世紀以來就是蘇格蘭首府的愛丁堡，往往是觀光客前進蘇格蘭的第一站，也因為一年一度的愛丁堡藝術節而有「北方的雅典」之稱。氣度寬廣的它就如同忠實的史學家，用建築記錄歷史，以王子街(Princes St.)為劃分點，往北是以喬治王時期建築聞名的新城，往南爬上丘則是自中世紀遺留下來的舊鎮。老城最著名的就是古堡，而建於18世紀的新城以完整的都市規劃與設計影響近代歐洲甚鉅，新舊交融，形成獨特的文化景觀。

愛丁堡城堡位於死火山的花崗岩頂上，在市中心各角落都可看到。此堡在6世紀時成為皇室堡壘，而1093年瑪格麗特女王逝於此地，此後這裡成為重要的皇家住所和國家行政中心。這項傳統延續至中世紀，一直到16世紀初荷里路德宮(Palace of Holyroodhouse)落成，取代愛丁堡城堡成為皇室的主要住所，不過愛丁堡城堡依然是蘇格蘭的重要象徵。

# 海權時代的格林威治 Maritime Greenwich

格林威治在1997年名列世界遺產時，是以其「航海主題」被納入的，海權時代縱橫地球的大英帝國，皇家海軍必以這個位在倫敦泰晤士河東方的門戶為啟航點，也因此造就了格林威治珍貴的航海相關資產。

以整個格林威治公園為主體，包含舊皇家海軍學院(Old Royal Naval College)、舊皇家天文台(Old Royal Observatory)、國家海事博物館(National Maritime Museum)、皇后之屋(Queen's House)、格林威治碼頭(Greenwich Pie)在內的整片區域，都屬於世界遺產的範圍。

總體說來，格林威治的建築和城市布局，具體而微地展現了大英帝國17和18世紀在藝術和科學上的成就，對歐洲的建築樣式來說，是一次重要的進展，同時，建築也能成功地與自然和人文景觀取得和諧一致。

格林威治公園佔地74公頃，是全倫敦面積最大，也是最古老的皇家花園，整座公園由一條林蔭大道、一座玫瑰園、一片開闊空地，及無數漫步小徑所構成，公園倚著一片小丘，從舊皇家天文台制高點往遠方眺望，國家海事博物館、舊皇家海軍學院、泰晤士河、千禧巨蛋，甚至倫敦市中心，一覽無遺。

打造格林威治宏偉建築景觀的，都是英國歷史上最著名的建築師，包括設計皇后之屋的瓊斯(Inigo Jones)，以及皇家海軍學院及皇家天文台的列恩(Christopher Wren)，他也就是倫敦聖保羅大教堂的設計者。

## 索爾泰爾城鎮 Saltaire

2001 　文化遺產 　20 ha

　　索爾泰爾城鎮是英格蘭西約克夏郡早期工業時期居民的立足點，建於1853年，是實業家索爾泰爾所創建的，保留完好的19世紀下半葉工業城鎮。

　　紡織廠、公共建築和工人住宅，建築品質高超，完整地保留著原始風貌，重現維多利亞時代的風範。1851-1876年之間，索爾泰爾在此創建了一個擁有22條街道、77所房舍和45所救濟院的典範城鎮，1853年又建成一個大紡織廠，被認為是當地的烏托邦。

## 聖基爾達島 St. Kilda

1986 　綜合遺產 　24,201 ha

　　位於蘇格蘭外海赫布里底群島最西岸，是大西洋北部的群島。最大島嶼是赫塔島(Hirta)，其懸崖是全英國最長的，1930年起成為無人居住的小島。

　　聖基爾達島有史前和歷史時期的建築特色。本島是座火山群島，包含其他4座小島，是歐洲多種珍貴瀕危雀鳥的棲息地。聖基爾達島考古保存良好，其中包括青銅時代的一些遺址，根據考證，當地最原始的文化大約持續了2000年。是英國唯一名列自然與文化的綜合遺產。

## 新拉納克村 New Lanark

2001 　文化遺產 　146 ha

　　彷彿山中的烏托邦，新拉納克村是保存最完好的英國18世紀村落，位於蘇格蘭，除保留了舊的棉織工廠外，新拉納克的工廠一直營運至1968年，後被列為保護區，由基金會管理。

　　新拉納克村保留整個社區舊面貌，並發展為旅遊景點，增設酒店，並以活潑方式呈現當時的社區、工廠和學校。在19世紀初，社會主義理想者羅伯特·歐文(Robert Owen)以此為基地，創造出工業社會的理想。在19世紀之後，對當時與現在的社會有很深的影響。

## 戈夫島野生動植物保護區
### Gough and Inaccessible Islands

1995 　自然遺產 　7,900 ha

　　戈夫島野生動植物保護區為位於南大西洋上的群島，此保護區是世界上受到最少破壞的島嶼及海洋生態系統之一，也是多種珍貴動植物的居所，並擴展至戈夫島附近的一些難以接近島嶼。

　　戈夫島是第三紀火山島，大多數海岸線為約500至1000尺高的峭壁，沒有可庇護的港口，唯一的著陸點為東海岸。多山與峭壁，成為世界上最重要的海鳥棲息地。有12種原生植物，而罕見人跡的諸島有兩種特有種鳥類、8種特有植物，以及10種以上原生的無脊椎動物。

## 多塞特和東德文海岸的峭壁地形
### Dorset and East Devon Coast

2001 　自然遺產 　2,550 ha

　　綿延在多塞特和東德文海岸的峭壁地形乃中生代岩石構造地形，展現1.85億年以來地球的地質學歷史。

　　這地區是極為重要的化石區域，沿海提供了三疊紀、侏羅紀和白堊紀年代的特有岩層，連續跨過中生代，也是世界上重要化石現場，包括脊椎動物、無脊椎動物等的化石，都被保存得很好，也為中生代時期留下不同的考古證據，為近300年來為地球科學研究提供了極為重要的貢獻。

　　這裡的地理景觀非常獨特，優質的海岸地形特徵，有「侏羅紀海岸」的稱號。

# 奧克尼新石器時代遺址
## Heart of Neolithic Orkney

　　奧克尼為新石器時代的遺址，有一個大型墓室梅斯豪古墓(Maes Howe)，是歐洲規模最大、保存最完整的古代石墓之一，而兩處舉行儀式的廣場斯坦內斯(Stenness)與布羅德加環(Ring of Brodgar)，以及斯卡拉布雷(Skara Brae)村落，還有大量尚未挖掘區域，也是遺址的一部分。

　　此建築群呈現了史前文化景觀，同時也是西元5000年前北蘇格蘭群島生活栩栩如生的呈現，而最新的考古資料顯示，遺物分布的年代約為新石器時代早期與晚期，以及青銅時代早期。

# 德文特河谷工業區
## Derwent Valley Mills

　　德文特河谷位於英格蘭中部，坐落著一連串18、19世紀、具有歷史價值的棉花紡織工廠。最大的廠房是由理查‧阿克萊特(Richard Arkwright)所創建的一所大規模的馬森工廠(Masson Mill)，至1991年停止運作，廠房現作為紡織博物館與購物中心。

　　在南面是建於1771年的克倫福特水利工廠(Cromford Mill)，是第一座採水力發動的工廠。在斯特拉特(Strutt)的北部工廠(North Mill)現在是德文特河谷遊客中心，為一棟鐵框建築結構的建築，對後來全世界的高樓大廈的建築結構都產生影響。

# 皇家植物園，裘園 Royal Botanic Gardens, Kew

　　位於倫敦西南郊的裘園，2003年以一座植物園的身分入選為世界遺產。這座創建於1759年的歷史性的植物園，建築上代表著18到20世紀之間英國庭園造景藝術的典範，而園內各個溫室所栽植的植物原生種，更遍及全球5大洲，象徵大英帝國在海權顛峰時代的榮光。

　　裘園坐落在泰晤士河南岸，園內數量龐大以及多樣性的植物，意味著不同季節來到裘園，便展現不同的風貌。不論是戶外的廣場，還是室內的花房，數千種植物依據各自的生物時鐘在每年不同的循環裡開花、結果、生長、休眠，一年365天，總會碰上某些植物的盛開時刻。

　　裘園裡的建築不下37座，其中最具地標性、一定得參觀的有棕櫚屋、大溫室、威爾斯公主溫室，其它還有10層樓高、8角形結構的中國寶塔(The Pagoda)、日本庭園、裘宮(Kew Palace)等。

　　裘園不只是一座全世界最優秀的展示性植物園，在植物的學術研究上，更是執世界之牛耳，舉凡辨別、分類植物，研究植物的結構、化學性質、基因，蒐集和保存瀕臨絕種的物種，裘園都做出極大的貢獻。

✏️2004　🏛️瀕危文化遺產　🌐136 ha

# 海權時代商城利物浦
## Liverpool – Maritime Mercantile City

　　利物浦因海上貿易而得以快速發展，至今港口仍在該市占有重要地位。

　　利物浦城市的起源可以追朔到13世紀，但在16世紀中以前，利物浦都只是一個500人的小鎮，隨著18世紀英國與愛爾蘭、歐洲及西印度群島貿易的增加，利物浦才逐漸發展起來。1715年，建立英國第一個圍繞式船塢，奴隸貿易的利潤及工業革命時期的進出口發展，奠定了英國最興旺和最大海港的美譽，直到19世紀末，40%的世界貿易會通過利物浦船塢。但20世紀的利物浦在港口環境的改變和戰爭的破壞下，製造業與貿易急速凋零，走入城市的黑暗時期。

　　利物浦歷經半個世紀的衰敗後，靠著古蹟再生與文化行銷的力量再度展現魅力。利物浦擁有六處以上的歷史中心與港區，見證18、19世紀全球貿易。在大英帝國殖民發展中是很重要的，不論是在碼頭興建技術、運輸系統，或是港口管理都相當進步。

⏱2006 🏛文化遺產 ⬠19,719 ha

# 康沃爾與西德文郡的礦區景觀
## Cornwall and West Devon Mining Landscape

英國最西南的康沃爾郡，由於受墨西哥暖流的影響氣候溫暖，被稱為英國最美的海灘，而多塞特(Dorset)及東德文海岸地理景觀十分獨特，有「侏羅紀海岸」的稱號。

在地理上，德文郡和相鄰的康沃爾郡，因為康比恩錫礦斷層(Cornubian massif)的特殊地理，而有達特穆爾(Dartmoor)及埃克斯穆爾(Exmoor)兩個國家公園。德文郡有很多海岸度假區及一些歷史古城，氣候溫和。此一接壤地區是18與19世紀時的礦產技術中心，對當時的工業革命造成非常深遠的影響力。

©VisitBritain

⏱2009 🏛文化遺產 ⬠105 ha

# 朋特西斯特水道橋與運河
## Pontcysyllte Aqueduct and Canal

英國最長且最高的水道橋朋特西斯特水道橋，位於威爾斯的東北部，出自泰爾德福(Thomas Telford)建築師之手，落成於1805年。

這一座水道橋長307公尺、寬3.4公尺，鍛鐵製造、強化壁板的橋拱雖輕卻堅固，以每段16公尺寬的跨距跨越了各種的地形，而長達18公里的運河，甚至省略了水閘設計。各項大膽且出色的建築技巧，讓這座結合土木工程與金屬建材的建築和河道，成為工業革命時期的民間工程傑作，甚至影響日後全球無數的工程計畫。

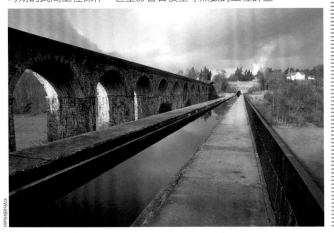

©VisitBritain

⏱2000 🏛文化遺產 ⬠3,290 ha

# 布拉納馮工業景觀
## Blaenavon Industrial Landscape

布拉納馮位於英國南威爾斯地區，在19世紀時，這裡是世界上最主要的媒和鐵的生產地之一。

許多與採礦的相關一切，媒、礦砂、採礦場、鐵路系統、熔爐、工人宿舍，以及社區的公共建設等，至今仍然保留完整，清晰可見。

英國大洋洲屬地

⏱1988 🌿自然遺產 ⬠3,700 ha

# 亨德森島 Henderson Island

亨德森島位於太平洋，是皮特凱恩(Pitcairn)群島中最大的島嶼，也是南太平洋中最為偏遠的島嶼。

皮特凱恩群島包括四個島嶼，亨德森島位於東北部，是一座覆蓋於火山之上、升高於海平面之上的環狀珊瑚礁島，占地面積3700公頃，島嶼表面有礁石與石灰岩交錯，由於地形較高，故尚未受到人類破壞、生態環境保存良好。與世隔絕的環境為環狀珊瑚島生態系統研究者提供了完美的範例。

©UNESCO/Ron Van Oers

英國美洲屬地

⏱2000 🏛文化遺產 ⬠258 ha

# 百慕達聖喬治歷史古城
# 與相關要塞
## Historic Town of St George and Related Fortifications, Bermuda

百慕達群島位於北大西洋西部，由7個主島及150個小島與暗礁群組成。是大英帝國中最早的英國殖民地。

1957年英國軍隊最後撤出該群島，1968年百慕達群島獲得內部自治權。而聖喬治古城位於百慕達群島北部聖喬治島的南岸，始建於1612年，是該島的首府，至今仍保持著英國殖民城市風貌。著名古跡有建於17世紀初的聖彼得教堂，以及幾座海防要塞，是17-20世紀英國軍事防禦工程的重要指標。

# 亞洲

# 阿富汗Afghanistan

自古以來，阿富汗就位於中亞絲路的要道上，東西文明在此碰撞交流，在塔利班政權統治阿富汗之後，不少古代文明資產都遭到嚴重破壞，聯合國於是緊急將這兩座列為瀕危文化遺產，分別屬於伊斯蘭和佛教文明的寶藏。

土庫曼　烏茲別克
賈姆宣禮塔遺址
Minaret and Archaeological Remains of Jam
塔吉克
伊朗
巴米揚山谷文化遺址
Cultural Landscape and Archaeological Remains of the Bamiyan Valley
巴基斯坦

2002　瀕危文化遺產　70ha

## 賈姆宣禮塔遺址
### Minaret and Archaeological Remains of Jam

　　宣禮塔(或稱喚拜塔)是清真寺建築的必備元素，每天廣播五次以召喚信眾一起祈禱。

　　位於阿富汗古爾省的賈姆宣禮塔，塔高65公尺，是全球第二高的宣禮塔，建於12世紀，刻有繁複花紋的磚瓦塔身和藍色磁磚拼貼的塔頂經文，細緻精美且保存完善，足以代表該地區的建築和藝術成就，而其孤立於兩山之間的陡峭河谷，更增添一股神聖的魅力。

2003　瀕危文化遺產　159ha

## 巴米揚山谷文化遺址
### Cultural Landscape and Archaeological Remains of the Bamiyan Valley

　　與敦煌石窟、印度石窟並列為三大佛教藝術聖地，原該受保護的巴米揚山谷兩尊立佛卻在2001年被塔利班伊斯蘭教政權炸毀，引發國際輿論一片指責聲。

　　巴米揚山谷位於興都庫什山脈，除了已毀的兩尊高達53公尺和38公尺的大佛像，山壁另有千座人工斧鑿的洞穴，內有壁畫、佛像，有如神龕一般，其融合多元文化展現出來的犍陀羅(Gandhara)特色，充分說明西元一至十三世紀古代伯提利亞文化(Bakhtria)的藝術和宗教發展歷程。

©UNESCO/Katy Anis

# 亞美尼亞Armenia

亞美尼亞位於東歐和西亞交界的南高加索地區，全境多高山。亞美尼亞的歷史起源甚早，早在西元4世紀，亞美尼亞王國就接受了基督信仰，是全世界最早信奉基督教的國家，三座被列入的世界遺產全數是教堂和修道院。

吉格哈德修道院和哈札特上谷地
Monastery of Geghard and the Upper Azat Valley
喬治亞
哈巴特和薩納修道院
Monasteries of Haghpat and Sanahin
亞塞拜然
土耳其
伊朗
伊斯密亞特辛教堂群和茲瓦特諾特斯遺址
Cathedral and Churches of Echmiatsin and the Archaeological Site of Zvartnots

©UNESCO/Martin Keskiskan

1996　文化遺產　2.65 ha

## 哈巴特和薩納修道院
### Monasteries of Haghpat and Sanahin

　　位於亞美尼亞北部平原的哈巴特修道院，俯瞰著亞美尼亞境內最長的戴貝河，隔著戴貝河支流與薩納修道院相望。

　　這兩座修道院不僅是宗教場所，在中世紀也扮演著重要的教育角色，獨特的建築外觀融合了外來的拜占庭教會建築和當地的高加索傳統屋舍，歷史可追溯至10至13世紀的基烏里克王朝(Kiurikian dynasty)，是亞美尼亞宗教建築最極致的藝術表現。

2000　文化遺產　2.70 ha

## 吉格哈德修道院和哈札特上谷地
### Monastery of Geghard and the Upper Azat Valley

　　吉格哈德修道院的範圍包括多座教堂和墓地，歷史最早可追溯至西元4世紀，其獨特的石雕建築形式是列入文化遺產的主要原因，有直接在岩壁上打造出整座教堂，包括裡頭的梁柱和房間，全都是就地取材，也有只像是稍大的洞穴。

　　這些工程大部分在哈札特上谷地入口處的數座高聳岩壁上進行，充分展現亞美尼亞中世紀建築的高超技術。

符號說明　 登錄時間　 遺產面積　遺產類型　 文化遺產　 自然遺產　 綜合遺產　 瀕危文化遺產　 瀕危自然遺產　 瀕危綜合遺產

# 亞賽拜然Azerbaijan

亞塞拜然是高加索地區面積最大的國家，就位於西亞和東歐的十字路口上，擁有古老的歷史和豐富的文化遺產。原本是一個獨立國家，於1920年併入蘇聯，到1991年蘇聯解體才又恢復獨立。其首都和最大城為巴庫(Baku)。

> 巴庫古城和少女之塔、希凡沙王皇宮
> Walled City of Baku with the Shirvanshah's Palace and Maiden Tower
>
> 高布斯坦洞窟藝術文化景觀
> Gobustan Rock Art Cultural Landscape

🖊 2000　🏛 文化遺產　◇ 22 ha

## 巴庫古城和少女之塔、希凡沙王皇宮
### Walled City of Baku with the Shirvanshah's Palace and Maiden Tower

巴庫古城自舊石器時代就有人跡，6世紀之後始有史籍記載，接下來的數百年間，受到祆教、薩珊王朝、阿拉伯、波斯、希爾凡、鄂圖曼和俄羅斯等帝國統治，巴庫迄今仍然看得到這些文化延續的影子。

巴庫分為市區和內城，內城保留了大部分12世紀打造的防禦城牆，同被列為文化遺產的，還有少女之塔和希凡沙王皇宮，前者改建自西元前6至7世紀的建築，同樣落成於12世紀，後者則建於15世紀，是亞塞拜然建築史上的一大珍寶。

🖊 2007　🏛 文化遺產　◇ 537 ha

## 高布斯坦洞窟藝術文化景觀
### Gobustan Rock Art Cultural Landscape

高布斯坦位於亞塞拜然中部的半沙漠，其洞窟藝術文化景觀主要分布在三處多石的岩區，占地廣達537公頃。

包括時間橫跨4萬年的6000多幅岩窟雕刻，以及曾有人類居住的洞穴、居住地、墓地等遺址，皆可以代表從冰河時期之後的舊石器時代至中世紀這麼長一段時間，這裡確實存在人類密集活動的證據，此處也是高布斯坦保護區的一部分。

🖊 2000　🏛 文化遺產　◇ 74 ha

## 伊斯密亞特辛教堂群和茲瓦特諾特斯考古遺址
### Cathedral and Churches of Echmiatsin and the Archaeological Site of Zvartnots

伊斯密亞特辛是亞美尼亞的宗教中心，茲瓦特諾特斯考古遺址則位於幾公里之外，前者擁有全世界最古老的主教堂，另有三間小教堂；後者的主教堂則在西元930年的地震中毀損，僅殘留酒窖和教堂部分遺址和地基。

這幾處教堂有著共通的十字形架構，兩長廊的交叉處為圓形拱頂，此一概念對該地區的建築和藝術發展有著深遠的影響。

313

# 巴林 Bahrain

巴林由三十三座珊瑚礁群島所組成，其中以巴林島為最大島，並有堤道、橋樑與沙烏地阿拉伯和卡達相連。雖然是一個島國，巴林所蘊藏的地下水資源和石油可不少，相較於周邊的阿拉伯國家，巴林名列中東地區經濟最自由的國家。

採珠業：島嶼經濟的見證
Pearling, Testimony of an Island Economy

巴林古堡：
古代迪爾姆首都及港口
Qal'at al-Bahrain –
Ancient Harbour and
Capital of Dilmun

沙烏地阿拉伯　　波斯灣

🗓 2005　🏛 文化遺產　◯ 32 ha

# 巴林古堡：<br>古代迪爾姆首都及港口
## Qal'at al-Bahrain – Ancient Harbour and Capital of Dilmun

巴林雖然是一個島國，但歷史開啟得相當早，早在西元前三千年，就已經以迪爾姆(Dilmun)出現在美索不達米亞文明(Mesopotamia)的文獻中。在阿拉伯半島，鮮少國家擁有具代表性的古代文明，足以拿來展示於遊客面前，巴林則不同，從五千年前的迪爾姆文明考古遺址裡，挖掘出不少漂亮的瑪瑙、玉器、陶器，以及真人骨骸。

而巴林古堡這座保存完整的堡壘，外觀與葡萄牙人於16世紀在波灣地區所打造的防禦工事沒有什麼太大差別，然而巴林古堡的歷史價值並不只於此，根據考古學家往堡壘下方挖掘發現，整座遺址其實可以追溯到西元前2300年的迪爾姆文明，而這裡就是當年的首都及港口，社會組織相當複雜，裡面包含了民居、公共建築、商業區、宗教聖地及軍事設施等。

🗓 2012　🏛 文化遺產　◯ 35,087 ha

# 採珠業：島嶼經濟的見證
## Pearling, Testimony of an Island Economy

這條3.5公里長，位於巴林穆哈拉格島(Murharraq)上的採珠路徑，範圍涵蓋17棟建築物、3座海上珍珠養殖場、部分海岸地帶以及

島嶼南端的卡拉布馬希爾要塞(Qal'at Bu Mahir)。它不僅是全世界最後一個完整保存波斯灣傳統採珠文化的場址，更充分見證了波斯灣居民過去如何與自然環境互動，以及如何運用傳統海洋資源創造財富。

巴林的採珠業在1850年代到1930年達到巔峰，成為該國最重要的產業，當時珍珠的珍貴程度甚至超過鑽石。到了1930年代初期，由於日本養殖珍珠大舉進入珍珠市場，加上石油業的興起，巴林的採珠業遭受到嚴重的衝擊，幾乎無法生存，直到2000年才又重新出現。不過目前養殖珍珠的買賣遭到禁止，因此採珠人已經相當少見。

# 孟加拉 Bangladesh

孟加拉位於恆河、布拉馬普得拉河(雅魯藏布江下游)的出海口,這兩條世界名川都在孟加拉留下深遠影響,包括出海口的三角洲被畫為自然遺產,兩河交會處的巴格哈特古城,在孟加拉歷史上也曾扮演重要角色。

印度
巴格哈特清真古城 Historic Mosque City of Bagerhat
帕哈浦爾的毗訶羅遺址 Ruins of the Buddhist Vihara at Paharpur
印度
桑德邦 The Sundarbans
緬甸
孟加拉灣

🏛 1985 文化遺產

## 帕哈浦爾的毗訶羅遺址
### Ruins of the Buddhist Vihara at Paharpur

毗訶羅遺址裡的松瑪浦拉·瑪哈威拉(Somapura Mahavira),又稱為大寺院,直至12世紀,是當地著名的知識中心,也是孟加拉的大乘佛教自7世紀之後崛起的證明。

這座大寺院代表獨一無二的藝術成就,其架構完美地配合其在宗教上的功用,建築採用簡潔和諧的線條和大量的雕刻裝飾,對其他佛教建築產生重大的影響,甚至遠至柬埔寨地區。

🏛 1985 文化遺產

## 巴格哈特清真古城
### Historic Mosque City of Bagerhat

15世紀時,土耳其將領烏魯格卡強翰(Ulugh Khan Jahan)在巴格哈特城郊打造了這座古城,曾被稱為卡利法塔拜德(Khalifatabad)的巴格哈特古城,位於恆河(Ganges)和布拉馬普得拉河(Brahmaputra)交會處。

古城裡有多座清真寺,早期的伊斯蘭紀念碑等,多數為磚造,並運用大量技術工法。

🏛 1997 自然遺產 139,500 ha

## 桑德邦 The Sundarbans

占地14萬公頃的桑德邦紅樹林,位於孟加拉灣的恆河(Ganges)、布拉馬普得拉河(Brahmaputra),和梅格納河(Meghna)等三河匯流處的三角洲,是全世界面積最大的紅樹林之一。這座紅樹林的隔壁,就是在1987年登錄成世界遺產的印度桑德邦邊界。

桑德邦遍地是漫流的小支流、泥地,以及長有耐鹽分的紅樹林的小島,蘊育出豐富的動植物生態,包括260種鳥類、孟加拉虎,和一些瀕臨絕種的動物,如河口鱷、印度錦蛇等。

---

# 喬治亞 Georgia

喬治亞和亞美尼亞、亞塞拜然一樣,都是高加索地區的一員,就在西亞和東歐的十字路口上。喬治亞的歷史甚早,在希臘古典時期,喬治亞已是一個獨立的王國,4世紀時,更接受了基督信仰,因此留下不少珍貴的宗教遺產。

黑海
上史瓦尼第 Upper Svaneti
俄羅斯
巴格蒂主教堂和吉拉蒂修道院 Bagrati Cathedral and Gelati Monastery
姆茨赫塔紀念古蹟群 Historical Monuments of Mtskheta
土耳其
亞美尼亞
亞塞拜然

🏛 1994 文化遺產 7.87 ha

## 巴格蒂主教堂和吉拉蒂修道院
### Bagrati Cathedral and Gelati Monastery

巴格蒂主教堂和吉拉蒂修道院皆是喬治亞中世紀建築輝煌時期的代表作,前者以喬治亞統一後的第一位國王巴格蒂三世(Bagrat III)為名,始建於西元10世紀末,一直至11世紀初期才完工,鄂圖曼土耳其在1691年毀損部分建築,不過,庫泰西(Kutaisi)中心迄今仍保有殘留建築。至於建於12至17世紀之間的吉拉蒂修道院主建築,擁有精美的馬賽克和壁畫,保存得相當完整。

🏛 1994 瀕危文化遺產 3.85 ha

## 姆茨赫塔紀念古蹟群
### Historical Monuments of Mtskheta

姆茨赫塔是喬治亞王國在西元前3世紀至西元5世紀時的首都,喬治亞在317年接受基督教洗禮後,此處就成為希臘正教和羅馬教會的總部所在。

境內的古教堂群,建築手法承襲自喬治亞古王國,展現出高水準的藝術和文化成就,是高加索地區中世紀宗教建築的傑作。

🏛 1996 文化遺產 1.06 ha

## 上史瓦尼第 Upper Svaneti

高加索地區的史瓦尼第省,位於喬治亞的西北隅,受惠於偏遠的地理位置,地處山林之間的中世紀城鎮和塔屋景致,得以完整地保存下來。

查札辛小鎮迄今仍有200多座難得一見的塔屋,多數建於9至12世紀,當地的史瓦人向以驍勇善戰著稱,塔屋平日供人居住,一旦外敵入侵,馬上可以轉作防禦站。

# 柬埔寨 Cambodia

柬埔寨這個近代命運多舛的國家，因為吳哥窟而成為世界最受歡迎的旅遊國度之一。吳哥在9-12世紀時，曾是中南半島最強大的帝國，留下不少佛教和印度教的偉大建築，兩座入選的世界遺產都是這時代留下來的寶藏。

泰國
寮國

柏威夏寺
Temple of
Preah Vihear

吳哥遺址
Angkor

越南

暹羅灣

🗓2008 🏛文化遺產 🌐155 ha

## 柏威夏寺 Temple of Preah Vihear

地處泰柬邊界叢林裡的柏威夏寺，占地約4.6平方公里，雖然在1962年國際法庭已將寺廟判歸柬埔寨，但由於通往寺廟的階梯位於泰國境內，兩國對其主權歸屬仍有爭議，2008年底雙方甚至派軍隊對峙。柏威夏寺建於西元11世紀上半，祀奉印度教的濕婆神，沿著將近800公尺的軸線，散布著由步道和階梯串連的多間神殿。寺廟的建築和石雕尤其令人驚嘆，因應所在的自然環境，同時考量到宗教功能，完美打造出這座印度廟，而且拜地處偏遠之賜，帕威夏寺部分保留相當完整。

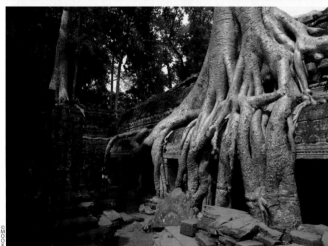

🗓1992年 🏛文化遺產 🌐40,100 ha

## 吳哥遺址 Angkor

吳哥是昔日高棉吳哥王朝的首都，吳哥王朝的國王們竭盡所能地建造廟宇，留存今天在柬埔寨西北叢林中占地廣達5000平方公里的神殿遺跡，氣勢與質量均無與倫比。

因為吳哥人民的生活，缺乏正式記載，吳哥窟的浮雕及中國使節周達觀《真臘風物誌》因而成了珍貴資料。吳哥遺址經常被認為是由法國人所發現，這種說法是針對歐洲人而言，高棉人一直知道它的存在，而且視其為信仰的殿堂。吳哥在遭逢棄置遷都時，百姓也隨之

搬遷，曾經輝煌的吳哥城被叢林所湮沒，後來的居民不敢接近這處虎豹經常出沒的神秘之地，直到1863年法國自然學家Henri Mouhot的筆記在巴黎與倫敦同時出版，才激起西方世界對吳哥的嚮往。

吳哥，這個曾是9-12世紀時中南半島最偉大的帝國，經過完美計算的建築，均衡對稱，有著絕美的形體及無與倫比的規模；加上精密的水利工程網、大型的都市規畫與建設，以及無所不在的細緻雕刻，展現出理性、信仰與權力所交織而成的極致作品。

目前聯合國世界遺產組織所管理的「吳哥考古保護區」，集中於暹粒市北方6-25公里處，占地400多平方公里，其中包括吳哥寺、大吳哥城、巴揚寺、塔普倫寺等數十個重要古蹟；另外還包括位置較偏僻的女皇宮、羅洛斯遺址、科巴斯賓水底浮雕等。

# 專業 中南半島 旅遊專家

→多種套裝行程，自由搭配，二人即可成行，說走就走！

## ■柬埔寨旅遊系列
◎愛戀吳哥～五星狂想曲 **5** 日
◎吳哥春曉～四星夢想曲 **5** 日
◎探索高棉～金吳雙星奇緣 **5／7** 日
◎吳哥自由瘋～機＋酒 **5** 日
◎五星ＶＩＰ迷你小團二人成行 **5** 日

## ■越南旅遊系列
◎精采北越雙龍 **5** 日
◎北越 Villa 遊船 **5** 日
◎就是愛峴～水漾中越悠閒 **5** 日
◎精采北越＋吳哥窟 **7** 日
◎中越秘境 **8** 日
◎南中北越 **8** 日
◎精采南越 **5** 日

## ■緬甸旅遊系列
◎黃金緬甸仰光 **5** 日
◎緬甸仰光＋風動石 **6** 日
◎黃金緬甸深度全覽 **8** 日

## ■泰國／寮國旅遊系列
◎樂活清邁～夜間動物園 **5＋1** 日
◎樂活清邁～四季美人風情 **5＋1** 日
◎精采寮國（永珍、龍坡邦） **5** 日
◎寮國（永珍、旺陽、龍坡邦） **8** 日

提供國際旅遊、國際機票、國際訂房以及詳盡精彩的旅遊資訊
「服務親切、用心規劃、專業諮詢」是我們的宗旨，我們深信精彩專業的事就必須交給精彩專業的人來辦理服務！

飛向千萬里 世界皆是寶
飛寶假期
FAVOR HOLIDAY
和昌旅行社

**和昌旅行社股份有限公司**    交觀甲 **6371**  品保北 **1387**
電話：**02-2531-4568**  傳真：**02-2561-0030**
地址：台北市吉林路 **24** 號 **4** 樓之三

# 中國China

中國世界遺產的數量目前全球排名第三，共43座，僅次於義大利和西班牙。地大物博的中國，共有30座文化遺產，9座自然遺產，4座綜合遺產，相較於其他遺產數量龐大的國家，中國可說類型多樣化而平均。

俄羅斯

頤和園
Summer Palace, an
Imperial Garden in Beijing

北京天壇
Temple of Heaven; an Imperial Sacrificial
Altar in Beijing

明清皇陵
Imperial Tombs of the Ming and Qing Dynasties

北京和瀋陽的
明清皇宮
Imperial Palaces of
the Ming and Qing
Dynasties in Beijing
and Shenyang

哈薩克

蒙古

萬里長城
The Great Wall

古高句麗王國
首都及陵墓
Capital Cities and
Tombs of the
Ancient Koguryo
Kingdom

周口店北京人遺址
Peking Man Site at
Zhoukoudian

五台山
Mount
Wutai

北韓

吉爾吉斯

元上都遺址
Site of Xanadu

雲岡石窟
Yungang Grottoes

南韓

塔吉克

平遙古城
Ancient City of Ping Yao

承德避暑山莊
Mountain Resort and
its Outlying Temples,
Chengde

黃海

巴基斯坦

莫高窟
Mogao Caves

孔府孔廟孔林
Temple and Cemetery of Confucius and the
Kong Family Mansion in Qufu

泰山
Mount
Taishan

中國河南嵩山登封「天地之中心」
Historic Monuments of Dengfeng in
"The Centre of Heaven and Earth"

龍門石窟
Longmen Grottoes

殷墟
Yin Xu

蘇州古典園林
Classical Gardens of
Suzhou

杭州西湖人文景觀
West Lake Cultural
Landscape of Hangzhou

黃龍
Huanglong Scenic and Historic Interest Area

秦陵兵馬俑
Mausoleum of the First Qin Emperor

九寨溝
JJiuzhaigou Valley Scenic and Historic
Interest Area

大足石刻
Dazu Rock
Carvings

武當山古建築群
Ancient Building
Complex in the
Wudang
Mountains

黃山
Mount Huangshan

東海

青城山和都江堰水利系統
Mount Qingcheng and the Dujiangyan Irrigation System

武陵源
Wulingyuan Scenic and
Historic Interest Area

廬山
Lushan
National
Park

三清山國家公園
Mount
Sanqingshan
National Park

四川臥龍、四姑娘山、夾金山大貓熊保護區
Sichuan Giant Panda Sanctuaries - Wolong, Mt Siguniang
and Jiajin Mountains

武夷山
Mount Wuyi

拉薩布達拉宮歷史建築
Historic Ensemble of the Potala
Palace, Lhasa

峨嵋山—樂山大佛
Mount Emei Scenic Area, including
Leshan Giant Buddha
Scenic Area

皖南古村落
Ancient Villages in
Southern Anhui – Xidi
and Hongcun

台灣

尼泊爾

不丹

福建土樓
Fujian Tulou

雲南三江並流
Three Parallel
Rivers of Yunnan
Protected Areas

麗江古城
Old Town of
Lijiang

南中國
喀斯特地形
South China Karst

開平碉樓和村落
Kaiping Diaolou
and Villages

澳門歷史中心
Historic Centre of Macao

印度

孟加拉

雲南澄江化石遺址
Chengjiang Fossil Site

越南

中國丹霞地貌
China Danxia

緬甸

寮國

南海

孟加拉灣

泰國

📅2012 ⬤自然遺產 ⬡512 ha

# 雲南澄江化石遺址 Chengjiang Fossil Site

澄江化石遺址位於雲南省昆明市附近的丘陵地，由40多處化石遺址組成，總面積512公頃，是中國大陸第一個化石類自然遺產。

這裡完整保存了寒武紀初期的海洋古生物化石群，包括無脊椎與脊椎動物等眾多物種的軟硬組織構造。從1984年大陸古生物學家在此發現生物化石以來，本遺址至少被發掘出16個生物門、為數眾多的謎樣物種，而且有196種生物被列入文獻中，其中包括海綿動物、刺胞動物、身長2公尺的奇蝦、長著磷質網狀骨片的微網蟲，以及可能是脊椎動物始祖的雲南蟲。來自此地的沉積物，也提供了目前已知最古老的脊索動物門化石證據。

澄江化石遺址不僅見證了5億3千萬年前，造成幾乎現今所有的動物門全部湧現的「寒武紀大爆發事件」(Cambrian explosion)，讓人類得以了解寒武紀早期的生物群落架構，也為地球早期海洋生態體系的形成留下了珍貴的紀錄。

符號說明  登錄時間 遺產面積　　遺產類型  文化遺產 自然遺產 綜合遺產  瀕危文化遺產  瀕危自然遺產 瀕危綜合遺產

🌀1987　🏛文化遺產　◯13 ha

# 北京和瀋陽的明清皇宮

## Imperial Palaces of the Ming and Qing Dynasties in Beijing and Shenyang

故宮的宮殿建築是中國現存最大最完整的木造古建築群，體現中國封建倫理及倫理五常的規制，不但建築技藝傑出，更是珍稀文物的陳列寶庫。

故宮是現在一般對明清兩代皇宮的稱呼，原名紫禁城，明清兩代總共有24位的皇帝住在這裡。清朝亡覆後，1914年設古物陳列所，開放故宮前半部，1925年改為故宮博物院，正式開放。

紫禁城雖是在元大都皇宮的基礎上建造的，但實際使用上和建築觀念上，和漢族的需求觀念相去甚遠，因此紫禁城在明成祖永樂皇帝的規畫下奠基、徹底改建，光備料就花了十多年的時間，更重要的是往東南移動了中軸線，因為兩朝龍脈各不同。

故宮於永樂18年(西元1420年)終告建成，至今已有500多年歷史，東西寬750公尺，南北長960公尺，占地72萬平方公尺，建築面積16萬平方公尺，有宮殿建築9000多間，故宮周邊由一條寬52公尺、深6公尺的護城河環繞，護城河內則是周長3公里的城牆，牆高近10公尺，底寬8.62公尺。城牆上開有4門，南有午門，北有神武門，東有東華門，西有西華門；城牆四角還聳立著4座角樓，造型別致，玲瓏剔透。

故宮布局嚴謹，從功能看，前朝後寢，就是前為處理政務的「大內正」、後為生活空間「三宮六院」，主建物都在中軸線上，再左右對稱地展開，並主從分明；在禮制上來說，則是左太廟、右祖廟。

# 秦陵兵馬俑 Mausoleum of the First Qin Emperor

　　秦始皇陵墓工程前後歷時38年，徵用70萬民工打造阿房宮和陵園，陵區面積超乎想像，高聳入雲的陵塚、巨碩的寢殿雄踞於陵園南北側，震驚寰宇的陪葬兵馬俑坑，就位在距陵塚1.5公里處。西元前206年，項羽攻占關中時火焚秦宮和陵園，火海綿延三百多里，連兵馬俑也慘遭劫掠坍塌。

　　自從兵馬俑出土後，陝西省組織考古隊勘查挖掘，自3處兵馬俑坑中掘出2000多件陶俑、陶馬及4000多件兵器，預估還埋藏著驚人的數量待陸續出土。其中一號坑是戰車、步兵混編的主力軍陣，軍容嚴整，造型各異，展現秦軍兵陣及卓越工藝。二號坑由4個小陣組合成一曲尺形大陣，戰車、騎兵、弩兵混編，進可攻、退可守，體現秦軍無懈可擊的軍事編制。三號坑依出土武士俑排列方式，推斷為統帥所在的指揮中心「軍幕」，因未遭火焚，陶俑出土時保留原敷彩繪，可惜考古隊不具保存技術，任由武士俑身上彩繪全數剝落殆盡。

　　這批地下堅銳部隊，軍陣嚴整，塑像工藝超群，兵器異乎尋常的鋒利，20世紀才研發的鉻化防鏽技術，秦人在二千多年前已經熟用。秦人超越今人智慧的謎，還留在兵馬俑坑裡待解。

# 莫高窟 Mogao Caves

　　莫高窟藝術文物囊括了壁畫、彩塑、建築、絹畫、經文、染織，展現縱橫數千年的社會、政治、經濟、宗教景況，忠實記載了豐富的古文化。

　　莫高窟位於敦煌鳴沙山東麓的斷崖上，面對九危山。據傳，西元366年(東晉太和元年)，雲遊四方的樂傅和尚至此驚見九危山現出金光，認為是佛陀顯現，便決定在此開窟修行。

　　九危山發光的奇景，其實是所含礦物的反射光，這片炫若佛光的光芒，吸引佛門信徒、達官貴人接踵捐資鑿窟，自北魏至唐初武則天，已開鑿1000餘窟，安史之亂後，吐蕃、西夏陸續鑿窟。至明代嘉峪關修成，敦煌成了關外之地，加上海運興起，絲路沒落，莫高窟逐漸掩沒在風沙中。

　　清光緒26年(西元1900年)，棲身莫高窟的道士王圓祿清理流沙時，發現16窟北壁後有個封閉小室，裡面藏有數以萬計的經卷、手稿，沉睡千年的敦煌莫高窟終於重見天日，但逢滿清末年國勢衰敗，以致自1905年到1924年，讓英、法、日、俄、美等國盜走上萬卷經卷、千餘幅絹畫，流散國外的藝術真品震驚全球，催生出「敦煌學」，但莫高窟卻因此留下殘缺的佛像、洞窟。

　　莫高窟南北長1600多公尺，上下疊層如蜂巢。現存八百多處洞窟，具護衛價值的僅剩492處，即便如此，論建築、論彩塑、論壁畫、論絹本，莫高窟依然是世界之最。

◐1987 🏛文化遺產 ◑2,152 ha

# 萬里長城 The Great Wall

長城最早修築於公元前7、8世紀，歷經2千年的改朝換代，至清代依然修建不休，總長度達5萬多公里。

萬里長城東起遼寧省的鴨綠江，西至甘肅省的嘉峪關，且橫跨遼寧、河北、天津、北京、內蒙古、山西、陝西、寧夏、甘肅9個省、直轄市和自治區。其中鴨綠江到山海關一段因為施工較簡單，故早已塌毀，不過仍有跡可尋。從山海關至嘉峪關因施工品質較佳，所以大部分皆保存完好。

牆體不是萬里長城的全部，而是由城牆、敵樓、關城、墩堡、營城、衛所和烽火台組成的防衛軍事工事，整套防衛體系有嚴謹的指揮系統，配合重兵防守，形成荒漠上令人生畏的邊關重鎮。

烽火台是整套系統中最令人印象深刻的，烽火台是一座獨立據守的碉堡，建築於長城沿線兩側的險要之處，或視野較為開闊的崗巒上或峰迴路轉之處。一般每距5至10里築一台，每個台上設有5個烽火墩，供燃放煙火以示警、傳遞軍情用。

萬里長城之所以傲世，絕不只是太空人從外太空望向地球時，所見的偉大的工程，而是民族、文化和平、衝突再和平的長遠記憶，它的人文歷史內涵更是輝煌的篇章。

◐1987 🏛文化遺產 ◑480 ha

# 周口店北京人遺址
## Peking Man Site at Zhoukoudian

北京周口店猿人遺址是有關遠古時期亞洲大陸人類社會一個罕見的歷史證據，而且證明了北京人在舊石器時代即已懂得用火，把人類用火的歷史提前了幾十萬年。現在到周口店，可以參觀周口店遺址遊客中心、北京猿人博物館、周口店遺址博物館及周口店遺址等地。周口店遺址博物館成立於1971年，館內展示龍骨山立體模型、各種岩石標本、北京猿人頭蓋骨化石模型、古人類用火遺跡及工具、他們居住的洞穴與生活場所復原模型、當時考古發掘出來的各類化石與挖掘器具等。

遊客可接著參觀山頂洞人遺址，在這處洞穴內曾經發現許多人類及動物化石遺骸，其中包括3個完整的頭蓋骨，而從各部位研究，這些化石至少屬於8個人類個體，生活年代大約距今3萬年前。而北京猿人的年代要比山頂洞人早得多，距今至少超過50萬年，也是在周口店一處天然石灰岩洞中被挖掘出來，在北京猿人遺址曾發現近200件人類化石(代表40個以上的猿人個體)、上萬件石器、數層灰燼和近200種動物化石，這是迄今世界上同一時期遺址材料中，最豐富、最全面也是最具代表性的猿人遺址。

◐1994 🏛文化遺產

# 武當山古建築群
## Ancient Building Complex in the Wudang Mountains

湖北武當山的山坡及谷地，羅列了許多道教建築，這些道觀最早建立於西元7世紀，到了明代更形成道教建築群，這些建築代表著中國元、明、清三朝(14~17世紀)的藝術成就。

傳說真武大帝修仙得道後到了武當山，看上這塊福地，與無量佛門智鬥法得勝，才贏得居留權，成為各道觀供奉的主神。看過武俠小說的人想必對武當山這座道教第一名山不陌生，在此修鍊的名人如唐代的呂純陽、五代的陳摶、宋代的寂然子，以及傳說中武當派的宗師張三丰。

武當山北接秦嶺、南連巴山，綿延800餘里，景點包括72峰、36岩、24澗、11洞、3潭、9泉，要一一盡覽並不容易。但不能錯過的便是登「金頂」，其次是「南岩」和「紫霄宮」，以及位處山下的「玉虛宮」。

# 泰山 Mount Taishan

　　泰山是2000年來，中國皇帝登基昭告天地之處，特殊的地理自然環境，更是向來有「登泰山小天下」之說。泰山的傳奇並非來自高度，最高峰玉皇峰也只有1545公尺，只是相較於山東平原而顯高峻，加上山脈底座綿延1000多公尺，古人東望只見高山橫阻，山頂終年雲霧繚繞，彷若仙人居所。

　　古代開朝君王視登泰山舉行封禪大典為昭告天下、政權合理化的方式。皇帝登上神山，掌握「五嶽獨尊」的神授政權，是號令天下最傳奇的一種儀式。如今已無封天禪地之需，但泰山的宗教地位依然突出，以佛、道教為主，特別是道教碧霞君的信仰，最為熱烈。玉皇頂上就是一座碧霞祠，終年煙火裊裊。

　　歷代文人在造訪泰山之餘，也在泰山留下許多書畫創作，眾多的磨崖石刻就是最好的藝術體現，成為後世遊覽的樂趣。

🖌1990　🏛綜合遺產　🌐16,060 ha

# 黃山 Mount Huangshan

　　安徽省大地錦繡多姿，屹立於安徽省南部的黃山，不但是中國群山中最壯觀的山水典範，境內群峰矗立，怪石、奇松、雲海、溫泉等四大絕景，更造就了飄渺夢幻天成美景。不論是雲雨霧晴，或四季輪替，黃山「天開圖畫」的美景，稱霸中國全境的群山。

　　古人稱讚黃山具有「泰岱之雄偉、華山之險峻、衡岳之煙雲、匡廬之飛瀑、雁蕩之巧石、峨嵋之清秀」，為「集天下奇景於一體」之山。無怪乎徐霞客有「登黃山天下無山，觀止矣」，後人更集結出了「五嶽歸來不看山，黃山歸來不看嶽」，讓黃山傲世群雄，與黃河、長江、長城，並稱成為中國的象徵。

　　黃山總面績約1200平方公里，目前約有154平方公里開發為風景區，分為前山及後山景區。前山險、後山峻，景區內集中國名山風光美之大成，有36大峰、36小峰，並有2湖、3瀑、16泉、24溪相映爭輝，及植物近1500種，動物500多種，豐富的自然生態，更添黃山魅力。

⬥1992 ⬤自然遺產 ◈60,000 ha

# 黃龍 Huanglong Scenic and Historic Interest Area

　　黃龍自然保護區位於四川省松潘縣東北方，青藏高原東緣，平均海拔達3100公尺，境內擁有中國地理位置最東邊的冰川，同時以多樣的生態圈著稱，尤以石灰岩地形所造成的彩池、灘流、瀑布等特殊景致聞名。黃龍因「黃龍溝」而得名，黃龍溝屬於喀斯特地形，也

就是石灰岩地形。由於石灰岩體所滲出含有大量碳酸鈣的岩溶水，若流淌的水受阻礙而滯流，水中的碳酸鈣質便開始附著、堆積，形成結晶石灰華。日久堆積成梯田狀相連的堤埂，俯瞰宛若一條金色巨龍橫臥在山中，因而名為「黃龍溝」。

　　黃龍彩池的埂堤裸露、隆起，池形呈圓弧狀相連相扣，池水清淺見底，池底沉澱著褐黃色結晶，並滋生許多水藻，經過陽光折射，呈現出黃綠、青綠、金黃等色彩，襯以周圍的林木，構成一幅仙境般的美景，被喻為「人間瑤池」。「黃龍瀑布」也是絕景之一，因為溶岩水在陡坡或斷層上，不斷沈積形成流紋狀的碳酸鈣結晶，顏色呈褐黃或土黃。

⬥1992 ⬤自然遺產 ◈72,000 ha

# 九寨溝 Jiuzhaigou Valley Scenic and Historic Interest Area

　　九寨溝具高原石灰華湖群、灘流特殊風貌，融翠湖、疊瀑、森林、雪峰於一處，並擁有近3,000種植物、170種動物、141種鳥類，展現原始自然的野趣。坐落在四川省西北部岷山山脈南段，隸屬於阿壩藏族羌族自治州，總面積約720平方公里，海拔從2000多公尺拉抬至4700多公尺，滿布雪嶺和彩池，風光獨特旖旎。

　　九寨溝風景區呈Y字形，由樹正溝、日則溝、則查洼溝等三條溝

組成，總長度近60公里，由於溝內分布9座藏族村寨，因而得名「九寨溝」。

　　九寨溝自古即擁有「翠海」美稱，溝內景觀最大特色，就是分布有118個當地人稱為「海子」的高山湖泊。此地湖泊屬高山梯湖，湖水源自雪山融雪，經石灰岩質透析後注入湖泊，水質澄淨，透明度可達30公尺以上。由於石灰岩質山體不斷滲出飽含碳酸鈣的山泉，持續附著、堆積在朽木上，日積月累，令湖中的朽木結滿黃褐色、乳白、青藍色的石灰華，加上湖內蘊藏豐富的藻類植物，在陽光的照映下，可見到清澈見底的水中，透露出乳白色的石灰華、黃綠色的水藻和枝椏交錯的朽木，五彩繽紛，好像無限明珠鑲嵌在九寨溝內，閃動著晶瑩剔透的光芒，使九寨溝成為遠近馳名的仙境。

🏅1992 🌿自然遺產 🌐26,400 ha

# 武陵源 Wulingyuan Scenic and Historic Interest Area

武陵源風景區位於湖南省，是張家界市轄區的核心，範圍包括張家界國家森林公園、索溪峪自然保護區、天子山自然保護區、楊家界風景區，總面積達264平方公里。3103座造型特異的石英砂岩岩柱山峰，以及地下豐富的溶岩景觀是最大特色。武陵源的地質時代屬泥盆紀沉積岩，經過河谷侵蝕堆積、剝蝕構造等作用而形成集合險峻、陡峭、挺拔、雄奇、陰柔等景觀的山形地貌，無論就科學或美學來看，都極具價值。著名的石英砂岩柱山峰中，有243座高於1000公尺。這些砂岩柱峰林，充滿獨特的造型和線條，更展現狂野、峻秀、幽深之美，仿如中國潑墨山水畫中的奇峰怪石，而被視為電影《阿凡達》的靈感來源。索溪峪河谷北邊和天子山東南部的溶洞景觀都屬於湘西型溶岩地貌，處處可見詭譎的鐘乳石柱、石瀑、石筍、石花。

🏅1994 🏛文化遺產

# 承德避暑山莊
Mountain Resort and its Outlying Temples, Chengde🗺

避暑山莊建於中國封建社會最後的盛世——康乾盛世，集造園藝術和建築藝術之大成，成為古代帝王宮苑與皇家寺廟完美融合的典型範例。它同時也是清朝的第二個政治中心，清帝曾在此處理軍政要務、並接見外國和邊疆使節。

承德避暑山莊興建的時間歷時89年之久，占地564公頃，約為北京頤和園的近兩倍、北海的八倍，是中國現存最大的皇家園林。清朝皇帝每年依例必須赴塞外木蘭圍獵，由於路程遙遠，清帝不僅要避暑，還需要有場所處理政務，因此從康熙開始，在這段路程之間陸續修建行宮。其中熱河行宮因位處中段，風光優美，特別受到青睞。康熙50年，康熙在內午朝門題了「避暑山莊」，從此得名。山莊內部分為宮殿區和苑景區，宮殿區是清帝處理朝政及日常起居之所；苑景區則為清帝遊豫宴樂之所。可惜著名的72景部分已不存在，目前所留多是後人翻修仿古建成。

1994　文化遺產　61 ha

# 拉薩布達拉宮歷史建築
**Historic Ensemble of the Potala Palace, Lhasa**

　　西藏首府拉薩市內的3座廟宇：布達拉宮、羅布林卡、大昭寺列入世界遺產的名單中，其中，布達拉宮是3座建築物中最重要的一個，同時也是藏人的精神座標。

　　布達拉宮最早於7世紀由棄宗松贊迎娶文成公主時所建，布達拉宮建成之後曾一度毀於戰火，直到1645年時，達賴喇嘛五世重建布達拉宮，工程耗費8年的時間，完成後成為達賴的冬宮，之後經歷3個世紀多次增補擴建，才有今日完美的規模。

　　這座建於拉薩市中心、海拔3700公尺高的紅山頂上的龐大建築，基本上分成兩個部分：白宮和紅宮。白宮是歷代達賴喇嘛的寢宮，1653年五世達賴喇嘛在此接受大清順治皇帝冊封，從此成了歷世達賴喇嘛舉行坐床與親政大典的地方；而紅宮則容納達賴喇嘛的靈塔及各種佛堂，是全藏佛教重鎮，這裡同時也保存了完整的藏傳佛教的經典。

　　在達賴喇嘛14世流亡印度之前，西藏實施政教合一的制度，達賴喇嘛不但是最高的精神領袖，同時也是整個西藏權力中心，自從中國政府解放西藏，將布達拉宮設置成文物館，開放給一般民眾參觀，才揭開布達拉宮的神祕面紗。

　　除了布達拉宮之外，被八角街環繞的大昭寺，是香火最鼎盛的一座廟宇。至於達賴喇嘛的夏宮羅布林卡，則是建於18世紀的一座廣大園林，這裡最熱鬧的活動是每年的雪頓節。

🕐1996　🏛綜合遺產　🌐15,400 ha

# 峨嵋山與樂山大佛
**Mount Emei Scenic Area, including Leshan Giant Buddha Scenic Area**

　　四川峨嵋山和山西五台山、浙江普陀山、安徽九華山並稱為四大佛教名山，地位崇高，廟宇眾多。樂山大佛高達71公尺，為全球最大的石雕坐佛。峨嵋山傳說為普賢菩薩修行的道場，以岩山、雲海、日出、佛光、猴群等景觀名聞遐邇，有「峨嵋天下秀」之譽，舉世無雙。主要景點囊括了報國寺、伏虎寺、萬年寺、清音閣、洗象池、金頂等。位於青衣江、大渡河、岷江匯流處的樂山大佛，源於江水淘湧常發生船難，唐玄宗遂在凌雲寺高僧海通和尚提議下，於唐開元初年(西元713年)造佛，直到唐朝貞觀19年(西元803年)才完成。大佛佛像高達71公尺，頭部直徑10公尺，上雕1021個髮髻，肩膀寬度約28公尺，最特別的是腳背長約11公尺、寬8.5公尺，可容納100人同坐。

🕐1994　🏛文化遺產

# 曲阜的孔府孔廟孔林
**Temple and Cemetery of Confucius and the Kong Family Mansion in Qufu**

　　孔子誕生和活動的地方，位於春秋時代的魯國，也就是現今山東省曲阜。孔子雖生平不得志，但其死後，歷代帝王莫不尊儒學為正統思想，連帶著曲阜受帝王及名人文士的仰慕，其中又以孔廟、孔府和孔林為甚，即所謂的「三孔」。

　　孔廟原是孔子的故宅，從三間的平民宅邸，經歷代君王的擴建，形成三路九進、規模宏大的宅邸。祭祀孔子的大成殿建築精美，足以和故宮的太和殿媲美，也是民間建築中唯一具皇家規格的例子。除了建築外，由於歷代文學家藝術家造訪頻繁，留下很多書法石碑作品，總共有2千多塊碑碣，幾乎各代各流派的作品都在此找到，尤其珍貴的是大量的漢畫石刻。

　　位於孔廟東側的孔府，又名衍聖公府，也是三路布局、九進院落，但整體氛圍因灰瓦而低調得多。因歷代君王對孔子的長子、長孫多加封賞，待遇一如皇親國戚，所以孔府兼有官府和民居的特色，前半官衙、後半內宅，空間布局巧妙，是明清建築及園林規畫的傑作之一。

　　位於曲阜北門外的孔林，則是孔子及孔氏家族的墓地，占地面積達3千多畝，是全世界最大、長久，也是保持最完整的家族墓地。由於歷代重修之故，孔林提供了歷代喪葬風俗演變的考據，千年林木的生態也是孔林的貴重之處。

1996 🏛 文化遺產

# 廬山 Lushan National Park

廬山居長江中游南岸、位於鄱陽湖之濱，有山險又有水秀，中外各大宗教匯集一山。集儒釋道之大成的理學大師朱熹，也選擇在此創建四大書院之首的白鹿洞書院。

廬山的文化表現在於集合儒釋道的特長，各家重要學者紛紛在廬山留下重要著述，這些思想在廬山上交融後，順著長江向外傳播。西方宗教進入中國後，也進駐廬山，基督教、天主教、伊斯蘭教盤踞在山間，互通交流，五教和平相處一山的景況，世上難見。

當然，廬山的秀麗景觀，也為人稱道，茶聖陸羽稱廬山谷簾泉為天下第一泉，落差達155公尺的三疊泉瀑布，飛瀑成雙。山上的美景在清末明初吸引了各國使節富商來廬山建造別墅，總計有600多棟，包括蔣中正送給宋美齡的壁暑山莊「美廬」，美廬後來成為日抗戰的軍事指揮所，許多近代風雲際會的盛事都發自美廬。

🧭1997 🏛 文化遺產 ⬭246 ha

# 平遙古城 Ancient City of Ping Yao

明太祖為了抵禦北方蒙古兵的進犯，洪武3年(西元1370年)在平遙修建一座城池；之後，山西商人崛起，平遙躍居為全國的金融中心，城內商家林立，豪宅大院櫛比鱗次。由於整座古城保存良好，因而被評為中國保留最完整的縣級古城。

整座城牆有3千個垛口、72個敵樓，寓意著孔子的3千弟子與72位賢人。平遙城的街道布局，嚴謹方正，兩兩對稱。南大街俗稱明清街，是平遙最熱鬧的街道。中國第一家票號──「日昇昌」，便是坐落於西大街上，明清時期這裡聚集了逾20家的票號、數十家的商號。

平遙城內的明清四合宅院共計有3,797座四合院，在大街上的宅院有部分改裝成客棧的模式經營，前院為飯館，後院則規畫為住宿的旅館。

位於平遙古城西南方6公里處的雙林寺，以懸塑、彩塑與唐槐最為有名，大小塑像有2,050尊，被西方學者評為「東方藝術的寶庫」，與平遙古城一同列入世界遺產。

🜨1997　🏛文化遺產　◐12 ha

# 蘇州古典園林 Classical Gardens of Suzhou

　　蘇州古典園林融合了深遠的文化、無為的哲學、與自然融合的美學觀與豐厚的財產，才能造就一座極為優雅而充滿中國文人雅士品味的藝術傑作。蘇州四大名園中，拙政園是蘇州最大、最著名的庭園，建於明代正德年間(西元1509～1513)，總體布局是以水池為中心，然後所有建築皆臨著水而建，形成全園各個景點既獨立又依附的

關係，並且營造出許多詩意般的境界。

　　「留園」建於明朝中葉(西元1522)，雖然面積只有拙政園的一半，但如何透過花窗達到以小見大，產生窗外有景、景中套景的功效，正是留園最大的特色。

　　「獅子林」建於元朝至正二年(西元1342)，它是由太湖石堆疊的石林洞壑，一入其中，如入迷宮般，因為看似小格局的石林區，明明出口的亭台水榭就在咫尺，但是就是走不出來，而從不同洞壑中望出的林園景色，也各異其趣。

　　建於南宋的「網師園」，則是四大園林中面積最小、最精巧的一座。整個布局緊湊精細、曲折幽深。

🜨1997　🏛文化遺產　◐146·ha

# 麗江古城 Old Town of Lijiang

　　儘管位於崎嶇不平的高山上，麗江古城至今仍能保存它古樸自然的原貌。其民居建築融合了幾個世紀以來不同民族的文化特色，麗江先民以智慧設計出精密又複雜的水利供應系統，至今仍能運作。

　　麗江古城海拔2400公尺，面積約3.8平方公里，建於宋末元初，距今已有800多年的歷史。明朝稱大研廂，因其位居麗江壩子中心，四周青山圍繞，彷如一塊碧玉巨硯，硯意同研，清朝稱大研里，民國後稱大研鎮，因此麗江古城又稱大研古城。

　　它在過去是南方絲綢之路和茶馬古道的重鎮，幾百年來，一直是個人潮如織、熱鬧喧囂的貿易集散地。但這種繁華從來不減它一分古典優雅的氣質。河流穿街繞巷、貫布全城，主街傍河、小巷臨渠，無處不是水聲潺潺、垂柳依依；以五花石面鋪成的街道曲折有致，與白牆黛瓦、高低錯落的「三坊一照壁」民居建築，形成一種古樸的美感。「小橋、流水、古樹、人家」，顯然成了麗江古城最好的寫照，它兼有水鄉之容、山城之貌，景致幽雅迷人，更勝江南，因此不但有「高原姑蘇」的美譽，人們也喜歡以「東方的威尼斯」來形容它。

1998　文化遺產　297 ha

# 頤和園 Summer Palace, an Imperial Garden in Beijing

　　頤和園是中國皇家園林的登峰造極之作，集合了北方(四合院)、杭州西湖(昆明湖)、西藏(萬壽山喇嘛廟)、江南水鄉(蘇州街)等各種風格於一處，堪稱是世界最精妙的皇家園林。

　　頤和園原是皇家的夏宮和花園，乾隆將其改建為清漪園，不過在英法聯軍時被毀。1888年慈禧挪用海軍經費重建，並改名為頤和園，但又於八國聯軍時遭燒毀，這座命運多舛的庭園，最後在1903年重新修復，恢復昔日光彩。廣達290公頃的面積，根據地形和地點，設有精緻的亭、臺、樓、閣，巧妙的構思至今仍讓中外景觀設計家拍案叫絕。

　　遊覽頤和園可分成三區域：宮廷朝政區以仁壽殿為中心，前朝後寢，後即為慈禧寢室的樂壽堂，是慈禧暗掌朝政之處，在晚清末年，其重要性遠遠超過紫禁城；二為萬壽山，又可分成前山和後山，以佛香閣為中心的中軸線各建築及長廊都集中在前山，是頤和園建築的精華所在；後山以漢藏式樣的喇嘛廟群和充滿江南趣味的蘇州街為主；第三區以昆明湖為主，萬壽山美景倒映湖面上，蒼鬱碧綠相得益彰。

1998　文化遺產　215 ha

# 北京天壇
## Temple of Heaven: an Imperial Sacrificial Altar in Beijing

　　天壇在列入世界遺產之列時，聯合國教科文組織的評語是：中國延續2000多年的封建統治，天壇的規畫和設計思想，象徵著它的合理性。天壇不但是中國建築的登峰代表之作，其人文內涵更是不容忽視。天人對話、人間和自然的關係，一直是中國人思想的主軸，敬天祭祖、《周易》陰陽五行成為中國人儀式舉止最大的依據，歷數千年不變，而能真正物化中國人對上蒼祈願和對先祖懷思的哲學思想者，莫過於天壇。

　　天壇是明清兩朝皇帝祭天、求雨和祈禱豐年的皇家祭壇，始建於明永樂18年(西元1420年)，是中國現存最大的古代祭祀性建築群。目前天壇的總體建築完成於乾隆時代，由圜丘、祈穀兩壇組成，總面積273公頃，比故宮還要大4倍。乾隆時擴建了圜丘，台基改用漢白玉石，原先為上藍中黃下綠的明風大享殿瓦色，全數改成藍琉璃瓦，並更名祈年殿。天壇的風貌因此更為大氣恢宏，配合周遭古柏參天、祭典時燎爐升起的松柏煙霧，天神彷若降臨人世，接受天子的謝恩及請求，其神秘的藝術性和誘發神授威權情感的效果，可說是舉世無雙。

🏅1999 🏛綜合遺產 ◯99,975 ha

# 武夷山 Mount Wuyi

　　武夷山在地質、生物、人文和歷史上各呈傑出景觀，在自然方面碧水丹山的武夷山呈現古老的丹霞地貌，因為豐富的林相，而保有許多中國特有的動植物。在文化方面從漢武帝起即在此祭祀山神武夷君，宋代理學家們如胡安國、朱熹長期在此講學，山區內書院林立，文化內涵豐富。

　　九曲溪是武夷山最美的風景線，一條清水帶領下，武夷山奇秀深幽的各景色迎面而來，乘坐竹筏，一邊聽著艄公講述傳奇，一邊欣賞大自然的鬼斧神工，最是快意。

　　六曲的天游峰是武夷第一勝地，抬頭望，危峰聳立；船過五曲，別錯過朱熹講學的紫陽書院；四曲巨岩對立、臥龍潭深見不底；三曲小藏峰的峭壁上有著名的古越人懸棺葬洞穴，既神秘又教人驚奇。二曲的玉女峰是九曲溪中最優美的身影，「插花臨水一奇峰，玉骨冰肌處女容」，美女照鏡，令人無限暇想。

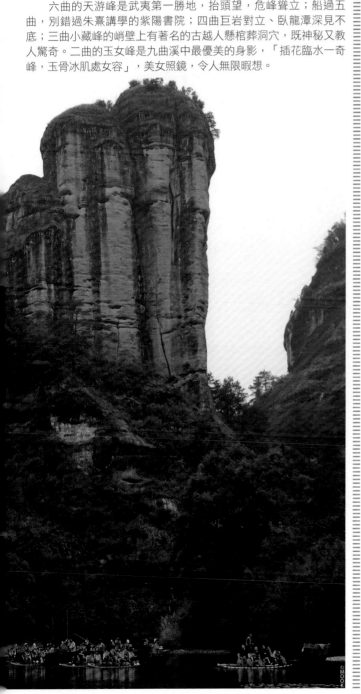

🏅2000 🏛文化遺產 ◯3,435 ha

# 明清皇陵

## Imperial Tombs of the Ming and Qing Dynasties

　　2000年所公布的明清皇家陵寢包括湖北的「明顯陵」及河北的「清東陵」、「清西陵」。2003年新增了「明孝陵」和「明十三陵」。

　　「明顯陵」位於湖北鍾祥市的松林山，是明世宗嘉靖皇帝父母的合葬陵，面積約183公頃。以精美的建築紋飾著名，如隆恩殿前的雲龍丹陛石、散水蟒首及迴廊欄杆上的雕刻。

　　「清東陵」位於北京東北的遵化市，建於順治18年(西元1661年)。由15處園寢組成，以順治的孝陵為中心，其餘帝后帝依輩分在東西側以扇形排列，包括康熙、同治、乾隆、咸豐皇帝、慈禧太后等人的陵寢，共計葬入161人。

　　「清西陵」位於北京西南方的易縣永寧山下，傳說雍正是改了父親康熙的遺詔才當上皇帝，因此不敢葬於父皇旁邊，而另選陵址建西陵，乾隆時又規定父、子不葬一地，從此清帝便在東、西兩陵建墓，共計帝陵4座(雍正、嘉慶、道光及光緒)，后陵3座，妃園寢3座，王公及公主園寢4座，共計入葬76人。

　　位於南京的「明孝陵」是明太祖朱元璋和皇后馬氏合葬的陵寢，這座地位尊崇的陵園位於南京市紫金山玩珠峰下，是我國古代最大的帝王陵寢之一。

　　「明十三陵」位於北京昌平縣天壽山下，是歷代明朝皇帝的長眠之處，其中以明成祖的「長陵」和明神宗的「定陵」最為出名。

🔴1999 🏛文化遺產 🔵20 ha

# 大足石刻 Dazu Rock Carvings

　　大足石刻集釋、道、儒造像之大成，為中國石刻藝術的代表性作品，也是西元9世紀末至13世紀中葉，世界石刻藝術史上最輝煌的精品。

　　「大足石刻」位於重慶市西北方約170公里處，共有5萬多尊的石刻佛像，散布在四十多處地點，主要集中在寶頂山和北山這兩地。寶頂山佛像群宏大莊嚴，充分利用山勢地形，在岩壁上雕出一組組生動的佛經故事，刻工精巧絕倫。

　　大足石刻的精華，便是寶頂山「大佛灣」的佛像群。這裡的佛像雕刻主要完成於南宋時期(西元1174~1252年間)，由虔心信佛的趙智鳳發願出資，集合當代著名工匠齊力完成，龕窟之間的巧妙相連，與岩形結構運用融合之精確，在中國古代的石窟營建中是絕無僅有的。

🔴2000 🏛文化遺產 🔵52 ha

# 皖南古村落—西遞和宏村
## Ancient Villages in Southern Anhui – Xidi and Hongcun

　　自16世紀始，徽商鼎盛，造就了徽派古民居建築。粉牆、黛瓦、馬頭牆的民居、祠堂、牌坊、門樓，搭配花樣繁複的石雕、木雕、磚雕藝術，將黟縣的古村落無處不展現最精雕細琢的一面。其中

宏村、西遞，不但是皖南最具歷史考據的遺產之一，也被專家譽為「東方古建築的藝術寶庫」。

　　宏村在規劃設計上，非常強調風水與水系，規劃建造了堪稱中華一絕的「牛形村落」和「人工水系」。宏村現保有明清古民居約158幢，保存較完好的有137幢，其中以「承志堂」最為富麗堂皇，可謂皖南古民居之最。

　　西遞村民居建築多為木質、磚牆結構，徽派三雕豐富。兩條清溪從村旁流過，99條高牆深巷，讓外人彷若置身迷宮。目前有明清古民居300餘幢，保存完好的有124幢，祠堂3幢，及明代胡文光刺史坊1座。

符號說明　🔴登錄時間　🔵遺產面積　　遺產類型　🏛文化遺產　🔵自然遺產　🔵綜合遺產　🏛瀕危文化遺產　🔵瀕危自然遺產　🏛瀕危綜合遺產

2000　文化遺產　331 ha

# 龍門石窟 Longmen Grottoes

　　龍門石窟的石窟雕刻作品，可說是北魏至唐代(西元316-907年)佛教文化的代表，高度展現中國藝術精華，並且成為宗教、服飾、醫藥、建築、美術、書法、音樂等各方面的文物史料，尤其最重要的是龍門石窟呈現獨特的創作性，對於亞洲地區則扮演一個非常重要文化發展的角色，堪稱為「大型石刻藝術博物館」。

　　龍門石窟開鑿於北魏孝文帝由平城遷都洛陽時(西元493年)，歷經北魏、東魏、西魏、北齊、北周、隋、唐等朝代，再延續到五代和清代，前後近400多年之久。

　　龍門石窟分布於伊水東西畔的峭壁，南北長達1公里，現存窟龕2,345個，歷代造像題記和碑刻2,800餘塊，佛塔80餘座，造像約11萬尊，其中最大佛像高達17.14公尺，最小者則有2公分，當中最壯觀的一個石窟便是奉先寺，至於整個奉先寺的雕塑群堪稱為一個完美的藝術整體，共有11尊雕像，配置是正面5座，兩旁分立3座佛像，寬敞而對稱的布局方式十分精采。

2001　文化遺產　349 ha

# 雲岡石窟 Yungang Grottoes

　　雲岡石窟與敦煌莫高窟、洛陽龍門石窟並列為中國3大石窟。始建於北魏時期的雲岡石窟，綿延1公里長，大大小小佛像共計有53窟、5萬1千多尊，論氣勢、論藝術成就，都堪稱世界級的藝術寶庫。

　　雲岡石窟的開鑿，不單全為宗教因素，事實上是政治力介入的關係。打從北魏道武帝遷都至平城(現在的大同)開始，便將佛教定為國教；直到北魏太武帝採取「興道滅佛」的政策後，佛教便面臨了空前的浩劫。但又隨著太武帝染上怪病而離奇病故，大家都認為這是毀佛的報應，逼得即位的文成帝，不得不立即恢復佛法，並大力的廣建寺廟、獎掖佛學，雲岡石窟便是在這樣的背景之下誕生。

# 雲南三江並流
**Three Parallel Rivers of Yunnan Protected Areas**

　　三江並流所指的三江，由西而東依次是怒江、瀾滄江、金沙江，3條大河以平行的方式穿越雲南西北部，一同並行奔流將近400公里，而且最窄處的直線距離僅有66公里，不僅在中國是獨一無二的自然景觀，在世界上也屬罕見。而會造成此一獨特現象，橫斷山脈是關鍵。

　　雲南西北高原是青藏高原的南緣，但受到地殼變動、板塊擠壓等諸多因素，導致山脈呈現南北走向，而不是青藏高原的東西走向，並形成幾條4000至5000公尺的平行山脈，由西至東分別為高黎貢山、怒山、雲嶺、大雪山、沙魯裡山，而三條大河即是穿越山脈間的縱谷，並切割出平均2000公尺以上的河谷，構成高山谷深的壯麗景觀。

# 青城山和都江堰水利系統
**Mount Qingcheng and the Dujiangyan Irrigation System**

　　都江堰是西元前256年左右，為防治岷江氾濫所建設的水利工程，由當時擔任蜀郡守的李冰和兒子李二郎接續完成。具洩洪和灌溉等功能，基本工程包括魚嘴、飛沙堰、寶瓶口等三部分。魚嘴是分水堤，飛沙堰是洩洪堤，寶瓶口是引水口。

　　當年李冰以竹籠裝滿卵石，放入岷江江心作為分水堤，將岷江分成內江和外江，內江的水經由寶瓶口進入成都平原灌溉，歷兩千多年，迄今仍是灌溉成都平原的大功臣。

　　青城山為道教「天師」張陵修道處，被奉為中國道教的發源聖地。環境幽邃曲深，有「青城天下幽」之譽，與「峨嵋天下秀」、「三峽天下險」、「劍門天下雄」並稱四川四大絕景。景區全境分為前山和後山，前山有道教宮觀十餘座，後山由飛泉、五龍、神仙、紅岩4條溝壑，迤邐出奇險峭壁、峽谷飛瀑、深潭水濂、深邃岩穴等五十多處自然奇景。

🏅2005　🏛文化遺產　⬭107 ha

# 澳門歷史中心 Historic Centre of Macao

　　澳門的老城區，黑白的街磚與建築上的裝飾和色彩，迷人而優雅，和印度的果亞，是亞洲兩處因為瀰漫著葡式風情，而獲選為世界遺產的城市。

　　在「澳門歷史城區」中，有中國完好保存的最古老西洋建築、有遠東最古老的燈塔、有文藝復興時期的教堂、有融合西洋工藝的中式大宅，更多的，是體現中西方文化完美融合、交匯激盪、多元共存的小街、老巷、前地⋯⋯。澳門歷史城區見證了西方文化與東方文化

的碰撞，最後完美共存的融合場面，行走於此，彷彿看到百年來的前塵往事，親身回到了歷史場景中。

　　這是一條穿梭時光的路徑，也是認識澳門的心靈之旅。從葡萄牙人第一次登陸澳門的媽閣廟開始，用雙腳去丈量這條路線，細品澳門世界遺產群，是認識澳門最便捷的方法。

　　2005年澳門被畫入世界遺產的建築及範圍包括：大三巴牌坊、聖安多尼教堂、舊城牆遺址、三街會館(關帝廟)、議事亭前地、仁慈堂大樓、基督教墳場、大砲台、玫瑰堂、大堂、哪吒廟、東方基金會會址、東望洋砲台、聖母雪地殿教堂和燈塔、盧家大屋、何東圖書館、鄭家大屋、聖若瑟修院及聖堂、聖老楞佐教堂、媽閣廟、崗頂前地、亞婆井前地、港務局大樓、崗頂劇院、民政總署大樓、聖奧斯定教堂等。

# 殷墟 Yin Xu

殷墟位於河南安陽市西北方約2公里,其範圍包括北部的洹河兩岸地區,東西約6公里,南北約4公里,西元前14世紀,自商王盤庚遷都到殷(即現在的小屯村),並在此建立中國歷史第一座國都,之後一直延續到商朝滅亡,整個歷時達273年,因而成為商代都城遺址。

清光緒25年(西元1899年),經過考古挖掘當時的宮殿區遺跡和殷王族陵墓,並出土甲骨、青銅器、石器、骨器和玉器等珍貴文物,而考古學家還從小屯村出土的龜甲獸骨,發現了截至迄今為止中國最古老的文字「甲骨文」,以及世界上最大、重量達875公斤的司母戊大方鼎青銅器。

2006 🏔 自然遺產 📐 924,500 ha

# 四川臥龍、四姑娘山、夾金山大貓熊保護區

Sichuan Giant Panda Sanctuaries - Wolong, Mt Siguniang and Jiajin Mountains

人見人愛的貓熊目前在中國大陸只存活在四川、甘肅、陝西交界的山區,總數不過1000隻左右,大多分布在四川境內,因此四川以貓熊故鄉自居,設置了臥龍等5處保護區,以挽救貓熊瀕臨絕種的危機。

臥龍自然保護區位於汶川縣西南,地處四川盆地和青藏高原的交錯地帶,地形複雜,海拔高度落差達5000公尺,氣候溫潤多雨,森林覆蓋率高,成為孕育動植物的溫床,多達4000多種植物和450種動物,都生長在這片廣達200公頃的保護區內。

貓熊屬哺乳類、食肉目、貓熊科,牠不但是「熊」家族一員,而且也不是只吃箭竹,舉凡水果、牛奶、雞蛋牠都吃,尤其偏愛烤肉。雖然貓熊不偏食,但因受孕率不高,幼仔存活率低,所以繁衍不易,瀕臨絕種,因此,臥龍自然保護區成立研究中心,協助貓熊繁殖及哺育幼仔。

2010年 🏔 自然遺產 📐 82,151 ha

# 中國丹霞地貌 China Danxia

「丹霞地貌」這個地理名詞源自中國,主要是針對西太平洋大陸與海盆邊緣地區,原本由紅色砂岩及礫岩所組成的沉積層因為地殼抬升,經過流水切割、侵蝕、風化等作用,形成一連串壯觀的紅色崖壁、塔峰、峽谷、瀑布、溝豁等景觀,而全世界就以中國分布最廣也最多,目前已有780處。因為地形崎嶇,開發不易,因而廣大的亞熱帶闊葉林得以安然保存,同時也成為許多野生動植物的棲息地,目前約有400種珍稀物種正遭受威脅。

而列入世界遺產的,共有福建泰寧、湖南崀山、廣東丹霞山、江西龍虎山(包括龜峰)、浙江江郎山、貴州赤水等六處。

至於丹霞這個名稱,最初是從廣東丹霞山來的,這裡的山主要由紅色砂礫構成,因此遠望就有如彩霞片片,「色如渥丹,若明霞」,因而得名。別名「中國紅石公園」的丹霞山風景區,占地215平方公里,具有雄、奇、秀、險、幽、奧、曠等特點,從隋唐開始就以奇險秀麗的風景著稱,由於境中眾山皆奇,且不只山奇,崖奇、洞奇、橋奇,因此而有「桂林山水甲天下,尚有廣東一丹霞」之說。

⚫2007 🏛文化遺產 🌐372 ha

# 開平碉樓和村落 Kaiping Diaolou and Villages

　　建於民初的開平碉樓與村落,為了防洪水、禦盜匪的多樓層建築,深受19世紀晚期至20世紀早期移民東南亞、澳洲和北美等地區的開平華僑影響,光是一個屋頂,就有拜占庭式圓頂、也有歌德式尖頂等,被譽為融合在地和西方風格的傑出之作。

　　世界遺產收錄的四組碉樓群,其中有20棟是代表之作。碉樓分為三種,一是由幾戶人家共同搭建的社區公用塔,可用做臨時庇護所;其次是有錢人自己興建,同時做為防衛堡壘和居家;最後是瞭望塔。

⚫2007 💧自然遺產 🌐47,588

# 南中國喀斯特地形 South China Karst

　　南中國喀斯特地形橫跨了雲南、貴州、廣西、四川等省分,是世界上熱帶和亞熱帶潮濕氣候的喀斯特地形典型代表。

　　喀斯特地貌又名溶岩地貌呢,是柔軟的水溶蝕岩石後的結果,將地表侵蝕成溶溝、峰叢、槽谷、窪地、泉湖,還可得在地表下造就石鐘乳、石筍、石花、石幔、伏流。

　　南中國喀斯特地形由於面積廣闊,其中最知名的代表是雲南石林、貴州荔波,以及重慶武隆。

⚫2007 🏛文化遺產 🌐153 ha

# 福建土樓 Fujian Tulou

　　福建土樓以其獨特的建築結構,及其與周遭自然完美並存的和諧,向聯合國教科文組織申請世界遺產成功,成為中國福建省內的第二處世界遺產。

　　土樓的外觀是那樣威嚴而不可一世地拒人於外,然而走進土樓的內部,卻又是另一種截然不同的親切面貌。土樓內的空間設計完全是以「人」為主體,小巧玲瓏的隔間、環周連通的長廊、居中向心的祖堂、用途多元的天井,就像是一圈自成一體的小村落、四面合圍的桃花源。可以說,土樓的外在面對的是敵人,而內在面對的是家人。

　　其實土樓的前身就是堡壘。早在唐初陳元光開漳之時,漢人為與當地原住民抗爭,於是在山頭上建立了許多山寨,而漳州的山頭多呈圓形,自然而然便建成圓形的土堡。後來原住民逐漸與漢人融合,山寨因失去了其必要性而荒廢,但這種圓型的防禦形式卻保留了下來。

　　土樓之所以成為土樓,就是因為具備保護整個宗族的能力,但這種防禦力並不是從一開始就如此無懈可擊。千百年來,土樓塌了又建,建了又塌,人們從每一次的坍塌教訓中汲取經驗,慢慢地改良進步,終於發展出固若金湯的完美形式。

# 杭州西湖人文景觀
### West Lake Cultural Landscape of Hangzhou

　　西湖文化景觀以秀麗的湖光山色與豐富的名勝古蹟聞名於世，它坐落於浙江杭州西部，總面積3323公頃，被孤山、白堤、蘇堤、楊公堤分隔成外西湖、西里湖(或後西湖、後湖)、北里湖(或里西湖)、小南湖(或南湖)以及岳湖五大部分，其中以外西湖占地最廣。

　　杭州西湖景觀擁有一千多年的歷史，它的基本樣貌在五代及宋代大致成形，歷代的建設與整治，更使它變得越來越豐富、完善。這裡的自然山水、「三面雲山一面城」的空間特色、「兩堤三島」的格局、「西湖十景」題名景觀、歷史古蹟、特色植物，都使杭州西湖景觀在中國的歷史文化及風景名勝上，具有重要的價值與地位，同時也是它名列世界遺產的重要因素。

　　人們來到此地，不僅可以欣賞如詩如畫的山水景觀、深受印度佛教思想影響的古典建築，還有堤道、小島、橋樑、寺廟以及亭台樓閣可以造訪，一發思古之幽情。這個充滿人文氣息的著名湖區，不僅將中國古典的園林之美展露無遺，也對中國的詩詞文學、繪畫藝術，以及日本、韓國的園林設計產生深遠影響，可說是文化景觀的傑出範例。

# 中國河南嵩山登封
# 「天地的中心」
### Historic Monuments of Dengfeng, in the "Centre of Heaven and Earth"

　　嵩山在中國五嶽之中名列「中嶽」，而在這座海拔1500公尺名山的山腳下，就在河南省鄭州登封市，方圓約40公里的區域，共有8處歷史建築被列為世界遺產，其中包括周公測景台和觀星台、嵩嶽寺塔、太室闕和中嶽廟、少室闕、啟母闕、嵩陽書院、會善寺、少林寺建築群(包括常住院、塔林和初祖庵)等。時代橫跨漢、魏到清代等朝代，上下兩千年，代表中國古代在宗教祭祀、科學、技藝和教育的各類型建築。

　　自古以來中國人的宇宙觀便以天地的中心自居，至於中國的中心就位於中原地區的鄭州登封一帶，歷朝歷代不少王朝建都於此，影響所及，這裡不但是國家級禮制、天文觀測中心，更是儒、釋、道各宗教文化流派薈萃之地，因而留下不少珍貴歷史建築。

　　其中少室闕、啟母闕代表中國最古老的國家級祭祀禮制建築典範。少林寺建築結構自山門到千佛殿共7進，紅牆飛簷，翠柏蓊鬱。少林寺塔林位於少林寺以西大約300公尺處，由於保存著自西元791年至1803年以來的磚石墓塔，共計240多座，因「塔」數目眾多、散布如「林」，因此稱為「塔林」。是研究中國古代磚石建築藝術的寶庫。

2012 　文化遺產 　25,131 ha

# 元上都遺址 Site of Xanadu

元上都位於長城的北方，內蒙古自治區境內，占地25,000公頃。西元1256年，忽必烈命令屬下在此建立開平王府，1263年升為上都，1267年改為陪都及避暑行宮。

根據專家的考證研究，元上都可分為外城、內城及宮城三重結構，外城是手工業及商業區，內城分布著佛教寺院、道觀及官署，位於正中央偏北處的宮城，則矗立著城牆、城門以及多座規模宏偉的宮殿樓閣。除此以外，內城和宮城內也保留了中軸線以及棋盤式街道，呈現嚴謹且清晰可見的對稱格局。

元上都是中國元代都城中歷史最悠久、格局獨特、保存也最為完整的一個，它也是中國北方遊牧民族最大的草原都城遺址。遺址內的宮殿、墓地、寺院、游牧民族帳篷以及水利工程設施，都展現了重要的歷史與文化價值。由於位處中原農耕區與北方游牧區的交會處，因此它也見證了游牧與農耕兩種文明的衝突與融合。

2009 　文化遺產 　18,415 ha

# 五台山 Mount Wutai

因5座平緩的山頂得名的五台山，位於山西省東北，名列世界五大佛教聖地，與峨眉、普陀、九華等三座山合稱佛教4大道場，因寺廟數量最多、占地最廣，而居大陸多座佛教名山之首。

境內擁有53座佛寺，代表中國佛教建築的上千年發展，包括建於西元857年的佛光寺，其內的東大殿，是現存最完整且最高的的唐代木造建築，內有多尊真人大小的泥塑佛像，另有明代修建的殊像寺，牆面壁畫融合平面的山水繪畫和半立體的500尊羅漢像。

2004 　文化遺產 　4,165 ha

# 古高句麗王城及陵墓群
## Capital Cities and Tombs of the Ancient Koguryo Kingdom

從西元前277年至西元668年，古高句麗王國轄下的領土涵括部分的中國東北和朝鮮半島北半部，王都則建於吉林市東郊的集安市，位於長白山腳下的現址，殘留的高句麗建築遺跡包括五女山城、國內城、丸都山城等三座城市，以及40座古墓，其中有14座王陵，26座貴族墓葬。

這三座古城中，五女山城只有部分出土，集安市內的國內城則是高句麗王國遷都平壤後的陪都，丸都山城也曾是高句麗王國的王都，現址留有多處遺跡，包括一座大宮殿和37座陵墓。其中，部分裝飾華美的陵墓天花板，可以在沒有支撐柱子的情況下，扛起承受大批石塊和墳堆的重量。

2008 　自然遺產 　22,950 ha

# 三清山國家公園
## Mount Sanqingshan National Park

有著「天下第一仙峰，世上無雙福地」的美名，三清山位於江西省東北，占地22,950公頃，境內有48處花崗岩山和89座花崗岩柱，多座山峰外觀形似動物或人物，所在的懷玉山脈，高約1817公尺，擁有獨特且豐富的植被。

其中，玉京、玉華、玉虛等3座主峰，以猶如道教「玉清、上清、太清」三仙境聞名，事實上，三清山在道教歷史也占有一席之地，據稱是東晉葛洪煉丹之處。

# 印度India

印度29座有形的世界遺產不外乎兩大類，一是悠久歷史所遺留大批祖先們的智慧遺跡，一是印度次大陸地大物博所形成的豐富自然生態。走一趟印度世界遺產，便彷彿閱讀一次活生生的印度五千年歷史。

中國

胡馬雍陵墓
Humayun's Tomb, Delhi

古德卜高塔建築群
Qutb Minar and its Monuments, Delhi

紅堡
Red Fort Complex

巴基斯坦

菩提迦耶的
摩訶菩提佛寺
Mahabodhi Temple Complex
at Bodh Gaya

印度的高山鐵道
Mountain Railways of India

南達戴維與花之谷國家公園
Nanda Devi and Valley of
Flowers National Parks

尼泊爾

瑪那斯野生動物保護區
Manas Wildlife Sanctuary

襄帕納・帕瓦迦德
考古公園
Champaner-Pavagadh
Archaeological Park

凱歐拉迪歐國家公園
Keoladeo National Park

疆塔爾・曼塔爾天文台
The Jantar Mantar, Jaipur

阿格拉堡
Agra Fort

桑奇佛塔建築
Buddhist Monuments
at Sanchi

不丹

喀茲蘭加國家公園
Kaziranga
National Park

泰姬瑪哈陵
Taj Mahal

法特普希克里城
Fatehpur Sikri

卡修拉荷寺廟群
Khajuraho Group of
Monuments

孟加拉

緬甸

艾勒方塔石窟
Elephanta Caves

阿姜陀石窟
Ajanta Caves

毗姆貝克塔岩石庇護所
Rock Shelters of Bhimbetka

維多利亞火車站
Chhatrapati Shivaji Terminus
(formerly Victoria Terminus)

艾羅拉石窟
Ellora Caves

桑德邦國家公園
Sundarbans
National Park

果亞的教堂與修道院
Churches and Convents of Goa

帕塔達卡爾建築群
Group of Monuments at
Pattadakal

科納克的太陽神廟
Sun Temple, Konârak

阿拉伯海

亨比建築
Group of Monuments
at Hampi

孟加拉灣

印度的高山鐵道
Mountain Railways of
India

瑪瑪拉普蘭建築群
Group of Monuments at
Mahabalipuram

西高止山脈
Western Ghats

科拉王朝大廟建築
Great Living Chola Temples

斯里蘭卡

---

 1984　文化遺產　11 ha

# 科納克的太陽神廟 Sun Temple at Konarak

　　科納克的太陽神廟是印度諸多巨型建築奇蹟之一，位於印度東部的奧立沙邦(Orissa)，是為了敬奉太陽神蘇利耶(Surya)的神廟，而整座廟宇本身就是一輛戰車，以12對輪子載著太陽神橫越天空。

　　神廟於13世紀由Narasimhadeva國王所建，以其華麗的雕刻著稱，神與鬼、國王與平民、大象與馬，以及數十對各種情色姿勢的夫妻，都栩栩如生地雕刻在浮雕上，也是印度最著名的婆羅門聖殿。

---

 1985　自然遺產　2,873 ha

# 凱歐拉迪歐國家公園
Keoladeo National Park

　　凱歐拉迪歐國家公園位於阿格拉西方50公里處，在拉賈斯坦邦(Rajasthan)境內，過去是印度王室獵野雁的保留區。

　　每到冬天，就會有大批的水鳥從西伯利亞、阿富汗、中國及中亞地區南下。據估算，至少有364種鳥類聚集在此，包括罕見的西伯利亞鶴。

---

# 阿格拉堡 Agra Fort

　　阿格拉從1526年巴伯爾大帝建國開始，就成為蒙兀兒帝國首都，尤其在阿克巴大帝、賈汗季與沙賈汗三位蒙兀兒帝國君王統治期間，阿格拉更成為繁樂的國都。

　　阿格拉堡原本是洛提王朝(Lodis)的碉堡，1565年被阿克巴大帝(Akbar the Great)攻克後，將蒙兀兒帝國的政府機關自德里遷往阿格拉，自此這裡才逐漸轉變成皇宮。

　　阿格拉堡周圍環繞著護城河以及長約2.5公里、高約21公尺的城牆。阿克巴採用紅砂岩修建阿格拉堡，並加入大理石和錯綜複雜的裝飾元素。一直到他的孫子沙賈汗執政時，阿格拉堡才有現今的規模。

　　有別於阿克巴大帝，沙賈汗比較偏愛白色大理石材的建築，並在大理石上鑲嵌黃金或是寶石裝飾；因此他將阿格拉堡早期的建築拆除，重新興建以大理石為主的宮殿。大致來說，阿格拉堡內的建築混合了印度教和伊斯蘭教的元素，像是堡內明明象徵伊斯蘭教的圖案，卻反而以龍、大象和鳥等動物，取代伊斯蘭教的書法字體。

　　阿格拉堡臨亞穆納河河畔而建，這裡就能欣賞到泰姬瑪哈陵的風采。諷刺的是，沙賈汗年老時被兒子歐朗傑伯(Aurangzeb)軟禁於阿格拉堡的塔樓中，僅能遠距離窺視泰姬瑪哈陵來思念愛妻。1857年蒙兀兒帝國與英屬東印度公司雙方在此交戰，蒙兀兒帝國戰敗，自此印度便開始淪為英國的殖民地。

# 阿姜陀石窟 Ajanta Caves

　　阿姜陀石窟屬於佛教石窟，30座石窟分散在馬蹄形峽谷中，開鑿約始於西元前200年到西元650年間，然而阿姜陀石窟在西元8世紀後就荒廢了，一直到西元1819年被英國士兵狩獵老虎時意外發現，而這段長達10世紀之久的遺棄，也讓阿姜陀石窟精緻的佛教藝術得以保存，後來為印度重要佛教石窟代表之一。

　　阿姜陀石窟類別區分為兩種，一是支提(Chaitya)，為印度佛教建築的一種形式，泛指佛殿、塔廟、祠堂。支提通常呈現U字形，長方形前殿兩側排列有八角形的柱林，柱子則分隔出中殿和側廊，半圓形後殿中央安置小型圓塔。天花板則是仿木結構的肋拱形狀。

　　另一種是毘訶羅(Vihara)，指出家僧人集體居住靜修的僧院、學園、僧房，毘訶羅通常是一個大廳周遭區分為多個小廳，大廳中央則豎立有大型的佛像。阿姜陀石窟有5個石窟為支提，另外25個石窟則為毘訶羅。

　　精緻且豐富的阿姜陀石窟壁畫是印度古代壁畫的主要代表作，同時也是這裡的精華。這些壁畫在西元前2世紀到西元5世紀間所創作，壁畫內容多以描述佛祖的生平與前世的佛陀本生故事(Jataka tales)和笈多王朝時期生動的人民生活與街景。

# 艾羅拉石窟 Ellora Caves

與阿姜陀石窟並列為印度石窟藝術代表作的艾羅拉石窟，同樣也位在奧蘭卡巴(Aurangabad)附近，只不過艾羅拉石窟的開鑿年代比阿姜陀石窟來得晚，34座石窟區分為佛教、印度教、耆那教三種。艾羅拉石窟開鑿在南北走向的新月形、長達2公里的玄武石岩壁上，由於岩壁的坡度不像阿姜陀石窟那麼陡峭，因此位在艾羅拉的石窟群都擁有寬廣的前庭。艾羅拉石窟包含有12座佛教石窟(西元600~800年)、17座印度教石窟(西元600~900年)和5座耆那教石窟(西元800~1000年)，從這些石窟中不僅可得知在遮盧迦王朝(Chalukya)和特拉什特拉庫塔王朝(Rashtrakuta)統治德干地區期間，印度教蓬勃發展、佛教逐漸衰落與耆那教崛起，同時也代表著當時包容各種宗教的社會狀況。

考古學家把這34座石窟從南向北依次編號，南端第1~12窟為佛教石窟，中間第13~29窟為印度教石窟，北側第30~34窟為耆那教石窟。就建築藝術層面來看，艾羅拉石窟以精緻的雕刻聞名，這些石雕雖然分屬為三個不同宗教，但在風格上都受到印度教藝術的影響。而真正讓艾羅拉石窟聲名遠播的原因，是祭拜印度教濕婆神的凱拉薩神廟，以7000多名勞工費時150年的時間，開鑿出全世界最大的巨石雕刻神廟。

# 瑪瑪拉普蘭建築群
Group of Monuments at Mahabalipuram

瑪瑪拉普蘭曾經是一座港口城市，由7世紀的帕拉瓦(Pallava)國王Narasimha Varman I (630~668)所建，整座遺址就坐落在孟加拉灣的海岸邊，呈橢圓形分佈。岩石雕刻的洞穴聖堂、巨石構成的神壇、戰車型式的神殿，以及巨大的露天石雕，都是帕拉瓦藝術風格的代表，至今，石雕的傳統仍然延續下來，在周遭許多雕刻工作室，都還能聽到鐵鎚、鑿子敲打的聲音傳遍整個村落，而這聲響，已經持續了上千年。

其中五部戰車神廟(Five Rathas)這五部戰車是7世紀帕拉瓦建築藝術的最佳典範，以巨石塊雕成的寺廟來象徵五位英雄人物的戰車，戰車分別以古印度聖典《摩訶婆羅多》(Mahabharata)中五位兄弟及他們共同的妻子德勞帕蒂(Draupadi)來命名。

海岸神廟(Shore Temple)面對著孟加拉灣，孤獨地挺立在一塊岬角上，儘管經過長年海風、海浪的風化、侵蝕，依然完好地存活了下來。廟本身不大，但型態優雅，代表了帕拉瓦藝術的最終傑作。

阿周那的苦修(Arjuna's Penance)是瑪瑪拉普蘭最著名的岩石雕刻，浮雕刻在一塊巨大的石塊上，這片天然的垂直石板長12公尺，寬30公尺，上頭刻著大象、蛇、猴子、神祇、半獸神，描繪的是《薄伽梵歌》(Bhagavadgita)中印度聖河恆河從天而降，諸神、獸見證阿周那苦修的寓言故事。

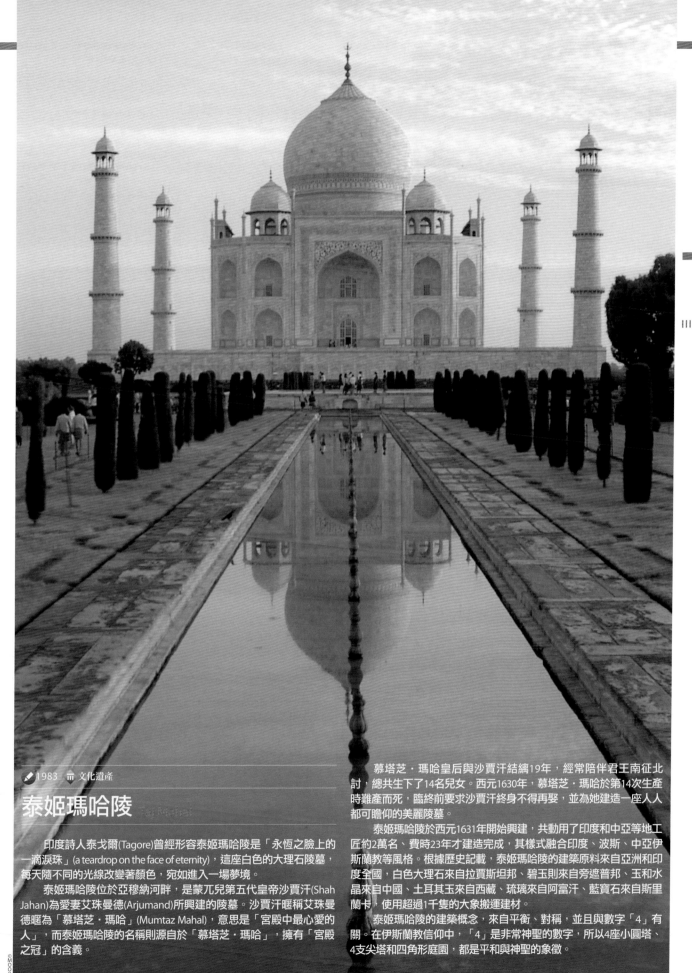

✏ 1983　🏛 文化遺產

# 泰姬瑪哈陵

　　印度詩人泰戈爾(Tagore)曾經形容泰姬瑪哈陵是「永恆之臉上的一滴淚珠」(a teardrop on the face of eternity)，這座白色的大理石陵墓，每天隨不同的光線改變著顏色，宛如進入一場夢境。

　　泰姬瑪哈陵位於亞穆納河畔，是蒙兀兒第五代皇帝沙賈汗(Shah Jahan)為愛妻艾珠曼德(Arjumand)所興建的陵墓。沙賈汗暱稱艾珠曼德暱為「慕塔芝‧瑪哈」(Mumtaz Mahal)，意思是「宮殿中最心愛的人」，而泰姬瑪哈陵的名稱則源自於「慕塔芝‧瑪哈」，擁有「宮殿之冠」的含義。

　　慕塔芝‧瑪哈皇后與沙賈汗結縭19年，經常陪伴君王南征北討，總共生下了14名兒女。西元1630年，慕塔芝‧瑪哈於第14次生產時難產而死，臨終前要求沙賈汗終身不得再娶，並為她建造一座人人都可瞻仰的美麗陵墓。

　　泰姬瑪哈陵於西元1631年開始興建，共動用了印度和中亞等地工匠約2萬名、費時23年才建造完成，其樣式融合印度、波斯、中亞伊斯蘭教等風格。根據歷史記載，泰姬瑪哈陵的建築原料來自亞洲和印度全國，白色大理石來自拉賈斯坦邦、碧玉則來自旁遮普邦、玉和水晶來自中國、土耳其玉來自西藏、琉璃來自阿富汗、藍寶石來自斯里蘭卡，使用超過1千隻的大象搬運建材。

　　泰姬瑪哈陵的建築概念，來自平衡、對稱，並且與數字「4」有關。在伊斯蘭教信仰中，「4」是非常神聖的數字，所以4座小圓塔、4支尖塔和四角形庭園，都是平和與神聖的象徵。

# 法特普希克里城 Fatehpur Sikri

又稱為「勝利之城」的法特普希克里城，是阿克巴大帝於1571~1585年間精心規劃的新都，用來紀念伊斯蘭教蘇菲教派聖者沙利姆·奇斯蒂(Salim Chishti)。

以紅砂岩建造的法特普希克里沒有堡壘保護，然而整體設計卻非常奇特，充分表達出阿克巴大帝的人道主義精神。儘管阿克巴大帝奉信伊斯蘭教，不過仍致力於融合各宗教所長，同時也創制具有哲學系統的新宗教——汀伊拉希(Din-I-lahi)。他不僅在政治上、行政事務、甚至個人風格上都融入印度教，使得被蒙兀兒帝國征服的人民因而能信服於他。只不過作為蒙兀兒帝國的首都只有10年(也有記載14年)，因為始終無法解決缺水的問題，阿克巴大帝一聲令下又遷回舊都，之後法特普希克里就遭到遺棄。

法特普希克里城擁有6公里的城牆、7座城門，城內皇宮、公眾大廳、土耳其蘇丹宮、社交天井、流動涼水池、後宮、陵墓和清真寺。由於當時動用了來自印度各地的工匠與建築人員，因此在伊斯蘭建築元素中可以看出印度教與耆那教的裝置藝術的獨特建築。

1986 文化遺產

# 果亞的教堂與修道院
## Churches and Convents of Goa

葡萄牙人殖民印度時期，今天的舊果亞便是當年的首都，所留下的大批教堂和修道院，於1986年被列為世界遺產。

整體說來，這些紀念性建築從樸素的文藝復興(Renaissance)，到華麗的巴洛克(Baroque)，甚至更矯飾的葡萄牙曼奴埃爾式(Manueline)等風格都有。

今天來到舊果亞，一片衰落的景象，很難讓人與繁華的過往產生連結，這座曾經足堪與里斯本匹敵的城市，在16世紀的黃金年代，吸引一批接著一批的傳教士、軍人、商人前來，人口甚至超越當年的里斯本和倫敦。直到18世紀中葉，接連的瘟疫以及曼多維河(Mandovi)淤積，總督把首府遷往位於南邊的帕納吉(Panaji)之後，舊果亞便從此一蹶不振，唯有遺留下來的偉大建築供人憑弔。

說起舊果亞，不能不提到聖法蘭西斯·賽維爾(St Francis Xavier)，他終其一生在葡萄牙的東方殖民地致力傳教(卒於1552年12月3日)，並使3萬人改信基督，據說他死後遺體不腐，成為神蹟，1622年，被封為聖者，其墳塚便位於著名的聖耶穌教堂(Basilica of Bom Jesus)內，每10年他的遺體便會公開展示。如今他是果亞的守護神，每逢12月3日他的祭日前後，舊果亞無不萬人空巷。

🗓1985 💧自然遺產 🌐42,996 ha

# 喀茲蘭加國家公園 Kaziranga National Park

　　喀茲蘭加國家公園位於阿薩姆省的心臟地帶，也是東印度地區僅存少數未被人類驚擾的地方，這裡棲息著世界上族群數量最多的印度獨角犀牛、老虎、豹、大象、熊、亞洲野牛、長臂猿等哺乳動物，以及300多種野鳥。

　　整個國家公園占地430平方公里，位於布拉瑪普得拉河(Brahmaputra)畔，擁有大片草原、沼澤及森林。

🗓1985 💧自然遺產 🌐39,100 ha

# 瑪那斯野生動物保護區
## Manas Wildlife Sanctuary

　　瑪那斯野生動物保護區位於喜馬拉雅山腳下、阿薩姆邦境內的緩丘上，這片林木茂密的丘陵，到處是沖積草原及熱帶雨林，保護區裡棲息著各種瀕危動物，包括孟加拉虎、亞洲象、印度犀牛、侏儒豬等。不過也因為生態脆弱及受到人為侵擾，1992年被列為瀕危世界遺產名單，近年因保護良好，2011年的大會將之從瀕危名單剔除。

🗓1986 🏛文化遺產 🌐4,187 ha

# 亨比建築群 Group of Monuments at Hampi

　　亨比是南印度最後一個王朝維賈揚納加帝國(Vijayanagar)的最後一個首都，14到16世紀之間，王室在這個亂石林立的都城立起許多達羅毗荼式(Dravidian)寺廟和宮殿。然而在1565年遭到伊斯蘭聯軍洗劫，時間長達6個月，帝國滅亡，但以後仍為重要的宗教和旅遊中心。

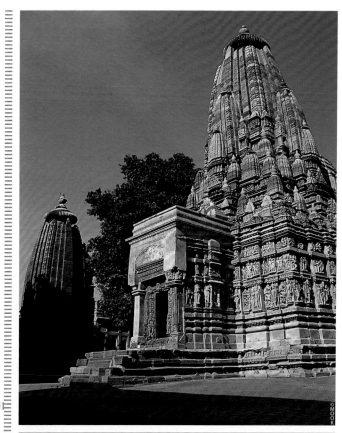

🗓1986 🏛文化遺產

# 卡修拉荷寺廟群
## Khajuraho Group of Monuments

　　卡修拉荷在10~13世紀時是昌德拉(Chandella)王朝的首都。在卡修拉荷的全盛時期，當時度教寺廟多達80幾座；到了13世紀伊斯蘭教勢力入侵，14世紀時印度完全被穆斯林統治。由於伊斯蘭教否定偶像崇拜，所以這裡的印度教寺廟全部遭受摧毀，從此卡修拉荷被世人遺忘、長達5世紀之久。

　　卡修拉荷寺廟上的性愛雕刻，其實無關色情，純粹是一種藝術或宗教形式罷了。儘管世人對於這些雕刻的主題和動機提出許多不同見解，但是沒有人可以否認，卡修拉荷的寺廟雕刻，無論形狀、線條、姿態和表情，都是精采絕倫的藝術創作。

　　寺廟樣式屬於典型的北印度寺廟風格，特色就是中央的圓錐形屋頂(Shikara)。早期印度寺廟只有一個山形圓頂，代表神祇所居住的山峰，後來有些寺廟開始出現多重圓頂。印度教寺廟裡面供奉神像的地方，稱為胎房(garbha-grihya)。其中濕婆神廟供奉濕婆靈甘，毗濕奴神廟供奉毗濕奴神像、或各種化身，戴維女神廟有的供奉女神各種化身，有的則是無形的象徵。

　　卡修拉荷的寺廟雖以描繪性事馳名，但是從寺廟的建造技巧和裝飾風格看來，都堪稱為早期印度工匠最偉大的藝術成就。

# 科拉王朝大廟建築
## Great Living Chola Temples

西元9~13世紀，柯拉王朝(Chola Empire)最強盛的期間曾經統治大半個印度半島，創造出許多科拉式建築，尤其是供人們居住生活的大廟。今天被列為世界遺產的主要有三處，一是坦賈武爾(Thanjavur)的布里哈迪錫瓦拉寺(Brihadishwara Temple)，一是甘蓋孔達科里斯瓦拉姆(Gangaikondacholisvaram)的布里哈迪斯瓦拉寺(Brihadisvara Temple)，還有一處是達拉蘇拉姆(Darasuram)的艾拉瓦得斯瓦拉寺(Airavatesvara Temple)，其中又以坦賈武爾的大廟最著名。這些寺廟都十足展現了科拉王朝在建築、雕刻和鑄造銅器的高超工藝技術。坦賈武爾的布里哈迪錫瓦拉寺是柯拉建築形式的最佳典範，寺廟本身是一座濕婆神廟，完成於1010年，由拉賈拉賈·柯拉一世(Rajaraja Chola I)所建，當年蓋這座大廟頗有宣誓國威的作用，象徵著柯拉王朝無可匹敵。在寺廟地下室刻著一些銘文，上頭記載了柯拉王朝的歷史、社會及政權狀況。

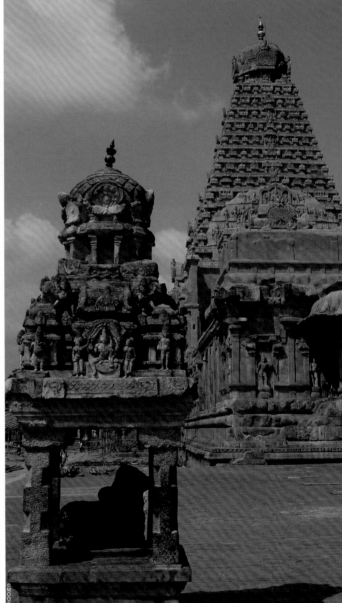

# 帕塔達卡爾建築群
## Group of Monuments at Pattadakal

帕塔達卡爾是印度西南部卡納塔克邦(Karnataka)的一座古城。西元7-8世紀是該城最昌盛的時期，時值查路克亞王朝(Chalukya dynasty)，大多數的寺廟是在此時期建造的。其中最著名的是洛克什瓦利(Lokeshwari)和韋魯帕克沙(Virupaksha)寺廟，這些建築充分展現了「折衷」與「融合」，南印度和北印度的建築特色，非常和諧地交融在同一座建築裡。

## 桑奇佛塔建築 Buddhist Monuments at Sanchi

1989 文化遺產

　　桑奇佛塔的建造歷史悠長，最早始於西元前3世紀孔雀王朝，全力護持佛教的阿育王在此豎立了一根銘刻其法敕的石柱，並建造一座小磚塔。之後的巽加王朝將小塔擴建為壯觀的大塔，二塔、三塔也陸續蓋起。西元前一世紀，以極致工藝成就著稱的案達羅王朝，在大塔東西南北立起四座精雕細琢的塔門。佛塔周圍亦陸續建造起許多僧院石寺。從各王朝不斷擴建的情形看來，桑奇一直都是中印度的佛教重鎮。直到伊斯蘭教大軍入侵印度，佛教幾為所滅，桑奇遂被世人遺忘。

　　桑奇的主要遺蹟包括最為壯麗高聳的大塔、樸實無華的二塔，以及發現藏有佛陀兩位大弟子舍利和目犍連舍利的三塔，附近尚有許多石造寺院，以及一根斷成兩截的阿育王石柱，大小遺蹟共51處。大多數的遊人一入桑奇，目光必定立即被大塔四方的雄偉塔門所吸引。其上一幅幅栩栩如生、活潑靈動的佛教雕刻，正是桑奇之所以成為當今最受矚目佛教文明寶藏的主因。

## 艾勒方塔石窟 Elephanta Caves

1987 文化遺產

　　位在孟買約10公里外海艾勒方塔島的艾勒方塔石窟，是一座位在島上最高處的印度中世紀印度教石窟，整座石窟鑿空山岩而建，雖然面積小，但在印度宗教上卻具有重要的地位。

　　艾勒方塔石窟又被稱為象窟，歷史上對它的紀錄不多，僅知道

　　石窟是在西元450年~750年佛教衰落、印度教興起的期間開鑿，在當時被稱作是石窟宮殿(Gharapuri)，一直到16世紀葡萄牙人殖民印度時，艾勒方塔石窟才被挖掘出來，並且以島上南方登陸點的一尊大象石雕命名，不過因大象石雕年代久遠並遭遇人為和天候等因素破壞，現在的石雕則是在19世紀時重建的。

　　石窟的雕刻風格偏向笈多古典主義，在石窟門廊兩側與窟內的天然岩壁上，共有9幅巨型浮雕，石窟內有大量以濕婆神(Shiva，印度三大神中的破壞神)為主的浮雕和塑像，描述著濕婆神的神話故事，因此這裡也是一座濕婆神廟。

## 桑德邦國家公園 Sundarbans National Park

1987 自然遺產 133,010 ha

　　桑德邦是位於印度與孟加拉之間的一處國家公園，涵蓋水域和陸地面積約1萬平方公里，其中印度境內的面積超過一半。

　　國家公園建於1973年，以保護恆河三角洲的紅樹種植區及當地野生動物為主要任務。這裡生長著全世界面積最大的紅樹林，此外，許多瀕臨絕種的物種也特別受到保護，例如老虎、水棲哺乳動物、野鳥和爬蟲。

## 南達戴維與花之谷國家公園 Nanda Devi and Valley of Flowers National Parks

1988 自然遺產 71,783 ha

　　花之谷國家公園位於西部喜馬拉雅山區，以高山野花和優美的自然景致享有盛名，此外，這裡也棲息著珍貴的亞洲黑熊、雪豹、棕熊。

　　相對來說，南達戴維國家公園則是崎嶇不平的荒野，這兩種不同的地貌，長達一個世紀以來，都受到植物學家和登山客的高度讚賞。

# 胡馬雍陵墓 Humayun's Tomb

混合紅色砂岩和黑、白大理石的胡馬雍大帝陵墓，不但是德里第一座蒙兀兒陵墓，也是印度第一座具有花園的陵墓。

胡馬雍大帝是蒙兀兒帝國的第二任皇帝，他是巴伯爾的兒子，在1530年時繼承了父親的印度領地。胡馬雍大帝的陵墓於他身亡9年後，由波斯妻子哈吉碧崗(Haji Begum)、同時也是阿克巴大帝的親生母親，於1565年下令興建，據説她花了150萬盧比興建這座陵墓，而

日後幾位蒙兀兒皇家成員也埋葬於此，除了哈吉碧崗之外，也包含沙賈汗最喜愛的兒子達拉希克(Dara Shikoh)，以及蒙兀兒最後一任皇帝巴哈杜兒汗二世(Bahadur Shah II)。在巴哈杜兒汗二世於1857年遭英國人俘虜以前，這裡一度成為他的避難所。

胡馬雍大帝陵墓是早期蒙兀兒風格的建築物，後來阿格拉的泰姬瑪哈陵就是以此為範本，加以設計而成。此陵墓可以從多方面看出具有濃厚的波斯建築元素：一是設計有3面高大的拱門，一是高聳醒目的中央圓頂，以及多彩的磁磚，而高達38公尺的雙層圓頂，更是頭一遭在印度出現。儘管如此，陵墓建築本身仍舊採用印度建築樣式，只是外觀採取簡單的色調設計，並在拱門內部的牆上嵌入波斯文。

1993 文化遺產

# 古德卜高塔建築群
## Qutb Minar and its Monuments

　　擁有全印度最高石塔的古德卜高塔建築群，最初始建於1199年，由印度首位伊斯蘭教統治者興建，它不但是印度德里蘇丹國的伊斯蘭建築，同時也是早期阿富汗建築的典範。

　　古德卜高塔為奴隸王朝(Slave Dynasty)德里蘇丹國的創立者——古德卜烏德汀艾巴克(Qutab-ud-din Aibak)所建，是一座用來紀念1192年阿富汗伊斯蘭教征服印度教拉吉普特王國的勝利之塔。古德卜將王國建立在拉吉普特王朝的舊址上，於1206年成為印度第一個以伊斯蘭教立國的王國。

　　為了象徵伊斯蘭勢力，塔上的銘文宣稱要讓真主的影子投射到東方和西方，不過，當古德卜去世時，高塔僅建了第一層，後來由他的女婿伊爾圖特密許(Iltutmish)繼續接手，另外增加了以紅砂石建造的三層樓。此三層樓外壁帶有半圓形與三角形凸壁相間的凹槽縱溝，然而接任者Firoz Shah Tughluq卻以白色大理石混合紅砂石增建了第4、5層，使它呈現平滑的圓筒形。

　　整個古德卜高塔共分5層，塔高72.5公尺，塔基直徑約14.3公尺，塔頂直徑約2.5公尺。雖然說古德卜高塔是印度伊斯蘭藝術的最早範例，不過修建此塔的卻是當地的印度工匠。環繞塔壁的橫條浮雕飾帶，既裝飾著阿拉伯圖紋和可蘭經銘文，同時點綴著印度傳統工藝的藤蔓圖案和花彩垂飾，融合了波斯與印度的藝術風格。

2002　🏛文化遺產　◯4.86 ha

# 菩提迦耶的摩訶菩提佛寺
## Mahabodhi Temple Complex at Bodh Gaya

　　凡是來到菩提迦耶的人，第一眼總會被高聳雄偉的摩訶菩提寺所震懾，而不論走到哪裡，它總是無法忽視的地標。佛陀成正覺之後的兩百五十多年，也就是西元前三世紀，阿育王在菩提樹下安放了一塊金剛座並建造一座正覺塔，後來幾經錫蘭王、緬甸王的重修、整建，以及穆斯林、祝融、洪水的毀壞，塔寺毀了又蓋，蓋了又毀，直

到1870年代，考古挖掘才讓它重見天日。

　　遠看摩訶菩提寺，似乎只有一座高聳的正覺塔，其實整座院寺腹地龐大，布局繁複。這其中包括七週聖地、佛陀足印、阿育王石欄楯、菩提樹、金剛座、龍王池、阿育王石柱，以及大大小小的佛塔、聖殿和各式各樣的鐘、浮雕和佛像。

　　而矚目焦點便是菩提樹和七週聖地。當年玄奘曾跪在菩提樹下，熱淚盈眶，感嘆未能生在佛陀時代。

　　今天所看的菩提樹，已非當年佛陀打坐悟道的原樹，這樹跟摩訶菩提寺一樣命運多舛，不斷與外道、伊斯蘭教對抗，遭到焚燬與砍伐，最後則是從斯里蘭卡帶回菩提子，成為現在的滿庭蔭樹，據說這菩提子也是當初佛陀時代有人攜往斯里蘭卡開枝散葉所繁衍的後代。

1999　🏛文化遺產　◎89 ha

# 印度的高山鐵道 Mountain Railways of India

　　印度高山鐵道被列入世界遺產有兩處，一是大吉嶺喜馬拉雅(Darjeeling Himalayan)鐵道，一處是塔米爾納杜邦尼爾格里(Nilgiri)高山鐵道。其中塔米爾納杜的鐵道原本計畫在1854年興建，然而由於山區施工困難，延宕到1891年才動工，並於1908年竣工。這段鐵道從海拔326公尺上升到2203公尺，至今仍然在運作中，代表一個世紀前的鐵道技術，而在英國殖民時代，對印度人口的移動和社會經濟都有極大意義。

　　大吉嶺的高山蒸氣小火車從1881年營運至今，在青藏鐵路開通前，它也是世界上海拔最高的鐵路，窄軌、體型較小的蒸氣小火車依照著百年前的機制與模樣運行，鐵軌沿著山坡成Z字型興建，在群山中綿延百里。

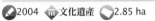

2003　🏛文化遺產　◎1,893 ha

# 毗姆貝克塔岩石庇護所
## Rock Shelters of Bhimbetka

　　毗姆貝克塔岩石庇護所位於印度中央高原南緣的凡迪揚山(Vindhyan Mountains)山腳下，這裡有許多巨大厚重的沙岩裸露出來，岩石之上則是茂密的森林，其中五處自然形成的岩石洞穴裡有許多壁畫，時代可以追溯到中石器時代。

　　直到今天，遺址鄰近21個村落所呈現的文化風貌，與壁畫中所繪的畫面十分接近。

2004　🏛文化遺產　◎1,329 ha

# 襄帕納‧帕瓦迦德考古公園
## Champaner-Pavagadh Archaeological Park

　　這座考古公園裡集中了大量、保存完整的文化遺跡。遠從石器、銅器時代，到早期印度都城的一座山丘堡壘，再到16世紀古加拉特邦(Gujarat)的首都都城遺跡，記錄年代之長，實屬罕見。

　　考古公園裡的遺跡還包括8到14世紀的防禦工事、宮殿、宗教性建築、民居院落、農業灌溉系統等。其中帕瓦迦德考古山丘上的卡利卡瑪塔寺(Kalikamata)是其中最重要的一座神壇，一年到頭都吸引不少朝聖者前來。

2004　🏛文化遺產　◎2.85 ha

# 維多利亞火車站
## Chhatrapati Shivaji Terminus (formerly Victoria Terminus)

　　聽起來就十分英國的維多利亞火車站，是全印度最能代表維多利亞哥德式風格的建築，外觀裝飾無數精細的雕刻，彷彿一座宮殿佇立在忙碌的孟買街頭。如果說，泰姬瑪哈陵是最能代表蒙兀兒王朝的建築物，那麼維多利亞火車站就是英國統治印度時期的代表性建築。該火車站於1998年時已將官方名稱更改為Chhartrapati Shivaji Terminus，不過當地仍然習慣稱它為VT(Victoria Terminus)。這座火車站由當年印度半島火車總局局長Frederick Stevens設計，他運用大量當地藝術系學生和工匠幫忙，於1887年完工。印度寫下歷史的首班列車，正是從維多利亞火車站發車。

　　這是一座殖民式建築才有的綜合性建築體，它集結了維多利亞、印度、伊斯蘭等建築元素於一身。豐富且複雜的雕飾在建築的柱子、圓頂、尖塔、飛扶壁、塔樓、彩繪玻璃窗上四處可見，其中包含有孔雀、猴子、獅子、蛇和常在哥德式建築上出現的獸類。中央的圓頂高達4公尺，大門口兩側分別有獅子和老虎的石雕，代表著印度和英國相互尊重。

351

# 紅堡 Red Fort Complex

紅堡坐落在亞穆納河西岸,是舊德里主要建築遺蹟之一。紅堡又稱為拉爾・奎拉城堡(Lal Qila),是蒙兀兒帝國第五代君主沙賈汗從阿格拉遷都德里,於1639-1648年所建,樣式與阿格拉堡十分類似,都採用紅色砂岩為建材。不過沙賈汗卻從未能在此執政,因為他兒子奧朗傑伯(Aurangzeb)將其罷黜,並軟禁於阿格拉堡內。

紅堡雖然在蒙兀兒帝國強盛時期所建,也一度短暫成為國都,不過奧朗傑伯卻是第一位、也是最後一位在紅堡執政的君王。紅堡四周環繞著紅砂岩城牆與護城河,城牆高度從18~33公尺不等,長達2.41公里。拉合爾城門(Lahori Gate)是它的主要入口,位於西牆的正中央。堡內建築物包括公眾大廳、私人大廳、明珠清真寺、彩色宮殿、哈斯瑪哈勒宮、皇家浴池和噴泉花園等。

🕐 2010　🏛 文化遺產　◯ 1.87 ha

# 疆塔爾・曼塔爾天文台 Jantar Mantar

　　印度齋浦爾的疆塔爾・曼塔爾天文台，堪稱全世界最大的石造天文台，是傑・辛格二世(Raja Sawai Jai Singh II)於1728~1734年所建。

　　這位非常熱衷天文學的大君，在興建天文台之前，先將天文學家送到法國和葡萄牙等歐洲國家學習相關知識，他本人更參考印度、希臘以及伊斯蘭占星術，融合各家所長後，在印度各地興建多達5座的天文台，除齋浦爾外，還包括德里、瓦拉那西、烏迦因(Ujjain)以及馬圖拉(Mathura)，其中又以齋浦爾天文台的觀測儀種類最多、保存也最為完整。齋浦爾的疆塔爾・曼塔天文台曾經於1901年整修過，目前共有16種造型精巧的天文觀測儀，儘管在望遠鏡發明後，疆塔爾・曼塔爾天文台逐漸失去它的功用，然而其觀測儀至今依舊相當準確。

🕐 2012　◯ 自然遺產　◯ 795,315 ha

# 西高止山脈 Western Ghats

　　位於印度德干高原西部邊緣的西高止山脈，由北往南延伸約1,600公里，海拔平均1,200公尺，它是阿拉伯灣沿岸平原與德干高原的地理分界。不過根據地球物理學家的研究，它應該不是真正的高山，而是在德干高原邊緣形成的斷層陡坡。

　　西高止山脈擁有蔥鬱的常綠林、壯麗的瀑布和湍急的河流，其山地森林生態系統不僅發揮了調節熱帶氣候的作用，也孕育了十分豐富而獨特的物種。在此棲息的生物包括5,000種以上的開花植物、508種鳥類、179種兩棲動物以及139種哺乳動物，其中至少還有325種生物被列入全球瀕危名單，這也使它成為全世界八大生物多樣性熱點地區之一。儘管如此，數十年來由於當地農業的擴展，原始森林遭到污染及破壞，面積大幅縮減，因此許多生物面臨了極大的生存危機，需要強加保護。

# 印尼 Indonesia

印尼這個幅員遼闊的萬島之國，入選的世界遺產充分反映其多元面貌，從古老的原人化石遺址，到佛教、印度教的偉大建築，再到熱帶原始雨林以及研究生物演化極有助益的大蜥蜴，還有峇里島的水稻灌溉系統，全都在名單之列。

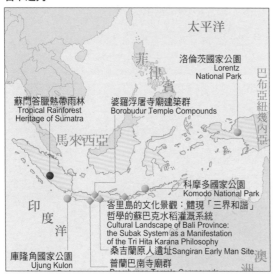

太平洋

菲律賓

洛倫茨國家公園
Lorentz National Park

巴布亞紐幾內亞

蘇門答臘熱帶雨林
Tropical Rainforest Heritage of Sumatra

婆羅浮屠寺廟建築群
Borobudur Temple Compounds

馬來西亞

印度洋

科摩多國家公園
Komodo National Park

峇里島的文化景觀：體現「三界和諧」哲學的蘇巴克水稻灌溉系統
Cultural Landscape of Bali Province: the Subak System as a Manifestation of the Tri Hita Karana Philosophy

庫隆角國家公園
Ujung Kulon

桑吉蘭原人遺址 Sangiran Early Man Site

普蘭巴南寺廟群

澳洲

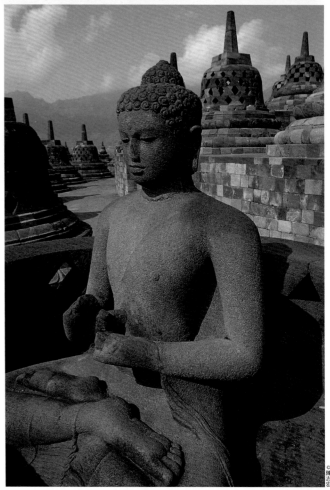

1991　文化遺產　26 ha

## 婆羅浮屠寺廟建築群
### Borobudur Temple Compounds

　　婆羅浮屠為世界最大的佛教遺跡，約建於西元8世紀後半到9世紀之間，由統治爪哇的莎蘭達(Sailendra)王朝的三位國王，先後分做三個階段(由下而上)，花了50到75年時間完成整個建築。婆羅浮屠長寬各123公尺，高32.5公尺，上下九層呈金字塔形，本身即是佛教密宗曼荼羅圖象的立體化。在1814年被發現之前，它孑然隱沒於叢林及火山灰中近千年之久，至今仍保有一股神祕氣質。

　　在最底層石壁上的浮雕內所刻畫的就是人們日常生活寫照，譬如飲酒作樂的場景、展現母子親情的畫面，也有些貪婪的醜陋面孔。原本還包括諸如戰爭殺戮、仇怨妒嫉等，闡述無常人生之喜悲愛恨等情

節約100多幅，而今只剩下不到10幅。

　　同樣以人為主題，在基層之上第一層迴廊中的壁雕，則以古代印度悉達多太子，也就是釋迦牟尼佛一生的故事，來昭顯人的另類潛能。此層迴廊中計有120幅壁雕，濃縮了經文中的精采片段加以影像化。參訪者必須從設計在東方的入口步上迴廊，由左側開始，以順時鐘方向行進。自第一層的佛傳浮雕開始，一直繞到第四層迴廊時，匯入眼簾的便已完全脫離凡人的國度，呈現的是華嚴經《普賢行願品》中提及的「大莊嚴重閣」裡數以千計的眾菩薩。按佛教的靈魂淨化論，這些菩薩全是從凡夫一路走來的，而這便是婆羅浮屠曼荼羅式建築所欲揭示的，由人間走向佛陀境界，人類臻於真理的途徑。

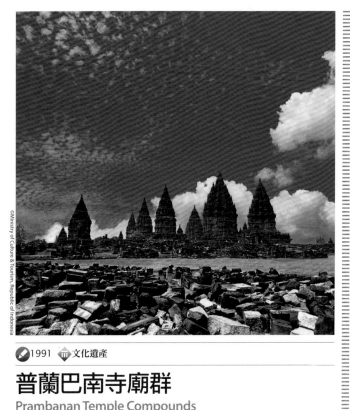

🗡1991　🏛文化遺產

# 普蘭巴南寺廟群
## Prambanan Temple Compounds

爪哇中部的普蘭巴南寺廟群，是印尼境內最大、最古老的印度教寺廟，建造歷史可追溯至西元8至9世紀，包括240多座廟宇，在聯合國教科文組織的協助下，在1970年已有多處修復。寺廟建築大致分為三部分，一是金字塔形的底座，上建有5座通往中心的方形樓梯，其上是有三座環形平台的圓椎體，以及最頂端的紀念佛塔。此外，散布在2500平方公尺的圍牆和欄杆，皆飾以華美的石雕，圍著環形平台的則是72座開放式佛塔，每一座都安置著一尊神像。

🗡1991　💧自然遺產　🌀78,525 ha

# 庫隆角國家公園 Ujung Kulon National Park

巽他陸棚上的爪哇島最西隅，就是庫隆角國家公園，範圍包括庫隆角半島和一些離島，以及克拉卡托亞(Krakatoa)自然保護區，後者的克拉卡托火山曾在1883年爆發，當時大約造成3萬多人喪生，因此對於內陸火山的研究，國家公園具有相當重要性。

除了自然美景和獨特的地理環境，庫隆角國家公園同時擁有爪哇平原裡最大的低地雨林，在這裡可以發現多種瀕臨絕種的動植物，其中，包括處境最危險的爪哇犀牛。

🗡1996　🏛文化遺產　🌀5,600 ha

# 桑吉蘭原人遺址 Sangiran Early Man Site

1936年至1941年在爪哇島中部進行的考古挖掘工作，占地約48平方公里的桑吉蘭一地，挖出了第一具原人化石，隨後，巨猿人、又稱為直立人的爪哇猿人等50具化石陸續出土，幾乎占去全球發現的原人化石的一半。這也證明，桑吉蘭早在150萬年前就有人類居住，是科學家想要瞭解人類演化的重要關鍵地。

🗡1999　💧自然遺產　🌀2,350,000 ha

# 洛倫茨國家公園 Lorentz National Park

位於新幾內亞西邊的洛倫茨國家公園，占地達235萬公頃，是東南亞最大的保護區，境內最高可以到積雪的山頂，最低則深入熱帶海洋，還包括廣袤的低地濕地，以地理橫切面來看，擁有相當完整且多元的生態環境，這也是全球唯一僅見的保護區。

此外，介於兩處滑動的大陸板塊，在洛倫茨國家公園可以觀察到複雜的地層運作，如持續的造山運動，以及冰河蝕刻作用。這裡還曾經挖掘到化石，提供新幾內亞地區生物演化的相關證據，包括數量頗多的特有物種，以及生物的高度多元化。

🗡1991　💧自然遺產　🌀219,322 ha

# 科摩多國家公園 Komodo National Park

科摩多國家公園位於峇里島東邊海面，全境約7萬5千公頃，由多座火山島組成，沿岸是白沙灘、珊瑚礁、碧藍海洋，內陸則是遍布多刺灌木叢、乾燥草原的崎嶇山坡，在完全對比的自然景觀裡，棲息著5700多隻大蜥蜴。

這些蜥蜴因外表和好鬥的行為模式，而被稱為「科摩多龍」。全球獨一無二只在印尼離島生長的科摩多龍，是科學家的最愛，尤其是在研究生物演化理論方面。

# 峇里島的文化景觀：
# 體現「三界和諧」哲學的
# 蘇巴克水稻灌溉系統

**Cultural Landscape of Bali Province: the Subak System as a Manifestation of the Tri Hita Karana Philosophy**

　　峇里島得天獨厚擁有無數河流和小溪，常年灌溉這塊土地，讓糧食不虞匱乏；據文獻記錄，峇里島早在9世紀，就挖掘出複雜的水源渠道，讓稻田適時獲得充分灌溉；而這種繁複的灌溉系統，當地稱之「蘇巴克」(Subak)。

　　蘇巴克非由國王主導，而是由農民們透過自發性的開會討論協調而成，由於稻米被視為神的恩典，稻田的收成時間，也與當地水廟舉辦大型祭典的周期不謀而合；於是農民們便依此共同決定河渠的開挖，以及灌溉的時程，再交由寺廟管理水壩水閘的開放和關閉時間，以公平、合理的方式，讓所有農民都可以獲得水資源；待寺廟舉辦祭典之際，百姓也同時歡慶豐收，感謝神的恩賜。

　　蘇巴克這個存在於峇里島上獨特的稻作農業文化，是島民千年來對「三界和諧」(Tri Hita Karana)哲學的一種體現，事實上，島上無論是有形或無形的事物，幾乎都源於這種想法──只要讓人與神、人與人、人與自然間，維持一種和諧均衡的關係，必會獲得幸福與快樂。

　　峇里島以5處水稻梯田與水廟入選為世界遺產，包括水神廟(Pura Ulun Danu Batur)、巴杜湖(Lake Batur)、帕克努薩分水嶺(Pakerisan Watershed)、克特安格巴特克努區域(Catur Angga Batukaru)、塔曼阿尤寺(Pura Taman Ayun)。這些稻田即由水廟靠著蘇巴克，完美運作農業灌溉，讓這個崎嶇的火山島，面對不斷增加的人口，仍能不使用化肥或農藥，僅以傳統的方式，就能支撐糧食的需求量，也讓峇里成為印尼諸群島中，生產稻作最多的地方。

# 蘇門答臘熱帶雨林
**Tropical Rainforest Heritage of Sumatra**

　　蘇門答臘熱帶雨林占地250萬公頃，包括古農列尤擇(Gunung Leuser)、克瑞辛西巴特(Kerinci Seblat)，以及布吉巴瑞杉西拉坦(Bukit Barisan Selatan)等三座國家公園，境內擁有最需要長期保護的多元且獨特的蘇門答臘生態環境，包括多種瀕臨絕種的動植物。這個保護區同時提供蘇門答臘島的生物地理演化歷程的證據。2011年被納入瀕危名單。

　　保護區內計有上萬種植物，包括17個原生種，另有200多種哺乳動物，以及580種鳥，其中465種是留鳥，21種是原生鳥。在哺乳動物中，22種是亞洲特有品種，15種是印尼原生種，包括蘇門答臘猩猩。

# 伊朗Iran
## (Islamic Republic of)

伊朗這個古代波斯的根據地，留下的文化遺產橫跨數千年，從西元前6世紀的波斯帝國，到後來崛起的伊斯蘭文明，都在這塊高原上大放異彩，光是入選的文化就高達15座，涵蓋了陵墓、清真寺、市集、宮殿、神殿、修道院、民居、灌溉系統、園林。

伊朗的亞美尼亞修道院群
Armenian Monastic Ensembles of Iran

阿爾達比勒的薩非‧阿爾定聖陵建築群
Sheikh Safi al-dinKhānegāh and Shrine Ensemble in Ardabil

蘇丹尼葉城
Soltaniyeh

大布里士歷史市集建築
Tabriz Historic Bazaar Complex

喀不思塔
Gonbad-e Qābus

比索頓
Bisotun

舒希達古代水利系統
Shushtar, Historical Hydraulic System

塔克蘇里曼
Takht-e Soleyman

帕薩爾加德
Pasargadae

恰高占比爾神殿遺址
Tchogha Zanbil

波斯波利斯
Persepolis

波斯園林
The Persian Garden

巴姆城及其文化景觀
Bam and its Cultural Landscape

伊斯法罕伊瑪目廣場
Meidan Emam, Esfahan

伊斯法罕的星期五清真寺
Masjed-e Jāmé of Isfahan

土耳其　裡海　土庫曼　阿富汗　伊拉克　波斯　波斯灣　沙烏地阿拉伯　巴基斯坦

1979　文化遺產

## 恰高占比爾神殿遺址 Tchogha Zanbil

恰高占比爾神殿遺址是一片位於伊朗胡齊斯坦(Khuzestan)行政區的古伊勒姆建築群，也是現今少數存在於美索不達米亞地區以外的古廟塔(Ziggurats)之一。該遺址原是西元前1250年的伊勒姆王國(Kingdom of Elam)聖城，用來榮耀偉大的蘇美神(Sumerian God)因蘇斯納克(Inshushinak)，四周環繞著三座巨大的高牆，內部以一座興建於方形神殿上方且節節高升的古廟塔為中心。神殿群中央有11座獻給其他神祇的神殿，外部則坐落著皇宮和陵墓。不過該遺址尚未落成便遭亞述巴尼拔人(Ashurbanipal)入侵，因而區內至今依舊散置數千磚塊。

1979　文化遺產　13 ha

## 波斯波利斯 Persepolis

波斯波利斯曾經是波斯帝國的權力中心，雄立著當時西亞最大的宮殿，波斯波利斯於西元前518年時因為大流士一世(Darius I)的雄心，一躍成為阿契美尼德帝國(Achaemenid Empire)的首都。這座占地135,000平方公尺的城市，位於一塊高13公尺、半天然半人工的平台上，歷經70多年、多位君王的建造，使得靈感雖來自美索不達米亞建築的複合式宮殿群，卻展現了多種風格。儘管波斯波利斯在西元前331年因為亞歷山大大帝的征服而被焚毀，不過其遺址卻因具備重要的考古價值而受到重視。

2003　文化遺產　10 ha

## 塔克蘇里曼 Takht-e Soleyman

地理位置上幾乎與今日伊朗西北部的塔卡巴鎮(Takab)重疊，塔克蘇里曼這處坐落於火山地帶山谷中，修築防禦措施的皇室建築群，是傳說中「所羅門王的寶座」。擁有多座聖殿和神殿，其中包括歷史回溯至薩珊王朝(Sassanid Empire，西元224~651)、西元6~7世紀薩非時期興建、供奉阿娜西提女神的神殿遺址，並於13世紀蒙古帝國時期部分重建的祆教聖殿等，見證了古代信仰的存在以及相關宗教儀式。此外，具備薩珊王朝特色的塔克蘇里曼遺址，不但與自然環境完美結合，更對後來伊斯蘭以及其他文化建築帶來了深遠的影響。

2004　瀕危文化遺產

## 巴姆城及其文化景觀
### Bam and its Cultural Landscape

2003年底一場芮氏規模6.3的大地震，摧毀了巴姆城內將近80%的景觀，使得「全球最大的土坯建築群」一夕之間成為瀕危遺產。

巴姆城位於伊朗東南部克爾曼省(Kerman Province)巴姆區，最初歷史回溯到阿契美尼德時期，位居絲綢之路上的交通要衝，使得這座運用當時特有建築技術建成的防禦城市，融合多種風格且獨具特色。巴姆城外圍繞長達3公里的城牆，城內以歷史超過兩千年的城堡為中心，除民房外還有一座千年清真寺和祆教聖殿，而坐落於沙漠地帶的它因為灌溉渠道的建立得以種植果樹，而有沙漠綠洲的美譽。

©周爾昭

1979　文化遺產

## 伊斯法罕伊瑪目廣場
### Meidan Emam, Esfahan

西元17世紀初，阿拔斯一世(Shah Abbas I the Great)創建了這座「伊朗最美的廣場」，位於今日伊斯法罕市中心的它最初稱為皇家廣場，四周圍繞著無數落成於薩非王朝(Safavid era)時期的古蹟，包括完美呈現波斯伊斯蘭建築結構的皇家清真寺(Shah Mosque)、位於東側的希克斯洛特夫拉清真寺(Sheykh Lotfollah)、裝飾大量自然主題壁畫的蓋塞爾伊耶希門廊(Portico of Qaysariyyeh)，以及歷史回溯到15世紀的提姆瑞德宮(Timurid)等等。建築間彼此以兩層樓高的拱廊相連接，形成一座長500公尺、寬160公尺的長方形廣場，反映出當時波斯社會的文化水準與生活方式。

## 帕薩爾加德 Pasargadae

📝2004　🏛文化遺產　◇160 ha

　　這處距離波斯波利斯43公里、位於帕斯(Pars)的古蹟,是阿契美尼德王朝的首座都城,同時也是波斯帝國的發源地。西元前六世紀中葉,居魯士二世(Cyrus II the Great)創立了帕薩爾加德,它是範圍涵蓋了東地中海、埃及,到印度河流域大帝國的西亞多元文化之都,古蹟群廣達1.6平方公里,包括居魯士二世的陵墓、坐落於附近山丘頂端的塔勒塔克(Toll-e Takht)要塞以及皇宮和花園,展現了阿契美尼德王朝早期的藝術與建築特色,更代表了該時期的文明,特別是其皇宮與花園,更為之後的西亞建築奠定基礎。

## 比索頓 Bisotun

📝2006　🏛文化遺產　◇187 ha

　　比索頓在昔日連接伊朗高原和美索不達米亞的貿易道路上,保存了年代橫跨米底亞(Median)、阿契美尼德、薩珊以及蒙古王朝等時期的重要考古遺跡,其中最引人注目的是一幅出自大流士一世之命的淺浮雕,落成於他登基的西元前521年。

　　該浮雕距離地面50公尺高的巨岩上,描繪大流士接見懇求者的場景,大流士的上方飛翔著振翅天使Farohar,浮雕四周圍繞著多達1200行的銘文,分別以蘇美、巴比倫和古波斯三種文字陳述其豐功偉業,它是世上僅存記錄大流士重建阿契美尼王朝的紀念碑文,也是波斯帝國境內碑銘藝術與書寫發展的最佳見證。

## 伊朗的亞美尼亞修道院群 Armenian Monastic Ensembles of Iran

📝2008　🏛文化遺產　◇129 ha

　　亞美尼亞修道院群坐落於伊朗東北部亞美尼亞文化主要發展區的邊界,形成當地以及亞塞拜然等地主要的宗教傳播中心,由聖達太修道院(St Thaddeus)、聖斯泰帕諾斯修道院(St Stepanos)以及佐佐爾禮拜堂(Dzordzor)組成,它們是亞美尼亞基督教與其他宗教文化交流的最佳證明,特別是與拜占庭、東正教、波斯以及伊斯蘭之間的相互影響。歷史最悠久的聖達太修道院回溯到西元7世紀,兩座高聳的尖塔環繞著一座鞏固的城牆,從遠方就能一眼望見,展現了亞美尼亞的建築特色和裝飾傳統。

## 舒希達古代水利系統 Shushtar, Historical Hydraulic System

📝2009　🏛文化遺產　◇240 ha

　　與恰高占比爾神殿遺址同位於胡齊斯坦行政區的防禦性城市舒悉達,是座位於克魯恩河(Karoun)畔的島城,在薩珊王朝時成為夏季首府。該城早在西元前好幾個世界就是甘蔗和主要莊稼的生產區,這一切都得歸功於歷史回溯到西元前5世紀、大流士一世時代的水利系統,該項傑出工程藉由一道高聳的崖壁讓水流傾洩至盆地後、下流至平原,再以一系列地道與水車引渠,不但提供農作物的灌溉更供應整個城市的用水,貫穿城內的渠道同時形成一道護城河。該遺址展現了當時人們的智慧,也對後來的羅馬建築產生影響。

## 蘇丹尼葉城 Soltaniyeh

📝2005　🏛文化遺產　◇790 ha

　　位於德黑蘭西北方約240公里、桑姜行政區(Zanjan Province)的蘇丹尼葉城,名稱原意為「蘇丹之城」,14世紀時成為蒙古王朝的首都。在它眾多的古蹟中,以奧力葉圖陵墓(Mausoleum of Oljaytu)最為出色,八角形的建築興建於1302~1312年間,上方50公尺高的雙重圓頂是當今伊朗最古老的同類型建築,覆蓋著優雅的土耳其藍陶片,四周圍繞著8座細長的宣禮塔。該圓頂結構為未來如泰姬瑪哈陵的圓頂等伊斯蘭建築鋪路,也因此被暱稱為「泰姬馬哈的前身」(anticipating the Taj Mahal)。

## 阿爾達比勒的薩非·阿爾定聖陵建築群 Sheikh Safi al-Din Khānegāh and Shrine Ensemble in Ardabil

📝2010　🏛文化遺產　◇2.14 ha

　　阿爾達比勒是一座位於伊朗西北方的歷史城市,工藝方面因絲綢和地毯著稱,古蹟上則以薩非·阿爾定聖陵建築群而聞名。薩非·阿爾定(1252~1334年)是蘇菲派大師Sheikh Zahed Gilani的女婿,他將傳承自岳父手中的Zahediyeh教團,改創以他為名的薩非教團(Safaviyeh),該教團也是後來16世紀崛起的薩非王朝的前身。薩非·阿爾定聖陵原本是他的兒子薩拉丁(Sadraddin)為他興建的陵墓,不過隨著薩非王朝的發展,於16~18世紀之間擴充,因而形成今日融合博物館、清真寺、學校、醫院、廚房等多功能的建築群。聖祠以8道門區分為7個部分,分別象徵蘇菲主義的8種態度與7個神祕階段,裝飾大量傳統工藝的外觀與內部,構成了這座罕見的中世紀伊斯蘭建築群。

## 大布里士歷史市集建築 Tabriz Historical Bazaar Complex

📝2010　🏛文化遺產　◇29 ha

　　位於伊朗第4大城大布里士市中心的歷史市集,是一座由金飾珠寶、地毯、鞋子等大小主題市集串連而成的建築迷宮,也是中東地區最古老的市集之一。回溯其歷史,早在13世紀時,位於絲路上的重要商業中心大布里士及其市集早就聲名遠播,當時它是東亞塞拜然省(East Azarbaijan Province)的首府,儘管在16世紀時失去其首府地位,不過繁榮景象一直持續到18世紀末,才因鄂圖曼土耳其帝國的擴張而逐漸沒落。

　　隨著時代發展,大布里士出現許多新的購物商場,然而歷史市集依舊是當地、甚至伊朗西北部的經濟中心,這座完整融合伊朗傳統商業與文化系統的市集建築,如今也是重要宗教活動的舉辦場所。

### 2011 　🏛 文化遺產 　🔲 716 ha

# 波斯園林 The Persian Garden

　　本文化遺產涵蓋了位於伊朗多個省份境內、各在不同時期建造完成的9座園林建築。它們反映了自西元前6世紀居魯士大帝時期以來，波斯人為了適應氣候狀況所發展出來的多樣化園林設計風格。

　　波斯園林是人間天堂的具體展現，英文的paradise(天堂)一詞就源自波斯文的pardis，意指美麗的波斯園林。它的主要設計概念是凸顯波斯人對伊甸園的想像，以及瑣羅亞斯德教所重視的四大元素：天、地、水、植物，因此每座波斯園林都具備這四大部分。由於伊朗的氣候乾熱，因此水與樹在波斯園林的設計及維護上扮演了最重要的角色，水池、溝渠以及噴泉可以提供灌溉及裝飾功能，蔥綠的樹木則能提供遮陽效果。除此之外，穹頂建築、涼亭迴廊以及高聳牆垣，也都是波斯園林的特徵。

　　波斯園林不僅是波斯文明的出色代表，甚至影響了亞洲甚至歐洲的園林藝術，印度的泰姬瑪哈陵就是最經典的範例。

### 2012 　🏛 文化遺產 　🔲 1.48 ha

# 喀不思塔 Gonbad-e Qābus

　　西元1006年，齊雅爾王朝(Ziyarid Dynasty)的統治者喀不思·伊本·弗許吉爾(Qābus Ibn Voshmgir)下令在該王朝的首都，也就是現今伊朗東北部格列斯坦省約爾揚(Jorjan)古城廢墟附近，動工興建一座高53公尺、直徑17公尺、包含1.618黃金比例的正十邊形錐頂磚塔，作為陵墓之用。14到15世紀，曾是藝術與科學中心的約爾揚城遭到蒙古人入侵並摧毀，這座全世界最高的純磚造塔，便成為該城唯一留存至今可供人緬懷的遺跡。

　　這座巨大的建築傑作以複雜的幾何結構組成，錐頂內部有厚厚灰泥製成的蜂窩拱，展現出最早期的穆迦納斯(muqarnas)裝飾風格。喀不思塔不僅反映了西元10世紀穆斯林世界的數學、科學與建築水準，為伊朗、安納托利亞及中亞地區的墓塔建築創立典範，也見證了中亞遊牧民族與古伊朗文明在建築方面的交流。

### 2012 　🏛 文化遺產 　🔲 2.08 ha

# 伊斯法罕的星期五清真寺

Masjed-e Jāmé of Isfahan

　　位於伊斯法罕的星期五清真寺，是伊朗現今最古老的星期五清真寺，它從西元841年開始興建，經過歷代王朝長達12個世紀的重建、增建及整修，生動刻劃了伊斯蘭建築與裝飾風格的演變，並且成為後來中亞各地清真寺的設計藍本。

　　西元1086年，塞爾柱(Seljuq)王朝的知名宰相尼珊·阿穆魯克(Nizam al-Mulk)在清真寺南側增建了一座磚造圓頂廳堂，作為安放壁龕之用。這座廳堂的規模和工程技術都突破當時的水準，是伊斯蘭帝國第一個雙層肋拱圓頂式建築。隔年，阿穆魯克的對手也在清真寺北側增建一座圓頂廳堂，儘管用途不明，但線條分明的結構以及幾何學上的平衡感，都使它成為波斯建築中的傑作。

　　人們今日在這座清真寺中見到的四門廳(four iwans)，也是出現在塞爾柱王朝統治時期的創新元素。這種天井設計原本只見於薩珊王宮(Sassanid palaces)，後來率先為本清真寺所採用，並且逐漸在整個伊斯蘭世界普及開來。

# 伊拉克 Iraq

　　位於肥沃月灣核心地帶的伊拉克，幾乎就是美索不達米亞文明的發源地，從蘇美、亞述、巴比倫，到伊斯蘭文明，三座文化遺產都是跨越數千年的古文明遺址，可惜近代命運多舛的伊拉克，也讓這些古代遺產岌岌可危。

地圖：土耳其、敘利亞、沙烏地阿拉伯、伊朗
亞述 Ashur (Qal'at Sherqat)
哈特拉 Hatra
薩邁拉考古城 Samarra Archaeological City

### 1985 　🏛 文化遺產 　🔲 324 ha

# 哈特拉 Hatra

　　坐落於巴格達東北方290公里的哈特拉，是西元前3世紀時希律希底帝國(Seleucid Empire)創立的亞述城市，到了帕底亞王國(Parthian Empire)王國時期，因為位居絲路上的重要位置，一躍成為重要的宗教和貿易中心。

　　這座要塞城市因為擁有兩道厚實的城牆，得以成功抵禦西元2世紀時羅馬人的多次入侵，在它分別高達8、6公尺的外、內牆中，有著20~30公尺寬的壕溝，城內遺址融合希臘、羅馬且洋溢東方風情，面積廣大且擁有拱頂與廊柱的太陽神Shamash神廟，是帕底亞式建築風格的最佳寫照。

### 2003 　🏛 瀕危文化遺產 　🔲 70 ha

# 亞述 Ashur (Qal'at Sherqat)

　　興起於美索不達米亞的亞述王國於西元前14~9世紀時，選擇了這座位於底格里斯河西岸的城市當作首都，並以該帝國最偉大的神祇兼守護神亞述神替它命名。這座亞述帝國的宗教中心以及皇室陵墓所在地，發跡於西元前3000年以前，歷經多番興衰的亞述古城擁有展現從蘇美人到帕底亞王國一路以來的建設，雖然西元前7世紀時毀於巴比倫人之手，卻於西元1~2世紀帕底亞王國統治之時再度復甦，最後終在西元2世紀時遭到薩珊王朝的徹底摧毀。2003年因為當地一項水壩建設計畫使它恐有遭淹沒的危機，而被列為瀕危遺產。

### 2007 　🏛 瀕危文化遺產 　🔲 15,058 ha

# 薩邁拉考古城 Samarra Archaeological City

　　在底格里斯河的東岸、距離巴格達125公里的地方，保留現今唯一一座依舊維持原本城市規劃、建築與藝術的伊斯蘭首都薩邁拉考。古城歷史上溯到西元836~892年間，見證了當時最強大、領土橫跨突尼斯到中亞的伊斯蘭帝國阿巴斯王朝(Abbasid Caliphate)的興盛，城內的建築、街道規劃、以及馬賽克拼貼等建築裝飾，展現了該王朝建築卓越的時期，其創新的建築藝術日後更傳到了伊斯蘭以外的區域。古城內兩座最大的清真寺Al-Malwiy和Abu Dulaf、著名的通天塔(Spiral Minaret)以及伊斯蘭世界中最大的宮殿群，是該遺址最大的特色。

# 以色列Israel

以色列這塊高度政治性的土地，除了耶路撒冷是由約旦提出之外，共有7座文化遺產入選，從遠古的人類演化，到史前聚落，再到聖經故事中出現的聚落遺址，還有20世紀以色列建國之後才出現的現代化運動，歷史縱深長達數萬年。

地圖標示：
- 阿克古城 Old City of Acre
- 馬薩達 Masada
- 海法和西加利利的巴哈伊聖地 Bahá'i Holy Places in Haifa and the Western Galilee
- 迦密山人類進化遺址 Sites of Human Evolution at Mount Carmel: The Nahal Me'arot / Wadi el-Mughara Caves
- 特拉維夫白城－現代化運動 White City of Tel-Aviv -- the Modern MovementModern Movement
- 聖經史前聚落遺跡－米吉多、夏瑣、別是巴 Biblical Tels - Megiddo, Hazor, Beer Sheba
- 耶路撒冷舊城及其城牆 Old City of Jerusalem and its Walls
- 薰香之路－尼吉夫沙漠城鎮 Incense Route - Desert Cities in the Negev
- 黎巴嫩、敘利亞、約旦、埃及

📷2001 🏛文化遺產 ⭕276 ha

## 馬薩達 Masada

遺世聳立於約旦沙漠西側盡頭的一座岩石峭壁上，俯視著死海的絕美景觀，馬薩達這座起伏不平的天然要塞，由東朝西逐漸從450公尺的高度減緩為100公尺，使得它擁有難以攻克的特性。名稱源自於希臘文的「堡壘」，這座猶太人眼中的聖城起源已不可考，只知道西元前40年時希律王(Herod the Great)曾經為了躲避帕底亞國王而在此避難並進行大規模的建設。西元66年時，馬薩達爆發第一次猶太人和羅馬人的戰爭，圍城的羅馬人在這座高城的四周築城、興建營地、防禦建築與攻擊斜坡，這些完整的羅馬圍城工事至今依舊可見。

📷2001 🏛文化遺產 ⭕63 ha

## 阿克古城 Old City of Acre

早期掌握前往地中海東部沿岸地區的關鍵地位，使得坐落在以色列的北部、海法灣(Haifa Bay)北方一處低矮海角上的阿克古城，從腓尼基時代開始就已陸續出現無數聚落。中世紀時期阿克古城成為耶路撒冷十字軍王朝的首都，這些年代可回溯到12~13世紀的十字軍時期城鎮遺址，幾乎完整的保留了下來；後來18~19世紀時鄂圖曼土耳其帝國統治該城、並將它建設成典型伊斯蘭教都城，構成了今日城市非常特殊的層次景觀，堡壘、清真寺、商旅客棧以及浴池等典型伊斯蘭建築要素，錯落於中世紀的結構間。

📷2003 🏛文化遺產 ⭕140 ha

## 特拉維夫白城－現代化運動
White City of Tel-Aviv –the Modern Movement

因蘇伊士運河開通使得雅法(Yafa)房價高漲，一群猶太人因而移居並於1909年創立了特拉維夫。1930年代，留歐的以色列學生帶回了當時最流行的現代主義，於是大量興建布局不對稱、簡潔且著重功能性的建築，出現在這座年輕且蓬勃發展的城市中，使它成為世界上聚集最多國際風格建築的區域之一。

這些建築普遍不高、占地面積小且塗上灰泥，因此組成被稱為「白城」，長方形的城區東南西北各以拜擎路(Begin Road)和古羅街(Gvirol steet)、愛倫比街(Allenby)、地中海邊、雅孔河(Yarkon River)為界，共有多達4000幢左右的房子。

## 2005 ⬧ 文化遺產

# 薰香之路－尼吉夫沙漠城鎮
## Incense Route - Desert Cities in the Negev

　　昔日駱駝商旅穿梭於阿拉伯半島和西奈半島間，為南非、阿拉伯和地中海地區居民送達焚香和香料，而這條長度超過2000公里的薰香之路，其中大約有100公里左右貫穿以色列的尼吉夫地區。

　　在此段橫越以色列沙漠地帶的區域裡，阿弗達特(Avdat)、哈魯札(Haluza)、曼希特(Mamshit)以及希夫塔(Shivta)四座納巴頓人(Nabatean)創立的城市，直接連接薰香之路和香料之路上的地中海口岸，從它們的堡壘、灌溉系統、城市建設以及農耕景觀遺跡中，不難發現西元前3世紀到2世紀時，它們如何靠著乳香和沒藥貿易的豐厚利潤獲得蓬勃的發展。

## 2005 ⬧ 文化遺產 ◯ 96 ha

# 聖經史前聚落遺跡－
# 米吉多、夏瑣、別是巴
## Biblical Tels - Megiddo, Hazor, Beer Sheba

　　在地中海地區特別是黎巴嫩、敘利亞、以色列以及土耳其東部比較平坦的地區，以擁有大量史前聚落遺跡為特色，其中光是在以

色列的米吉多、夏瑣以及別是巴，就有超過200個聚落遺跡，且大多與《聖經》中提到的城市或地點有著密切的關聯。

　　這三處遺跡同時也是展現鐵器時代地中海東部沿岸地區聚落以及供應密集城市社區的地下集水系統的最佳範例，它們見證了數千年以前已然存在的中央集權，以及重要商貿道路的控制與興盛的農業活動。

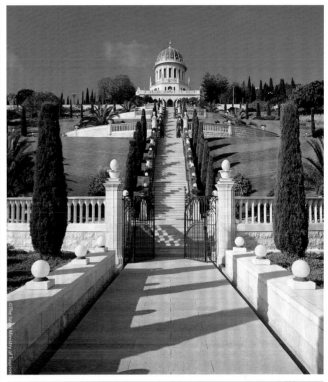

## 2008 ⬧ 文化遺產 ◯ 63 ha

# 海法和西加利利的巴哈伊聖地
## Bahá'i Holy Places in Haifa and the Western Galilee

　　19世紀中，流亡波斯的巴胡勒(Bahá'u'lláh)創立了又名「大同教」的巴哈伊教，目前估計在全世界200多個國家擁有多達600萬名信徒，該教希望藉由世人的努力達到各大宗教的統一。

　　因為洋溢著巴哈伊信仰濃厚的精神寓意以及強烈的朝聖傳統，使得海法和西加利利的巴哈伊聖地獲選為世界遺產名單，其中特別是兩座與創辦人相關的宗教建築：阿克的巴胡勒聖殿(Shrine of Bahá'u'lláh)以及海法的巴勃聖殿(Shrine of the Báb)建築群最為重要，它們的附屬建築分別位於海法和西加利利境內的七個地方。

## 2012 ⬧ 文化遺產 ◯ 54 ha

# 迦密山人類進化遺址
## Sites of Human Evolution at Mount Carmel: The Nahal Me'arot / Wadi el-Mughara Caves

　　迦密山人類進化遺址位於迦密山脈的西側，範圍涵蓋塔本(Tabun)、賈瑪爾(Jamal)、埃爾瓦德(el-Wad)以及斯庫爾(Skhul)這四個相鄰的洞穴區及其台地，總面積為54公頃。

　　本遺址歷經了距今50萬年前的阿舍利文化(Acheulian culture)以及後來的莫斯特文化(Acheulian culture)和納吐夫文化(Natufian culture)，並且擁有地中海地區至今保存最完整的化石礁，它不僅為人類演進史上的關鍵時期提供了珍貴的見證，也為人類墓葬、早期石頭建築以及從漁獵採集生活轉向農耕畜牧生活，留下了真實的記錄。

　　本遺址的考古研究工作從1928年以來一直持續進行中，根據出土的化石遺跡顯示，尼安德塔人和解剖學意義上的現代人都曾經在這裡生活，因此本遺址是了解尼安德塔人的消失、智人的進化以及西南亞早期人類生活的重要地點。

# 日本Japan

日本共有12座文化遺產以及4座自然遺產，類型分布平均。文化遺產方面，有一大半為佛教及日本神道相關遺址，其餘則為古城、傳統村落、礦業遺產、原爆紀念遺址；自然遺產則涵蓋原始櫸木林、杉木林及人跡罕至的島嶼生態。

北海道知床半島
Shiretoko

平泉一佛寺、庭園及佛教淨土相關遺址
Hiraizumi - Temples, Gardens and Archaeological Sites Representing the Buddhist Pure Land

古京都歷史建築群
Historic Monuments of Ancient Kyoto (Kyoto, Uji and Otsu Cities)

白神山地
Shirakami-Sanchi

島根縣石見銀山及其文化景觀
Iwami Ginzan Silver Mine and its Cultural Landscape

白川鄉合掌造聚落
Historic Villages of Shirakawa-go and Gokayama

姬路城
Himeji-jo

日光地區神社及寺廟
Shrines and Temples of Nikko

法隆寺地區佛教遺址
Buddhist Monuments in the Horyu-ji Area

廣島原爆圓頂
Hiroshima Peace Memorial (Genbaku Dome)

奈良古建築群
Historic Monuments of Ancient Nara

嚴島神社
Itsukushima Shinto Shrine

屋久島
Yakushima

紀伊山地靈場與參拜道路
Sacred Sites and Pilgrimage Routes in the Kii Mountain Range

琉球王國遺產群
Gusuku Sites and Related Properties of the Kingdom of Ryukyu

小笠原諸島
Ogasawara Islands

1993　文化遺產　15 ha

## 法隆寺地區佛教遺址
### Buddhist Monuments in the Horyu-ji Area

法隆寺是日本第一個登錄為世界遺產的國寶級文物，包括了48座佛寺建築，是日本歷史最悠久的木造建築，已有上千年歷史。除了建築上的價值，法隆寺興建的年代也正是佛教初傳入日本的關鍵時刻，法隆寺的肇建者聖德太子，積極支持佛教，對佛教日後在日本的發展有著重大影響。事實上，法隆寺的寺名，含著期望佛法興隆的含意。法隆寺又分為西院與東院，東院最主要的建築為夢殿，傳說是聖德太子的居所，西院的觀覽重點則有中門、金塔與五重塔。這幾座木建築乃仿效中國唐朝，無論在風格、技法與結構上，都充滿恢弘沉穩的大唐氣勢，這種年代的建築在中國境內都已少見，由此可知法隆寺的難能可貴。西院的金堂與五重塔，相鄰而立，古樸雄渾。金堂與五重塔後方的大講堂，開廣的七間格局，簡雅幽靜。

金糖、五重塔以及大講堂內部，都有佛教壁畫與眾多的佛像壁龕，法隆寺的另一層面的價值是佛教伽藍。

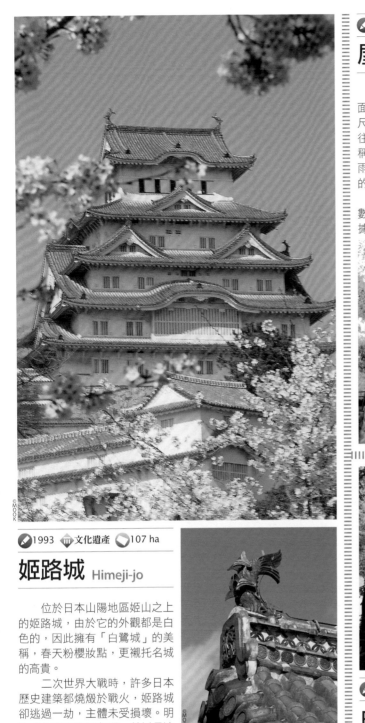

🏅1993 🏛自然遺產 🌐10,747 ha

# 屋久島 Yakushima

位於九州本島以南60公里的屋久島，自然景觀豐富，約有1/5的面積被登錄為世界自然遺產，最值得一看的就是島中央海拔1936公尺宮之浦岳的屋久杉原生林，成為許多熱愛自然文化的人最期待前往的地方。島中央的宮之浦岳是九州最高峰，又有海上阿爾卑斯之稱，由於從海面上吹來的溫暖潮濕的風，使得屋久島的高山長年降雨，孕育出豐富的植物景觀，從亞寒帶到亞熱帶都可見到，最特別的就屬屋久杉原生林內的繩文杉。

屋久杉原生林是屋久島最重要的自然景觀，大面積的杉木都有數千年的歷史，而繩文杉則是其中最具代表性也最著名的杉木，根據推斷已有超過7200年的歷史，因年代接近繩文時期而命名。

🏅1993 🏛文化遺產 🌐107 ha

# 姬路城 Himeji-jo

位於日本山陽地區姬山之上的姬路城，由於它的外觀都是白色的，因此擁有「白鷺城」的美稱，春天粉櫻妝點，更襯托名城的高貴。

二次世界大戰時，許多日本歷史建築都燒燬於戰火，姬路城卻逃過一劫，主體未受損壞。明治43年至昭和31年間，曾以長達8年的時間大肆維修姬路城，當時日本文部省總共花費5億5千萬日幣，將天守閣從內部解體維護並復元完成。

現在所看到的姬路城是池田輝政所建，建於西元1601年，姬路城最早的建城歷史其實可追溯到西元1346年的鎌倉幕府時代，戰國時期豐臣秀吉又再加築了三層，姬路城的樣貌漸漸勾勒出來。豐臣秀吉死後，德川家康於關原之戰中奪得政權，姬路城的城主也換成德川家的女婿池田輝政，池田輝政的任內繼續擴大修築姬路城，如今壯觀的天守閣群於焉成形。

三個小天守鞏護著巍峨的大天守，這種建立式天守的樣式只有在姬路城才看得到，美麗的白壁與唐破風、千鳥破風式屋簷，加上裝飾於其上的魚狀鯱瓦，更見姬路城建築之美。

🏅1993 🏛自然遺產 🌐16,971 ha

# 白神山地 Shirakami-Sanchi

有自然寶庫之稱的白神山地，是跨越日本青森縣西南方和秋田縣西北側大約13萬畝山林地帶的總稱，這片人煙稀少的森林有八千年的歷史，其中位在中央16,971公頃的山毛櫸原生林被收錄為世界自然遺產。

這片絲毫未受人為破壞的原始森林造就了獨特的生態環境，並且保存了500種稀有植物與動物，其中包含了日本特有的保育動物羚羊、獼猴、黑啄木鳥、金雕等，和高達2千多種的珍貴昆蟲。而其中最受矚目的就是這片原生的山毛櫸林，闊葉的山毛櫸除了可抵擋大雨外，其根部具有良好的吸水性與保土性，讓白神山地可以維持良好的水土保持作用。

# 古京都歷史建築群

## Historic Monuments of Ancient Kyoto (Kyoto, Uji and Otsu Cities)

京都是日本的千年古都，眾多保存完善的木造建築，以及由特殊宗教文化背景所造就的園庭造景，都是世界藝術文化的寶藏。被列入世界文化遺產的京都古建築包括了賀茂別雷神社(上賀茂神社)、賀茂御祖神社(下鴨神社)、教王護國寺(東寺)、清水寺、比叡山延曆寺、醍醐寺、仁和寺、平等院、宇治上神社、高山寺、西芳寺(苔寺)、天龍寺、鹿苑寺(金閣寺)、慈照寺(銀閣寺)龍安寺、本願寺(西本願寺)與二條城。

其中最有知名度的首推金閣寺，因為三島由紀夫同名小說而聲名大噪的金閣寺，金碧輝煌的樓閣、周邊的龍安寺枯山水庭園以及仁和寺的櫻花，都是遊覽京都必遊之地。

這17處文化財緊扣著京都1200年的歷史發展。上賀茂神社出現在日本最古老的史書「日本書紀」一書中，那是在西元8世紀左右；而二條城卻是17世紀的產物，日本歷史的一大轉折「大政奉還」(政權由幕府將軍交返天皇手上)，就發生在二條城，從那一刻(西元1868年)起，京都也失去日本首都的地位。

除了年代縱橫了上千年，古都京都文化財的另一特色是建築。醍醐寺的五重塔，建於西元952年，是京都境內最古老的建築，平等院的鳳凰堂則是京都最盛期平安文化的代表性建築物。

🖋1995 🏛文化遺產 🌐68 ha

# 白川鄉合掌造聚落
## Historic Villages of Shirakawa-go and Gokayama

　　在白山山脈中，傳統的村落擁有一種特殊的居住形式，這就是合掌造村落。村民以養蠶、生產蠶絲、絹絲製品維持生活，社會結構以每個大家庭為中心，形成一個互助合作的村落，由於這種團結一致的生活型態，才有可能動員全村力量建造或修築合掌造這種特殊的房舍。合掌造的名稱，得自厚厚稻草建成的高尖屋頂，造型宛如兩手合成的正三角形。隨著工業社會發展，村落人口流失，合掌造村落逐漸消失，僅存荻町等3個較完整的合掌村，直到1950年代，村民開始修復傳統合掌造建築，後來又因德國建築學家的一本《日本美的再發現》，而聲明大噪，書中稱合掌造是「極合乎邏輯的珍貴日本平民建築」。這種特殊的生活形式才又再度受重視。一棟好的合掌造要能擋得住年年的強風大雪得靠好的木材、茅草和專業的好手，可惜這些都越來越少了，也因此現存的完整合掌造，更顯彌足珍貴。

🖋1996 🏛文化遺產 🌐0.40 ha

# 廣島原爆圓頂
## Hiroshima Peace Memorial (Genbaku Dome)

　　原爆圓頂是廣島市最重要的地標。事實上，橫跨於廣島市重要水道元安川與太田川匯流處、相生橋畔的原爆圓頂是一處廢墟，原本是建於1915年4月的3~5層樓建築，由當時知名的捷克籍建築師Jan Letzel所設計，建築採巴洛克樣式的結構，融合分離主義派的細部裝飾混合而成，於同年夏日成為廣島縣物產陳列館開幕，其後從舉辦果子評選大會的商品陳列所，到提供美術品展示的廣島縣產業獎勵局，歷經多次型態變更。

　　1945年8月6日上午8:15，人類史上第一顆原子彈在距離原爆圓頂160公尺的爆心地投下，受到原子彈爆炸威力衝擊的超級高溫和熱能輻射線影響，所有的窗戶被爆風炸裂，當時在館內辦公的30名職員無一倖存，建築卻奇蹟式地保留了下來。這棟被炸空圓頂，是原爆時少數存留的建築，時時刻刻提醒著原爆威力的可怕。

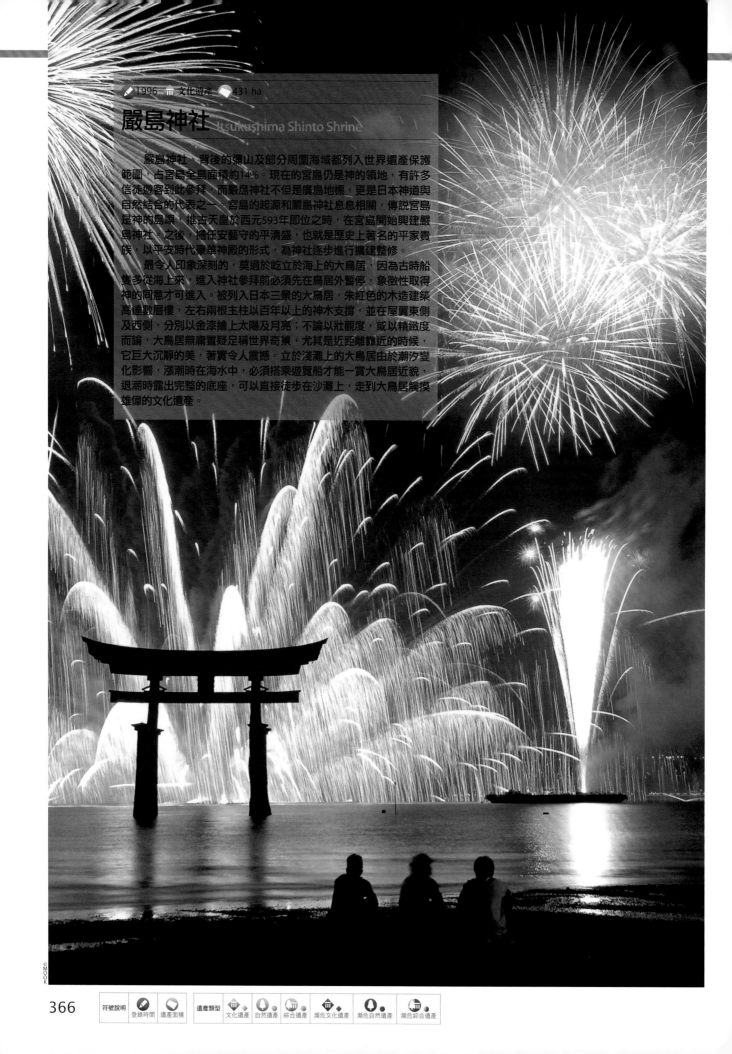

✏️ 1996　🏛 文化遺產　🔷 431 ha

# 嚴島神社 Itsukushima Shinto Shrine

　　嚴島神社，背後的彌山及部分周圍海域都列入世界遺產保護範圍，占宮島全島面積約14%。現在的宮島仍是神的領地，有許多信徒遊客到此參拜。而嚴島神社不但是廣島地標，更是日本神道與自然結合的代表之一。宮島的起源和嚴島神社息息相關，傳說宮島是神的島嶼，推古天皇於西元593年即位之時，在宮島開始興建嚴島神社。之後，擔任安藝守的平清盛，也就是歷史上著名的平家貴族，以平安時代豪華神殿的形式，為神社逐步進行擴建整修。

　　最令人印象深刻的，莫過於屹立於海上的大鳥居，因為古時船隻多從海上來，進入神社參拜前必須先在鳥居外暫停，象徵性取得神的同意才可進入。被列入日本三景的大鳥居，朱紅色的木造建築高達數層樓，左右兩根主柱以百年以上的神木支撐，並在屋翼東側及西側，分別以金漆繪上太陽及月亮；不論以壯觀度，或以精緻度而論，大鳥居無庸置疑足稱世界奇景，尤其是近距離靠近的時候，它巨大沉靜的美，著實令人震撼。立於淺灘上的大鳥居由於潮汐變化影響，漲潮時在海水中，必須搭乘遊覽船才能一賞大鳥居近貌，退潮時露出完整的底座，可以直接徒步在沙灘上，走到大鳥居觸摸雄偉的文化遺產。

1998 文化遺產 617 ha

# 奈良古建築群
## Historic Monuments of Ancient Nara

奈良是日本第一個首都，雖然定都奈良只有短短70多年，卻留下相當可觀的古蹟資產。古都奈良文化財共有8處：東大寺、春日大社、春日山原始林、興福寺、元興寺、藥師寺、唐招提寺與平城宮跡。這8個地方濃縮了奈良朝一天平時代的文化精華，歷久彌新。

奈良朝是日本文化的轉捩點，中日歷史教科書中都會寫到的大化革新，就是在這個時期。日本從中國學習模仿了所有的典章制度，甚至包括了文字，都是學自中國。列入世界遺產的8個寺社中的唐招提寺，正是來自中國的高僧鑑真和尚所創立的道場。

在文化史上，奈良朝又被稱為天平文化，這是一種寧樂純樸的古風，建築物線條簡俐、氣勢雄偉，東大寺的大佛殿、唐招提寺的金堂，都是代表性的天平時代建築。而奈良朝最大的特色則在佛教國家，東大寺、藥師寺、興福寺等諸多佛寺，都是天皇以國家財政力量資助，甚至天皇還會帥皇室成員與文武百官接受高僧的受戒，佛教之興盛可見一斑。

🔆1999 🏛文化遺產 ◯51 ha

# 日光地區神社及寺廟
## Shrines and Temples of Nikko

　　日光被列入文化遺產，有兩個重要原因：第一，日光地區的佛教寺廟及神道教神社，都是江戶建築風格的巔峰之作；其二，作為日本的山岳信仰中心而言，日光的宗教建築和四周的山林環境，維持既和諧又具哲學思想的布局，是人與神、人工與自然和平相處極佳的典範。日光地區的宗教建築，以東照宮、輪王寺和二荒山神社為主，合稱日光二社一寺，特別是東照宮，最能展現江戶建築和雕刻工藝的奇蹟者。和、中式並用的東照宮，雕刻細節和架構以天台宗法華經中神佛融合思想為基礎，扇形分布的東照宮，於是呈現神社建築和佛教建築合一的特色。模樣可愛，甚至代表日光的「三猿」，就在神廄舍正立面的木雕上。「三猿」的寓意幽默，代表中國哲學裡的「非禮勿視‧非禮勿聽‧非禮物言」。

　　起建二荒山神社的是開基日光的修行僧勝道上人，祭祀男體山的主神，所以二荒山神社的奧宮位於男體山山頂。輪王寺則是日光地區最古老的寺廟，寺齡超過1200年，供奉的是日光三山的守護神，更以金剛櫻而成為賞櫻名所。

🔆2000 🏛文化遺產 ◯55 ha

# 琉球王國遺產群
## Gusuku Sites and Related Properties of the Kingdom of Ryukyu

　　這個包含多座建築的遺產記錄著古琉球王朝從12到17世紀，約500多年的歷史。位在台灣和日本之間的琉球，最初不是統一的國家，有山南、中山、山北三國併立，又稱為「三山時期」。於1426年由尚巴志統一成為琉球王國，以首里城為首都，曾向中國的明、清兩代和日本的薩摩藩、江戶幕府朝貢。1879年，日本併吞琉球王朝，琉球國滅亡，大部分國土改設為沖繩縣。列入世界遺產的建築包括今歸仁城、座喜味城、勝連城、中城、首里城、玉陵、識名園、園比屋武御嶽石門、齋場御嶽。其中大部分屬於三山時期的城堡都已毀損，僅首里城在二次戰後被完整重建，可從中窺見當時的社會結構，尤其是深受中國文化影響的建築方式和禮教制度。

　　首里城以世界最大的木造建築─中國的紫禁城為範本，正殿為琉球王國最大的建築物，也稱為百浦添御殿，意為「支配著百個海浦的重要建築物」。正殿參照北京故宮的太和殿與首爾景福宮的勤政殿，加上琉球獨自的型式建造，擁有兩層屋頂，並多用龍為建築物及工藝、裝飾品，凸顯其地位最崇高、最偉大之意。根據記載，正殿過去曾4度被燒燬又復建。

大社、熊野速玉大社及熊野那智大社為修驗道及神道信仰者的精神中心，即使在日本佛教化後，這些神社藉著「神佛習合(融合)」更廣為大眾接受。紀伊山地中心的高野山，在西元817年遣唐僧空海自中國學得密宗返國後，在高野山修行設寺而達到尊崇的地位：金剛峰寺、壇上伽藍、奧之院等成為日本天皇及貴族的禮拜中心，勢力鼎盛。

創立真言宗的空海，曾藉山岳修行者的指點而有與神靈溝通的神秘經驗，這是他決意前往中國學習藏密的主因。因此真言宗與紀伊山地的原始信仰相濡以沫，加上真言宗強調實踐，因此信者莫不發願前往熊野三山、高野山朝聖，貴如後白河天皇之尊，一生朝聖的「熊野詣」次數高達34次。更難得的是「熊野詣」在日本的平安時代(794~1185)可以説是全民運動。

2004　文化遺産　495 ha

# 紀伊山地靈場與參拜道路
Sacred Sites and Pilgrimage Routes in the Kii Mountain Range

　　日本的神道信仰從敬畏大自然而起，神秘的森林山岳更是神的居所。在佛教傳入日本、紮根於紀伊山地前，紀伊山地諸山包括高野山、熊野山、大峰山都是神祇的領地，而修行者不顧危險深入此一邊境之地，成為修驗道的大本營；紀伊山地的熊野三山，包括熊野本宮

369

# 北海道知床半島 Shiretoko

有「日本最後秘境」之稱的知床半島，突出於北海道東北方的鄂霍次克海和太平洋間，因為保有原始純淨的自然環境，以及珍貴且多樣的動植物景觀被登錄為世界自然遺產。

知床半島上橫亙著羅臼岳、知床岳等標高一千多公尺的高山，全境布滿高山和海岬，因而成為棕熊、蝦夷鹿、大島貓頭鷹等野生動物的天堂。半島上除了擁有高山、湖泊、原始森林、海蝕斷崖等天然

景觀，還有天然湧出的溫泉泉源；同時，知床半島也是地球上緯度最低的海水結冰之地，寒冬時可看到壯觀的流冰，甚至還曾出現過奇幻的極光現象。

知床五湖的自然生態豐富，時常可以看到蝦夷鹿群在湖畔覓食的情景外，最引人注目的就是棕熊的出沒。

至於知床半島的流冰，可說是大自然的奇蹟，因為知床的緯度跟溫暖的法國地中海沿岸及義大利北部差不多，照理是不會有流冰。發源於蒙古高原東部的阿姆努河(上游即中國的黑龍江)，全長4350公里，也是知床流冰的產生源頭。阿姆努河的大量淡水流入鄂霍次克海後使海水中的鹽分濃度變淡，加上周圍海上有許多大小列島包圍，外來的海水不易進入，成為半閉鎖海域，因鹽水濃度淡，就比海水容易結冰。

# 島根縣石見銀山及其文化景觀
## Iwami Ginzan Silver Mine and its Cultural Landscape

位於本州西南方的島根縣石見銀山，因為16世紀開始大量開採

銀礦，促進了日本和東亞與歐洲之間的貿易與文化往來，因而獲選為亞洲第一個礦業遺跡的世界遺產。17世紀時，石見銀山的銀礦開發達到高峰，當時每年得以生產38噸的銀礦，產量不但是日本之最也占全世界第三名，於是整個區域迅速發展，在今日廣達442公頃的遺址上，聚落、要塞、冶鍊作坊、礦道、運輸銀礦的港口城市等等，說明與採礦活動相關的特色土地運用。19世紀時石見銀山因為銀礦匱乏而封閉，如今掩蔭於茂密的樹林間。

符號說明　登錄時間　遺產面積　遺產類型　文化遺產　自然遺產　綜合遺產　瀕危文化遺產　瀕危自然遺產　瀕危綜合遺產

🕐2011　🏛文化遺產　⬭176 ha

# 平泉—佛寺、庭園及
# 佛教淨土相關遺址

Hiraizumi – Temples, Gardens and Archaeological Sites
Representing the Buddhist Pure Land

　　12世紀時，日本地圖上最大的三個都市，就是九州的博多、關西的京都，以及位於東北的平泉。統治著平泉的藤原家族，在這裡打造出以和平為夢、佛教思想為基的人間淨土。平泉的建築和文化風格獨特，與同時代的京都、奈良等不同，也是武士時代開始之前最後的貴族統治遺跡，後世稱為平泉文化。

　　被列入世界遺產的平泉遺跡群中，名氣最大的就屬中尊寺和毛越寺。沿著高大杉林夾道的月見坂進入中尊寺境內，大小寺院錯落其間，在全盛時期，這裡共有40餘間寺殿和300座以上的僧堂，但爾後戰火波及，藤原時代留存至今的建築，僅有金色堂一處，藤原時代的珍貴佛教文物與佛像，則收藏在博物館「讚衡藏」之中。

　　金色堂建於1124年，整座堂宇全由金箔包覆，樑柱細部則為南海夜光貝細工雕飾，以阿彌陀如來為中心的數座佛像立於堂間，金碧輝煌又萬分細膩，早在成為世界遺產前就已是日本國寶。而在金色堂後方田野間，幾處荷花池也大有來頭。這兒種植的荷花，來自藤原家

族墓中發現、800年前的荷花種子，經過40餘年的時間，終於復育成功，命名為中尊寺荷花。

　　中尊寺以建築知名，而相距不遠的毛越寺，則因為庭園而受到注目。由藤原二代至三代所建的寺廟時代晚於中尊寺，同樣因為戰火，主要伽藍僅留柱頭遺跡，相對的，同建於12世紀的淨土式庭園卻極其完整，與京都庭園概念相似的借景與隱喻，但規模之大，卻是都城京都遠不能及。

🕐2011　🦅自然遺產　⬭7,939 ha

# 小笠原諸島 Bonin Islands

　　小笠原諸島的行政區雖然屬於東京都，但實際上卻遠在東京都1000公里外的海上，由30個大大小小的島嶼組成，以父島和母島為中心隔海相連，知名的硫磺島與日本領土最東邊的南鳥島也在其中。1972年小笠原群島的一部分島嶼被指定為國立公園，1980年被國家指定為小笠原諸島鳥獸保護區，至2011年更登錄為世界遺產。其中位在父島列嶼西南部的南島以喀斯特地形與周邊海域常見的鯨豚吸引了許多來此探訪生態的遊客。

　　正因為遠離塵囂，島上的生物獨特且稀有，讓這裡有「東洋加拉巴哥」的美名。兄島的乾性低木林與母島石門地區的濕性高木林仍保有寶貴森林資源，而群島上的珍稀物種，如小笠原吸蜜鳥(Apalopteron familiar)、黑足信天翁(Diomedea nigripes)、無人野牡丹(Melastoma tetramerum)等多不勝數；小笠原群島特有的珍稀動植物在島嶼上獨自進化，即使是擁有相同起源的生物，也因生存環境的不同使遺傳基因變得豐富多樣，可謂大自然的寶庫。

📝1981 🏛瀕危文化遺產

# 耶路撒冷舊城及其城牆
## Old City of Jerusalem and its Walls⬚

　　耶路撒冷是猶太教、基督教和伊斯蘭教三大宗教所公認的聖地。對猶太人而言，這裡是先知亞伯拉罕獻祭的地點；對基督教徒來說，這裡是耶穌被釘十字架、又復活的聖地；伊斯蘭教徒則認為，這裡是穆罕默德升天之所在。由於歷史背景複雜，1981年由約旦提報通過成為世界遺產，但並不列名其政權所有國。

　　耶路撒冷舊城區的界線是一道16世紀的城牆，面積約1平方公里，城牆上有8座城門。在這裡，不同的宗教信徒，會選擇不同的城門進出，遊客反而可以不受限制地進出。

　　長18公尺的「哭牆」（Wailing Wall），其實是希律王所建聖殿留下的最後遺蹟，這面牆壁因為長年受到信徒觸撫，所以散發出光澤。哭牆分成男女兩邊，男性進入哭牆祈禱，頭上必須戴著猶太教傳統小圓帽，遊客也不例外。站在哭牆前面，可以看到猶太教徒一面晃動著身體、一面背誦經文，有的人則是將預先寫好的祈禱字條，塞進牆縫之中。

　　哭牆上方是聖殿山（Temple Mount），是猶太人的聖地，也就是傳說中亞伯拉罕將兒子以撒，獻祭給上帝之處。位於聖殿山的圓頂石頭清真寺（Dome of the Rock），則是最耀眼閃亮的建築。建於7世紀左右木造鎏金的圓頂建築，外觀貼滿以藍色為主的馬賽克，形成可蘭經文和幾何圖案，頂端有新月形標誌，是舊城最顯目的地標。

# 耶路撒冷Jerusalem

　　由於耶路撒冷的地位實在太特殊，也極具高度政治及宗教敏感性，因此當年耶路撒冷被提名為世界遺產時，儘管位於以色列國土境內，卻是由旁邊的約旦所提出，並且單獨掛名為耶路撒冷，不屬於任何國家。

賽浦路斯海　敘利亞　約旦　埃及

耶路撒冷舊城及其城牆
Old City of Jerusalem and
its Walls

©The Israel Ministry of Tourism

符號說明　登錄時間　遺產面積　　遺產類型　文化遺產　自然遺產　綜合遺產　瀕危文化遺產　瀕危自然遺產　瀕危綜合遺產

# 約旦 Jordan

約旦是中東地區少數能與以色列和平相處的國家，由於地處沙漠又沒有產石油，旅遊業成為該國重要產業，名聞遐邇的佩特拉古城不但名列世界遺產，更是該國首屈一指的觀光勝地，其餘三座世界遺產，都是古文明相關遺址。

地圖標示：
敘利亞、伊拉克、以色列、沙烏地阿拉伯
庫瑟阿姆拉 Quseir Amra
烏姆拉薩斯考古遺址 Um er-Rasas (Kastrom Mefa'a)
佩特拉 Petra
瓦地倫保護區 Wadi Rum Protected Area

©The Jordan Tourism Board

亞洲

耶路撒冷・約旦

©The Jordan Tourism Board

1985　文化遺產

## 佩特拉古城 Petra

　　傳說中絕美的粉紅石頭城佩特拉，地處往來阿拉伯世界、埃及和地中海交通往來的十字路口，加上狹窄山谷所形成的天然通道，易守難攻，是中世紀絕佳的交通戰略城市。

　　根據考古發現，佩特拉自新石器時代起就有人煙，而文化最為璀璨的時期，是西元前200年左右，阿拉伯那巴游牧民族（Nabatacans）選擇於此建城。自此以後，佩特拉便在經濟和宗教上扮演重要的角色。一直到羅馬帝國的全盛時期，佩特拉還都是中東地區

的重要城市。其名聲遠播，甚至遠至中國，都知道有個玫瑰般的石頭城。13世紀左右，佩特拉由於莫名的原因消失於砂塵之中，直到1912年才被發現。經過整理後，1980年起這座城市才正式與世人見面。而史帝芬史匹柏所導演的《印第安納瓊斯－聖戰奇兵》電影在此開拍，更掀起一陣佩特拉熱潮。

　　進入佩特拉首先看到陵墓區，這些陵墓也都是在紅色砂岩裡開鑿出來。經過紅粉波浪狀的古河道，兩旁盡是高聳的山壁，粉紅色巖壁上樹立著大型人像，雄偉的神殿建築，在陽光照射下顯出粉色、紅色、橘色，變化無窮的色彩，令人著迷。再往前走是希臘式的圓形劇場，從這裡更可了解佩特拉建築融合了中亞與希臘地中海型式的建築風格。出土文物則是來自世界各地，顯示其歐亞十字路口的重要地位。

# 庫瑟阿姆拉 Quseir Amra

　　距離約旦首都安曼(Amman)大約85公里的庫瑟阿姆拉，因為西元8世紀時伍麥葉王朝的哈里發瓦利德一世(Walid I)興建的沙漠城堡而聞名，這處具備防禦工事的夏宮，是早期伊斯蘭藝術和建築的代表。

　　隨著歲月的摧毀，昔日占地廣大的城堡複合式建築，如今只剩下一座宮殿和地基遺址，不過宮殿頂蓬保留著多幅精緻壁畫，透過壁畫得以一窺當時的宮廷生活，像是哈里發沉迷在池畔聆聽音樂和詩歌朗誦，以及舉辦化妝宴會等逸樂活動場景，此外，在浴室的上方還可以看見描繪裸女、狩獵以及黃道十二宮的圖案。

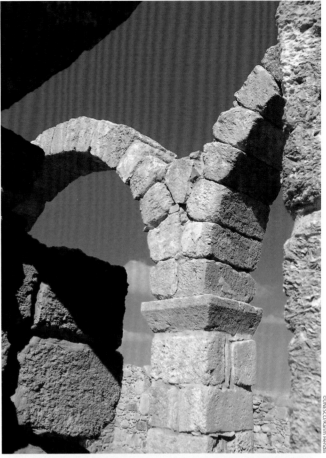

# 瓦地倫保護區 Wadi Rum Protected Area

　　瓦地倫在阿拉伯語中意指「酒紅色山谷」，它位於約旦南部，占地將近74,200公頃，是一片穿鑿砂岩與花崗岩岩層而形成的砂質谷地，又有「月亮谷」之稱。由於歷經數百萬年的地殼變動、岩層活動以及風化侵蝕過程，因此本區擁有相當多樣化的沙漠景觀，包括沙地、峽谷、拱門、峭壁、巨型滑坡、洞穴等等。

　　從考古遺跡來研判，人類在此活動已經有12,000年的歷史，這裡出土的壁畫、石刻及碑文，也為人類思想的發展以及早期的字母演變提供了珍貴的線索。瓦地倫保護區不僅見證了從新石器時代到納巴泰時期的古文明發展，也為阿拉伯半島的畜牧業、農業及都市活動描繪了清晰的輪廓。

　　20世紀初，英國上校勞倫斯(T.E. Lawrence)以此為基地，集結阿拉伯部族共同反抗土耳其人的統治，這個大起義事件後來被拍成電影《阿拉伯的勞倫斯》，瓦地倫也因為這位傳奇人物的故事，成為舉世知名的旅遊景點。

# 烏姆拉薩斯考古遺址
Um er-Rasas (Kastrom Mefa'a)

　　原本是一處羅馬軍營，西元5世紀開始烏姆拉薩斯開始發展成為一座城鎮，而後歷經長時間的發展，這塊遺址上出現了羅馬、拜占庭以及西元3~9世紀的早期伊斯蘭文明。

　　今日這座遺址絕大部分尚未出土，不過已然展現於世人眼前的軍營和16座教堂，足以一窺文明交融的情景。其中最重要的發現，是落成於西元785年的聖史蒂芬教堂(Church of Saint Stephen)保存完善的鑲嵌地板，描繪狩獵、釣魚以及當時此區重要城市的場景，而僧人們遺世修行的兩座方形高塔，在中東世界相當聞名。

符號說明　登錄時間　遺產面積　遺產類型　文化遺產　自然遺產　綜合遺產　瀕危文化遺產　瀕危自然遺產　瀕危綜合遺產

# 哈薩克Kazakhstan

哈薩克於1991年蘇聯解體後獨立，是中亞地區最大的國家，更是全世界最大的內陸國。由於占據了整片中亞大草原，不論人文或自然，都與草原息息相關，入選的世界遺產，除了一座宗教聖地之外，都反映了草原文化和自然景觀。

薩雅克－北哈薩克
草原與群湖
Saryarka – Steppe and Lakes
of Northern Kazakhstan

科亞阿何密亞沙伊陵墓
Mausoleum of Khoja Ahmed Yasawi

俄羅斯　裡海　烏茲別克　土庫曼　吉爾吉斯　中國

湯噶犁岩畫
Petroglyphs within the Archaeological Landscape of Tamgaly

🗓 2003　🏛 文化遺產　◈ 0.55 ha

## 科亞阿何密亞沙伊陵墓
### Mausoleum of Khoja Ahmed Yasawi

哈薩克的土耳其斯坦城(Turkestan)從西元12世紀開始，就是伊斯蘭教蘇菲(Sufi)教派的朝聖重地。原因是一位蘇菲教派聖人亞沙伊(Yasaui)曾在這定居，並在63歲之後為了追悼死於該年的伊斯蘭教先知

默罕默德，而住在地窖當中。

200年後(約西元1389年到西元1405)，帖木兒(Timur)還為亞沙伊在土耳其斯坦建造了一座碩大陵寢，且該陵寢也印在哈薩克的鈔票上，由此可見亞沙伊和土耳其斯坦對哈薩克人的重要性。

這座建築其實並未完成，來自波斯的建築師以實驗性質打造了這座陵墓，不論是造型還是結構都是創舉，隨後建築師就把這種建築型態用在帖木兒帝國的首都薩馬爾罕，而成為所謂的帖木兒式建築，這座陵墓便首開先例，而且是最大、保存最好的一座。

🗓 2004　🏛 文化遺產　◈ 900 ha

## 湯噶犁岩畫
### Petroglyphs within the Archaeological Landscape of Tamgaly

就在哈薩克大城阿拉木圖(Alamty)北邊60公里處，伊犁河翠綠河谷邊的山壁上，散布了約5000處岩畫，直到2004年，這塊地方才被列為世界遺產保護的行列。伊犁河畔一直是中亞草原民族最重要的游牧根據地，從岩畫的圖案不難看出這點，例如岩畫中出現了獵人追逐鹿的圖案，時間可以追溯到西元前2000年，此時為狩獵時代。隨著時間演進，岩畫內容也有所不同，游牧生活的馬和羊變成了主角，直到20世紀初為止。其中還有佛陀的圖像，這可以看出西元8世紀時，佛教經由絲路傳進中國的軌跡。此外在岩畫附近，也發現了大批的古代墓地、石棺及石堆，年代大約是銅器時代中晚期，其中有密集的雕刻，據考證應該是祭壇，作為宗教祭祀之用。

🗓 2008　💧 自然遺產　◈ 450,344 ha

## 薩雅克－北哈薩克草原與群湖
### Saryarka – Steppe and Lakes of Northern Kazakhstan

薩雅克－北哈薩克草原與群湖屬於哈薩克高地(Kazakh Uplands)的一部分，境內包括了諾准(Naurzum)和庫加辛(Korgalzhyn)兩座國家自然保護區，占地廣達45萬公頃。

保護區內的溼地是非洲、歐洲和南亞候鳥的重要中途棲息地，多達1千5百萬的鳥類把這裡當成牠們的聚食場，其中包括瀕臨絕種的西伯利亞白鶴(Siberian white crane)、達爾馬齊亞鵜鶘(Dalmatian pelican)以及帕拉斯魚鷹(Pallas's fish eagle)等等。這裡同時也是野生生物的家，在占地兩萬公頃的大草原上經常可以看見狼、土撥鼠和即將消失的賽加羚羊(Saiga antelope)，以及稀有的草原植物。

# 北韓
## Korea, Democratic People's Republic of

北韓唯一入選的世界文化遺產高句麗古墓群，於2004年和中國的「古高句麗王國首都及陵墓」一起被提名，不過由於範圍和內容並不完全一樣，因此分屬獨立的兩座世界遺產，而非並列。

古高句麗墓群 Complex of Koguryo Tombs

🕐2004　🏛文化遺產　◯233 ha

# 高句麗古墓群 Complex of Koguryo Tombs

　　高句麗國建立於西元前37年，滅亡於西元668年，歷經26位君王的統治，並且從西元5世紀進入全盛期，疆域橫跨中國東北、北韓大部分以及南韓北部地區。現今分布於平壤及鄰近省份的古墓群，是高句麗國晚期的歷史遺跡，也是當時高句麗文化、墓葬習俗、日常生活及信仰的最佳見證。

　　在目前出土於中國東北及朝鮮半島的1萬多座高句麗王陵及古墳中，共有90座繪有壁畫，其中一半位於此遺址，包括平壤的東明王陵與真坡里古墳群、南浦的江西三墓和水山里古墳，以及黃海南道的安岳1、2、3號墳等等。

　　這些為了帝王、皇后及皇室成員精心建造的石砌陵墓，擁有單墓室、雙墓室或多墓室的格局，具體展現了優異的工程技術。更重要的是，墓壁上還繪有彩色壁畫，勾勒出高句麗時期的食衣住行、人物肖像、宗教儀式以及墓葬習俗，為古老的高句麗文化提供豐富的考證史料。

🕐1995　🏛文化遺產

# 海印寺藏經版殿
## Haeinsa Temple Janggyeong Panjeon, the Depositories for the Tripitaka Koreana Woodblocks

　　海印寺位於南韓東南部慶尚南道伽耶山的西南山麓。寺廟本身建於韓國佛教發展最高潮的新羅時代，但真正獲選為文化世界遺產，是因為寺內完整保存了自高麗時代遺留至今的八萬塊大藏經版。高麗時代末期，當時在位的高宗為了不讓國教信仰在蒙古國的入侵下消失殆盡，花了16年的時間(1236~1215)，以木片製作了八萬塊大藏經版，完整的經文記載成為目前極寶貴的佛教研究文獻。寺廟內共有兩座藏經殿，木造的殿內結構沒有任何瑰麗雕刻，卻能避免因氣候造成藏經版腐蝕的損傷，保護被封存百年的藏經版完好無缺。

---

# 南韓 Korea, Republic of

踏上韓國的土地，會發現在這個看似現代化的國度中，仍舊保存著源遠流長的歷史、獨特的傳統和優美的古蹟。包括了史前的巨石文化、地理的天然奇景、佛教和儒教的文化遺產等，頗有助於了解大韓民國成長、發展的軌跡。

宗廟 Jongmyo Shrine
昌德宮建築群 Changdeokgung Palace Complex
朝鮮王朝皇陵 The Royal Tombs of the Joseon Dynasty
水原華城 Hwaseong Fortress
佛國寺與石窟庵 Seokguram Grotto and Bulguksa Temple
高敞、和順、江華的石室古墓遺址 Gochang, Hwasun and Ganghwa Dolmen Sites
慶州歷史區 Gyeongju Historic Areas
南韓歷史村落：河回村與良洞村 Historic Villages of Korea: Hahoe and Yangdong
海印寺藏經版殿 Haeinsa Temple Janggyeong Panjeon, the Depositories for the Tripitaka Koreana Woodblocks
濟州火山島和熔岩隧道 Jeju Volcanic Island and Lava Tubes

🕐1995　🏛文化遺產　◯19 ha

# 宗廟 Jongmyo Shrine

　　宗廟是祭祀朝鮮時代歷代皇帝和皇妃神位的地方，以正殿為主，還包括永寧殿、典祀廳、功臣堂等。正殿是祭祀初代太祖李成桂為首的19代皇帝和皇后。永寧殿則是祭祀其他皇帝、皇后和王族的地方。

　　宗廟至今仍保存完整的王朝儀式，在每年5月的第一個週日，李氏的後裔會在此舉辦宗廟大祭，每位參加者都會穿上傳統的衣服，在莊嚴的雅樂中按著舊規進行儀式。宗廟另有一大特色即是園內林木扶疏，加上建築物少，更能感覺環境的清幽。夏天是情侶約會散步地，冬天白雪覆蓋又顯靜寂之美。

✎1995　🏛文化遺產

# 佛國寺與石窟庵
## Seokguram Grotto and Bulguksa Temple

　　石窟庵與佛國寺是韓國佛教藝術的顛峰造極之作。結束三國分裂狀態統一全韓國的新羅時代(676～935)，定都於慶州，此時國泰民安，文化和藝術在此時都有非凡的成就，特別是佛教文化更在此時達到興盛。欣賞慶州的佛教文化，當以石窟庵與佛國寺最為經典。

　　佛國寺建於新羅時代的西元751年，不過壬辰倭亂時，大部分的木造建築都毀於戰火中，其後經過數次的整修才恢復今日的面貌。由於重建時都是以當年的石壇或礎石來建造，而多寶塔、釋迦塔等石造建築也維持創建時的姿態，就文化與藝術價值來說，實為登峰造極之作。

　　石窟庵位於佛國寺東邊吐含山上，與位於土庵山上的佛國寺遙遙相對，兩寺據文獻記載，都是由金大成所興建，約建於新羅時代的751年，但兩者風格卻大異其趣。石窟庵欣賞的是釋迦如來坐像，佛國寺則是觀賞寺廟建築美與石塔。

　　石窟庵的釋迦如來佛像安詳地端坐在人工挖鑿的石窟內，高3.26公尺，坐在以蓮華文刻成的八角台座上，膝蓋上自然垂放的右手，食指輕輕放置在中指之上，穩如泰山之姿中可稍見律動感，並有降魔之意。眉高、雙眼半開間仍可見瞳孔，端正的鼻樑和嘴巴，額頭處並鑲有金剛鑽，表情祥和而優美。石窟庵的釋迦如來像為韓國第一級國寶，不論是佛像頸部的三道柔和線條，僧衣覆蓋左肩的薄紗狀，在胸腔與雙足衣服的美麗線條，皆為雕刻藝術的最高傑作。

✎1997　🏛文化遺產

# 昌德宮建築群 Changdeokgung Palace Complex

　　西元14世紀，李氏朝鮮王朝以漢城為都，於統治的500年間創建了別具特色的宮殿，其中以昌德宮最為引人入勝。昌德宮建於李氏朝鮮第3代國王太宗時(西元1405年)，為景福宮的離宮。

　　隨地形變化搭建的昌德宮，總面積廣達13萬多坪，古意盎然的宮殿建築和傳統造景的祕苑，都有說不出特殊的韻味，為李氏朝鮮王朝時期，保存最為完美的一座宮殿。

　　除建築美外，與自然調和的祕苑，也是它榮登世界遺產的主因。仔細欣賞昌德宮，不論是宮殿建築還是祕苑所深藏的內涵，很多融合中國思想，像是祕苑中的四方形蓮花池，中間則有一圓形造景，四方用來表示地、圓則是天，表天地調和、在小格局中創造大宇宙之意。

　　目前開放參觀分為宮殿與後苑兩部分，後苑一定要跟隨導覽人員才能入內。後苑種植多達160種的樹木，松樹、銀杏、楓葉等隨著四季遷移改變顏色，有些樹齡比宮殿還久遠，景致相當優美。韓劇《閣樓上的王子》裡多次提及的芙蓉池，就在後苑裡。

377

# 水原華城 Hwaseong Fortress

　　朝鮮第22代王正祖李祘為了杜絕朝廷保守派掌控都城資源的弊端,有了遷都的打算,1794年元月開始在水原動工興建華城,兩年又9個月後竣工。

　　華城是連綿5.7公里的心型城牆,被圈入的面積達130公頃。華城的建造,在韓國史上具有許多重大的意義,包括最早並用花崗岩石材與黑磚塊、最早運用起重機等機械,不但有效地減輕了百姓的痛苦,也大幅縮短工期、節約經費。

　　華城的不同角落裡,有角樓、將台、砲樓、弩台、敵台、空心墩等,各具不同的功能,尤其空心墩是從中國遼東學來,把磚砌成圓形、中空的墩台,士兵可以進入裡面對外射槍,禦敵功能強大,也是韓國建築史上的創舉。

符號說明　登錄時間　遺產面積　　遺產類型　文化遺產　自然遺產　綜合遺產　瀕危文化遺產　瀕危自然遺產　瀕危綜合遺產

## 慶州歷史區 Gyeongju Historic Areas

📝2000　🏛文化遺產　🔷2,880 ha

慶州在西元前一世紀到935年的千年之間，以作為新羅王朝首都而繁盛一時。儘管後來新羅王朝滅亡，但隨處點綴的史蹟和建築群則讓它贏得「無圍牆博物館」的美名，估計整個城鎮就有超過400處文化財。擁有千年歷史的慶州，最引人注目的即是到處點綴的古墳

群，行走其間常可看到在綠地中突起的塚墓。這些古墓和王陵有許多上都尚未被發掘，同時慶州政府為了保護這些景觀，嚴格限制周遭房屋的高度不准超過這些古墳群，這也讓慶州處處飄散著謎樣的古典美。

慶州的史跡景點集中，加上城鎮大小適宜，許多旅客喜歡騎乘腳踏車去感悟慶州歷史的古韻，到古墳公園看看天馬塚，到東亞最早的瞻星台，有慶州金氏發祥傳說的雞林，或是可遙想當年宮殿歌舞昇平繁榮景象的雁鴨池等地，感受千年的古風。

## 高敞、和順、江華的石室古墓遺址
### Gochang, Hwasun and Ganghwa Dolmen Sites

📝2000　🏛文化遺產　🔷52 ha

由於墓葬也是研究人類活動的重要根據，聯合國際教科文組織認定其保存價值，遂於2000年將這三地的石室古墓列入文化世界遺產之列。

支石墓是史前時代石墓形式之一，和順石墓最大特色是密集地聚集596個石墓，除了石墓，在附近也找到了工作石室，藉由石室來得知當時建造石墓的方法及過程。全羅北道高敞郡是韓國最大規模的支石墓遺跡，位在仁川市江華郡也有北方式的支石墓群，透過這些遺址可了解兩、三千年前人們的生活方式及智慧。

## 濟州火山島和熔岩隧道
### Jeju Volcanic Island and Lava Tubes

📝2007　🔔自然遺產　🔷9,475 ha

濟州島上被規劃為自然世界遺產的區域包括城山日出峰、拒文岳熔岩洞窟、漢拏山自然保護區，三處都是火山活動所成的獨特地質景觀。

城山日出峰形成於10萬年前的海底火山爆發，海拔182公尺的頂端有著直徑600公尺寬、深90公尺的火山口，遠看猶如皇冠，是當地欣賞日出的最佳地點。漢拏山為海拔1950公尺的休眠火山，位於濟州島中央，周邊有許多不同大小的寄生火山，頂端則是直徑1720公尺的天然湖白鹿潭。

由寄生火山噴發後所產生的拒文岳熔岩洞窟，被國際教科文組織認為是罕見完整的熔岩洞窟系，其中總長13,422公尺的熔岩管狀隧道萬丈窟最具代表性，洞穴內有壯觀的鐘乳石和石筍，目前只開放一公里讓遊客參觀。

📝2009　🏛文化遺產　🔷1,891 ha

# 朝鮮王朝皇陵
**The Royal Tombs of the Joseon Dynasty**

　　韓國朝鮮王朝興起於14世紀末，將儒教設為國教，創立韓國書寫文字，可說是韓國帝王統治的盛世。朝鮮王朝一留下共72位君王和后妃以及未能登基就逝世的儲君陵墓，分散在18個地區，多集中於京畿道或首爾一帶。

　　每座陵墓位置一律有山為背、南面向水源，除了陵墓本身，還設有T型木造神龕、警衛亭等，周邊圍繞著動物或人形石雕，整個布局風水方位，保護著祖靈和墓地。

📝2010　🏛文化遺產　🔷600 ha

# 南韓歷史村落：河回村與良洞村
**Historic Villages of Korea: Hahoe and Yangdong**

　　建立於14~15世紀間的河回與良洞，被認為是最足以代表南韓歷史宗族村落的小鎮，它們同位於慶尚北道(Gyeongsangbuk-do)，分別坐落於安東市(Andong)以及慶州市(Gyeongju)東北方16公里處的Gangdong-myeon農村。

　　四周群山環繞、面對著河流與開闊的農地，它們的布局和地理特色，反映出早期朝鮮王朝(Joseon Dynasty)貴族統治下的儒家文化。如此的田園風光和山色美景，伴隨著首領家族的宅邸，以及大量木頭結構的宗族成員房舍、涼亭、書齋，和常見成簇的泥土牆草頂平房，形成一幅非常動人的景致，為人們的心靈提供養分。環繞河回村與良洞村的群山、綠樹與溪流，以及從涼亭眺望而出的景觀，早在17~18世紀時已成為南韓詩人筆下經常描繪的題材。

# 寮國 Lao People's Democratic Republic

寮國是中南半島唯一的內陸國，約於西元十三世紀中葉，泰北清邁的蘭那王朝範圍含蓋了今天寮國的龍坡邦及永珍在內，因此寺廟建築和泰國有神似之處。森林資源極其豐富，綿延其中的湄公河成為這個沒有鐵路系統國家重要的生命線與交通要道。

中國
龍坡邦
Town of Luang Prabang
越南
占巴塞文化景觀―
瓦普神廟遺址與古代聚落
Vat Phou and Associated Ancient Settlements within the Champasak Cultural Landscape
泰國
柬埔寨

©Sabaidee Laos

🖊2001 🏛文化遺產 🏷39,000 ha

# 占巴塞文化景觀―
# 瓦普神廟遺址與古代聚落

Vat Phou and Associated Ancient Settlements within the Champasak Cultural Landscape

©Sabaidee Laos

從占巴塞文化遺址推斷，其年代應為當時中國古書記載的真臘國，遠早於千年前一統中南半島大部分地區的吳哥王朝。瓦普廟建築群和聚落遺址，以及周邊留存豐富的雕刻藝術，都清楚顯示當時印度教對中南半島信仰的影響。

位在普高山上的瓦普廟裡，原本供奉的神祇就是印度教的濕婆神，即便目前在正殿是佛教釋迦摩尼佛像，仍可從廟宇周邊的印度教雕刻略知一二，甚至聚落裡寺廟、神龕和水池的位置，都是從印度教的教義和觀點表現人和自然之間的關係。被納入世界遺產的範圍，不只有瓦普廟，從河岸到山頂拉出一條軸線，約略10公里內，還包括湄公河岸兩座城市以及普高山。

# 吉爾吉斯 Kyrgyzstan

吉爾吉斯是1991年蘇聯解體後獨立出來的中亞國家，境內多高山，東邊與中國為界，境內有七成說吉爾吉斯語，也是中亞的草原游牧民族之一，為突厥語系的一支，歷史起源甚早，是中亞絲路必經的要道。

哈薩克
蘇萊曼：至聖之山
Sulamain-Too Sacred Mountain
烏茲別克
塔吉克
中國

🖊2009 🏛文化遺產 🏷112 ha

# 蘇萊曼：至聖之山
Sulaiman-Too Sacred Mountain

蘇萊曼聖山坐落在吉爾吉斯南方費爾干納谷地的高處，五座山峰相連，形成該國第二大城奧什(Osh)的屏障，也是中亞絲路的交會口、過去旅者或商隊的地標。受到前伊斯蘭教和伊斯蘭教信仰的影響，數千年以來，蘇萊曼聖山一直是中亞地區人們朝拜的聖地，信眾相信在蘇萊曼聖山祭拜，可治癒頭痛、背痛和不孕等症狀，目前有17處朝聖地仍有信眾前往祭拜，且各據點都有步道連結。山中另有兩座16世紀重建的清真寺和許多史前洞穴壁畫，其中有101處以人和動物形體為主的壁畫，一併被標注為世界遺產。

©MOOK

🖊1995 🏛文化遺產

# 龍坡邦 Town of Luang Prabang

龍坡邦是寮國的歷史古都，也是最耀眼的觀光地點，有豐富的廟宇等古建築，在法國殖民時期，這裡還是法國人鍾情的避暑勝地，遺留下66棟法國殖民時期建築，東西文化激盪出獨樹一格的風情。

龍坡邦位於寮國的北部，是湄公河畔的港口，寮國的第二大城。約從西元8~13世紀，一支屬於寮泰少數民族的部落就選擇這處湄公河和它的支流南康河(Nam Khan)的交匯點作為都城，而寮國的第一個王朝，也就是由高棉支持的法昂(Fa Ngum)所建立的瀾滄王國，亦於1353年定國都於此，當時名為孟沙瓦(Muang Sawa)。但在法昂國王以後，由於接受高棉貴族所贈稱為「坡邦」(Pha Bang)的大臥佛，因此此地就改名為龍坡邦，意為大佛或聖佛。從此龍坡邦一直為瀾滄王國的首都，直到Xaisethathirath國王將首都遷往永珍為止。

# 黎巴嫩 Lebanon

黎巴嫩位於地中海海盆和阿拉伯半島的重要十字路口，地理和歷史因素，使得它成為一個多元種族、宗教和文化的國家，其入選的5座文化遺產，適足以反映這個脈絡，從七千年前的古代遺址到眾多古城，都説明了黎巴嫩地理位置的重要性。

加迪沙聖谷和神山森林 Ouadi Qadisha (the Holy Valley) and the Forest of the Cedars of God (Horsh Arz el-Rab)
巴別克遺址 Baalbek
賽浦路斯海
比布魯斯遺址 Byblos
安杰爾古城 Anjar
泰爾古城 Tyre
敘利亞
以色列

1984　文化遺產

## 巴別克遺址 Baalbek

巴別克原本是腓尼基時代祭拜太陽神的地方，城市名中的Baal意指太陽神，到希臘時期被稱為太陽之城。城市發展始於羅馬全盛時期，從目前遺留下來的建築遺跡，包括圓柱神殿以及繁複的石雕，都彰顯了羅馬黃金時期的建築技法，黎巴嫩官方甚至稱其為「全球擁有最多羅馬建築遺址，且保存最完整的地方」。

巴別克最重要的遺址就是宙斯神廟、酒神廟、維納斯神廟三座神殿，其中酒神廟是中東地區保存最完整的羅馬神殿建築。

1984　文化遺產

## 安杰爾古城 Anjar

距今約有1300多年歷史的安杰爾古城位於黎巴嫩中部查哈里(Zahle)，黎巴嫩國土的正中央，最初是烏麥耶王朝(Umayyad)瓦利德一世國王的避暑地點，是1948年發現的8世紀古蹟遺址。烏麥耶王朝延續了一百年的盛世(660～750年)，最大的功績就是將帝國領土從現在的西班牙經北非擴張至中東地區，而安杰爾因為位居中央地理位置，成為當時貿易重鎮。

以安杰爾古城遺址推斷，當時市中心面積約114,000平方公尺，所有的建築皆為堅固的石材打造，城牆厚2公尺、高7公尺，擁有羅馬城市經典的寬闊大道，漂亮的石砌曲拱、寬拱門、堡壘、清真寺、浴池、住屋等建築樣式則取自拜占庭風格。現在的古城遺址留有20公尺長的大道，以及600家並排商店的遺跡。

1984　文化遺產　154 ha

## 泰爾古城 Tyre

泰爾過去是主控海權的重要城市，積極向外擴張殖民地，以及穩定發展的紫染織品產業，引來巴比倫國王和亞歷山大大帝遠征至此。泰爾輝煌的過去，目前可在鎮上兩處考古遺址窺探一二，多半是羅馬時期遺留下來的競技場、巨大的三彎拱門、占地廣大的墓地、露天浴池、建築廊柱和古街道等。

1984　文化遺產

## 比布魯斯遺址 Byblos

比布魯斯可以説是黎巴嫩歷史的縮影，歷史學家相信，這座城市的歷史至少可回溯至七千年前，從一座沿海漁村開始發展。

比布魯斯曾經是第一座和埃及有貿易往來的腓尼基城市，現在城鎮裡仍留有石器時代的住屋殘蹟、腓尼基時期一位國王的地下墳墓、羅馬時期噴泉遺跡和城堡遺址等。有些歷史文物被埋在地底多年，一直到19世紀末至20世紀之間，才被考古學家發現隱藏在地層下的豐富遺產。

1998　文化遺產

## 加迪沙聖谷和神山森林
### Ouadi Qadisha (the Holy Valley) and the Forest of the Cedars of God (Horsh Arz el-Rab)

加迪沙河谷位居黎巴嫩最高峰庫爾內特薩烏達山(Qornet Es-Saouda)，不僅擁有蔥鬱的西洋杉林，也是世界上最早有基督教修士隱居的地方。現在仍留有許多嵌在崖壁上的小教堂、石窟以及一些隱士住所，這些建築上的壁畫可追溯至12至13世紀，而周邊的杉木林應該就是當時修士們修築居所的材料。

# 馬來西亞 Malaysia

不像其他古文明國度擁有數千年的歷史，馬來西亞一開始以其豐富的生態林相入選兩座自然遺產，但進入21世紀之後，馬六甲海峽上的的兩座殖民歷史城市獲得青睞，晚近更是以發現非洲大陸以外最古老的人類歷史遺跡而舉世矚目。

馬六甲海峽的歷史城市：
馬六甲和喬治城
Melaka and George Town,
Historic Cities of the Straits
of Malacca

玲瓏谷考古遺址
Archaeological Heritage
of the Lenggong Valley

姆魯山國家公園
Gunung Mulu
National Park

京那峇魯國家公園
Kinabalu Park

南中國海

印尼

印尼

🕐2000　🏛自然遺産　🔷52,864 ha

## 姆魯山國家公園 Gunung Mulu National Park

姆魯山國家公園是世界上最廣大而壯觀的天然鐘乳石地洞之一。馬來西亞的鐘乳岩層的地區分布廣袤，幾乎包括了婆羅洲的北砂勞越大部分，而目前共發現了26個地下洞穴及長達159公里的通道，僅占總數的30%。目前，已開放可安全參觀的有6個，包括「砂勞越岩洞（Sarawark Cave）」，被喻為世界最巨大的洞內自然廳堂，長600公尺、寬450公尺、高100公尺，據說可停放40架的波音747飛機。

所有的鐘乳石風貌並非只在岩洞內呈現，露出於外的鐘乳石層的尖峰有的比樹還高，甚至高到45公尺，這就是全球罕見的石灰刀石林（Pinnacles）。

考古學家推測，在150萬年前冰河時期就已形成的姆魯山國家公園，一望無際的山景與植被仍然保留著美麗而豐富的原始色彩。園內目前發現有二萬種動植物，包括姆魯山山腳下生長許多香料植物，在泥炭沼澤周邊也發現多種灌木類植物；石灰岩地貌半山腰部分，生長最多的是苔類；山頂上則滿布著高山植物。目前為止，在姆魯山發現約有1500種花卉，包含170種蘭花、10種瓶狀葉植物，多不勝數的蕨類植物等，也陸續發現許多珍貴而未知的動植物。

383

# 馬六甲海峽的歷史城市：
## 馬六甲和喬治城
Melaka and George Town, Historic Cities of the Straits of Malacca

　　1786年，英國法蘭西斯˙萊特上校來到檳城島，他將進駐屯墾的東北角以英王喬治三世(George III)命名，這就是喬治城的由來。喬治城是檳城州的首府，也是政治經濟發展的中心，有趣的是，喬治城保有豐富的華人移民文化，許多重要的古蹟與街道都分布在市中心，因此擁有一個道地洋名的它，事實上卻非常中國。

　　而馬六甲城扼守馬六甲海峽的戰略地位，也吸引西方國家如葡萄牙、荷蘭、英國的注意，西方大國的進駐雖讓馬六甲歷經多次的殖民事件，但也留下了不少相關的遺跡，現今的馬六甲處處可見當年的時光軌跡，街道與建築，乃至於飲食文化都是活的歷史教材，為世界的旅客娓娓訴說屬於馬六甲的故事。

# 京那峇魯國家公園 Kinabalu Park

　　京那峇魯位於馬來西亞沙巴州，標高約4,101公尺，面積754平方公里，也被稱為「神山」，是東南亞的最高峰。這座於150萬年前所形成的神山，由於地殼經過長時間不斷地冷卻和凝結之後，向上隆升而形成花崗岩層，再加上受到豪雨、冰和冰河的侵蝕影響，來自大自然的神奇力量，使這座新的山岳顯現出獨特的地質面貌。

　　特殊的地質條件和自然環境，使神山呈現美麗多采多姿的景致，此地以熱帶雨林生態聞名遐邇，尤其生長在國家公園保護區內更有無數奇特的繁茂植物，像是世界最大朵花之一的拉芙西亞花和項鍊蘭花，以及橡樹、杜鵑花、豬籠草和矮灌木等各類花草茂盛成長，尤其這兒還是賞鳥和觀賞松鼠、蜥蜴等哺乳動物成長的最佳場所。

# 玲瓏谷考古遺址
Archaeological Heritage of the Lenggong Valley

　　本遺址位於馬來西亞霹靂州北部的玲瓏谷，範圍涵蓋兩區共四處的考古場址。這裡的洞穴及露天考古場址紀錄了距今183萬年前到1,700年前的人類活動，時間橫跨舊石器時代、新石器時代及青銅時代，是非洲大陸以外最古老的人類歷史遺跡。

　　1991年，大馬考古學家在玲瓏谷古濃輪都洞(Gua Gunung Runtuh)挖掘文物時，意外發現了保存極為完整的「霹靂人」(Perak Man)骨骸，證明馬來半島在1萬多年前已經有人類居住。2009年，考古學家更宣布他們在玲瓏谷武吉布農(Bukit Bunuh)一處由隕石撞擊而成的衝擊凝灰角礫岩(suevite)岩層中，發現了一個用石英岩鑿成的手斧，時間可回溯到183萬年前，這項舉世矚目的新發現，立刻使玲瓏谷成為東南亞地區最古老的舊石器時代遺址。其他存於玲瓏谷的珍貴考古遺跡，還包括石窟壁畫、珠寶、陶器、石器、武器以及工具打造場等。

# 蒙古Mongolia

13世紀時，成吉思汗成立蒙古帝國，金戈鐵馬震撼歐亞，成為歷史上最大版圖的大帝國；而後忽必烈統一中國，強勢的國力卻因藏傳佛教席捲草原逐漸衰微；直至蒙古歸順清朝、20世紀走上獨立，在世界歷史中，它永遠占有一席之地。

俄羅斯

烏布蘇湖盆地
Uvs Nuur Basin

鄂爾渾河谷
文化景觀
Orkhon Valley
Cultural Landscape

蒙古阿爾
泰山岩畫群
Petroglyphic Complexes
of the Mongolian Altai

中國

## 鄂爾渾河谷文化景觀
### Orkhon Valley Cultural Landscape

📅2004　🏛文化遺產　🌐121,967 ha

　　鄂爾渾河是蒙古最長的河流，河岸草沃水豐的遼闊牧地，是餵養遊牧民族的生命之河，也是蒙古帝國發展中心，目前仍有遊牧民族在河谷周邊的牧地放牧。

　　13至14世紀，蒙古帝國的首都卡爾哈林(Kharkhorum)就在此河谷地區，維吾爾族也曾在此設立都城，此外，考古學家也發現不少6世紀的遺跡群，以及融合在地文化的佛教寺廟等，並從中發現過去遊牧民族的信仰、貿易等社會活動，以及歐亞文化交會變換的蛛絲馬跡，證實了鄂爾渾河谷在中亞地區中有著一定的歷史地位。

📅2011　🏛文化遺產　🌐11,300 ha

## 蒙古阿爾泰山岩畫群
### Petroglyphic Complexes of the Mongolian Altai

　　本遺址包含三處由古老游牧民族流傳下來的岩畫群，它們皆位於蒙古阿爾泰山脈的巴顏烏勒茲省(Bayan-Ulgii)，總面積約11,300公頃。阿爾泰山最早期的岩畫反映了更新世晚期到全新世初期(大約距今11,000年前到6,000年前)的人類生活狀況，當時此區仍有一部分是森林，人們多半在山谷打獵覓食。中期的岩畫則呈現此地在全新世中期(大約距今6,000年到4,000年前)已經變成山地草原，人們過著以放牧為主的生活。最晚期的岩畫大約出現於西元前1千年的斯基泰時期(Scythian periods)，它們呈現了當時人們從放牧過渡到騎馬遊牧的生活方式。

　　阿爾泰山岩畫的主題多半是狩獵，放牧、舞蹈、宗教儀式以及牲畜或野生動物形象。它們有些出現在水草豐美的山谷河流旁，有些刻製在林間巨石上，有些則繪製於懸崖峭壁或石窟壁面，而且附近通常都有游牧民族賴以維生的狩獵場或放牧場。這些分布集中的岩畫遺跡，充分反映了1萬2千多年來人類文化的發展，也生動描繪出人類與環境之間的互動關係。

●烏布蘇湖盆地Uvs Nuur Basin
詳見俄羅斯

# 尼泊爾Nepal

尼泊爾境內擁有兩大自然遺產和兩處文化遺產，雖然數量不多，然而跨越的範圍卻相當遼闊，其中加德滿都谷地就包括了七座皇宮與寺廟。另外像是位於喜瑪拉雅山區的薩嘉瑪莎國家公園，正是世界最高峰聖母峰的所在地。

中國
薩加瑪塔國家公園（聖母峰）
Sagarmatha National Park
藍毗尼佛陀出生地
Lumbini, the Birthplace of the Lord Buddha
印度
皇家奇旺國家公園
Royal Chitwan National Park
加德滿都谷地
Kathmandu Valley

©MOOK

🗡1979　🏛文化遺產　⬭167 ha

## 加德滿都谷地 Kathmandu Valley

　　身處中國和印度兩大古文明的交會處，加德滿都谷地20公里的範圍內就有7處宗教古蹟群，其中包括3個古皇宮所在地，共有將近130間廟宇、浴池、花園、佛塔等，充分展現富麗精細的尼泊爾工藝，以及融合印度教和佛教信仰的具體詮釋。

　　谷地裡的文化遺產集中在三大古都—加德滿都、帕坦(Patan)和巴克塔布(Bhaktapur)，皆是古皇宮所在，建於馬拉(Malla)王朝，約西元12~17世紀間，結構上相當類似。

　　皇宮前的廣場一律叫做杜兒巴廣場(Durbar Square)廣場，三座廣場皆列名文化遺產，由於尼泊爾人將國王視為「保護神—毘濕奴」的轉世，廣場上必定有一間御用的印度廟，由一位活女神庫瑪莉(Kumari)駐守，和一座黃金門。

　　加德滿都位於谷地西邊，是尼泊爾王國首都，同時是尼國的政治、經濟、文化，和商業中心，廣場最外圍的御用印度廟德古塔蕾珠廟(Degu Taleju Temple)有500多年歷史，是現存同類型的廟中最早、最大，且最漂亮，因皇室仍在這間廟祭拜，外人不得進入，另有著名的性廟、猴門等。

　　帕坦位於谷地南部邊陲，距加德滿都約8公里，當地人民舊時以建廟維生，加德滿都幾乎所有的廟都是出自帕坦人之手，當然自家的廟更得好好設計，「精緻藝術之城」的封號由此而來。

　　巴克塔布是3個古都中維護得最好的，亦以精工木雕出名，杜兒巴廣場上有軍人駐守在黃金門和活女神廟門口，當地的活女神庫瑪莉是最有名的，木雕最極致表現為Dattatraya巷子裡的孔雀窗，據稱由於木頭材質特別硬，在300多年後的今天，仍可看出根根清楚的孔雀翎毛，及繁複的裝飾雕花。

符號說明　登錄時間　遺產面積　　遺產類型　文化遺產　自然遺產　綜合遺產　瀕危文化遺產　瀕危自然遺產　瀕危綜合遺產

# 藍毗尼佛陀出生地
## Lumbini, the Birthplace of the Lord Buddha

　　佛陀的出生地藍毗尼坐落在喜馬拉雅山脈腳下，目前規劃成一座園區，園區裡有三個重點，一是佛陀母親摩耶夫人廟(Mayadevi Temple)，二是阿育王石柱，三則為水池和菩提樹。相傳摩耶夫人因夜夢白象由右側腋下進入，感而受孕，遂生佛陀，園中布局，似乎是儘量在還原當年的種種傳說故事。

　　摩耶夫人廟供奉著一塊模糊不清、由黑岩雕刻的摩耶夫人產子像，隱約可以看出摩耶夫人高舉右手、扶著樹枝的姿態。摩耶夫人廟後方的樹是她當年產子的地點，水池則是佛陀出生後淨身的水池，儘管這些都已非當年的樹與水池。倒是廟另一側豎立的阿育王石柱，銘文上說，阿育王登基後的第二十一年，親自在佛陀降生地參拜並立柱。聖人出世總有聖蹟異象，例如悉達多王子一出生便行走七步，步步生蓮，一手指天，一手指地，並說：「天上天下，唯我獨尊。」雖為穿鑿之說，卻總能滿足後人對聖者崇拜的心理，並為聖地帶來更多傳奇色彩。

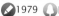 1979　自然遺產　124,400 ha

# 薩嘉瑪莎國家公園(聖母峰)
## Sagarmatha National Park

　　薩嘉瑪莎國家公園其實就是一般所稱的喜馬拉雅山區，全境1148平方公里，涵蓋尼泊爾境內2845公尺以上的山區到聖母峰之間的範圍。平均海拔3000公尺以上，6000公尺以上的高山也比比可見，世界最高的聖母峰就在此列。薩嘉瑪莎國家公園以獨特的高山景觀和文化、生態，被認可為世界遺產。

　　薩嘉瑪莎國家公園位於加德滿都的東北方，尼泊爾和西藏的交界處。西藏人稱之為珠穆朗瑪，尼泊爾人稱它是薩嘉瑪莎，意思是地平面之頂(Top of The Surface)，其他山名則多用印度眾神的名字，或是藏文，或是跟雪巴人有關的名字。這裡是登山者的最後挑戰，旅客要不為了生態觀察或學術研究，就是打算健行直攻聖母峰。沿途可見冰河和罕見的高山動植物，植物像是銀蕨、杜松、樺樹等，動物則有喜馬拉雅黑熊、狼、山貓、雪豹。

 1984　自然遺產　93,200 ha

# 皇家奇旺國家公園
## Royal Chitwan National Park

　　喜馬拉雅山腳下的奇旺皇家國家公園，是少數未遭人為破壞的生態區。境內除了豐富多元的植物生態，並擁有最後幾隻獨角犀牛和孟加拉虎。

　　皇家奇旺國家公園位於尼泊爾南邊，原是皇室專用狩獵場，1961年才開放給一般旅客，1973年成為尼泊爾第一個國家公園，動植物受到完善的保護。

　　在奇旺有三件必做的事，一是騎大象、看獨角犀牛，其次坐獨木舟賞鳥、找鱷魚，三是跟著導遊認識植物，總歸就是看生態，932平方公里的境內，有獨角犀牛、野豬、孟加拉虎、野象等超過50種哺乳動物，和翠鳥、老鷹、夜鷺、犀鳥等525種鳥，據當地導遊表示，在2、3月時比較容易看到老虎和一些罕見動物。

# 阿曼 Oman

位於阿拉伯半島東南部海岸阿曼，控制著波斯灣重要的出入口荷姆茲海峽，從17世紀起就建立起屬於自己的王國。由於位於沙漠地帶，水源和雨水直接影響聚落的發展，從入選的4座文化遺產可以看出水在阿拉伯半島扮演的重要角色。

阿拉伯聯合大公國
巴特、庫特姆和艾因考古遺址
Archaeological Sites of Bat, Al-Khutm and Al-Ayn
沙烏地阿拉伯
乳香之地
Land of Frankincense
巴赫拉城堡
Bahla Fort
阿曼的阿夫拉賈灌溉系統
Aflaj Irrigation Systems of Oman
伊朗
阿拉伯海
葉門

©UNESCO/Veronique Dauge

✎ 1987　🏛 文化遺產

## 巴赫拉城堡 Bahla Fort

　　巴赫拉是阿曼最古老的村落，以製陶產業聞名。矗立在山丘上的巴赫拉堡，最早修建年代可追溯至西元830年，歷經三次增建修整才成為現在的規模。後人認為城堡防禦系統架設最完整的應是12至15世紀的巴奴聶罕時期(Banu Nebhan)，採用未窯燒過的磚塊堆砌出三角錐式的堡壘，以及綿延近15公里的城牆，堅固宏偉的架構不僅顯示當時發展成熟的建築技術，也見證了統治者的強盛勢力。

©UNESCO/Veronique Dauge

📷1988　🏛文化遺產

# 巴特、庫特姆和艾因考古遺址
## Archaeological Sites of Bat, Al-Khutm and Al-Ayn

　　阿曼境內相當重要的考古遺址就是位在依柏力(Ibri)的巴特、庫特姆和艾因，周邊發現了數量龐大的墳墓群，以及完整的史前聚落遺跡，據推斷應為西元前3000年的青銅器時代。

　　在艾因附近村莊的山脊上，就有20座以石塊堆疊出約3.6公尺高、如倒扣蜂窩形狀的墓地，並留有很窄的入口縫隙，使用目的不可考。

📷2006　🏛文化遺產　💎1,456 ha

# 阿曼的阿夫拉賈灌溉系統
## Aflaj Irrigation Systems of Oman

　　阿曼屬於熱帶沙漠氣候，耕種灌溉無法只等自然雨量，阿夫拉賈灌溉引水系統便應運而生。阿夫拉賈是以人工挖出渠道，依照地勢的落差，將山區水源引進、輸送至耕地。

　　即便現在已有先進的水利設施，這種可追溯至西元500或甚至西元前2500年，至今仍有3000多組阿夫拉賈灌溉系統在農村地區繼續使用中。列入世界遺產的灌溉系統共有五組代表，入選地區包括達西里亞區(Dakhiliya)、沙奇亞(Sharqiya)與巴提奈(Batinah)。

📷2000　🏛文化遺產　💎850 ha

# 乳香之地 Land of Frankincense

　　每年6至8月的季風，為阿曼南部的朵法爾區(Dhofar)帶來豐沛的雨量，先天條件比阿曼其他地區還適合植物生長，乳香木的栽植也多半由此而來。在朵法爾區的巴利得(Al-Blaid)、霍爾羅里(Khuwr Rori)、斯西魯(Shasr)、瓦迪杜卡(Wadi Dooka)等古城裡的舊坑道和洞穴，以及古老文件中所發現製作乳香的遺跡，都證明了當地曾長期為中世紀乳香販售的重要交易點。

# 巴基斯坦Pakistan

與印度同樣坐落印度半島的巴基斯坦，如今雖分立成兩個不同國家，然而就其歷史發展脈絡可謂如出一轍，從五千年前的印度和古文明，到佛教文明，再到以伊斯蘭文明為主的蒙兀兒王朝，這些脫穎而出的文化遺產都是這些時代留下的資產。

©UNESCO/Alexandra Sayn-Wittgenstein

⏱1980 🏛文化遺產

## 塔西拉 Taxila

要能同時看建孔雀王朝阿育王和希臘亞歷山大大帝的足跡，全世界非塔西拉莫屬。位居歐亞絲路的中繼站，塔西拉已有2500多年歷史，一直是佛教的教育和文化中心，犍陀羅藝術也是塔西拉重要的資產之一。

而在遺址外的博物館裡，陳列著西方臉孔的雕塑，或是帶著希臘風格的佛像，都是東西文化在此交會的最佳證明。

©UNESCO/Junhi Han

⏱1980 🏛文化遺產 ⬤240 ha

## 摩亨佐達羅考古遺址
Archaeological Ruins at Moenjodaro

摩亨佐達羅位於印度河西岸，距離巴基斯坦首都喀拉蚩約580公里，根據考古遺址往前推算，這座城市約建於西元前3千年前，現存遺跡則清楚說明了早期縝密的城市計畫，包括以未窯燒的磚築牆、城市筆直交錯的主幹道，以及排水系統、地窖倉庫、擁有藝廊的議事廳等，就連住屋的架構也經過設計，在地震來襲時會往外崩塌，以減低人身傷害。

在遺址附近有一座博物館，收藏舊城裡挖掘出來的日常用品、武器、雕像、玩具等，開放大眾參觀。

⏱1980 🏛文化遺產

## 塔赫特伊巴希佛教遺址及薩赫伊巴合古城
Buddhist Ruins of Takht-i-Bahi and Neighbouring City Remains at Sahr-i-Bahlol

在塔赫特依巴希山頂的僧廟是巴基斯坦最完整的佛教建築，居高臨下的位置可以眺望白夏瓦平原(Peshawar)，也因為在山上，僧廟才能躲過多次戰火，完整的保存下來。

這座在西元2至3世紀間興建的僧廟格局為矩形，規劃相當完整，包括佛塔、寺廟、舍利塔、天井等，在僧廟遺址中也發現許多雕刻和證明佛教和印度教徒都曾經在此留下足跡的錢幣。

此外鄰近地區還有一座構築了防禦工事的薩赫伊巴合古城，約建於同一個時期。

符號說明 登錄時間 遺產面積 遺產類型 文化遺產 自然遺產 綜合遺產 瀕危文化遺產 瀕危自然遺產 瀕危綜合遺產

## 1981 文化遺產

# 特達歷史遺址 Historical Monuments of Thatta

特達位於喀拉蚩東方98公里，印度河西岸、鄰阿拉伯海。歷經四朝伊斯蘭教帝國統治，在城市中留下許多伊斯蘭建築和遺跡，其中又以蒙兀兒王朝(14~16世紀)為最，修建的數量最多。在特達的麥克里山上，有一座號稱世界最大的陵墓群，占地約15.5平方公里，歷代國王、王后、學者、哲學家長眠於此，從陵墓和墓碑雕刻樣式，即可判別其朝代，而蒙兀兒時期多採用大理石或花崗岩為主要石材，雕刻精細繁複，在陵墓群中相當醒目。

其中規模最大，就是死於1644年的塔克汗(Isa Khan Tarkhan)為自己建的墓地，他在生前就請建築師修墓，結局和沙賈汗建泰姬瑪哈陵如出一轍，工程完成後，便將建築師的雙手砍斷，以保證自己的靈寢是世界上獨一無二。

## 1981 文化遺產

# 拉合爾的古堡和夏拉莫花園
Fort and Shalamar Gardens in Lahore

拉合爾古堡和印度紅堡同樣出自蒙兀兒帝國沙賈汗(Shah Jahan)之手，堡壘和清真寺以大理石為建材，加上精細的馬賽克與鍍金裝飾。而同時在拉合爾周邊建造的夏拉莫花園，格調高雅，配有一幢擁有三座露台的莊園，並以瀑布、池塘造景。

這兩處同時在1981年被列入世界遺產，也在2000年因維護不當被提為瀕危世界文化遺產名單，後來經過不斷修復，在2012年從瀕危名單中解除。

## 1997 文化遺產

# 羅坦斯古堡 Rohtas Fort

西元1540~1541年間，謝爾沙蘇里(Sher Shah Suri)被蒙兀兒大軍戰敗後，便著手興建羅坦斯堡，歷經10年完成，造就旁遮普省最宏偉的歷史建築。

城堡樣式混合土耳其、印度傳統建築和藝術，厚實的城牆蜿蜒將近5公里，周邊設置的防禦系統都按戰略布局，並利用天然溝壑以及一公里的河岸當作護城河，堅固的城基不僅熬過攻擊、也避過暴風等天然災害，可說是中亞地區保存相當精細且完整的伊斯蘭教堡壘。

## 巴勒斯坦 Palestine

2012年底聯合國大會正式通過巴勒斯坦成為會員國，而在此之前半年，教科文組織已將巴勒斯坦境內、舉世聞名的伯利恆列為世界遺產，不過因為位於這塊動盪且極具爭議的土地上，而被納為瀕危文化遺產，不少教堂建築都亟待修復。

耶穌誕生地：
伯利恆主誕堂及朝聖之路
Birthplace of Jesus:
Church of the Nativity and the
Pilgrimage Route, Bethlehem

敘利亞
賽浦路斯
海
約旦
埃及

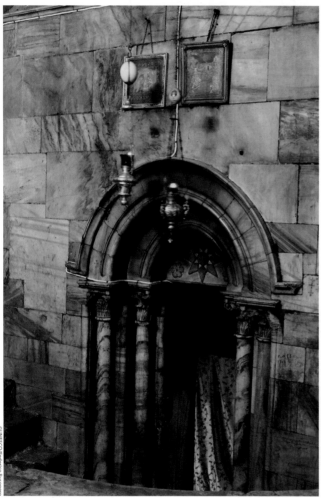

©UNESCO/Federico Busoneto

2012　瀕危文化遺產　2.98 ha

# 耶穌誕生地：
# 伯利恆主誕堂及朝聖之路
Birthplace of Jesus: Church of the Nativity and the
Pilgrimage Route, Bethlehem

　　主誕堂坐落於今日的伯利恆馬槽廣場，是全世界仍在使用中的最古老的一座教堂。西元327年，羅馬帝國君士坦丁大帝的母親海倫娜依據2世紀基督教歷史的考證，下令在耶穌降生的馬槽石穴上方興

## 巴布亞紐幾內亞
## Papua New Guinea

位於西太平洋的巴布亞紐幾內亞，可説是世界上少數多元民族文化的國家之一，根據官方統計，這裡使用的語言多達841種，足見它仍處於高度分歧的部落社會，由於低度開發，仍保留了6、7千年前完整的早期農業活動證據。

太平洋
印尼
庫克早期農業遺址
Kuk Early Agricultural
Site
太平洋

2008　文化遺產　116 ha

## 庫克早期農業遺址 Kuk Early Agricultural Site

　　庫克早期農業遺址被發現於巴布亞紐幾內亞西部高地，海拔約1,500公尺的沼澤地，面積約116公頃。

　　根據考古挖掘出的跡證發現，在6、7千年前，當地人們從食物採集轉變為農耕，成功的栽植香蕉、芋薯類蔬食，而針對沼澤地耕種所開鑿的排水系統、土墩和壟溝等都是農業技術和土地利用的一大提升和突破，是同時期少見的成熟發展，也是極少數保留完整的早期農業活動見證。

©UNESCO/Federico Busoneto

建主誕堂，歷經6年完工。然而後來因為受到戰亂、地震以及政權交替的衝擊，主誕堂又歷經多次的維修與擴建。

　　西元529年，信奉猶太教的撒瑪利亞人(Samaritan)不滿拜占庭帝國查士丁尼大帝壓迫異教徒，發動大規模起義，導致主誕堂在暴動中遭到燒毀。西元565年，查士丁尼大帝下令原地重建，並且保留教堂最初使用的馬賽克地板。到了耶路撒冷王國時期，統治該地的十字軍也對教堂進行整修與擴建，逐漸形成今日的樣貌。

　　人們來到這裡除了能看到羅馬天主教、希臘東正教、方濟會以及亞美尼亞教會的修道院，還可以一睹著名的謙卑之門、鐘樓、露台花園以及朝聖之路。不過這座擁有1,700多年歷史的教堂，由於支撐屋頂的木樑已經腐朽，出現漏水情況，因此內部的建築結構及收藏畫作正面臨威脅，亟待修復。

符號說明　登錄時間　遺產面積　　遺產類型　文化遺產　自然遺產　綜合遺產　瀕危文化遺產　瀕危自然遺產　瀕危綜合遺產

# 菲律賓Philippines

從菲律賓入選的世界遺產不難發現，文化遺產反映其原住民及殖民歷史，自然遺產則顯現其獨特的島嶼生態。文化遺產中有兩座是西班牙殖民時代產物，一座為原住民為生計留下的美麗地景；兩座自然遺產則都是世界級的珊瑚礁及喀斯特景觀地形。

菲律賓山系梯田
Rice Terraces of the Philippine Cordilleras

菲律賓的巴洛克式教堂建築群
Baroque Churches of the Philippines

維干古城
Historic Town of Vigan

公主港地底伏流國家公園
Puerto-Princesa Subterranean River National Park

圖巴塔哈珊瑚礁海洋公園
Tubbataha Reef Marine Park

太平洋

南海

1993　文化遺產

# 菲律賓的巴洛克式教堂建築群
Baroque Churches of the Philippines

菲律賓被列入世界文化遺產的巴洛克式教堂共有四座，包括老沃的聖奧古斯汀教堂(San Agustin)或稱抱威教堂(Paoay Church)、馬

尼拉(Manila)的聖潔的聖母教堂(Immaculate Conception)，以及分別位於米亞高(Miag-ao)的聖湯瑪斯教堂(Norte Santo Tomas)和聖瑪麗亞(Santa Maria)的聖母教堂(La Asuncion)。

巴洛克教堂群建於16世紀西班牙殖民時期，由菲律賓和中國工匠以巴洛克風格為藍圖重新詮釋，打造出風格獨具的殖民時代歷史建築。

其中外形如金字塔般的抱威教堂乍看之下與澳門的大三巴教堂有點類似，然而它不只是個門樓，民眾現今仍可以走進寬廣的教堂裡禮拜、祈禱。

這座教堂雖然已有400年之久，雄偉華麗的巴洛克建築造型，不因年代久遠而消逝；儘管外牆已斑駁褪色，卻更添濃烈的古意。特別的是，這座教堂沒有地基，也不用鋼筋水泥，建築材料完全以甘蔗汁煉成的糖漿、紅磚、泥漿、礁石、石灰等建成，現在人們從教堂外露的柱子當中，還可以看到這些原始的建材。

1995　自然遺產

# 菲律賓山系梯田
## Rice Terraces of the Philippine Cordilleras

　　位在呂宋島中北部的巴拿威(Banaue)梯田，是一個山區的純樸小鎮，有著世界級的獨特風光，一畝一畝漸次而上的梯田，和諧地融入大自然的山林綠水中，如同是通往天國的階梯。

　　居住在此的怡芙高族(Ifugao)住民，為了適應崎嶇不平、耕地稀少的艱困環境，將一塊塊的石頭沿著山坡築成擋土牆，修建成可耕種的田地。經過數千年的開墾，開闢出兩萬公頃的梯田，胼手胝足的精

神克服了大自然。

　　每年的4月是巴拿威梯田最美麗的季節，田裡剛剛插上翠綠的新秧，一階階的鮮綠方塊，鑲嵌在青山翠谷中。走在蜿蜒的田埂上，看著農忙的婦人，迎著山區午後的微風，四周沒有吵雜喧囂的喇叭噪音，耳邊是蟲鳴鳥叫伴著淙淙的流水聲，就像是處遺世獨立的世外桃源。

　　這處人間仙境，也有其潛在的憂慮。年輕人不斷外流，年老者逐漸凋零，人口的減少，造成梯田日漸荒蕪。加上環境的破壞，巴拿威地區遭受遷徙到此的大蚯蚓侵襲，大蚯蚓為了尋找食物，鬆動土壤，每逢豪雨時，被鬆動的梯田就容易坍崩。聯合國教科文組織曾於2001年將巴拿威梯田列入瀕危遺產，2012年又因保護得宜而從名單中解除。

1993　自然遺產　130,028 ha

# 圖巴塔哈珊瑚礁海洋公園
## Tubbataha Reef Marine Park

　　菲律賓巴拉旺一直都是世界知名潛點，位於巴拉旺(Palawan)的圖巴塔哈珊瑚礁海洋公園是最佳例證。

　　面積約130,028公頃，圖巴塔哈珊瑚礁海洋公園由兩座環狀珊瑚礁島系統組成，南北各有一座。海底生物種類多且密集，海底原始珊瑚礁垂直100公尺形成完整的生態圈及天然屏障，北端的珊瑚礁小島則是鳥類和海龜最佳棲息地。

符號說明　登錄時間　遺產面積　遺產類型　文化遺產　自然遺產　綜合遺產　瀕危文化遺產　瀕危自然遺產　瀕危綜合遺產

## 維干古城 Historic Town of Vigan

1999　文化遺產

維干地名據傳源自閩南話的「美岸」，早期中國閩南一帶的移民，以母語對當地美麗海岸所發出的讚嘆。

建於16世紀的維干城之所以被納入世界遺產之列，主要是因為它是菲律賓少數保有完整西班牙建築遺跡的城鎮，走在城鎮中，不難從木窗拱門、廊柱雕刻感受濃濃的南歐風情，古街上兩三層高的樓房已被菲國政府立法保護，也因為強制維護，是得維干古城得以呈現出東南亞少見的歐式況味。

維干城建於1572，當時是花了100多年才陸續建成的，維干目前約有100多戶人家，街道巷弄縱貫其間，兩旁二、三層樓的木屋為西班牙傳統式民居，為了保持古蹟的完整，當地政府下令只能修整內部，外觀是萬萬不能更動；至今維干古鎮不但保有濃濃的歐風，更帶有古老的味道，像是灰白的牆面、拱型木製窗門、植物藤蔓式的欄杆，雖略見斑駁，卻掩不住古樸的風情。

維干的主要街道為骨董街，其長約500多公尺，兩旁櫛比鱗次的商家，販賣原木家具、竹籐、陶藝品和織布，這些都是很具特色的民俗工藝品；尤其是陶器，是維干主要的傳統工藝，過去他們常做成大型的陶缸，裝盛鹽、酒、米等民生用品。

## 公主港地底伏流國家公園
Puerto-Princesa Subterranean River National Park

1999　自然遺產　5,753 ha

公主港地下洞穴國家公園位於菲律賓西南部、被稱為「最後處女地」的巴拉旺(Palawan)省。公主港地下洞穴國家公園擁有一座長達8.5公里的水道，穿過東南亞常見的喀斯特景觀地形，由山連向海洋。雖然渠道較低的部份容易受到潮汐影響，但完整的生態系統，以及周邊茂密的森林，造就相當完整的生物保護區。

# 沙烏地阿拉伯
# Saudi Arabia

地處沙漠的沙烏地阿拉伯直到2008年才有第一座世界遺產，2年之後再增加一座。前者顯示了沙烏地阿拉開發甚早的歷史以及處於國際貿易中心的地理特色，後者則將歷史推至15世紀沙烏地阿拉伯皇室家族祖先的開端。

📅2008年　🏛文化遺產　◯1,621 ha

## 石谷考古遺址
## Al-Hijr Archaeological Site (Madâin Sâlih)

石谷考古遺址又名哈格拉(Hegra)，是沙烏地阿拉伯第一處世界遺

📅2010年　🏛文化遺產　◯29 ha

## 迪伊雅的阿圖賴夫區堡壘
## At-Turaif District in ad-Dir'iyah

　　迪伊雅是一座位於沙烏地阿拉伯首都利雅德(Riyadh)西北郊的小鎮，坐落在阿拉伯半島的中央，它是沙烏地皇室家族的發源地，在1744~1818年間曾為沙烏地王朝的首座首都。由今日沙烏地皇室家族祖先Mani Al-Mraydi創立於15世紀，迪伊雅見證了阿拉伯半島中央獨特的那吉(Najd)建築風格。18~19世紀初期，它的政治與宗教地位大幅提升，使得阿圖賴夫區的堡壘不但成為沙烏地家族暫時的權力中心，同時也是誕生自伊斯蘭內部宗教改革的瓦哈比教派(Wahhabi)的延伸，該教派提倡苦行與聖戰，是一個排除異己的極端教派。阿圖賴夫古城區包括多座宮殿遺址，以及一座興建於迪伊雅綠洲邊緣的城市聚落。

產。這是與約旦佩特拉同一個時代的納巴泰(Nabataean)文明所遺留的墳墓群。這些直接在砂岩上開鑿而出的墓，約建於西元前1世紀到西元1世紀之間，共計有111座，其中94座有保存良好的精美花紋雕刻，其建築與藝術融合了亞述、埃及、腓尼基等文化之特色，見證了納巴泰文明當時處於國際貿易中心之地理特色。同時該地也有規畫良好、至今仍可使用的水道設施，以及約50座　史比納巴泰文明還早，繪有壁畫的洞穴。

©UNESCO

# 斯里蘭卡Sri Lanka

位於印度南端的斯里蘭卡，因為佛陀曾經到來並且留下了一個腳印，從此奠定了佛教立國的根基，虔誠的信仰歷經數千年不變。保留王朝風韻的歷史古城、穿梭著橘色袈裟和尚的寺廟佛塔、隨山丘連綿起伏的茶園、跨越時空的殖民建築，島國散發著獨特之美。

印度

印度洋

安努拉德普勒聖城
Sacred City of Anuradhapura

獅子岩古城
Ancient City of Sigiriya

丹布拉黃金寺廟
Golden Temple of Dambulla

波洛納露瓦古城
Ancient City of
Polonnaruwa

斯里蘭卡的中央高地
Central Highlands of Sri Lanka

坎迪聖城
Sacred City of Kandy

印度洋

辛哈拉傑森林保護區
Sinharaja Forest Reserve

迦勒古鎮及堡壘
Old Town of Galle and its
Fortifications

✏️1982　🏛️文化遺產

# 波洛納露瓦古城 Ancient City of Polonnaruwa

　　長5公里、寬3公里、占地122公頃的波洛納露瓦，濃縮了斯里蘭卡最菁華且保留最完整的歷史遺跡。這個位於中北部乾燥地區的古城，是僧伽羅王朝統治下的第二個首都，因為擁有數量眾多的貯水池，因此早在西元3世紀時就成為當地的農業經濟中心，所以即使在安努拉德普勒王朝時期，波洛納露瓦已然備受重視且開始興建皇宮。由於安努拉德普勒長期以來飽受印度人永無止盡的入侵，因此無論戰略位置或經濟效益都比安努拉德普勒城更出色的波洛納露瓦，終於在11世紀時成為僧伽羅王朝的首都，當時的Vijayabalu國王將波洛納露瓦帶入黃金時期，不過今日保留下來的建築大多興建於他的繼承者Parakramabahu之手。

　　波洛納露瓦一直扮演著首都的角色，直到13世紀末Bhuvanekabahu II國王遷都到Kurunegala為止。如今遺址大致可分為古城區、北部區以及南部區三個部分。

# 獅子岩古城 Ancient City of Sigiriya

獅子岩這塊陡峭的巨岩，猶如獨自從天而降，落在四周裸露的乾燥地區上，這處傳說中斯里蘭卡中世紀最「短命」的首都，流傳著一則皇室人倫悲劇的故事。

據說西元五世紀中時統治安努拉德普勒的國王Dhatusena有著兩個兒子，一個是母親出生卑微的Kassapa，另一位則是後來皇后所生的嫡子Mogallana。為了避免Dhatusena將王位傳給Mogallana，Kassapa聯合了國王的姪子、同時也是軍隊統領的Migara進行篡位。

儘管得到王權，Kassapa卻擔心逃到印度的Mogallana回來報仇，於是命令手下尋找一處難以攻破的地方另建皇宮，獅子岩因而從一處和尚隱居之所，發跡成為一座皇城。

Kassapa效法豐饒之神Kubera傳說中的住所，在獅子岩高達200公尺的頂部興建了一座宮殿，並且在岩腳下建立了一座嶄新的城市，而這一切浩大的工程據說只花了七年的時間。不過就在宮殿落成的六年之後，Mogallana率領坦米爾大軍前來，儘管有著厚實城牆的保護，Kassapa還是勇氣過人的騎著大象從這塊高大的岩石一躍而下，一馬當先領軍在下方低地迎戰敵人，不幸的是他的大象受驚亂竄，使得部隊裡的士兵以為他想撤退而後退，於是面對著被俘虜的風險Kassapa自殺身亡。後來Mogallana將獅子岩重新交回和尚手中，直到這個地方在12世紀中葉被放棄為止。

🖊1982 ⛩文化遺產

# 安努拉德普勒聖城
## Sacred City of Anuradhapura

　　輝煌了一千年，這個斯里蘭卡最重要的古城，曾經是僧伽羅人舉足輕重的政治、經濟中心，卻於西元993年因為抵擋不住印度朱羅工朝的連番進攻，逐步邁向廢墟的命運。

　　創立於斯里蘭卡第四位國王Pandukabhaya之手，這位造反的貴族於西元前380年時，在他叔叔Anuradha的宮殿上建立了一座新的首都，取名為安努拉德普勒，當時他只享有掌管附近區域的有限政權。然而到了Devanampiya Tissa統治時期，正值佛教傳入斯里蘭卡的國王，將這座城市打造成為佛教朝聖和學習中心。

　　不過真正讓這座古城攀上高峰的是統一斯里蘭卡的Dutugemunu，這位傳奇英雄大刀闊斧的建設安努拉德普勒，他為了慶祝勝利，興建的兩座佛塔至今仍是安努拉德普勒最具代表性的象徵。如今，安努拉德普勒依舊擁有數十座大大小小的佛塔，放眼其古蹟密集的規模，大概只有位於埃及的吉薩金字塔群足以比擬。

# 迦勒古鎮及堡壘
## Old Town of Galle and its Fortifications

　　迦勒位於斯里蘭卡的南端，據說正是所羅門王獲取金銀財寶的地方，也就是聖經中所提到的他施(Tarshish)。因為自然形成的優良海港，以及卓越的海上戰略位置，使得迦勒自古以來就是航海大國的兵家必爭之地。

　　曾經歷經葡萄牙、荷蘭以及英國人的統治，今日的迦勒留下了各色充滿殖民風情的建築，也因為這份迥異於斯里蘭卡其他城市的異國風情，讓這座古意盎然的小鎮近年來火速翻紅，一間間精品飯店、藝廊和精緻的手工藝品店紛紛出現在迦勒城牆環繞的古城中，區內的老房舍經過整修，保存了舊有的靈魂卻展現更動人的面貌，也難怪世界各地的旅客紛紛受到吸引前來，人人手持地圖信步隨意走逛，感受這座城中之城的獨特浪漫魅力。

# 坎迪聖城 Sacred City of Kandy

　　坎迪坐落於斯里蘭卡正中央一個海拔高度500公尺的山丘上，是僧伽羅王朝統治下的最後一個首都，歷經葡萄牙人和荷蘭人的挑釁，1815年時這個古王國再也不堪列強的長期侵略，終於對英國人投降，正式宣布整個國家淪陷為歐洲人手中的殖民地。

　　四周環繞起伏山丘的坎迪，在葡萄牙人抵達斯里蘭卡的16世紀末，成為僧伽羅第三個主要王朝的首都，在這處擁有明媚風光和涼爽宜人氣候的地方，坎迪逐漸發展成為全國的文化、政治、宗教的中心，雖然歐洲列強步步逼近，讓這座座城市逐漸孤立，不過卻也讓它依舊發展出非常獨特的文化，例如節奏感強烈的雙面鼓和華麗的服飾配件交織而成的坎迪舞，便是當地不可錯過的特色之一。

　　除此之外，這座城市一直都是佛教徒心中的聖地，佛牙寺以及它每年七、八月間舉行的Esala Perahera滿月慶典，是佛教徒甚至所有人一生都想經歷一次的特殊體驗。

## 🖊1991　🏛文化遺產

# 丹布拉黃金寺廟 Golden Temple of Dambulla

　　位於通往獅子岩、波洛納露瓦以及安努拉德普勒等古蹟城市組成的「文化金三角」的主要道路上，丹布拉這座農業小鎮，卻因為令人印象深刻的洞穴寺廟而聞名於世，許多前往坎迪或「文化金三角」的旅客，總不忘在此稍作停留，看看這處名列世界遺產的人造奇景。

　　而堪稱僧伽羅佛教藝術結晶的皇家岩廟，吸引無數信徒前來朝聖，其中特別是日本人和泰國人，他們大量的捐獻讓岩廟得以在山腳下，新建另一座上方端坐著金身大佛的「金廟」。

　　使用日本信徒的捐獻、落成於2000年的金廟，是一棟三層樓高的方形建築，上方端坐著一尊超大的金佛。金廟事實上是一座博物館，入口位於張大嘴巴的金獅之口，裡頭收藏著岩廟壁畫的複製品，以及來自世界各地的佛像、法器、昔日以棕櫚葉製成的書籍等。

## 🖊2010　🔔自然遺產　◈56,844 ha

# 斯里蘭卡的中央高地
## Central Highlands of Sri Lanka

　　位於斯里蘭卡的中南部，這處高地範圍包括鄰近亞當山(Adam's Peak，因佛陀神聖腳印聞名)的山頂荒野保護區(Peak Wilderness Protected Area)、距離知名茶鄉努瓦拉·艾莉亞(Nuwara Eliya)32公里的荷頓高地國家公園(Horton Plains National Park)，以及位於坎迪(Kandy)東北方的克納科勒斯保護森林(Knuckles Conservation Forest)。

　　這些位於中央高地的高山森林，生長於海拔高度超過2500公尺的地方，裡頭生長著一系列獨特的動物與植物，包括西部紫臉齡猴(the western-purple-faced langur)、荷頓高地灰脊懶猴(the Horton Plains slender loris)、以及斯里蘭卡豹等許多瀕危品種，因而被認定為一處擁有生物多樣性的熱門地點。

## 🖊1988　🔔自然遺產　◈8,864 ha

# 辛哈拉傑森林保護區
## Sinharaja Forest Reserve

　　辛哈拉傑森林保護區是斯里蘭卡最大的熱帶雨林保護區，面積8,864公頃。海拔約由150公尺至1150公尺，所孕育的生物物種繁多，其中約60%的動植物，都是世界獨一無二的特有種，其中又以鳥類、蝴蝶、哺乳類和兩棲類動物最具特色，同時也隸屬於世界25個生物多樣性熱點之一。

# 敘利亞
## Syrian Arab Republic

敘利亞這個中東舉足輕重的國度，近年內戰不斷，自古以來一直是東西方文化交會之地，到處都是歷史悠久的世界級古蹟，從古埃及、亞述、西台、希臘、羅馬、鄂圖曼土耳其，到阿拉伯帝國時代，無不在歷史舞台上扮演舉足輕重角色。

敘利亞北部古村落群
Ancient Villages of Northern Syria
阿勒坡古城
Ancient City of Aleppo
十字軍堡壘和薩拉丁城堡
Crac des Chevaliers and Qal'at Salah El-Din
帕密拉遺址
Site of Palmyra
波士拉古城
Ancient City of Bosra
大馬士革古城
Ancient City of Damascus

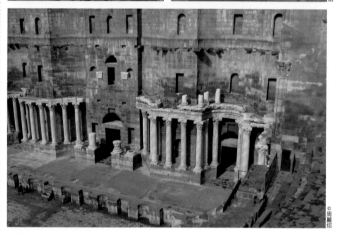

**◆1979  🏛文化遺產  ◯86 ha**

## 大馬士革古城 Ancient City of Damascus

　　首建於西元前3世紀的大馬士革，是中東地區的知名古城之一，而且長久以來一直有人居住，在大馬士革的市區裡留下眾多文物。

　　位於舊城市西北角的堡壘區，興建於羅馬時期的Via Recta大道，以及世界最古老清真寺之一的奧馬雅清真寺(Umayyads)等，共計125個不同時期的歷史遺蹟。

　　奧馬雅清真寺最早的建築體是西元前1世紀的亞述人所建，幾番改建成羅馬時期的朱比特神廟、基督教神廟，最後成為伊斯蘭教的清真寺；另外，這裡供奉有施洗約翰的頭顱，所以在基督教和伊斯蘭教徒心中，都具有極崇高的地位。

**◆1980  🏛文化遺產**

## 波士拉古城 Ancient City of Bosra

　　波士拉的歷史十分悠久，在埃及法老圖特摩斯三世(Tutmoses III)的碑文裡，就曾提及這城市，那已是西元前14世紀的事了；在西元前2世紀左右，成為納巴泰文明之城；到了羅馬時期，波士拉成為阿拉比(Arabia)行省的首都，地位日益重要。西元268年起，波士拉更成為拜占庭帝國裡管理33個教區的主教區，但在632年被伊斯蘭教帝國占領，自此成為伊斯蘭教徒前往麥加朝聖的重要驛站。

　　目前這裡最吸引觀光客的是座十分壯觀的羅馬劇場，保存十分完善，這劇場的外圍在伊斯蘭教統治時期改成城堡，以抵禦歐洲十字軍之征討，因而形成特殊的型制。

🕐 1980　🏛 文化遺產　◯ 0.36 ha

# 帕密拉遺址 Site of Palmyra

　　帕密拉是經過羅馬帝國的經營而興盛的城市，後來出現了集美貌與智慧於一身的贊諾比女王(Queen Zanobia)，她不但趕走羅馬統治者，統一敘利亞，勢力遠達埃及和小亞細亞，掌握歐亞交通的控

制權。贊諾比女王在帕密拉的建設，至今清晰可見。在占地6平方公里的遺址裡，包括巴爾沙明神廟(Baal-Shamin Temple)、貝爾神廟(Bel Temple)、劇場、公共浴室等，兼具希臘、羅馬和波斯當地文化特色的建築。

🕐 1986　🏛 文化遺產　◯ 364 ha

# 阿勒坡古城 Ancient City of Aleppo

　　阿勒坡是敘利亞第二大城，人口約20萬，與大馬士革同為世界上居住歷史最為久遠的城市之一。因為處於東西貿易交會處，阿勒坡在公元前2世紀即出現在世界歷史上，先後為西台、亞述、希臘、羅馬、蒙古、埃及馬穆魯克(Mamelukes)、鄂圖曼土耳其，以及阿拉伯帝國所統治。

　　現存的城堡建於13世紀，大清真寺則建於更早的12世紀，還有眾多的神學院、皇宮、土耳其浴場……等古蹟，但因現在仍是個人口眾多的城市，有些古蹟的保存狀況不佳。

🕐 2006　🏛 文化遺產　◯ 8.87 ha

# 十字軍堡壘和薩拉丁城堡 Crac des Chevaliers and Qal'at Salah El-Din

　　這兩座城堡可說是11~13世紀東西方十字軍征戰時期的軍事代表作，顯示東西雙方雖然互為敵對，卻在建築等文化內容，相互交流與影響。十字軍堡壘位於荷姆斯市西方約65公里處，是歐洲騎士團在1142年為了控制敘利亞與地中海沿岸的交通而建，防衛設施十分完整，也是現今留存最完好的中世紀城堡。薩拉丁城堡的保存狀況雖然沒那麼好，但幾經重建，融合了拜占庭、法蘭克人以及12世紀伊斯蘭教阿育比(Ayyubid)王朝的特色，呈現另一風格。

🕐 2011　🏛 文化遺產　◯ 12,290 ha

# 敘利亞北部古村落群 Ancient Villages of Northern Syria

　　敘利亞北部古村落群包含分布於8個考古園區內的40多座村落，總面積12,290公頃，它們大部分建於西元1到7世紀，並且在8到10世紀期間遭到廢棄。這些坐落在石灰岩高地上的古村落群，完整保存了近古時代與拜占庭時期的城牆、神殿、民宅、澡堂及公共建築，其中較著名的有色吉拉鎮(Serjilla)的拜占庭遺址、巴拉鎮(Al-Bara)的金字塔墓、巴克哈村(Baqirha)的古羅馬神殿、卡布洛茲教堂(Qalb Loze Basilica)以及高柱修士聖西門教堂(Church of Saint Simeon Stylites)。除此之外，當地還有古羅馬時期留下來的農業規劃痕跡以及水利設施，展現出早期居民對農耕技術的掌握。

　　本區不僅能讓人更加了解中東地區在古羅馬及拜占庭時期的鄉村生活及傳統，也見證了當地從古羅馬帝國非基督教文化逐漸走向拜占庭帝國基督教文化的過程，以及地中海東岸東西方文化的相互交融。

## 塔吉克 Tajikistan

塔吉克是位於中亞的內陸國家，分別與巴基斯坦、烏茲別克、吉爾吉斯和中國為鄰，在1991年蘇聯解體後獨立。相較於其他中亞國家都有顯赫的絲路城市古蹟留存後世，塔吉克入選的世界遺產，是5000年前的中亞聚落發展證據。

哈薩克
吉爾吉斯
烏茲別克
中國

薩拉次姆古城的原型城市遺址
Proto-urban Site of Sarazm

✏ 2010　🏛 文化遺產　◯ 16 ha

## 薩拉次姆古城的原型城市遺址
### Proto-Urban site of Sarazm

　　名稱原意為「土地開始的地方」的薩拉次姆，坐落於塔吉克的西北方，其古城遺跡鄰近札拉夫善山谷(Zarafshan Valley)，大約在5000年以前，它曾是中亞最大的冶金中心，出口貿易熱絡，直到西元前2000年時因印度－伊朗人(Indo-Iranians)的到來才遭廢棄。

　　此考古遺址見證了西元前4000至西元前3000年間人類在中亞的聚落發展，展現了此區最初都市化的早期成果。該古城坐落於群山起伏的區域，非常適合遊牧民族發展畜牧業；大量的山谷，更有益於此區首批定居者進行耕種與灌溉。它同時證明與中亞、伊朗高原、甚至遠達印度洋等地區，存在著文化交流與貿易關係。

## 泰國 Thailand

泰國共有三座文化遺產，兩座自然遺產。素可泰和大城這兩座古王朝遺址，也是泰國相當熱門的景區，是容易親近的世界遺產；萬昌遺址則是東亞古文明的大發現。至於兩座自然遺產都顯示泰國仍保留大片原始森林和自然生態。

緬甸
寮國
素可泰遺址
Historic Town of Sukhothai and Associated Historic Towns
萬昌遺址
Ban Chiang Archaeological Site
考艾森林區
Dong Phayayen-Khao Yai Forest Complex
懷卡坎野生動物保護區
Thungyai-Huai Kha Khaeng Wildlife Sanctuaries
柬埔寨
越南
大城遺址
Historic City of Ayutthaya
暹羅灣
孟加拉灣
南海
馬來西亞

---

✏ 1991　🏛 文化遺產　◯ 289 ha

## 大城遺址　Historic City of Ayutthaya

　　大城(Ayutthaya，亦翻譯艾尤塔雅)是繼素可泰之後崛起的王朝，1350年，拉瑪提波迪(Ramathipadi)登基，宣告新朝代的開始。由於大城位於農產中心，周邊盡是稻田和河川，加上地理位置佳，靠著農產以及

符號說明 登錄時間 遺產面積　遺產類型 文化遺產 自然遺產 綜合遺產 瀕危文化遺產 瀕危自然遺產 瀕危綜合遺產

工藝品進出，為當時的王朝帶進不少財富。

從現在的大城遺址其實不難理解當時的富庶榮景，佛殿融合了鄰國各種形式的建築，再加上泰式的特色而發展出自己的風格，雖然城市中心在一場泰緬征戰中被嚴重焚燬，但仍能從目前存留的遺址細部了解當時建築特色，包括混合式的錫蘭塔、繁複裝飾的金佛、加重鑲嵌與雕刻的方窗框、圓頂高棉塔等。

2007年，因為長時間開放觀光，加上連年水患，大城被國際教科文組織列入觀察名單，若再不好好保存，可能從世界遺產除名。

🕐1991　🏛自然遺產　🌐622,200 ha

# 懷卡坎野生動物保護區
## Thungyai-Huai Kha Khaeng Wildlife Sanctuaries

整個懷卡坎野生動物保護區範圍跨越三個省分，入選為自然世界遺產是因為其擁有除了熱帶森林區之外，同時涵蓋了乾燥常青森林、山地森林、大草原、混雜的落葉森林和常綠喬木森林等，幾乎涵蓋所有東南亞地區會出現的森林形態。

由於林相變化多，也成為野生動物的最佳棲息地，整座保護區有大型哺乳類動物，包括野生大象、老虎、水牛、豹、亞洲野生狗等，還有大型鳥類和陸地脊椎動物，是難得擁有完整且多樣生態的保護區。一般來說，生態保護區不能開放供大眾進出，泰國政府特別規劃出三條生態學習路線，供旅客親炙原始森林的樣貌。

🕐1992　🏛文化遺產　🌐30 ha

# 萬昌遺址 Ban Chiang Archaeological Site

萬昌遺址的發現對於早期東亞古文明唯一起源在中國的說法，有著衝擊性的討論。遺址被發現於1966年，距離烏東他尼府(Udon Thani)約50公里，經過多年的考古研究得知，這批在泰國東北部發現的陶器和工具可追溯至西元前3500年，學者們經由這些器皿當中的遺留物和梨窩形飾紋，可推論當時人們已有高度的文明發展，包括懂得種稻及畜牧。

而且這些出土遺物和同時期中國或印度的文物毫無關連，這對於研究人類文明發展來說，有著極重大的意義。目前泰國政府在附近設立了萬昌國立博物館(Ban Chiang National Museum)，並於館內展示考古學家所挖掘的文物。

🕐2005　🏛自然遺產　🌐615,500 ha

# 考艾森林區
## Dong Phayayen-Khao Yai Forest Complex

整個考艾國家公園面積涵蓋6個省分，擁有泰國東北部最大面積的森林。被教科文組織所認定的考艾森林區範圍跨越230公里，是指從靠近與柬埔寨邊境以東至考艾國家公園西部的區域。該區共計有800種花卉植物、112種動物、392種鳥類以及200種兩棲爬蟲類生物等，在其中有不少是稀有種或是受到環境威脅最大、亟需被保護的動物種類，而整個熱帶森林區相當適宜這類生物棲息居住，完整且豐富的自然生態，是入選為自然世界遺產的最大原因。

在國家公園裡有規劃健行步道，並可進行賞鳥、賞蝶，以及觀察野生老虎和大象生態、泛舟、露營等活動。

了豐富的佛教藝術，此時所製作的行走佛就是經典之作。即便引進外來文化，但並未因此阻斷素可泰獨立發展自己的特色，瑪哈泰寺裡蓮花苞狀的塔尖便是一例。

素可泰這座廣納佛教藝術的古城南北長1810公尺，東西寬1400公尺。和大城一樣，經過聯合國國際教科文組織和相關單位的修復下，城內21座寺廟和城外5公里範圍內超過70座佛像或寺廟。

此外，素可泰不僅保存了實際文物，傳統節慶水燈節(Loi Krathong)據傳是源於素可泰王朝的某位皇后為了讓受水患之苦的民眾有一個寄託與依歸，而想出來的儀式，至今每年仍維持傳統儀式，並在古城前舉行放水燈的活動。

📅1991　🏛文化遺產　◎11,852 ha

# 素可泰遺址
## Historic Town of Sukhothai and Associated Historic Towns

13~14世紀時，素可泰是王朝首都，當時是泰國歷史上第一個純粹以佛教立國的王朝，藍坎亨王時期奠定了泰文字母也是第一位留下碑文紀念的君王，與中國大開交流之門，並引進印度、錫蘭的文化與藝術，尤以弘揚小乘佛教的錫蘭宗派為主，也因為佛教的興盛，成就

符號說明　📅登錄時間　◎遺產面積　　遺產類型　🏛文化遺產　🌿自然遺產　綜合遺產　🏛瀕危文化遺產　瀕危自然遺產　瀕危綜合遺產

# 土耳其Turkey(亞洲區)

土耳其的世界遺產多半和它數千年累積的文明有關，不論是伊斯蘭、基督教，還是西台帝國、呂西亞人遺址、愛琴海文明、希臘化遺跡，都榜上有名。而最著名的卡帕多起亞、棉堡兩大自然奇景，也都因為自然景觀上保有豐富的人類文明而列為綜合遺產。

賽利米耶清真寺及其社會性建築群
Selimiye Mosque and its Social Complex

哈圖夏：西台帝國首都
Hattusha: the Hittite Capital

狄弗利伊大清真寺和醫院
Great Mosque and Hospital of Divrigi

伊斯坦堡歷史區
Historic Areas of Istanbul

番紅花城
City of Safranbolu

特洛伊遺址
Archaeological Site of Troy

尼姆魯特山
Nemrut Dag

希艾拉波利斯－帕慕卡雷
Hierapolis-Pamukkale

襄多斯至雷圖恩
Xanthos-Letoon

恰泰土丘的新石器時代遺址
Neolithic Site of Çatalhöyük

葛勒梅國家公園及卡帕多起亞岩石區
Göreme National Park and the Rock Sites of Cappadocia

保加利亞　俄羅斯　喬治亞　亞美尼亞　伊朗　敘利亞　伊拉克　黑海　愛琴海　地中海

1985　綜合遺產　9,884 ha

## 葛勒梅國家公園及卡帕多起亞岩石區
### Göreme National Park and the Rock Sites of Cappadocia

數百萬年前，當卡帕多起亞東西面兩座火山Erciyes及Hasan大爆發，火山灰泥涵蓋了整片卡帕多起亞地區，岩漿冷卻後，人類的足跡就跟著踏上這塊土地，風化及雨水的沖刷，刻出大地的線條，軟土泥沙流逝，堅硬的玄武岩及石灰華突兀地挺立，或形成山谷，或磨出平滑潔白的石頭波浪，更留下傳奇的仙人煙囪，以及基督徒利用高岩巨石避難的洞穴社區。

卡帕多起亞最明確的歷史是西元前1200年，西台人在火山怪石區首先建立了強大的帝國，卡帕多起亞自此陸續出現在各頁歷史中，東西文明在此衝擊。波斯人正式給它「美麗的馬鄉」—Cappadocia之

名，因為這裡進貢了最健壯的馬和金、銀藝匠；消滅波斯的亞歷山大大帝和他的屬下，將「美麗的馬鄉」勢力擴張，希臘化文明因此主宰整個地區，希臘人也大量移民至此。

基督教從萌芽起，卡帕多起亞就是最虔誠之地，不但有多位聖徒聖者出身此地，教堂、修道院、隱士修行所佈滿整個區域，先知施洗者約翰等人更在此留下足跡，即使是信奉伊斯蘭教的突厥人在11世紀占領安納托利亞高原後，這兩大宗教、先來後到的住民們和平相處。基督徒和穆斯林一起利用奇岩怪石，鑿出洞穴住家、洞穴教會，一大片巨石甚至就是一個洞穴社區，巨石內錯綜複雜，廳室無數，最大洞穴社區可容納高達600人。

洞穴社區易守難攻，地下城更是嘆為觀止，不知從何時起，卡帕多起亞人所有地上的活動，包括豢養牲畜、釀酒、生活、教育，全都轉進地下，而抵禦阿拉伯軍隊的基督徒更巧妙地利用地下城：窄而複雜的通道只容一人進或出，垂直開口的通氣孔、循環系統可以讓最底層和最上層的空氣一樣清新，而利用槓桿原理推動的兩噸重大圓石門，更是地下最堅固的堡壘……地下城許許多多不解的秘密讓它成為卡帕多起亞的另一個傳奇。

1988　文化遺產　126 ha

# 襄多斯至雷圖恩 Xanthos-Letoon

　　土耳其這片廣袤的土地上，曾經出現的古文明何其多，除了西台帝國、希臘文化、波斯帝國、羅馬帝國之外，還有一支古代民族稱為呂西亞(Lycia)，為安納托利亞民族的一支，在土耳其的地中海岸西部地區留下不少遺址，文化深受希臘、羅馬影響。

　　其中襄多斯是當時的首都之一以及最宏偉的城市，今天呂西亞人遺留給後代的，大多數都是那些雕刻在岩壁上的墳墓和石棺。

1986　文化遺產　268 ha

# 哈圖夏：西台帝國首都
## Hattusha: the Hittite Capital

　　只要對古代西台帝國有興趣的人，一定得來到哈圖夏朝聖。西台在早期的安納托利亞歷史裡，扮演著極重要的角色，是古代世界裡，足堪與古埃及匹敵的王朝帝國，雙方曾兵戎多年，並簽訂和平條約，其相對應的埃及國王，正是史上鼎鼎有名的拉姆西斯二世。

　　哈圖夏正是西台帝國的首都，如今被列為世界遺產的，除了哈圖夏城牆遺址之外，還包括附近亞茲里卡亞(Yazilikaya)這個宗教聖地的岩石雕刻。哈圖夏曾經是一個非常迷人的城市，城牆綿延達7公里，今天的遺址裡，最引人矚目的就是面向西南方的獅子門，門兩邊刻著兩頭獅子，用來保衛整座城，並象徵著遠離災厄。此外，一般人總以為獅身人面像只存在於古埃及，其實西台帝國也有不同樣貌的獅身人面像，如今完好保存在伊斯坦堡的博物館裡。

1985　文化遺產　2,016 ha

# 狄弗利伊大清真寺和醫院
## Great Mosque and Hospital of Divriği

　　安納托利亞高原的中部地區於西元11世紀初被突厥人征服，1228至1229年期間，土耳其蘇丹Emir Ahmet Shah在狄弗利伊這個地方蓋了一座大清真寺，與它相連的則是一座醫院。清真寺有一間祈禱室、兩個穹頂，其穹頂建築的高超技法及出入口繁複的雕刻，相較於內部牆壁的素雅，恰成對比。土耳其清真寺何其多，這座入榜甚早，足見其在伊斯蘭建築史上的意義。

🖊 1987　🏛 文化遺產　◈ 11 ha

# 尼姆魯特山 Nemrut Dağ

　　坐落在安納托利亞高原東南側的尼姆魯特，以矗立在峰頂的人頭巨像著稱。

　　尼姆魯特是西元前1世紀科馬吉尼王國(Commagene Kingdom)國王安提奧克斯一世(Antiochus I)所建的陵寢以及神殿。科馬吉尼王國面積極小、勢力微薄，只能夾在賽留卡斯(Seleucid)帝國和帕底亞(Parthians)王國之間尋求生存的空間，但安提奧克斯一世過了一段安逸的日子後就顯露自負的本色，不僅沉溺在自比天神的妄想中，還支持帕底亞反抗羅馬，終於招致羅馬大軍壓陣自取滅亡的命運，尼姆魯特這片宏偉的建築，反而成了譏諷安提奧克斯一世國運短如曇花一現的證據。

　　儘管安提奧克斯一世無能統領江山，但他留給後世的這座建築卻是驚天動地。在1881年之前，這處古蹟早被世人遺忘了2千年，直到一位德國工程師受鄂圖曼之託、探勘安納托利亞東部的交通運輸，才在遙遠的山頂上發現這處驚人的古蹟。

　　當初安提奧克斯一世所下令建造的，是一處結合了陵墓和神殿的聖地，中間以碎石堆建高50公尺的錐形小山，就是安提奧克斯一世的墳丘，東、西、北三側闢出平台，各有一座神殿，三神殿型制一模一樣，自左至右的巨石像分別是獅子、老鷹、安提奧克斯一世、命運女神提基、眾神之王宙斯、太陽神阿波羅、大力神赫克力士，然後再各一座老鷹、獅子，每一座頭像都高2公尺，頭像下的台階則是一整排的浮雕，上面刻著希臘和波斯的神祇。

411

1988　綜合遺產　1,077 ha

# 希艾拉波利斯－帕慕卡雷
**Hierapolis-Pamukkale**

　　帕慕卡雷就是一般人所熟知的棉堡，土耳其語的Pamuk意指「棉花」，kale是城堡的意思。這也是土耳其境內，除了卡帕多起亞之外，知名度最高的自然奇景。

　　每年總有上百萬遊客前來爭睹這個狀似棉花城堡的白色岩石瀑布，也因此構成了這個以棉堡為核心的景區。自古以來，棉堡除了自然景觀，也以溫泉聞名，前來沐浴療養的遊客始終絡繹不絕，自然而然形成龐大聚落及城市。希艾拉波利斯(Hierapolis)與棉堡的石灰棚緊緊相連，占地廣闊的神殿、劇場、大道、城門、市場、浴場及墓地遺跡，雖然曾兩度經歷地震毀滅，卻無減損其結合大自然與古文明所展現的偉大風華。

📅1994 🏛文化遺產 📐193 ha

# 番紅花城 City of Safranbolu

早自13世紀開始，番紅花城就是東、西方貿易商旅必經的驛站，到了17世紀時，黑海地區繁盛的商貿使番紅花城邁入名利雙收的顛峰期，富豪廣建華宅凸顯身分，這些運用磚、木打造的鄂圖曼宅邸，通過歲月、天候的考驗留存至今，成為番紅花城最搶眼的特色，並使番紅花城於1994年躋身世界遺產之林。

位於山谷中的番紅花城就像是停駐在另一個時空的古鎮，空氣中瀰漫著濃重的鄂圖曼氣味，整座番紅花城就是一座生氣盎然的博物館，每戶民宅都有看頭。

那些刻畫在民宅門窗上的細飾，以及沿襲百年的生活型態，番紅花城的精華全藏在窄街巷弄間。

📅2012 🏛文化遺產 📐37 ha

# 恰泰土丘的新石器時代遺址 Neolithic Site of Çatalhöyük

恰泰土丘位於安納托利亞高原南部，今日孔亞市(Konya)的東南方，占地37公頃。它是目前全世界最大、保存最完整的新石器時代遺址，年代可回溯到西元前7,400年到西元前5,200年左右。

在土耳其語裡，Çatalhöyük意指分叉的山丘，也就表示恰泰土丘是由東、西兩座土丘所組成的。位於東邊地勢較高的土丘，時間可回溯到西元前7400年到6200年間，這裡不僅保存了豐富的原始文物如壁畫、牛頭浮雕和陶土雕像，還能看到戶戶相連的泥磚屋，它們都是以舊屋為基礎一再新建而成的，有些屋子甚至增建了18層之多。此外，泥磚屋之間並沒有街道，屋頂就是人們通行的地方，而且發展到晚期，屋頂上還出現社區居民共用的烤箱。位於西邊的土丘則呈現了西元前6200年到5200年間青銅時代早期的文化演進史。

恰泰土丘見證了人類進入定居生活後社會組織及文化的發展。從出土的考古物件來看，雖然狩獵仍是當地居民的主要謀生方式，但他們已經開始種植作物並且及飼養牛羊，而且居民數量據估計有5,000到8,000人，繁榮狀況可見一斑。

# 特洛伊遺址 Archaeological Site of Troy

　　世人所熟知的特洛伊是因木馬屠城計的希臘神話而來，但對考古學家來說，目前是一片荒蕪之地的特洛伊，對了解歐洲文明的源起，以及荷馬長篇史詩伊里亞德對西洋文明2千多年的深遠影響，有著極大的貢獻。

　　長久以來，對於特洛伊是否真實存在，一直都是歷史懸案，直到1871年德籍業餘考古學家謝里曼(Heinrich Schliemann)在達達尼爾海峽南方發現了特洛伊遺址，終於使神話野史得到實質根據，也許希臘諸神是文學的產物，但從這個舉世聞名的考古區中出土的各種物件，則是小亞細亞文明與地中海文明接觸、交融的重要證明，同時也證明了西元前12至13世紀愛琴海文明消長的趨勢。

　　出土的特洛伊遺址深達9層，各個文化層清楚顯示每個時代不同的發展。最底層的年代可溯及西元前3000年，第1到第5層(約在3000~1700BC間)相當於銅器時代晚期文化較類似；第6層(1700~1250BC)或第7層(1250~1000BC)的年代接近特洛伊戰爭時期，因為此時開始呈現印歐民族的文化表徵即與邁錫尼(Mycenae)相關的文物；第8層(700~85BC)為希臘時期的建築，最上層(85BC~AD500)則是羅馬帝國時期的遺跡，現在還保留明顯建築樣貌的，就屬這個時期。

土耳其歐洲區

# 賽利米耶清真寺 及其社會性建築群

Selimiye Mosque and its Social Complex

　　賽利米耶清真寺建築群坐落於土耳其西北部的埃迪爾內(Edirne)，這座城市曾經是鄂圖曼土耳其帝國時期的首都。西元1569年到1575年間，賽林姆二世(Selim II)委託當時最知名的建築師錫南(Sinan)建造這個清真寺建築群，它不僅是錫南最傑出的代表作，更是鄂圖曼時期清真寺建築群(土耳其語：庫里耶külliye)的極致表現。

　　錫南運用一系列的建築手法，為這座清真寺塑造出樸實莊嚴的外觀，這些建築手法包括使用單柱廊與雙柱廊、以8根大柱支撐一個直徑31.5公尺的中央穹頂及周圍4個半圓穹頂，並且豎立4座細直高聳呈鉛筆狀的宣禮塔。除此之外，清真寺的內牆也以出產自巔峰時期的伊茲尼克(Iznik)磁磚作為裝飾，這些磁磚充滿層次感，色彩十分豐富，包括鮮紅色、紫色、藍色及橄欖綠，呈現出無可超越的藝術形式。清真寺的周邊建築群還包括一所伊斯蘭學校、一座有頂市場、鐘樓、外庭院以及圖書館。

土耳其歐洲區

📅1985　🏛文化遺產　🔖678 ha

# 伊斯坦堡歷史區 Historic Areas of Istanbul

　　伊斯坦堡是唯一為基督教及伊斯蘭先後選為首都的城市，也是唯一同時坐擁亞洲區和歐洲區的國都，數千年來撲天蓋地進入的帝國勢力，使伊斯坦堡的文化、建築、宗教乃至生活習俗，隨之產生驚天動地的變更和融合，今日儘管它已成為容納1,200萬人口的國際大城，但那起伏的清真寺圓頂、挑戰天際的高樓、五彩斑斕的香料，以及那複雜的血統、迥異的語言，猶讓伊斯坦堡宛如罩著面紗的神秘女郎，令人心醉神馳、迷惘忘返。

　　被瑪爾瑪拉海、黃金角及博斯普魯斯海峽三面水域包圍的伊斯坦堡，不但是世界上唯一一座跨於歐亞大陸上的城市，更是拜占庭、鄂圖曼兩大帝國的首都，它曾是全世界政治、宗教及藝術中心長達2千年之久，在這樣的千年古都中，小亞細亞文明、拜占庭遺跡、鄂圖曼文化並存，隨處一轉身皆是嘆為觀止的清真寺，其中基督與阿拉和平相處的清真寺更是奇觀中的奇觀。

　　伊斯坦堡歷史城區位於歐洲區，最教人驚豔的文化資產包括：拜占庭帝國君士坦丁大帝時代的賽馬場、公元6世紀的建築巨作聖索菲亞及鄂圖曼建築最完美之作的蘇雷曼尼亞清真寺，它們分別見證了伊斯坦堡重要的歷史和文化傳承。

415

# 土庫曼Turkmenistan

土庫曼共和國的全國面積裡有五分之四是沙漠,古城遺址幾乎都已成廢墟,所以必須帶著七分想像,才能從黃沙片片的土丘,緬懷昔日的光榮。土庫曼是中亞最接近古波斯的國家,絲路上的沙漠綠洲所發展起來的文明,受到波斯的影響極大。

昆亞－烏爾根奇
Kunya-Urgench

裡海

烏茲別克

尼薩的帕提亞碉堡
Parthian Fortresses
of Nisa

伊朗

古瑪浮
State Historical
and Cultural Park
"Ancient Merv"

阿富汗

🖉1999 🏛文化遺產 🔷353 ha

## 古瑪浮
### State Historical and Cultural Park "Ancient Merv"

古瑪浮遺址是昔日中亞絲路上最重要的中繼站,也是目前保存最佳的綠洲城市。南北絲路在此分開,越過天山後,再度會合,在這片綠洲上有著人類四千多年來所創造的文物,12世紀時曾是塞爾柱土耳其的首都。

古瑪浮遺址最壯觀的是塞爾柱王朝的蘇丹沙賈陵墓(Mausoleum of Sultan Sanjar)大約建於1140年。此陵墓外壁厚達5公尺,地基深約6公尺,建築技術高超。基斯卡拉(Kyz-Kala)城堡遺跡則是一大一小屹立在沙漠之中,從僅存的城牆和中庭構造,可以看出昔日的規模。

🖉2005 🏛文化遺產

## 昆亞－烏爾根奇 Kunya-Urgench

昆亞－烏爾根奇位於土庫曼西北方,臨阿姆河(Amu Daria River),自西元前4世紀的波斯帝國起,就是重要城市。昆亞－烏爾根奇現存遺蹟群為11~16世紀的清真寺、碉堡、驛站、陵寢、以及高達60公尺的叫拜樓。

這些建築見證了偉大的建築及工藝成就,其影響遠至伊朗、阿富汗,甚至16世紀的印度蒙兀兒王朝。

🖉2007 🏛文化遺產 🔷78 ha

## 尼薩的帕提亞碉堡 Parthian Fortresses of Nisa

尼薩是帕提亞帝國(Parthian Emire,又稱安息王朝)的最重要城市,帕提亞帝國稱霸於西元前3世紀至3世紀的中亞地區,是當時重要交通和貿易中心,也阻隔了羅馬帝國的東侵。

這裡近千年來都無人居住,目前尚有許多未開挖的遺址,主要是希望在保留文物最佳狀況與研究之間,取得平衡。考古學者將遺產分為新、舊兩區塊,發現目前出土的建築都有精美的裝飾,風格融合了中亞與地中海文化,具考古與文化融合研究之重要性。

符號說明 登錄時間 遺產面積 | 遺產類型 文化遺產 自然遺產 綜合遺產 瀕危文化遺產 瀕危自然遺產 瀕危綜合遺產

# 阿拉伯聯合大公國
## United Arab Emirates

阿拉伯聯合大公國這個20世紀下半葉因石油而崛起的國家，1971年脫離英國獨立，由阿布達比(Abu Dhabi)、杜拜(Dubai)、沙迦(Sharjah)、阿吉曼(Ajman)、歐姆庫溫(Umm Al-Quwain)、富介拉(Fujairah)和拉斯海瑪(Ras Al Khaimah)共7邦(酋長國)成立聯邦國家。

阿爾艾茵文化遺址：哈菲特、西里、比達・賓特・沙特及綠洲地區
Cultural Sites of Al Ain (Hafit, Hili, Bidaa Bint Saud and Oases Areas)

● 2011　🏛 文化遺產　◆ 4,945 ha

# 阿爾艾茵文化遺址：
# 哈菲特、西里、
# 比達・賓特・沙特及綠洲地區
## Cultural Sites of Al Ain (Hafit, Hili, Bidaa Bint Saud and Oases Areas)

本遺址包含阿布達比邦阿爾艾茵市周邊地區的一系列史前文化遺跡，總面積約5,000公頃，它是人類自新石器時代開始在沙漠綠洲地區發展定居生活的傑出範例。

阿爾艾茵文化遺址保存了許多青銅時代和鐵器時代的文化遺跡，例如位於哈菲特山(Hafit)、西里綠洲(Hili)等地的環形石墓群(可回溯到西元前2,500年)、水井、用土坯建造而成的住宅、塔樓、宮殿、行政中心等建築物，以及一種名為阿夫拉吉(aflaj)的地下水灌溉系統。這種源自鐵器時代的古老灌溉系統會將地下水抽取出來，澆灌農田及棕櫚樹，對於當地綠洲的形成與維護有極為重要的功用，後來它也被廣泛運用到其他中東國家以及中國、印度等地。

本區的墓葬群及建築遺跡不僅是人類從狩獵與採集文化過渡到定居文化的重要見證，也反映了青銅時代到鐵器時代阿拉伯半島東部地區的文明發展。

417

# 烏茲別克Uzbekistan

位於中亞心臟地帶的烏茲別克，自古以來便是大絲路上、八方人馬交會之所在，中世紀時，又是叱吒一時、帖木兒帝國的核心。其入選的四座文化遺產，都是大絲路時代的歷史名城，留下一座座壯觀的中亞伊斯蘭建築。

鹹海
布哈拉歷史中心
Historic Centre of Bukhara
哈薩克
伊特克汗・卡拉
Itchan Kala
土庫曼
撒馬爾罕
Samarkand –
Crossroads of
Cultures
夏喀里希亞布茲歷史中心
Historic Centre of
Shakhrisyabz
吉爾吉斯
阿富汗
塔吉克

🖊1993 ⛪文化遺產 🌐200 ha

# 布哈拉歷史中心 Historic Centre of Bukhara

　　布哈拉位於是中亞古絲路的商業重鎮，城內屹立著城堡、清真寺和市集，於1993年被聯合國教科文組織列為世界文化遺產。

　　布哈拉的歷史相當古老，曾於1997年慶祝建城2500年。在布哈拉，主要參觀重點是亞克城堡(Ark)，裡面包括有廣場和監獄博物館等。在布哈拉舊城內，還有烏魯別克宗教學校(Ulugbeka Madrassa)、米利阿拉伯宗教學校(Mir-i-Arab Madrassa)等都值得前往一遊。此外，還有一座圓頂市集(Toqi Bazaar)，早期以絲綢交易為主，現在則是出售各式各樣的手工藝和紀念品。

　　在布哈拉，最受世界考古學者和建築家矚目的是伊斯邁薩曼尼陵墓(Mavzolei Ismaila Samani)，不僅是中亞最古老的伊斯蘭建築，也是早期伊斯蘭陵墓的建築代表。位於池畔的拉比哈瓦斯(Lyabi-hauz)清真寺，周圍是當地人最喜歡的休憩場所，布哈拉的庶民生活景象一覽無遺。

🖊1990 ⛪文化遺產 🌐38 ha

# 伊特克汗・卡拉 Itchan Kala

　　伊特克汗・卡拉就是基瓦(Khiva)綠洲的內城，古代絲路發達時，這裡是要穿越沙漠，前往波斯之前的最後一個商旅落腳處。

　　儘管古代的遺跡所剩不多，卻保存了最完好的典型中亞伊斯蘭建築，例如珠瑪清真寺(Djuma Mosque)以及諸多陵墓和伊斯蘭學校。　城牆所圍起來的市中心，就像一座藍色天空下的城市博物館，建築物完好而整齊地排列，時間彷彿凝凍在商旅往來的大絲路時代。

　　這得歸功於蘇聯統治時期，在19870到80年代的修復和保護，也因此，1990年烏茲別克獨立後，成為該國第一座世界遺產。

符號說明 🖊登錄時間 🌐遺產面積　遺產類型 ⛪文化遺產 ⛰自然遺產 🏛綜合遺產 ⛪瀕危文化遺產 ⛰瀕危自然遺產 🏛瀕危綜合遺產

✔2000 🏛文化遺產 ◯240 ha

# 夏喀里希亞布茲歷史中心
## Historic Centre of Shakhrisyabz

　　這裡以眾多且精美的帖木兒王朝建築而聞名。帖木兒王朝是元朝察合台汗國的後裔，興盛於15~16世紀。

　　帖木兒以撒馬爾罕為首都，但對於自己的出生地夏喀里希亞布茲情有獨鍾，大興土木，使夏喀里希亞布茲成為中世紀時，中亞地區最重要的政治文化中心。帖木兒和其父親與二個兒子的陵墓，全都在此。而帖木兒之孫烏魯別克(Ulugh Beg)在此興建的Kok-gumbaz清真寺，更是烏茲別克最大的圓頂建築。

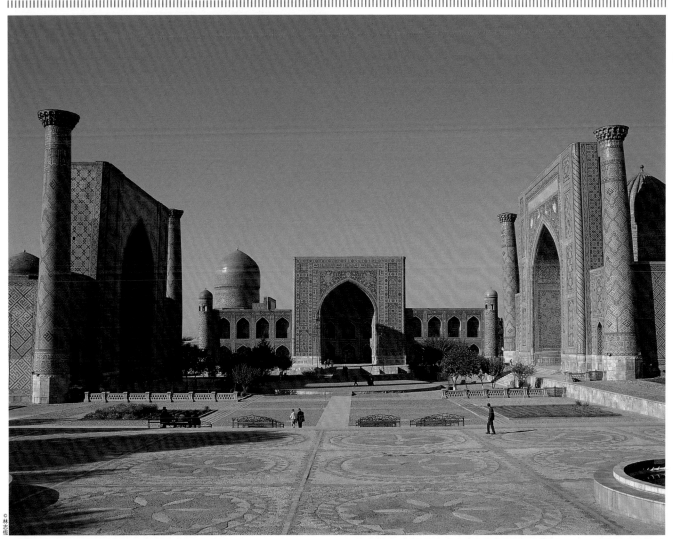

✔2001 🏛文化遺產 ◯1,123 ha

# 文化十字路口撒馬爾罕
## Samarkand – Crossroads of Cultures

　　撒馬爾罕是烏茲別克共和國的舊都，城內布滿伊斯蘭教清真寺和陵墓建築。

　　據說當年亞歷山大大帝尚未抵達撒馬爾罕以前，就曾經夢見過這座城市，等到他真正抵達這裡，認為此城之美超過他的想像。

　　撒馬爾罕於西元1220年被成吉思汗所掠奪，14-15世紀之間，被帖木兒(Timour)建設為中亞絲路的重要城市。

　　在撒馬爾罕，主要參觀重點是雷吉斯坦(Registan)廣場，站在廣場上可以看三座宗教學院，外觀頗似伊斯蘭清真寺，屹立著一根巨大尖塔。這些建築物的圓頂呈靛青色，在陽光之下散發出璀璨光芒。

　　站在雷吉斯坦廣場，可以看到中央的提利亞卡雷宗教學院(Tilla-Kari Medressa)建於1660年；左側的烏魯別克宗教大學院學(Ulughbek Medressa)是1420年建造的，現在建築物底層，多半是手工藝品店、畫廊、茶館或書店…等。廣場右側的是希多宗教學院(Sher Dor Medressa)，建於1636年，門扉上兩邊各有一隻老虎彩繪。

# 越南Viet Nam ★

越南共有7處地點列入世界遺產的保護，包括美景舉世聞名的下龍灣、有著帝都氣勢的前朝皇城順化、溫婉的中古時期古鎮會安、雄霸一時的占婆帝國美山遺址、以喀斯特地形見長的豐雅洞國家公園、象徵李朝輝煌年帶的河內昇龍皇城的中心區域。

河內昇龍皇城的中心區域
Central Sector of the Imperial
Citadel of Thang Long - Hanoi
胡朝西都城
Citadel of the
Ho Dynasty
順化建築群
Complex of Huế Monuments
下龍灣
Ha Long Bay
會安古鎮
Hoi An Ancient Town
風雅-格邦國加公園
Phong Nha-Ke Bang National Park
美山聖地
My Son Sanctuary

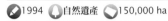

🗓1994　🌲自然遺產　◯150,000 ha

## 下龍灣 Halong Bay

　　下龍灣面積廣達1553平方公里，包含約3000座石灰岩島嶼。這些石灰岩地形是由中國東南的板塊延伸而出，經過億萬年溶蝕、堆積，加上海水入侵，形成壯麗非凡的景觀，也就是所謂的喀斯特地形。

　　根據傳說：下龍灣是天上神龍下凡，協助越南人民對抗外敵，吐出龍珠攻擊敵軍，最後敵軍被擊退，掉落海上的龍珠，變為目前看到星羅棋布的石灰岩島，神龍功成後潛藏於海底。又有一説：有隻母龍以其長身，護住下龍灣，使人民不受巨浪侵擾，而母龍帶著小龍，因此下龍灣東北側的海域便名為拜子龍灣。不論哪個傳說，都代表了下龍灣在當地居民心目中神聖的地位。拜子龍灣也在世界遺產的保護範圍內，同時受保護的還有卡巴島(Dao Cat Ba)和島上的國家公園。

　　下龍灣一連串的多重形狀島嶼就像人間天堂般，尤其當舢舨船穿梭其間時，更會令人產生時空倒錯的感覺。若想親身體驗自然力的神奇，當然要搭船去親近深幽的洞穴和高聳的奇石怪岩。這裡的許多島嶼都是中空，內有溶洞，溶洞裡的鐘乳石、石筍、石柱，構織出一幅幅怪誕奇異的畫面。

1993　文化遺產

# 順化建築群 Complex of Hue Monuments

　　順化是越南最後的獨立王朝——阮氏王朝的首都，也是文化和宗教的重鎮。氣勢恢宏的順化京城興建於1805年，對稱的格局和型制與北京皇城相似，但裝飾其間的鑲瓷藝術，又表現了越南的文化特色。流貫市區的香河，連接了京城與郊區的佛學重鎮天姥寺，以及沿岸的阮氏王朝歷代皇帝之陵墓，皇陵多半是皇帝生前為自己所興建，因而表現了皇帝本身的文化品味，其中以明命、嗣德和啟定皇陵最具代表性。這些皇城建築、寺廟與皇陵，全在世界遺產的保護之列。

　　順化皇城裡的傳統建築，多半以鐵木為材料，屋頂和屋簷上飾有神氣昂揚的龍形雕刻，並以破碎的陶瓷鑲飾，色彩鮮豔動人。可惜的是，這些建築在第二次世界大戰和南北越內戰時，遭到嚴重的破壞，加上越共統治期間刻意強調的廢除封建和傳統文化，使這裡一度形如廢墟。幸好在1993年被聯合國列入世界遺產，提供經濟和復建技術的支援，使順化皇城逐步恢復昔日丰姿，雖然復建工作仍在進行中，皇城的恢宏氣勢和精美藝術，已十分令人震懾。

1999　文化遺產　142 ha

# 美山聖地 My Son Sanctuary

　　美山聖地是曾經繁盛一時的占婆(Champa)帝國的宗教中心，這個曾在4~12世紀雄霸越南中部的帝國，留下許多令人驚異的大型宗教建築，其中又以美山聖地的規模最大，堪與柬埔寨的吳哥寺(Angkor Wat)比擬，可惜的是經過近代頻繁又無情的戰爭洗禮，以致遺蹟更形殘破。

　　占婆帝國以海上貿易為主要經濟來源，驍勇善戰，最早以婆羅門教為國教，因此美山聖地裡的建築屬於印度式，崇奉的也都是印度神祇；10世紀左右，宗教重心轉為佛教，因此也有少數佛教之遺蹟。占婆帝國的重心受北邊大越族的壓制而往南遷移，最後消失在芽莊和潘朗(Phan Rang)一帶，成為越南42個少數民族之一，徒留巨大遺蹟見證曾經的輝煌歷史。

1999　文化遺產　30 ha

# 會安古鎮 Hoi An Ancient Town

　　如畫般的會安古市位於秋盤河(Thu Bon River)北面，是16~18世紀時東南亞最重要的國際港之一。在它的全盛時期，這裡雲集著從荷蘭、葡萄牙、中國、日本、印度以及其他國家的商船，其中又以中、日的商船最多。

　　中國和日本的商船帶來了錦緞、紙張、毛筆等，而從會安購回木材、香料、犀牛角、象牙。海洋航運必須乘著季風，因此中國商船多半在10~4月趁著東北季風由中國南下，直到6~9月的西南季風時

才北返，中間有段空檔，這些商人因此就在此定居下來，會安也成了最早出現旅越華僑的城市。

　　由於中、日商人日益增多，會安也開始有了中國區和日本區，日本區以日本橋為起點，但是因為18世紀末起日本實行海禁政策，使得中國區的範圍擴張到日本區，所以現今會安城裡可見到許多中式會館和古宅邸。

　　直到19世紀後期，連接會安和大海的秋盤河淤積，港口因而向北移到今天的峴港，會安自此沒落。直到1999年被列入世界文化遺產，世人的眼光才再度回到這個曾經風雲一時的海港。

　　漫步在會安老街，民家、會館、寺廟、市場、碼頭等各種不同式樣的建築如此集中於會安古市，沿著老街櫛次鱗比，一家緊接著另一家，為中古時期象徵東方的城市提供一個最佳例證。

2010 　文化遺產 　18 ha

# 河內昇龍皇城的中心區域
## Central Sector of the Imperial Citadel of Thang Long - Hanoi

　　河內舊名「昇龍」，據說因李太祖看見紅河上出現蛟龍而得名。西元1010年時，前朝權臣李公蘊利用內亂自立為王，他將李朝

　　昇龍皇城興建於一座年代可回溯到西元7世紀的中國堡壘遺跡上，當時為了取得這片土地，特意將水從河內紅河三角洲排乾。該皇城是大越(Dai Viet)獨立的象徵，直到13世紀一直都是區域政治權力中心。皇城大部分的結構於19世紀時遭到摧毀，其建築遺跡和位於黃耀街(Hoang Dieu)18號的考古遺址，反映出東南亞、特別是紅河河谷下游受到來自北方中國和南方古占婆王國(Champa Kingdom)間交相影響，所產生的獨特文化。

2003 　自然遺產 　85,754 ha

# 風雅－格邦國家公園
## Phong Nha-Ke Bang National Park

　　風雅－格邦國家公園位在越南國土最窄之處(東西向長度僅42公里)，最西端與寮國接壤，總面積達75萬多平方公里，分別位在風雅和格邦兩個地區。在這廣袤的地區，有著豐富的森林資源、各式洞穴和歷史遺跡，其中風雅以喀斯特地形知名，而格邦以豐富的林相著稱。風雅地區的複雜喀斯特地質系統，由4億年前的古生代演化至今，所發現的罕見地理景觀包括：地下伏流、梯形洞穴、懸洞、樹枝狀洞穴等多種，已足夠讓科學家興奮不已，而全區共有300多個洞穴，總長度達70公里，目前只有20多個經過仔細探勘，顯示仍有極大的研究空間。其中的風雅洞是目前觀光客可前往的景點，洞中有洞，景色奇妙，必須搭船進入。

2011 　文化遺產 　5,079 ha

# 胡朝西都城 Citadel of the Hồ Dynasty

　　胡朝西都城坐落於越南北中部海岸區域的清化省(Thanh Hóa)，是一座根據風水原則規畫的要塞，於14世紀時由定都於此的胡朝統治者所興建，以厚重的石塊為建材，平均每塊石頭長2公尺、寬1公尺、高0.7公尺。西都城外觀呈現矩形，東西長約884公尺、南北長約870公尺，共擁有四道城門，其中以南門為正面，不過如今除城門外，大部分的建築都已毀壞。

　　然而因為見證著14世紀末新儒家主義在越南的開花結果，以及遍及東亞的其他地區，使得這座要塞因呈現東南亞皇城的新風格，而對人類建築歷史具備階段性的重要價值，故列為世界遺產。

# 葉門 Yemen

葉門坐落於阿拉伯半島的西南角落，與沙烏地阿拉伯和阿曼為界，緊鄰紅海、亞丁灣和阿拉伯海，是阿拉伯半島上第一個女性擁有投票權的國家。三座入選世界遺產的古城都呈現獨特的建築風貌，至於自然遺產，距離葉門本土還有354公里之遙。

沙烏地阿拉伯
沙那古城 Old City of Sana'a
紅海
扎比德古城 Historic Town of Zabid
希巴姆古城 Old Walled City of Shibam
阿曼
亞丁灣
索科特拉群島 Socotra Archipelago
索馬利亞

🖋1982 🏛文化遺產

## 希巴姆古城 Old Walled City of Shibam

由軍事堡壘所防衛著的希巴姆古城，是16世紀都市建築的精典之作。城裡500多座建築，高約5~9層樓的泥磚建築群，甚至有高達40公尺者，是世界上最大的泥磚建築。這些聳立在沙漠的山崖上的建築，又有「沙漠裡的曼哈頓」之稱。

🖋2008 ⬤自然遺產 ◐410,460 ha

## 索科特拉群島 Socotra Archipelago

位在印度洋西北方，靠近亞丁灣的索科特拉群島，海域長250公里，包含4個大島和2個小島。被列入世界自然遺產的主要原因是因為這裡有許多為因應當地酷熱、乾旱的地理環境而產生的特殊動、植物種類，例如群島上37%的植物，90%的蜥蜴，95%的蝸牛，都是世上獨一無二的特有種。

🖋1993 🏛瀕危文化遺產

## 扎比德古城 Historic Town of Zabid

扎比德位在亞丁通往麥加的朝聖路線上，地理位置重要，是齊亞德王朝(Zyadite，818-1018)的首都，在13~15世紀，扎比德更因伊斯蘭大學而聞名於阿拉伯和穆斯林世界。現在扎比德古城的城牆依然存在，只是大部分的建築都年久失修，加上人口密集，已於2000年被聯合國教科文組織列入瀕危遺產之列。

🖋1986 🏛文化遺產

## 沙那古城 Old City of Sana'a

具有2500多年歷史的沙那古城，外圍仍留有高約6~9公尺的厚實泥磚打造的城牆，城裡有著一大片高樓，全都是由泥磚興築而成，高樓建築的外觀有著精美壁畫與雕刻，加上彩繪的玻璃，十分具有特色。沙那古城從西元7、8世紀伊斯蘭教開始擴展勢力之始，就具有相當重要的地位，其城裡仍留存有103座清真寺，14座土耳其浴堂、6000座泥磚高樓，其中大清真寺(Jami' al-Kabir)是現存最古老的清真寺之一。

# 非洲

IIIIIIIIIIIIIIIIII

# 阿爾及利亞Algeria

位於北非、緊鄰地中海的阿爾及利亞，共有7座世界遺產，幾乎都列在最初幾批被提名的行列，足見這些珍貴資產很早就被看見，儘管在非洲，但歷史與環地中海國家相近，腓尼基人、羅馬人、汪達爾人、拜占庭人、阿拉伯人、土耳其人先後都留下足跡。

大西洋 | 地中海 | 突尼西亞 | 利比亞
提帕薩 Tipasa
傑米拉 Djémila
阿爾及爾的卡斯巴赫 Kasbah of Algiers
摩洛哥
提姆加德 Timgad
貝尼哈瑪達山上城堡 Al Qal'a of Beni Hammad
莫查布山谷 M'Zab Valle
塔西里奈加 Tassili n'Ajjer
茅利塔尼亞
馬利 | 尼日

1982 　文化遺產　52 ha

## 提帕薩 Tipasa

位於地中海沿岸阿爾及爾西方68公里的提帕薩，原是西元前7世紀腓尼基人所建的貿易驛站，西元2世紀時成為羅馬帝國的軍事殖民地，接著又先後被拜占庭帝國和阿拉伯人占領因此是一座融合多元文化風貌的濱海古城。「提帕薩」一詞便來自阿拉伯語「提法塞德」(Tefassed)，意指嚴重受損。這片古羅馬遺址主要可分為陵墓區和考古區兩大部分，重要的建築物遺跡包括了教堂、公共澡堂、鬥獸場、露天劇場以及噴泉公園。

1982 　文化遺產　665 ha

## 莫查布山谷 M'Zab Valley

莫查布山谷位於阿爾及利亞首都阿爾及爾南方500公里的撒哈拉沙漠北部，綿延約10公里長。西元10世紀時，伊巴底人(Ibadites，伊斯蘭教分支)為了避免遭到迫害和擄掠，於是從瓦格拉鎮(Ouargla)逃到此處，並在接下來的36年內建造了5座以清真寺為中心的牆垛型城鎮。這裡的建築物都以古法興建，不但簡樸實用，而且極符合本土的地理環境與生活方式，也成為許多近代建築家取材的靈感來源。

1982　綜合遺產　7,200,000 ha

# 塔西里奈加 Tassili n'Ajjer

　　位於阿爾及利亞東南方撒哈拉高原的塔西里奈加，擁有世界上最重要的史前壁畫群，超過15,000幅岩畫與岩刻遺跡，記錄了西元前6千年到1世紀期間撒哈拉邊陲地帶的氣候變遷、動物遷徙和人類生活方式的演變。本區大多屬於砂岩地質，因此到處可見石林遍布，雖然氣候乾燥，但受到高原地形以及砂岩保水性較佳的影響，這裡也有植物零星生長，其中包括較罕見的地中海柏樹。

1982　文化遺產　91 ha

# 提姆加德 Timgad

　　西元100年，羅馬帝國的圖拉真大帝(Trajan)為了防止柏柏人(Berbers)入侵，便在奧斯拉山(Aures Mountains)北麓建立殖民地提姆加德，作為軍事防禦之用。這座遺址採用羅馬帝國典型的棋盤式設計，代表性建築物包括12公尺高的圖拉真大帝凱旋門、可容納3,500人的半圓形劇場、4座公共澡堂、1座圖書館以及長方形會堂。提姆加德在5世紀時遭到外族劫掠，後來又被拜占庭軍隊攻占，成為一座基督教大城，7世紀時，柏柏人將它摧毀殆盡，直到1881年才被挖掘出土。

1992　文化遺產　60 ha

# 阿爾及爾的卡斯巴赫 Kasbah of Algiers

　　始建於公元前6世紀的卡斯巴赫，是一座依傍陡峭山丘，可眺望港口和地中海的麥地那(伊斯蘭式古城)。由於先後受到腓尼基人、羅馬人、汪達爾人、拜占庭人、阿拉伯人、土耳其人和法國人的統治，現今所看到包括堡壘、清真寺、土耳其宮殿和傳統民房在內的歷史古蹟，充分融合了羅馬、拜占庭、土耳其軍事建築以及阿拉伯的建築風格。

©UNESCO/Hana Acuak

# 貝南 Benin

　　貝南位於西非，臨幾內亞灣，大多數的人口都集中在南部的海岸區，曾被法國殖民，官方語言為法語。歷史上，這裡曾經出現一個強大的王國，那就是17世紀到19世紀之間的達荷美(Dahomey)王國，唯一入選的一座世界遺產便是此時期的王宮。

1985　文化遺產　48 ha

# 阿波美王宮 Royal Palaces of Abomey

　　自西元1625年達荷美人(Dahomey，或Fon豐人)在貝南南部建立阿波美王朝，到1900年為止，這個位於西非的經濟強國總共經歷了12位國王的統治，除了阿卡巴國王(King Akaba)在別處興建宮殿之外，其他歷任國王都將自己的王宮建在首都的皇家園林內，因此形成一個充分就地取材的完整建築群。遺址中除了保存許多公共設施、壁畫、雕塑，還有大量精美的陶製浮雕，為這個已消失的古王國提供了歷史見證。

1980　文化遺產　150 ha

# 貝尼哈瑪達山上城堡 Al Qal'a of Beni Hammad

©UNESCO/von Hum

　　距離阿爾及利亞首都阿爾及爾東南方225公里，坐落於山巒高地間的貝尼哈瑪達，是西元1007年哈瑪達王朝(Hammadid empire)為執政所建立的第一座堡壘型首都，也是當時阿拉伯世界的手工業及商業重鎮。1152年，積極擴張北非版圖的阿爾摩哈德王朝(Almohad dynasty)奪得政權，致使這座城市遭到摧毀，不過有許多建築物倖存下來，其中最著名的就是清真寺，其禱告室共有13條通道和8間隔間。

1982　文化遺產　31 ha

# 傑米拉 Djémila

　　傑米拉舊名庫伊庫爾(Cuicul)，是古羅馬人在西元1世紀時建立於海拔900公尺丘陵地上的山城，原為軍隊駐防之用，後來逐漸發展成農產品交易重鎮。該城在3世紀卡拉卡拉大帝(Caracalla)統治下達到鼎盛，5、6世紀時隨著羅馬帝國的衰亡而沒落，後來阿拉伯人統治此地，將之更名為傑米拉(優美之意)。這片保留得相當完整的北非古羅馬遺址，包含了廣場、神殿、長方形會堂、凱旋門、街道、住屋以及因地形限制而建於城外的大型圓形劇場。

# 波札那 Botswana

波札那是非洲南部的內陸國，於1966年獨立，屬大英國協的一員。境內地形十分平坦，但有70%的土地為喀拉哈里沙漠。從這座世界遺產看得出來，人類在幾萬年前便已在此區域活動。

安哥拉　尚比亞　辛巴威　納米比亞　南非
特索地羅 Tsodilo

🗓2001　🏛文化遺產　◇4,800 ha

## 特索地羅 Tsodilo

位於喀拉哈里(Kalahara)沙漠境內的特索地羅，總共有4,500幅以上的岩壁繪畫保存於面積僅10平方公里的區域中，是世界上岩畫藝術最密集的地方，因此也素有「沙漠的羅浮宮」之稱。

這片遺址包含了四座岩丘（男人丘、女人丘、孩子丘和一座不知名的小山丘），其中以女人丘的岩畫遺跡最為豐富，內容多半是孤立的動物輪廓和幾何圖形，有些甚至可以追溯到24,000年前，這些岩畫充分展現了閃族人的文化藝術和精神信仰。

# 布吉納法索 Burkina Faso

布吉納法索是西非的內陸國，1984年之前原名為上沃爾塔共和國(Republic of Upper Volta)，過去曾被法國殖民，直到1960年才獨立。1萬多年前，便有人類在此活動，在歐洲人來到非洲之前，這裡已經有興盛的黃金貿易。

馬利　尼日　貝南　多哥　迦納　象牙海岸
洛羅派尼遺址 The Ruins of Loropéni

🗓2009　🏛文化遺產　◇1.11 ha

## 洛羅派尼遺址 The Ruins of Loropéni

位於象牙海岸、迦納和多哥邊界之間的洛羅派尼遺址，占地11,130平方公尺，是一處約有1千年歷史的石砌廢墟。這裡是洛比地區(Lobi)的10座堡壘中保留得最為完整的遺址，同時也是見證了撒哈拉沙漠黃金貿易鼎盛期的百道石牆群的一部分。

格羅派尼遺址過去曾被洛朗人(Lohron)或庫蘭戈(Koulango)占領，成為黃金提煉和交易的重鎮，並在14到17世紀達到鼎盛，目前人們對這塊土地所知不多，仍有待進一步的挖掘。

# 喀麥隆 Cameroon

位於西非的喀麥隆由於地理和文化的多樣性，濃縮了非洲的精髓，而有「縮小版的非洲」之稱。以自然環境來說，就包含了海灘、沙漠、高山、雨林和稀樹草原，其自然生態豐富，兩座入選的都屬自然遺產，也是大自然的寶庫。

奈及利亞　查德　賈河野生動物保護區 Dja Faunal Reserve　中非共和國　桑哈跨三國保護區 Sangha Trinational　加彭　剛果

🗓1987　🔔自然遺產　◇526,000 ha

## 賈河野生動物保護區 Dja Faunal Reserve

位於喀麥隆南部高原地帶的賈河野生動物保護區，占地5,269平方公里，由於三面都被天然疆界賈河所圍繞，90%的區域未受外界干擾，因此是非洲最大且保護得最完整的雨林之一。賈河動物保護區以生物多樣性為特點，總共有超過1,500種已知植物、107種哺乳動物以及320種鳥類棲息在此處，其中還包括5種瀕危動物。

©UNESCO/C. Hance

🗓2012　🔔自然遺產　◇746,309 ha

## 桑哈跨三國保護區 Sangha Trinational

桑哈跨三國保護區占地約750,000公頃，位於剛果盆地西北部的剛果、喀麥隆及中非共和國交界處，並且由三個國家的國家公園共同串連而成。這塊保護區是第一個跨越三個國家的世界遺產，同時也是這三國的官方與民間人士為了保育世界第二大雨林區，共同努力十多年所得到的成果。本區位處人跡罕至的赤道非洲地帶，大部分的自然環境都保存完整，尚未受到人為破壞。多雨潮濕的熱帶雨林與濕地孕育著大量動植物，其中包括尼羅河鱷魚、巨型虎魚、鸚鵡等等。天然森林空地不僅是大象、瀕臨絕種的大猩猩與黑猩猩聚集及棲息的處所，其他為數眾多的大型哺乳動物如森林水牛、大叢林豬、紫羚等，也經常在此處活動。

桑哈跨三國保護區目前由聯合國教科文組織世界遺產中心、國際野生物保育協會(WCS)、世界自然基金會(WWF)等組織以及歐洲數國政府及人民，長期提供資金與技術上的協助。剛果、喀麥隆和中非共和國三個國家也共組巡守隊，嚴禁人們在保護區內從事非法狩獵、捕魚或走私象牙的行為。

●與中非共和國、剛果並列

# 維德角 Cape Verde

維德角是西非外海的島國，距離非洲大陸尚有570公里之遙，為10座島嶼構成的群島國家，總面積約4033平方公里。由於是歐洲人來到非洲最早的殖民地，所遺留下來的古蹟不僅見證了歷史，更彌足珍貴。

西達德維哈：大里貝拉歷史中心
Cidade Velha, Historic Centre of Ribeira Grande

大西洋

🗓2009　🏛文化遺產　⬢209 ha

## 西達德維哈：大里貝拉歷史中心
### Cidade Velha, Historic Centre of Ribeira Grande

原名「大里貝拉」，18世紀末期更名「西達德維哈」(Cidade Velha，意為舊城)，是維德角最古老的歐洲人殖民地，同時也是該國早期首府所在地。1462年葡萄牙航海家諾利(António da Noli)在發現西非的聖地牙哥島(Santiago)之後，把該城命名為大里貝拉(葡萄牙語意指大河)，由於當時黑奴買賣盛行，這裡後來也成為葡萄牙帝國貿易重鎮。西達德維哈最著名的古蹟，包括一座興建於1495年全世界最古老的殖民地教堂、皇家堡壘以及矗立著華麗大理石柱的皮洛里廣場(Pillory Square)。

# 中非共和國 Central African Republic

中非共和國是位於非洲心臟地帶的內陸國，多數國土被非洲稀樹草原所覆蓋。過去曾經是法國殖民地，1960年才獨立。儘管擁有豐富的礦藏和可耕地，包括鈾、石油、黃金、鑽石和木材、水力，卻仍名列世界上最貧窮的國家之一。

查德

曼諾弗－高達聖弗里斯國家公園
Manovo-Gounda St Floris National Park

桑哈跨三國保護區
Sangha Trinational

蘇丹

喀麥隆

剛果　剛果民主共和國

🗓1988　⬢瀕危自然遺產　⬢1,740,000 ha

## 曼諾弗－高達聖弗里斯國家公園
### Manovo-Gounda St Floris National Park

曼諾弗－高達聖弗里斯國家公園位於中非共和國巴明吉－班戈蘭省(Bamingui-Bangoran)東方鄰近查德邊界處，面積廣達17,400平方公里，由三條河流流域、洪水平原、草原及濕地所組成。此國家公園擁有非洲中西部最遼闊的稀樹草原，也是57種哺乳動物、320種鳥類的棲地，其中包括瀕臨絕種的黑犀牛和非洲象，以及同樣因非法盜獵而大量銳減的花豹、鱷魚、獅子和鬣狗。

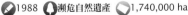

●桑哈跨三國保護區Sangha Trinational
詳見喀麥隆

# 查德 Chad

查德是中非地區的內陸國，北部是沙漠，中部有條乾旱帶，南部地區土地較肥沃。至於查德湖區是該國最大、非洲第二大濕地，其國名便是來自查德湖。和鄰近國家一樣，過去是法國殖民地，於1960年取得獨立地位。

利比亞

尼日

烏尼昂加湖群
Lakes of Ounianga

蘇丹

奈及利亞

喀麥隆　中非共和國

🗓2012　⬢自然遺產　⬢62,808 ha

## 烏尼昂加湖群 Lakes of Ounianga

景致優美、充滿鮮明色彩的烏尼昂加湖群，是查德第一個名列世界遺產的保護區，它位於撒哈拉沙漠的超乾燥地帶「恩內迪區」(Ennedi region)，由18座互相連接的湖泊組成，總面積62,808公頃。這片湖群是永久湖泊存在於沙漠型地理環境的絕佳例證。

不到1萬年前，這裡原本是一大片湖泊，但後來逐漸分成兩個相隔40公里，由鹹水湖、超鹹水湖和淡水湖組成的湖群。這兩大湖群分別是烏尼昂加克比爾湖群(Ounianga Kebir)以及烏尼昂加塞里爾湖群(Ounianga Serir)，由於有地下水供應水源，因此除了季節造成的微幅變化之外，水位大致都能保持穩定。

烏尼昂加克比爾湖群由4座湖泊組成，覆蓋面積最大的是約安湖(Yoan)，占地358公頃，深27公尺，但因為鹽度極高，所以只有藻類和微生物能夠生存。烏尼昂加塞里爾湖群由14座以沙丘相隔的湖泊組成，這些湖泊表面有一半都漂浮著蘆葦，因此湖水的蒸發程度較少；廣達436公頃的泰利湖(Lake Teli)是該湖群中覆蓋面積最大的湖泊，但水深不到10公尺。

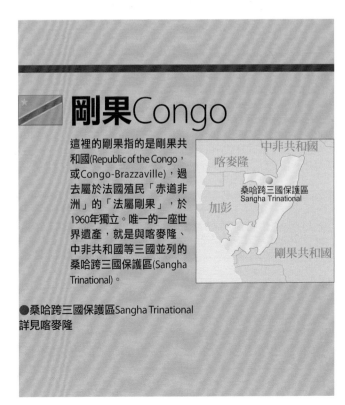

# 剛果 Congo

這裡的剛果指的是剛果共和國(Republic of the Congo，或Congo-Brazzaville)，過去屬於法國殖民「赤道非洲」的「法屬剛果」，於1960年獨立。唯一的一座世界遺產，就是與喀麥隆、中非共和國等三國並列的桑哈跨三國保護區(Sangha Trinational)。

中非共和國

喀麥隆

桑哈跨三國保護區
Sangha Trinational

加彭

剛果共和國

●桑哈跨三國保護區Sangha Trinational
詳見喀麥隆

# 象牙海岸
## Côte d'Ivoire

從其國名便知這裡過去也是法國殖民地，和鄰近國家一樣都於1960年獨立。原本的三座自然遺產，都面臨了人類和政局的威脅，其中兩座被列為瀕危世界遺產，最新增加的文化遺產大巴薩姆，正好說明了法國殖民城市的典型範例。

馬利
布吉納法索
幾內亞
共莫耶國家公園
Comoé National Park
寧巴山自然保護區
Mount Nimba
Strict Nature Reserve
迦納
塔伊國家公園
Taï National Park
賴比瑞亞
歷史城鎮大巴薩姆
Historic Town of Grand-Bassam
幾內亞灣

---

🗓1983　瀕危自然遺產　📐1,150,000 ha

## 共莫耶國家公園 Comoé National Park

共莫耶國家公園是西非最大的野生保護區之一，占地11,500平方公里，由於流經此處的共莫耶河(Comoé River)造就了稀樹草原、廊道森林、河岸草地、茂密雨林等多樣化的棲地環境，因此這裡的動植物相當豐富，除了有西非的多種兀鷲和鸛，還有11種猴子、17種肉食性動物、21種大型草食性動物、10種鷺以及全部瀕臨絕種的3種非洲鱷。

受到象牙海岸政局不穩、盜獵以及草食性動物大量啃食的影響，本區在2003年被列入瀕危遺產。

---

🗓2012　🏛文化遺產　📐110 ha

## 歷史城鎮大巴薩姆
### Historic Town of Grand-Bassam

歷史城鎮大巴薩姆位於科莫河(Comoe)進入幾內亞灣的河口處。1880年代到1950年代，法國人在此地建立殖民首都，儘管規模不大，但其格局反映了當時的城鎮規劃概念，分為商業區、行政區、歐洲人居住區以及非洲人居住區，現今僅存的建築物也反映出法國殖民建築風格，擁有木製百葉窗、寬大的陽台及柱廊，因此使得大巴薩姆成為法國殖民城市的範例。與其一同納入世界遺產保護範圍內的，還包括緊鄰在旁，保存了非洲原住民傳統文化的漁村「恩濟馬」(N'zima)。1960年，象牙海岸脫離法國獨立，大巴薩姆成為該國最早的首都以及最重要的海港、商業中心及司法中心，它不僅見證了歐洲人與非洲人之間錯綜複雜的社會關係，也見證了象牙海岸獨立建國的歷程。不過時至今日，大巴薩姆的古老殖民建築因為無人使用且年久失修，正面臨結構損毀的威脅。

---

🗓1982　自然遺產　📐330,000 ha

## 塔伊國家公園 Taï National Park

占地3,200平方公里，位於象牙海岸與利比亞交界處的塔伊國家公園，是西非最後一塊原始的熱帶雨林。這裡的動植物極為豐富，特有物種超過150種，而在幾內亞雨林出現的54種哺乳類動物當中，就有47種棲息於此，其中包括侏儒河馬等5種瀕危物種；有些過去一度被認為已經滅絕的植物，如魔芋屬(Amorphallus staudtii)，也在此區再度被人發現。

---

🗓1981　瀕危自然遺產　📐18,000 ha

## 寧巴山自然保護區
### Mount Nimba Strict Nature Reserve

分布於象牙海岸、幾內亞與利比亞交界處的寧巴山自然保護區，山坡上有茂密的樹林，山腳有遼闊的草原，動植物生態極為豐富，目前已知有逾500種新發現的動物，最引人矚目的就是寧巴山高位棲地特有的寧巴山胎生蟾蜍(Nimbaphrynoides occidentalis)，其他重要的哺乳類動物還包括花豹、非洲侏儒獺狐，以及把石頭當工具用的黑猩猩。

由於1992年幾內亞政府允許本地開採鐵礦，又有大量難民湧進幾內亞，因此本保護區在1992年被列為瀕危世界遺產。
●與幾內亞並列

# 剛果民主共和國
# Democratic Republic of the Congo

剛果民主共和國是非洲面積第二大的國家,過去名為薩伊(Zaire),從其入選的5座自然遺產來看,這個國家擁有世界上少有的豐富自然生態,可惜1998年爆發了災難性的內戰,而被稱為「非洲的世界大戰」,所有自然遺產全被列為瀕危遺產。

📷1980 🔔瀕危自然遺產 🗺600,000 ha

## 卡胡茲－比加國家公園
### Kahuzi-Biega National Park

位處剛果東部,成立於1970年的卡胡茲－別加國家公園,其名稱取自卡胡茲和比加兩座死火山,由於境內自然景觀的海拔差異懸殊,除了高山森林,還有廣大的原始熱帶雨林,因此動植物種類繁多。

這裡是世上少數僅存的山地大猩猩棲地及研究基地(數量約250隻),也是著名動物保育者黛安・佛西(Dian Fossey)最早研究大猩猩的地點。受到內戰不斷,大批難民湧入,以及盜獵、森林大火等因素的影響,卡胡茲－比加國家公園於1997年被列為瀕危自然遺產。

📷1979 🔔瀕危自然遺產 🗺800,000 ha

## 維龍加國家公園 Virunga National Park

占地8000平方公里的維龍加國家公園,成立於1925年,是非洲第一座國家公園,這裡包括了赤道雨林、沼澤地、草原、熔岩平原乃至海拔超過5千公尺的魯文佐里山(Rwenzori Mountains)在內的地形景觀,因此動植物種類相當豐富,它不僅是山地大猩猩重要的棲地及研究基地,更擁有世界上最龐大的河馬群,數量大約有2萬多頭。受到盧安達難民湧入、林地大幅縮減以及缺乏妥善管理的影響,維龍加國家公園於1994年被列為瀕危自然遺產。

📷1984 🔔瀕危自然遺產 🗺3,600,000 ha

## 薩隆加國家公園 Salonga National Park

1970年成立的薩隆加國家公園,位處剛果河(亦稱薩伊河Zaire River)流域中心地帶,面積廣達36,000平方公里,是非洲最大、世界第二大的熱帶雨林保護區,物種相當多樣化,其中包括瀕臨絕種的特有動物——長尾猴、紅疣猴、非洲象、非洲細吻鱷及巴諾布猿(矮黑猩猩)。由於野生動物肉品交易盛行,導致盜獵情形嚴重,再加上武裝衝突頻繁,薩隆加國家公園於1999年被列入瀕危自然遺產,接受聯合國基金會(UNF)保育計劃的援助。

📷1980 🔔瀕危自然遺產 🗺500,000 ha

## 加蘭巴國家公園
### Garamba National Park

成立於1938年的加蘭巴國家公園,位於剛果東北部,占地4,920平方公里,境內除了有廣大的熱帶稀樹草原、高原及林地,沿河還有零星散布的廊道森林及沼

澤濕地。

本地是世界上唯一僅存的白犀牛棲息地,由於盜獵行為猖獗,白犀牛的數量已經從1960年的1千隻,銳減到不到5隻左右,這也使得它繼1984年之後,再度於1996年被列入瀕危遺產。

📷1996 🔔瀕危自然遺產 🗺1,372,625 ha

## 霍加皮野生動物保護區
### Okapi Wildlife Reserve

占據剛果東北部伊圖里森林(Ituri Forest)五分之一面積,將近14,000平方公里的霍加皮野生動物保護區,屬於非洲最大水系剛果河流域的一部分。這裡除了擁有各式各樣的樹木與植物,動物種類也相當繁多,包括13種以上的類人靈長類動物、瀕臨絕種的非洲象以及5千隻野生霍加鹿(全球估計有3萬隻左右)。由於1997年初內戰蔓延,又有盜獵者和淘金者非法入侵,導致保護區遭到破壞,因此在入選世界遺產的隔年,本區就被列入瀕危自然遺產。

# 埃及 Egypt

埃及的世界遺產以陵墓群與金字塔區居多，另兩處聖凱瑟琳區、阿布美納城，皆因名列宗教聖地而入選，2005年入選的鯨魚谷，地處西南沙漠區，發現最早出現的械齒鯨，是人們已知的原始鯨類之一，是埃及唯一的世界自然遺產。

地中海 以色列 約旦
阿布美納城 Abu Mena
曼菲斯及其陵墓群－從吉薩到達蘇爾 Memphis and its Necropolis – the Pyramid Fields from Giza to Dahshur
開羅歷史區 Historic Cairo
聖凱瑟琳區 Saint Catherine Area
沙烏地阿拉伯
利比亞
瓦地·阿海坦(鯨谷) Wadi Al-Hitan (Whale Valley)
紅海
古底比斯及其陵墓群 Ancient Thebes with its Necropolis
努比亞遺址：阿布辛貝至費麗 Nubian Monuments from Abu Simbel to Philae
蘇丹

 1979 　文化遺產 　524 ha

# 開羅歷史區 Historic Cairo

　　西元969年法蒂瑪王朝(Fatimid Dynasty，唐朝稱「綠衣大食」)征服埃及，建都於現在的開羅(意謂征服者、勝利)，一直到馬木路克王朝(Mamluk Dynasty，亦稱奴隸王朝，1250-1517)結束，為期500餘年的時間，開羅一直都是伊斯蘭世界的中心，掌控著東地中海的貿易大權，創造了開羅最繁盛的時期，人口密集，生活富庶，清真寺比鄰而建，數量驚人，當時曾被稱為「千塔之城」。

　　目前伊斯蘭區仍號稱有為數800座以上的清真寺，登高環伺，放眼盡是尖塔、寺院。為數眾多的寺院在時間的摧殘之下，顯得蒼老頹圮，在國際組織的協助之下，有些重要的寺院已開始修復工作，但礙於經費，進行得相當遲緩。伊斯蘭區範圍相當遼闊，北起征服之門(Bab el Futuh)，南到大城堡(Qal'et El-Gabal)。

符號說明 登錄時間 遺產面積　遺產類型 文化遺產 自然遺產 綜合遺產 瀕危文化遺產 瀕危自然遺產 瀕危綜合遺產

非洲
||||||||||||
埃及

📷1979 🏛文化遺產 🌐7,390 ha

# 古底比斯及其陵墓群
## Ancient Thebes with its Necropolis

　　細讀埃及的文明史，確實沒有一處古都能如底比斯(Thebes)這般氣勢恢弘，並留予後世難以估量的無價遺產。從數千年前的宮廷紛爭，到近代震驚全球考古發現，底比斯始終是眾所矚目的焦點。這座餘威猶存的古都，阿拉伯文譯為「路克索」。

　　兩千多年前，這裡是新王國時期的首都，在這之前，埃及飽受異族統治之苦，於是上任的圖斯摩西斯三世(Tuthmosis III)開始加強戰備，並主動出征宣揚國威。他的目的達成了，埃及的勢力擴及敍利亞、努比亞、利比亞，輝煌的戰績獲得黃金、白銀、象牙、香料等貢品，這些財富變化成了一座座華麗的神殿和陵墓，締造出一處空前的繁華之都。

　　底比斯的地理位置相當優異，都城跨越尼羅河兩岸，沿岸盡是寬廣的平原。古埃及人依據大自然日升日落的定律，衍生出死亡與復活循環不息的信仰，繼而形成日出的東方代表重生、繁衍；日落的西方代表死亡、衰退的觀念，因而膜拜阿蒙(Amun)的神殿遍及東岸，而富麗堂皇的皇家陵墓則建於西岸，這些都成了路克索今日的觀光資產。

　　當年古希臘詩人荷馬(Homer)曾形容底比斯為「百門之城」，這「門」指的是神殿的塔門，底比斯的規模由此可見一斑，今日的路克索風華依舊，與開羅、吉薩分庭抗禮。

433

# 曼菲斯及其陵墓群：
## 從吉薩到達蘇爾
**Memphis and its Necropolis：Pyramid Fields from Giza to Dahshur**

曼菲斯(Memphis)是古埃及舊王國時期的首都，在西元前3100年前就已經是一個繁華的大都會，在希臘哲學家希羅多德的描述下，曼菲斯的熱鬧與進步，大概不下於今日之紐約。當時，首次一統上下埃及的法老王——曼尼斯(Menes)定都於此，其盛況可以從沙卡拉陵墓區的氣派、金字塔的壯觀來判定。

從吉薩到沙卡拉的金字塔地區，周遭的大小金字塔約有80餘座，不過，最完美、最引人注目的當屬吉薩的這3座，其建築的技巧迄今無人能解，以現在的工程技術，依然無法複製出建於西元前2600多年前的金字塔。

吉薩最高的古夫金字塔(The Pyramid of Khufu)，高達139.75公尺，估計共有250萬塊切割的石灰石堆疊而成，每一塊石頭重約2~70噸，連法國拿破崙看到時也大吃一驚，他估計把這些石頭拿來建造一座高約3呎的石牆的話，應該可以環繞法國3圈。在金字塔前的獅身人面獸，是法老王的象徵，獅身比喻法老王的身體敏捷強壯如同萬獸之王，而人面則意寓有萬物之靈——人類的智慧。而沙卡拉這個區域在古埃及舊王國時期就是墓地區域，從西元前3000年至希臘托勒密王朝統治時期為止，這個區域在沙漠中慢慢延展了7公里之長，這個區域內殘存的祭祀神殿、金字塔、墳墓等建築幾乎是無可匹敵的人類遺產。不過，這一片建築卻淹沒在沙漠之中，直到20世紀才慢慢被發現。其中，最著名的是金字塔各個不同的建築時期，包括階梯金字塔、彎曲金字塔，與世界上第一座真正成功的金字塔－紅色金字塔。

1979　文化遺產　374 ha

# 努比亞遺址：阿布辛貝至費麗
## Nubian Monuments from Abu Simbel to Philae

所謂的努比亞地區係指從埃及最南之城——亞斯文的尼羅河畔，到南部的蘇丹喀土木(Khartoum)地區，過去屬於庫斯王國。在許多出土的壁畫與雕刻中，努比亞人被描述成商人或傭兵，其實努比亞擁有自己獨特的文化、建築、語言，且保存完整，即使在納塞建立之後，世居於該地的努比亞人被迫遷居到亞斯文、柯歐普，或是蘇丹南部，仍堅守著傳統。

阿布辛貝以拉姆西斯二世建立的兩座神廟聞名全球，一座是自

己祭祀太陽神拉神 (Ra-Harakhty)、阿蒙神(Amun)、佩特神(Ptah)的「拉姆西斯二世神殿」，一是妻子納法塔莉(Nafertari)祭祀哈特女神(Hathor)的「納法塔莉神殿」。神殿完成於西元前1290~1224之間，迄今已超過3千年的歷史，現在，神殿外那4尊拉姆西斯二世的石像，已經成為繼金字塔之後，最有資格代表埃及的象徵。

三千年前的神殿完整重現已是創舉，但1964年的神殿大遷移更是一項奇蹟。由於為興建納塞水壩將使尼羅河水位提高，造成包括拉姆西斯、費麗神殿等14個遺跡淹沒於水中，因此，埃及政府向聯合國教科文組織尋求協助，將拉姆西斯神殿從原址(距離亞斯文280公里處)，遷移到納塞湖畔的阿布辛貝。

費麗神殿也是當初搶救古蹟行動中的受惠者之一，過去位在距離現址550公尺的畢佳島(Biga Island)，對於古埃及人而言，畢佳島是一個神聖的地方，他們深信畢佳島原來是宇宙間最初被創造的一堆土。

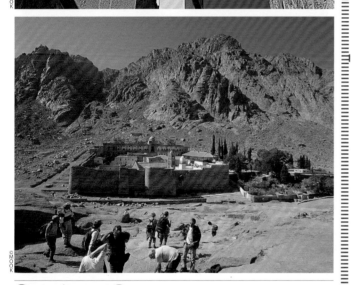

○1979　血瀕危文化遺產　○183 ha

# 阿布美納城 Abu Mena

　　阿布美納是早期基督教聖城，位於亞歷山卓的南部，建於3世紀，城內有教堂、洗禮池、長方形教堂、街道、修道院、民房和工場等，但都建在基督教殉教者美納斯(Menas)的墳墓上。美納斯死於西元296年。聖美納斯修道院是主要景點，教堂是埃及科普特教徒於1959年興建的。所有建築房頂部都裝飾著十字架，牆上有上帝傳播福音的壁畫，教堂內有兩具科普特主教的棺木，並有與人身等高的雕像陳列，牆上有多幅基督教油畫。另有一個放置聖美納斯遺骨的小教堂，是虔誠的科普特教徒朝聖地。

　　此遺址在1979年被評為世界文化遺產，但因為整個城市地面下沉，故於2001年被納入世界瀕危遺產名錄。此遺址是亞歷山大時代留下來的惟一歷史古跡。

○2002　血文化遺產　○60,100 ha

# 聖凱瑟琳區 Saint Catherine Area

　　聖凱薩琳修道院位於聖經所記載摩西接受上帝十誡的西奈山山腳下。這是座現存的世界最古老修道院之一，院內珍藏早期基督教手稿及聖像，其建築可說是拜占庭早期建築的最佳範例。而整個聖凱瑟琳地區裡不但有許多進行中的考古活動，也是猶太、基督教、伊斯蘭教三大宗教的聖地。

　　修道院最早是4世紀時，由君士丁大帝(Constantine the Great)母親在這塊聖經所提及的聖地，建了座小教堂，成了希臘東正教修士靜心修行的庇護所。6世紀時，東羅馬皇帝查士丁尼(Justinian)採花崗岩疊砌出堅實高聳的城牆，並將小教堂擴建成今日所見的規模，使修士們身心都得到實質的保障。隨後，修士們在後堂拱頂添製一幅「基督變容」馬賽克圖，教堂因而改名為「救世主基督變容教堂」，一直到聖凱瑟琳遺體被發現，教堂才再度更名。

　　聖凱瑟琳於西元294年誕生於亞歷山大港，她因虔誠信奉基督教而遭處死。據傳，天使將她的遺體移至西奈半島的最高峰。3個世紀之後，一名修士發現了聖凱瑟琳完好如初的遺體，並運回修道院安置。聖凱瑟琳殉教事蹟使修道院成為信徒朝聖的聖地，也因而有了更名之舉。而後修道院歷經政權輪替，始終以其崇高的地位超脫政治的統轄。1966年慶祝成立1400週年紀念，見證了千百年來東正教在埃及的傳播痕跡。

○2005　○自然遺產　○20,015 ha

# 瓦地·阿海坦(鯨谷)
## Wadi al-Hitan (Whale Valley)

　　在埃及西部沙漠的一處鯨魚化石谷，有許多罕見的化石，和已絕種的鯨魚。這些化石代表生物演化中的一個重要階段，生動地刻畫這些鯨魚形式和生活。這些化石的數量、集中度和質量使此地成為一個有吸引力和被保護的獨特風景區。

　　此區目前發現最早出現的鯨類為古鯨亞目(Archaeocetes)中的械齒鯨，是人們已知的原始鯨類之一，雖然屬於鯨魚的一種，但外貌特徵卻和大海蛇相似，進化後後面的肢體已沒有，顯示了現代鯨魚的身形，但保留頭骨和牙齒結構的原始主幹。鯨魚谷位於沙漠深處，從法尤姆再往西，方圓幾10公里的地域內，有座明顯地標加倫湖。

437

# 衣索比亞Ethiopia

位於「非洲之角」的衣索比亞是第一批擁有世界遺產的國家，9座世界遺產中除了一座為自然遺產之外，其餘的文化遺產幾乎都是人類歷史上最珍貴的資產，其中包括人類祖先「露西」，標示出人類起源之地。

©UNESCO/Francesco Bandarin

©UNESCO/Francesco Bandarin

 1978 文化遺產

## 拉利貝拉的石刻教堂群
### Rock-Hewn Churches, Lalibela

12世紀末、13世紀初，衣索比亞第七任國王拉利貝拉按照神諭，以數十年的時間將當時的首都、也就是今日的拉利貝拉，打造成非洲的「新耶路撒冷」。這座位於北部岩石高原的聖城，最眾所周知的就是11座位於巨大石坑內以整塊岩石開鑿而成的石刻教堂，其中包括世界最大的石刻教堂「耶穌基督教堂」(Bete Medhane Alem)，以及呈十字架造型的聖喬治教堂(Bet Giyorgis)。

---

1980 文化遺產

## 蒂亞 Tiya

蒂亞位於衣索比亞首都阿迪斯阿貝巴(Addis Ababa)南部的索多(Soddo)地區，是當地約160處考古遺址當中最重要的遺址之一，這裡矗立著36座高2到3公尺的神祕巨石，其中有32座石碑刻滿象徵性的符號，但大部分符號都令人費解。除了石碑之外，該遺址還有數具戰士骨骸，根據碳元素的測定，其年代介於12到14世紀之間；儘管如此，這批史前時代的衣索比亞古文明遺跡，年代尚有待進一步的考證。

1980 文化遺產

## 阿瓦什河谷地 Lower Valley of the Awash

阿瓦什河是衣索比亞的主要河流，其谷地是非洲大陸最重要的古生物學遺址之一，這裡發現的遠古人類化石最早可追溯到4百萬年前，其中包括1974年在阿法爾(Afar)出土，以52塊人類骨骼化石重組而成的人類祖先「露西」(Lucy)，據估計該遺骸已經存在了320萬年。這些化石不僅為人類進化史提供了強大的證據，也重新形塑了我們對人類歷史的認知。

符號說明  登錄時間  遺產面積　遺產類型  文化遺產  自然遺產  綜合遺產  瀕危文化遺產  瀕危自然遺產　瀕危綜合遺產

## ⬩1978 ⬩瀕危自然遺產 ⬩13,600 ha

# 塞米恩國家公園 Simien National Park

成立於1969年的塞米恩國家公園，境內涵蓋了塞米恩山以及非洲第四高峰——衣索比亞最高峰達尚峰(Ras Dashan)，因此也是非洲的主要高地之一。這裡不僅有經歷了千萬年侵蝕的壯麗山谷以及高山草地，同時也是獅尾狒、衣索比亞狼和特有動物北山羊的棲息地。由於本土動物的數量日益稀少，此區在1996年被列入瀕危自然遺產目錄。

## ⬩1979 ⬩文化遺產

# 貢德爾區的法西爾蓋比
## Fasil Ghebbi, Gondar Region

法西爾蓋比是衣索比亞在17、18世紀間的京城所在地，這座位於該國西北部貢德爾區的堡壘城，是由法西利達斯國王(Emperor Fasilides)所建立起來的。古城被900公尺長的城牆環繞，其內有宮殿、教堂、修道院等融合努比亞、阿拉伯及巴洛克風格的公共及私人建築群，而在這些建築群中，最具代表性的是位於古城南端，帶有歐洲古堡風情的法西爾蓋比城堡(Fasilides castle)。

## ⬩1980 ⬩文化遺產

# 阿克蘇姆 Aksum

位於衣索比亞北部高原的阿克蘇姆城，是阿克蘇姆王國(西元前4世紀到西元10世紀)最初定都之處，也是阿克蘇姆文明的發源地，當時跟古希臘、埃及和亞洲之間都有熱絡的貿易往來。阿克蘇姆不僅以方尖碑、巨大石柱、皇室陵墓、古堡等珍貴的建築遺蹟聞名，據傳失落已久的約櫃(擺放摩西十誡的聖櫃)，就放置在城內的錫安聖母瑪利亞教堂(Chruch of Our Lady Mary of Zion)，也就是歷任衣索比亞國王加冕的地點。

## ⬩1980 ⬩文化遺產

# 奧莫河谷地 Lower Valley of the Omo

位於衣索比亞南部，鄰近圖卡納湖(Lake Turkana)的奧莫河谷地，是世界上著名的史前遺址，考古學家已在奧莫河河岸挖掘出更新世到上新世之間(距今2百萬年前)的人類化石碎片。

此外，這裡也有許多奧杜萬石器時代(Oldowan industry)的工具出土，證明奧莫河谷地是目前已知人類最古老的露營地之一。

## ⬩2006 ⬩文化遺產 ⬩48 ha

# 歷史要塞城—哈勒爾
## Harar Jugol, the Fortified Historic Town

位於衣索比亞東部高原，四周環繞著沙漠與稀樹草原的古老要塞城哈勒爾，自古就是非洲和伊斯蘭世界之間的貿易中心。這座素有「伊斯蘭世界第四聖城」之稱的古城，總共建有82座清真寺(其中3座的年代可以回溯到西元10世紀)以及102處聖祠，建築風格融合了非洲與伊斯蘭文化，也因此造就了哈勒爾城獨特的都市風貌。

## ⬩2011 ⬩文化遺產 ⬩23,000 ha

# 孔索文化景觀 Konso Cultural Landscape

孔索文化景觀位於衣索比亞西南部海拔1,200到2,000公尺的孔索高原，占地23,000公頃。此區最大的地理特色是層疊綿延的梯田，以及堆砌在村落周圍、最高可達5公尺的防禦性石牆。

由於地理位置偏遠，孔索族人4百多年來一直過著與世隔絕的生活，幾乎沒有任何改變。他們組成緊密連結的聚落，克服乾旱貧瘠的自然環境，在梯田上種植小米、高粱、玉米、棉花等作物，還會飼養牛、羊來維持生計。這不僅展現了多樣化的農業技術，同時也能在鄰近地區遇到糧食短缺的問題時，及時提供物資上的協助。

除此之外，孔索族人也發展出獨特且充滿活力的宗教與文化傳統，例如在喪葬儀式中加入繁複的歌曲及舞蹈，以及為英勇殺敵或捕獵猛獸的死者豎立一種刻有人形特徵，名叫「瓦加」(waga)的紀念性木製雕像。

# 幾內亞 Guinea

西非的幾內亞過去稱為法屬幾內亞，顧名思義，過去也曾是法國的殖民地，全國一千萬人口分屬24個部族，85％信奉伊斯蘭教，經濟多半倚賴農業和礦業，是全世界礬土第二大出產國，同時也產黃金和鑽石。

●寧巴山自然保護區 Mount Nimba Strict Nature Reserve
詳見象牙海岸

# 加彭 Gabon

加彭位於中非西海岸的赤道上，和中非洲其他國家一樣曾被法國殖民，並獨立於1960年。由於人口不稠密，同時產石油，加上外國的投資，因此在非洲富庶程度名列前茅，唯一的世界遺產是座結合自然生態和人類史前遺跡的綜合遺產。

🕭 2007　🏛 綜合遺產　🔻 491,291 ha

## 洛佩—奧坎達國家公園生態系統和文化遺蹟景觀
### Ecosystem and Relict Cultural Landscape of Lopé-Okanda

　　成立於2002年的洛佩—奧坎達國家公園，大部分被茂密的雨林覆蓋，但北部尚保留了中非地區唯一殘留自冰河時期(距今15,000年)的稀樹草原，充分展現熱帶雨林與草原生態系統的共存特色，同時蘊孕出多樣化的物種。

　　除此之外，在該遺址出土的新石器時代與鐵器時代遺蹟，以及1,800幅精美岩畫，也為班圖人(Bantu)及其他西非民族的遷徙生活歷史，提供了非凡的見證。

# 迦納 Ghana

西非的迦納在歐洲人前來殖民之前，原本屬於阿散蒂王國的領地，由於產黃金，一直是非洲較富有的地方，而有黃金海岸之稱。1957年率先從英國的殖民中獨立，取名為迦納，因為古代這裡曾出現一個迦納帝國。

🕭 1979　🏛 文化遺產

## 伏塔省、大阿克拉省、中部和西部地區的要塞和城堡
### Forts and Castles, Volta, Greater Accra, Central and Western Regions

　　迦納凱塔鎮(Keta)與貝吟鎮(Beyin)之間的沿岸地區，分布著11處歐式要塞及城堡，約建於1482年到1786年，其中葡萄牙人於1482年在此地興建的艾爾米納城堡(Elmina Castle)，是目前已知最早建於熱帶地區的歐洲建築物。

　　此處原本是葡萄牙人在大航海探險時期建立的貿易據點，後來陸續受到荷蘭、英國等國家的殖民統治，因此此建築物充滿歐洲風格。

🕭 1980　🏛 文化遺產

## 阿散蒂傳統建築 Asante Traditional Buildings

　　17世紀時，奧塞·圖圖酋長(Osei Tutu)於今日迦納的庫馬西市(Kumasi)建立了阿散蒂王國，該王國並於18世紀達到鼎盛期。

　　目前保留於庫馬西市東北部的阿散蒂傳統建築，是該文明所留下的最後遺址，也是研究阿散蒂社會與歷史的珍貴材料。由於這些建築物是當地居民以泥土、木材和麥稈搭建而成，難以抵擋氣候及時間的侵蝕，因此已經有殘破的跡象。

符號說明　登錄時間　遺產面積　遺產類型　文化遺產　自然遺產　綜合遺產　瀕危文化遺產　瀕危自然遺產　瀕危綜合遺產

# 甘比亞 Gambia

甘比亞位於西非的最西端，也是非洲大陸本土上面積最小的國家。和其他西非國家有共同的命運，分享了一樣的「奴隸貿易史」，先是葡萄牙，後是英國，並於1965年獨立，由於土壤肥沃且靠海，人民多以農耕和捕魚為業。

塞內加爾

塞內甘比亞石圈
Stone Circles of Senegambia

昆塔慶特島及其相關遺址
Kunta Kinteh Island and Related Sites

幾內亞比紹

📅 2003　🏛 文化遺產　🗺 7.60 ha

## 昆塔慶特島及其相關遺址
### Kunta Kinteh Island and Related Sites

昆塔慶特島過去稱為詹姆斯島(James Island)，位於甘比亞河(Gambia River)河口沿岸，是早期歐洲人通往非洲大陸的重要路線，這裡幾度經歷了荷蘭、英國與法國的殖民統治，也見證了西非黑奴買賣的興廢。島上的詹姆斯要塞原是17世紀英國人買賣象牙與黃金的貿易據點，後來成為黑奴買賣中心，隨著英國在19世紀初廢除黑奴交易，該要塞也逐漸變成廢墟，目前大小只剩原本的六分之一左右。

📅 2006　🏛 文化遺產　🗺 9.85 ha

## 塞內甘比亞石圈
### Stone Circles of Senegambia

塞內甘比亞石圈由四區主要散布於甘比亞東北部及塞內加爾中部的圓形石陣所組成(超過15,000塊立石、1,000個石圈)，範圍廣達39,000平方公里。遺址中的每個石圈都包含10到24塊不等的立石，大部分矗立於西元8世紀，不過其下的墓塚歷史更久遠，最早可追溯到西元前3世紀，最晚是西元16世紀。

這片典型的石陣遺址，無論在規模、一致性以及彼此之間複雜的幾何關係上，都屬全世界難得一見的傑作。
●與塞內加爾並列

# 肯亞 Kenya

除了占全境8%的國家公園，以及成千上萬隻野生動物，肯亞有92%的土地擁有非關動物的另一面。西部的維多利亞湖附近，有著驚人的巨石群，海岸的拉穆是當年鄭和下西洋的停靠站，南部蒙巴薩是百年商港，湮埋著史瓦希利人的皇宮遺跡和黑奴的血淚史。

蘇丹

肯亞東非大裂谷湖泊系統
Kenya Lake System
in the Great Rift Valley

圖卡納湖國家公園
Lake Turkana
National Parks

烏干達

衣索比亞

利索亞馬

肯亞山國家公園
Mount Kenya National
Park/Natural Forest

拉穆古城
Lamu Old Town

米吉肯達卡亞聖林
Sacred Mijikenda Kaya
Forests

印度洋

坦尚尼亞
蒙巴薩的耶穌堡
Fort Jesus, Mombasa

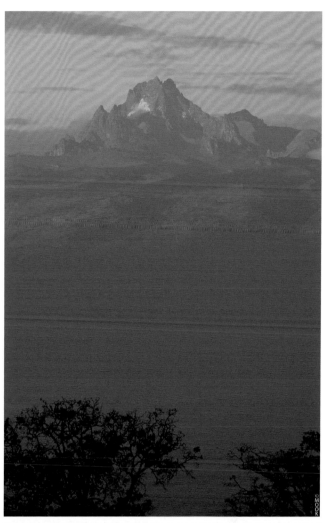

©MOOK

📅 1997　🔔 自然遺產　🗺 142,020 ha

## 肯亞山國家公園
### Mount Kenya National Park/Natural Forest

肯亞山占地面積的直徑約100公里，差不多是吉力馬札羅山的一半大，高度為海拔5,199公尺，為非洲第二高山，比不上坦尚尼亞和肯亞邊境的非洲第一高山吉力馬札羅山，但論山勢的險峻，肯亞山可是排行第一名。

肯亞山是座死火山，最近一次爆發的時間是在260萬到310萬年前，當時的肯亞山高達6,500公尺，山形類似現在的吉力馬札羅山，北邊迄今仍看得到許多火山錐和火山口。今日的險峻山勢，是百萬年來受冰河侵蝕所造成的。山上如今仍有12座冰河，但皆迅速消退中，從圍繞山頂四周的4座次高山峰下方，可以看到深U型的凹陷，即為冰河山谷。

肯亞山被畫歸在自然世界遺產裡的範圍，包括3,200公尺以上的山坡、715平方公里的國家公園，和周邊約1,420平方公里的森林保護區，內有20座小湖，為東部非洲最驚人的地理景觀之一，其中，高地植物的演化和生態，更是生態進化史上一個絕佳的範例。

這一區域的林地，占地長達3,400公尺，植被豐富，地貌多元，從低海拔的森林，往上到荒原，再到高山林地，可以發現11種肯亞山特有植物和150種地區植物。這裡也是重要的動物棲息地，像在中海拔的濕地上，就有一大區為狒狒聚集地，其他動物還包括大象、犀牛、非洲水牛、靈長類等。

# 圖卡納湖國家公園
## Lake Turkana National Parks

　　位於肯亞最北端的圖卡納湖一區，境內包括湖中的中島國家公園(Central Island National Park)、南島國家公園(South Island National Park)，以及東北岸的西比羅伊(Sibiloi National Park)等三個國家公園，在1997年以獨特的動植物生態登錄為聯合國教科文組織的世界遺產，為東非地塹湖群中位置最北、也是最大的湖泊，也是肯亞第一大湖、全球最大的沙漠湖泊，湖岸線比肯亞的海岸線還長。

　　1888年兩名奧地利人發現此處，以奧國大公之名為它取名為魯道夫湖(Lake Rudolf)，後因湖水顏色，有人稱它做翡翠海(Jade Sea)，在1970年代的地名肯亞化運動中，更名為圖卡納湖，取自湖岸的部落民族名。

　　肯亞被稱為「人類的搖籃」，科學家判斷非洲是人類的起源地，就是因為考古學家Richard Leakey在圖卡納湖岸的Koobi Fora挖掘到一副300萬年前的直立人骸骨化石，現址設立了一座博物館，可參觀挖掘遺址。Koobi Fora一地藏有豐富的哺乳動物、軟體動物等化石，對了解古生物環境相當重要。除了化石，圖卡納湖是候鳥的中途休息站，也是河馬、毒蛇和上萬隻尼羅河鱷魚的棲息地。不過，由於天候乾燥，僅靠雨水維持的圖卡納湖，水平面每年以3公尺下降中，萬年前的湖面比現在高150公尺。

🏅2001　🏛文化遺產　⏰16 ha

# 拉穆古城 Lamu Old Town

　　這座東非最古老但保存最完善的史瓦希第小鎮，在2001年被聯合國教科文組織認可具有文化遺產價值，其理由有三，一是拉穆的建築和都市結構，不但融合歐洲、阿拉伯、印度等形式，並運用史瓦希第的建築技巧，創造出獨特的外貌；二是這座東非海港的興衰，與百年來非洲班圖人、阿拉怕人、波斯人、印度人，和歐洲人的海權優勢及互動息息相關；最後是其擔任伊斯蘭和史瓦希第文化的教育中心，

具有重要的宗教地位。地處離島的拉穆，是史瓦希第文化的重鎮，史瓦希第(Swahile)是阿拉伯文的「海岸」一意，史瓦希第語結合班圖語和阿拉伯語，通用於東部非洲，北至坦尚尼亞，南至莫三比克，以及東部非洲沿海一帶，也是肯亞的國定語言。拉穆推估約建於西元12世紀，由當地班圖人和外來的商人合力打造，商人有的來自阿拉伯半島，有的來自波斯灣和遠東地區。這個新興城鎮擔任起內陸和海運的中間人角色，對外輸出象牙、木材，對內運進衣服、陶瓷、香料等工業製品，很快地在13世紀時於東非海岸的獨立城邦中竄起。建鎮初期是從一個個石造小社區開始，包括議會和週五清真寺，皆在目前拉穆的北方，該區的西方為原市場所在，隨後才發展至南方，即現今港口的北方，現在的拉穆規模則是在18世紀打下，迄今沒有更動過。

2008　 文化遺產　 1,538 ha

# 米吉肯達卡亞聖林
## Sacred Mijikenda Kaya Forests

　　米吉肯達聖林分布於肯亞沿岸平原及丘陵地帶，由11塊各自獨立、綿延200多公里的林地所組成，當中包含不計其數名為「卡亞」(kaya)的防禦性村落。

　　「卡亞」約在16世紀時就已經存在，到了1940年代遭到廢棄，不過現在仍被人們視為祖先居住的聖地。本遺址由於展現了當地獨特的傳統文化，並且跟現存的傳統文化有直接關聯，因此被列為世界遺產。

2011　文化遺產　2.36 ha

# 蒙巴薩的耶穌堡 Fort Jesus, Mombasa

　　1593年，葡萄牙國王腓力一世(Philip I of Portugal，同時也是西班牙國王腓力二世)下令在蒙巴薩鎮南端建立耶穌堡，為蒙巴薩港提供軍事上的保護。這座堡壘由建築師喬凡尼‧巴蒂斯塔‧凱拉提(Giovanni Battista Cairati)負責設計，包括護城河及其腹地在內，占地共2.36公頃，從空中看下來就像是個人形。

　　耶穌堡是第一座在歐洲境外興建的歐式防砲堡壘，它的設計形式、完美的比例、氣勢雄偉的城牆以及五座稜堡，都充分反映出文藝復興時期的軍事建築理論。蒙巴薩的耶穌堡是16世紀葡萄牙軍事要塞中，保存得最完整也最傑出的例子之一。它代表西方文明在掌控印度洋貿易路線上，成功踏出了第一步，也見證了非洲、阿拉伯、土耳其、波斯和歐洲為了取得港口掌控權，先後在此地留下的文化價值與影響，因此具有劃時代的意義。

📅2011　🏛自然遺產　🌐32,034 ha

# 肯亞東非大裂谷湖泊系統
## Kenya Lake System in the Great Rift Valley

　　東非大裂谷湖泊系統涵蓋三座互相連接的湖泊，它們分別是柏格利亞湖(Bogoria)、納庫魯湖(Nakuru)以及埃爾門泰塔湖(Elementaita)。

　　這個風景絕佳、水位相對較淺的湖泊系統，不僅擁有極為豐富的地理景觀，諸如瀑布、間歇泉、開放水域、沼澤以及廣闊的草地，更重要的是，這裡孕育了世界上最多樣化、密度最高的鳥類，其中包括100多種候鳥以及13種全球瀕危鳥類。

　　此區一年到頭都有多達4百萬隻小紅鶴在三座湖泊之間遷徙覓食，為數眾多的白鵜鶘也將此區當作主要的築巢和繁衍基地。除此之外，黑犀牛、羅斯柴爾德長頸鹿、扭角林羚、獵豹、鬣狗等許多大型哺乳動物，也都在湖泊區周圍地帶活動棲息，因此使得這個地區在動植物群落、生態演化以及湖泊系統的發展上，具有極高的研究價值。

# 利比亞Libyan Arab Jamahiriya

位於北非的利比亞，經歷了2011年的茉莉花革命之後，推翻了長年執政的北非狂人格達費(Muammar Gaddafi)政權，國家進入另一番新局。而利比亞的5座文化遺產，有3座反映了環地中海文明的歷史，另2座則是撒哈拉沙漠的遺跡和古城。

突尼西亞
阿爾及利亞

大萊普提斯考古遺址
Archaeological Site of Leptis Magna

地中海

薩布拉塔考古遺址
Archaeological Site of Sabratha

昔蘭尼考古遺址
Archaeological Site of Cyrene

加達梅斯古鎮
Old Town of Ghadamès

塔德拉爾特‧阿卡庫斯岩畫遺址
Rock-Art Sites of Tadrart AcacusSabratha

埃及

尼日

查德

蘇丹

📝1982 🏛文化遺產

## 大萊普提斯考古遺址
### Archaeological Site of Leptis Magna

　　大萊普提斯考古遺址是地中海地區保存最好、也最宏偉的古羅馬遺址，雖然腓尼基人早在西元前1,100年就建立起這座城市，但一直到了西元193年，剛登基的羅馬皇帝塞維魯(Severus)決定大力建設自己的家鄉，這裡才進入繁華期，並且成為當時非洲的第三大城。

　　本遺址包括公共建築、港口、市場、商店、浴池、競技場、劇場等令人讚嘆的建築景觀。

📝1982 🏛文化遺產

## 昔蘭尼考古遺址 Archaeological Site of Cyrene

　　昔蘭尼建於西元前7世紀，是錫拉島希臘人的殖民地，在西元365年發生一場大地震之前，這裡一直是當地最重要的希臘城市，也見證了地中海地區的榮景。

　　在昔蘭尼考古遺址中，最古老、也最著名的古蹟就是可追溯到西元前7世紀的阿波羅神廟，其他古老的建築物還包括狄密特神廟，以及部分尚未出土的宙斯神廟，在昔蘭尼及阿波羅尼亞港(Apollonia)之間，則有一片綿延10公里的古墓群。

📝1986 🏛文化遺產

## 加達梅斯古鎮 Old Town of Ghadamès

　　加達梅斯古鎮位於利比亞西部的綠洲之上，自古就有「沙漠珍珠」的稱號，同時也是撒哈拉沙漠最古老的城市之一。

　　本遺產為人類傳統聚居型態立下了典範，其建築物每一層都各有功用：底部的樓層用於貯物，中間則設置蔭涼的廊道，頂樓還有供婦女使用的露天平台；由於先後經歷過羅馬帝國和阿拉伯人的統治，因此這座古鎮也充滿獨特的風情。

符號說明 登錄時間 遺產面積　遺產類型 文化遺產 自然遺產 綜合遺產 瀕危文化遺產 瀕危自然遺產 瀕危綜合遺產

# 塔德拉爾特・阿卡庫斯岩畫遺址
## Rock-Art Sites of Tadrart Acacus

　　本遺址位於利比亞西部與阿爾及利亞邊界的多山地區，屬於撒哈拉沙漠的一部分。這裡的石窟藏有許多西元前12,000年到西元100年之間遺留下來的壁畫與雕刻，其中包括長頸鹿、大象、駱駝等動物圖案以及人們日常生活的景象，充分反映了當地人們的生活習俗和自然環境的變遷。

1982　文化遺產

# 薩布拉塔考古遺址
## Archaeological Site of Sabratha

　　位於利比亞西北角的薩布拉塔，原本是西元前5世紀腓尼基人建立的貿易站，西元2世紀初，這裡被羅馬帝國的圖拉真大帝升格為殖民城市，並在塞維魯大帝在位時進入鼎盛期。本遺址最古老的建築是西元前7世紀所建的濱海碼頭，其他重要的遺跡則包括羅馬帝國以及拜占庭帝國的碉堡、神殿、噴泉、廣場、劇院與教堂。

---

# 馬達加斯加
## Madagascar

　　馬達加斯加為非洲外海印度洋上的島國，是世界第四大島嶼。8800萬年前從印度次大陸分裂出來，因此不少物種在島上獨立演化，是生物多樣性最熱門的地方，90%以上野生動植物在世界其他地方看不到，其中兩座自然遺產便是這些稀有動植物的家。

莫三比克
莫三比克海峽
阿欽安那那雨林
Rainforests of the Atsinanana
安布希曼加皇家山丘
Royal Hill of Ambohimanga
欽吉伯瑪拉哈自然保護區
Tsingy de Bemaraha Strict Nature Reserve
印度洋

1990　自然遺產　152,000 ha

# 欽吉伯瑪拉哈自然保護區
## Tsingy de Bemaraha Strict Nature Reserve

　　欽吉伯瑪拉哈自然保護區鄰近馬達加斯加島西部海岸，由於屬於石灰岩地質，因此數百萬年來的雨水侵蝕，也造就出這裡有如斧劈刀削般的喀斯特地形。

　　本保護區除了擁有獨特的石灰岩針狀石林、深裂險峻的峽谷及水道，那些未遭破壞的原始森林、湖泊和紅樹林，也是稀有瀕危的狐猴以及鳥類的棲息地。

2001　文化遺產　59 ha

# 安布希曼加皇家山丘
## Royal Hill of Ambohimanga

　　安布希曼加皇家山丘是18世紀末安卓里納姆波伊尼麥利那國王(Andrianampoinimerina)執政時的居住地，由於建有王城、皇家陵寢以及祭祀建築群，地勢高峻，防禦堅固，因此又被稱作「聖城」。

　　本遺產不僅在建築風格、建材及布局方式上，充分展現了16世紀以來馬達加斯加人的社會及政治結構，從宗教祭祀上的代表性意義來看，這裡也跟當地人民的民族認同有著密不可分的關係。

2007　瀕危自然遺產　479,661 ha

# 阿欽安那那雨林
## Rainforests of the Atsinanana

　　阿欽安那那雨林位於馬達加斯加島東部，範圍涵蓋6座國家公園，是世界上許多稀有及瀕危物種的重要棲地。

　　6千萬年前，馬達加斯加島與大陸分離，動植物在孤立封閉的環境下自我演化，也因此造就出豐富的生物多樣性，以阿欽安那那雨林來說，有高達80%到90%的物種屬於當地特有，而且馬達加斯加島上123種陸生哺乳動物就有78種出現在本區，其中包括72種瀕危動物，狐猴至少就有25種。

# 馬拉威Malawi

馬拉威為非洲東南部的內陸國，享有「非洲溫暖之心」(The Warm Heart of Africa)的別稱。過去曾是英國殖民地，於1964年獨立，名列世界上最不發達的國家之一，經濟以農業為主。東非大裂谷從北而南貫穿全國，並以馬拉威湖為東邊國界。

🖊1984 🔔自然遺產 🏷9,400 ha

## 馬拉威湖國家公園
### Lake Malawi National Park

馬拉威湖國家公園位於馬拉威湖南端，擁有天然原始的生態環境，動植物資源相當豐富，由於孕育了數百種當地特有的淡水魚，對生物演化的研究工作有極大的貢獻，因此這裡也是該國唯一以保護魚類及水生棲地為目的而成立的國家公園。除此之外，數量龐大的河馬群以及白鷺鷥群，也是該國家公園彌足珍貴的自然資產。

🖊2006 🏛文化遺產 🏷12,640 ha

## 瓊戈尼岩石藝術區 Chongoni Rock-Art Area

位於馬拉威中部高原，四周環繞著花崗岩山陵的瓊戈尼岩石藝術區，擁有中非地區127處最精華的岩畫遺址，它不僅反映了罕見的農民岩畫傳統，也呈現出舊石器時代便在此聚居的漁獵民族巴特瓦人(BaTwa)的繪畫藝術。除此之外，以農耕為生的切瓦人(Chewa)也從鐵器時代晚期開始在此創作岩畫，一直延續到20世紀。岩畫中的象徵符號多半描述女性生活，而遺址本身也跟儀式與慶典密切相關。

---

# 馬利Mali

馬利是西非的內陸國，在歐洲人來到非洲之前，馬利曾經是迦納(Ghana)帝國、馬利(Mali)帝國、桑海(Songhai)帝國的領地，撒哈拉的貿易中心就位於此，在其黃金年代，數學、天文、文學、藝術達到顛峰，曾經是世界上最富庶的地方之一。

🖊1988 🏛文化遺產

## 傑內古城 Old Towns of Djenné

傑內是馬利中部尼日河內陸三角洲上的一座古城，從西元前200年左右就開始有人居住，後來發展成撒哈拉沙漠的黃金交易中心，

15、16世紀時，該城進入最輝煌繁華的時期，並且在傳播伊斯蘭文化上扮演著重要角色。

傑內古城素以泥磚建築著稱，總共有2千座古老建築被完整保留下來，其中最知名的景觀就是1907年興建的「傑內大清真寺」(Great Mosque of Djenné)。

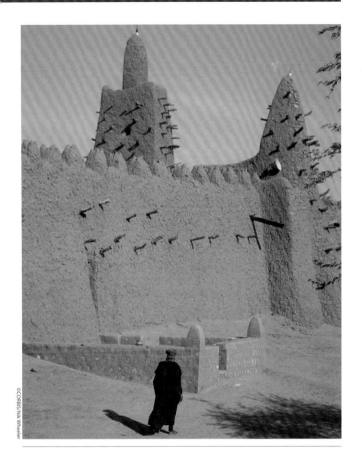
©CORBIS/Nik Wheeler

☀ 1988 🏛 瀕危文化遺產

# 廷布克圖 Timbuktu

　　廷布克圖最早建立於西元10世紀，15、16世紀時，這裡是伊斯蘭世界規模最大的學府桑可雷大學(Sankore University)以及其他伊斯蘭學校的所在地，不僅擁有學術及信仰上的崇高地位，也是伊斯蘭教在非洲的傳播中心。廷布克圖擁有三座歷史悠久的泥造清真寺，分別是西迪・亞細亞(Sidi Yahiya)、金葛雷・柏爾(Djingaray Ber)與桑可雷(Sankore)，這些風格獨特的建築物雖然持續進行整修，但仍然受到沙漠化的威脅。

☀ 1989 🏛 綜合遺產 ◎ 327,390 ha

# 邦帝亞加拉岩壁(多貢地區)
## Cliff of Bandiagara (Land of the Dogons)

©UNESCO/A. Wolf

　　位於馬利中部的邦帝亞加拉岩壁，是一道長達200公里，由西南往東北延伸的砂質斷崖，令人嘆為觀止。14世紀時，多貢人將原本以峭壁為居的泰勒姆人(Tellem)趕走，建立自己的村落，並且一直居住至今。這片岩壁地帶除了有多貢人的各式傳統建築(房舍、穀倉、祭壇、集會處)，也依舊看得到泰勒姆人的建築遺跡，因此無論在地質學、考古學以及民族學上，都有其重要性。

☪ # 茅利塔尼亞
## Mauritania

　　古代的時候，這裡曾是柏柏人建立的茅利塔尼亞王國，到了羅馬時代，成為羅馬帝國的一個行省。這裡土地平曠，有四分之三的土地為沙漠，儘管天然資源豐富，卻也是非洲最貧窮的國家之一。過去沙漠上的的綠洲古鎮如今被納為世界遺產。

地圖標示：
大西洋
撒哈拉
阿爾及利亞
馬利
塞內加爾
瓦丹、欣蓋提、提希特及瓦拉塔古鎮 Ancient Ksour of Ouadane, Chinguetti, Tichitt and Oualata
阿爾金岩礁國家公園 Banc d'Arguin National Park

☀ 1989 🔔 自然遺產 ◎ 1,200,000 ha

# 阿爾金岩礁國家公園
## Banc d'Arguin National Park

　　阿爾金岩礁國家公園位於茅利塔尼亞西部沿岸，由沙丘、濱海沼澤、小島及淺水灣組成，占地12,000平方公里。

　　這裡雖然有貧瘠的沙漠地形，但海洋地帶生態豐富，不僅是西非主要的候鳥繁殖場，有紅鶴、寬嘴鷸和燕鷗等數量繁多的鳥類棲息，同時也是具有經濟價值的漁場，不過受到近年大量捕撈的影響，食魚鳥類不斷減少，本區也面臨生態上的威脅。

☀ 1996 🏛 文化遺產

# 瓦丹、欣蓋提、
# 提希特及瓦拉塔古鎮
## Ancient Ksour of Ouadane, Chinguetti, Tichitt and Oualata

　　這四座古鎮建於西元11到12世紀，位處物產豐饒的山谷邊緣及撒哈拉沙漠的貿易路線上，因此不僅是當時的商業重鎮，各自享有繁華富庶的光景，同時也是伊斯蘭文化的傳播中心。

　　這些城鎮都以一座附正方形尖塔的清真寺為中心，街道狹小，防禦性佳，住屋也以灰泥石塊建成，並設有天井，不僅符合沙漠防護和氣候上的需要，也充分反映出西撒哈拉遊牧人民的傳統生活型態。

☀ 2004 🏛 文化遺產 ◎ 4.24 ha

# 阿斯基亞陵墓 Tomb of Askia

　　阿斯基亞陵墓建於西元15世紀末，據信是桑海帝國(Songhai)國王阿斯基亞・穆罕默德一世(Askia Mohammad I)的埋葬地，其建築群包含一座金字塔形墳墓、兩座清真寺、一座公墓以及一座戶外集會場，是西非泥造建築的代表。

　　阿斯基亞陵墓由於見證了桑海帝國的繁盛，並且反映出西非半沙漠區(Sahel)獨特的傳統建築形式，因此被列為世界文化遺產。

©UNESCO/Jasmina Sopova

2008　文化遺產　350 ha

## 荒涼山文化景觀
### Le Morne Cultural Landscape

　　坐落於模里西斯西南部半島上的荒涼山，海拔約556公尺，地勢險峻、森林茂密，從18到19世紀初，這裡就一直是奴隸逃亡藏身之地。1835年，一支警備探險隊進入荒涼山，準備傳達奴隸制度廢除的命令，但遺憾的是，逃奴們誤解探險隊的來意，一個個跳下斷崖自殺，從此以後，這座山便成為模里西斯人紀念奴隸制度廢除的著名地點。

## 模里西斯Mauritius

　　模里西斯原本是一座沒有人類的島嶼，一頁殖民滄桑，在短短四百年間，讓物種天堂轉變成一座民族熔爐，西元1598年荷蘭人踏上這座島嶼之前，這裡是鳥類天堂，荷蘭人走了之後，法國、英國人接續來追夢，遺留的兩座文化遺產都是殖民時代產物。

印度洋

阿普拉瓦西‧加特區
Aapravasi Ghat

荒涼山文化景觀
Le Morne Cultural Landscape

印度洋

2006　文化遺產　0.16 ha

## 阿普拉瓦西‧加特區 Aapravasi Ghat

　　阿普拉瓦西‧加特區位於模里西斯首都路易士港(Port Louis)，占地1,640平方公尺，是歐洲人首度以契約方式引進外國勞工之處，也見證了歷史上的重大變革。

©MOOK

　　19世紀，大英帝國廢除奴隸制度，決定用外國(印度為主)的契約工取代非洲奴隸，模里西斯島便成為第一個實施新政策的地點。1834到1920年，這裡有數十萬印度契約工入境，準備到當地農場工作，或者轉往澳洲、非洲大陸或加勒比海，也因此造就出獨特的移民文化。

# 摩洛哥Morocco

摩洛哥是北非最西邊的國家，9座世界遺產全數為文化遺產，包括充滿濃濃伊斯蘭風情的古城、沙漠綠洲、羅馬時代的遺跡、葡萄牙殖民城市，以及阿拉伯古城融合法國城市規劃的現代城市……這些文化遺產在全非洲可謂獨樹一格。

西班牙

大西洋

提塔萬舊城
Medina of Tétouan(Titawin)

沃盧比利斯考古遺址
Archaeological Site of Volubilis
拉巴特，一座現代都市與
歷史城市共享的遺產
Rabat, Modern Capital and Historic City:
a Shared Heritage

地中海

費茲舊城
Medina of Fez

麥肯娜斯古城
Historic City of Meknes

馬扎甘葡萄牙城
(今賈迪達市)
Portuguese City of
Mazagan (El Jadida)

馬拉喀什舊城
Medina of Marrakesh

阿伊特本哈杜村
Ksar of Ait-Ben-Haddou

西撒哈拉

索維拉舊城
(原摩加多爾市)
Medina of
Essaouira (Mogador)

阿爾及利亞

茅利塔尼亞

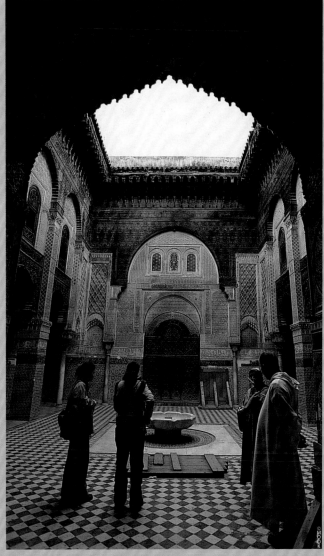

🔘1981　🏛文化遺產　◈280 ha

## 費茲舊城 Medina of Fez

費茲從12世紀起，就已是鼎盛的城市，而舊城區裡的大學也是世上最古老的一座。尤其在13~15世紀時的馬里尼德(Merenid)朝代，取代馬拉喀什(Marrakesh)成為首都，帶領摩洛哥進入黃金時期。

從阿拉伯人橫掃北非的領域後，費茲一直是伊斯蘭文化重鎮，而伊斯蘭的代表顏色為綠色，也因此綠色就成為費茲的象徵色，從城牆到大門都可清楚的觀察到這特色。而每個朝代都在這個摩洛哥最古老的皇城，遺留了一些象徵性的建築，就連摩洛哥獨立也是起源於此。雖然摩洛哥已在1912年遷都至拉巴特，費茲仍是摩洛哥最重要的宗教和文化中心。

費茲舊城區裡的巷弄高達5千多條，其中的清真寺、市集、工藝工作室、皮革染料場和一般人民的生活，活像一座戶外博物館，走一趟這裡，就能領略到摩洛哥的萬種風情。

# 提塔萬舊城 Medina of Tétouan(Titawin)

　　位於摩洛哥北部的提塔萬(柏柏語意指眼睛)，最早建於西元前3世紀，15世紀時，來自西班牙安達魯西亞的摩爾人，繼馬里尼德人(Marinid)之後重建該城，並且首度築起城牆、大興房舍。

　　本城的建築和藝術別具一格，展現出濃厚的安達魯西亞風情，至今仍然保存得相當完整。

1996　文化遺產

# 麥肯娜斯古城 Historic City of Menknès

　　麥肯娜斯位於摩洛哥北部，原是一座防禦性城鎮，到了17世紀，阿拉維特王朝(Alaouite dynasty)第二任統治者穆雷‧伊斯梅爾(Moulay Ismail)將首都遷移過來，這裡便發展成一座雄偉的西班牙─摩爾式城市，至今仍保存得相當完整。本地建築物的最大特色在於高聳的外牆和巨大的門，充分展現了伊斯蘭與歐洲風格之間的完美融合。遺跡廣場是連接舊城和皇宮的地方，從這裡開始，穆雷‧伊斯梅爾興建厚實的城牆將自己的領地包圍住。面對廣場的正前方便是赫赫有名的勝利大門(Bab Mansour el Aleuj)，這是進入皇宮的主要大門，其字意是指「改信伊斯蘭教的基督徒勝利」。

　　穆雷‧伊斯梅爾陵墓不只是個陵寢，同時也是唯一開放給非伊斯蘭教徒參觀的清真寺。這間美麗的陵墓最初建於17世紀，在18和20世紀時重新整修過，而穆雷‧伊斯梅爾的太太和兒子同時也葬在這裡。

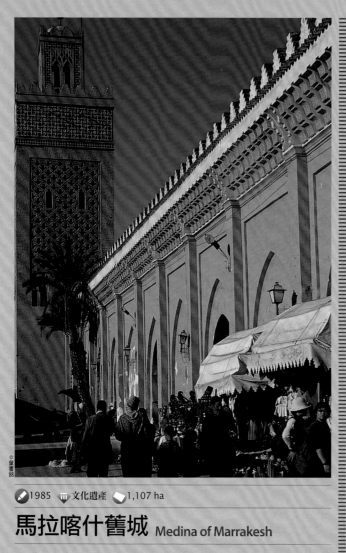

# 馬拉喀什舊城 Medina of Marrakesh

　　馬拉喀什於1070年建城，是摩洛哥的第二大城市，曾經貴為皇城，現存完整的城牆約有10公尺高，全長將近16公里，計有20個城門及200座塔樓，紅色的城牆從中世紀建城以來就不曾改變，黃昏時整個城牆都變成紅色、是最美的時刻。它護衛著皇宮與人民的生活，牆內的市區仍保存多采多姿的傳統風格。迦瑪艾爾芬納廣場(Djemeaael-Fna)位於舊城區的中央，也是最熱鬧的商業交易中心。其中著名的地標，則非古圖比亞清真寺(Koutoubia Masque)莫屬，說它是北非最具代表性的藝術建築亦不為過。

　　薩丁安墓園(Saadian Tombs)則是歷代國王安息之處，建於15世紀，有著完美的安達魯西亞風格，四周為壁磚，豎立著大理石圓柱。巴西亞皇宮(El Bahia Palace)是摩洛哥少數對外開放而且保存完好的皇宮之一，花園、中庭、華麗的房間、噴泉，每個房間都精心設計過。

# 阿伊特本哈杜村 Ksar of Ait-Ben-Haddou

　　阿伊特本哈杜村是一座位於摩洛哥南部撒哈拉沙漠經商路線上的防禦性村莊，以傳統的圍牆土製建築為特色。本村的建築群最早可以追溯到900年前，除了高聳的圍牆之外，四周還有箭塔可以幫助抵禦外敵，充分展現了典型的北非建築風格。值得一提的是，這裡還是多部好萊塢經典電影取景之處，《阿拉伯的勞倫斯》便是其中之一。

**2004** 文化遺產 **7.50 ha**

# 馬扎甘的葡萄牙城(今賈迪達市)
## Portuguese City of Mazagan (El Jadida)

馬扎甘位於摩洛哥卡薩布蘭加市(Casablanca)西南90公里處,現為賈迪達市的一部分。葡萄牙人曾在西元1502到1769年時占領這裡,並且修築軍事要塞,因此城牆和堡壘都保有早期文藝復興時期的建築風格,其他遺留至今的設施還包括水塔以及建於16世紀的晚期哥德式建築聖母升天教堂(Church of the Assumption)。本城是葡萄牙人在西非建立的早期殖民地之一,因此見證了歐洲與摩洛哥文明的交流與融合。

**1997** 文化遺產 **42 ha**

# 沃盧比利斯考古遺址
## Archaeological Site of Volubilis

沃盧比利斯建於西元前3世紀,是茅利塔尼亞-廷吉他納省(Mauretania Tingitana)的行政中心,也是羅馬帝國西部邊境上一個重要的殖民城市。

這裡土壤肥沃,物產豐饒,不僅繁榮富庶,也建有許多優美精緻的建築物。1755年,沃盧比利斯曾經遭到里斯本大地震的損毀,1914年起,考古學家開始透過出土的遺跡和文物,逐漸拼湊出這座羅馬古城的原始面貌。

**2012** 文化遺產 **349 ha**

# 拉巴特,一座現代都市與歷史城市共享的遺產
## Rabat, Modern Capital and Historic City: a Shared Heritage

拉巴特是摩洛哥的首都及第三大城,位於布雷格雷格河(Bou Regreg River)與大西洋交會處,它也是西方現代主義跟阿拉伯穆斯林傳統的匯集點。12世紀中葉,摩洛哥穆瓦希德王朝(Almohad)的首任君王為了對西班牙發動攻擊,開始在此建立軍事堡壘。12世紀晚期,第三位君主將都城遷到拉巴特,並且興建哈桑清真寺(Hassan Mosque)以及穆瓦希德城牆與城門,而這些建築也成為現今拉巴特舊城僅存的歷史古蹟。

1912年到1930年代,法國占領拉巴特,在此建立了王室與行政區、住宅和商業開發區以及試驗花園(Jardins d'Essais),堪稱20世紀全非洲最浩大、最具野心、或許也是最完整的城市建設計劃。這個經過精心設計的城市,不僅展現了對早期阿拉伯穆斯林傳統的尊重,而且擁有許多功能明確、富有建築美學並且融合公共空間概念的現代化廣場與建築。

**2001** 文化遺產 **30 ha**

# 索維拉舊城(原摩加多爾市)
## Medina of Essaouira (Mogador)

索維拉是摩洛哥西部大西洋沿岸的一座港口城市,根據考古研究,這裡從史前時代就有人類居住。

現今的索維拉城是由摩洛哥國王穆罕默德三世於18世紀所建,為的是增加與歐洲強權之間的貿易來往,由於當初奉命規劃索維拉城的是一名法國工程師西爾多·科納特(Théodore Cornut),因此這裡的建築充滿歐洲風格,也成為北非要塞海港的典型代表。

# 莫三比克
## Mozambique

在歐洲人來到莫三比克之前，這個區域先後住著班圖人(Bantu)、史瓦希里人(Swahili)，直到航海家達伽瑪(Vasco da Gama)於1498年發現這裡，隨後在1505年成為葡萄牙人的殖民地。1975年莫三比克獨立，入選的莫三比克島便是殖民時代遺產。

坦尚尼亞
馬拉威
尚比亞
新巴威
莫三比克島
Island of
Mozambique
莫三比克海峽
南非

# 納米比亞Namibia

位於非洲西南部的納米比亞，是一塊極度乾燥之地，很早便有人類在此活動，一次世界大戰之前是德國的殖民地，之後被併入南非，直到1990年才從南非獨立出來。由於納米比亞沙漠的關係，也是世界上人口密地最低的國家之一。

安哥拉
特威菲爾泉岩畫
Twyfelfontein
南大西洋
波札那
南非

---

 1991　🏛 文化遺產

## 莫三比克島 Island of Mozambique

　　莫三比克島位於莫三比克北部，島上有座堅固的石堡——莫三比克城。16世紀初，葡萄牙人在這裡建立海港及海軍基地，並且興建了南半球最古老的一棟歐洲建築物巴魯亞特聖母教堂(Chapel of Nossa Senhora de Baluarte)。

　　由於該城自始至終都採用相同的技術、建材(石頭或棕櫚葉)以及裝飾原則，因此呈現出驚人的一致風格，也營造出獨特的城市風貌。

©UNESCO/Eloundou Assomo, Lazare

©UNESCO/Eloundou Assomo, Lazare

©UNESCO/Eloundou Assomo, Lazare

符號說明　登錄時間　遺產面積　遺產類型　文化遺產　自然遺產　綜合遺產　瀕危文化遺產　瀕危自然遺產　瀕危綜合遺產

2007　📜 文化遺產　🗺 57 ha

# 特威菲爾泉岩畫 Twyfelfontein

　　特威菲爾泉是世界上最大的岩刻藝術集中地，這裡的岩畫創作已有兩千年的歷史，數量超過2,000幅，其中包括犀牛、大象、駝鳥與長頸鹿等動物圖像、人類及動物足跡，以及最著名的一幅描繪人類化為野獸的「獅人」(Lion Man)。

　　本遺址除了岩畫以外，還包括六處岩石住所，內部可見人類以紅赭土作畫的痕跡，而這也為非洲南部漁獵採集部落的生活習俗，留下了完整的見證。

# 尼日Niger

尼日是西非面積最大的陸鎖國，1960年從法國的殖民獨立。80％的土地被撒哈拉沙漠所覆蓋，多數居民都集中在西部和南部。就算在非沙漠地帶，由於受到連年乾旱、不斷沙漠化威脅，以及政治不穩定影響，國家發展始終落在末段班。

1991　🌿 瀕危自然遺產　🗺 7,736,000 ha

# 阿伊爾和泰內雷自然保護區
Aïr and Ténéré Natural Reserves

　　阿伊爾和泰內雷自然保護區涵蓋了阿伊爾山脈東半部及泰內雷沙漠西部區域，是世界第四大、非洲第二大自然保護區，面積約有77,360平方公里，不過真正的保護範圍只有其中的六分之一。本保護區包括阿伊爾火山斷層，以及一小部分擁有植被的薩赫勒區，動植物種類多樣，目前已知有350多種植物。由於受到武力衝突的威脅，本區在1991年被列為世界遺產，並在隔年列入瀕危名單。

# 奈及利亞Nigeria

奈及利亞因為尼日河(Niger River)貫穿全國而得名，19世紀下半葉和20世紀初被英國殖民，並在1960年取得獨立地位，但內戰不斷。奈及利亞是非洲人口最稠密的國家，由於生產石油，是國家主要收入來源。

1999　📜 文化遺產

# 蘇庫爾文化景觀 Sukur Cultural Landscape

　　蘇庫爾文化景觀位於奈及利亞東北部的曼達拉山脈(Mandara Mountains)，境內擁有一座居高臨下的酋長宮殿、村落、大批梯田、神聖圖騰以及曾經繁華一時的鐵器工業遺跡。

　　由於獨特的景觀反映了人類的土地利用形式及社會原貌，並且見證了數百年來人類豐富的精神與物質文明，因此在1999年被列為世界遺產。

2005　📜 文化遺產　🗺 75 ha

# 奧森—奧森格博神聖叢林
Osun-Osogbo Sacred Grove

　　奧森—歐索格布聖樹叢位於奈及利亞南部奧森格博市(Osogbo)郊外，是當地優魯巴人(Yoruba)的城鎮走向都市化之後，唯一殘存下來的原始神聖叢林。

　　本地保留了許多敬拜奧森神及其他神祇的神殿、雕塑及藝術作品，目前仍是優魯巴人心中的精神象徵。

1996　🌿 自然遺產　🗺 220,000 ha

# 尼日「W」國家公園
W National Park of Niger

　　「W」國家公園位於尼日河流域，因尼日河兩條支流形成雙河彎而得名，範圍涵蓋尼日、布吉納法索以及貝南三國交界。

　　該國家公園在尼日的部分屬於稀樹草原與森林之間的過度帶，植物種類繁多，動物數量龐大，因此具有重要的生態意義。除此之外，本區還反映了新石器時代以來，人類和自然資源之間的密切關係，因此是極具保護價值的珍貴資產。

# 塞內加爾Senegal

塞內加爾的國名取自塞內加爾河(Sénégal River)，是其北邊和東邊的界河。17和18世紀時，塞國沿岸地區設立了許多貿易站，分屬不同殖民國家，例如聖路易島即為法屬西非的首府。塞國7座世界遺產中就有兩座為殖民時代城市。

聖路易島
Island of Saint-Louis
茅利塔尼亞
朱賈國家鳥類保護區
Djoudj National Bird Sanctuary
巴薩里、富拉、貝迪克的文化景觀
Bassari Country: Bassari, Fula and Bedik Cultural Landscapes
戈雷島
Island of Gorée
塞內甘比亞石圈
Stone Circles of Senegambia
馬利
大西洋
薩盧姆三角洲
Saloum Delta
甘比亞
尼奧科洛－科巴國家公園
Niokolo-Koba National Park
幾內亞比紹
幾內亞

©UNESCO/Jim Williams

---

📝1978 🏛文化遺產

## 戈雷島 Island of Gorée

戈雷島位於塞內加爾首都達喀爾(Dakar)對岸，相距不到3公里，現在是達喀爾市面積最小、人口最少的行政區。15世紀中葉到19世紀，這裡陸續被葡萄牙、荷蘭、英國和法國占領，是歐洲人最早在非洲建立的殖民地之一，也是重要的奴隸貿易中心。島上可見殖民者興建的堡壘、砲台以及18世紀晚期建立的「奴隸屋」，充分呈現出文明與野蠻之間的殘酷對比，以及獨特的歷史價值。

---

📝1981 ⚪自然遺產 ◇16,000 ha

## 朱賈國家鳥類保護區
### Djoudj National Bird Sanctuary

朱賈國家鳥類保護區位於塞內加爾河三角洲上，占地160平方公里，境內的一座大湖連同周邊的河流、池塘及水潭，是許多候鳥飛過撒哈拉沙漠後最先到達的淡水棲地，因此具有極重要的鳥類保育價值。

本區擁有將近400種、150萬隻鳥類，較常見的包括紅鶴、鵜鶘、紫鷺、非洲琵鷺、大白鷺和鸕鶿。

---

📝1981 ⚪瀕危自然遺產 ◇913,000 ha

## 尼奧科洛－科巴國家公園
### Niokolo-Koba National Park

1954年成立的尼奧科洛－科巴國家公園，位於塞內加爾東南部甘比亞河(Gambia River)沿岸，面積9,130平方公里。該國家公園涵蓋了全國將近80%的長廊林，並有大片稀樹草原和濕地，因此生態環境豐富，不僅擁有1,500種以上的植物，也棲息了黑猩猩、獅子、豹、大象、鳥類、兩棲及爬蟲類等500多種動物，其中包括全世界體型最大的羚羊，巨大角斑羚。

---

📝2011 🏛文化遺產 ◇145,811 ha

## 薩盧姆三角洲 Saloum Delta

薩盧姆三角洲位於塞內加爾首都達喀爾(Dakar)南方100公里的薩盧姆河出海口，境內遍布200多個以半鹹水水道互相連結的大小島嶼，占地約145,800公頃。

這個由紅樹林、森林、淤泥灘以及蜿蜒水道所構成的廣大區域，孕育了相當豐富的物種，因此數百年來一直是當地人民賴以維生的處所，他們在此捕魚、採集貝類，與環境建立良好的互動關係，發展出自然永續的生活型態。

除了擁有生態豐富的自然環境，薩盧姆三角洲還蘊藏了相當獨特且值得重視的文化資產。這裡總共有218座人工貝塚，有些長達數百公尺，而且最早可回溯到2,000年前，保存得相當完好。考古學家還在其中28座古老圓塚中，發現作工精良的人工製品，這不僅為薩盧姆三角洲各時期的人類文化發展提供了重要根據，同時也見證了西非海岸的聚落歷史。

---

符號說明 登錄時間 遺產面積 遺產類型 文化遺產 自然遺產 綜合遺產 瀕危文化遺產 瀕危自然遺產 瀕危綜合遺產

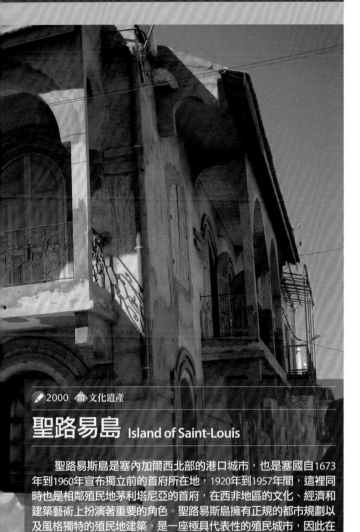

🖊 2000 🏛 文化遺產

## 聖路易島 Island of Saint-Louis

聖路易斯島是塞內加爾西北部的港口城市，也是塞國自1673年到1960年宣布獨立前的首府所在地，1920年到1957年間，這裡同時也是相鄰殖民地茅利塔尼亞的首府，在西非地區的文化、經濟和建築藝術上扮演著重要的角色。聖路易斯島擁有正規的都市規劃以及風格獨特的殖民地建築，是一座極具代表性的殖民城市，因此在2000年被列為世界遺產。

🖊 2012 🏛 文化遺產 🌐 50,309 ha

## 巴薩里、富拉、貝迪克的
## 文化景觀
### Bassari Country: Bassari, Fula and Bedik Cultural Landscapes

本文化景觀位於塞內加爾東南部，總面積50,300公頃，範圍涵蓋三個呈現不同生物型態的地理區：巴薩里－薩勒馬塔區(Bassari–Salémata area)、富拉－丁德費洛區(Fula–Dindéfello area)以及貝迪克－班達法西區(Bedik–Bandafassi area)。11到19世紀期間，原住民來到巴薩里、富拉與貝迪克三個地區，在幾乎與世隔絕、自然資源卻極為豐富的環境中，發展出屬於自己的獨特文化。巴薩里區的地理景觀以水稻梯田為主，村莊、農舍與考古遺址散布其間，貝迪克區的景觀則以分布集中的尖頂茅屋為主要特色。整體來說，本區是一處保存完好的多元文化景觀，蘊藏了許多原始而生動的在地文化。這些文化不僅見證了當地居民與自然環境之間的互動關係、農牧生態、土地使用模式，也反映了他們的社會規範、日常儀式以及信仰習俗，呈現出人類在受到自然條件制約之下所發展出來的生存機制。

●塞內甘比亞石圈 Stone Circles of Senegambia
詳見甘比亞

# 塞席爾 Seychelles

塞席爾是印度洋上的群島國家，由115座島嶼所組成，就在馬達加斯加島東北方，距離非洲大陸有1500公里，人口86000多人，是非洲人口最少的國家。歷史上，英、法兩國都掌控過塞席爾，直到1976年才獲得獨立。

瑪依谷地自然保護區
Vallée de Mai Nature Reserve
亞達伯拉環礁
Aldabra Atoll
印度洋

🖊 1983 💧 自然遺產 🌐 20 ha

## 瑪依谷地自然保護區
### Vallée de Mai Nature Reserve

位於塞席爾普拉斯林島(Praslin)中心地帶的瑪依谷地自然保護區，境內有大片由當地特有棕櫚樹形成的棕櫚林，在這些棕櫚樹中，最知名的是以巨大種子稱霸植物界的海椰子(Coco de Mer)，過去人們對它的繁殖方式所知不多，因此一度以為這種樹生長於海底。除了海椰子以外，本區還有許多哺乳類、甲殼類、爬蟲類以及鳥類，其中包括稀有的黑鸚鵡(Coracopsis nigra barklyi)，也就是該國國鳥。

🖊 1982 💧 自然遺產 🌐 35,000 ha

## 亞達伯拉環礁 Aldabra Atoll

亞達伯拉環礁位於鄰近非洲東岸和馬達加斯加島的印度洋上，由四座大珊瑚島組成，是世界第二大環礁，由於地理環境與世隔絕，較無人為干擾，因此得以保留原始的風貌。

本環礁的動植物繁多，最著名的就是亞達伯拉象龜，而這裡也是全世界象龜數量最多之處；其他知名動物還包括綠蠵龜、雙髻鯊、鬼蝠魟，以及印度洋唯一僅存無飛行能力的鳥——亞達伯拉秧雞。

# 南非South Africa

南非的8座世界遺產中有4座文化遺產，3座自然遺產，1座綜合遺產，分布平均且類型廣泛。從史前洞穴、史前岩畫、古王國遺址、到象徵人權的政治監獄都在文化遺產之列，自然遺產則有濕地、植物園，以及世界最大的隕石坑。

納米比亞

波札那　辛巴威

莫三比克

史特克芳登等洞穴的原人化石遺址
Fossil Hominid Sites of Sterkfontein, Swartkrans, Kromdraai, and Environs

馬蓬古布韋文化景觀
Mapungubwe Cultural Landscape

史瓦濟蘭

弗里德堡隕石坑
Vredefort Dome

印度洋

理查斯維德文化和植物景觀
Richtersveld Cultural and Botanical Landscape

賴索托

南大西洋

德拉肯斯山脈公園
uKhahlamba / Drakensberg Park

伊西瑪加利索濕地公園
iSimangaliso Wetland Park

開普植物生態保護區
Cape Floral Region Protected Areas

羅本島
Robben Island

🖊1999　🏛文化遺產

# 史特克芳登等洞穴的原人化石遺址
Fossil Hominid Sites of Sterkfontein, Swartkrans, Kromdraai, and Environs

🖊1999　🏛文化遺產　◯475 ha

# 羅本島 Robben Island

　　曾是囚禁政治犯的大本營的羅本島，在南非政治開放後，象徵著人權之伸張而被列入世界遺產。

　　距南非大陸7公里，大西洋海水冰冷，又有鯊魚，即使沒有高聳的圍籬，犯人也絕對逃不出此島，因此，來到島上的人都是「VIP」(Very Important Prisoner，非常重要的犯人)，尤其是種族隔離政策時起身反抗的政治犯，其中，最出名的就是在此關了18年的曼德拉(Nelson Rolihlahla Mandela)，以及泛非洲議會(Pan Africanist Congress)的領袖Robert Sobukwe。

　　被稱為人類搖籃的史特克芳登洞穴並非浪得虛名，在此洞穴內發現的化石數量之多、種類之豐富足以讓任何人咋舌，因此被聯合國教科文組織認定為世界遺產。1936年，Robert Broom博士在此發現了第一個類人猿的頭骨，之後的挖掘陸續發現大約350萬年到150萬年前的化石，約有500具頭骨、顎骨、牙齒和軀骸出土，是原人發展的重要史證。此外，還有數千具動物化石，超過300片各種植物化石，以及超過9000件石頭工具，其中包含地球上最早的人造器物，其出土物豐富的程度叫人驚歎。

🏅1999 　💧自然遺產 　🌐239,566 ha

# 伊西瑪加利索濕地公園
## iSimangaliso Wetland Park

　　伊西瑪加利索濕地公園原名為聖露西亞濕地公園，曾經被當作狩獵場，於1971年連同海龜棲息的海灘，成為生態保護區。境內除了聖露西亞湖區、湖中小島外，還連同夏日海龜愛來此生蛋的聖露西亞海灘，及山丘、草地等，380平方公里內，多種的地理環境成為尼羅河鱷魚、河馬、羚羊、長頸鹿、大象等動物的家。

　　最熱門的旅遊行程即搭乘遊覽船繞湖一周，途中會見到半隱沒於水中的鱷魚及河馬，還有為數眾多的各種鳥類，運氣好的話，可以碰見其他到水邊喝水的大型動物。夏天夜晚，聖露西亞最熱門的活動則是到黃金海灘邊觀察海龜生蛋和小海龜回歸大海。白天，在海岸線的高處，則有機會看到遷徙中的鯨魚身影。

🏅2003 　🏛文化遺產 　🌐28,169 ha

# 馬蓬古布韋文化景觀
## Mapungubwe Cultural Landscape

　　馬蓬古布韋位於辛巴威與波札那交界的砂岩山丘，曾一度是稱霸非洲大陸的馬蓬古布韋王國(1075-1220年)的首都，這裡保存了相當完整的皇宮遺跡及石砌建築，而從各個建築物的位置分布上，也可以看出當時階級分明的社會和政治結構。

　　1932年，該址被一位當地居民發現，於是一連串考古工作就此展開，目前已出土的古文物包括陶器、玻璃珠、金飾、象牙藝品等，年代介於10世紀到13世紀。

🏅2000 　🏛綜合遺產 　🌐242,813 ha

# 烏卡蘭巴/德拉肯斯山脈公園
## uKhah / Drakensberg Park

　　祖魯人稱之為烏卡蘭巴(意指「長矛屏障」)、荷蘭人稱之為龍山的德拉肯斯山脈，擁有高聳的玄武岩扶壁、砂岩牆、高海拔草原，以及陡峭峽谷，景色壯麗，而那些多樣化的棲地，也孕育了當地許多特有及瀕危的物種，尤其是鳥類和植物。

　　不僅如此，本區還可見舊石器時代早期、中期和晚期的人類居留遺跡，並保有4千年前桑族人(San)創作的岩畫，是撒哈拉沙漠以南規模最大、最密集的岩畫群。

🏅2007 　🏛文化遺產 　🌐160,000 ha

# 理查斯維德文化和植物景觀
## Richtersveld Cultural and Botanical Landscape

　　理查斯維德位於南非北開普敦的多山沙漠中，地理環境以崎嶇峽谷、陡峭高山以及對比強烈的景觀為特色，並且生長著許多奇特的植物，包括有「半人樹」之稱的棒棰樹。

　　這裡是半遊牧民族納瑪人(Nama)的居住地，也是唯一看得到納瑪人傳統可攜式小屋「haru oms」的地方。理查斯維德文化植物景觀目前由納瑪人和其他族群共同擁有，並且全權負責境內的管理工作。

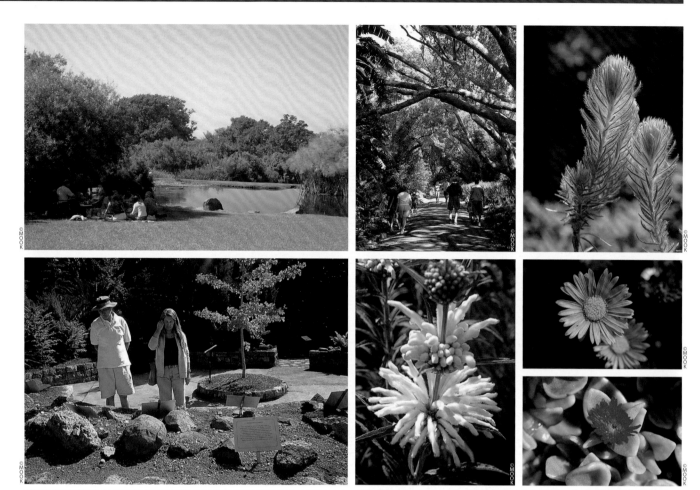

⊘ 2004 　🌐 自然遺產 　◯ 553,000 ha

# 開普植物生態保護區
## Cape Floral Region Protected Areas

　　南非除了獅子、老虎、鑽石以外，多樣的植物生態也是當地特色之一。開普植物生態區是由8個散落的保護區所組成，孕育著8600多種物種，其中68%是世界上其他地方沒有的特有品種，堪稱是自然基因的寶庫。總占地面積為5530平方公里，有些保護區的易達性不高，遊客若想一次全覽8個保護區並不容易。

　　位在開普敦東南方90公里的卡格堡自然保護區(Kogelberg Nature Reserve)，是開普植物生態區中，最受遊客歡迎的觀光景點。保護區內山脈橫亙，峽谷深切，原始的風情美不勝收。除了自然美景之外，最吸引人的是這裡多樣化及獨特性的植物生態。區內大約有150種特有的植物，有些更是瀕臨絕種的稀有物種。這裡也是觀賞南非國花——帝王花(King Protea)的最佳去處，帝王花種類多樣，花朵鮮豔，繁殖力強，山林溪澗都可看到她的芳蹤。

⊘ 2005 　🌐 自然遺產 　◯ 30,000 ha

# 弗里德堡隕石坑 Vredefort Dome

　　弗里德堡隕石坑位於南非約翰尼斯堡西南方的費里德堡城，是目前世界上最大、第二古老的隕石坑，直徑250到300公里。人們原以為這是火山噴發形成的火山口，但1990年中期，科學家們發現它是20多億年前一顆小行星撞擊地球後形成的隕石坑，而那次撞擊不僅是地球上已知規模最大的能量釋放，造成了生物演化上的改變，也為地球的地質史提供了極重要的證據。

　　一般由火山熔岩形成的花崗岩，岩石紋理結構完整，色呈灰白偏淡，但弗里德堡隕石坑的花崗岩紋理破碎斷裂，岩石色澤焦黑，更含有外太空的礦物質。研究顯示：約20億年前，一顆直徑達10公里的隕石，由外太空撞擊地球，相當於同時引爆1000枚核子彈，頓時將70立方公里的岩石化成一陣塵埃，整個地球都可以感受到劇烈的搖晃，就像是一場世界末日的大地震。雖然經過長時間的風化侵蝕，撞擊痕跡漸漸縮小，但仍不難想像當時撞擊的力道之強。

符號說明　⊘ 登錄時間　◯ 遺產面積　　遺產類型　 文化遺產　 自然遺產　 綜合遺產　 瀕危文化遺產　 瀕危自然遺產　瀕危綜合遺產

# 蘇丹Sudan

位於埃及南部的蘇丹，也稱為北蘇丹，南蘇丹已於2011年脫離而獨立。自遠古以來，蘇丹便與古埃及的歷史相互交織，長長的尼羅河不但穿越整個埃及，也把蘇丹分成東西兩半，入選的兩座文化遺產都是古埃及時代庫什王朝的遺址。

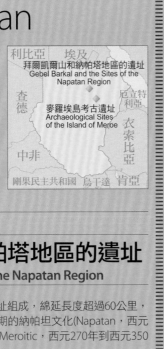

拜爾凱爾山和納帕塔地區的遺址
Gebel Barkal and the Sites of the Napatan Region
麥羅埃島考古遺址
Archaeological Sites of the Island of Meroe

利比亞　埃及
查德　厄立特利亞
中非　衣索比亞
剛果民主共和國　烏干達　肯亞

✏ 2003　🏛 文化遺產　◈ 183 ha

## 拜爾凱爾山和納帕塔地區的遺址
### Gebel Barkal and the Sites of the Napatan Region

本區由尼羅河谷內的5處考古遺址組成，綿延長度超過60公里，它們是興盛於庫什(Kush)第二王國時期的納帕坦文化(Napatan，西元前900年到270年)與梅洛伊提克文化(Meroitic，西元270年到西元350年)留下來的歷史見證。

本區的遺跡包括陵墓(金字塔式與非金字塔式)、神殿、住宅和宮殿，長久以來與民間傳說和宗教信仰有著相當密切的關係，山腳下最大的一座神殿——阿蒙神殿，至今仍是當地人民心目中的聖地。

✏ 2011　🏛 文化遺產　◈ 2,357 ha

## 麥羅埃島考古遺址
### Archaeological Sites of the Island of Meroe

麥羅埃島考古遺址位於蘇丹首都喀土穆(Khartoum)東北方200公里處，尼羅河與阿特巴拉河(Atbara River)之間的半荒漠地帶，總面積約2,350公頃。西元前8世紀到西元4世紀期間，埃及第25個王朝庫什王朝(Kingdom of Kush)在此建立都城，而從西元前3世紀開始，這裡也成為大多數皇室陵墓的所在地。

本考古遺址由庫什皇城及陵墓區、納加神廟(Naqa)以及獅子神廟(Musawwarat es Sufra)三大部分所組成，它們完整保存了庫什王朝的歷史遺跡，其中包括金字塔、神廟、宮殿、民宅、大型水利設施及工業區等。這些遺跡為尼羅河中部及北部河谷地帶長達一千多年的政治、宗教、社會、藝術及科技發展，提供了豐富的考證史料。

由於庫什王朝國力強大，曾經一度將疆域擴展到地中海以及非洲心臟地帶，因此麥羅埃島考古遺址也見證了埃及與其他地區在宗教、藝術、建築以及語言方面的交流。

# 坦尚尼亞Tanzania

1964年坦尚尼亞獨立建國時，是結合了坦噶尼喀(Tanganyika)和尚吉巴(Zanzibar)兩個地區所組成。七座世界遺產中有四座為自然遺產，其中包括非洲第一高峰以及世界最大火山口，還有密度極高的野生動物群，都被視為世界自然奇觀。

1981　瀕危文化遺產

# 基爾瓦基斯瓦尼遺址和松戈姆納拉遺址
## Ruins of Kilwa Kisiwani and Ruins of Songo Mnara

基爾瓦基斯瓦尼和松戈姆納拉是兩座緊鄰坦尚尼亞海岸的小島，從西元4世紀起便是重要的貿易港口，在此進行交易的商品包括辛巴威的黃金和鐵礦、坦尚尼亞的象牙和奴隸，亞洲的香料、織品、珠寶和瓷器等。本遺址的考古研究開始於1950年代，著名的觀光景點有大清真寺和姆庫提尼宮殿(Mkutini Palace)，但受到雨水侵蝕以及植物生長破壞的影響，2004年被列為瀕危文化遺產。

1979　自然遺產

# 恩格羅恩格羅自然保護區
## Ngorongoro Conservation Area

1959年成立的恩格羅恩格羅自然保護區，面積廣達8,288平方公里，境內重要的地理景觀包括世界最大的火山口「恩格羅恩格羅火山口」，以及活火山「歐鐸尼尤蘭加」(Oldonyo Lenga)。

這裡除了有密度極高的野生動物群，也有珍貴的人類遺跡，根據化石考證，原始人類於3百萬年前出現在附近的歐杜維峽谷(Olduvai Gorge)，同樣相距不遠的雷托利遺址(Laetoli Site)，也保存了早期原始人類的足跡，年代可回溯到360萬年前。

1981　自然遺產　1,476,300 ha

# 塞倫蓋提國家公園 Serengeti National Park

1951年正式成立的塞倫蓋提國家公園，占地將近15,000平方公里，是非洲數一數二的野生動物保護區。

本區具有重要的生態價值，不僅孕育著為數量眾多的動物群落，如獅子、豹、大象、犀牛和水牛，每年還會上演有蹄哺乳類動物隨季節逐水草而居的景象，其中最令人嘆為觀止的，就是上百萬隻瞪羚以及數十萬隻斑馬進行大遷徙的壯觀畫面。

🌀 1982　🌿 自然遺產　◈ 5,078,714 ha

# 塞盧斯自然保護區 Selous Game Reserve

　　塞盧斯自然保護區位於坦尚尼亞南部，占地50,000平方公里，是世界上最大的動物保護區之一。

　　本區的野生動物種類繁多，大象、鱷魚、黑犀牛、河馬和非洲豺犬的數量，甚至高居非洲國家公園之冠，不僅如此，本區的植被也相當多樣化，包括了林蔭草地、落葉林地、茂密的灌木叢以及森林，植物則至少有2,000多種。

🌀 1987　🌿 自然遺產　◈ 75,575 ha

# 吉力馬札羅山國家公園
## Kilimanjaro National Park

　　非洲的第一高峰吉力馬札羅山，高5,895公尺，是一座由基博(Kibo)、希拉(Shira)與馬文濟(Mawenzi)三座火山組成，並且矗立於遼闊熱帶稀樹草原上的休眠火山。

　　1973年，該山高於林線的部分(2,700公尺)被劃為國家公園，1977年正式對外開放。過去，吉力馬札羅山的頂峰終年積雪，厚達100公尺以上，並且有冰河往下延伸，但現在冰河已經大幅後退，情況令人擔憂。

🌀 2000　🏛 文化遺產　◈ 96 ha

# 尚吉巴的石頭城 Stone Town of Zanzibar

　　石頭城位於坦尚尼亞離島尚吉巴島(現稱翁古賈島Unguja)西岸，是尚吉巴市的舊城區及文化中心，尚吉巴市曾是歐洲探險家和殖民者的基地，也是印度洋地區最重要的貿易重鎮之一。

　　今日城內的建築物多半建於19世紀，它們融合了阿拉伯、波斯、印度、歐洲和非洲建築風格，相當獨特且精緻，但由於以當地的珊瑚礁岩作為建材，雖容易於砌建，但也容易遭到風化破壞，因此普遍需要整修。

🌀 2006　🏛 文化遺產　◈ 233,600 ha

# 孔多亞岩畫遺址 Kondoa Rock-Art Sites

　　孔多亞岩畫遺址是東非大峽谷(Great Rift Valley)馬塞懸崖(Masai escarpment)上的一系列岩洞，數量超過150處，範圍廣達2,336平方公里。

　　本遺址的岩畫至少有1,500年以上的歷史，描繪的內容包括人類、動物和狩獵情景，它們不僅系統性地記錄了人類從採集漁獵生活進化到農耕生活的過程，其中幾處的岩畫也被認為反映出居民的精神信仰、祭典儀式和宇宙觀。

# 多哥Togo

位於西非沿海地帶的多哥，16到18世紀這段期間，是歐洲殖民國家交易黑奴的主要地方，因而有奴隸「海岸之稱」，殖民關係在德國、法國之間輪轉，直到1960年與西非其他國家一樣，取得獨立地位。

地圖標示：布吉納法索、迦納、貝南、奈及利亞、庫塔馬庫，巴塔馬利巴人居住區 Koutammakou, the Land of the Batammariba

©UNESCO/T.Joffroy, CRATerre-EAG

✒2004　🏛文化遺產　◈50,000 ha

## 庫塔馬庫，巴塔馬利巴人居住區
### Koutammakou, the Land of the Batammariba

庫塔馬庫文化景觀區涵蓋了多哥東北部以及貝南部分區域，屬於巴塔馬利巴人的居住地。

本區的最大特色就是巴塔馬利巴人的傳統泥造塔屋(Takienta)，這些塔屋通常有兩層樓高，有些屋頂呈球狀，有的平頂，有的則是茅草搭成的錐形頂，它們不僅充分反映了當地的社會結構，同時也是多哥的象徵。其他珍貴的資產還包括當地的農田與森林，以及居民與周遭環境之間和諧的互動關係。

©MOOK

# 突尼西亞Tunisia

突尼西亞是北非面積最小的國家，但國力卻不容小覷，2011年的一場茉莉花革命，在阿拉伯世界掀起巨大波瀾。這裡原本就是古代迦太基文明的發源地，接著羅馬、汪達爾、拜占庭帝國及阿拉伯人的統治，都留下可觀的文化遺產。

地圖標示：伊契庫國家公園 Ichkeul National Park、地中海、杜加 Dougga / Thugga、突尼斯舊城 Medina of Tunis、迦太基遺址 Site of Carthage、開羅安 Kairouan、迦太基鎮克觀遺址 Punic Town of Kerkuane and its Necropolis、蘇塞舊城 Medina of Sousse、伊利捷競技場 Amphitheatre of El Jem、阿爾及利亞、利比亞

✒1979　🏛文化遺產　◈296 ha

## 突尼斯舊城 Medina of Tunis

突尼斯是突尼西亞的首都，融合非洲、歐洲和伊斯蘭風情。舊城(Medina)包括伊斯蘭清真寺、古城門和傳統市集。在12~16世紀，突尼西亞被公認為伊斯蘭世界最富庶的城市。目前舊城裡保存了約700件古蹟，包括宮殿、清真寺、陵寢等，訴說著該城輝煌的過去。

在北非或中東各大城市的舊城稱為「Medina」，大部分舊城裡照例會有個傳統市集，北非語稱為「速客」(Souk)，是突尼斯人的生活重心。市集的商店，多半加建有篷蓋，而且一家挨著一家。由於巷道窄狹，外面的風沙吹進不來，裡面的氣味也出不去，走在這裡，空氣中飄浮著香料味和汗臭味，擦身而過的常是蒙面披紗的伊斯蘭女人。舊城最突出的建築物是大清真寺，站在遠處就可看到清真寺的尖塔，在陽光下閃耀著。在這裡既可體驗當地的庶民風情，也是購買異國風情紀念品的好地方。

©MOOK

符號說明　登錄時間　遺產面積　　遺產類型　文化遺產　自然遺產　綜合遺產　瀕危文化遺產　瀕危自然遺產　瀕危綜合遺產

## 🏛1979 ⬦文化遺產 ◯1.37 ha

# 伊利捷競技場 Amphitheatre of El Jem

　　伊利捷位於突尼西亞中部，是典型的伊斯蘭城市，卻擁有一座西元4世紀初所建的羅馬競技場。古代腓尼基人曾經在伊利捷建立城市，後來羅馬皇帝哈德良(Hadrian)又將此地建設為富庶之都。西元234年，古羅馬行政總督戈地安(Gordian)在此稱帝，但是沒多久即宣告破滅。雖然現在人民的生活已完全看不出羅馬文化的影響，但卻留有不少氣勢宏偉的羅馬式建築。伊利捷的羅馬競技場是其中保存狀況最好的一座。競技場分為3層座席，大約可以容納30000名觀眾，是羅馬帝國時期第6大競技場。7世紀左右，北非成為阿拉伯帝國的版圖，這座羅馬競技場也就順勢成為阿拉伯人舉行節慶的場所。參觀這座競技場，可以看到底下一條凹形坑道，此坑道自從被挖掘之後，迄今尚未找到盡頭。位於坑道兩側的隔室，是羅馬時代人獸鬥比賽時，用來關禁奴隸或異教徒、動物的地方。

## 🏛1980 ◯自然遺產 ◯12,600 ha

# 伊契庫國家公園 Ichkeul National Park

　　1980年成立的伊契庫國家公園，位於突尼西亞北部，範圍涵蓋伊契庫湖及其周圍濕地。伊契庫湖鏈狀分布於非洲北部海岸，是此區淡水湖中碩果僅存的一個，這裡不僅是數以萬計的候鳥停歇休息的重要中途站，為數眾多的鴨、鵝、鸛及紅鶴等水禽，也在這裡越冬並繁殖後代。遺憾的是，受到上游興建水壩的影響，該湖的淡水大量減少，鹽度增加，對植物及鳥類生態造成衝擊，因此在1996年到2006年曾被列入瀕危遺產。

## 🏛1979 ⬦文化遺產 ◯616 ha

# 迦太基遺址 Site of Carthage

　　迦太基遺址位於突尼斯東北方，是腓尼基人於西元前814年所興建的城市。腓尼基人因擅長貿易，在北非、西班牙、薩丁尼亞、西西里都建立有貿易殖民地，是當時的海上大國，最終不免與羅馬帝國發生衝突。至西元前3世紀時，腓尼基與羅馬發生3次重要戰爭，最後被羅馬人消滅。迦太基遺址多半已被羅馬時期的建築所掩蓋，而今天所見的迦太基遺址，是從數公尺深的地層所挖掘出來，只留斷殘壁，因此只能在博物館內看到腓尼基人在地中海一帶的文化、工藝、生活、宗教信仰和喪葬禮儀等各相關文物，以及迦太基人於羅馬時期製作的馬賽克鑲嵌畫。

　　關於迦太基人的習俗有一則殘忍的傳說，據說古代腓尼基人將兒童當成祭品，祈求五穀豐收，另外一種說法貿易之神貝爾(Baal)向腓尼基人索祭男童，當時有些貴族富賈，不忍獻祭自己孩子，所以用奴隸的小孩或動物代替。在突尼斯附近有一座兒童墓園，證實部分傳說。

## 🏛1997 ⬦文化遺產 ◯70 ha

# 杜加 Dougga / Thugga

　　杜加是突尼西亞北部的一處古羅馬遺址，原為柏柏人的要塞村莊，西元2世紀晚期受到羅馬帝國統治，後來經歷汪達爾王國與拜占庭帝國的占領，並且在阿拉伯人統治期間步入衰落。

　　本遺址的建築包括神殿、公共澡堂和一座建於西元168年，保存良好的劇院，充分展現了這座羅馬小城的傳統風貌。

### 迦太基城鎮克觀遺址
**Punic Town of Kerkuane and its Necropolis**

1985 文化遺產

克觀遺址位於突尼斯近郊的加彭半島(Cap Bon)，是古代腓尼基人所建立的城市。腓尼基人是閃族的一支，擁有高超的航海技術，曾與羅馬人發生3次戰爭，克觀城據推斷是在約西元前250年時，迦太基與羅馬第一次大戰而成為廢城。克觀遺址於1957年出土，沒有大型的公共集會堂或劇場等，但卻遺留下來許多迦太基中產階級的住宅痕跡。迦太基人的住屋，建有排水系統、圍牆、客廳和私人浴室。由此可知古代的迦太基人比羅馬人更重視家庭生活。而且裝飾性的馬賽克地板，也與羅馬建築的豪華氣派截然不同，風格較為樸實。如今在克觀遺址所看到的多半是斷瓦殘垣，想要欣賞真正「腓尼基人的迦太基」，只有在突尼斯巴杜(Bardo)博物館，可了解昔日強大海權帝國的生活狀況。

1988 文化遺產 68 ha

### 開羅安 Kairouan

開羅安是座典型的宗教城市，建於西元7世紀，在9世紀時成為這地區的政治中心，一直到12世紀，政治中心才轉移至突尼斯。

最引吸人的是城區內的伊斯蘭建築，其中又以阿奎巴大清真寺(Great Mosque Oqba)最為著名，以大理石和褐黃色的斑岩和為建材，中央有廣闊的天井，周圍盡是美麗的拱形門廊。清真寺北側有一座三層金字塔式尖塔，南邊是祈禱廳，裡面有一系列大理石柱，支撐著雪松木拱門。

在開羅安還有一座紀念伊斯蘭教聖人西迪‧薩希伯(Sidi Sahib)的建築，建於17世紀，外觀類似清真寺，布滿精緻的彩瓷圖案。

1988 文化遺產 32 ha

### 蘇塞舊城 Medina of Sousse

蘇塞是腓尼基人於西元前11世紀建立的城市，陸續經歷羅馬、汪達爾、拜占庭帝國及阿拉伯人的統治，並且發展成艾格萊卜王朝(Aghlabid Dynasty，西元800-909年)重要的貿易中心和軍事港口。

蘇塞是伊斯蘭世界早期城市建築的代表，城內建有城堡、護城牆、阿拉伯區(包含大清真寺)、伊斯蘭教修道院以及傳統的里巴特(Ribat，一種兼具防禦和宗教功能的建築物)，也是海岸防禦系統的一部分。

# 尚比亞Zambia

尚比亞是非洲南部的內陸國，隔著尚比西河與辛巴威相鄰，兩國共同擁有的維多利亞瀑布，是一座奇景級的世界遺產。歐洲人來到尚比亞之前，這裡屬於班圖人的領地，18世紀之後成為英國殖民地，1964年取得獨立地位。

符號說明 登錄時間 遺產面積 遺產類型 文化遺產 自然遺產 綜合遺產 瀕危文化遺產 瀕危自然遺產 瀕危綜合遺產

# 烏干達Uganda

烏干達是東非的內陸國，綿長的尼羅河便從這裡發源。境內兩座國家公園都被列為自然遺產，足見其自然環境的獨特。烏干達的國名其實來自被英國殖民之前，統治這裡的布干達王國(Buganda Kingdom)，其王陵也被納為文化遺產。

📅1994 🌿自然遺產 ⬤32,092 ha

## 布溫迪國家公園
**Bwindi Impenetrable National Park**

布溫迪國家公園位於烏干達西南部的平原與山地交接處，其叢林、高地森林與低地森林的面積約達331平方公里，而且僅能以徒步的方式到達。布溫迪森林是非洲最豐富的生態系統之一，動植物種類繁多，境內除了有超過160種樹木、100種蕨類、120種哺乳動物、300多種鳥類，更是山地大猩猩等瀕危物種的庇護所。

©UNESCO/Ron Van Oers

©UNESCO/Lazare Eloundou Assomo

📅2001 🏛文化遺產 ⬤27 ha

## 卡蘇比的布干達王陵
**Tombs of Buganda Kings at Kasubi**

本遺址位於烏干達首都坎帕拉(Kampala)的卡蘇比山丘，境內有許多農田，當地人仍採用傳統的耕作方式。位於山頂中心地帶的是布干達王國(Buganda Kingdom)四位已故國王的陵墓，它原本是王宮，1884年後成為皇家墓地，這座圓頂建築主要以茅草、蘆葦及籬笆條建成，不僅充分展現了布干達人生活樣貌，也具有文化傳統及宗教信仰上的崇高意義。

📅1994 🌿自然遺產 ⬤99,600 ha

## 魯文佐里山國家公園
**Rwenzori Mountains National Park**

魯文佐里山國家公園坐落於烏干達西部的魯文佐里山脈，占地將近1,000平方公里。魯文佐里山脈是非洲最美麗的高山之一，境內不僅有非洲第三高峰瑪格麗塔峰(Margherita Peak)、為數眾多的冰川、瀑布和湖泊，更有獨特而豐富的植物生態。

本區由於從1997年到2001年遭到反叛軍占領，導致無法順利進行保護工作，因此曾在1999年到2004年被列為瀕危遺產。

📅1989 💧自然遺產 ⬤6,860 ha

## 維多利亞瀑布 Mosi-oa-Tunya / Victoria Falls

MOOK

維多利亞瀑布是南部非洲世界級的景點，瀑布有五分之四的面積在辛巴威境內，五分之一位在尚比亞。在維多利亞雨林自然保護區內，瀑布終年水流不斷，高達100公尺落差激起豐沛的水氣，使得瀑布周圍形成特殊的雨林地貌。猴子、狒狒是平常易見

的動物，還有非洲大角羚、斑馬、野豬、水牛出沒。

辛巴威和尚比亞以尚比西橋中線為界，這座建於1905年的百年鐵橋，橫跨尚比西河(Zambezi)，是眺望尚比西峽谷最佳位置，瀑布揚起的水氣，隨著不同的風向及風力，在空中掛起陣陣的水幕，陽光照射下，水珠反射而成的彩虹忽隱忽現，時左時右。跨過橋中線即進入尚比亞。

尚比亞境內最佳的賞瀑地點是刀刃橋(Knife Edge Bridge)，僅容兩個人錯身而過的細窄橋身，搏得刀刃橋的暱稱。天氣晴朗時，可在刀刃橋上看到難得一見的全虹，這不是一般的半圓型彩虹，如同圓規畫出的彩虹，如夢似幻浮現在半空中。陽光強時，還可以看到和第一道形成同心圓的第二道彩虹——霓。除此之外，這裡還可觀賞到月光彩虹的奇景。每到滿月夜晚，皎潔的月光，映出難得一道彩虹。月光為原始的雨林點亮了燈，月光彩虹浮在水氣中，不禁令人讚嘆造物主之神奇。

●與辛巴威並列

**辛巴威**Zimbabwe

相較非洲諸國,辛巴威是比較晚獨立的被殖民國,直到1980年才從英國獨立出來。辛巴威境內最為人熟知的便是維多利亞瀑布,此外,曾經在這塊土地上出現的莫諾莫塔帕帝王國、托瓦王國,以及石器時代的岩畫遺址,都被納入世界遺產保護範圍。

尚比亞

維多利亞瀑布
Mosi-oa-Tunya /
Victoria Falls

馬納潭國家公園,
薩皮與切沃雷獵遊區
Mana Pools National
Park, Sapi and Chewore
Safari Areas

卡米國家遺址
Khami Ruins National
Monument

大辛巴威國家遺址
Great Zimbabwe
National Monument

馬托波山
Matobo Hills

波札那

南非

莫三比克

📷1984 💧自然遺產 ◯676,600 ha

# 馬納潭國家公園,薩皮與切沃雷獵遊區
## Mana Pools National Park, Sapi and Chewore Safari Areas

本址位於尚比西河(Zambezi)沿岸,範圍涵蓋尚比西河中段支流所形成的四座永久性水潭(Mana即紹納語中的數字四)以及薩皮與切沃雷獵遊區,占地將近6,800平方公里。由於土壤肥沃、物種繁多,這裡不僅擁有密度驚人的野生動物群,包括大象、水牛、美洲豹和印度豹,同時也是尼羅河鱷以及鳥類的重要聚集地。

📷1986 🏛文化遺產

# 卡米國家遺址 Khami Ruins National Monument

卡米遺址位於辛巴威中西部,1450到1683年曾是托瓦王國(Kingdom of Torwa)的首都,境內包括一座皇城以及由一位現代傳教士豎立的基督教十字架。

本址建築沿襲了大辛巴威的傳統風格,但由於花崗岩開採不易,因此改用較為因地制宜的新式技法。根據一些出土的中國與歐洲文物顯示,這座大致保存完好的古城曾經有過繁榮興盛的貿易活動,但19世紀遭到恩德貝勒人(Ndebele)入侵之後,就逐漸成為一片廢墟。

📷1986 🏛文化遺產 ◯722 ha

# 大辛巴威國家遺址
## Great Zimbabwe National Monument

大辛巴威位於馬斯溫哥省(Masvingo)東南部,始建於11世紀,除了是古代非洲南部莫諾莫塔帕帝王國(Monomotapa Empire)的首都,也是見證11到15世紀紹納的班圖文明(Bantu civilization of the Shona)的重要地區。本遺址大致可分為山丘建築群、衛城與山谷建築群三部分,前兩者以乾砌石造建築為特色,後者則保有許多土造及泥磚建築物(daga)殘留下來的土塚。

©Topimages.com

📷2003 🏛文化遺產 ◯205,000 ha

# 馬托波山 Matobo Hills

馬托波山位於辛巴威南部,占地3,100平方公里,是20億年前熔岩湧出地表後凝固形成的花崗岩丘陵,其中一部分在1926年被規劃為馬托波國家公園,而且至今仍是當地居民的信仰和生活重心。

馬托波山共有100多處岩畫遺址,是非洲南部岩畫藝術最集中的地區,這些岩畫對於了解石器時代的遊牧社會以及後來的農業社會,都有非常珍貴的價值,也跟當地的宗教傳統息息相關。

●維多利亞瀑布Mosi-oa-Tunya / Victoria Falls
詳見尚比亞

# 美洲

# 阿根廷 Argentina

位於南美尾端的阿根廷，是世界面積第八大的國家，更是說西班牙語的第一大國。八座世界遺產中，自然和文化各占一半；自然遺產包括了冰河、瀑布、海洋生物保護區、三疊紀化石，文化遺產則有史前岩畫以及基督教傳入南美的遺產見證。

奎布拉達罕華卡谷地
Quebrada de Humahuaca

伊斯基瓜拉斯托／塔南巴雅自然公園
Ischigualasto / Talampaya Natural Parks

哥多華的
耶穌會教區與莊園
Jesuit Block and
Estancias of
Córdoba

伊瓜蘇國家公園
Iguazu National Park

平圖拉斯河
手印洞
Cueva de las
Manos,
Río Pinturas

瓜拿納印第安族的
耶穌會教堂
Jesuit Missions
of the Guaranis

瓦德茲半島
Península
Valdés

冰河國家公園
Los Glaciares

玻利維亞　巴拉圭　巴西　烏拉圭　智利　南太平洋　南大西洋

1984　文化遺產

## 瓜拿納印第安族的耶穌會教堂
**Jesuit Missions of the Guaranis**

這個世界遺產群是16-18世紀時，耶穌會在南美洲進行傳教的最佳見證。當時耶穌會神父為了向瓜拿納印第安族宣傳教義，在現今巴西、阿根廷、巴拉圭及烏拉圭的邊界建立許多據點。

現在被列入遺產的耶穌教會及社區建築共有5處：4處是位於阿根廷的San Ignacio Mini、Santa Ana、Nuestra Señora de Loreto、Santa Maria Mayor，1處是位於巴西的Sao Miguel das Missoes。這些耶穌會神父來自歐洲不同地點，因而留下的建築，各自具有不同特色。

●與巴西並列

2000　自然遺產　275,369 ha

## 伊斯基瓜拉斯托／塔南巴雅自然公園
**Ischigualasto / Talampaya Natural Parks**

這兩個自然公園屬於同一個地質特色，只是因位於阿根廷的兩個省份，而有不同的名稱。

這兩座自然公園位於阿根廷中部，都是古老的三疊紀時期(距今約2億~2億5千萬年前)，也就是大家所熟知的恐龍時期的地質，其地質中富含恐龍、兩棲類、哺乳類始祖和古代植物等生物化石，也是世界上唯一具有連續而完整的三疊紀化石地點，使其成為史前研究的重要基地。

1984　自然遺產　55,000 ha

## 阿根廷伊瓜蘇國家公園
**Iguaçu National Park**

伊瓜蘇瀑布是世界上最大的瀑布之一，唯一能與之匹敵的，就只有南非的維多利亞大瀑布。當前任美國總統富蘭克林的第一夫人Eleanor Roosevelt造訪此地時，脫口說出：「可憐的尼加拉！」足見南美伊瓜蘇瀑布讓人驚憾的壯麗。

比起北美的尼加拉大瀑布，伊瓜蘇的河面足足有三倍寬，平日由270條以上的瀑布，從80公尺高的地方川流不息的傾洩而下，在每年10到3月雨季間更是暴漲到350條以上，夜以繼日的深鬱悶吼迴盪林間。

讓人最震憾心絃的莫過於在巴西和阿根廷領土交界的「魔鬼咽喉」(Garganta del Diablo)，一道U字型150公尺的平台被700公尺寬的洪流瀑布所環繞，感受世界最大瀑布從天而降的壯闊氣勢，將終生難忘。

伊瓜蘇瀑布位於巴西、阿根廷和巴拉圭三國的交界，在巴西這一側的國家公園可以眺望伊瓜蘇瀑布的整體氣勢，而在阿根廷一側可以身歷其境的走在瀑布咫尺旁的小徑上。

伊瓜蘇川流不息的河水在巴西與巴拉圭合作建造Itaipu水壩後，曾經成為世界最大的水力發電廠，光是水壩的長度就有8公里，負擔巴拉圭八成的電力供應以及巴西全國四分之一的電力供應系統。

創立於1934年的阿根廷伊瓜蘇國家公園，在1984年被列為聯合國的世界自然遺產。

©Argentina Tourism

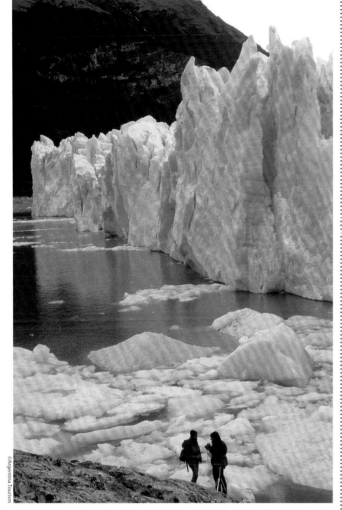

**⊙2003 🏛文化遺產 ◯172,116 ha**

# 奎布拉達罕華卡谷地
## Quebrada de Humahuaca

　　奎布拉達罕華卡地在過去1萬多年的歷史裡，便是往來安地斯高地和阿根廷平原之間的重要交通孔道。

　　這個由大河(Rio Grande)所形成的谷地長約150公里，眾多的古道和遺跡顯示了人類在此所經　的史前漁獵時期、印第安原住民Omaguacas文化時期、印加帝國統治、西班牙殖民以及阿根廷建國的歷史；阿根廷追求獨立時，許多重要的戰役便發生在此。

**⊙1981 ⬢自然遺產 ◯726,927 ha**

# 冰河國家公園 Los Glaciares

　　位在阿根廷南部的冰河國家公園，是南美洲最具代表性的冰河，不規則的冰河山峰頭角崢嶸，其中最長的是佩里托·莫雷諾(Perito Moreno)冰河，長約20~30公里，一座座冰山不斷擠壓往前，每日往前僅數公分之距離。

　　而園區裡的3條冰河匯流於阿根廷湖(Lake Argentino)，高數十公尺的白色冰山在此爆破、斷裂，形成轟隆隆如雷般的巨鳴，蔚為奇觀。

**⊙1999 🏛文化遺產 ◯600 ha**

# 平圖拉斯河手印洞
## Cueva de las Manos, Río Pinturas

　　在阿根廷巴塔哥尼亞高原裡的平圖拉斯(Río Pinturas)，有個繪有許多彩色手印、駱馬等動物以及狩獵情景的洞穴，據估計至少有9,500年的歷史。洞裡的繪畫是人類祖利用動物骨頭將顏料吹噴於牆面上所形成，有紅、黑、黃、靛青色等，顏料可能是以當地礦石和駱馬油混合而成。

**⊙1999 ⬢自然遺產 ◯360,000 ha**

# 瓦德茲半島 Península Valdés

　　瓦德斯半島是全球著名的海洋生物保護重鎮，位於瑪德琳港(Puerto Madryn)北方17公里處，整個區域有 3600 平方公里，海岸線逾 400公里。這裡最知名的生物是瀕臨絕種的南方露脊鯨(Southern Right Whale)，牠們在每年6~12月會到此生育下一代；另外，這裡常見的象鼻海豹(Elephant Seal)、雌雄體型差異極大的南方海獅(Southern Sea Lions)，以及為因應當地環境而演化出特異捕獵技巧的殺人鯨(Orca)，都是重量級的海洋保育動物。

**⊙2000 🏛文化遺產 ◯38 ha**

# 哥多華的耶穌會教區與莊園
## Jesuit Block and Estancias of Córdoba

　　哥多華是耶穌會教士聚集的地區，1604~1767年間，教士們在此興建教會和住所，甚至還有大學及許多農業灌溉設施。

　　其中最知名的有5所莊園，分別是Alta Gracia、Santa Catalina、Jesus Maria、Candelaria和Caroya，莊園裡的建築顯示了耶穌會教士的成就，也顯示了那時代的社會文化特色。

## 巴貝多 Barbados

巴貝多是加勒比海上小安地列斯群島的島國，島嶼長34公里、寬23公里，僅431平方公里大，人口約28萬，其中8萬人集中在首都橋鎮。最早在15世紀時被西班牙探險家發現，後成為英國殖民地，於1966年獨立，並為大英國協一員。

加勒比海

橋鎮及其軍事要塞
Historic Bridgetown and its Garrison

📅2011　🏛文化遺產　◯187 ha

## 橋鎮及其軍事要塞
### Historic Bridgetown and its Garrison

　　巴貝多的首府橋鎮及其軍事要塞，從17世紀開始成為大英帝國擴張美洲殖民地以及發展軍事與貿易網絡的樞紐，這裡不僅是當時加勒比海地區白糖及奴隸的集散中心，同時也扮演了為大英帝國傳播文化、科學及科技知識的重要角色。本區完整保存了17到19世紀的古老殖民建築，橋鎮內的古老街道採用了蛇形布局，充滿中世紀英國風格，也與同一區內承襲自西班牙與荷蘭的井字形規劃大異其趣。具有保衛橋鎮及其港口功能的聖安軍事要塞(St. Ann's Garrison)，是大英帝國在18到19世紀期間，於加勒比海一帶最早建立且規劃最完善的海軍及陸軍駐防基地。除此以外，國會大廈、聖瑪莉教堂、皇后公園、海豚噴泉、英雄廣場等建築，也是本區著名的歷史古蹟。

## 波利維亞 Bolivia

波利維亞是位於南美洲中心地帶的內陸國，歐洲人征服南美洲之前，這裡屬於印加帝國的領地。入選的5座文化遺產中，從歐洲人來之前的提華納庫文化、印加帝國，到被殖民後的耶穌會教堂、銀礦遺產，道盡一頁滄桑。

諾爾・肯普夫・梅卡多國家公園
Noel Kempff Mercado National Park

奇基多斯的耶穌會遺址
Jesuit Missions of the Chiquitos

提華納庫：提華納庫文化的精神和政治中心
Tiwanaku: Spiritual and Political Centre of the Tiwanaku Culture

薩邁帕塔堡壘
Fuerte de Samaipata

蘇克雷古城
Historic City of Sucre

波托西城
City of Potosí

巴西　秘魯　智利　巴拉圭　阿根廷

## 貝里斯 Belize

貝里斯是中美洲唯一以英語為官方語言的國家，也是中美洲人口密度最低的國家。貝里斯有豐富的陸地和海洋生物，由於其生態多樣化，在「中美洲生物走廊」扮演了關鍵性角色，被列為自然遺產的貝里茲堡礁系統，更是加勒比海的重要寶藏。

墨西哥

貝里茲堡礁系統
Belize Barrier Reef Reserve System

加勒比海

瓜地馬拉　宏都拉斯

📅1996　🔔瀕危自然遺產　◯96,300 ha

## 貝里茲堡礁系統
### Belize Barrier Reef Reserve System

　　貝里茲的沿海具有龐大的珊瑚礁群，綿延有300公里長，是面積僅次於澳洲大堡礁的珊瑚礁地形。特殊的地形包括：環礁、砂島、紅樹林、潟湖、河口三角洲……等7種，也是海龜、海牛、美洲鹹水鱷等眾多瀕臨絕種生物的居地。不過近年來因紅樹林被過度砍伐，於2009年6月被列入瀕危遺產名單。

©Tony Rath/Tonyrath.com

2000　文化遺產

# 提華納庫：
# 提華納庫文化的精神和政治中心
## Tiwanaku: Spiritual and Political Centre of the Tiwanaku Culture

在玻利維亞接近的的喀喀湖東南、距首都拉巴斯西邊72公里處，存在前印加時期最重要的古文明——提華納庫(Tiwanaku，舊稱Tiahuanaco)。

一般相信，提華納庫占文明源於西元前200年位於該地的農業中心，有的學者甚至聲稱源自西元前1600年。當時的提華納庫文明「養地」的技術十分高明，精密的灌流系統不僅充分的供給梯田上的作物水分，更在日夜溫差擴大的季節裡，平衡對植物生長十分重要的溫度，爾後利用灌流系統裡的水塘養魚，就連渠道的淤泥都用於堆肥，這樣精密的技術在現代都難以達到，卻在西元45年到1200年間，涵養出橫跨6萬平方公里的南安地斯古文明大國(涵蓋今阿根廷、玻利維亞和祕魯的國土)，鼎盛時首都的居民高達4萬人。

如今在歲月的洪流中仍屹立不搖的遺跡大多是在西元600到800年間建立的，環繞宮殿的巨石牆稱為Kalasasaya，著名的太陽門(Puerta del Sol)用來彰顯印加民族最重要的太陽神，值得一提的是下鑿式宮殿Semisubterraneo，牆上雕刻各式形貌的人頭，有人說是進行醫療儀式的「治癒之屋」，有人說是代表世界上的各式人種，但為何提華納庫人會知道世界上會有這麼多不同民族，又是另一個耐人尋味的問題。

---

1987　文化遺產

# 波托西城 City of Potosí

波托西城是玻利維亞「波托西省」的首府，高居海拔4090公尺，是世界上降水最少、海拔最高的城市之一。建於1546年的波托西城因銀礦發跡，據估計到1783年為止，約有7,000噸白銀在此採出送給西班牙皇室，波托西因此可說是16世紀時全球最大工業城。

但經過長達300餘年的開挖後，銀礦於19世紀開始枯竭，導致波托西衰落，還好隨後又發現錫礦，使人潮又慢慢恢復。波托西的採礦設備以及用來採礦的水力設施、人造湖泊，和當時的工人居住的房舍和社區等，都保留得十分完好。

1990　文化遺產

# 奇基多斯的耶穌會教堂
## Jesuit Missions of the Chiquitos

奇基多斯位於玻利維亞西南部的聖克魯斯省(Santa Cruz)，這裡因為耶穌會教士在此留下6座十分具特色的教會而聞名。

在1696~1760年間，由歐洲來此傳教的耶穌會傳教士，興建了許多結合哥德式和原住民建築特色的教會，散落於波利維亞和鄰近的阿根廷、巴西和巴拉圭，但目前只有奇基多斯的San Francisco Javier、Concepción、Santa Ana、San Miguel、San Rafael、San José等6座教堂，仍保存良好。

---

1991　文化遺產

# 蘇克雷古城 Historic City of Sucre

蘇克雷城興建於1538年，因為臨近波多西銀礦場，氣候環境又涼爽舒適，深受西班牙皇室和商人的喜愛，成為玻利維亞最早的首都。

城裡有棋盤式的街道，現存許多莊園，修道院和教堂等建築，有著濃厚的安達魯西亞風味，又融合了些許拉丁美洲文化的特色。這些殖民時期的建築多半是白色，因而又有白色城市之稱。

1998　文化遺產

# 薩邁帕塔堡壘 Fuerte de Samaipata

薩邁帕塔堡壘不是個軍事遺址，而是歷經數千年，不同民族文化的總合。占尼(Chane)族原住民是最早在這裡居住的民族，印加帝國的勢力也曾擴展至此，留下幾座神廟；但這二個原住民族，最後都被瓜拿納族所消滅，直到西班牙人來此殖民。

在類似堡壘的丘陵上有許多謎樣的巨石雕刻，過去應該是宗教中心，丘陵南側是住宅區和政治中心。

---

2000　自然遺產　1,523,446 ha

# 諾爾・肯普夫・梅卡多國家公園
## Noel Kempff Mercado National Park

這是世界最大的國家公園之一，也是亞馬遜河盆地裡保留最完整的公園。

全區海拔約200~1,000公尺，林相豐富多樣，包括平原、濕地和常綠雨林，並涵孕了極豐富的生態，是4,000多種植物和600多種鳥類的棲息地，其中有些地區與世隔絕，因而是許多罕見和瀕絕生物的天堂，例如巨水獺、巨食蟻獸、稀有種的金剛鸚鵡、巨犰狳、粉紅淡水海豚、鬃狼、沼澤和草原鹿。這裡也是根據《京都議定書》世界最大的二氧化碳封存實驗基地。

# 巴西Brazil

巴西是南美最大、世界第五大國，共有19座世界遺產，其中7座自然遺產，12座文化遺產。自然遺產把巴西的「大」展現得一覽無遺，其中包括眾所周知的亞馬遜盆地和伊瓜蘇國家公園；文化遺產則多半把殖民城市的特性發揮得淋漓盡致。

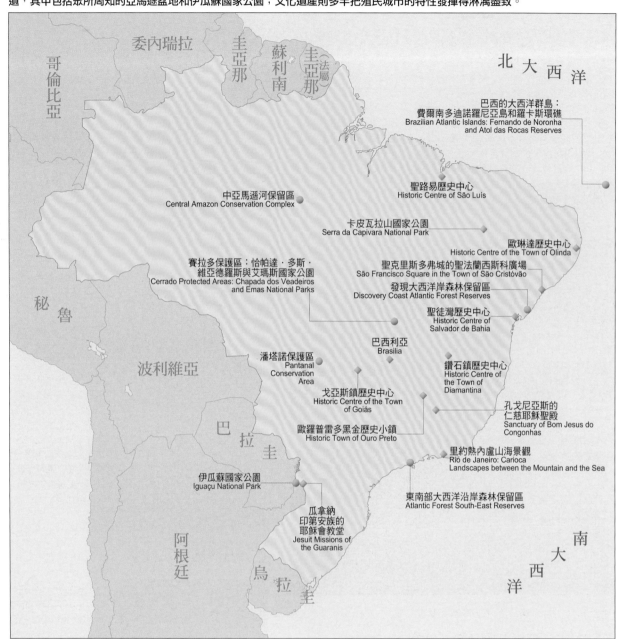

哥倫比亞

委內瑞拉

圭亞那

蘇利南

圭亞那（法屬）

北大西洋

巴西的大西洋群島：
費爾南多迪諾羅尼亞島和羅卡斯環礁
Brazilian Atlantic Islands: Fernando de Noronha and Atol das Rocas Reserves

中亞馬遜河保留區
Central Amazon Conservation Complex

聖路易歷史中心
Historic Centre of São Luís

卡皮瓦拉山國家公園
Serra da Capivara National Park

歐琳達歷史中心
Historic Centre of the Town of Olinda

賽拉多保護區：恰帕達‧多斯‧
維亞德羅斯與艾瑪斯國家公園
Cerrado Protected Areas: Chapada dos Veadeiros and Emas National Parks

聖克里斯多弗城的聖法蘭西斯科廣場
São Francisco Square in the Town of São Cristóvão

發現大西洋岸森林保留區
Discovery Coast Atlantic Forest Reserves

聖徒灣歷史中心
Historic Centre of Salvador de Bahia

秘魯

波利維亞

巴西利亞
Brasilia

潘塔諾保護區
Pantanal Conservation Area

戈亞斯鎮歷史中心
Historic Centre of the Town of Goiás

鑽石鎮歷史中心
Historic Centre of the Town of Diamantina

巴拉圭

歐羅普雷多黑金歷史小鎮
Historic Town of Ouro Preto

孔戈尼亞斯的仁慈耶穌聖殿
Sanctuary of Bom Jesus do Congonhas

里約熱內盧山海景觀
Rio de Janeiro: Carioca Landscapes between the Mountain and the Sea

伊瓜蘇國家公園
Iguaçu National Park

東南部大西洋沿岸森林保留區
Atlantic Forest South-East Reserves

瓜拿納印第安族的耶穌會教堂
Jesuit Missions of the Guaranis

阿根廷

烏拉圭

南大西洋

---

1997 文化遺產

## 聖路易歷史中心 Historic Centre of São Luís

　　法國人最早於1612年開發了聖路易市，但他們還來不及有所建設就被葡萄牙人搶走、占領，並在此留下大量葡萄牙式建築群，包括大型公共建築、氣勢恢宏的領主宅邸、大理石打造的公寓，以及用瓷磚畫裝飾的小房子。

　　這些充滿葡萄牙特色的建築，不但適用於當地的地理環境，並與周邊自然景色完美結合，是入選為世界遺產的主要原因。

---

1999 自然遺產 468,193 ha

## 東南沿岸大西洋森林保留區
**Atlantic Forest South-East Reserves**

　　這片廣大的森林，分成25個保留區，是巴西最完整的大西洋沿岸森林，也是世上最後一片可展現大西洋沿岸陸地生物多樣性與生物演化歷史的地方。從森林密布的山區，到濕地，以及海岸線外與世隔絕的小島，提供許多當地特殊物種的生存環境，不但極具科學研究價值，也有著豐富的自然美景。

符號說明 登錄時間 遺產面積　遺產類型 文化遺產 自然遺產 綜合遺產 瀕危文化遺產 瀕危自然遺產 瀕危綜合遺產

# 歐琳達歷史中心
## Historic Centre of the Town of Olinda

🗓1982 🏛文化遺產 ◯120 ha

　　歐琳達是巴西東北殖民文化起源最重要的城市，據說當時被授權統治Pernambuco省的船長派烈拉(Duarte Coelho Pereira)駕船從海上來到此地尋找夢想中的城鎮地點時，他望著美麗的歐琳達脫口而出：「Oh linda situação para uma Vila！(一個多麼美麗的地方啊)」，而Oh-linda(美麗)即以此為名。在西元1630年到1654年擴張的荷蘭勢力曾經短暫的統治該處，另外在歐琳達旁建立如今時髦的大都市勒西菲(Recife)的初步規模，但是歐琳達豐富的文化起源地位始終屹立不搖。

　　歐琳達是個旁山面海的美麗山城，茂密的植被從山城蔓延入海，如今的歐琳達始終充滿著旺盛的藝術氣息和典雅的殖民建築，在16、17世紀建立的莊嚴教堂十分值得一遊，保存了許多重要的法器和展覽品。

# 巴西伊瓜蘇國家公園
## Iguaçu National Park

🗓1986 🌿自然遺產 ◯170,086 ha

　　1939年由巴西的飛行英雄杜蒙建議設置的巴西伊瓜蘇國家公園，比阿根廷晚兩年被畫入世界自然遺產的範圍，而且面積要大得多，是阿根廷的3倍。不同於多數跨國的世界遺產都是一起並列，伊瓜蘇國家公園則是巴西和阿根廷各自獨立。其餘關於伊瓜蘇國家公園的介紹，詳見阿根廷。

# 歐羅普雷多黑金歷史小鎮
## Historic Town of Ouro Preto

🗓1980 🏛文化遺產

　　歐羅普雷多小鎮是18世紀巴西淘金熱的產物，鎮名的葡萄牙文意思就是「黑金」，不但帶來飾金的巴洛克式教堂，也造就了偉大的文藝創新，在詩、繪畫、雕刻等都出現了代表性的人物與作品。其中因為葡萄牙王室對開採出來的金礦課徵20%的重稅，1789年出現一次重大的爭取獨立事件，最後還是失敗，領導者被五馬分屍後葬於大廣場。然而到了19世紀，金礦被淘盡後，黑金小鎮也就風華落盡，徒留輝煌的建築見證歷史。

# 孔戈尼亞斯的仁慈耶穌聖殿
## Sanctuary of Bom Jesus do Congonhas

🗓1985 🏛文化遺產

　　這個位於孔戈尼亞斯的耶穌聖殿，以精美的雕刻藝術聞名。這些作品出自當時最有名的藝術家—阿雷賈迪紐(Aleijadinho)之手。阿雷賈迪紐是葡萄牙建築師與黑奴的私生子，遺傳了父親的建築與藝術天分，可惜後來得了癩瘋病。仁慈耶穌聖殿的建築內部為義式洛可可風格；外觀的台階上雕有栩栩如生的12使徒像；而7座聖堂裡，則由阿雷賈迪紐雕製了耶穌被釘十字架前的苦路14景，表情生動豐富而感人，堪稱巴洛克藝術之經典。

# 巴西利亞 Brasilia

🗓1987 🏛文化遺產

　　興建於1956年的巴西利亞，由Lucio Costa和其學生Oscar Niemeyer所提出的設計圖，充滿創新與想像力，可說是前無古人，不啻為20世紀都市設計之典範，也成了世界遺產名單裡年輕的一員。從空中俯瞰巴西利亞市區，宛如一台飛機，象徵著起飛與展望未來。以機首部分為政治中心，貫穿南北的大道為軸線，大道左右兩側為住宅區，各自成社區。除了令人讚嘆的都市規畫，城裡的重大建築都有特殊意涵，例如呈H形的國會大廈，寓意為一切以「人」為本，處處展現無限的巧思。

## 卡皮瓦拉山國家公園
### Serra da Capivara National Park

1991　文化遺產

　　位在巴西東北部的卡皮瓦拉山國家公園,是因為該地區的岩洞裡,有許多史前人類所繪的壁畫遺跡而被列入世界遺產。

　　卡皮瓦拉山國家公園占地將近1,300平方公里,是史前時期人類聚居的地區,考古學家在此挖掘出許多小型農業和文物遺跡,只不過對其認識仍不多。他們在洞穴裡留下的壁畫,有些歷史估計有25,000年以上,是南美重要的史前文化遺產之一。

## 聖徒灣歷史中心
### Historic Centre of Salvador de Bahia

1985　文化遺產

　　聖徒灣是葡萄牙在巴西最早的殖民首府,也是美洲最早的城市之一,城裡的建築融合歐、非、美洲的特色,尤其是灰泥牆上塗上鮮艷的色彩,使得整個城市顯得色彩繽紛,其中最著名的建築是大天主堂、聖法蘭西修道院(Covents of St. Francis)、16世紀皇宮,以及眾多巴洛克式的皇室建築。聖徒灣也是美洲最開始買賣奴隸的地方,主要是為了供應甘蔗田裡的勞力所需。

## 中亞馬遜河保留區
### Central Amazon Conservation Complex

2000　自然遺產　5,323,018 ha

　　這裡是亞馬遜盆地面積最大的保留區,也是全球物種最多樣的地區。

　　馬亞遜河支流眾多,養分含量較低的稱為白水,較高的稱為黑水,二者都會定期泛濫,前者形成Varzea沼澤林系,後者形成Igapo沼澤林系,這些特殊地理環境提供多種生物的生存環境,因而生物種類多樣性高居世界之冠,包括許多知名的瀕臨絕種生物,例如巨骨舌魚(Arapaima fish)、亞馬遜海牛(Amazonian manatee)、黑凱門鱷(Black caiman),還有2種稀有的江豚。

## 潘塔諾保護區 Pantanal Conservation Area

2000　自然遺產　187,818 ha

　　保護區位在巴西的西部,但只有一小部分被列入世界遺產。

　　潘塔諾(Pantano)的葡萄牙文意思是指沼澤,因為這個地區在3~10月的雨季幾乎都被水淹沒,較珍貴的動物包括:美洲豹、短吻鱷、沼澤鹿、巨型食蟻獸、水豚和巨型海狸和鳥類等,同時也是濕地鳥類的天堂,常見的有鷺科、鸛科和雁鴨,以及色彩斑斕的鸚鵡,而其中的大鸛(Jabiru Stork)則是中南美洲體型最巨大的鳥類。

## 鑽石鎮歷史中心
### Historic Centre of the Town of Diamantina

1999　文化遺產　29 ha

　　鑽石鎮因附近的鑽石礦區而得名,這裡於18世紀開採出大量的礦石,也因此在崎嶇的山丘裡出現這座小鎮。

　　被列入世界遺產是因為這裡的建築以歐洲建築為原型,卻完美地與自然地形結合,而且與當地的自然景觀不衝突,顯示了人力勝天的道理。有幾樣建築特色是在其它葡萄牙殖民城鎮裡少見的,例如以巨大灰石砌成的道路,以及用泥磚和木頭為材質的房屋。

## 發現海岸大西洋森林保留區
### Discovery Coast Atlantic Forest Reserves

1999　自然遺產　111,930 ha

　　位在巴西海岸線的東北部,共有8個保留區。這裡的緯度已達南緯24度,卻仍有雨林生態,主要是因為位於信風帶使當地的冬季雨水不斷。

　　在這片保留區裡,樹林和灌木林種類繁多,也孕育了多樣的生物,包括許多當地的特有種,保留區不但為這些特有種保留生存空間,也有助於了解生物的演化過程。

## 賽拉多保護區:恰帕達・多斯・維亞德羅斯與艾瑪斯國家公園
### Cerrado Protected Areas: Chapada dos Veadeiros and Emas National Parks

2001　自然遺產　367,356 ha

　　賽拉多是個熱帶草原區,也是世界上最古老、生物種類最多的一個熱帶生態區,包括許多瀕臨絕種生物如:鬃狼(Maned wolf)、水豚(Capybaras)、南美三趾駝鳥(Rheas)等。因為賽拉多位在南美洲的中央,數百萬年來,這地區在氣候劇烈變動時成為許多生物的避難所,因此在氣候變化日益嚴重的可預見未來,賽拉多保護區的重要性不言而喻。

## 戈亞斯鎮歷史中心
### Historic Centre of the Town of Goiás

2001　文化遺產　40 ha

　　戈亞斯位於巴西中部,18~19世紀因金礦而開始發跡,現在鎮上還都可看到許多以金為裝飾的老建築。

　　而戈亞斯的市區分布,展現了一個礦區小鎮如何依據當地的地理、氣候和文化現況,而發展成大都會的過程。市區裡不論是公共建築或私人住宅,都因採用當地建材和建築技術,顯得和諧一致。

符號說明　 登錄時間　遺產面積　遺產類型　 文化遺產　 自然遺產　 綜合遺產　瀕危文化遺產　瀕危自然遺產　瀕危綜合遺產

©Celebrity Cruises

🗓2012 🏛文化遺產 🌐7,249 ha

# 里約熱內盧山海景觀
## Rio de Janeiro: Carioca Landscapes between the Mountain and the Sea

　　里約熱內盧山海景觀從蒂茹卡國家公園(Tijuca National Park)的山頂一路往下延伸到大海，這些豐富的自然資源不僅與人文景觀巧妙交織，塑造出得天獨厚的城市景觀以及多采多姿的戶外生活文化，同時也成為眾所皆知的音樂、園藝及城市規劃靈感來源。

　　里約西部的基督山(Corcovado Mountain)是巴西最著名的景點。矗立在海拔700公尺山頂的耶穌基督巨像，連同基座在內，總高度為39.6公尺，它是法國雕塑家保羅‧蘭多斯基(Paul Landowski)在1931年雕塑完成的作品。

　　創建於1808年的里約植物園，是葡萄牙攝政王若昂六世(D. João VI)為了培育印度香料作物所成立的皇家林園，園中植物共有8千多種，並且包括許多稀有的品種。

　　其他一併被列入世界遺產的山海景觀還包括：船帆點點的瓜納巴拉灣(Guanabara Bay)、與基督山隔海相望且岩壁陡峭的麵包山(Sugar Loaf)、經常舉行馬拉松、單車等體育賽事的佛朗明哥公園(Flamengo Park)，以及擁有美麗海灘風光、遊客如織的科帕卡巴納灣(Copacabana Bay)。

●瓜拿納印第安族的耶穌會教堂Jesuit Missions of the Guaranis 詳見阿根廷

🗓2001 🌊自然遺產 🌐42,270 ha

# 巴西的大西洋群島：
# 費爾南多迪諾羅尼亞島和
# 羅卡斯環礁
## Brazilian Atlantic Islands: Fernando de Noronha and Atol das Rocas Reserves

　　這兩個位於巴西外海的群島，由於豐富的海洋生態而受到保護，由於南大西洋的海水中富含多種微小生物，形成的食物鏈供應鮪魚、鯊魚、海豚、海龜等大型海洋生物，尤其是Baía dos Golfinhos一帶的海豚數量，為世界之冠；同時這裡也是多種瀕臨絕種的海龜如玳瑁的天堂；大批的魚類也吸引種類繁多的熱帶海鳥群在此繁殖。

　　另一特殊景象是由於海岸地形十分崎嶇，因此在海水低潮時，外露的礁岩形成潟湖，宛若超大的水族箱。

🗓2010 🏛文化遺產 🌐3.00 ha

# 聖克里斯多弗城的
# 聖法蘭西斯科廣場
## São Francisco Square in the Town of São Cristovão

　　位於巴西西北方塞爾希培州(Sergipe State)的聖克里斯多弗城，由葡萄牙人創立於16世紀，當時採用葡式城市規劃範例，分為宗教、政治、文化中心所在的「上城」，以及海港、工廠與低收入戶聚落的「下城」。它是巴西最古老的四大城市之一，1855年遷府阿拉卡胡(Aracaju)以前，曾是該州的首府。

　　位於城中的聖法蘭西斯科廣場，是一處四周環繞著大量早期建築的開放空間，聖法蘭西斯科教堂與修道院(São Francisco Church and convent)、憐憫教堂與聖屋(Church and Santa Casa da Misericórdia)以及落成於不同時期的房舍，組成了足以反映這座城市打從創立以來的歷史景觀，其中特別是聖法蘭西斯科教堂複合建築，展現了典型的巴西東北部宗教建築特色。

# 加拿大Canada

在加拿大遼闊的土地上，蘊藏著為數驚人的考古發現，魚化石、恐龍化石讓加拿大成為世界研究古生物的重鎮。後來人類的足跡踏上北美大陸，無論是維京人、印第安人、法國和英國移民，都在這塊土地上留下痕跡，讓後人了解北美洲的發展歷史。

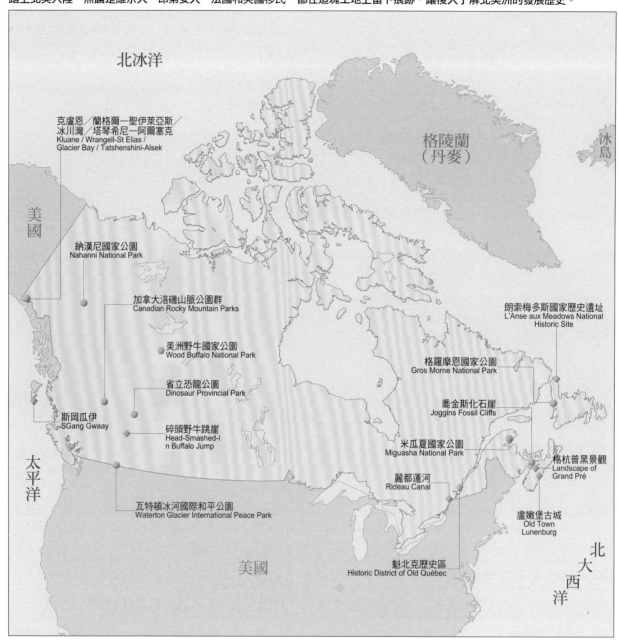

北冰洋

克盧恩／蘭格爾一聖伊萊亞斯／冰川灣／塔琴希尼一阿爾塞克
Kluane / Wrangell-St Elias / Glacier Bay / Tatshenshini-Alsek

格陵蘭（丹麥）

冰島

美國

納漢尼國家公園
Nahanni National Park

加拿大洛磯山脈公園群
Canadian Rocky Mountain Parks

美洲野牛國家公園
Wood Buffalo National Park

省立恐龍公園
Dinosaur Provincial Park

斯岡瓜伊
SGang Gwaay

碎頭野牛跳崖
Head-Smashed-In Buffalo Jump

太平洋

瓦特頓冰河國際和平公園
Waterton Glacier International Peace Park

朗索梅多斯國家歷史遺址
L'Anse aux Meadows National Historic Site

格羅摩恩國家公園
Gros Morne National Park

喬金斯化石崖
Joggins Fossil Cliffs

米瓜夏國家公園
Miguasha National Park

麗都運河
Rideau Canal

格杭普黑景觀
Landscape of Grand Pré

盧嫩堡古城
Old Town Lunenburg

北大西洋

美國

魁北克歷史區
Historic District of Old Québec

---

🧭2012　🏛文化遺產　◯1,323 ha

## 格杭普黑景觀 Landscape of Grand Pré

　　Grand Pré在法文裡意指「廣大的草地」，這片由沼澤地以及考古遺址構成的鄉村聚落景觀，位於新斯科細亞省米納斯盆地南部。它不僅見證了從17世紀以來，法國移民後裔阿卡迪亞人(Acadians)在全世界海潮高度數一數二的沿海地帶開墾土地、發展傳統農耕技術的歷史，同時也見證了1755到1763年法國與印第安人爆發戰爭期間，阿卡迪亞人遭到英國人驅逐出境的「大動蕩時期」(Grand Dérangement)。

　　17世紀時，阿卡迪亞移民在此建立格杭普黑村與霍頓村(Hortonville)。為了發展農耕生活，他們採用了築堤技術、一種名為「阿伯瓦托」(aboiteau)的木製引水閘道、一套完善的排水網路以及聚落管理系統，將緊鄰海岸面積遼闊的鹽沼打造成數千公頃的肥沃農田，而且這些技術與運作方式至今依然存在。

　　今天，格杭普黑景觀已經被劃設為一座國家公園，可供後人緬懷阿卡迪亞人及其放逐事件。新斯科細亞省最著名的釀酒廠以及加拿大Just Us咖啡公司總部，都坐落於鎮上，也是經常吸引遊客造訪的地點。

---

🏅1978 　🌐自然遺產 　⬡476,560 ha

# 納漢尼國家公園 Nahanni National Park

　　納漢尼國家公園位於加拿大西北地區，範圍涵蓋麥肯錫山脈(Mackenzie Mountains)一部分及南納漢尼河(South Nahanni River)大部分流域，總面積約477,000公頃。這裡不僅擁有得天獨厚的生態資源，也是傳統原住民德內族(Dene)數千年來的居住地。拜南納漢尼河之賜，這座國家公園的地理景觀相當多元，有分布密集的石灰岩溶洞、岩塔、4座深邃峽谷，還有位於國家公園的中心地帶，比尼加拉瓜瀑布高1倍的維吉尼亞瀑布(Virginia Falls)。納漢尼國家公園也是許多動物的家園，包括狼、灰熊、林地馴鹿、多爾大角羊(Dall's sheep)等40種哺乳動物以及170種鳥類，都在此地棲息。

🏅1995 　🏛文化遺產 　⬡33 ha

# 盧嫩堡古城 Old Town Lunenburg

　　盧嫩堡是北美洲英國殖民據點的典範。建於1753年，外觀保存完整，具有完好的原始布局，城市整體結構呈矩形，模仿英國本土的城市規劃結構。

　　其中有些木頭結構的房屋，歷史可追溯到18世紀，幾個世紀以來，受到當地居民不遺餘力的保護著。

🏅1981 　🏛文化遺產

# 斯岡瓜伊 SGaang Gwaii

　　斯岡瓜伊位於加拿大西岸夏綠蒂女王群島(Queen Charlotte Islands)最南端，這裡的南斯丁斯村(Nan Sdins)，在19世紀末被遺棄。那裡有許多房屋以及32根圖騰和死亡之柱，展示了曾在北太平洋沿岸居住的海達人(Haida)過往的生活方式，有助於後人了解他們和陸地以及海洋的關係。

🖊 1979　🔔 自然遺產　🌐 9,839,121 ha

# 克盧恩／蘭格爾—聖伊萊亞斯／
# 冰河灣／塔琴希尼—阿爾塞克
### Kluane/Wrangell-St Elias/Glacier Bay/Tatshenshini-Alsek

　　這項世界遺產為美國、加拿大兩國所共同擁有。
　　這座世界遺產面積廣達98,390多平方公里，涵蓋了加拿大的育空領地與卑詩省，以及美國的阿拉斯加州。這兩國壯麗的冰河與高山景觀，擁有北極圈以外世界上最大的冰原，自然景觀令人嘆為觀止，是許多灰熊、北美馴鹿以及白大角羊的棲息地。
●與美國並列

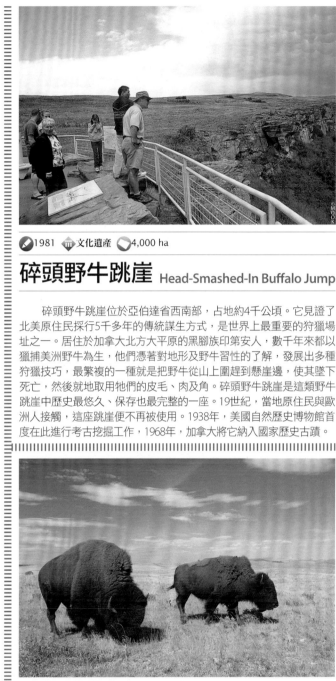

🗓1981　🏛文化遺產　🌐4,000 ha

# 碎頭野牛跳崖 Head-Smashed-In Buffalo Jump

　　碎頭野牛跳崖位於亞伯達省西南部，占地約4千公頃。它見證了北美原住民採行5千多年的傳統謀生方式，是世界上最重要的狩獵場址之一。居住在加拿大北方大平原的黑腳族印第安人，數千年來都以獵捕美洲野牛為生，他們憑著對地形及野牛習性的了解，發展出多種狩獵技巧，最繁複的一種就是把野牛從山上圍趕到懸崖邊，使其墜下死亡，然後就地取用牠們的皮毛、肉及角。碎頭野牛跳崖是這類野牛跳崖中歷史最悠久、保存也最完整的一座。19世紀，當地原住民與歐洲人接觸，這座跳崖便不再被使用。1938年，美國自然歷史博物館首度在此進行考古挖掘工作，1968年，加拿大將它納入國家歷史古蹟。

🗓1983　🌊自然遺產　🌐4,480,000 ha

# 美洲野牛國家公園
## Wood Buffalo National Park

　　在1922年成立的美洲野牛國家公園，位於亞伯達省東北部以及西北地區南部，占地約450萬公頃，擁有超過5千頭美洲森林野牛，是全世界最大的美洲森林野牛棲地，同時也是目前唯一已知的美洲鶴築巢地。這座國家公園不僅孕育了40多種哺乳動物以及多達227種鳥類，堪稱野生動物的大本營，而且具有四大地理景觀，它們包括冰蝕高原、冰川平原、河流沖積低地，以及由皮斯河(Peace)、阿薩巴斯卡河(Athabasca)與伯屈河(Birch)共同形成的世界第一大淡水三角洲，其中皮斯－阿薩巴斯卡三角洲也是北美洲相當重要的水禽候鳥棲地。

🗓1979　🌊自然遺產　🌐7,493 ha

# 省立恐龍公園 Dinosaur Provincial Park

　　踏進省立恐龍公園之前，每位遊客都必須宣誓，保證不從公園裡拿走任何東西，因為那些被你不小心踢到的石頭，都有可能是億萬年前生活在這裡的龐然大物們的遺骸。

　　1884年，地質學家約瑟夫・泰瑞爾(Joseph Tyrell)在此地發現了第一塊恐龍化石，從此古生物學家們開始由四面八方湧入這片寸草不生的「惡地」，展開長達一個世紀的尋寶之旅。

　　至今出土的恐龍物種多達35種，年代可追溯至7,500萬年前，難以想像的是，在當時這裡竟是片濱海的亞熱帶叢林！完整出土的恐龍化石大都被展示在德蘭赫勒的皇家泰瑞爾古生物博物館中，現在的公園裡，仍能找到許多細碎的化石殘骸，遊客中心不但放映著和恐龍有關的影片，專業的解說員還會教你分辨化石和一般石頭的不同。

　　公園內共有5條健行路線，你可以在惡地形中感受天地荒野的蒼茫，也可以運用在遊客中心學到的技巧，找一找藏身在石堆中的恐龍化石。由於省立恐龍公園在古生物學上的特殊貢獻，因而在1979年時被聯合國教科文組織納入世界自然遺產之列。

🌀 1984　🌐 自然遺產　🌐 2,306,884 ha

# 加拿大洛磯山脈國家公園
## Canadian Rocky Mountain Parks

　　冰河時期結束後，印第安人最先進入洛磯山區，從事季節性的漁獵採集。十八世紀中期，皮毛商開始涉足此地，一方面建立據點買賣皮毛，另一方面也順便探勘地形並繪製地圖。十九世紀中葉，皮毛生意沒落，洛磯山成為傳教士、拓荒者的新疆界，英國政府也派遣探測隊入山，1857至1860年間在此活動的派勒什探測隊(Palliser Expedition)成員黑克特(James Hector)便是最先跨過朱砂、踢馬等隘口的歐洲人。

　　淘金是拓荒時期冒險家的夢想，洛磯山中傳說的金礦、銀礦，後來證實都是美麗的謊言，金鎮(Golden)靠著地利之便，尚有居民居住，而班夫附近的銀鎮至今只剩下荒煙蔓草。或許鐵路才是洛磯山中的金礦，加拿大建國後，為了吸引卑詩加入加拿大聯邦，以免資源為美國利用，第一任總理麥唐納(John A. MacDonald)應允興建橫貫鐵路，經過幾番波折，委由加拿大太平洋鐵路公司營建。此後，洛磯山的神祕面紗便一層層被揭開，雪山碧湖的美景也逐漸為人所知，正如太平洋鐵路公司總裁范洪(William Cornelius Van Horne)所說的：「既然我們無法向世界輸出洛磯山的美景，乾脆就把遊客從世界運進來。」

　　其實洛磯山國家公園設置之初，並無意於保護山林與野生動物，多半只為商業利益著想，到了1930年，加拿大國會終於通過國家公園法案(National Parks Act)，確定國家公園的宗旨為生態保育，以裨益後代子孫。1985年，聯合國教科文組織將班夫、傑士伯、幽鶴、庫特尼四處相連的洛磯山國家公園列入世界自然遺產，希望全球人類世世代代，都能享受加拿大洛磯山的自然風光。

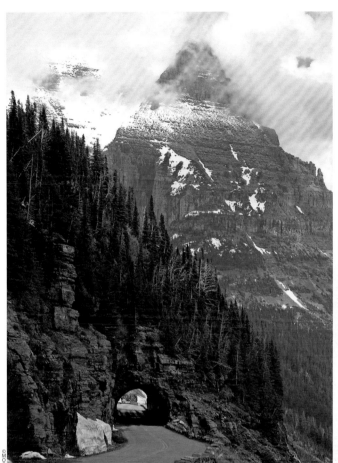

1995　自然遺產　457,614 ha

# 瓦特頓冰河國際和平公園
## Waterton Glacier International Peace Park

　　瓦特頓湖國家公園成立於1895年，面積達525平方公里，在1932年時與美國蒙大拿州的冰河國家公園，合併為全世界第一座國際和平公園，也是代表著地球生態環境合作保育的重要指標，而1995年更被聯合國教科文組織名列為世界遺產。

　　公園內到處都是扣人心弦的美景，由洛磯山脈的群山、一望無際的遼闊平原和散布於其間的湖泊，風、火、水共同雕琢出的險峻山嶺，升起在翠綠的平原上，各種不同的生態體系在這裡交會，而寧靜的瓦特頓湖以及鏈狀般的冰河湖，為這座自然與文化珍寶般的國家公園，孕育多樣化的自然生態，更增添了人間仙境般的氣息。

美洲
||||||||||||
加拿大

1985　文化遺產　135 ha

# 魁北克歷史區 Historic District of Québec

　　印地安話中的「魁北克」(Kebec)，也就是「河流變窄的地方」，被城牆環繞的魁北克市，居高臨下面對聖羅倫斯河，是絕佳的防禦點，因此自古以來就是兵家必爭之地，曾有小說家將魁北克市比喻是「北美的直布羅陀」，從18世紀中葉開始，法國軍隊就開始在聖羅倫斯河旁的鑽石岬(Cape Diamont)上進行防禦工事。

　　城牆內是一般所稱的上城(Upper Town / Haute Ville)，緊鄰河邊

的牆外區是下城 (Lower Town / Basse Ville)，港邊是舊港區，而出了西邊的城牆就是新開發區。古時的上城是高級住宅區，大部分的將領和總督都居住於此，而下城則是一般百姓活動的商業區域，較有平民風格，現在的魁北克市人大多居於城外，甚至是對岸的李維市(Levi's)或聖安妮市(Ste.Anne)。

　　魁北克市是加拿大的歷史起源地，每走一步幾乎就是一棟古蹟、一個故事，法軍不只在此留下可歌可泣的捍衛史詩，也留下魁北克人自傲的精神傳統。城牆內的建築散發著濃郁的法國風味，彎曲窄小的石板街道和高聳尖塔的石造教堂，讓魁北克市和歐洲小鎮無異，由於保留完整的城牆遺跡，魁北克市在1985年被列為世界遺產城市。

## 格羅摩恩國家公園 Gros Morne National Park

　　格羅摩恩國家公園位於紐芬蘭的西海岸，動植物生態豐富，國家公園主體是一個險峻峽谷，冰河時期地殼變動所造成，最高點為717公尺，峽灣最深處是165公尺，落差很大。最近的冰川運動形成壯麗景觀，包括海岸低地、高山高原、峽灣、冰川峽谷、懸崖峭壁、瀑布、湖泊等。

## 喬金斯化石崖 Joggins Fossil Cliffs

　　喬金斯化石崖是一處富含石炭紀化石的地點，因為海潮不斷侵蝕的結果，使得更久遠以前的地層不斷露出地表，大量的石炭紀化石不斷出土，揭示了3億多年前古生物的演化歷史。

　　喬金斯在19世紀中就名氣響亮，因為在地質學之父萊爾爵士(Charles Lyell)所著《地質學原理》(Principles of Geology)，和達爾文的《物種原始》裡，都曾提到這地區。萊爾爵士的學生威廉道森(William Dawson)曾在喬金斯做過深入的研究，並發現目前所知最早的爬蟲類——華來氏蜥(Hylonomus lyelli)。

## 麗都運河 Rideau Canal

　　完工於1832年的麗都運河，是北美洲最古老且至今仍功能健全的運河系統。運河連接加拿大首都渥太華(Ottawa)和安大略湖畔的城市金斯頓(Kingston)，全長202公里，連結多個湖泊，當初是英國為了保護其殖民利益，抵禦美國而建的軍事設施，後來開放民居和貿易。目前受保護的地區包括運河的所有水域、水壩設施、橋樑、堡壘、閘門，以及相關的考古研究地點。

## 朗索梅多斯國家歷史遺址 L'Anse aux Meadows National Historic Site

　　朗索梅多斯國家歷史遺址位於紐芬蘭島的大北半島(Great Northern Peninsula)頂端，早在5千年前就有人類活動，有些居住的時間較長，有些時間較短。11世紀時，北歐維京人(諾爾斯人)來到這裡拓荒，留下在格陵蘭島以外唯一的維京人聚居遺跡，也成為最早發現北美大陸的歐洲人，比哥倫布還要早5個世紀。

　　1960年代開始，考古人員在此地進行挖掘工作，他們發現了與格陵蘭島與冰島的傳統建築十分類似的木構泥草房舍。這些被挖掘出來的8間建築物，有鐵匠鋪、木匠鋪、修船區以及居住場所。根據出土的紡織器具來研判，當時這裡也有女性居住。

## 米瓜夏國家公園 Miguasha National Park

　　米瓜夏國家公園位於魁北克東南部加斯普半島(Gaspé Peninsula)南岸，當地保有3億7千萬年前的魚化石，是世界上最能代表泥盆紀「魚類時代」的著名古生物遺址。

　　1842年，地理學家亞伯拉罕‧傑斯納(Abraham Gesner)首次在當地發現重要的古化石遺跡，並且交由大英博物館及皇家蘇格蘭博物館收藏。1985年，加拿大魁北克政府收購這塊土地，並且正式成立省級國家公園，至今已有超過5千多種化石出土。其中最具代表性的就是為數眾多且保存完好的魚石螈化石，牠們是最早演化出四足並且能呼吸空氣的陸地脊椎動物。除此以外，科學家也在當地發現許多無脊椎動物以及70多種孢子化石，為地球科學研究提供了重要材料。

# 智利Chile

土地狹長的智利，東邊是安地斯山脈，西邊是浩瀚太平洋，領土還伸至太平洋上的復活節島，復活節島便是智利最為人熟知的世界遺產。而智利北部沙漠區富含礦藏，五座世界遺產中就有兩座是礦業遺產。此外，教堂、殖民城市都在世界遺產之列。

翰伯石與聖羅拉硝石廠區
Humberstone and Santa Laura Saltpeter Works

拉帕努伊國家公園
Rapa Nui National Park

港口城
瓦爾帕拉伊索的歷史城區
Historic Quarter of the Seaport City of Valparaíso

塞維爾銅礦城
Sewell Mining Town

奇洛埃教堂
Churches of Chiloé

玻利維亞　巴西　巴拉圭　烏拉圭　阿根廷

南太平洋　南大西洋

📅2003　🏛文化遺產　🗺23 ha

## 港口城瓦爾帕拉伊索的歷史城區
### Historic Quarter of the Seaport City of Valparaíso

　　瓦爾帕拉伊索是1542年由西班牙人為了與秘魯貿易往來而興建的城市，智利獨立之後，該城成為南美洲最重要的港口。其都市規畫可說是19世紀拉丁美洲都市建築的代表，市區可大致分為港口和高地兩區，港口區的道路窄小蜿蜒，高地區則以殖民色彩的宅邸為特色，這裡甚至還可見到早期的纜車，溝通港口和高地兩區。

📅2000　🏛文化遺產

## 奇洛埃教堂 Churches of Chiloé

　　位於智利複雜海岸地形外的奇洛埃群島，是個十分具有特色的地方，尤其是島上的木造教堂，在南美其他地點都很少見。當1608年第一批耶穌會教士到這裡時，他們在島上各處遊歷傳教、興建教堂，這些教堂都以木頭為材質，充分展現歐洲與印第安文化融合的特色。19世紀耶穌會勢力衰減，這些教堂轉而成了方濟會的教堂。目前在奇洛埃群島約有60座類似的木造教堂，仍在使用中。

## 翰伯石與聖羅拉硝石廠區
### Humberstone and Santa Laura Saltpeter Works

　　翰伯石與聖羅拉這兩個硝石工業區位於環境惡劣的彭巴草原，包括了200多座工廠。自1880年起，為了開採硝石吸引了數以千計來自智利、秘魯和玻利維亞的勞工來此工作，形成了獨特的彭巴文化工業區。這裡所開採出的硝石製造成化學肥料，改變了全球的農業環境，也為智利帶來巨大的財富。然而，因為這些工廠設備老舊，加上常受地震影響，這些器具設施的保存狀況不佳，被列為瀕危世界遺產。

## 塞維爾銅礦城 Sewell Mining Town

　　建築在安地斯山脈標高約2,000公尺的塞維爾，是1904年布萊登銅礦公司 (Braden Copper company)為了開採銅礦而興建，城市裡有教堂、賭場、電影院、醫院和一般住宅區，建築多半為木造，外觀是鮮豔的紅、黃、綠、藍等顏色，鼎盛時期全鎮約有15,000人，直到1977年才完全被廢棄。遊客必須由附近的最大城蘭卡瓜(Rancagua)參加套裝行程前往，因為這裡地勢太陡峭，只能搭火車前往，接著就是不停地爬樓梯上下山坡，還可換上礦工的裝備，進入礦坑體驗。

大洋洲

## 拉帕努伊國家公園(復活節島)
### Rapa Nui National Park

　　一般相信，復活節島島民是南島民族擴散後期的一支，因此住民的起源與台灣的原住民一樣。來到島上的島民在西元10世紀開始狂熱的雕刻巨石摩艾像，起源和理由都已不可考，在接下來的八百年間，他們刻出一個個巨大的謎團。島民深信，摩艾(Moai)擁有無上的法力(mana)，這些巨大的摩艾都是從聖山「走」出來，移動到屬於他們自己的聖壇Ahu上。在這八百年間，復活節島文明到達頂峰，當時遍布島上的摩艾據估計可能在千座以上，歷經內戰和兩次大海嘯後，如今島上倖存的摩艾僅剩300餘座，現存最大的高達21公尺、重170噸。

　　復活節島首次出現在西方歷史的記載裡始於西元1722年，在復活節當天，來自荷蘭的航海家Jacob登陸這座小島，因此以「復活節」來命名該島。當時的復活節島文明已因為過度的濫砍山林，陷入糧食與政爭的危機而開始大幅凋零，人口數比起一個世紀前居民銳減了八成。島民的信仰也從巨石摩艾轉移到鳥人文化上，他們推翻原本Miru一族統治的情況，改以每年遴選通過考驗的勇士擔任王者。

　　如今的復活節島，現居的當地住民叫她拉帕努伊(Rapa Nui)，意思是「世界的肚臍」，島上三分之二的居民都以觀光相關產業為生。終年晴朗少雨的好天氣，敞開青蔥草原、巨大摩艾和深邃地穴的冒險地圖，任憑充滿活力的旅人探險。

符號說明  登錄時間 　 遺產面積 　遺產類型  文化遺產 　 自然遺產 　 綜合遺產 　 瀕危文化遺產 　 瀕危自然遺產 　瀕危綜合遺產

# 哥倫比亞 Colombia

哥倫比亞是世界上僅次於墨西哥，説西班牙語人口最多的國家。七座世界遺產中，兩座自然遺產，一在陸地，一在海中，都是珍貴的自然資產。五座文化遺產則包含了殖民城市、古文明遺址，還有咖啡文化景觀。

地圖標註：
- 加勒比海
- 巴拿馬
- 太平洋
- 委內瑞拉
- 厄瓜多
- 巴西
- 秘魯
- 卡塔赫納的港口、堡壘和遺蹟群 Port, Fortresses and Group of Monuments, Cartagena
- 聖克魯斯德蒙波斯歷史中心 Historic Historic Centre of Santa Cruz de Mompox
- 洛斯卡蒂奧國家公園 Los Katios National Park
- 哥倫比亞咖啡文化景觀 Coffee Cultural Landscape of Colombia
- 鐵拉登特羅國家考古公園 National Archeological Park of Tierradentro
- 聖奧古斯汀考古公園 San Agustín Archeological Park
- 馬佩洛島動植物保護區 Malpelo Fauna and Flora Sanctuary

2011 文化遺產 141,120 ha

## 哥倫比亞咖啡文化景觀
### Coffee Cultural Landscape of Colombia

哥倫比亞咖啡文化景觀位於安地斯山脈的中西部地帶，占地約141,000公頃，涵蓋6處農業景觀及18個城鎮，由金迪奧省(Quindio)、卡爾達斯省(Caldas)及利薩拉爾達省(Risaralda)所組成的著名咖啡三角區，也包括在這個範圍內。

本區擁有百年歷史的咖啡栽種文化，以及傳統建築、料理、音樂、神話傳説等豐富的文化資產。19世紀，安提奧基亞省(Antioquia)的先民到此區開墾，為了適應嚴峻的高山地理環境，農家們在傾斜將近45度角的坡地上，種植小塊面積的咖啡田，並且透過人力的方式採收，逐漸創造出以咖啡為中心的經濟體系與文化。

當地城鎮就坐落於咖啡田上方相對平坦的山頂上，這些城鎮的建築物富有深受西班牙影響的安提奧基亞殖民風格，建築物的牆體以混入禾稈的黏土以及經過壓縮的甘蔗為材料，屋頂也以黏土瓦片鋪成，這些建築物至今在某些地區仍然可以見到。

---

1995 文化遺產

## 聖克魯斯德蒙波斯歷史中心
### Historic Centre of Santa Cruz de Mompox

聖克魯斯德蒙波斯歷史中心位在馬格達萊納河(Rio Magdalena)的河岸上，以保存良好的西班牙殖民時期建築著稱。

西班牙人是為了將貨物往上游運送至內陸，於1537年興建該城，城區範圍在16至19世紀間，沿著河岸不斷擴展。歷史城區裡的建築和都市景觀至今保存一致與和諧性，大部分的公共建築仍維持當初的功能，讓人得以一窺殖民時期的城市景觀。

---

1995 文化遺產

## 鐵拉登特羅國家考古公園
### National Archeological Park of Tierradentro

這個地區分布了許多墓葬穴遺址，顯示這裡曾有個富足且文化發達的古文明，年代約介於西元6~10世紀之間。這些墓穴多半5~8公尺深，最深的有12公尺，墓穴裡以紅、黑顏料繪滿了幾何圖形，同時墓穴裡也發現一些巨大的人形雕刻，與另一座世界遺產聖奧古斯汀考古公園(San Agustín Archeological Park)的巨石雕刻十分類似，只是兩者之間的關聯，以及其功能與文化內涵至今仍是謎。目前園區裡設有博物館展示出土文物。

---

1995 文化遺產

## 聖奧古斯汀考古公園
### San Agustín Archeological Park

從1930年代起，這地區被發現許多雕有人物、動物和神像的石像，有的寫實、有的抽象，展現高度的創造力和想像力。據考證該文明約當西元1~8世紀，可說是哥倫比亞最重要的考古發現。目前對於這些文物所代表的意義仍不清楚，只知他們以漁獵為主，並有高明的製陶技巧。

---

2006 自然遺產 857,500 ha

## 馬佩洛島動植物保護區
### Malpelo Fauna and Flora Sanctuary

距離哥倫比亞海岸線506公里的馬佩洛島，以絕美的海底生態聞名，可説是潛水客之天堂。其中最特別的是龐大的鯊魚，例如長相奇特的雙髻鯊(Hammerhead shark)和白眼鮫(Silky sharks)。

同時，這裡也有多種大型石斑和梭魚，不過，為了維持鯊魚類的大型海洋生物之食物來源無虞，這裡全區禁止捕魚。

## 卡塔赫納的港口、堡壘和遺蹟群
### Port, Fortresses and Group of Monuments, Cartagena

1984　文化遺產

　　哥倫比亞北部的卡塔赫納，位於加勒比海岸，興建於1533年，是西班牙當年在美洲最重要的城市。為了抵禦英國、荷蘭和法國人的入侵，西班牙人在此建設了南美最堅固的堡壘。堡壘內的老城建築景觀十分一致，可分為3區：聖佩卓區(San Pedro)以聖母堂和南西班牙式宮殿為特色；聖地牙哥(San Diego)是中產階級住宅區；蓋特塞馬尼區(Gethsemani)則是古蹟聚集之處。

1994　瀕危自然遺產　72,000 ha

## 洛斯卡蒂奧國家公園
### Los Katíos National Park

　　位於哥倫比亞西北方的洛斯卡蒂奧國家公園占地720平方公里，與巴拿馬的達立安國家公園(Darien National Park)相鄰，這一帶以沼澤和叢林之險惡地形著稱。洛斯卡蒂奧國家公園雖然占地不到全國1%，但其中的鳥種類占哥倫比亞全境的25%。不過，貫穿中南美美洲的泛美高速公路(Pan-American Highway)預計在洛斯卡蒂奧附近興建，勢必影響當地的生態，因而於2009年被列為瀕危自然遺產。

## 哥斯大黎加 Costa Rica

哥斯大黎加位於中美洲地峽，其國名的西班牙文原意是「富庶海岸」。哥斯大黎加陸地面積僅占全球0.25%，但生物多樣性卻高達5%，全國有25%的土地被列為國家公園或保護區，從3座世界遺產都是自然遺產不難看出哥斯大黎加保護大自然之用心。

尼加拉瓜
關納卡斯帝保護區
Area de Conservación Guanacaste
塔拉曼加地區—阿密斯德保護區／阿米斯達國家公園
Talamanca Range-La Amistad Reserves / La Amistad National Park
加勒比海
巴拿馬
太平洋
可可斯島國家公園
Cocos Island National Park

1999　自然遺產　147,000 ha

## 關納卡斯帝保護區
### Area de Conservación Guanacaste

　　關納卡斯帝保護區包括3個國家公園和1個野生動物保護海灣，2004年再把約150平方公里大小的聖艾倫那區(St. Elena)也納進來。這個重要的自然生態系保留了生物多樣性，包括從中美洲一直延伸到北墨西哥的大片熱帶旱林，以及延伸近20公里直到太平洋的紅樹林，是很多瀕絕生物的棲地，例如：海水鱷、不吸血的大型食肉蝙蝠(False Vampire Bat)、欖蠵龜、革龜、美洲豹、紅樹林綠鵑(Mangrove Vireo)、紅樹林蜂鳥(Mangrove Hummingbird)、大鸛鳥(Jabiru Stork)等。

1983　自然遺產　570,045 ha

## 塔拉曼加地區—阿密斯德保護區／阿米斯達國家公園
### Talamanca Range-La Amistad Reserves / La Amistad National Park

　　塔拉曼加地區—阿密斯德保護區位於哥斯大黎加和巴拿馬的山區裡，在密布的雨林覆蓋底下，有著第四紀冰河(250~5萬年前)所留下的地形痕跡。保護區裡至今仍然住著四個不同族群的印地安原住民。這裡孕育著特殊的動植物生態體系，例如貝爾德貘、美洲獅、美洲豹等大型哺乳類動物，以及許多瀕臨絕種的鳥類。
●與巴拿馬並列

©UNESCO/Marc Patry

©UNESCO/Marjaana Kokkonen

1997　自然遺產　199,790 ha

## 可可斯島國家公園
### Cocos Island National Park

　　位於哥斯大黎加太平洋外海約550公里處的可可斯島國家公園，是一座火山島，也是東太平洋地區唯一具有雨林生態系的地方。
　　可可斯島地處於北迴歸線逆流的第一個陸地碰撞點，眾多島嶼和洋流形成複雜的互動，使得這地區成為最佳的海洋地質觀察室。這裡同時也是長尾鯊、雙髻鯊、白尾鯊、魟魚、鮪魚、海豚等大型海洋動物的最佳棲地。

符號說明　登錄時間　遺產面積　遺產類型　文化遺產　自然遺產　綜合遺產　瀕危文化遺產　瀕危自然遺產　瀕危綜合遺產

# 古巴Cuba

加勒比海上的島國古巴，1492年時哥倫布在此登陸，隨後成為西班牙殖民地，直到1898年西班牙、美國戰爭，歸美國所有，接著在1902年獨立。9座世界遺產中有兩座為自然遺產，其餘7座文化遺產除其中一座與原住民相關外，都展現了強烈的殖民文化。

美國

加勒比海

亞歷杭德羅‧德洪堡國家公園
Alejandro de Humboldt National Park

哈瓦那舊城及
防禦工事
Old Havana and its
Fortifications

古巴東南部第一座咖啡農園考古園區
Archaeological Landscape of the First
Coffee Plantations in the South-East of
Cuba

卡馬圭歷史中心
Historic Centre of Camagüey

比尼雅萊斯谷
Viñales Valley

西恩富戈斯都會歷史中心
Urban Historic Centre of
Cienfuegos

格拉瑪台地國家公園
Desembarco del Granma
National Park

千里達與甘蔗谷
Trinidad and the Valley
de los Ingenios

聖地牙哥市的
聖佩卓岩石城堡
San Pedro de la Roca
Castle, Santiago de Cuba

加勒比海

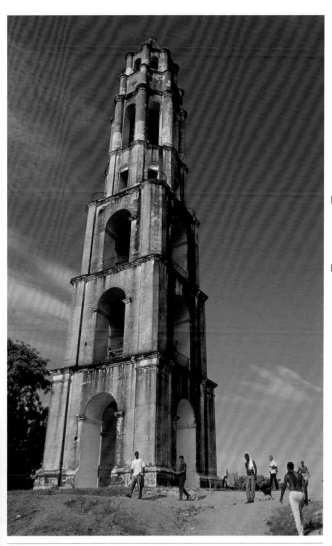

🖉1988　🏛文化遺產

## 千里達與甘蔗谷
### Trinidad and the Valley de los Ingenios

千里達是位於古巴中部靠加勒比海的小城鎮，最早於1514年時，西班牙人Diego Velazquez在這裡建設農莊種植甘蔗，從此成為古巴最主要的甘蔗產區。直到19世紀，千里達不但成為蔗糖貿易中心，也是全古巴最富裕的西班牙地主居住的聚落，但隨著農業發展，非洲黑奴的買賣也越頻繁，千里達淪為最大的黑奴交易市場，為了記憶人類史上的蔗糖工業發展及人種間的不平等，千里達近郊的「甘蔗谷」(Valle de los Ingenios)於1988年時登錄為世界遺產。

距離千里達舊城約12公里遠的「甘蔗谷」，是18世紀蔗園景觀的見證，面積約270平方公里的廣大土地上劃分為70多處甘蔗園，為了運輸甘蔗，還鋪設了一條鐵道穿過谷地中央，雖然蒸氣火車現在已經不再運行，但仍然看到簡陋的火車站矗立在路邊。

最受注目的，是甘蔗谷中央一座高192公尺的鐘塔，塔上的銅製大鐘現在已經搬到地面上展示，但是遊客仍然可以登上塔頂眺望整個谷地，這座塔是當時擁有甘蔗園的地主所建造的，目的在監控整個甘蔗園的作業與安全，當然，比較血腥的說法是，監視者如果發現偷懶或想逃跑的黑奴，可以從塔上直接射殺他們！由這個特殊的建築結構，可以讓遊客更了解當時由地主私法管理地方的特殊社會結構。

# 哈瓦那舊城及防禦工事
## Old Havana and its Fortifications

哈瓦那是西班牙人於1519所建立，17世紀時成為加勒比海的造船重鎮，現在則是200萬多人的居住地。舊城區(La Habana Vieja)是西班牙殖民時期的政經軍事中心，所有超過200年以上的建築都集中在這個區域。整個舊城區像一座活的歷史博物館，這裡的建築融合了巴洛克和新古典主義的元素。除了保存18世紀西班牙殖民時期留下來的豪宅，市民的日常生活也在這裡鮮活呈現。每過中午，舊城各角落都響起樂手們的現場演唱，哈瓦那彷彿從睡眠中甦醒。

整個舊城區可以分別以教堂廣場(Plaza)、軍事廣場(Plaza de Armas)、聖方濟廣場(Plaza de San Francisco de Asis)、舊城廣場(Plaza Vieja)等4個廣場為中心。這些從西班牙殖民時代就留下來的私人豪宅和修道院，在古巴革命之後歸為國有而改為博物館或餐廳，從1990年代古巴政府積極推動觀光開始，大部分建築都開放給大眾參觀，其中最精采的幾棟建築，包括舊城區地標哈瓦那大教堂都圍繞在教堂廣場的四周。

# 聖地牙哥市的聖佩卓岩石城堡
## San Pedro de la Roca Castle, Santiago de Cuba

聖佩卓岩石城堡距離古巴重要的海港聖地牙哥約12公里，是17世紀時為了護衛聖地牙哥而興建。

防禦堡壘精巧地利用海岸地形，與海岸的岩岬融為一體。堡壘建築呈現義大利文藝復興時期之風格，是西班牙人在美洲所建防禦設施的最佳典範，目前保留狀態十分完整。

# 格拉瑪台地國家公園
## Desembarco del Granma National Park

格拉瑪這名稱是為了紀念卡斯楚於1956年由墨西哥前往古巴號召起義成功，當時他所搭乘的船艇名為格拉瑪號。

格拉瑪台地位於古巴東南方，是個持續隆起的海洋階梯地形，同時也形成最壯觀的西大西洋海岸崖壁。而深入西大西洋海底的海洋階梯，也衍生出特殊的海洋生態系。

符號說明　登錄時間　遺產面積　遺產類型　文化遺產　自然遺產　綜合遺產　瀕危文化遺產　瀕危自然遺產　瀕危綜合遺產

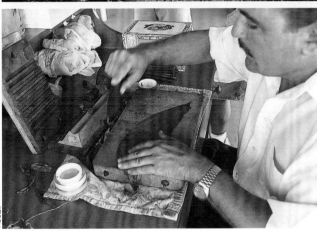

### 🎖2000 🏛文化遺產 🔷81,475 ha

# 古巴東南部第一座咖啡農園
# 考古園區
## Archaeological Landscape of the First Coffee Plantations in the South-East of Cuba

在19~20世紀，咖啡對加勒比海及拉丁美洲地區的經濟與社會有極大的貢獻，位於馬埃斯特拉(Sierra Maestra)山腳下的咖啡莊園遺址，為此留下一個獨特的見證，其他類似的咖啡園區都已不復見。

而這咖啡農園展現了人類如何在艱困的地理條件下，以創意和運用現有素材，所打造的農業文明。

### 🎖2001 🌐自然遺產 🔷71,140 ha

# 亞歷杭德羅‧德洪堡國家公園
## Alejandro de Humboldt National Park

這個國家公園是古巴最大的島嶼，以德國科學家Alejandro von Humboldt為名，以紀念他在此地的研究成果。

這裡的地質環境複雜程度高居加勒比海之冠，而且在中新世至更新世的冰河時期，是許多生物的避寒所，因而該地成為全球生態系統與物種最多樣的地區之一。

更特別的是這裡許多地下岩石都有毒性，所以植物必須發展出一套系統使其足以在如此嚴苛環境下生存，因而發展出特有的新物種，是研究生物適應環境與演化的最佳地點。

### 🎖2005 🏛文化遺產 🔷70 ha

# 西恩富戈斯都會歷史中心
## Urban Historic Centre of Cienfuegos

位於古巴南海岸中心的西恩富戈斯，以甘蔗、芒果、菸草和咖啡的貿易為主要經濟來源。

雖然法國人最早抵達西恩富戈斯，西班牙卻是最早規畫建設這裡的人，也是拉丁美洲第一個運用現代化的概念來興築的都市。現在市中心有6座1819-50年的建築，327座1851-1900的建築，可說是目前世界上最大規模新古典風格的建築群，其中以市政廳、聖羅倫佐學校、主教會堂等最具特色。

### 🎖2008 🏛文化遺產 🔷54 ha

# 卡馬圭歷史中心 Historic Centre of Camagüey

卡馬圭是西班牙在古巴最早建設的7個城市之一，以牧牛和甘蔗種植為主要經濟來源。觀光客在卡馬圭要不迷路都很難，街道彎彎曲曲，到處都有叉路和廣場，一不小心就走到死巷。這種看似混亂的都市設計，與其它拉丁美洲建造於平原上的殖民城市大不相同，據說是為了防止海盜突襲。

歷史城區裡保留了眾多老建築，多半以泥土為主要原料，這可追溯到西班牙南部安達魯西亞的傳統；而門口的半露柱(Pilaster)則顯示了卡馬圭當地的建築傳統。

### 🎖1999 🏛文化遺產

# 比尼雅萊斯谷 Viñales Valley

比尼雅萊斯谷屬於喀斯特溶蝕地形，土壤並不肥沃，但在谷地裡許多原住民部落利用傳承了千年的種植方式，在此種植菸草和穀類。

同時，這些原住民也利用當地建材興建屋舍和打造手工藝品，展現多元民族特色，因此比尼雅萊斯谷地是以特殊文化景觀，而非自然景觀，入選為世界遺產。

# 多米尼克 Dominica

多米尼克是加勒比海小安地列斯群島(Lesser Antilles)上的島國，總面積750平方公里。多米尼克因為呈現未遭破壞的自然之美，因而享有「加勒比海自然之島」的美稱，是小安地列斯群島最年輕的島嶼，因為火山活動活躍，島嶼依然不斷在成長中。

加勒比海

三峰山國家公園
Morne Trois Pitons National Park

加勒比海

 1997　🔔自然遺產　6,857 ha

## 三峰山國家公園
### Morne Trois Pitons National Park

　　三峰山國家公園是個火山地質國家公園，以高1,342公尺的火山為矚目地標，同時還有50個不停冒著泥漿的噴氣孔和噴泉、1個景觀十分荒涼的谷地、3座淡水湖，還有1個不斷冒煙的沸騰湖。該地由於地質景觀十分特別而列入世界遺產，電影《神鬼奇航2：加勒比海盜》也在此取了不少場景。

# 多明尼加共和國
# Dominican Republic

多明尼加位於加勒比海大安地列斯群島上伊斯帕尼奧拉島(Hispaniola)的東半部，為加勒比海僅次於古巴的第二大國。1492年哥倫布在此上岸，成為歐洲人來到美洲的一個永久殖民地，聖多明尼哥城也是西班牙在新世界的第一個首都。

加勒比海

聖多明尼哥
殖民城市
Colonial City of
Santo Domingo

海地

加勒比海

1990　🏛文化遺產　93 ha

## 聖多明尼哥殖民城市
### Colonial City of Santo Domingo

　　首建於1498年的聖多明尼哥，是拉丁美洲最早的殖民城市之一。在約3平方公里的老市區裡，街道規畫成格狀，成為日後拉丁美洲城市建造的典範，在老城牆內有拉丁美洲最早的天主堂、修道院、醫院、博物館和大學，而且最早的法律條文也是在此頒布，聖多明尼哥城因而極具象徵意義。

# 厄瓜多 Ecuador

位於南美洲西北角的厄瓜多，其領土還包括1000公里外海的加拉巴哥群島。4座世界遺產中，自然與文化遺產各半，其中最知名的便是促成《進化論》的加拉巴哥群島，另兩座文化遺產都是殖民城市，其中基多更被認為是拉丁美洲保存最完好的殖民城市。

加拉巴哥群島
Galápagos Islands

哥倫比亞

基多城
City of Quito

桑蓋國家公園
Sangay National Park

太平洋

秘魯

昆卡的
聖安娜歷史中心
Historic Centre of Santa Ana
de los Ríos de Cuenca

©UNESCO/Marielle Richon

 1978　🏛文化遺產　320 ha

## 基多城　City of Quito

　　16世紀在印加城市廢墟裡建起來的厄瓜多首都基多，海拔2850公尺，市內有大小教堂、修道院共87座，儘管1917年遭逢大地震，建築仍然保存完好。這些宗教建築充分融合了西班牙、義大利、摩爾、法蘭德斯，以及印地安原住民的藝術，被視為「基多的巴洛克學派」，富有珍貴的歷史文化價值。

　　聖法蘭西斯科教堂(San Francisco)被視為巴洛克式建築風格的傑作，是西班牙─美洲宗教建築的典範之一；孔帕尼亞耶穌大教堂(Church and Jesuit College of La Compañía)建於1722年至1765年間，教堂正面拱形大門上、四周牆壁以及天花板上鑲嵌有精美的金葉圖案。

○1978 ○自然遺產 ○14,066,514 ha

# 加拉巴哥群島 Galápagos Islands

　　加拉巴哥群島位於東太平洋、赤道兩側，不斷的火山熔岩噴發和地殼隆起形成了這19座年輕島嶼，這裡距離美洲大陸有1000公里之遙，地理位置的孤立加上三股洋流匯聚於附近海域，除了促成生物演化成地方特有種，也成了一個海洋生物的調色盤，鬣蜥蜴、巨型陸龜等特有生物，在1835年達爾文造訪此地後，觸發了他《物競天擇》的演化論學說。因此加拉巴哥群島始終享有「生物博物館及演化櫥窗」的美譽。

　　然而近50年此區因為當地居民高生育率、大量遊客和非法移民，人口爆增40倍，加上人類有意無意帶來的新物種、擱淺船隻油污染和非法濫捕，都對原生族群造成嚴重威脅，因而2007年起被列為瀕危自然遺產，2010年又從瀕危名單中移除。

○1983 ○自然遺產 ○271,925 ha

# 桑蓋國家公園 Sangay National Park

　　桑蓋名稱取自公園內仍定期噴發的活火山，它同時是史上活動持續最久的火山，園內以其渾然天成的秀麗景色及其獨特生態著稱。

　　桑蓋國家公園主要包括三種地形：高山冰河、山麓丘陵、沖積扇平原，許多瀑布自冰河切割出來的懸谷落下，豐沛的雨量和地形落差，形成湍急的河流奔向亞馬遜河盆地，充足水源和濕氣給熱帶平地覆滿了濃密的雨林，遺世獨立的環境讓山獏和安地斯兀鷹在此安身立命。

○1999 ○文化遺產 ○1,837 ha

# 昆卡的聖安娜歷史中心
## Historic Centre of Santa Ana de los Ríos de Cuenca

　　四周環繞著安地斯山脈，位於厄瓜多南部谷地的昆卡奠基於西元1557年，以嚴謹的西班牙矩形布局城市，市容呈現在地與殖民文化完美的交融。

　　目前保存下來的歷史建築物大多建於18世紀，在那個因為出口奎寧(Quinine)、草帽而致富的年代，就連建物也是採用當時最流行的樣式建造。萬眾矚目的地標——藍白穹頂，是新哥德式的新大教堂的一部分，建材採用當地與義大利進口的大理石，隔著卡爾德倫公園(Park Abdon Calderon)與舊大教堂相望。

# 薩爾瓦多 El Salvador

薩爾瓦多是中美洲面積最小、人口最稠密的國家。在歐洲人還沒來到美洲之前，薩爾瓦多住著不同部族的美洲原住民。其中最為知名的馬雅文明遺址，就是被火山爆發封存千餘年的霍亞德塞倫(Joya de Cerén)，留下常民生活的考古證據。

瓜地馬拉
宏都拉斯
霍亞德塞倫考古遺址
Joya de Cerén Archaeological Site
太平洋

📅1993　🏛文化遺產　🌀3,200 ha

## 霍亞德塞倫考古遺址
### Joya de Cerén Archaeological Site

同義大利龐貝城一樣，因西元590年一次拉瓜那火山(Laguna Caldera)劇烈噴發，被火山灰深埋地底，不同的是，這裡的馬雅農村村民有足夠時間逃離死亡命運，只留下傢俱、器皿和留在盤裡未及吃完的食物。考古學家們用石膏灌入火山灰堆積凝成的空洞裡，發現農夫幾個小時前才種下的木薯田，這個重大線索增進了對人類古代植物學的瞭解，讓我們得以窺見前哥倫布時期，中美洲族群的農耕及日常生活。

# 瓜地馬拉 Guatemala

歐洲人來到美洲之前，瓜地馬拉是馬雅文明發光發熱之所在，1519年成為西班牙殖民地，直到1821年才成為獨立的國家。三座文化遺產中除了安地瓜為殖民城市之外，其餘兩座均為馬雅文明遺址，其中提卡爾的金字塔神廟更是中美洲的知名地標。

提卡爾國家公園
Tikal National Park
墨西哥
貝里斯
加勒比海
考古公園及遺跡
Archaeological Park and Ruins of Quirigua
基里瓜
宏都拉斯
安地瓜·瓜地馬拉
Antigua Guatemala
薩爾瓦多
太平洋

# 提卡爾國家公園 Tikal National Park

　　和多數知名的馬雅遺跡最大的不同，是提卡爾隱身在瓜地馬拉北部的皮坦(Petén)叢林之中，高聳的金字塔穿出濃密的雨林頂端，迎向太陽。

　　從鑽木取火的證據顯示，大約西元前700年，馬雅人就開始在附近定居，西元前200年，已經有複雜的建築群從提卡爾北方的衛城豎立起來。到了西元250年左右，也是美洲古典時期的早期，提卡爾已經是馬雅很重要的一座城市，不但人口眾多，更是馬雅的信仰、文化、商業中心。美洲古典時期中期，相當於西元6世紀，提卡爾更

進一步發展為一座擁有10萬人口，超過30平方公里的大城市。不過提卡爾隨後卻陷入衰敗期，直到西元700年前後，俗稱「巧克力王」的阿卡考(Ah Cacau)繼承了王位，一舉把提卡爾推向顛峰，不僅軍事力量強大，更寫下馬雅文明史上最輝煌的一頁，今天提卡爾大廣場(Great Plaza)附近多數遺址，都是這個時期留下的，而阿卡考自己就葬在一號神廟底下。

　　然而西元10世紀，提卡爾和其他古典時期的馬雅城市一樣，突然神秘地被棄置。16世紀西方大航海時代來臨，西班牙傳教士曾經簡略提到這個地方的建築，直到1848年，瓜地馬拉政府派出探險隊，才重新發掘這個古文明遺址。1950年代，提卡爾的叢林中興建了一座簡易機場；1980年代，從鄰近城鎮Flores通往提卡爾的道路修好，進入提卡爾更為便利；1979年，包含提卡爾馬雅遺址在內的提卡爾國家公園，被列入世界遺產的名單。

美洲

薩爾瓦多・瓜地馬拉

1981 文化遺產

# 基里瓜考古公園及遺跡
## Archaeological Park and Ruins of Quirigua

　　西元8世紀時，基里瓜打敗它的宗主國成為獨立自主的城邦，自此開展一段繁榮發展時代，本地出產的紅色砂岩，是絕佳的雕刻藝術素材，此地可以看到馬雅文明的石碑代表作。從淺浮雕到三維立體浮雕，由點狀刻紋象徵神明變為具體形象化，還有馬賽克狀的象形文字。八世紀晚期，進入全新的創作時代，蟾蜍、美洲豹、鱷魚、猛禽這類神話生物都躍上石雕的獸形作品。

1979 文化遺產

# 安地瓜·瓜地馬拉 Antigua Guatemala

　　「安地瓜」意思是舊的瓜地馬拉，它曾是瓜地馬拉殖民政府的首府，建於16世紀初，海拔1500公尺，由於位在地震帶上，1773年的大地震重創了整座城鎮，還好幾座主要的地標性建築物仍從廢墟中保留下來。經過二百多年的發展，這個城市的布局循著義大利文藝復興式的棋盤街廓，建築風格則受到西班牙穆德哈(Spanish Mudéjar)影響，呈現巴洛克式和壯麗的殖民時期教堂，吸引著來自世界各地遊客的目光。

符號說明　登錄時間　遺產面積　　遺產類型　文化遺產　自然遺產　綜合遺產　瀕危文化遺產　瀕危自然遺產　瀕危綜合遺產

## 海地 Haiti

海地位於加勒比海大安地列斯群島上伊斯帕尼奧拉島(Hispaniola)的西半部。不同於拉丁美洲多數國家為西班牙殖民地，海地在獨立之前被法國殖民，在1802年獨立的時候，是拉丁美洲第一個獨立國家，也是世界上第一個由黑人主政的共和國。

加勒比海
國家歷史公園：
堡壘、忘憂宮、
拉米爾斯建築群
National History Park – Citadel, Sans Souci, Ramiers
多明尼加
加勒比海

🖊1982　🏛文化遺產

# 國家歷史公園：
# 堡壘、忘憂宮、拉米爾斯建築群
## National History Park – Citadel, Sans Souci, Ramiers

海地的國家歷史公園裡，標示著海地人19世紀初葉爭取自由的一段歷史。主要可以包含三個部分。

一是位於拉米爾斯(Ramiers)的建築群。其二為忘憂宮(Sans Souci)，19世紀遭叛變的亨利國王以銀色子彈於忘憂宮前自殺，其子10天後亦於此地被革命黨人刺殺身亡，終結君主政權。其三則為堡壘，海地脫離法國統治宣布獨立後，動用大批黑奴興建的軍事基地，以抵禦法國入侵，是今日海地人的自由象徵。

🖊1980　🏛文化遺產

# 科潘的馬雅遺址 Maya Site of Copan

科潘為西元5世紀至9世紀、馬雅古典時期文明的代表城市，不斷的軍事領地擴張讓它在西元8世紀達到極盛。然而過度的人口集中、土地資源濫用，這裡又似曇花一現般迅速凋落，再度被雨林洪水埋沒於荒煙蔓草間，連名稱都不曾為後人傳述，只留下壯麗的金字塔建築群、精緻的雕刻紀念碑、複雜的象形文字，述說著曾經光耀一時的功績，帶給世人無限的想像。如今，考古學家在破譯文字過程中，逐漸還原出精通數學、星象、獻祭的馬雅人形象。

## 宏都拉斯 Honduras

今日的宏都拉斯過去受到西班牙殖民，有別於昔日的「英屬宏都拉斯」，後來獨立成為貝里斯。兩座世界遺產中文化和自然各半，其中科潘的馬雅遺址也是美洲古典時期的代表城市；另一座自然遺產則標示著脆弱的生態，保育刻不容緩。

科潘的馬雅遺址
Maya Site of Copan
加勒比海
瓜地馬拉
薩爾瓦多
太平洋
普拉塔諾河
生物圈保護區
Río Plátano
Biosphere Reserve
尼加拉瓜

🖊1982　⚠瀕危自然遺產　🌐350,000 ha

# 普拉塔諾河生物圈保護區
## Río Plátano Biosphere Reserve

這個生物圈保護區的成立，主要在保存沿著普拉塔諾河這片中美洲剩餘不多的熱帶雨林、瀕臨絕種的生物，還有生活在這片土地上的原住民。

透過釐清土地的使用權，教導原住民合宜的農耕習慣等計畫內容，來保存本區土地的承載力和生態體系，由於本區大部分環境欠缺文件記載，仍需要更深入的調查和記錄。由於生態實在太脆弱，於2011年被列為瀕危自然遺產。

# 墨西哥 Mexico

墨西哥登錄的31座世界遺產為美洲之最，其中文化遺產27座，自然遺產4座。文化遺產大致分成三大類，一為前西班牙殖民時期的古文明城市，以馬雅文明為大宗；一為西班牙殖民城市，多為因礦產而致富；另一類則是20世紀之後才出現的現代建築。

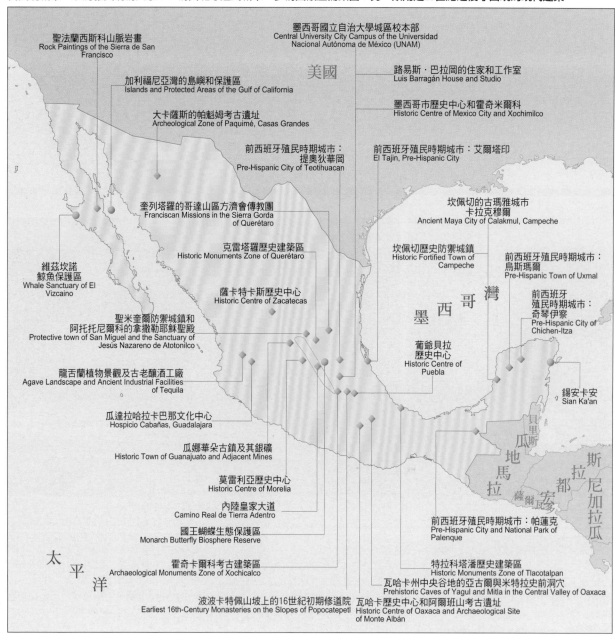

聖法蘭西斯科山脈岩畫
Rock Paintings of the Sierra de San Francisco

加利福尼亞灣的島嶼和保護區
Islands and Protected Areas of the Gulf of California

大卡薩斯的帕魁姆考古遺址
Archeological Zone of Paquimé, Casas Grandes

維茲坎諾鯨魚保護區
Whale Sanctuary of El Vizcaino

奎列塔羅的哥達山區方濟會傳教團
Franciscan Missions in the Sierra Gorda of Querétaro

克雷塔羅歷史建築區
Historic Monuments Zone of Querétaro

薩卡特卡斯歷史中心
Historic Centre of Zacatecas

聖米奎爾防禦城鎮和阿托托尼爾科的拿撒勒耶穌聖殿
Protective town of San Miguel and the Sanctuary of Jesús Nazareno de Atotonilco

龍舌蘭植物景觀及古老釀酒工廠
Agave Landscape and Ancient Industrial Facilities of Tequila

瓜達拉哈拉卡巴那文化中心
Hospicio Cabañas, Guadalajara

瓜娜華朵古鎮及其銀礦
Historic Town of Guanajuato and Adjacent Mines

莫雷利亞歷史中心
Historic Centre of Morelia

內陸皇家大道
Camino Real de Tierra Adentro

國王蝴蝶生態保護區
Monarch Butterfly Biosphere Reserve

霍奇卡爾科考古建築區
Archaeological Monuments Zone of Xochicalco

波波卡特佩山坡上的16世紀初期修道院
Earliest 16th-Century Monasteries on the Slopes of Popocatepetl

墨西哥國立自治大學城區校本部
Central University City Campus of the Universidad Nacional Autónoma de México (UNAM)

路易斯・巴拉岡的住家和工作室
Luis Barragán House and Studio

墨西哥市歷史中心和霍奇米爾科
Historic Centre of Mexico City and Xochimilco

前西班牙殖民時期城市：提奧狄華岡
Pre-Hispanic City of Teotihuacan

前西班牙殖民時期城市：艾爾塔印
El Tajin, Pre-Hispanic City

坎佩切的古瑪雅城市卡拉克穆爾
Ancient Maya City of Calakmul, Campeche

坎佩切歷史防禦城鎮
Historic Fortified Town of Campeche

前西班牙殖民時期城市：烏斯瑪爾
Pre-Hispanic Town of Uxmal

前西班牙殖民時期城市：奇琴伊察
Pre-Hispanic City of Chichen-Itza

葡爺貝拉歷史中心
Historic Centre of Puebla

錫安卡安
Sian Ka'an

前西班牙殖民時期城市：帕蓮克
Pre-Hispanic City and National Park of Palenque

特拉科塔潘歷史建築區
Historic Monuments Zone of Tlacotalpan

瓦哈卡州中央谷地的亞古爾與米特拉史前洞穴
Prehistoric Caves of Yagul and Mitla in the Central Valley of Oaxaca

瓦哈卡歷史中心和阿爾班山考古遺址
Historic Centre of Oaxaca and Archaeological Site of Monte Albán

美國　墨西哥灣　太平洋　瓜地馬拉　貝里斯　薩爾瓦多　宏都拉斯　斯尼加拉瓜

---

🗓1991　🏛文化遺產　🌐390 ha

# 莫雷利亞歷史中心 Historic Centre of Morelia

　　相當於18世紀末期都市大小的莫雷利亞舊城區，保存超過1,000棟主要興建於殖民時期的歷史建物，最具代表性的有：1774年巴洛克風格的大教堂、用本地建築色彩與技巧詮釋洛可可風的聖地牙哥教堂，還有殖民時期建造，直到1910年才停用的古老輸水道。

　　這些建材多使用當地產的帶紅色砂岩，莫雷利亞因而有「粉紅石城」之稱。

---

🗓1998　🏛文化遺產　🌐75 ha

# 特拉科塔潘歷史建築區 Historic Monuments Zone of Tlacotalpan

　　特拉科塔潘離墨西哥灣不遠，倚著河流，是一座興建於16世紀的河港城市，也是西班牙殖民擴張時期的另一個成果。

　　城市建築融合西班牙和加勒比海人傳統的樣式，色彩豐富，至今仍保持城市當初興建的模樣，寬廣的街道，成蔭的樹木栽植在公共空間和私人花園裡。

符號說明　登錄時間　遺產面積　遺產類型　文化遺產　自然遺產　綜合遺產　瀕危文化遺產　瀕危自然遺產　瀕危綜合遺產

**1987** 🏛 文化遺產 ◯ 375 ha

# 瓦哈卡歷史中心和
# 阿爾班山考古遺址
## Historic Centre of Oaxaca and Archaeological Site of Monte Albán

瓦哈卡是典型的西班牙殖民城市，色彩繽紛，街上鵝黃、粉藍、嫩綠的歐式風格房子，一字排開，十分亮眼舒服。由於該地區的地震頻繁，因此房子都有抗震的設計。舊城區裡兼具美觀與實用性的建築，與瓦哈卡西邊郊外的阿爾班山一起被列入世界遺產。

阿爾班山是薩波提克文明(Zapotecs)的首都，也是美洲早期的重要城市之一。這地方的文明約始於西元前5~6世紀，薩波提克人於3 7世紀將阿爾班山帶入巔峰時期，但沒有人知道為何阿爾班山在西元8世紀時突然被遺棄。所遺留下來的建築以石頭為建材而且有厚牆，排水系統規劃得十分完善。阿茲特克人則是在西元700~950年間抵達此地，並善加利用這些城市系統。

**1987** 🏛 文化遺產

# 墨西哥市歷史中心和霍奇米爾科
## Historic Centre of Mexico City and Xochimilco

墨西哥市最早由墨西加人(Mexica)所建，後來成為阿茲特克人(Aztecs)的政治中心。阿茲特克人稱之為特諾奇提特蘭(Tenochtitlán)，意指「仙人掌果實之地」。他們與鄰邦交易與通商，並發展優越的藝術天分興築這個城市。到了15世紀時，市區人口已達20萬，而且在城市及其周遭所建立的運河和水利工程，幾乎和當時的歐洲同樣進步。

然而，在1521年來自西班牙的征服者柯泰斯(Hernlán Cortés)，航海至此並消滅阿茲特克帝國，便在此興建新的西班牙首都。阿茲特克神廟被毀，繼之而起的是西方政治宗教的象徵性建築，如王宮或教堂。舊城裡的中央廣場(Zócalo)曾經是諾奇提特蘭的權利與祭祀中心。阿茲特克神廟遺址(Templo Mayor)建於1375年，之後陸續擴建了好幾次。在阿茲特克的神廟遺址上重建的墨西哥大主教堂(Catedral Metropolitana)，則是美洲最大的教堂，塔高達67公尺，自1525年柯泰斯下令興建到1813年費時長達3個世紀才完工。在這漫長的興建過程也同時反映出建築的多樣型態與內部設計，包含有古典的巴洛克、邱里格拉克(Churrigueresque)和新古典風格。

在墨西哥城南方28公里處的霍奇米爾科(Xochimilco)，仍可見到阿茲特克人所建的人造島和運河，印證了阿茲特克人治理環境的智慧。

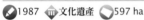1987 🏛文化遺產 ⬡597 ha

# 葡爺貝拉歷史中心 Historic Centre of Puebla

　　葡爺貝拉是個完整保留西班牙殖民風格的城市，市區裡有70多間天主教堂、大主教宮，而且家家戶戶的牆上，都以花磚裝飾，完美地融合歐洲與打丁美洲的美感，混合著17和18世紀的歐洲藝術和墨西哥多彩的活力。西元1531年，西班牙移民因要在附近的宗教中心Choulula建造教堂，而在葡爺貝拉定居下來，8年後這裡發展成重要的天主教中心。

　　葡爺貝拉大教堂(Catedral Basilica de Puebla)位在中央廣場(Zócalo)的南方，大部分的工程是在1649年Juan de Palafox擔任主教期間完成。內部的巴洛克豪華風格令人瞠目結舌，兩座高約66公尺的高塔也是全墨西哥最高的教堂高塔。

　　另一座美麗的教堂是聖多明哥教堂修道院(Iglesia de Santo Domingo)，附設的蘿沙里歐禮拜堂(Capilla del Rosario)是遊客到此膜拜的聖地。整座禮拜堂金碧輝煌，外牆全鑲著純金。

　　另外，由於本區的泥土讓葡爺貝拉所生產的陶器十分有名，再在加上西班牙人引進新的技術與材料，讓這裡成為一個陶瓷藝術中心與工廠集散地，到了18世紀，葡爺貝拉更成為墨西哥最重要生產瓷磚和玻璃的地方。

🖊1987 ⬡自然遺產 ⬡528,000 ha

# 錫安卡安 Sian Ka'an

　　錫安卡安在馬雅語意思是「天空之源」，在猶加敦半島設立這座保護區，希望成為脆弱的熱帶生態平衡的典範。

　　由科學家、技術人員、學生、漁夫、農夫、農業促進者和行政單位共同組成，結合本地與國際資源，執行確實可行的計畫來落實環境政策，保護此區的珊瑚礁、海灘、礁湖、天然井、熱帶樹林等天然景色，豐富的海、陸生物，以及馬雅文明遺址，同時透過環境保護教育，讓當地人的生活與自然生態旅遊相輔相成。

🖊1993 🏛文化遺產 ⬡183,956 ha

# 聖法蘭西斯科山脈岩畫 Rock Paintings of the Sierra de San Francisco

　　氣候乾燥、遺世獨立的條件，讓聖法蘭西斯科山脈的這批岩畫得以完好保存至今。岩畫中部分人形高達二公尺，自古以來，人們相信這些畫是出於「巨人們的競賽」。將近250處的畫作群，內容充滿神蹟、攻防、動物，還有形形色色的抽象符號，規模之龐大全世界少有，構圖精美、畫幅大小、多樣化內容、用色非凡、還有動物和人類形象的原創性，故列入遺產加以保護。

# 前西班牙殖民時期城市：帕蓮克
## Pre-Hispanic City and National Park of Palenque

帕蓮克是墨西哥境內重要的馬雅文化遺跡。城內的神廟、宮殿、廣場、民舍等倚坡而建，錯落有序，形成雄偉壯觀的古代建築群。最著名的建築是王宮(El Palacio)，它高高聳立在梯形平臺上，由13個具地窖的房子、3個地下畫廊和一個高塔組成4個庭院的宮殿。根據石碑記載，國王加冕的地點應該就在這裡。外牆用岩石疊砌，內

部裝飾華麗，四周有壁畫、浮雕和各類雕刻，作工精細，技藝高超。宮殿的正中心佇立了一座5層方形高塔，在馬雅文明的遺跡中從未有類似的建築，其功能尚未有定論。

碑銘神廟可說是帕蓮克最高的建築，是建有8層的金字塔建築，在金字塔的頂端又有一中央階梯，引領到平台上的3間神廟。碑銘神廟的主廳後牆嵌著兩塊灰色大石板，上面攜刻著620個馬雅象形文字，排得十分整齊，如同棋盤上的一顆顆棋子。這兩塊碑銘到底記錄什麼？至今考古學家仍未解開。這些象形文字是由圖形和音符混合組成，初步研究可以猜測這些文字應是記錄帕蓮克和碑銘神廟的歷史。然而，到了10世紀時，帕蓮克一下子就被遺棄了，位處雨林地帶的文明城市，就被與世隔絕的熱帶叢林淹沒，一直到18世紀才重見天日。

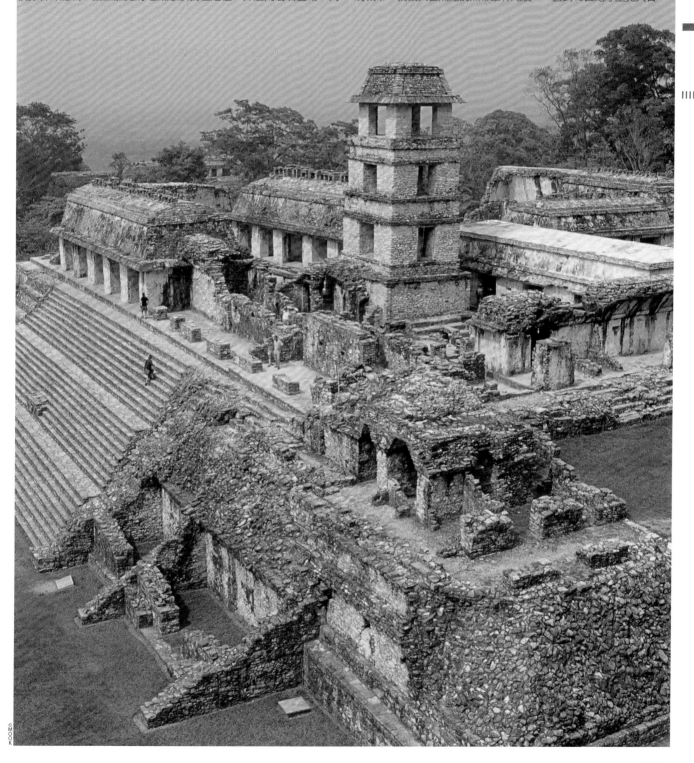

# 前西班牙殖民時期城市：
## 提奧狄華岡 Pre-Hispanic City of Teotihuacan

　　位於墨西哥市東北邊約40公里的提奧狄華岡是最知名的中美洲文明遺跡之一。城市最早奠基於西元1世紀，及至4世紀時，龐大的影響力遠及現今瓜地馬拉的提卡爾(Tikal)，只不過因為這裡的文明不像馬雅人一樣刻製紀念碑，使得考古學家對它的認識非常少。

　　市區裡的大型建築，如日、月金字塔、羽蛇神神廟，都興築於這時候。城市約在7世紀時開始沒落，可能是因城市規模已超過可負荷的規模。

　　當阿茲特克人在14世紀在此重新建城時，提奧狄華岡已荒廢，利用原已規劃良好的市區和大型建築，成了阿茲特克帝國的宗教重鎮。阿茲特克人相信這個被荒廢的城市是由神明所建，因此特命名為提奧狄華岡，意思是「人成為神的地方」。很幸運的，當西班牙人在16世紀時，並未發現提奧狄華岡的金字塔遺跡，這裡才能絲毫未損的保留原來的風貌。

　　提奧狄華岡遺跡以「死亡大道」為中軸，市區作格子狀分割。寬40公尺，長約2公里。太陽金字塔位在死亡大道的東邊，底座222平方公尺，高度超過70公尺。建築時間約西元100年，由300萬噸的石塊、磚塊所堆砌而成，完全沒有利用任何金屬工具或輪子。

　　阿茲特克人相信這座金字塔是獻給太陽神的，而1971年時考古學家在金字塔的西方內部發現了一條長100公尺的隧道通往底部的洞穴，在這裡他們發現了藏有關於宗教的工藝品。因此學者推測有可能是在金字塔建造之前，居住於此的人便在這裡祭祀太陽神。

1988 文化遺產 190 ha

# 瓜娜華朵古鎮及其銀礦
## Historic Town of Guanajuato and Adjacent Mines

曾經供應著西班牙殖民時期四分之一銀礦量的瓜娜華朵，是墨西哥最美麗的城市之一。位在起伏的山林，市區裡狹窄的石板街道、穿越山丘的山洞和一棟棟具有殖民時期風格的建築，讓遊客眼睛為之一亮。 這些都要從1559年時大量發現豐富的銀礦說起。距市區5公里的La Valenciana 銀礦在過去250年間生產全世界20% 的產量，銀礦使該地人民生活富裕，因此市區的巴洛克式及新古典式建築，都妝點得十分漂亮。著名的La Compañia和La Valenciana兩大教堂更是拉丁美洲教堂的代表作之一。

然而在1765年時，西班牙國王卡洛斯三世(Carlos III)大量興稅，因而激怒了這些因富有的銀礦商人，於是1810年獨立運動時，這些富商與礦工便聯合起來幫助對抗西班牙政府。因此現今在城市裡，還會見到一些獨立運動的紀念碑和軍隊碉堡。

1992 文化遺產 240 ha

# 前西班牙殖民時期城市：
# 艾爾塔印 El Tajin, Pre-Hispanic City

托托納克語的艾爾塔印意即「雷聲之地」，這個遺址主要面積不過1平方公里，獨一無二的壁龕金字塔是最具特色的建築，整座金字塔由365個壁龕組成，考古學家推測它有計日的功能，代表1年365天）。遺跡的南面發掘出數座球場，是當時廣泛流行於中美洲遊戲的運動場，根據現存於少數部落的玩法，推測球賽類似排球，主要以臀部去頂橡膠球，但版本會因時因地不同，古典時代晚期的石碑顯示，球賽與人類獻祭連結，在此區獻祭的可能是輸家隊長。

1993 文化遺產 110 ha

# 薩卡特卡斯歷史中心
## Historic Centre of Zacatecas

薩卡特卡斯是個典型的殖民地風格城市，充滿巴洛克風格的舊市區被列入世界遺產。這個昔日因為在16世紀時意外發現銀礦而鼎盛的城市，周遭山丘裡的6000噸銀礦一下子就被採光了。雖然銀礦業就此沒落，不過在當地因銀礦而發了財的富商贊助下，藝術風潮還是一窩蜂的擁進這裡，大型的殖民風宅邸、漂亮的公園分批建立，造就今日薩卡特卡斯的美麗城市風貌。原本稱為Nuestra Señora de Asunción的大教堂，是拉卡提卡斯的驕傲。以粉紅色砂岩打造的教堂，大門上有3層繁複的浮雕，包含12使徒、天使、裝飾著花卉和水果的基柱和柱子。

1994 文化遺產

# 波波卡特佩山坡上的
# 16世紀初期修道院
## Earliest 16th-Century Monasteries on the Slopes of Popocatepetl

分屬於方濟會、多米尼克、聖奧古斯丁三大教團的修道院，散落在波波卡特佩的山坡上，個個結構嚴謹，氣勢宏偉地俯瞰山下的聚落。16世紀時，從歐洲來的傳教士迅速改變印地安人的原有信仰，而這些修道院就是當時這個區域基督教的信仰中心。修道院以禮拜堂為中心，飾以壁畫和雕刻，大部分描繪著基督、聖母瑪利亞、天使和其他聖者的故事，哥德式的莊嚴建築，讓人不禁興起敬慕之心。

1993 自然遺產 370,950 ha

# 維茲坎諾鯨魚保護區
## Whale Sanctuary of El Vizcaino

維茲坎諾位在下加利福尼亞半島，包含兩個潟湖帶，這裡氣候乾燥，水份蒸發率高達98%，在這樣的極端條件上，形成有趣的生態景象。海岸線上長滿了紅樹林，灰鯨、藍鯨、海獅、海豹、海象都到此區繁殖、避寒；四種瀕臨絕種的海龜也在這裡繁衍後代。雖然成立保護區多年，但近來鑽油工業和經濟雙重發展，日益繁忙的海上交通，不斷威脅這裡的生態，就連遊客賞鯨的動力船也是壓力來源之一。

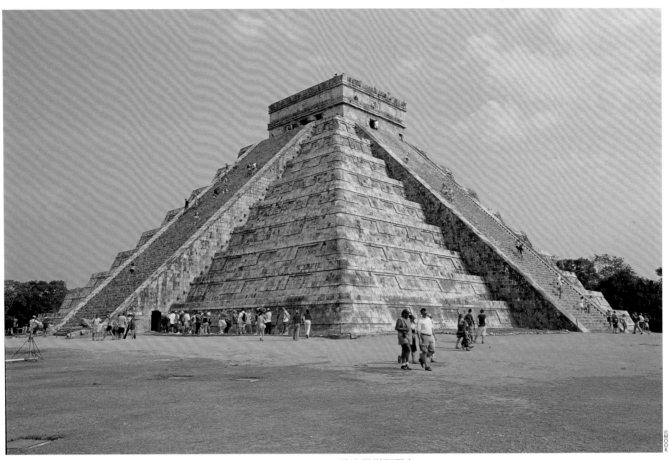

縮小至梯形平台。

而從側面看，每個側面都有長長的階梯通往頂部，每座階梯各有91級台階，在最上面的平台上還有一台階。若以每座階梯各有91級台階，即4座一共364級台階，加上上面的一級，不多不少，正好是太陽年一年365天的天數。另外，9層塔座的階梯又分為18個部分，這正好又對應著馬雅曆法中一年的月數。還有，金字塔每個側面都排列了52片雕刻精美的石板，52這個數目，又恰巧是馬雅人的曆法週期，因為他們堅信每52年，天國的神會回來一次。

另外，這個精心設計過的神廟，在每年的春分和秋分的日落時刻，北面一組台階的邊牆會在陽光照射下形成7段等腰三角形，連同底部雕刻的蛇頭，宛若一條巨蟒從塔頂向大地游動，象徵著羽蛇神在春分時甦醒，爬出廟宇，秋分日回去。每次，這個奇景持續整整3小時22分，分秒不差。平台上建有方形台廟，台廟是馬雅人為供奉庫庫爾坎神，也就是為羽蛇神而修建的。馬雅人認為羽蛇神是天神和雨神的化身，可以帶來風調雨順。

## 🖊1988  🏛文化遺產

# 前西班牙殖民時期城市：
# 奇琴伊察 Pre-Hispanic City of Chichen-Itza

奇琴伊察是猶加敦半島最重要的馬雅遺跡之一，所留下的壯觀建築顯示人類卓越的智慧與才智。在千年的歷史裡，馬雅(Maya)、托爾特克(Toltec)、伊察(Iztec)等民族，紛紛在這些巨大的石造建築裡，留下了印記。然而，奇琴伊察為何在14世紀時突然變成無人的荒城，至今仍舊是個謎。

奇琴伊察最重要的建築，是名為庫庫爾坎(Kukulkan)的神廟，又稱金字塔神廟(El Castillo)。占地3000餘平方公尺，由塔身和台廟兩部分組成。金字塔底座呈四方形，邊長55.5公尺，塔身9層，向上逐層

## 🖊1996  🏛文化遺產

# 克雷塔羅歷史建築區
## Historic Monuments Zone of Querétaro

克雷塔羅巧妙結合印地安人聚落與西班牙殖民者住宅區，曲折的巷弄對上棋盤式整齊的街景，盤踞東西各一方，恰似對照組般地奇趣。聖十字修道院是東城區最突出的建築物，伴隨著美洲印地安典型民居，修道院西側廣場周邊環繞雕琢的巴洛克式建築；西城區仿西班牙城市嚴謹布局，漂亮的教堂和公眾建築佇立其間，其中共和劇院(the Teatro de la República)承載許多歷史上重要一刻，包括墨西哥國歌首次演奏、帝國末代皇帝受審及公告憲法等。

## 🖊1996  🏛文化遺產

# 前西班牙殖民時期城市烏斯瑪爾
## Pre-Hispanic Town of Uxmal

烏斯瑪爾遺址保存完整，仍可以看出原來的布局，完全要歸功於興建當時的用心，工匠仔細將石塊切割平整後輔以灰漿堆疊砌上，不像大部分的馬雅建築只是靠灰漿與石頭的結合，故此地的遺址經過修復和強化之後，可以讓參觀的遊客爬上金字塔參觀。

由於地形水源取得不易，建築設有儲水設備，雨蛇神更是重要的裝飾象徵，「巫師金字塔」外形呈橢圓形，和其他矩形金字塔大不相同。此外，它還有個矮人一夜起樓的傳說。

## 瓜達拉哈拉卡巴那文化中心
### Hospicio Cabañas, Guadalajara

1997　文化遺產

位於瓜達拉哈拉的卡巴那文化中心原是救濟孤兒、老人和殘障貧苦人士的慈善中心，新古典風格的建築為西班牙建築師Manuel Tolsá於1805~1810年間所設計。建築師在設計時，在設施方面就已考慮到幼童和殘障不便者的需求，這在當年可說難能可貴。取名為Cabañas是為了紀念當時的主教Don Juan Cruz Ruiz de Cabañas在此收養並教育孤兒的功德。他的愛心也受到後人繼續遵從，持續了150年之久，在1980年時收養的孤兒人數還高達到3000人之多。這裡最引人注目的是滿布著壁畫的禮拜堂，這是由墨西哥最偉大壁畫家之一José Clemente Orozco所繪，除了圓頂上，四面牆上還有53幅畫。

## 大卡薩斯的帕魁姆考古遺址
### Archeological Zone of Paquimé, Casas Grandes

1998　文化遺產

西班牙展開殖民之後，人們突然自大卡薩斯地區這個文化商業據點撤離，留下龐大就地曬製的泥磚聚落、I字型的球場、石臺、市集和精心設計的配水、儲水、排水系統，除此之外，還有許多精緻的銅鈴、陶器、大量的珍珠……等工藝產品，這些產品相信是來自於活躍的貿易活動。

它對北美文明發展研究具有重大意義，考古學家在此地還發掘出包覆著亞麻織品的木乃伊，及一個以亞麻仔細包裹的含鐵隕石。

## 墨西哥國立自治大學城區校本部
### Central University City Campus of the Universidad Nacional Autónoma de México (UNAM)

2007　文化遺產　177 ha

這所綜合性大學興建於1949-1952，是由超過60位建築師、工程師、藝術家通力合作，所完成的二十世紀現代主義獨特作品。校區整合了都市生活、建築學、工程學、景觀設計、藝術，尤其是融入了墨西哥被殖民之前的傳統元素，將社會和文化價值具體形象化，成為現代拉丁美洲意味深長的標誌。

## 路易斯·巴拉岡的住家和工作室
### Luis Barragán House and Studio

2004　文化遺產　23 ha

路易斯·巴拉岡(Luis Barragán，1902~1988)被譽為二十世紀墨西哥最偉大的建築師，以融合墨西哥當地建材與西班牙風格聞名，巴拉岡的建築裡充滿對大自然的渴望，作品風格深受建築大師柯比意和包浩斯兩大流派影響，自歐遊學返回墨西哥後再添加現代主義元素。他的家和工作室位於墨西哥市郊區，建於1948年，是二次世界大戰後的傑出巨作，這棟水泥建築總面積1,162平方公尺，共有三層樓及一座私人花園，融合現代、傳統以及當地的藝術潮流和元素，成為全新的典範，對於當代庭院、廣場、景觀設計產生重大影響。

## 霍奇卡爾科考古建築區
### Archaeological Monuments Zone of Xochicalco

1999　文化遺產　708 ha

霍奇卡爾科這座城市處於政治體系統崩潰，導致文化頻繁重組的時代，這個強化版的政教商業中心，主要公共建築蓋在斜坡的人工平台上，建築型式和圖像藝術與提奧狄華岡(Teotihuacan)、馬雅、麥特拉欽卡(Matlatzinca)等文化相似，大羽蛇神殿便是其中代表。

觀測太陽的天文台精巧設置，除了天文觀測研究之外，並有宗教上的用途。可惜的是，西元9世紀時，這個城市被大火毀於一旦。

## 坎佩切歷史防禦城鎮
### Historic Fortified Town of Campeche

1999　文化遺產　181 ha

坎佩切蓋在如今幾乎找不到任何遺跡的馬雅城市遺址上，西班牙征服者為了保護殖民勢力，抵禦來自加勒比海海盜的攻擊，將這個棋盤式的城市用厚重的城牆圍了起來。

這座長達2,560公尺長的不規則六角形城牆，連結當時八個防禦工事，保護住在裡頭的西班牙人。城牆共有四個城門供人們來往城內外，今日主要的陸路城門，每週有三次聲光秀，招徠觀光客佇足欣賞。

## 龍舌蘭植物景觀及古老釀酒工廠
### Agave Landscape and Ancient Industrial Facilities of Tequila

2006　文化遺產　35,019 ha

位於瓜達拉哈拉郊區50公里遠的龍舌蘭鎮，顧名思義，就是墨西哥「國酒」的產地。在這個美麗的河谷地帶，製造龍舌蘭酒已有2000年以上的歷史，而近數十年來國際間對龍舌蘭酒的喜愛，更使其成為墨西哥的象徵，因此這片藍色龍舌蘭園和釀酒工廠，於2006年被列入世界遺產。受保護的範圍包括龍舌蘭鎮、阿連那 (Arena)、阿瑪提坦(Amatitan)這3個城鎮。由於釀酒的技術融合了西班牙殖民前的傳統發酵技術，以及歐美引進的蒸餾科技，而該特色也反映在酒廠的建築上，使這地區的文化景觀，展現獨一無二的特性。

小小的龍舌蘭鎮還保留一股寧靜的殖民時期風味，可參觀龍舌蘭蒸餾廠和龍舌蘭博物館(Museo del Teuila)。參觀行程從進入龍舌蘭田地開始，觀賞如何收割龍舌蘭或鋤草，還可親自試砍粗厚的龍舌蘭葉，之後再前往蒸餾廠逐一暸解製造龍舌蘭酒的過程。

## 坎佩切的古瑪雅城市卡拉克穆爾
### Ancient Maya City of Calakmul, Campeche

2002　文化遺產　3,000 ha

壯麗的遺址深藏在叢林中，直到生物學家搭機飛越並給它取了馬雅名字「兩個比鄰的金字塔」，才開始揭露卡拉克穆爾神秘面紗。根據散布的蛇首標記「肯」(Kan)顯示，卡拉克穆爾統治極大的區域，時間長達12個世紀，這裡有總數最多的馬雅碑記，成雙成對設置，只可惜石碑材質軟弱，多半已經模糊無法解讀。壁畫和陶器是此地的瑰寶，多幅有關「九石姑娘」(Lady Nine Stone)的壁畫，鮮活了馬雅市集印象；陶器材質來源相當於「肯」的地區，成為勢力範圍的最佳佐證。

## 聖米奎爾防禦城鎮和
## 阿托托尼爾科的拿撒勒耶穌聖殿
### Protective town of San Miguel and the Sanctuary of Jesús Nazareno de Atotonilco

2008　文化遺產　47 ha

為保持這條西班牙於中美洲來往殖民地之間的內陸交通順暢，西班牙殖民者於16世紀興築這座防禦城鎮，到了18世紀發展達到巔峰。這兩個多世紀期間，建築風格正由巴洛克轉為新古典主義，因所處的位置和擔負的功能，使它扮演西班牙、克里奧爾(Creoles)、印第安文化融合的舞台，隨處可見歐洲與拉丁美洲交互激盪出來的火花。距離聖米奎爾14公里的拿撒勒耶穌聖殿正是這股風潮下的代表作。

2010 🏛 文化遺產 3,102 ha

# 內陸皇家大道 Camino Real de Tierra Adentro

又稱為「白銀之路」的內陸皇家大道，是一條長約2600公里，從墨西哥的墨西哥市一直向北延伸，經過美國德州、直達新墨西哥州的聖胡安·普韋布羅市(San Juan Pueblo)的跨國貿易大道，該大道位於美國的路段，早在2000年時已被當地政府明訂為國家歷史路徑。這條大道沿途共經過55處景點和5座世界遺產，在1598~1882年將近300年的時間裡，主要用來運送從薩卡特卡斯(Zacatecas)、瓜娜華朵(Guanajuato)、聖路易波托西(San Luis Potosí)等城鎮出產的白銀，以及從歐洲進口的水銀。儘管這條大道發展的目的和鞏固的原因離不開礦業，然而它同時也促進了西班牙人和美洲印第安人之間社會、文化以及宗教關係的創立。

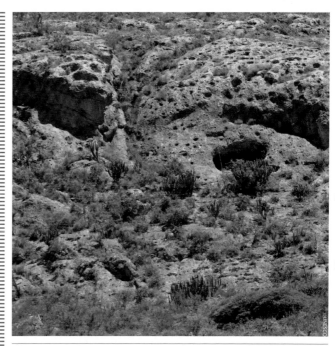

2010 🏛 文化遺產 1,515 ha

# 瓦哈卡州中央谷地的亞古爾與米特拉史前洞穴 Prehistoric Caves of Yagul and Mitla in the Central Valley of Oaxaca

瓦哈卡州有兩處與薩波特克文明(Zapotec)有關的重要考古遺跡，它們坐落於特拉克盧拉山谷(Tlacolula valley)的北坡，保留了一系列史前洞穴與岩石避難所，寫下遊牧獵人群集後轉任首批農民的考古與巨石藝術證據。

亞古爾的名稱原意為「古樹」，米特拉則為「長眠之地」，在這兩處考古遺跡的洞穴中，發現了1萬年以前的葫蘆科種子，被認為是大陸上最早出現的農作植物；同樣出現於洞穴中的玉米穗軸碎片，據信是最早將玉米當成作物的歷史證據。

亞古爾與米特拉史前洞穴文化景觀，展現了人類與大自然之間的關聯，這項將野生植物當成家用作物的起源，使得中美洲文明得以誕生、發展。

2008 🌿 自然遺產 13,552 ha

# 國王蝴蝶生態保護區 Monarch Butterfly Biosphere Reserve

每年秋天，數十億萬計的蝴蝶，自北美各地飛到墨西哥市西北方大約100公里處，約56,259公頃的山區避冬，簇擁著這片相對牠們的數量來說有些小的樹林，以其斑斕的彩衣將樹林妝點得十分繽紛，連樹枝都要被牠們集體的重量壓彎了下來。這場蝴蝶的盛會，待到回暖的春天，便是散場時分。其中部分蝴蝶是要飛回加拿大東部的，長達八個月的遷徙路程，歷經四個世代的交替，牠們的後代又會再回到這個避寒之地，只是這條遷徙之路至今仍是個謎。

2003 🏛 文化遺產 104 ha

# 奎列塔羅的哥達山區方濟會傳教團 Franciscan Missions in the Sierra Gorda of Querétaro

位於奎列塔羅哥達山區的這五個方濟會傳教團建立於18世紀中葉，見證了墨西哥內陸地區基督教化過程的最後階段，成為往後教會繼續前往美國加州、亞歷桑那、德州傳教的重要參考。他們在哥達山區裡建立的教堂會所，富有傳教者的創意和印第安華麗的風格，此地的印地安人在教堂裡信教、受洗，除了保留自己的語言，也依著教堂周邊建立起他們的家園，全心全意奉獻給教會。

2005 💧 自然遺產 688,558 ha

# 加利福尼亞灣的島嶼和保護區 Islands and Protected Areas of the Gulf of California

位於墨西哥加利福尼亞灣區的科提茲海(The Sea of Cortez)，涵蓋244座島嶼以及海岸地區，被稱作「物種演化研究的天然實驗室」。地球海洋生成過程時時刻刻在這裡上演，構造運動和火山作用所形成的特殊地形、清澈的海水、燦爛的陽光，交織出與眾不同的景象，本區有695種維管束植物、891種魚類(其中90種為地區特有種)，而全世界的海洋哺乳動物，這裡的種類就占了39%；鯨魚種類之多為世界第三位，相較於其他類似的生物地理條件，其重要性無可比擬。

# 尼加拉瓜 Nicaragua

尼加拉瓜是中美洲地峽上面積最大的國家，全國主要分成三大區：太平洋低地、中部高地和加勒比海低地。被列為世界遺產的均為文化遺產，都是被西班牙殖民之後的產物，一為被廢棄的殖民城市，一為中美洲最大的教堂。

🥇2000　🏛文化遺產　◇32 ha

## 舊萊昂遺址 Ruins of León Viejo

萊昂是西班牙在美洲最早的殖民城市之一，十六世紀時，由於位在摩摩托波(Momotombo)火山腳下，一直飽受火山活動影響，1594-1610年期間地震更加頻密劇烈，在徵得居民同意後放棄此城另遷他地，從此時光停駐，再也未被城市擴張和都市計畫改變。

雖然此城最終仍然避不過自然摧殘而煙滅，經過挖掘之後又持續受風侵雨蝕而危殆，然而因其布局與同時期於拉丁美洲建立的城鎮類似，為其他考古遺址調查的最佳參考。

🥇2011　🏛文化遺產　◇0.77 ha

## 萊昂大教堂 León Cathedral

萊昂大教堂位於瓜地馬拉萊昂省首府，建於1747年到1814年，並且在1860年接受天主教教宗庇護九世(Pope Pius IX)的祝聖，至今仍是中美洲最大的教堂。

1762年，瓜地馬拉建築師迪耶哥‧荷西(Diego José)對萊昂大教堂進行大幅度的修建，他在巴洛克與新古典主義的建築手法之外，巧妙融入了哥德與文藝復興時期的藝術元素，並且將西班牙式的矩形建築格局跟瓜地馬拉當地的建築比例結合在一起，使得萊昂大教堂呈現濃厚的折衷主義風格。另外一個很獨特的地方是，萊昂大教堂的內部裝飾相當簡單樸實，並且引進大量的自然採光，但聖殿的拱頂卻裝飾得極為繁複華麗。

萊昂大教堂也是一些重要藝術品的收藏地，其中包括法蘭德斯木的祭壇，以及由19世紀末至20世紀初的尼加拉瓜藝術家安東尼奧‧薩里亞(Antonio Sarria)所創作，以基督受難苦路十四站為主題的數幅畫作。

🥇1981　⬤自然遺產　◯575,000

## 達立安國家公園 Darien National Park

達立安國家公園既是巴拿馬，也是中美洲面積最大的國家公園，坐落於連接南北美洲的陸橋上，兩大陸塊的生物來到這裡，既是活動界限，但也彼此交融。從沙灘、岩岸、紅樹林沼澤、低地至山地雨林，提供絕佳的生物棲地，混雜的生物基因數量龐大，環境與生物交織出迷人的景象。

# 巴拿馬 Panama

巴拿馬是中美洲最南的國家，連接北美洲與南美洲。五座世界遺產中有三座是自然遺產，由於其地理位置特殊，南北兩大洲的的物種來到這裡既形成一個天然屏障，卻也產生有趣交融，這三座自然遺產更顯其獨特。另兩座文化遺產則是西班牙殖民城市。

🥇1980　🏛瀕危文化遺產

## 巴拿馬加勒比海沿岸防禦工事：波多貝羅到聖羅輪佐
Fortifications on the Caribbean Side of Panama: Portobelo-San Lorenzo

加勒比海岸的天然深水港波多貝羅，是16至18世紀西班牙貿易艦隊必經航線，也是重要的白銀出口港，1668年，惡名昭彰的海盜亨利摩根因惱恨這裡的優良防禦工事，攻破之後燒殺擄掠14天，全城財富幾乎被搜刮殆盡。1739年，英國打敗西班牙占領此地，這場戰役曝露西班牙艦隊的弱點，從此改變艦隊巡航策略；而波多貝羅的經濟受此重大打擊從此一蹶不振，直到巴拿馬運河開鑿。這些防禦工事一直從波多貝羅延伸到聖羅倫佐要塞附近。因為這些防禦工事年久失修，加上市區無止境地開發擴張，2012年被列為瀕危文化遺產。

📷2005 🌿自然遺產 🔷270,125 ha

# 柯意巴國家公園及海洋保護區

**Coiba National Park and its Special Zone of Marine Protection**

　　柯意巴島是中美洲太平洋岸最大的島，原與大陸相連，海水上升後分離變成島嶼。島上原和大陸同種的生物，經萬年演化後，在外貌和行為上與大陸親屬歧異，形成地方特有亞種。由於島上巴拿馬當局設置的恐怖監獄直到2004年才關閉，長期隔離未開發的環境恰成生物避難所，四周海域受惠於特殊的地理位置避開了冷風和聖嬰現象，提供海洋新物種充分發展的空間。柯意巴國家公園所保護的正是柯意巴島、周邊38座小島，以及奇里基灣(Gulf of Chiriqui)裡的海洋生態。

●塔拉曼加地區─阿密斯德保護區／阿米斯達國家公園Talamanca Range-La Amistad Reserves / La Amistad National Park

**詳見哥斯大黎加**

||||||||||||||||||||||||||||||||||||||||||||||||||||||||||||||||||||||||||||||||

📷1997 🏛文化遺產 🔷57 ha

# 舊巴拿馬考古遺址與
# 巴拿馬歷史區 Archaeological Site of Panamá Viejo
and Historic District of Panamá

©UNESCO/Jim Williams

　　舊巴拿馬為巴拿馬城前身，建城以來雖歷經無數次災難，這個在太平洋岸輸出黃金白銀的城市，仍然持續穩定發展。1671年，海盜亨利摩根攻擊劫掠此地，交戰引發的大火造成數千人死亡，城市因而西遷重建。新城承續舊城的規劃興建，至今保存完整的街道布局與建築原貌，其中包括玻利瓦爾室(Salón Bolívar)這個推動泛美洲議會的歷史現場。

---

🏳 # 巴拉圭Paraguay

　　巴拉圭是南美洲的內陸國，巴拉圭河貫穿而過，因為於南美的中心點，而有「南美心臟」之稱。16世紀時成為西班牙殖民地，兩百年後於1811年獨立。唯一的一座世界遺產便是殖民時期，扮演原住民與殖民統治者調和角色的耶穌會。

玻利維亞
巴西
帕拉納和塔伐蘭克的
耶穌會傳教社區
Jesuit Missions of La Santísima
Trinidad de Paraná and Jesús de
Tavarangue
阿根廷

📷1993 🏛文化遺產

# 帕拉納和塔伐蘭克的
# 耶穌會傳教社區
Jesuit Missions of La Santísima Trinidad de Paraná and
Jesús de Tavarangue

　　西班牙武力殖民南美洲，原住民既失去家園又陷入被奴役的地位，因而反叛、暴動與殖民者衝突不斷，直到耶穌會介入，才稍加改善這樣的關係。耶穌會教徒傳教之餘，建立了大約三十個原住民自給自足的社區，傳授知識、建立公眾秩序，帶動經濟社會發展，對於日後巴拉圭的發展有深遠的影響。帕拉納是其中最大的一個；至於塔伐蘭克，在耶穌會被驅離時，則仍在興建中。

美洲

尼加拉瓜・巴拿馬・巴拉圭

©UNESCO/Jim Williams

# 秘魯 Peru

秘魯曾是古印加帝國的中心，11 座世界遺產中，包括文化、自然以及綜合遺產，可說座座都是重量級。不論是比印加文明更早的查文、昌昌、納茲卡、卡羅爾－蘇沛，還是代表印加的庫斯科、馬丘比丘，在在說明了秘魯在古文明歷史的不凡成就。

 1983　文化遺產

## 庫斯科城 City of Cuzco

庫斯科是印加古文明的首都，在印加文明鼎盛時期腹地涵蓋現今庫斯科的版圖和Sacsayhuaman的遺跡，當時住民近三十萬，都市幅員之大、盛極一時。印加文明以最重要的太陽神殿(Coricancha)為中心，四通八達的印加古道貫通庫斯科以及四方省分，而世代印加王就居住在這塊聖地。

印加人相信庫斯科是由雄才大略的印加王九世Pachacuti一手建造，但是考古學的證據顯示，庫斯科更早於西元1100年即開始興建，在崎嶇不平的山坡上用堅固的印加基底，建立出雄偉的紅色山城，直到1534年的3月23日，西班牙的征服者法蘭西斯科畢薩羅(Francisco Pizarro)用計俘虜印加王為止。

為了宗教上的統治，許多重要的印加宮殿都被破壞改建成教堂，只保留了不易撼動的印加基石，最著名的就是改建成聖多明哥(Santo Domingo)教堂的太陽神殿，在1650年和1950年的大地震中都變成斷垣殘壁，但是基底的太陽神殿卻一磚一瓦毫髮未傷。

庫斯科是參觀印加文明博物館的重鎮，以武器廣場為中心，太陽大道上是各式紀念品、金銀飾和駱馬製品的寶庫，穿插在街道裡不乏許多道地美食。欲一探其他印加遺跡，庫斯科也是必經的起點，走在城市裡撫摸著千年來固守著印加古靈的石牆，讓人驚嘆當時卓越的工藝技術。

©Celebrity Cruises

●1983 🏛綜合遺產 ◯32,592 ha

# 馬丘比丘歷史保護區
## Historic Sanctuary of Machu Picchu

印加人相信馬丘比丘是由印加王九世Pachacuti於1440年左右所建造，位於庫斯科西北方100公里處，環繞著Urubamba河，坐落在山嵐繚繞的靈山Wayna-pichiu旁，是印加文明保存最完整的聖地，也因擁有「失落的城市」的神秘歷史，而讓所有想一探印加文明的遊客為之瘋狂。

馬丘比丘以宗教儀式、貴族祭司住所和供養他們的平民區，架構出這個被認為是印加貴族感受古靈的修養中心，在西班牙征服者入侵後，因為馬丘比丘不易發現，西班牙人一直無緣找到這個地方，也因此讓這個美麗又神祕的城市，得以在歲月中優雅的引匿了將近四百年的時間。直到1911年，美國歷史學者賓漢(Hiram Bingham)機緣巧合在土著的帶領下找到此地，以《失落的城市》為名，發表著作讓整個西方世界驚豔於它的美麗。

環繞在群山之中的馬丘比丘，有著讓人難解的神祕力量，也是印加古道的必經行程之一，在1983年並列文化與自然雙重遺產。

然而受到印加古文明吸引，每年來到此地的觀光客總是為數眾多，也讓憂心遺跡崩壞的聯合國教科文組織頻頻發出警告。

●1985 🏛文化遺產

# 查文考古遺址 Chavin (Archaeological Site)

西元前1500至西元前300年的查文文化，夾縫生存於西部乾涸的荒漠和東部潮濕多雨的亞馬遜低地之間，這個位在南美安地斯山脈上的考古遺址，無論地上、地下物產都比較豐富，周圍的土地適宜耕種和放牧，最早有組織的美洲駝隊可能為查文人帶來當地沒有的物產，隨著貿易往來，這個文化曾經盛極一時。

目前已發掘的遺址多為宗教祭祀中心，主要是一些階梯狀建築和廣場，並有縱橫交錯的長廊和大量獸形的裝飾物。

●1985 💧自然遺產 ◯340,000 ha

# 華斯卡蘭國家公園 Huascarán National Park

華斯卡蘭國家公園地處世界最高熱帶山脈——布蘭卡山脈(Cordillera Blanca)，主峰華斯卡蘭峰海拔6,768公尺，園內處處可見高原、峽谷、冰河和眾多海拔6,000公尺以上的山峰，其中有663處冰河、296座湖泊與3條主要河流的41條支流，景色壯闊秀麗、生機盎然。擁有豐富的植被與動物群，超過779種植物與112種鳥類，並生長著獨一無二的巨型開花植物Puyas Raimondi，可長到10公尺高，生命週期長達40年，每株可開3000朵花並結出600萬顆種子。

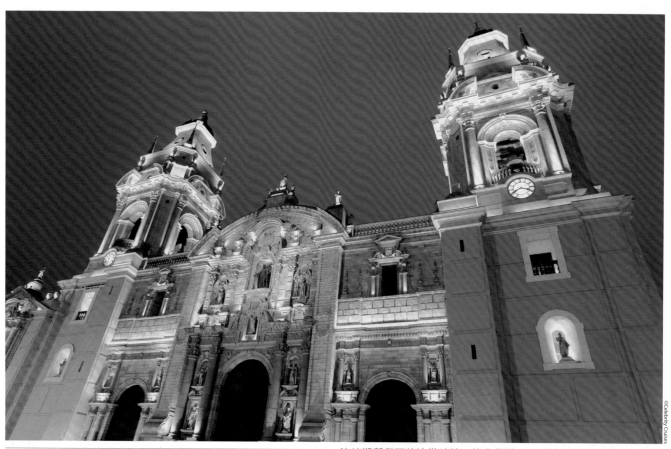

©Celebrity Cruises

🖊1988　🏛文化遺產　◯200 ha

# 利馬歷史中心 Historic Centre of Lima

　　直到18世紀中葉，利馬是西班牙殖民南美洲時期最重要的城市，因而有「國王之城」的稱號。儘管遭到數次地震毀損，西班牙統治時期所留下的這批建築，擁有超過1,600個各式各樣的陽台，它的設計有如劇院的包廂，突出於建築之外、道路之上，為了維持「利馬的陽台」始終如新，市政府歡迎企業和個人認養，共同保存這個城市的特色。除此之外，殖民時期為彰顯西班牙皇權，每位派任的總督極盡奢華之能事，許多重要建築雕飾得十分精緻華麗，其中最具代表性的大主教宮殿及聖法蘭西斯科女子修道院（Convent of San Francisco），吸引著許多遊客的目光。

🖊1994　🏛文化遺產

# 納茲卡和潘帕斯珠瑪納的
# 地面線條與圖騰
Lines and Geoglyphs of Nasca and Pampas de Jumana

　　科學家相信，納茲卡線條是西元前200年到西元600年間納茲卡文明的產物。納茲卡文明和印加文明的起源相同，都源自玻利維亞的太陽島，但納茲卡文明又比印加文明還要早上近1500年的時間。納茲卡沙漠表層覆蓋著一層赭紅色的氧化鐵，如果刮去了表面這一層氧化鐵，就會露出下面較為淺白的裡層，在科學上十分容易理解，然而散落在納茲卡沙漠大大小小千百個巨大圖騰，它們究竟透露甚麼樣的意圖？

　　多數人認為這是起源於一種宗教儀式，住民透過這個「上帝才能看見」的圖騰，來表達崇敬的信仰，或是祈求降下足夠的甘霖讓作物生長。一個個圖騰橫跨的面積將近三百平方公尺，要在這樣的距離維持一直線的步行已屬不易，更何況還有三角形、梯形，甚至是複雜的同心圓迴圈幾何。

　　這些神祕的圖形一直到1920年間，才被私人駕駛飛越納茲卡沙漠的輕航機乘客所注意，他們看見一些地面上巨大的「遠古印加圖騰」。1930年在保羅（Paul Kosok）和助手瑪麗亞（Maria Reiche）兩位科

©洪子琪

學家領軍的大規模考察下，納茲卡驚人的幾何圖形才為世人所注意。

　　瑪麗亞在1948年後接手主導，並持續致力研究及保護納茲卡線條，她認為這些巨大圖騰可能與古文明的曆法和星象學有關，為了理解這些圖騰她投注了畢生的心力。1998年祕魯政府以國葬之禮安葬這位偉大的科學家於納茲卡附近。

　　如今納茲卡已經成為著名的世界級景點，不起眼的小鎮充滿著來來去去的旅人。搭上小飛機親自發現那些難解的有趣圖騰，成為一種永誌難忘的親身體驗。

符號說明　🖊登錄時間　◯遺產面積　　遺產類型　🏛文化遺產　自然遺產　綜合遺產　🏛瀕危文化遺產　瀕危自然遺產　瀕危綜合遺產

## 聖克里斯多福尼維斯 Saint Kitts and Nevis

聖克里斯多福尼維斯位於西印度群島，由聖克里斯多福尼和尼維斯兩座島嶼組成，不論面積還是人口，都是美洲最小的國家。這裡是英國和法國在加勒比海最早的殖民地，而被稱為「西印度群島殖民地之母」，入選的文化遺產正說明了這段歷史。

加勒比海

硫磺山堡壘國家公園
Brimstone Hill Fortress National Park

加勒比海

©UNESCO/Jim Williams

---

🕐1987 　🌿自然遺產 　◇1,716,295 ha

# 馬奴國家公園 Manú National Park

　　因為周邊土地未曾人為開發，交通不便的馬奴國家公園，一直保持原始完整的生態環境，從亞馬遜盆地的雨林到海拔4,200公尺的高山草原，數個生態圈齊聚一起，成為世界上生物種類最複雜的公園之一，單單一公頃的林地最多可以發現250種樹木，可見其多樣化的程度。這裡也是賞鳥者心目中的天堂，超過1,000種的鳥類以此地為家。不過，進入公園必須獲得原住民或是研究單位的邀請，並不對外開放。

---

🕐1986 　🏛瀕危文化遺產 　◇600 ha

# 昌昌考古遺址 Chan Chan Archaeological Zone

　　昌昌是15世紀奇穆王國(Chimu Kingdom)盛世的首都，城市經過精密的政治和社會階層考量規劃，在市中心區以泥磚築成圍牆並畫分成9個堡壘，每個堡壘均有廟宇、墓地、花園、儲水池、安排對稱的房間，據信應為貴族階層的生活圈，其他的平民百姓則生活在堡壘區外。遺址自被發掘之後，因其所使用的建材極易遭受自然因素侵蝕毀壞，故自1986年登錄為世界遺產同時，亦列為瀕危文化遺產名單，投入大量資源計畫保存。

---

🕐1990 　🏛綜合遺產 　◇274,520 ha

# 阿比塞奧河國家公園
Río Abiseo National Park

　　阿比塞奧河國家公園設立於1983年，主要目的是保護安地斯山脈雨林的動植物。這個地區擁有許多絕無僅有的地方性物種，包括曾經一度被認為已經滅絕的黃尾毛猴(Yellow-tailed Woolly Monkey)，後來又在此區被發現。自1985年起，為了保護脆弱的自然環境和已發現的36處前哥倫布時代的考古遺址，至今不對遊客開放。而這些介於海拔2500到4000公尺之間的考古遺址，適足以反映出在印加帝國之前的社會景況。

---

🕐1999 　🏛文化遺產 　◇15 ha

# 硫磺山堡壘國家公園
Brimstone Hill Fortress National Park

　　英法兩國以加勒比海諸島作為跳板，執行殖民侵略擴張政策，在島上發展大規模的製糖業，帶來巨大的財富，有了錢，便需要加以保護防衛，這些防禦工事林立在加勒比海各個島上，硫磺山堡壘便是其中佼佼者。自1690年起建，硫磺山堡壘工程斷斷續續進行了約100年，它述說了多重的意義：英國工程師出色的多邊形軍事堡壘設計、被賣到這裡的黑奴血淚史、英法等國的殖民擴張全盛時期，以及美洲印第安人消失由非洲黑奴取而代之，成為加勒比海的新族群。

---

🕐2000 　🏛文化遺產 　◇167 ha

# 阿雷奇帕歷史中心
Historical Centre of the City of Arequipa

　　阿雷奇帕原本屬於印第安人的城鎮，於地震中全毀，西元1540年西班牙人重建為現代的阿雷奇帕。
　　城區周邊火山密集環繞，就地取當地白色的火山石做為建材，為該城贏得「白色之城」(La Ciudad Blanca)的稱號，市區隨處可見西班牙人、克里奧爾(在殖民地出生的歐洲人後裔)和印第安工匠的巧思傑作，這些西班牙殖民美洲時期的建築物至今仍保存良好。

---

🕐2009 　🏛文化遺產 　◇626 ha

# 聖城卡羅爾－蘇沛
The Sacred City of Caral-Supe

　　位於蘇沛谷地的羅爾－蘇沛遺址，據推估已經有5000年的歷史，近年來從遺址中發掘出許多新的考古證據，經過碳十四測定後，將該址所屬的諾特奇可文明向前推進了數千年，同時也吸引了一向專注於查文文化和印加文化考古學家們的注意力。
　　在這個地理生存條件不佳，與世界六大古文明起源環境相去太遠，原本不被期待的秘魯北部海岸，卻出現了繁榮的大型古城，似乎也是安地斯文明城市規劃的樣本，未來它或許能進一步解答安地斯文明的起源。

# 聖露西亞 Saint Lucia

聖露西亞位於東加勒比海小安地列斯群島，先後被法國和英國各殖民七次，政權輪轉頻繁，因而被稱為「西印度群島的海倫」。由於是火山噴發而形成的島嶼，比其他加勒比海的島嶼還要多山，皮頓火山錐不但是地標，也名列世界自然遺產。

皮頓火山錐生態區
Pitons Management Area
加勒比海
加勒比海

 2004　 自然遺產　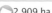 2,909 ha

## 皮頓火山錐生態區
### Pitons Management Area

皮頓火山錐主要由海中突起的兩個火山錐體構成，一是葛洛斯峰(Gros Piton，即大錐峰)，另一座為佩提峰(Petit Piton，即小錐峰)，海拔分別為770公尺和743公尺，兩峰之間以米頓山脊相連，形體特殊，幾乎在聖露西亞每個角落都看得見它們壯麗的景色，更是航海人的陸地指標。

這二座錐峰與附近面積2,909公頃的區域，見證火山噴發及地殼隱沒帶地形，包括火山口、溫泉、硫磺氣體、火山灰和輕石沈積、熔岩流等等。海中珊瑚礁群覆蓋率達60%，提供各式各樣生物生長環境，包括168種有鰭魚類、60種有刺細胞動物、8種軟體動物、14種海綿、11種棘皮動物、15種節肢動物⋯⋯。

# 蘇利南 Suriname

蘇利南位於南美洲北部，臨大西洋，一開始被英國殖民，但在1667年被荷蘭奪走，一直到1975年才獨立，是南美洲面積最小的國家。兩座世界遺產中，一座自然，一座文化，前者占蘇利南12%的國土面積，後者則是典型的荷蘭殖民城市。

巴拉馬利波歷史城區
Historic Inner City of Paramaribo
（法屬）圭亞那
圭亞那
蘇利南
中央自然保護區
Central Suriname
Nature Reserve
巴西

 2000　 自然遺產　1,600,000 ha

## 蘇利南中央自然保護區
### Central Suriname Nature Reserve

蘇利南中央自然保護區整合了原有的三座自然保護區，面積廣達1,60萬公頃，約占蘇利南12%的國土面積，涵蓋蘇利南最重要的河流戈貝納美河(Coppename)上游，區內有熱帶雨林和稀樹大草原，雨林裡大部分樹種有四、五層樓高，最高可達40-50公尺，中層多為棕櫚樹，最底層為蕨類、苔蘚和地衣。

大部分地方人煙罕至，故能保留原始生態體系，猩紅色、紅綠色和藍金色金剛鸚鵡、數量穩定的美洲豹、南美大犰狳、大河獺徜徉其間。目前尚無完整詳細的生態調查報告。

 2002　文化遺產　30 ha

## 巴拉馬利波歷史城區
### Historic Inner City of Paramaribo

荷蘭人於17至18世紀登陸南美北部海岸，在蘇利南河西岸的巴拉馬利波建立了殖民小鎮，極具特色的街道規劃至今仍保持原貌。

在荷蘭的技術與當地的工藝建材逐漸融合過程中，城內的建築創造出洋溢著歐洲風情、當地傳統和適應南美環境的獨特樣式。

# 美國 United States of America

地大物博的美國共有21座世界遺產，其中12座為自然遺產，8座為文化遺產，1座綜合遺產，一反歐洲國家常態，多半以文化遺產取勝。大山大水的美國，自然遺產幾乎座座是經典，而文化遺產則大多是印地安人遺址及美國獨立紀念。

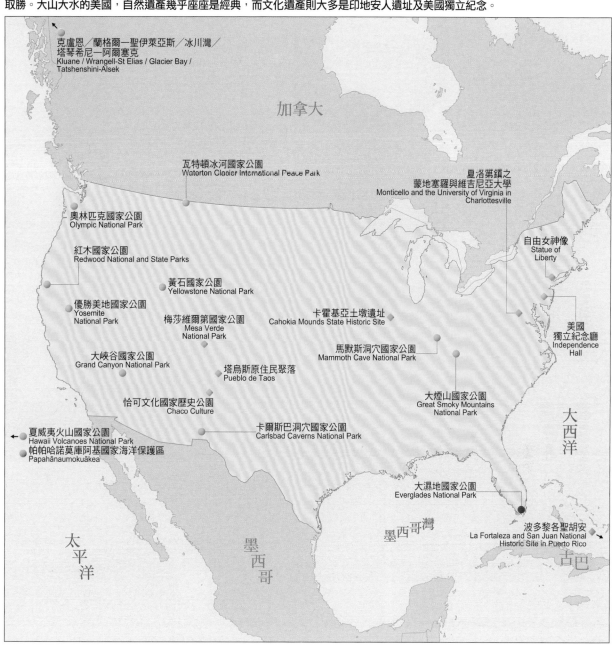

克盧恩／蘭格爾—聖伊萊亞斯／冰川灣／
塔琴希尼—阿爾塞克
Kluane / Wrangell-St Elias / Glacier Bay /
Tatshenshini-Alsek

加拿大

瓦特頓冰河國家公園
Watorton Glacier International Peace Park

夏洛第鎮之
蒙地塞羅與維吉尼亞大學
Monticello and the University of Virginia in
Charlottesville

奧林匹克國家公園
Olympic National Park

自由女神像
Statue of
Liberty

紅木國家公園
Redwood National and State Parks

黃石國家公園
Yellowstone National Park

卡霍基亞土墩遺址
Cahokia Mounds State Historic Site

美國
獨立紀念廳
Independence
Hall

優勝美地國家公園
Yosemite
National Park

梅莎維爾第國家公園
Mesa Verde
National Park

馬默斯洞穴國家公園
Mammoth Cave National Park

大峽谷國家公園
Grand Canyon National Park

塔烏斯原住民聚落
Pueblo de Taos

大煙山國家公園
Great Smoky Mountains
National Park

大西洋

恰可文化國家歷史公園
Chaco Culture

夏威夷火山國家公園
Hawaii Volcanoes National Park

卡爾斯巴洞穴國家公園
Carlsbad Caverns National Park

帕帕哈諾莫庫阿基國家海洋保護區
Papahānaumokuākea

大濕地國家公園
Everglades National Park

太平洋

墨西哥灣

墨西哥

波多黎各聖胡安
La Fortaleza and San Juan National
Historic Site in Puerto Rico

古巴

美洲

聖露西亞・蘇利南・美國

1987 文化遺產

# 恰可文化國家歷史公園
## Chaco Culture National Historical Park

這是個由許多不同落部的原住民文化，所共同發展而出的文化

中心；其建築型式、社群組織和生活方式，與目前在其它地方所發現的都大為不同。恰可文化區的發展約始於西元900年，他們從外地運來巨型砂岩和大樹，建造了15座大型的公共建築，其排列方式與日、月的運行與位置相關，顯示建造者擁有充足的天文知識。

此外，該地區也以完善的道路設施連結了150個社群部落，也顯示其高度的工程技術能力。不過，在西元1250年後，全部的人遷出該地，據推測可能是因為乾旱導致餓荒，使人們不得不往外遷移。

# 梅莎維爾第國家公園
**Mesa Verde National Park**

　　位於科羅拉多州西南方的梅莎維爾第，是由普柏洛(Puebloan)印第安人所留下的古文明遺跡，最著名的景觀為成群的壁屋(Cliff Dwellings)。開鑿於砂岩峽谷的崖壁上，目前留存的數量約有600座，建於12~13世紀。

　　除了奇特的壁屋景觀外，這地區還留有上千座史前村落遺跡，估計最早的住屋建於西元550年左右，持續使用到13世紀末，成了考古學家研究早期北美印第安文化的重要地點。

# 美國獨立紀念廳 Independence Hall

　　這座位於費城的建築最初興建作為賓州殖民當局的議會議場，1776年，北美十三州代表們在此簽署由湯瑪斯‧傑佛遜撰稿的美國獨立宣言，文件中提出之生命權、自由權與追尋幸福之權等基本理念，隨後於1787年編入同樣在此制訂的美國憲法，日後越南與羅得西亞(今之辛巴威)等國的獨立宣言皆以此為本。

　　宣言內容經常為政治演說所引用，包括林肯的蓋茨堡演說、金恩博士《我有一個夢》，後來它也激勵了法國大革命根本宣言之一「人權和公民權宣言」，對世人影響深遠可見一斑。

# 大峽谷國家公園 Grand Canyon National Park

　　大峽谷是由科羅拉多河切割而成的溪谷景觀。整個峽谷地區長度約443公里，深度達1.6公里，形成的原因主要為谷底部蜿蜒曲折的科羅拉多河切割而成，經歷大約3百至6百萬年的過程才形成今日的面貌，鏤刻出令人嘆為觀止的奇景，從早至晚變化萬千的顏色，讓人目不暇給。

　　大峽谷的旅遊路線分為北緣(North Rim)和南緣(South Rim)，兩者之間雖然距離才25公里，但由於被溪谷分隔，所以不得已必須迂迴穿梭於山路之間，距離變成332公里左右，北緣景點不多，分別為「皇家海角公路」(Cape Royal Road)和「大峽谷小屋」(Grand Canyon Lodge)。而西峽谷(Grand Canyon West)全新完工的天空步道(Skywalk)，懸掛於離地1,219公尺的半空，凌空伸出絕壁達21.34公尺，面對著數百萬年風化成形的老鷹岩(Eagle Point)，是觀賞大峽谷西緣景色的絕佳位置。

　　天空步道自2004年動工，估計耗資達3000萬美金，於2007年正式對外開放營運。步道主體的透明玻璃橋是90噸重的多層厚玻璃鋪成，呈馬蹄形向外懸空延伸，橋面上下完全沒有任何支撐點，是天空步道最大的賣點。不過這裡並不在世界遺產範圍內。天空步道的興建計劃曾引發瓦拉派保留區的爭論，支持者認為此計劃能為原住民創造更多就業機會，反對派則指稱這是對神聖土地的褻瀆。瓦拉派族人在多年考量後，最終在基於改善全族生活的前提下，同意興建天空步道，盼望為族人的未來尋找一條新的出路。

符號說明　登錄時間　遺產面積　遺產類型　文化遺產　自然遺產　綜合遺產　瀕危文化遺產　瀕危自然遺產　瀕危綜合遺產

🌋1978　🪨自然遺產　🗺898,349 ha

# 黃石國家公園 Yellowstone National Park

　　橫跨懷俄明州、蒙大拿州、愛達荷州的黃石國家公園,面積廣達台灣版圖的四分之一,這一塊地域遼廣的自然生態保育區,是美國境內最大的哺乳動物棲息地之一,擁有多種野生動植物和珍稀的地熱地貌,於1872年獲選為全球第一座國家公園。

　　黃石國家公園成立的宗旨在維護罕見的地熱景觀,園區內驚人的地形樣貌,源自數十萬年前火山連續噴發形成的成果,最後一次的火山爆發約在64萬年前,激烈噴洩的熔岩覆蓋地表,熱泉滲入岩層裂隙,極度的高溫又迫使滾泉往上噴竄,形成間歇泉、泥漿泉、噴氣孔、溫泉等超過10000種地熱型態,占全球目前已知半數。

　　諾瑞絲區(Norris)是園區中地熱最活躍的區域之一,因諾瑞絲區位於3個斷層區塊交會處,地震頻仍,加上酸性熱泉急速消溶地底礦床,因此經常爆發新的間歇泉,而突發的地形局部運動,使間歇泉的運作更劇烈。

　　由諾瑞絲區北行約34公里,是另一處令人驚艷的景區「馬默斯溫泉」(Mammoth Hot Springs),此處以層層相疊的石灰華景觀獨步園區。這塊區域在百萬年前,是一片富含石灰岩的浩瀚汪洋,火山爆發促使地下熱泉自岩層裂隙中湧出地表,溶解石灰岩中的碳酸鈣,遇冷凝結的碳酸鈣沉積成石灰華平台,高高低低的平台構成階梯狀的景觀,一躍為人氣指數最高的招牌景區。

　　下環線景區名氣最大的當屬老忠泉(Old Faithful),黃石國家公園密布著300多座間歇泉,老忠泉就是其中的一座。

# 波多黎各聖胡安歷史城區
## La Fortaleza and San Juan National Historic Site in Puerto Rico

西元1521年，西班牙人建立了這座城市，並築起高高的圍牆，阻隔外來的侵擾，是美洲第二古老的殖民城市。走進老城區裡，各種色彩的屋宇五彩繽紛，鍛鐵鑄造的陽台雕工精細，還有到處立著雕像的廣場，以及鋪著鵝卵石的狹窄巷弄，別具加勒比海的殖民風味。

◆1981 ◆自然遺產 ◆369,660 ha

# 奧林匹克國家公園 Olympic National Park

奧林匹克公園地處華盛頓州西北的奧林匹克半島上，是美國除了阿拉斯加以外最大的原始地區，為了維護其自然資源及原始之美，公路的設計並未深入公園內的每一個區域，而是從周圍漸進式地繞進去。

暴風山脊(Hurricane Ridge)可說是公園內最美麗也是最不容錯過的景點之一，在山頂可遠眺白雪覆蓋、峰峰相連的奧林匹克山脈，還可一覽公園特殊景觀全貌及領略勁風的威力。由於地勢及氣候的關係，公園內最高峰奧林帕斯山山頭終年都籠罩在一片陰鬱的雲霧中。而設立此座公園的原因之一是為了保護羅斯福麋鹿，使他們免於被濫捕濫殺的厄運，當然珍奇動物還有黑熊、豪豬、禿鷹、紅狐及短耳兔等。

因為這塊地區特殊的自然環境，使得公園裡面有許多種稀奇的動物，這些動物僅僅生存於奧林匹克國家公園這片區域，根據當地生物學家的統計，約有16種動物，被稱之為「Endemic 16」，這些動物的命名前面都會加上Olympic這個字眼，例如奧林匹克土撥鼠、奧林匹克地鼠等。除了Endemic 16之外，還有另外11種動物是僅僅生存於公園之外的奧林匹克山區，雖然同樣在奧林匹克半島上，但是公園裡面就是沒有牠們的蹤影，這些動物被稱為「Missing 11」，包括了山貓、山羊、大灰熊等。罕見的生態景觀成為生物學家最佳的天然研究室。

◆1984 🏛 文化遺產 ◆5.00 ha

# 自由女神像 Statue of Liberty

自由女神雕像孤懸於曼哈頓外海的自由島(Liberty Island)上，是1876年美國建國百周年時，法國送的生日禮物，歷時10年才完工。女神高46公尺，加上基座總高達93公尺，是美國新世界的門戶象徵。

1884年法國把雕像拆開，分裝於214只木箱中，橫越大西洋送抵曼哈頓，重新組裝後，1886年10月28日自由女神站在高高的基座上，對著曼哈頓的高樓大廈，右手高舉火炬，左手則持著一本法典，上面刻著美國獨立紀念日──1776年7月4日。自由女神除了是全球自由民主的象徵外，在多數好萊塢電影情節烘托下，也是光明燦爛美國夢的啟程。

自由女神像是法國天才藝術家巴多第(Bartholdi)的作品，然而巴多地畢竟只是一位藝術家，面對這麼大的一座雕像，如何克服結構及力學方面的問題，卻非巴多第一人能完成，還好建造巴黎艾菲爾鐵塔的法國工程師艾菲爾(Alexandre Gustave Eiffel)幫了大忙。由於雕像內部中空，外部龐大的表面積卻要承受曼哈頓外海極大的風力，艾菲爾針對自由女神像所設計出的解決方法，不但克服了雕像本身結構支撐的問題，也為後來美國摩天大樓的設計者提供了開拓性的視野。

自由女神雕像的表面由300片銅板組成，厚度只有0.2公分。在雕像的裡面，艾菲爾設計了一座巨大的塔樓，塔樓中心由4支鋼鐵直柱組成，柱子之間則以水平和斜對角的橫樑連結起來，在此之前，這樣的結構設計以及金屬材質只在橋樑工程中使用過。

符號說明 登錄時間 遺產面積 遺產類型 文化遺產 自然遺產 綜合遺產 瀕危文化遺產 瀕危自然遺產 瀕危綜合遺產

---

🔧 1979　🏛 瀕危自然遺產　🌐 592,920 ha

## 大濕地國家公園 Everglades National Park

©UNESCO/Kishore Rad

　　位於佛羅里達半島南端的廣大濕地，擁有多姿多采的生態體系，哺育著豐富的魚種、朱鷺、鱷魚、短吻鱷、佛羅里達山豹，牠們都曾經是這裡主要居民。

　　然而，此區人口增加、城市向外拓展、大規模農業增長，對於土地和水源需求激增，1950年代更挖掘多條人工水道排水，造成濕地面積迅速縮小，同時水銀等工業污染亦進入食物鏈，在1993年一度被列入瀕危自然遺產。為了挽救這個野生天堂，自2000年起投入大量資源，力圖再度擦亮這塊蒙塵的碧玉。無奈這裡生態實在太脆弱，2010年又再度被提報為瀕危自然遺產。

---

🔧 1980　🏛 自然遺產　🌐 56,883 ha

## 紅木國家及州立公園
### Redwood National and State Parks

©加州旅遊局

　　紅木國家公園位於加州北部海岸，公園包含數個早先已經成立的州立公園，總面積廣達45,575公頃，聯合國教科文組織在1980年將此地列入世界自然遺產名錄。公園保護了北加州沿海森林生態，包括加州45%的海岸紅杉林、大草原、長達60公里的原始海岸線，以及北美原住民文化遺址等。海岸紅杉是地球上最高的樹種，公園內部分樹木高度超過100公尺，其中一棵名為亥伯龍(Hyperion)的紅杉，更是高達115.66公尺，為目前世上已知最高的樹。紅杉平均壽命約在500~700年，有些樹齡可達2000年。漫步在古老的巨木林間是最受遊客歡迎的活動，騎自行車與露營也相當有人氣。公園內還可觀察到40種以上哺乳類動物，包括黑熊、山獅、水獺、土狼等，沿海一帶可見到海獅、海豹和海豚的蹤影。值得一提的是羅斯福麋鹿，成年公鹿體重可達300~500公斤，體型與鹿角皆十分壯觀。

---

🔧 1984　🏛 自然遺產　🌐 308,283 ha

## 優勝美地國家公園 Yosemite National Park

　　優勝美地是全美最知名且最受歡迎的國家公園之一，1984年被列入世界自然遺產名錄。公園面積達308,074公頃，擁有內華達山脈最為完整的生物棲地。海拔高度從648公尺到3,997公尺，包含了灌木林、山地、針葉林與高地等不同植被環境。加州約有7,000種植物，20%以上可在優勝美地發現，豐富多樣的植物讓此地隨著季節更迭散發不同風情。優勝美地也是觀察冰河作用下U形谷地的活教材，像是花崗巨岩的半圓頂峰與酋長岩，都是公園內的重要地標，陡直的切面有如被利刃削過一般。落差740公尺的優勝美地瀑布，以春季水量最為豐沛，遊客可經由步道走到瀑布上方，欣賞壯觀水勢。公園南邊的馬利波薩神木群是園區另一受歡迎的景點，此處遍布高聳入雲的加州巨杉，歷經千年依然生機盎然。

---

🔧 1981　🏛 自然遺產　🌐 21,191 ha

## 馬默斯洞穴國家公園
### Mammoth Cave National Park

　　馬默斯洞穴是世界上已知的溶洞系統中最大的一個，已探測長度達560公里，此數字仍在增加中。若以剖面圖看馬默斯洞穴，可以分為三層，目前已發現77座地下大廳，最高的一座稱為「酋長殿」，還有著名的柯林斯水晶洞。雨季時洞內形成地下河；旱季時部分地區變成地下湖泊，有盲魚、穴蟋蟀、無色蜘蛛、印第安那蝙蝠和盲鰲蝦等50種珍稀洞穴生物，長年生活在黑暗中，視覺已經退化，與世隔絕，僅靠河水提供養分生存。但現代污水卻對這些生物造成嚴重威脅，故此區現亦列入世界生物圈保護區名單。

這裡是17世紀以來原住民的文化中心，更是原住民抵禦外侮的精神象徵。

　　塔烏斯的建築很特別，是以泥磚築成的多樓層建築，也是這一帶原住民特有的建築型式。而為了抵禦使用槍砲的歐洲人，槍孔、雙重門等歐洲城堡的防禦設施，也被運用於建築上。塔烏斯至今仍有居民居住，遵循傳統生活，嚴禁自來水和電等現代化設備。

1992　文化遺產　19 ha

# 塔烏斯原住民聚落 Taos Pueblo

　　塔烏斯聚落位在新墨西哥州格蘭特河(Rio Grande)的支流上，

---

1987　文化遺產

# 夏洛第鎮之蒙地塞羅與維吉尼亞大學
## Monticello and the University of Virginia in Charlottesville

　　美國獨立宣言起草人、第三任總統，也是優秀建築師湯瑪斯‧傑佛遜(Thomas Jefferson)設計的自宅及維吉尼亞大學校園前身「學院村」，建築反映其嚴謹的新古典主義、崇尚文藝復興的熱情。

　　蒙地塞羅是個農莊，宅內有自動門、旋轉椅及許多傑佛遜發明的便利裝置，他本人亦安葬於此。維吉尼亞大學是美國唯一由總統創建，擺脫宗教影響的高等學府，其教案與建案全由傑佛遜一手包辦。校園以仿羅馬式建築的圖書館為U字型中心頂點，中央草坪二側分立學生和教員宿舍，這批建築至今仍為校園的核心。

---

1982　文化遺產　591 ha

# 卡霍基亞土墩遺址
## Cahokia Mounds State Historic Site

　　這座遺址位在密蘇里州聖路易市東北方約13公里處，屬於伊利諾州，為哥倫布發現新大陸之前在墨西哥以北最大的印第安人部落。部落的歷史可以上溯到西元800至1400年之間，也就是所謂的密西西比時期(Mississippian period)，遺址面積將近1600公頃，共有120個土墩，整個部落的布局是以數個衛星土墩為核心，然後外圍包圍著許多村莊，呈現複合領導的農業社會。1050至1150年極盛時期的社會規模，人口約1至2萬。其中，僧侶墩(Monks Mound)為史前美洲最大的土木工程，占地5公頃，高30公尺。

---

1983　自然遺產　209,000 ha

# 大煙山國家公園
## Great Smoky Mountains National Park

　　高山、冰河、氣候交互影響下，大煙山國家公園成為地球溫帶區物種最多樣化的區域。古老山脈的海拔高度由266至2025公尺，劇烈的高低落差，恰恰模擬緯度的變化，讓南北方物種都有合適的環境生存。

　　阿帕拉契山脈呈東北－西南走向，在最後一次冰河時期阻擋了冰河的入侵，並成為動植物避難後落地生根的家；公園裡雨量充沛，夏季高溫高濕，提供植物絕佳的生長環境，使這裡形同溫帶的雨林。公園另以野生花卉保護及「蠑螈首府」著稱。

符號說明　登錄時間　遺產面積　遺產類型　文化遺產　自然遺產　綜合遺產　瀕危文化遺產　瀕危自然遺產　瀕危綜合遺產

📅 1987　🏛 自然遺產　🌐 87,940 ha

# 夏威夷火山國家公園
## Hawaii Volcanoes National Park

位於夏威夷大島東南部，全世界最活躍的兩座活火山冒烏納羅亞(Mauna Loa)和奇勞威亞(Kilauea)都位於此公園內，迄今仍在不斷噴流而出的奇勞威亞火山，彷彿在向所有人訴說自然界的偉大力量。

整個奇勞威亞火山的行進路線，乃是沿著火山鏈路(Crater Chain Road)繞行一周，沿途參觀林立周圍的相關景點。當你看著火山口噴煙裊裊的特殊景觀，火山爆發形成的熔岩流、如同被撞擊隕石坑般的火山口、煙霧瀰漫的地熱蒸氣口，還有像是月球表面般的地質，那一望無際特殊景觀的壯闊美景，令人驚心動魄！

哈雷茂茂火山口(Halemaumau Caldera)則是傳說中火山女神佩蕾居住的地方，這個因為火山爆發撞擊所形成的坑洞，像是水分乾涸的大湖，也像是上帝突然惡作劇，在地球表面上挖了個大洞，直徑大約800公尺，深度則有300公尺，巨大的坑洞令人嘆為觀止，偶爾還會冒出白色的煙霧。

沿著火山鏈路外緣的停車場，有一條陡峭的下坡小徑可以通到瑟斯頓熔岩隧道(Thurston Lava Tube)，這是一條由火山熔岩迅速由山頂往下流經所形成的隧道，由於頂端和兩側的表面冷卻，形成一層外殼，而熔岩則繼續流動至海岸，形成一道中空形的熔岩隧道。

爆發後的火山熔岩，滾燙地流入冰涼的海水中，由於受到往來浪潮的推擠，衝擊岩石和暗礁，而逐漸形成的黑沙灘，是夏威夷島最受矚目的海岸景色之一，也是特殊的火山景觀。

📅 1995　🏛 自然遺產　🌐 18,926 ha

# 卡爾斯巴洞穴國家公園
## Carlsbad Caverns National Park

卡爾斯巴洞穴國家公園是個鐘乳石洞穴群，地質為海底珊瑚礁沉積而形成的石灰岩，經過長時間的溶解、堆積，形成鐘乳石、石筍與石柱等地形，水與時間聯手在這裡形成的獨特景觀。

卡爾斯巴洞穴由吉米．懷特(Jim White)所發現，並致力於保護這片洞穴，並促使政府終於在1923成立國家紀念公園，他也成了第一個洞穴導覽員。迷宮般的通道連接了100多個洞穴，其中最有名的為Lechuguilla，也是最深的1座，雖然可自行沿著路徑參觀，然而由公園管理員所帶領的導覽行程更精采。

●克盧恩／蘭格爾—聖伊萊亞斯／冰河灣／塔琴希尼—阿爾塞克
Kluane /Wrangell-St Elias / Glacier Bay / Tatshenshini-Alsek
詳見加拿大
●瓦特頓冰河國家公園Waterton Glacier International Peace Park
詳見加拿大

📅 2010　🏛 綜合遺產　🌐 36,207,499 ha

# 帕帕哈諾莫庫阿基
## 國家海洋保護區 Papah naumoku kea

距離夏威夷主要群島西北方約250公里處、延伸超過1931公里的帕帕哈諾莫庫阿基，是一處面積廣達36萬平方公里的美國國家海洋遺跡，擁有包括10座小島和環狀珊瑚礁。在夏威夷人的觀念中，這片傳承自祖先的環境，既是生命的起源，也是死後靈魂回歸的地方，它是當地人與大自然間親密關係的具體化表現，對於現存的夏威夷文化來說，無論在宇宙或傳統觀念上均扮演非常重要的角色，也因此兼具文化與自然價值。其中，尼歐亞島(Nihoa)和馬庫瑪納瑪納島(Makumanamana)上遺留了歐洲人來之前、夏威夷人的古老聚落和相關考古遺跡，它們大部分由遠洋和深海居民建立，以海底火山和隱沒的海岸、大規模的珊瑚礁和潟湖為最大特色，這裡同時也是世界上最大的海洋保護區之一。

# 烏拉圭Uruguay

烏拉圭是僅次於蘇利南，南美洲面積第二小的國家，於1828年獨立。被列為世界文化遺產的科洛尼亞·德爾·薩克拉門托是這個國家最早有歐洲人定居的城市，為葡萄牙人所建立，有別於周遭地區的西班牙殖民地。

科洛尼亞德爾薩克拉門托的歷史城區
Historic Quarter of the City of Colonia del Sacramento

阿根廷 巴西 南大西洋

◆1995 ⬛文化遺產 ◯16 ha

## 科洛尼亞·德爾·薩克拉門托的歷史城區
### Historic Quarter of the City of Colonia del Sacramento

葡萄牙人於1680年在拉普拉塔河(Río de la Plata)地區建立了這座城市，是對抗西班牙人時期重要的戰略據點，歷經一個多世紀的紛擾，在1777年10月1日，兩國簽訂第一次聖伊爾德豐索條約(First Treaty of San Ildefonso)，解決了拉普拉塔河地區的領土爭執，葡萄牙人終於自此地撤離。

此城至今仍保存相當完善，向世人展現葡萄牙式、西班牙式及後殖民地建築風格的完美融合。

◆1993 ⬛瀕危文化遺產

## 科羅港口城鎮 Coro and its Port

科羅建立於1527年，是南美洲少數仍存在的第一批殖民城市，現存602棟加勒比海地區的傳統陶土古建築，受雙重殖民文化交互影響，融入西班牙穆德哈式(Spanish Mudéjar)和荷蘭建築技術，相當獨特。2004年11月至2005年2月間的大雨對多棟建築造成嚴重損毀，除了眾多建築本身狀態惡化，不當添加的牆壁和圍籬，也讓破壞情形日益嚴重。此外，沿著遺產區外圍緩衝地帶也興建了現代樣式的新建築，對遺產的歷史價值造成衝擊，並且截斷了這個港口城市與水岸的關聯性，因而被列為瀕危文化遺產。

◆2000 ⬛文化遺產 ◯164,203 ha

## 卡拉卡斯大學城
### Ciudad Universitaria de Caracas

卡拉卡斯大學由委內瑞拉建築師Carlos Raúl Villanueva於1940-

# 委內瑞拉Venezuela
## (Bolivarian Republic of)

正式名稱為委內瑞拉玻利瓦爾共和國，坐落南美洲北部，境內地形多變而複雜，西邊是高聳的安地斯山，南部是亞瑪遜盆地的雨林，中部為諾諾平原，北部是加勒比海海岸，東邊則是河口三角洲。三座世界遺產中，以世界落差最大的天使瀑布最為出色。

加勒比海 科羅港口城鎮 Coro and its Port 卡拉卡斯大學城 Ciudad Universitaria de Caracas 哥倫比亞 圭亞那 卡奈馬國家公園 Canaima National Park 巴西

©Topimages.com

◆1994 ◯自然遺產 ◯3,000,000 ha

## 卡奈馬國家公園 Canaima National Park

位於委內瑞拉東南部圭亞那高地上，境內超過百座的平頂山(又名桌山)，原為南美與非洲大陸相接時的湖底，經地殼抬升後被風雨侵蝕而成。世界上落差最大的天使瀑布(979公尺)自海拔2560公尺處落下，飛散的濕氣滋養了熱帶叢林，改變桌山僵硬冰冷的外貌。

1835年，德國探險家Robert Schomburgk曾多次嘗試攀上這些邊緣陡峭的平頂山，但功敗垂成。50年後，英國探險隊終於成功登頂，並發現山頂遍布了被侵蝕的奇岩怪石，英國作家Arthur Conan Doyle爵士因而稱此地為「失落的世界」。

1960年間設計建造，為一現代城市規劃的傑出作品。

大學城裡整合了每棟建築物及各自功能，不僅在視覺上整體連貫，並有一群風格互異的前衛藝術名家通力合作。

其中由Alexander Calder所創作的大禮堂視覺藝術作品「Clouds」，還有奧林匹克體育場、有頂廣場等，靈巧富創意的概念詮釋、殖民傳統的空間感，以及適應熱帶氣候的開放寬闊設計，成功地營造出校園的協調美感。

# 大洋洲

||||||||||||||||

# 澳洲 Australia

澳洲雖是個年輕國家，卻擁有古老的大地。19座世界遺產中，高達12座為自然遺產，4座綜合遺產，僅僅3座文化遺產，完全異於全球的常態分布。從其12座自然遺產及4座綜合遺產來看，澳洲無疑是地球上最重要的自然寶庫。

印度尼西亞
東帝汶
巴布亞
紐幾內亞

卡卡度
國家公園
Kakadu
National Park

大堡礁
Great Barrier Reef

珊瑚海

波奴魯魯國家公園
Purnululu
National Park

昆士蘭溼地熱帶區
Wet Tropics of Queensland

寧格羅海岸
Ningaloo Coast

烏魯魯卡達族達國家公園
Uluru-Kata Tjuta National Park

芬瑟島
Fraser Island

鯊魚灣
Shark Bay, Western
Australia

岡瓦納雨林保護區
Gondwana Rainforests of Australia

印度洋

豪勳爵群島
Lord Howe Island Group

威蘭得拉湖區
Willandra Lakes Region

大藍山區
Greater Blue
Mountains
Area

雪梨歌劇院
Sydney Opera House

皇家展覽館和
卡爾頓花園
Royal Exhibition
Building and Carlton
Gardens

澳洲哺乳動物化石遺跡(瑞弗斯萊/納拉庫特)
Australian Fossil Mammal Sites (Riversleigh / Naracoorte)

塔斯曼海

南極洋

塔斯馬尼亞荒原
Tasmanian Wilderness

澳洲監獄遺址
Australian Convict Sites

赫德與麥當納群島
Heard and McDonald Islands

麥奎爾島
Macquarie Island

 1982　自然遺產　146,300 ha

# 豪勳爵群島 Lord Howe Island Group

　　豪勳爵群島坐落於澳洲與紐西蘭之間的塔斯曼海(Tasman Sea)，距離雪梨東北方780公里。這個在7百萬年前因火山爆發而形成的群島，據傳是由英國海軍軍官亨利‧李奇伯德‧伯爾(Henry Lidgbird Ball)在1788年首先發現，後來許多貨船及捕鯨船也開始行經此地。

　　豪勳爵群島由28個島嶼組成，擁有豐富的生態以及珍貴稀有的物種，例如澳洲特有的森秧雞(Lord Howe Woodhen)以及全世界罕見的大型竹節蟲(Lord Howe Island Phasmid)。本區其他的重要景點還包括世界最南端的珊瑚礁、海洋玄武岩地形，以及歷史悠久的文化古蹟。

1981　自然遺產　34,870,000 ha

# 大堡礁 Great Barrier Reef

　　大堡礁是世界最大的珊瑚礁群，北端靠近赤道的巴布亞紐幾內亞，南端則已靠近布里斯本外海，綿延昆士蘭海岸線約2300公里的大堡礁，總面積35萬平方公里，將近10個台灣大。

　　珊瑚礁的形成主要是因為珊瑚蟲分泌的石灰質，使死後的遺體鈣化，然後再經過一代一代的沉積，於是珊瑚礁的面積日益擴大。但是每隻珊瑚蟲平均只有指甲大小，要形成如大堡礁今日的規模，必須經過200萬年到1800萬年的鈣化過程，何況大堡礁的珊瑚礁還是活生生的有機體，由此可見大堡礁的珍貴了。

　　由大大小小約2600個珊瑚礁構成的大堡礁，像珍珠般環繞著昆士蘭的東海岸，事實上鈣化後的珊瑚礁骨骸是白色的，但是大堡礁的活珊瑚礁卻是彩色的，而且還孕育了400種海綿動物、300種珊瑚、4000種軟體動物和1500種魚類，大堡礁的海底世界可說是色彩繽紛。

　　遊覽大堡礁最佳的方式，是參加由凱恩斯出發的遊覽行程，最佳的旅遊季節是4~10月間，從凱恩斯出發，大約需要2小時的時間才能抵達大堡礁，抵達後船會停靠在特別的大型海上平台，平台上設有海底生物動態觀賞室、直升機、玻璃船、潛水艇、海底漫步、餐廳與各式各樣的潛水裝備等。

　　由於大堡礁是世界知名的水肺潛水點，有潛水執照的人，一定不能錯過潛入更深的海域，探索五彩斑斕的珊瑚礁海底世界。

1987　綜合遺產　132,566 ha

# 烏魯魯卡達族國家公園
## Uluru-Kata Tjuta National Park

　　世界上最大獨立巨岩烏魯魯(Uluru，愛爾斯岩Ayers Rock)和群岩卡達族達(KataTjuta，奧加斯岩The Olgas)，是澳洲中部沙漠最美麗的兩個紅色傳奇。1987年，烏魯魯及卡達族達以神奇的地理景觀，和悠久的原住民文化，被列入綜合類的世界遺產，現今的烏魯魯-卡達族達已還給原住民，租借給澳洲公園單位作為觀光用途。

　　它們確實令人感到不可思議，烏魯魯圓周達9.4公里、高度達348公尺，卡達族達由36塊岩石所構成，平均高度500多公尺，在此居住超過萬年以上的阿男姑(Anangu)原住民，視他們為祖先、為聖地。

　　6億年前，烏魯魯及卡達族達所在的阿瑪迪斯盆地(Amadeus Basin)被造山運動往上推擠，致使原本埋在海底的山脈形成兩個沖積扇，到了3億年前，新的造山運動又將這兩個沖積扇推出海面，呈90度直角拱起的是烏魯魯，而卡達族達則以20度的斜角聳立，經過日經月累的風蝕，形成今日所見的獨立巨岩和岩群。

　　「Nganana Tatintja Wiya」是阿男姑語「我們不攀登」的意思，雖然在烏魯魯上設置了攀爬鎖鏈，但由於這條登岩路線正是瑪拉人當時走過的路途，對原住民而言有極大的神聖意義，攀爬烏魯魯就像是踩在祖先頭上般的不敬。

　　當你親身接近烏魯魯，一定會被那股神秘的力量所震撼，或許正如阿男姑人的信仰一般，數萬年以來，先祖的靈魂仍然棲息在這裡，日日夜夜守護著這塊生命之石。

## 鯊魚灣 Shark Bay

1991　自然遺產　2,200,902 ha

鯊魚灣位於澳洲大陸最西端，總面積220萬公頃，周圍環繞著島嶼和陸地。這裡擁有三大特色景觀：全世界範圍最廣、最豐富的海草床、數量多達1萬隻的儒艮，以及位於哈美林池(Hamelin Pool)由海藻沉積成堅硬圓頂狀的疊層石，人們可以在此目睹地球上最古老的生命形式。除此之外，這裡也是海龜、海豚及5種瀕危哺乳動物的棲地。鯊魚灣的海岸線綿延超過1,500公里，是人們從事划船、釣魚、浮潛及深海潛水的熱門地點。由細小白色貝殼形成的迷人海灘，則是另一個吸引遊客造訪的景點。

## 芬瑟島 Fraser Island

1992　自然遺產　184,000 ha

位於澳洲昆士蘭省東方的芬瑟島，面積廣達184,000公頃，是全世界最大的「沙積島」。芬瑟島的沙丘色彩繽紛，因為沙中所含的礦物質比例不同，因而形成除了黃色沙之外，還有赭色、茶色、紅色等多姿的豐富顏色。事實上，島上的沙丘並非在同一時期形成，而是經由冗長時間累積成的，據知目前最古老的沙丘已有超過70萬年的悠久歷史。而島上的高聳雨林也是全世界唯一，這個被發現生長在沙丘上高度超過200公尺的熱帶雨林，並被完整保存下來。

除此之外，芬瑟島上更林立著大大小小多達40幾座的懸湖(Perch Lake)，也是生態奇景之一，因為沙丘中長期凹陷的地盤形成不透水層，致使雨水在經過細沙的過濾後，反而成為十分清澈的水源，這些色澤或蔚藍、或碧綠的湖水，蘊含了許多生態寶藏，形成極為特殊的景觀。

## 昆士蘭熱帶溼地區
### Wet Tropics of Queensland

1988　自然遺產　893,453 ha

位在昆士蘭東北角的熱帶溼地區，是世界上最古老的雨林區，不只蘊含許多瀕臨絕種的動植物，它本身更像是一部地球的生態進化史。

這裡擁有絕佳的雨林生長環境，氣候變化不明顯，終年高溫，年雨量高達4,000公厘，加上溼地區直接和大堡礁海岸線銜接，湍急的河谷與峽谷瀑布反而讓這些熱帶動植物快速而密集生長起來，不只是當地蝴蝶和鳥類之種類和色彩多到令人驚豔，這裡更成為蛙類、蛇類和蝙蝠的天堂。

據說50~100萬年前，80%的澳洲土地上都遍布雨林，目前大約只剩下不到0.25%了，而其中有一半又都集中在昆士蘭的溼地區。

符號說明　登錄時間　遺產面積　遺產類型　文化遺產　自然遺產　綜合遺產　瀕危文化遺產　瀕危自然遺產　瀕危綜合遺產

**1981** 綜合遺產 1,980,995 ha

# 卡卡度國家公園 Kakadu National Park

占地面積達22000平方公里的卡卡度，是澳洲最大的國家公園。在此蘊藏豐富的動植物生態及原住民生活5萬年的遺跡，是少數被列入綜合類世界遺產的國家公園。

「卡卡度」之名源於當地名為「Gagadju」的原住民，大部分的卡卡度地區都是原住民的居住地，在經過血淚抗爭後，卡卡度歸還給原住民，目前租借給國家公園單位開放觀光。

每年到了11~3月的雨季，充沛水量所凝聚的窪地，成為大量鳥類的棲息地，瀑布和雨林，讓卡卡度生機盎然。事實上，地處澳洲北端熱帶地區的卡卡度之所以珍貴，正是因為園中延續生息的牛態環境，在幾乎未受人類活動干擾的情況下，繁衍著50多種哺乳動物、280多種鳥類、123種爬行動物、77種淡水魚類、及10000種昆蟲。

也許就是因為如此豐沛的生態資源，為當地的原住民提供了豐富的創作靈感，他們留下大量的岩石藝術遺跡、石器工藝品、用於祭祀的赭石等，即便時至今日，受到白人殖民者侵入的影響，部分的傳統與儀式已經軼失，然而原住民和卡卡度大地之間，仍舊是緊緊相連的。

**2000** 自然遺產 1,032,649 ha

# 大藍山區 Greater Blue Mountains Area

大藍山區域包括7個國家公園，以藍山國家公園最為出名。本區因擁有廣大的尤加利樹林地，所以空氣中懸浮著大量尤加利樹所散發出來的油脂微粒，在經過陽光折射之後，視野所及一片淡藍氤氳，猶如身在不可思議的國度而得名。大藍山區域擁有海拔高度100~1300公尺的沙丘高原，這裡也正是動植物興盛的繁殖區域，據說由於15000年前造山運動頻繁，火山活動興盛，又經過長年風雨的侵蝕，於是今天這片土地處處可見自濃密的植物群中突起聳立的岩峰，成為這兒獨特的景觀。

雖然說藍山本身等同一部完整的澳洲尤加利樹生態進化史，還有超過400種的動植物在此生息，但這裡絕對不只是單純的生態保護區，和其他國家公園不同的是，到目前為止，仍有相當數量的居民住在國家公園範圍內，與自然和平共處。

**2004** 文化遺產 26 ha

# 皇家展覽館和卡爾頓花園
## Royal Exhibition Building and Carlton Gardens

位於墨爾本市中心北方，卡爾頓花園是為了1880~1888年在墨爾本舉辦的國際性展覽會而特別設計的。花園裡的皇家展覽館以紅磚、木材、鋼鐵和石板瓦建成，建築設計融合了拜占廷、羅曼式和義大利文藝復興風格。

墨爾本博物館位於皇家展覽館對面，這座採用最新觀念、寓教於樂的博物館，玻璃帷幕的外觀採光良好，且造型現代。館內目前開放的主要區域有「森林館」、「兒童博物館」、「科學與生活館」以及「原住民館」等。

在森林館，可以近距離觀察動植物，了解大自然循環生生不息的道理，或是在科技與生活館透過視聽設備，了解科技的發展歷程，以及對生活的重大影響；兒童博物館內，讓孩童透過鮮豔的色彩、各種形式的玩具以及標本，吸引他們動手操作、觀察以獲得新知，無論是大人、小孩都能樂在其中。

# 雪梨歌劇院 Sydney Opera House

在爭議聲中，澳洲最具知名度的地標雪梨歌劇院，終於在2007年被列為世界遺產，也成為澳洲第二座文化遺產。落成於1973年的雪梨歌劇院，不論在建築形狀還是建築結構上，在20世紀的建築史上都具有開創性的地位，當初設計歌劇院的丹麥建築師Jørn Utzon從此名垂千史，雖然當時他在建築未完工時便負氣離去，直到2008年過世前，不曾再踏上澳洲國土一步。

雪梨歌劇院外型猶如即將乘風出海的白色風帆，與周圍景色相映成趣。白色屋頂是由100多萬片瑞典陶瓦鋪成，並經過特殊處理，因此不怕海風的侵襲，屋頂下方就是雪梨歌劇院的兩大表演場所——音樂廳(Concert Hall)和歌劇院(Opera Theater)，是全界最知名的表演藝術中心之一。

音樂廳是雪梨歌劇院最大的廳堂，通常用於舉辦交響樂、室內樂、歌劇、舞蹈、合唱、流行樂、爵士等表演，可容納2679名觀眾。此音樂廳最特別之處，就是位於音樂廳正前方，由澳洲藝術家Ronald Sharp所設計建造的大管風琴，號稱是全世界最大的機械木連桿風琴(Mechanical tracker action organ)，由10500支風管組成。

歌劇院較音樂廳為小，主要用於歌劇、芭蕾舞和舞蹈表演，可容納1547名觀眾；另外雪梨歌劇院還有一個小型戲劇廳(Drama Theater)和劇場(Playhouse)，通常用於戲劇、舞蹈、或講座和會議的舉行。

# 塔斯馬尼亞荒原 Tasmanian Wilderness

位在澳洲大陸南方的塔斯馬尼亞島上，荒原歷經了冰河時期的洗禮，造就了陡峭的山脈和峽谷，其境內的公園及自然景觀保留地共涵蓋141萬公頃，是全球僅存的溫帶雨林之一。從山中的石灰岩洞發現的考古遺跡可證實，早在2萬年前便有人類在此活動，因此被歸為綜合遺產。

✎ 2003　🔔 自然遺產　◈ 239,723 ha

# 波奴魯魯國家公園 Purnululu National Park

　　波奴魯魯國家公園坐落於澳洲西部，園區主要順著班格班格山脈(Bungle Bungles)而規畫。其地質結構是泥盆紀時期的石英砂岩，歷經2000萬多年不斷的侵蝕，形成一連串蜂窩狀的圓錐尖頂，在陡斜的山脈上可觀察到因水的侵蝕而形成的黑灰色條紋。

✎ 1986　🔔 自然遺產　◈ 370,000 ha

# 岡瓦納雨林保護區
## Gondwana Rainforests of Australia

　　岡瓦納雨林保護區位處在澳洲東海岸的大斷層上，包含了好幾個保護區，大約位在昆士蘭省東南部和新南威爾斯省東北部之間。雨林保護區以盾形火山口特殊的地質景觀，以及多樣瀕臨絕跡的雨林物種著名，這些景觀及雨林物種，對全球的科學研究和自然保護，具有重大意義。

✎ 1981　🏛 綜合遺產　◈ 240,000 ha

# 威蘭得拉湖區 Willandra Lakes Region

　　威蘭得拉湖區於1981年登入世界遺產的保護名單，原因是此區域保存有自更新世(Pleistocene，時間距今164萬年至1萬年前之間)所形成的湖泊群和砂積層化石，以及大約45~60萬年前，人類在此活動的考古遺跡，因此被歸為綜合遺產。除此之外，在此也挖掘出許多完整的巨型有袋動物的化石。

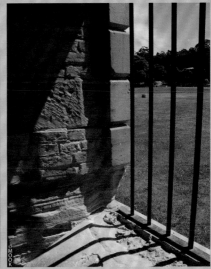

✎ 2010　🏛 文化遺產　◈ 1,503 ha

# 澳洲監獄遺址 Australian Convict Sites

　　18、19世紀之間，澳洲開始淪為大英帝國用來懲處罪犯的殖民地，當時關罪犯的監獄有超過上千座，如今被列為世界遺產的則有11座，主要位於雪梨、塔斯馬尼亞島(Tasmania)、諾福克島(Norfolk Island)，及西澳的費里曼圖(Fremantle)等地。把這批監獄列為文化遺產的主要意義，是象徵了那個殖民年代，除了帝國主義者把罪犯流放到海外，也將罪犯視為龐大勞力，用來開墾海外的殖民地。

　　其中亞瑟港(Port Arthur)就是一個例子。從1803年起，塔斯馬尼亞這個孤懸在澳洲大陸東南方的島嶼，開始淪為大英帝國用來懲處罪犯的殖民地，在接下來的50年間，超過73,500名囚犯曾經在這塊當年名為「凡狄曼之地」(Van Diemen's Land)的遙遠南方，墾荒、造橋、鋪路、採礦、勞動；一旦再犯，便會被押解到東南端塔斯曼半島(Tasman Peninsula)上的亞瑟港，這裡海水冷冽，周遭海域鯊魚環伺，僅僅靠著一道寬100公尺的鷹頸地峽(Eaglehawk Neck Isthmus)與本島相連，地峽兩側，猛犬狂吠、守衛森嚴，監獄本身則被形容為「一部把流氓磨練成老實人的機器」，紀律與嚴懲、隔離與分化、宗教與教化、訓練與教育……是帶動這部機器的齒輪，運轉了近半個世紀，大約12,700名囚犯，曾經在這個「地球地獄」服勞役，甚至度過餘生。

　　今天來到亞瑟港，放眼望去，海水澄碧，老木翳天，還有那濃綠欲淌的大片草坪、花卉茂密蔥籠的英式花園，以及宏偉的哥德式教堂，全然沒有傳說中的肅殺與冷酷；然而回首望向港灣前的小島，那是「死亡之島」(Isle of the Dead)，株株蒼老的尤加利樹底下，埋藏了1,100人；再往裡頭走，隨著一幀幀歷史圖片從大牢長廊展開，導覽員手勢翩翩述說著當年聲名狼籍的牢房故事，最後進到伸手不見五指、僅可容身的隔離獨居房……恐怖猙獰的畫面，彷彿拉回那個扭曲人性的殖民年代。

🗓1997　🔔自然遺產　🗺658,903 ha

# 赫德與麥當納群島
## Heard and McDonald Islands

　　赫德島和麥當納群島位於澳洲南部海域，距南極洲約1700公里，離伯斯西南部約4100公里。這是唯一靠近南極的活火山島嶼，被人類喻為是「開啟一扇深入地球核心的窗戶」，藉以觀察目前仍在不斷發展的地貌及冰河動態。其保存價值在於未受到外來動植物的影響，並保存豐富原始的島嶼生態系統。

🗓1994　🔔自然遺產　🗺10,300 ha

# 澳洲哺乳動物化石遺址
# (瑞弗斯萊／納拉庫特)
## Australian Fossil Mammal Sites (Riversleigh / Naracoorte)

　　本哺乳動物化石遺址由東澳北部的瑞弗斯萊以及南部的納拉庫特所組成，是澳洲最大、保存最完整的化石遺址，也是全球排名前十大的化石遺址，它詳細紀錄了澳洲大陸的哺乳動物演進史。

　　瑞弗斯萊化石遺址保存了漸新世到中新世的古老化石，年代距今1千萬年到3千萬年，納拉庫特化石遺址則收藏了53萬年前更新世中葉以後的化石。這些化石包括了冰河時期就已滅絕的巨型哺乳動物、鳥類、爬行動物，以及一些近代生物的化石，例如蛇、蝙蝠、鸚鵡、龜、老鼠、蜥蜴等等。

🗓1997　🔔自然遺產　🗺540,000 ha

# 麥奎爾島 Macquarie Island

　　長34公里、寬5公里的麥奎爾群島位處澳洲南部海域，大約位在塔斯馬尼亞東南方1500公里，剛好在澳洲與南極大陸的中間。當印度—澳洲板塊碰撞太平洋板塊後，造成海底山脈上升到今日的高度，因此麥奎爾群島可說是海底的麥奎爾山脈(Macquarie Ridge)露出海面的部分。該島是地球上唯一一處不斷有火山岩從地幔(海床下6公里深處)冒出海平面的地方，也是重要的地質生態保護區。

🗓2011　🔔自然遺產　🗺705,015 ha

# 寧格羅海岸 Ningaloo Coast

　　寧格羅海岸位於西澳首府伯斯北方1千多公里處的凱普山脈半島( Cape Range Peninsula)。由於地理位置偏遠，棲地型態多元，因此本區海陸物種豐富，不僅孕育著500多種熱帶魚、300多種珊瑚、各式各樣的軟體動物、甲殼動物及藻類，還有成千上萬的海龜來此築巢下蛋，每年更有數百頭鯨鯊聚集在此覓食，與美麗壯觀的珊瑚產卵盛況互相輝映。

　　本區的珊瑚礁綿延260公里，是全世界最大的一座緊鄰陸塊邊緣的裙礁。陸地部分的主要特徵則是大範圍岩石裸露、崎嶇不平的喀斯特地形，以及生機盎然、蜿蜒曲折的地下水道與洞穴。此外，潮間帶還有岩岸、沙灘、潟湖、河口以及大片的紅樹林。

　　考古人員在凱普山脈半島岩棚中發現的貝殼珠，最早可回溯到32,000年前，顯示遠古時代就有原住民在本區生活，並且已經懂得製作個人飾品。鑒於目前考古人員進駐研究的洞穴及岩棚只占了一小部分，寧格羅海岸極可能還有更多不為人知的文化寶藏等待發掘。

# 🔘 帛琉Palau

　　帛琉位於密克羅尼西亞島群最西端，由6個分離的小島群組成，南北綿延約160公里，由兩種不同的地質所構成。北方諸島為叢林茂盛的火山島，南方各島大多是珊瑚礁島，被國際潛水評為世界七大海底奇觀之首。

太平洋

洛克群島南部礁湖
Rock Islands Southern Lagoon

©MOOK

🗓2012　🏛綜合遺產　🗺100,200 ha

# 洛克群島南部礁湖
## Rock Islands Southern Lagoon

　　洛克群島是帛琉最早有人居住的地方，也是遊客最常造訪的觀光區域，島嶼主要由石灰岩組成，這些石灰岩島原本是由幾百萬年前露出水面的珊瑚礁乾涸後所形成，多半為布滿樹林的無人島，有

符號說明　🗓登錄時間　🗺遺產面積　　遺產類型　文化遺產　自然遺產　綜合遺產　瀕危文化遺產　瀕危自然遺產　瀕危綜合遺產

# 馬紹爾群島
## Marshall Islands

馬紹爾群島是北太平洋上的島國，地理上屬於密克羅尼西亞的一部分，由1156座大小島嶼組成，分屬於34座環礁。西班牙、英國、德國、日本、美國先後都染指過這片海域上的部分島嶼，直到1986年才獲得實質獨立。

比基尼環礁核試場
Bikini Atoll Nuclear Test Site

太平洋

2010　文化遺產　73,500 ha

## 比基尼環礁核試場
### Bikini Atoll, Nuclear Test Site

©UNESCO/Ron Van Oers

太平洋的密克羅尼西亞群島(Micronesian Islands)上，有一串名為比基尼環礁的群島，它們共由23座島嶼組成，環繞著一座面積將近600平方公里的中央潟湖。二次大戰展開之時、冷戰方興之際，美國決定在比基尼環礁上方進行核武試驗，在撤離了當地居民之後，1946~1958年間這處「太平洋試驗場」(Pacific Proving Grounds)上共出現67座核試場，其中包括首批氫彈的試爆。歷經多次的測試，等同7000倍廣島核彈爆發的威力，已對當地的地質與自然環境以及暴露於輻射中的人們健康，產生了莫大的影響。沉船被核爆威力推往潟湖底與巨大的火山口，比基尼環礁成為表現核武最直接且具高度象徵意義的證據，同時也代表了歷史上核子時代的來臨。

# 吉里巴斯Kiribati

吉里巴斯是太平洋上的島國，1979年從英國獨立出來，是大英國協的一員。32座環礁分布於赤道兩側，雖然島嶼面積總和僅811平方公里，但分布的水域面積卻廣達350萬平方公里，由於就在國際換日線最東邊，因此是世界第一個見到日出的國家。

太平洋

鳳凰群島保護區
Phoenix Islands Protected Area

2010　自然遺產　40,825,000 ha

## 鳳凰群島保護區
### Phoenix Islands Protected Area

吉里巴斯共和國位於中太平洋，該國共由32處環礁與1座珊瑚島組成，其中名列世界遺產的鳳凰群島，範圍則包括8處環礁與2座珊瑚暗礁，面積超過40萬平方公里。

鳳凰群島擁有一座全球數一數二未受破壞的超大型珊瑚群島生態系統、14座據測應為死火山的海底山，以及其他深海生物。在此區域共有將近800種已知動物，包括約200種珊瑚、500種魚類、18種水生哺乳類動物和44種鳥類，它是南太平的海洋與陸地生物棲息地，同時也是全世界規模最大的指定海洋保護區。該保護區的生態結構與作用，不但反映當地的原始自然，也展現了身為海洋生物遷移路線與生物多樣性的重要性。

「水上花園」之稱，也是常出現在許多帛琉風景明信片的代表景觀。帛琉擁有全世界最潔淨的水質、最美麗的珊瑚礁景觀、還有最合適的水溫，被國際潛水評為世界七大海底奇觀之首。這裡蘊藏了全世界種類最多、最豐富的海底資源，總計有700多種珊瑚，以及超過1,500種的熱帶魚類，再加上水溫適中、水流平穩等得天獨厚的自然條件，使得這裡成為浮潛愛好者的天堂。

其中不具毒性水母的水母湖(Jellyfish Lake)，富含多種礦物質火山泥的牛奶湖(Milky Way)，五顏六色、珊瑚叢隨著水流搖曳生姿的軟珊瑚區(Soft Coral Garden)，有如一叢叢石林一般的硬珊瑚區(Stiff Coral Garden)，因珊瑚狀似靈芝而得名的靈芝珊瑚礁區(Flower Coral Garden)，有一道地邐近1公里長白色沙灘的長沙灘(Long Beach)，德軍在1900年左右以炸藥破壞環礁所形成的德國水道(German Channel)，猶如五角星形的星象島(Carp Island)，多達300~400顆百歲碑碟貝的干貝城(Clam City)，可以和鯊魚共舞的鯊魚城(Shark City)，有多種海洋生物棲息產卵的生態保育區七十群島(Seventy Islands)，而在大斷層(Big Drop Off)，從環礁向外延伸2~3公尺後，便遽降成約莫300公尺深的大斷層峭壁，沿著陡直的斷層浮潛，便可以看到相當精采的海底生物……這些都是洛克群島被評為世界七大海底奇觀之首的精華。

# 紐西蘭
## New Zealand

紐西蘭世界遺產僅有3座，但在全球卻具有舉足輕重的地理價值。古老的陸塊，再加上地殼擠壓、造山運動等作用，紐西蘭這塊土地記錄了數億年來地質上的演變，古老與年輕的地貌兼備，北島的火山、南島的冰河，以及近南極洲的島嶼，在地理與生態上各具地位。

塔斯曼海

東加里羅國家公園
Tongariro
National Park

蒂瓦希普拿姆—紐西蘭西南部
Te Wahipounamu–
South West
New Zealand

紐西蘭
亞南極島群
New Zealand
Sub-Antarctic Islands

南太平洋

⬧1990　🏛自然遺產　◈2,600,000 ha

# 蒂瓦希普拿姆—紐西蘭西南部
## Te Wahipounamu-South West New Zealand

　　南島西南部幾乎都畫歸在世界自然遺產蒂瓦希普拿姆(Te Wahipounamu)的範圍裡，將近紐西蘭國土的十分之一，包括庫克山、峽灣、阿斯匹靈山(Mount Aspiring)、西地(Westland)四座國家公園，以及兩處自然保留區、三處科學保留區、13處景觀保留區、4處野生動植物管理保留區、5處生態區和數座觀察區、1處私有保留區。

　　目前全球地面上只有三處是地球主要板塊的交界處，蒂瓦希普拿姆的阿爾卑斯斷層即為其一，500萬年來，太平洋板塊和印度—澳洲板塊彼此傾軋，造成地殼的劇烈變動，推擠出連綿不絕的山巒。

　　巨大的萬年冰河則塑造出南島西南部的地貌，此處有全球最大的中溫冰河和數條流動快速的冰河，緩慢往下移動的萬年冰河，挾其龐大且堅硬的體積，硬生生在山巒間切割出通道入海，在冰河溶化後，便留下峽灣、峭壁、瀑布、礫石海灘等冰河地形。

　　蒂瓦希普拿姆的自然植被相當豐富多元，緯度、高度、氣溫、雨量等的不同，形成了濕地、草地、灌木叢和森林等生態區，由於受到政府和民間良好的保護，擁有許多古生物，如14種羅漢松、南山毛櫸、不會飛的奇異鳥、肉食性蝸牛，以及唯一的高山鸚鵡Kea，可以讓科學家揣摩180萬年前的岡瓦納古陸(Gondwanalnd)世界。

符號說明　⬧登錄時間　🏛遺產面積　　遺產類型　文化遺產　自然遺產　綜合遺產　瀕危文化遺產　瀕危自然遺產　瀕危綜合遺產

大洋洲
|||||||||||||
紐西蘭

1990 綜合遺產 79,596 ha

# 東加里羅國家公園
## Tongariro National Park

東加里羅於1990年先被認可為自然遺產，1993年再名列文化遺產，前者是因為有多座活火山和休火山，加上多元的生態環境，形成詭奇多變的地理景觀，後者則是境內高山對毛利族有文化與宗教上的重大意義。

在電影《魔戒三部曲》裡，燃燒著熊熊烈火，可以摧毀魔戒的末日山脈多摩山(Mt Doom)，就是以東加里羅國家公園裡的魯瓦皮胡山(Mt. Ruapehu)作場景，山坡上的懷卡帕帕(Whakapapa)滑雪區也出現多次，位於北島中央地區、這座紐西蘭第一個國家公園從此聲名大噪。

1987年紐西蘭原住民毛利部落酋長將魯瓦皮胡山、東加里羅山，和瑙努赫伊山(Mt. Ngauruhoe)等三座火山，贈送給紐國人民，東加里羅國家公園才得以有今日的規模，火山健行和滑雪是最熱門的活動。

1998 自然遺產 76,458 ha

# 紐西蘭亞南極島群
## New Zealand Sub-Antarctic Islands

位於紐西蘭東南方南海上，由五個群島組成，以其生態資源豐富入列。

此區位置介於南極區和亞熱帶複合區，生物族群大量繁殖且多樣化，有許多禽鳥、植物和無脊椎動物的特有種，島上野生動物繁衍稠密，最值得注意的是多種大型海鳥和企鵝也選擇在此築巢生子，稱得上是海鳥天堂。經專家統計，共有126種鳥類在此落地成家，包括40種海鳥，其中有五個品種是世界上其他地方沒有的。

# 索羅門群島
# Solomon Islands

索羅門群島是南太平洋上由1000多座島嶼組成的島國，地理上屬於美拉尼西亞的一部分。在歐洲人發現索羅門群島之前，南島語族已在這廣闊的海域生活了數千年，美國、英國、日本都曾在此爭奪勢力範圍，1978年爭取獨立成功。

太平洋

東倫內爾
East Rennell

1998 自然遺產 37,000 ha

# 東倫內爾 East Rennell

倫內爾島位於西太平洋索羅門群島最南端，長86公里、寬15公里，是世界上最大的珊瑚環礁，島上的特加諾湖(Lake Tegano)為鹹水湖，過去曾經是礁湖，也是太平洋諸島中最大的湖泊，湖泊裡還有許多石灰岩小島並孕育不少地方特有種。東倫內爾位於倫內爾島南部三分之一處，面積約3,7000公頃，並向外延伸海域達三海浬。

倫內爾島上森林密布，樹冠高達20公尺。由於經常受強烈熱帶氣旋侵襲影響，成為西太平洋物種遷移及進化的跳板，對科學研究來說，是極重要的天然實驗室。

# 萬納杜Vanuatu

位於南太平洋的萬納杜，屬於美拉尼西亞的一部分，由火山島所組成，歐洲人於17世紀來到萬納杜之前，這裡是南島語族的家，西班牙、英國、法國都曾經占領過部分島嶼，1980年萬納杜獨立建國，國名取自南島語的vanua，意思為「家」和「土地」。

洛伊瑪塔酋長領地
Chief Roi Mata's Domain

太平洋

2008 文化遺產 886 ha

# 洛伊瑪塔酋長領地 Chief Roi Mata's Domain

洛伊瑪塔酋長領地是萬納杜的第一座世界遺產，包括Efate、Lelepa和Artok三座島上的三處17世紀初遺址，那是萬納杜最後一位最高統治者洛伊瑪塔酋長的居所、死亡地及墓葬群。在這個藉由語言和口述傳承的社會，一切以酋長為核心，除了延續傳統及制訂價值體系，也為民眾排紛解難。這些遺址十足反映了萬納杜諸島的典型社會。酋長居所和墳塚的各種禁忌，四百年來人民奉行不悖，形成當地特色及習俗，處處顯示酋長仍存活於現代萬納杜人的心中。

符號說明 登錄時間 遺產面積　遺產類型 文化遺產 自然遺產 綜合遺產 瀕危文化遺產 瀕危自然遺產　瀕危綜合遺產

# 台灣

# 台灣世界遺產潛力點

由於台灣不是聯合國會員國，有不少具有名列世界遺產條件的地點始終無緣被世界看見。文化部從文建會時代便陸續召集國內專家、地方政府、文史工者開會，以符合世界遺產推動之標準，多年來共提出18處潛力點，作為未來提報世界遺產的參考依據。為了讓台灣讀者能從台灣瞭解世界遺產，本書也特別收錄這18個潛力點。

## 玉山國家公園 Yushan National Park

**同類型世界遺產：**
● 尼泊爾薩加瑪塔國家公園(聖母峰)Sagarmatha National Park
● 印度南達戴維與花之谷國家公園Nanda Devi and Valley of Flowers National Parks
● 秘魯華斯卡蘭國家公園 Huascarán National Park
● 坦尚尼亞吉力馬札羅山國家公園 Kilimanjaro National Park
● 馬來西亞京那峇魯國家公園 Kinabalu Park, Malaysia

玉山國家公園成立於1985年，以玉山群峰為中心，橫跨南投、嘉義、花蓮、高雄四縣市，占地達10萬5千490公頃；園區內山峰遍布，30座台灣百岳聳立其間，是典型的高山國家公園。由於板塊撞擊而隆起成高山，歐亞大陸與菲律賓海兩個大板塊的交鋒，將原來深埋地底下的古老地層整個往上推升，成就了這一片連綿30幾座超過3000公尺的高山群峰，卻也讓岩層脆弱易斷裂，造成多處驚險景觀。在這裡，高山峻嶺、川流溪谷景觀是特色，尤其是隨高度變化的亞熱帶、溫帶、寒帶林相與奇岩怪石，令人讚嘆大自然的鬼斧神工。

玉山群峰是以標高3952公尺的主峰為中心，呈現十字型交叉分布，既是中央山脈最高峰，又是東北亞第一高峰。站在主峰上，極目遠眺，可以觀賞到透過八通關古道的連接，朝暉夕陰之際，光影與山巒的對話是玉山絕美的影像。

從塔塔加登山口上東埔經排雲山莊至玉山主峰這一段路線，最大的特色就是觀察沿路的林相變化；塔塔加鞍部到排雲山莊屬於冷溫帶山地針葉樹林與亞高山針葉樹林，最多的是向陽坡的鐵杉與陰坡的雲杉，其間，穿插著白色、紅色的森氏杜鵑、高山杜鵑。豐富的林相以及落差很大的海拔高度，讓玉山擁有相當豐富的自然生態，且產生互相依賴關係。

## 澎湖石滬群 Penghu Stone Fish Weir

**同類型世界遺產：**
● 義大利韋內雷港、五村鎮和群島Portovenere, Cinque Terre, and the Islands (Palmaria, Tino and Tinetto)

雙心石滬曾經連續被票選為「澎湖首景」第一名，幾乎已經成為澎湖美景代表作。雙心石滬的美遠近馳名，雙心的造型，實在是一場美麗的誤會，原本只是單純的捕魚工具，如今卻彷彿能應對出七美鄉民自古以來的多情痴心，與七美人塚和望夫石，似乎都讓人感到心碎與心醉。

澎湖先民「以海為田」維持生計，但每當冬季時，強勁地東北季風讓海面充滿危險性，不適宜出海，為了能順利捕撈漁獲，於是針對魚群的洄游特性而堆築出獨有的捕魚裝置——珊瑚礁石滬群，利用澎湖特有的玄武岩和珊瑚礁堆起一座座石滬，實屬地方智慧的結晶。

澎湖北方的白沙鄉，石滬數量最多，尤其有「石滬故鄉」之稱的吉貝島，為石滬分布最多的島嶼。石滬群形狀多不相同，有單純的大弧形，也有單滬和雙滬，七美嶼的雙心石滬就屬雙滬，看似重疊的兩個心型，吸引大量遊客和其合照，當地人還會熱心指點最好的拍照角度，透過鏡頭更顯石滬的壯觀與優美。

1970年代以後，其他漁作收益大增，石滬的獲益相對遜色，漁民漸漸不再使用石滬捕撈漁獲，加上石塊容易受風浪侵襲破壞，甚至有些石滬都已被海沙覆蓋，需要用心維護才得以保持原樣。

# 太魯閣國家公園 Taroko National Park

**同類型世界遺產：**
●美國大峽谷國家公園Grand Canyon National Park, United States of America

　　太魯閣國家公園以太魯閣峽谷鬼斧神工之自然奇景聞名國際。由於菲律賓海板塊與歐亞大陸板塊間的碰撞，造成地殼不斷上升，且立霧溪經年累月地沖刷與侵蝕，豐沛的河水侵蝕力量造就了雄偉的斷崖、峽谷、河階地及開闊河口沖積扇等地質地形，加上此區石灰岩和大理岩地質的形成，可充分了解台灣最古老地質年代。

　　自清水斷崖一路轉進太魯閣峽谷，盡是令人驚嘆的絕美峭壁景色，或與海相依，或與潺潺溪谷相伴，景色多元變化，是自然生態與地質教材的寶庫。太魯閣峽谷內，除了多處寧靜清幽的步道可健行漫步，還有多座安詳的寺廟以及太魯閣族原住民文化值得探訪。

　　太魯閣境內以中橫公路台8線串聯所有景點，包括知名的清水斷崖；而當年開闢中橫公路時由榮民所開鑿出來的九曲洞，重要景點就是大雨過後大量雨水沖刷而下形成的無數個瀑布——「時雨瀑」。由九曲洞隧道洞口進入步行約30分鐘，更是觀賞中橫公路在太魯閣峽谷內曲折穿梭的最佳景點；另外，以大理石為護欄的紅色「慈母橋」極具特色，位於荖西溪注入立霧溪的匯流口，稱為「合流」，意即花蓮八景之一的「太魯合流」。

　　因為景點串聯，公路沿線也設置許多步道，或平緩、或陡峭，進入各個角落，沿途茂密森林、斷崖地形、岩生植物、人文遺跡等，因峽谷的海拔差異，造成複雜的氣候，也因此蘊藏出豐富的自然生態。

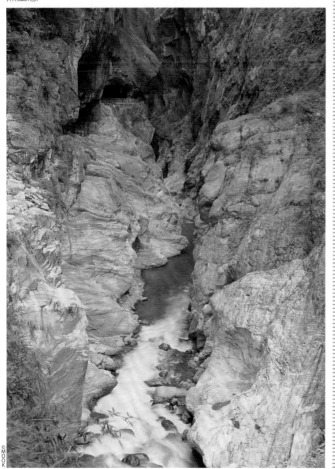

# 棲蘭山檜木林 Cilan Mountain Cypress Forest

**同類型世界遺產：**
●美國紅木國家及州立公園Redwood National and State Parks, United States of America
●葡萄牙馬德拉群島的月桂樹森林Laurisilva of Madeira
●日本白神山地Shirakami-Sanchi

　　棲蘭，如此美麗的名字來自一個淒美的愛情故事，而它的景致也正如其名般令人陶醉，不論是春之櫻桃、夏之月桔，或是秋之楓香、冬之梅花，一年四季這裡總是繁花似錦，美的讓人不想離去。從這裡可以俯瞰蘭陽溪、多望溪、田古爾溪三川匯流、三龜拱壽的奇景，也可以沐浴在森林中，享受一股滌清心靈的自然神奇力量……。

　　棲蘭森林遊樂區位於高420～1700公尺的山坡上，從闊葉林、混合林到針葉樹都有，林相十分優美。面積約250公頃，早年為育苗場，稱之為「棲蘭苗圃」，1989年，在退輔會榮民森林保育事業管理處的規畫整理下，更名為「棲蘭森林遊樂區」，因區內擁有極為豐富的扁柏與紅檜資源，更成為台灣第七個國家公園—「馬告國家公園」。

　　這裡是全台最大的降雨地帶，終年多雨多霧，經常擁有雲霧繚繞的美景，而最待人們發掘與讚嘆的，還有海拔1600公尺的「中國歷代神木園」。這裡有62株樹齡超過400年的紅檜和扁柏，都屬於針葉樹，針葉樹最大的特色是他們的根部糾纏盤繞地抓住四周的泥土，且針葉樹家族習慣聚集，於是一大片的針葉樹林可以相互的根部交纏，共同穩固向上生長的基底，同時也扎扎實實地保留著下面的泥土地，這種特性對於位於地震帶，容易山崩、造成土石流的台灣山林而言，可以説是天賜的禮物。且檜木林分布海拔1,600～2,600公尺，氣候暖和又多雨濕潤，造就豐富多元的動植物生態環境，更有台灣黑熊等珍貴物種生長其間，極具研究與保育價值。

537

# 淡水紅毛城及其週遭歷史建築群
Fort San Domingo and Surrounding Historical Buildings, Tamsui

**同類型世界遺產：**
- ●中國澳門歷史中心Historic Centre of Macao
- ●菲律賓維干古城Historic Town of Vigan
- ●印度果亞的教堂與修道院Churches and Convents of Goa

十七世紀時西班牙人首先看上台灣的優越位置，在淡水建立「聖多明哥城」，接著由擊退西班牙人的荷蘭接手，平埔族人因而稱之為紅毛城。其後再歷經明鄭時期、以及清朝的接管，英法聯軍後英國又接手紅毛城作為領事館，二次世界大戰後，再歷經日治、國民政府，紅毛城400多年來，歷經起起落落的歲月，如今已被列為國家一級古蹟。

由紅毛城向外延伸，有「新古典主義」樣式的前清淡水關稅務司官邸，有著西班牙白堊迴廊的建築，因顯眼的白色牆體建築外觀，而有小白宮的別稱；馬偕街上與淡水教會相連的滬尾偕醫院，是馬偕在1879年所親自設計建蓋的診所，也是台灣第一所西醫院；被列為二級古蹟的牛津學堂，就位於真理大學校門口處，淡江中學和真理大學在創辦之初都以此為校舍，是淡水西式教育的起點；鄰近的淡江中學，校園裡的八角樓、馬偕墓園、外僑墓園、婦學堂等，都相當具有歷史意義，可說與淡水新式教育的發展息息相關，也是馬偕在台傳教、辦學的具體遺跡。包括上述建築，淡水目前有18處古蹟，從淡水捷運站至滬尾砲台短短1公里內，即涵蓋其中16處。

# 澎湖玄武岩自然保留區
Penghu Columnar Basalt Nature Reserve

**同類型世界遺產：**
- ●英國北愛爾蘭巨人之路與海岸堤道Giant's Causeway and Causeway Coast, United Kingdom of Great Britain and Northern Ireland

1740萬年到820萬年前，熔岩從地表裂縫湧出，使得澎湖群島在大陸、台灣兩岸高山夾擊之下，地形破碎地懸浮在台海水道上。這一座座平均高度不到海拔30公尺的方山島嶼，從海面上遠望似乎平垣無奇，然而船向島嶼挺進，那一片片玄武岩崖壁從水面上高高拔起，看岩石線條分明，聽狂濤拍岸，直教人沁心動肺。

澎湖群島近百座大小島嶼，除了最西邊的花嶼屬年代較古老的安山岩質火山熔岩，其餘都是玄武岩火山熔岩流與沉積岩交疊構成。隨著熔岩冷卻收縮速度、推擠方向、流出停留地點不同，於是岩柱或立、或臥、或彎曲、或傾斜，柱狀節理或五角、或六角型，或呈片狀、或呈板狀。

緊接著海蝕、風化、岩盤升降作用開始雕塑這一塊塊島嶼，千百萬年後，海蝕溝、海蝕柱、海蝕洞隨處可見，島嶼形狀有的像貓、像獅，有的像船帆、像大鐘……大自然的力量成就了這一連串的海上驚奇，在亞洲地區群島中更是少見。

澎湖群島東北海域的玄武岩自然保留區中，包含了小白沙嶼、雞善嶼、錠鉤嶼等三處玄武岩島嶼。雞善嶼分為大、小雞善，小雞善柱狀節理稜角分明，長短高低變化多端，狀似管風琴，大雞善則是燕鷗的主要繁殖地，夏秋之際，密密麻麻的燕鷗足以遮天蔽日。錠鉤嶼因形狀猶如船錠而得名，島上玄武岩或垂直、或傾斜、或倒臥，十分奇特，因而有「海上桂林」的稱號。晚近，位於南海的東吉嶼、西吉嶼、頭巾嶼、鐵砧嶼也納入保護範圍。

# 大屯火山群 Datun Volcano Group

　　大屯火山群是一個火山特性非常完整的地區，即使經過了250萬年的歲月，依然可以看到火山活動殘留的痕跡，硫磺噴氣孔、錐狀火山、鐘狀火山、火山口、爆裂口、地熱、溫泉、堰塞湖、斷層等，不只有古老地層，還有火山地形及地質景觀，見證了地殼變動、地質演變的過程。

　　台灣北部的山脈包括七星山、大屯山、竹子山、磺嘴山、面天山、向天山、大尖後山和紗帽山等，都屬大屯火山群的範圍，加上東北季風與西南季風的交會，共同營造了一個潮濕低溫、煙霧繚繞、生態多元的山區，擁有火山、地熱、草原、森林、北降型植被、冰河時期孑遺植物以及多種稀有動植物，在生態演化上具有指標地位。

　　大屯山區著名的景點繁多，以滿坑滿谷的海芋花田、芒花名聞遐邇的火口偃塞湖──竹子湖。因位處群山之間的凹處，使得氣流變化很大，時晴時雨，偶有雲霧山嵐飄過，恰似仙境的二子坪遊憩區。秋季賞芒的絕佳場所──冷水坑、擎天崗、以及大屯山主峰一帶。可欣賞白煙裊裊的火山噴氣景觀──小油坑，鄰近的箭竹林步道及環伺小油坑噴氣爆裂口的紅色芒花景色。而台灣水韭棲地的夢幻湖，經常瀰漫著朦朧的嬝嬝霧氣。

　　地形多樣、植被繁盛的大屯山火山群，擁有相當豐富的自然生態，計有哺乳類20種、鳥類120種、兩棲類21種、爬蟲類48種、蝶類191種以上。植物種類更多達1,300種，極具研究與保育價值。

# 烏山頭水庫及嘉南大圳
## Wushantou Reservoir and Jianan Irrigation Waterways

　　建於1920年的烏山頭水庫，是台灣最早興建的水庫，更是嘉南大圳最偉大的工程。攔截曾文溪支流官田溪，利用上游分歧之自然低窪谷地，匯成珊瑚狀水庫，故又別名珊瑚潭。供應大台南地區民生用水、農田灌溉等，集多種功能於一身。

　　烏山頭水庫大壩頂寬9公尺，底303公尺，是世界上少數僅存的「半水力沖淤式」土壩。這種土壩的作法是取曾文溪底的石礫和砂土，堆放於壩址兩側，以強力水流沖走土壤，使大石留置底部，形成土壩。水庫滿水時會自然溢流，排入官田溪，溢洪時的瀑布，相當壯觀。這種不易淤積泥沙、且對生態環境的破壞趨近於零的設施，在世界土木界鮮有先例，且三年輪灌制度使可享有灌溉用水的農民增加3倍，是水利工程偉大經典之作。

　　烏山頭水庫及嘉南大圳不只坐擁自然風景，且具有人文歷史。嘉南大圳之父「八田與一」銅像守護著水庫，他的水利工程規劃及技術，使嘉南平原由荒地變為台灣最大的米倉。另外，由於潭面蜿蜒曲折，綠島出沒變化無窮，沿岸林木蒼翠，湖光山色相映成趣，從空中鳥瞰，彷彿一座藍色珊瑚躺在大地上，並以「珊瑚飛泉」、「臥堤迎暉」入選南瀛八景，長久以來都是台南境內歷久不衰的風景區。

# 台鐵舊山線 Old Mountain Line Railway

**同類型世界遺產：**
●奧地利塞梅林格鐵道
Semmering Railway, Austria

　　竹南到彰化之間的山線，可説是台鐵縱貫線上最「曲折」的路段。不只因為需要和天然的地勢對抗，隨著海拔的高低而上上下下地曲折；且因為工程較艱難，直到1908年才完工，成為縱貫線最後通行的路段。在台灣鐵路工程技術上留下最大坡度、最大彎道、最長花樑鋼橋、最長隧道群等紀錄。

　　但西元1935年一場規模7.1的大地震，把原來的山線震得隧道崩塌、橋樑移位、面目全非；好不容易修復完成，又因為便利性考量，把山線往西移，舊山線只好於西元1998年走入歷史，勝興與舊泰安站不再聽到火車隆隆聲；誰知1999年又發生慘痛的921大地震，才開通不久的新山線再次嚴重受損，花了好大力氣才能恢復元氣。

　　於是停駛的舊山線成了懷舊的新據點。原名「十六份驛」的勝興車站沿線闢建了7座隧道，架設3座橋樑，因高居海拔402.236公尺處，頂著縱貫鐵路最高海拔的頭銜，加上車站軌道保存良好及周邊景點的串連，人氣指數始終火熱。

　　而完竣於1905年代的龍騰斷橋，是山線鐵路最高的一座橋樑。1935年關刀山大地震，震毀了橋墩，921地震又使它再次受創，但它磚造的圓拱形橋身和鮮明色澤，傲然屹立於天地間的姿態，仍難掩其美，不僅僅是「台灣鐵路藝術極品」，更是鐵道迷心中永遠的最愛；另外，從舊泰安站沿著鐵軌前進，可以看到橫越大安溪谷的花樑鐵橋。這座鐵橋全長637.39公尺，共有10個拱型花樑，橫跨中苗兩縣，是台灣最長的花樑鋼橋。

# 桃園台地陂塘 Taoyuan Tableland and Ponds

**同類型世界遺產：**
● 伊朗舒希達古代水利系統
Shushtar, Historical Hydraulic System, Iran
● 阿曼的阿夫拉賈灌溉系統Aflaj Irrigation Systems of Oman
● 中國青城山和都江堰水利系統
Mount Qingcheng and the Dujiangyan Irrigation System

　　桃園台地的河流短促，不易儲存雨水，農業灌溉的水源有限，因此農民只能在台地傾斜處鑿地築池，以儲存天然雨水加以灌溉，20世紀初，台地上星羅棋布的貯水陂塘就佔了灌溉用地的三分之一，形成相當特殊的景觀。

　　其後雖然因水源仍然不足而大量擴增陂塘，完成桃園大圳灌溉總工程，但隨著都市及工業發展，農田灌溉面積逐年減少，現今的陂塘已成為桃園台地極具文化代表性的土地利用方式。

# 阿里山森林鐵路 Alishan Forest Railway

**同類型世界遺產：**
●印度的高山鐵道Mountain Railways of India
● 義大利、瑞士的阿爾布拉-伯連納的利西亞阿爾卑斯山鐵路
Rhaetian Railway in the Albula / Bernina Landscapes

　　阿里山森林鐵路，蜿蜒行駛於海拔30至2216公尺的山林之間，合乎登山鐵道的定義；為了開發山上豐富的林木而建，合乎森林鐵道的定義；其中海拔2,200公尺的沼平至2,584公尺哆哆咖林場線，這段高海拔山地路段，更是名副其實的高山鐵道。集登山鐵道、森林鐵道和高山鐵道於一身，世界上獨一無二。

　　世界上最高的高山鐵道依序是南美洲安地斯山脈的秘魯安地斯山鐵路、玻利維亞及阿根廷等位於大陸中的高山鐵路，只有台灣的阿里山森林鐵路是位於島嶼中，且也是東亞地區最高的高山鐵路，再加上是以推進而非齒輪的方式運轉上山，具有一定的特殊及重要地位。

　　1912年12月25日竣工通車的阿里山森林鐵路，行駛至獨立山段時會有俗稱阿里山碰壁的「Z」字型螺旋環繞運轉方式，因受到山脈阻擋，火車只好以倒退的方式折返下山，由嘉義到阿里山沼平共經過四次折返，可以算是迴旋四圈，可説是舉世無雙。

　　擁有許多獨特地位的阿里山森林鐵路，藉由長達71.34公里的鐵道鋪設，串連與傳遞屬於阿里山的秀麗風光，帶領每一位乘客前往尋訪阿里山的美景。火車行駛過程繞經山路，往窗外便能看見山林之美，沿途停靠的小站亦別有古味風情。

# 蘭嶼聚落與自然景觀
Orchid Island and The Tao(Yami)

同類型世界遺產：
● 義大利阿貝羅貝洛的錐頂石屋The Trulli of Alberobello
● 日本白川鄉合掌造聚落Historic Villages of Shirakawa-go and Gokayama
● 義大利馬特拉的岩穴和教堂The Sassi and the Park of the Rupestrian Churches of Matera

台灣

　　原本稱為紅頭嶼、因盛產蝴蝶蘭而於1946年改名至今的蘭嶼，位於台灣本島東南方的西太平洋上，如此詩意的名字配上碧海藍天，蘭嶼自有一股特殊的魅力；孤懸海外的地理環境，山海的子民達悟人發展出獨特的生活方式，且由於受到外來的影響較少，蘭嶼原住民的人文景觀與完整性，獨樹一格。位於蘭嶼東邊的野銀部落是蘭嶼目前唯一保有傳統建築──「半穴居」的村落。半穴居是達悟人為因應蘭嶼的強風所發明的特殊建築方式，房屋的建地往地下挖掘1至2公尺，挖出來的土便推於四周成為走道，而且事先做好排水溝，因此不會發生積水問題，屋脊全都與海岸平行，因此由地面上只能看見方向整齊畫一的屋頂。建築物由主屋、工作房與涼台組成，是達悟族住居、工作、曬魚、儀式和休憩的主要場所。

　　由於蘭嶼是一座火山島，因此造就出岩漿噴出的火山口──天池，後因雨水沖積形成高山湖泊，湖中保有過去的枯枝藤蔓橫立於水中，形成特殊的原始景觀。天池四周群山環繞，有大森山、望南峰與奧本嶺，過去這裡是達悟族的神山聖地，因此保有不被破壞的天然雨林與豐富的昆蟲、鳥類生態。另外也擁有諸多形狀的奇岩，其中小野柳因受到海水侵蝕、風化作用，形成各種奇形怪狀、原始嶙峋的地景，因而與台灣北海岸的野柳齊名。島上豐富的地形景觀，與神話傳說及傳統文化結合，使島上的自然景觀更具特色。

# 排灣及魯凱石板屋聚落
Paiwan and Rukai Settlements of Slate Constructions

同類型世界遺產：
● 義大利阿貝羅貝洛的錐頂石屋The Trulli of Alberobello
● 日本白川鄉合掌造聚落Historic Villages of Shirakawa-go and Gokayama
● 義大利馬特拉的岩穴和教堂The Sassi and the Park of the Rupestrian Churches of Matera

　　屏東縣境內為排灣和魯凱族居住地區，他們建造出一幢幢低矮的傳統工法建物，便是「石板屋」。排灣和魯凱族的祖先就地取材，拿這些石板來蓋房子，不僅擋風耐強震，住起來更是冬暖夏涼。目前

在老七佳仍有近50幢完整之石板屋，為原住民族現存石板屋聚落保存最完整的地方。

　　走在三地門中正路37巷底，有幢石板屋緊鄰著一旁2層樓高、綴滿排灣族圖騰陶片的白色建築，這幢石板屋在白色建物旁似乎不太顯眼，但他在族人心目中的價值卻勝過一切。門板、柱面上雕飾著以前只有頭目才可使用的鹿紋、百步蛇、祖先人像等，年代雖久，但卻保存得相當完好。石板屋前方的庭園，過去曾是頭目召集族人訓話的廣場，廣場上目前仍保有人像狀的司令台。如此保存完好的傳統石板屋，記錄了排灣及魯凱族傳統聚落空間及領域。

　　蓋好一座石板屋並不容易，必須先到河邊採集石材，裁成適當大小，無論圍牆、屋頂及內部都要用手工一片片堆疊起來。堆疊過程中，如果有一片疊得不好或不整齊，整個屋頂隨時會垮下來。通常一間石板屋大約要花上百個石片才能完成，然而禁不起現代文明叩關，在破壞多於建設的狀況下，傳統石板屋的數量大不如從前。

# 金門戰地文化 Kinmen Battlefield Culture

**同類型世界遺產：**
●日本廣島原爆圓頂Hiroshima Peace Memorial (Genbaku Dome)
●波蘭奧斯威辛/畢爾克瑙–德國納粹集中營Auschwitz Birkenau
German Nazi Concentration and Extermination Camp (1940-1945)

　　金門古稱浯洲，歷史記載最早的漢人遷建史在西元四世紀初，中原五胡亂華時，蘇、陳、吳、蔡、呂、顏等家族逃到此地避禍。後來，唐德宗貞元十三年時，派牧馬監陳淵到浯洲養馬，隨之而來的蔡、許、翁、李、張、黃、呂、王、劉、洪、林、蕭等12姓氏也在此落地生根，形成今日金門聚落的雛型。留下許多豐富的有形及無形文化遺產。由於大多以單姓血緣親族為主，共居一地，建立宗祠共同祭奉，所以處處可見祠堂、廟宇。而許多在外經商成功的華僑，賺了錢之後不是回鄉修祖厝，就是替家人建大屋、替鄉梓修學校，也因此在金門的聚落中，有非常多精采的閩氏大厝及洋樓建築，尤其是這些洋樓，以不同於閩式建築的外觀標誌著古早金門人向外求發展的艱辛生活，並以高高在上之姿，提供聚落更多的防禦力量。但是在洋樓裡面，祖宗牌位、尊卑順序，仍然依照古禮行之，代表著不論他們喝了多少洋水，骨子裡永遠留著中國人的血液、倫理。但如今卻漸漸受到難以抗拒的現代化潮流影響，處於脆弱的狀態。

　　不過，曾為軍事重鎮，又經歷過無數次血腥戰役的金門，最讓人瞠目結舌的無非是它那厚實不可摧、隱密無法辨的軍事設施，從每一個十字路口上所設的反空降堡、海邊礁石中的暗哨、農田裡的反空降樁、住家牆壁上的反共標語、沙灘上的反登陸樁，到各村落中的地下密道、隱密寬闊的花崗岩水道……在在訴說著從戰爭走向和平的歷史變遷。

# 馬祖戰地文化 Matsu Battlefield Culture

**同類型世界遺產：**
●日本廣島原爆圓頂Hiroshima Peace Memorial (Genbaku Dome)
●波蘭奧斯威辛/畢爾克瑙–德國納粹集中營Auschwitz Birkenau
German Nazi Concentration and Extermination Camp (1940-1945)

　　位於福建閩江口外、台灣本島西北方的馬祖列島，被喻為「閩江口外天上撒下的一串珍珠」，由多個島嶼所組成的列島由北到南綿延54公里，在戰略位置上舉足輕重，成為台灣國防上的重鎮。正因為如此，馬祖列島上到處是地下坑道、戰備碉堡、戰地標語、枕戈待旦牌坊……，充分展現戰地的警戒狀態。隨著時代變遷，馬祖從1994年之後開放觀光，許多原本軍事上的據點也揭開了神秘面紗，迎接遊客的到來。

　　其中最值得參觀的就是馬祖的地下坑道，「北海坑道」、「安東坑道」、「午沙坑道」等，經過艱辛開鑿的花崗岩坑道，密度為世界之冠，其中以北海坑道的陣容最龐大。

　　這些坑道分布在南竿、北竿、東引，當初基於作戰需要而開鑿，原本是供登陸小艇使用，但後來卻發現因潮差太大無法使用。其中失去軍事功能的北海坑道就成為體驗馬祖戰地景觀的最佳場所。但隨著北海坑道因落石封坑，東引唯一可參觀遊覽的戰地坑道就只剩下安東坑道了。

　　另外，到處可見的戰地標語，也是告訴遊客這裡就是前線的絕佳提醒，像是芹壁村的每棟石屋上，都以石頭雕上了不同的精神標語，如「軍民合作」、「犧牲奉獻」、「光復大陸」、「解救大陸同胞」、「蔣總統萬歲」、「消滅朱毛漢奸」……這些見證大時代的歷史刻痕，還存在著每位悍衛國家的軍人心中。